加快发展文化产业，
对于青海省实现“一个同步”、奋力建设“三区”、打造“一个高地”总要求，
发挥文化育民、乐民、富民作用意义重大。

【经济学学术前沿书系】

青海省文化产业发展研究

申红兴　李　毅◎著

经济日报出版社

图书在版编目（CIP）数据

青海省文化产业发展研究 / 申红兴，李毅著．--北京：经济日报出版社，2016.11

ISBN 978-7-5196-0027-3

Ⅰ．①青… Ⅱ．①申… ②李… Ⅲ．①文化产业-产业发展-研究-青海 Ⅳ．①G127.44

中国版本图书馆 CIP 数据核字（2016）第 255041 号

青海省文化产业发展研究

作　　者	申红兴　李　毅
责任编辑	王曼珩　范立君
责任校对	薛银涛
出版发行	经济日报出版社
社　　址	北京市西城区白纸坊东街 2 号
邮政编码	100054
电　　话	编辑部 63584556　发行部 010-63567692　63538621
网　　址	www.edpbook.com.cn
E-mail	jjrb58@sina.com
经　　销	全国新华书店
印　　刷	北京九州迅驰传媒文化有限公司
开　　本	710×1000 mm　1/16
印　　张	27
字　　数	365 千字
版　　次	2017 年 1 月第一版
印　　次	2017 年 1 月第一次印刷
书　　号	ISBN 978-7-5196-0027-3
定　　价	68.00 元

《青海省文化产业发展研究》编委会

前　言

一

文化是一个民族的血脉和灵魂，是一个国家发展的重要支撑。① 在信息社会、知识经济时代，文化已经成为国家和地区竞争力的核心要素。近年来，文化与经济的关系、文化产业的发展受到人们极大的关注。文化与经济的结合已成为21世纪最引人注目的现象之一，各国的实践表明：文化作为一种重要的因素推动了经济的快速发展。尤其是文化与科技相结合，文化与产业相结合，推动了经济结构调整②，加快了产业融合和产业升级的步伐。随着对文化的认识逐渐深化，人们开始意识到文化作为经济发展驱动力的重要性。文化不仅具有精神力量，同时还包涵着经济力③。文化产业是全球公认的“朝阳产业”，已经成为全球范围内的一个新兴产业。

文化产业对于提升国家文化软实力和综合竞争力具有重要战略意义，在促进区域经济结构调整、拉动经济增长、提高就业率、刺激消费、提高国民素质和文化生活质量，从而带动区域内全要素生产力提高等诸多方面发挥着越来越大的作用。主要发达国家和新兴经济体高度重视文化产业的发展，美国、欧盟、日本、韩国等国家文化产业增加值对经济的贡献率已经超越一些传统产业，文化产业领域的国际竞争日趋激烈。我国文化产业近年来快速发展，2006年以来保持了年均23%的增速，到2010年我国文化产业增加值超万亿元④，2011年占国内生产总值（GDP）的2.75%，2012年占GDP的3.5%⑤，2014年占GDP的3.76%。2015年我国文化产业实现增加值25829亿元，文化产业增加值占GDP的比重为3.82%。2015年我国文化骨干企业4.7万家，企业从业人员为829.6万人，实现营业收入73690.9亿元。2015年，我国文化产业固定资产投资额达28898亿元，

---

① 肖安鹿，段建玲．文化产业发展与文化大省建设［M］．兰州：甘肃文化出版社，2012年序言第1页。

② 萝莉．西藏文化产业发展探析［M］．北京：社会科学文献出版社，2015:3.

③ 陈伟军．广东文化产业发展战略研究［M］．广州：暨南大学出版社，2013:1.

④ 2010年我国文化产业法人单位增加值突破1.1万亿元，比2004年增长了221.3%，占国内生产总值比重由1.94%上升到2.75%，年平均现价增长速度超过23%。

⑤ 张宝宗．吉林省文化产业发展研究［D］．吉林大学博士学位论文，2012.

比同期全社会固定资产投资年均增速高 8.2 个百分点。2015 年，我国文化产品进出口总额达 1013.1 亿美元。2015 年，全国居民用于文化娱乐的人均消费支出为 760.1 元。[①]

近几年来，以习近平同志为总书记的党中央明确提出扎实推进社会主义文化强国建设的战略任务，出台实施了一系列推进文化改革与发展的政策措施。文化体制改革不断向纵深推进，文化产业发展环境改善优化，文化产业规模稳步扩大，文化投资消费出口全面增长，公共文化服务均等化水平提高，文化产业实现快速发展。从我国地区间文化产业发展现状来看，区域间产业竞争与合作并存，机遇与挑战并存。

二

“建设社会主义文化强国，增强国家文化软实力”“把文化产业培育成为国民经济支柱性产业”，是党的十七届六中全会和“十八大”确立的战略目标。进入 21 世纪以来，我国文化产业发展迅速，文化产业在扩大消费、拉动内需、调整结构、促进增长方面作用凸显。[②]“十二五”时期推动文化产业成为国民经济战略性支柱产业已经上升为我国的国家战略，成为推动文化大发展大繁荣的主要任务。[③]

发展文化产业是社会主义市场经济条件下满足人民群众多样化、多层次、多方面精神文化需求的重要途径，是推动经济结构调整、转变发展方式的重要抓手。加快发展文化产业，对于青海省实现“一个同步”、奋力建设“三区”、打造“一个高地”总要求（即省委“131”总体要求），发挥文化育民、乐民、富民作用意义重大。自青海省文化改革发展大会召开以来，各级党委、政府高度重视，采取一系列政策措施，着力提升文化产业发展水平，取得显著成效。2014 年底，青海省文化及相关产业增加值 46.7 亿元，年均增长 20% 以上，四年实现翻一番，文化产业营业收入达 159 亿元，文化产业法人单位 2321 家，文化个体经营户 5171 家，已成为经济社会发展的重要增长点。当前，青海省文化产业发展面临良好机遇。各地区、各部门和各单位要切实增强责任感和紧迫感，把发展文化产业纳入国民经济和社会发展总体规划，摆上更加重要的位置，采取切实有效措施，推动青海省文化产业快速发展。[④]

---

① 辛佳 . 从一大组数据来看 当前文化产业发展现状［N］. 中国信息报，2016-4-27.

② 张亚丽 . 我国文化产业发展及其路径选择研究［D］. 吉林大学博士学位论文，2014.

③ 张宝宗 . 吉林省文化产业发展研究［D］. 吉林大学博士学位论文，2012.

④ 青海省文化和新闻出版厅 . 关于加快发展文化产业的意见（送审稿）［R］. 青海省文化和新闻出版厅内部资料，2016-07.

三

文化产业的迅猛发展呼唤着基础理论的建设，而基础理论研究的推进则需要沉心静气做学问的功夫。到目前为止，研究文化产业的国内外著述已经非常丰富，但仍不能满足文化产业迅猛发展对基础理论的现实需要。[①]青海文化产业的发展也需要理论研究前行，需要政府政策的支持和“浇灌”。政策先行和政策到位，是众多文化产业发展得比较好的国家的经验之一，对创新的政策支持和政府对创新的重视更是有效促进文化产业发展的法宝。[②]在许多国家，文化产业都是其创意经济的基本形态之一，创造出了可观的经济效益，文化软实力已实实在在成为国家生产力的重要部分，并成为一个国家综合国力的最直观、最具体的反映。全球文化产业发展的当前基本形态是：美国处于支配地位，其他一些发达国家，如日、英、加、澳等发展出具有自身特色的特定产业并且具备了相当的实力。此外，如韩国、德国、法国等虽然在总量上并不能和上述这些国家相比，但是各自都有自身独特的产业特色。日本称之为“内容产业”，而英国称之为“创意产业”。美国没有明确的文化产业概念，而代之以“版权产业”为核心的产业结构。此外，世界各国对于文化产业发展的政策措施也大相径庭。比如法国为代表的欧洲国家针对越来越泛滥的美国文化，提出了“用文化崛起国家”的口号，更多地将文化赋予了社会功能和传统意义。虽然文化产业处于领先地位的国家都具有我们所谓的“文化产业”经济体系，但是其文化产业所采取的创新政策措施却各有特点。这些都可以成为我们有益的借鉴。[③]对于青海来说，加快文化产业发展，走创新之路是必然的选择，而创新政策则是实现青海文化产业跨越式发展的关键。

文化产业又是梦想产业，中国文化产业面临的最大难题归根结底是没有打通内容的生产（符号的生成）与意义的有效传播，导致文化产业的发展现状“有产业，没文化”。[④]青海作为我国经济欠发达的省份，文化产业还处在起步阶段，尚未形成文化产业体系，这一问题体现的就更加突出。因此，探索建立科学的、规范的文化市场体系，完善文化管理体制机制、法律法规和政策保障体系势在必行，同时具有重要而深远的理论和现实意义，也是加快青海文化产业发展进程的根本保证。

---

① 李思屈等．中国文化产业政策研究［M］．杭州：浙江大学出版社，2012 年总序第 1 页．

② 陈红玉．中国文化产业创新政策研究［M］．北京：北京理工大学出版社，2012 年序第 1 页．

③ 陈红玉．中国文化产业创新政策研究［M］．北京：北京理工大学出版社，2012:5.

④ 李思屈等．中国文化产业政策研究［M］．杭州：浙江大学出版社，2012 年总序第 2 页．

四

十七届六中全会后，全国又掀起了新一轮文化产业发展的热潮，很多省、区、市提出要建设文化大省或者文化强省，都把推动文化产业的跨越式发展作为重要抓手。青海也不例外，为了加快文化产业发展，青海省委、省政府出台了《青海省文化产业发展规划（2012 年—2020 年）》，提出对文化产业发展的规划定位，明确了青海省文化产业发展的总体目标、主要方向。

青海省文化建设的基础比较薄弱，文化产业发展正式起步较晚（2003 年才正式起步）[①]，而且发展的速度和规模也不够理想，尚处于初创阶段，文化产业还是一个新的发展问题和改革主题。目前青海文化产业只是初具规模，还没有形成整体规模优势，并且市场化程度低，在市场对资源配置的基础性作用方面，青海还有较多羁绊，从根本上制约着文化产业的发展。青海省文化产业还存在总量不大、结构不优、领军人才匮乏、地区发展不平衡、产业集聚效应差、核心竞争力弱等问题，还不具备参与国际竞争的综合实力，与北京、上海、广东、湖南甚至云南等文化产业发达省份比较，也处于较为落后的水平。文化体制改革相对滞后、经济基础薄弱、人才资源匮乏、文化消费水平较低、公共财政投入不足、支持政策不配套等成为制约文化产业发展的主要因素。特别是非公有制经济所占比重很低，难以成为市场平等竞争的主体力量，与发达国家之间和国内一般文化产业较为发达的地区相比，文化产业还有较大发展空间。在发达国家，文化产业作为一种“朝阳产业”和高端产业，影响整个产业的生态和效益，是核心竞争力的主要来源。它不仅是全球发展最快的产业之一，能创造巨大的价值，同时还是传统产业各分散产业链的黏合剂和润滑剂，现代新兴产业的助推器，国民经济的重要支柱性产业。[②] 青海应该大力发展特色文化产业，但当前目标定位还比较低，计划 2020 年文化产业增加值占生产总值的比重达到 4% 左右，还达不到支柱性产业 5% 的标准。

近年来，青海省文化产业快速发展，主导文化产业成长性好，呈现出鲜明的特色，增长速度快，对就业的拉动作用明显优于其他产业，对经济增长的贡献率不断增大，为青海省经济快速发展增添了强大的活力。文化产业对优化产业结构、推动相关产业发展也产生了越来越大的影响。但从总量和规模上看，文化产业尚不具备成为青海省国民经济发展的支柱产业条件，还需要进一步制定扶持政

---

① 王琼瑶 . 青海：一个正在崛起的文化产业高地［N］. 青海日报，2011-8-19，第 11 版 .

② 萝莉 . 西藏文化产业发展探析［M］. 北京：社会科学文献出版社，2015:7.

策，加快其发展。

截至2014年底，青海省文化及相关产业增加值46.7亿元，占青海省生产总值的比重仅为2.03%。虽然“十二五”期间文化产业年平均增长速度达20%以上，高于同期青海省生产总值的增幅，但青海省文化产业总量依然较小，占全国文化产业增加值不足千分之一。所以，青海省要加快文化产业发展和实现“十三五”文化产业发展目标，需要把推动文化产业超常规跨越式发展作为突破口，争取到2020年把文化产业培育成为支柱性产业，使之成为青海省新的经济增长点、经济结构战略性调整的重要支点、转变经济发展方式的重要着力点，为青海省产业结构调整提供重要支撑。

总之，以文化产业的跨越式发展为突破口，加快青海文化产业发展，还需要深化文化体制机制改革，建设较为齐全的文化产业体系，抓准文化产业发展重点，加快文化资源的转化力度，加大文化产业发展的投资，延伸产业链条，扩大文化消费，加强知识产权保护，加强党的领导、政策保障与人才支撑等。据悉，“十三五”期间，青海将加强专业艺术人才和群众文化人才的培养，深入挖掘传统和民间文化资源，发展文化旅游、文化创意、影视动漫制作、演艺娱乐、出版发行、民族工艺品制作、高原极限运动、高原自驾游等特色文化产业，大力发展新兴复合业态，实施“文化+”的大文化产业融合发展战略，打造青海民族文化品牌，促进文化资源向文化产业优势转变，并加快培育拥有自主知识产权、文化创新能力和较强核心竞争力的文化产业集团。

五

文化、产业、文化产业、文化事业是几个比较容易混淆的概念[①]，在此做一界定。

1. 文化

关于文化的定义，目前在学术界一直没有一个确切的定义，这主要反映在文化定义的众说纷纭及其内容的丰富多彩方面。学术界公认，被称为人类学之父的英国人类学家E·B·泰勒，是第一个在文化定义上具有重大影响的人。泰勒对文化所下的定义是经典性的，他在《原始文化》“关于文化的科学”一章中说：“文化或文明，就其广泛的民族学意义来讲，是一复合整体，包括知识、信仰、艺术、道德、法律、习俗以及作为一个社会成员的人所习得的其他一切能力和习惯。”显然，这个定义将文化解释为社会发展过程中人类创造物的总称，包括物质技术、社会规范和观念精神。从此，泰勒的文化定义成为文化定义现象的起

① 刘凤霞．滨州市文化产业发展研究［D］．天津大学硕士学位论文，2007：6–9.

源，后人对这个定义褒贬不一，同时亦不断地提出新的观点，到目前为止竟然已经多达200多种定义。严格的文化定义有164个之多，具有代表性的就有46种。

文化是社会广泛存在的复杂现象，是一个内涵和外延都极其丰富的概念。不同领域与学科对文化的定义也不尽相同。在我国，引用最广泛的是来自《辞海》的释义：文化有广义、狭义之分。广义指人类社会历史实践过程中创造的物质财富和精神财富的总和。狭义指社会的意识形态，以及与之相适应的制度和组织机构，并具体界定为科学、教育、艺术、文学、宗教、新闻、出版、广播、电影、电视等。不难看出，即使是从狭义角度理解，文化所涵盖的内容、领域也是相当丰富的。

民族文化是各族人民在历史进程中创造和发展的具有本民族特色的文化，包括物质文化和精神文化，主要表现在饮食、建筑、生产工具、语言文字、宗教信仰、节日习俗等方面，反映的是一个民族的历史发展水平，也是一个民族赖以生存和发展的重要基础，是中华文化不可分割的一部分。

2. 产业

"产业"是一个随着经济实践的发展而不断丰富起来的概念，最初主要指工业和物质生产领域，现在已经发展到包含物质生产领域和非物质生产领域。从广义上讲，产业是指国民经济各行各业的总和，是介于微观经济组织和宏观经济组织之间的"集合概念"，它既是具有某种同一属性的企业、事业单位的集合，又是国民经济以某一标准划分的部门，以及具有某些相同特征的经济活动的系统和集合。理解产业这个概念通常包含两个方面：一是大规模制造和市场化营销；二是营利性。也就是说，生产和提供商品（或服务）用来交换即商品化是生产的本质内涵；营利则是生产发展的根本目的，也是产业存在和发展的依据。

3. 文化产业

（1）国外对文化产业的界定

文化产业的提出，在国际上仅有半个世纪的历史，关于"文化产业"的界定有多种。"文化产业"这一概念最早是由法兰克福学派提出的。1947年，法兰克福学派的代表人物阿多诺在其著作《启蒙的辩证法》中，首先提出了"文化产业"Culture Industry）这一名词，并探讨了当时资本主义社会的文化状况。阿多诺认为，资本主义的发展已经使"电影和广播不再需要作为艺术"，而转变成了"产业"，文化产品的批量化、格式化、标准化与文化的"个性的、一次性的、独一无二的存在"的本质相敌对，因此，文化产业的要害是反人类的。在这一语境中，"文化产业"一词具有强烈的批判性和否定性意味。通过这一概念，法兰克福学派展开了对当代发达国家文化和社会的批判。但是，随着时代的发展和语境的扩展，"文化产业"逐渐演变为一种中性概念，用以指一种客观的历史文化现象。对文化产业的研究由批判走向肯定，人们对文化产业的社会价值有了新的更丰富和科学的知识。联合国教科文组织对文化产业的定义是：按照工业标准、生产、再生产、储存以及分配文化产品和服务的一系列活动。

国际上，文化产业的概念还未得到十分严格和统一的界定，各国官方和学者也都认同这一概念具有多重含义。由于世界各国文化产业发展历史、文化背景、经济发展状况及其研究者的角度和目的不同，各国针对自己文化产业发展趋势的特点，形成了各不相同的文化产业涵义内容。因此，文化产业有时也被称作或引申为“工业文化”“大众文化”“通俗文化”“创意产业”“媒体文化”“内容产业”“版权产业”等。随着科学技术的飞速发展和经济全球化的进程，与文化产业相关的一系列概念应运而生，人们对文化产业的态度发生了彻底的改变，不再把它当成一件好事或坏事，而是把它与经济、社会和文化的某些根本性变化联系起来看待。这种变化促成了文化产业理论研究的开发和繁荣。

随着现代科学技术的迅猛发展，文化产业门类不再局限于文化艺术等传统的行业，外延不断扩大，文化产业研究视野向更宽、更广的范围衍生，各国也都制订了各具特色的文化产业政策，实施文化战略与文化产业政策融合为一体的形式，推动文化产业的发展。国家政府对文化产业的发展，采取自由竞争，自我发展的基本态度，主要通过制定和实施文化产业发展的专项政策，运用经济和法律手段对其产业结构进行调控管理。世界各国官方和国际组织对文化产业行业的分类也存在明显的差异。在日本，文化产业被统称为“娱乐观光业”；而致力于发展文化产业的英国政府则把文化产业称为“创意产业”，这是为了强调人的创造力，强调文化艺术对经济的渗透和贡献；法国是有着悠久文化传统的国家，它仍然沿用“文化产业”的概念；美国作为世界上文化产业最发达的国家，虽然没有文化产业的官方界定，但就行业范围而言，包括了文化艺术类（表演艺术、艺术博物馆）、影视业、图书业和音乐唱片业等诸多的行业内容。新西兰、韩国、新加坡以及北欧等比较重视文化产业发展的国家对文化产业也有各自不同的界定和行业划分。

（2）我国对文化产业的界定

我国第一次在正式文件中使用“文化产业”这一概念，是2000年10月党的十五届五中全会通过的《中共中央关于制定国民经济和社会发展第十个五年计划的建议》。长期以来，由于地区间及部门间的差异，我国在文化产业的涵义和范围界定方面存在一定的不统一性，这不利于深入研究我国文化产业发展状况，并据此制定我国文化产业管理与发展的相关政策。鉴于此，2003年7月22日成立了由中共中央宣传部牵头，国家统计局、文化部、国家广电总局、新闻出版总署、国家文物局、国家发展改革委、财政部、国家税务总局、国家工商总局等单位参加的“文化产业统计研究课题组”。在各部门的通力合作下，课题组完成了

《文化及相关产业分类》的研制工作，2004 年 3 月 29 日以国家统计局的名义印发。其中明确规定："我国的文化产业是指为社会公众提供文化、娱乐产品和服务的活动，以及与这些活动有关联的活动的集合"。2012 年，国家统计局在修定的《文化及相关产业分类（2012）》中把文化产业定义为：为社会公众提供文化产品和文化相关产品的生产活动的集合。

文化产业是产业和文化的综合体，以人类的脑力劳动为基础，通过文化产品生产和再生产的规模化、商品化方式，使精神文化产品多样化、精神文化服务市场化。就所提供产品的性质而言，文化产业可以被理解为向消费者提供文化娱乐产品或服务的行业；就其经济过程的性质而言，文化产业可以被定义为"按照工业标准生产、再生产、储存以及分配文化产品和服务的一系列活动"。文化产业的本质就在于通过文化产品和服务的形式不断满足人们物质和精神生活需要，文化产业更加多层次、多门类、多角度的服务人民大众生活，促进人的自我完善发展，全面提升人的生活质量，促进全社会文明程度的整体进步。

简言之，文化产业就是为社会公众提供文化、娱乐产品和服务的活动，以及与这些活动相关联的活动的集合，是以一定的物质为载体所生产的精神产品，既要体现经济和社会价值，也要创造精神价值。而民族地区的文化产业更多的是带有一个地方或者一个时代或者历史遗留色彩和自然意味的精神与物质的结合体。

现代科技的发展，为传统文化注入了现代元素，促进了民间文化走出民间和草原，向现代文化产业发展。因科技含量高，资源消耗低，环境污染少，受益时间长等特点和优势，文化产业逐渐成为转变经济增长方式的着力点之一，成为当前最具发展潜力的朝阳产业。

4. 文化产业与文化事业

十六大报告第一次把"文化事业"和"文化产业"作为两个概念来提出："发展文化产业是市场经济条件下繁荣社会主义文化、满足人民群众精神文化需求的重要途径"；"发展各类文化事业和文化产业都要贯彻发展先进文化的需求，始终把社会效益放在首位"。对于公益性文化事业，国家实行支持和保障政策，鼓励其增强自身发展活力；对于经营性文化产业，国家把其定性为是"繁荣社会主义文化、满足人民群众精神文化需求的重要途径"。虽然它们的运作方式是有区别的：文化事业是重要的社会公益事业之一，是向社会提供公共产品和公共文化服务，活动过程中会有一定的经济收益，如：门票收入、稿酬收入，但远不能达到其从事文化活动和艺术生产所付出的成本，运作所需的资金主要依靠政府部门拨款，主体的主要行为是非赢利活动；文化产业是文化建设活动中活动主体用产业方式进行运作，一般进行以赢利为目的的经济活动，如娱乐业、演出业、电影电视业、出版业、音像业等均在产业运作模式上获得了较大的发展。但文化产业和文化事业两者的目的都是为了满足人民群众的精神文化需要。故本书所研究的文化产业包括了上述两部分内容。

文化产业与文化事业的联系与区别：两者都是建立在文化的基础上的，没有文化，两者都不存在，两者之间在性质、内容和目标上都存在较大区别，文化事业着重落脚点在文化上，带有公益的性质，而文化产业的落脚点在产业上，偏重于经济目的，主要是为了推动文化消费，获取经济利益。

六

为进一步规范和完善我国文化产业及相关产业统计工作，使之更适应我国文化产业发展的新情况、新变化，国家统计局在《国民经济行业分类》（GB/T4754–2011）的基础上，结合《2009 年联合国教科文组织文化统计框架》对《文化及相关产业分类（2004）》进行修订，于 2012 年 7 月颁布新的《文化及相关产业分类（2012）》标准。

在修订过程中，延续了原有的分类方法，调整了类别结构，增加了与文化生产活动相关的创意、新业态、软件设计服务等内容和部分行业小类，删除了少量不符合文化及相关产业定义的活动类别如教育和体育业等。目前我国文化体制改革已取得新突破，文化新业态不断涌现，许多文化生产活动很难区分是核心层还是外围层，因此本次修订不再保留三个层次的划分。《文化及相关产业分类（2012）》将我国文化及相关产业分为五层，共两大部分，10 个大类，50 个种类，120 个小类和 29 个延伸层，具体分类如表 1 所示[①]。

表 1　文化及相关产业分类（2012）

第一部分　文化产品的生产	第二部分　文化相关产品的生产
一、新闻出版发行服务	八、文化产品生产的辅助生产
（一）新闻服务	（一）版权服务
（二）出版服务	（二）印刷复制服务
（三）发行服务	（三）文化经纪代理服务
二、广播电视电影服务	（四）文化贸易代理与拍卖服务
（一）广播电视服务	（五）文化出租服务
（二）电影和影视录音服务	（六）会展服务
三、文化艺术服务	（七）其他文化辅助生产
（一）文艺创作与表演服务	九、文化用品的生产

① 张亚丽 . 我国文化产业发展及其路径选择研究［D］. 吉林大学博士学位论文，2014：29–30.

续表

第一部分 文化产品的生产	第二部分 文化相关产品的生产
（二）图书馆与档案馆服务	（一）办公用品的制造
（三）文化遗产保护服务	（二）乐器的制造
（四）群众文化服务	（三）玩具的制造
（五）文化研究和社团服务	（四）游艺器材及娱乐用品的制造
（六）文化艺术培训服务	（五）视听设备的制造
（七）其他文化艺术服务	（六）焰火、鞭炮产品的制造
四、文化信息传输服务	（七）文化用纸的制造
（一）互联网信息服务	（八）文化用油墨颜料的制造
（二）增值电信服务（文化部分）	（九）文化用化学品的制造
（三）广播电视传输服务	（十）其他文化用品的制造
五、文化创意和设计服务	（十一）文具乐器照相器材的销售
（一）广告服务	（十二）文化用家电的销售
（二）文化软件服务	（十三）其他文化用品的销售
（三）建筑设计服务	十、文化专用设备的生产
（四）专业设计服务	（一）印刷专用设备的制造
六、文化休闲娱乐服务	（二）广播电视电影专用设备的制造
（一）景区游览服务	（三）其他文化专用设备的制造
（二）娱乐休闲服务	（四）广播电视电影专用设备的批发
（三）摄影扩印服务	（五）舞台照明设备的批发
七、工艺美术品的生产	
（一）工艺美术品的制造	
（二）园林、陈设艺术及其他陶瓷制品的制造	
（三）工艺美术品的销售	

七

文化产业除了有其他产业所共有的特性和功能外，还有自身所具有的特殊属性和功能。①

1. 文化产业的特征

由文化产业的概念可以看出，文化产业是文化与经济的结合物，是文化资源

① 刘凤霞. 滨州市文化产业发展研究［D］. 天津大学硕士学位论文，2007：9–13.

的经济利用，其本质特征是以产业作为手段来发展文化事业，以文化为资源进行生产，向社会提供文化产品服务，目的是为满足人民群众日益增长的精神文化需求。下面进一步阐述文化产业的特征，以便更加清楚地把握文化产业的内涵。

（1）文化与经济相融合的产物

文化与经济是一对相互依赖、相互制约的天然盟友，文化产业最明显的特征莫过于他的文化形态和经济生产双重属性，这也是讨论文化产业的基本起点。对于文化产业，既要站在建设社会主义先进文化的重要地位去思考，又要将其放在国民经济发展的整个体系中去考虑。产业化要求文化产业内的企业以营利为首要目的，但是文化性意味着文化产业也不可能放弃对社会效益的追求。文化产业作为产业属于经济学的范畴，商品化是产业的本质内涵，营利是产业发展的根本目的，文化产业要谋求发展，就要在市场条件下营利，实现文化产业的生产经营循环流动，达到文化产业生产发展的目的。同时，文化产品给人们提供的是一种特殊的商品，文化产业以文化精神特性的创造和文化形式内容为依托，进行生产创造、再生产和大量复制以及营销流通，文化作为人类社会物质财富和精神财富的总和，在文化产业的生产流通、文化消费中得以传播和传承。

（2）商品性与精神属性的统一

文化产品内在地具有商品性质，商品属性是文化产品最基本的属性，文化产品的生产经营和销售活动必须遵循商品交换原则和市场价值规律，通过文化市场提供有偿服务满足文化消费需求，以此取得应有的利润。文化产业又是进行文化生产的特殊产业，它是按照精神生产的规律来进行的，突出的是文化内涵和文化含量，提供的是文化产品和文化服务，文化产业所提供的文化产品，具有不同于一般物质产品的特殊属性，它有其特定的精神内涵，能传达特定的价值意义和文化信息，具有认识、教育、启迪、审美、娱乐等功能，对人们的思想道德素质和科学文化素质产生重要影响作用，具有显著的精神属性。

（3）文化产业的隐性形态和显性形态

文化产业化的隐性形态与文化经济一体化进程的初级阶段相适应。在文化经济一体化的初级阶段，文化渗透于市场经济的运行之中，影响着经济活动的结构、规模和效率，影响着生产、交换和消费等经济环节的文明程度，由此形成了许多特定的文化形态。这些经过产业“化”后的文化，已经不是原来意义的精神文化，而是与产业行为、产业理念高度融合的文化。但是，在总体上，文化扮演的仍是经济发展的配角和产业活动的附属，文化因素对经济发展的作用还显得比较间接和隐晦。它构成了文化产业化演进的隐性阶段，并表现出企业文化、消费文化、商业文化等隐性形态。

文化产业化的显性形态是在文化经济一体化发展的高级阶段出现的。在这一阶段，产业机制和经济因素以愈来愈多的种类和愈来愈高的程度，融入到文化活动的过程和状态中，它直接导致产业形态的各类文化经济实体悄然兴起，与此同时，文化发展也不再是经济发展的配角，它通过生产文化商品或提供文化服务的方式直接参与到国民经济的运行之中，并且成为国民经济结构中的重要部分。此外，当代文化产业化的显性形态还与资本介入文化领域有直接的联系。当无孔不入的资本流动驻足于文化领域时，文化产业化必然由隐性状态转入显性状态。

（4）文化产业的“原创”“复制”及文化消费的特殊性

文化生产的核心是文化内容的生产，而文化内容生产的关键就在于其“原创”性。文化产业的生产者在生产过程中把更多的时间和精力用于产品的构思、策划，作品更多地凝聚了作者的知识、智慧，文化产品被赋予一定的文化背景和文化内容。伟大的文化艺术作品总是唯一的，文化生产总是具有自主知识产权的原创性研究和发明的过程，每一件原创文化产品之间都具有不可重复性、不可替代性和不可再生性。应当说，其他产业的生产也是具有原创性的，但是没有一个像文化产业这样依赖原创性而存在。文化产业的核心虽然在于“原创”，但是文化产品主要是通过对原创文化符号大批地复制生产出来的。文化产业的复制生产与传统制造业的批量生产是不同的。传统制造业的生产只是一种单纯的制造，而文化产业的“复制”是将一个产品重新编码，然后作为自己的内容去反复重现，制造的仅仅是内容的载体。

文化产业这种特殊的“复制”直接决定了文化消费不同于一般消费。首先，文化消费将生产过程和消费过程有机地结合了起来。文化产业的生产和消费实际上是一个编码和解码的过程，这个过程把生产和消费天然地结合起来。其次，文化消费要依靠消费者较高的精神文化需求，要求消费者具有较高的文化素质。文化需求是一种较高层次的需求，对消费者综合素质有一定的要求，各个层次的消费者都具有一定的文化需求，但更高文化层次的消费者能够更好地完成对文化产品的理解和消费。最后，文化消费的个性突出。每一个消费者对文化产品都有自己的理解方式，因为文化消费从个体来说完全是一个个性化的过程。

2. 文化产业的功能

文化产业的功能是指文化产业在人们的社会实践中，能适应和满足社会和个人多种需要的重要作用。文化产业的功能主要体现在经济功能、政治功能和社会功能等方面。

（1）经济功能

文化产业的产业属性，决定了文化产业的经济性功能，经济功能是文化产业首要的功能。经济的迅速增长，促进了文化产业的迅速发展，而文化产业的迅速发展，也为经济的发展提供一种新的、强大的动力。当历史进入21世纪的时候，知识与经济已经密不可分。文化产业作为知识经济时代的产物，它的产生与科技发展有密切联系。知识经济时代以知识为基础的推动力量是电子技术和信息技术，创造知识和提供信息服务是经济活动最主要的部分。占主导地位的知识密集型产业不仅包括信息技术、新型材料、生物工程、遗传工程、航空航天等高新技术产业，还包括以传媒、娱乐、旅游、咨询、设计等为主体的文化产业。高新技术一旦与文化产业相融合，其结果是文化产业越来越多地运用科技手段，并不断涌现出新的文化行业。在这个背景下，文化产业将成为当代经济社会发展的动力和基础，成为当今社会以及未来社会财富积累的重要源泉，成为国民经济一个新的增长点。

（2）政治功能

文化产业的政治功能不可替代，它体现着由自己的经济基础所决定的政治价值。文化产品的生产属于精神产品的生产，意识形态性是文化产业的重要特征，意识形态是社会经济基础和政治制度的直接反映，是人们的社会价值观念体系，集中体现一定阶级的利益和要求，因而具有鲜明的政治性。坚持文化产业的政治导向，在文化产业发展中重视文化产业的理念立场、坚持一定的政治操守，是抵制外来腐朽文化侵袭的精神武器，是中国文化产业发展的思想前提，也是中国文化产业发展壮大的背景环境。

文化产业的政治功能表现在三个方面：首先，文化产业具有教化功能。文化产业要追求经济效益，必须以大众可理解和接受的形式，表达一些大众共同认可的价值观念，具有普遍的可接受性。文化产业通过为人们提供一系列关于真与假、善与恶、美与丑、好与坏、是与非等判断标准，使人产生正义感、耻辱感、是非感等一系列思想观念，从而形成一定的人格修养。其次，文化产业具有维护国家安全的功能。文化产业具有重要的战略价值，关系到国家政权的巩固和稳定，特别是在我国对外开放不断扩大的情况下，受到美国文化霸权主义的威胁，面临着“西化”“分化”的危险。在这种复杂情况下，只有抢抓机遇，加快发展文化产业，才能保持文化独立，维护国家安全。第三，文化产业具有维护社会安定的功能。现代管理科学认为，一个人犯罪概率的大小，与他业余时间的安排有直接的联系，一般地来说，空余时间过多，且无所事事，这人的犯罪概率就高。如果大量增加人的文化消费时间，就可以大量减少人的社会犯罪时间。文化产业为大众提供各种文化娱乐和文化服务，使大众不仅可以很好地打发业余时间，而且可以获得肌体的放松、感情的宣泄、心理的平衡。大力发展文化产业无疑会对社会的稳定起到非常重要的作用。

（3）社会功能

文化产业不同于其他的产业，它是一种创造性的精神文化生产活动，除了满足消费者的现实需求外，它的产品更多的体现着生产者的文化品位、价值取向、道德品格、行为准则等。文化产品或以高雅的艺术表达方式，表现着宏大的文化视角和深邃的历史镜头；或以现代科技，传递着知识话语，生产着精神食粮；或以简单的故事情节蕴涵着深刻的价值观念和精神含义。文化产品所散布的思想被大范围地、高频率地传递、吸收、内化，在人们消费文化产品时，从中获得信息咨询、精神陶冶、美学享受、休闲娱乐等精神上、心理上的需求满足，不知不觉地改变着消费者固有的知识结构、思维模式和精神状态，进而对消费者、乃至整个社会思想产生反作用力，对现实环境产生影响。文化产业的社会功能主要表现在娱乐功能、审美功能和文化传播发展功能方面。

娱乐功能是指文化产业能够满足市民放松身心、活动肌体、交流情感的作用。文化产业的产业属性决定了其所提供的必然是经营性的文化，逐利资本的推动，文化产业的重心会向以取悦人的需要为主的娱乐文化倾斜，使得文化产品的生产者能通过作品去寻找听众、观众和读者，去接触尽量多的人群，而不是仅仅沉浸在个人独有的自我感觉之中。文化产业的娱乐功能是与生俱来的，是文化产业重要的功能，也是最基本的功能，文化产业必须具有娱乐功能，才能吸引人、容纳人，得到发展。

文化产业具有较强的审美功能，能够使人们得到美的享受。虽然文化产业是一种商品，但他不是普通商品，而是一种学术、一种艺术，是创作者“主体”对客观外界“客体”的评述，客体的质地、颜色和声响等都能引起人们的感官冲动，都会产生某种美的反应。虽然他的组成也是物质材料，但人们消费的不是其物质外壳，而是里面的精神内涵，人们是为了满足自己的精神需求以及娱乐、休闲和丰富自己的知识与心灵的需要。人们在享受文化产品精神内涵的同时，也受到了感官的刺激，精神的愉悦，心灵的陶冶。

文化与传播是互动一体的，现代社会知识的快速融合、生产、复制和传播使文化源远流长，也是文化产业不断前进发展的推动力。文化产业带来的丰厚利润刺激着文化再生产的积极性，加速了文化传播。文化传播促进了文化整合，不同的文化相互碰撞，彼此融合吸收、借鉴，对社会主义先进文化建设起到积极推动作用。文化传播促成了文化的积淀和文化财富的承接，发展文化产业，就起到了传播文化，促进文化发展的作用。

八

本研究将在借鉴国内外文化产业发展成功模式经验的基础上，结合对青海文化产业发展现状、存在问题及成因的系统分析，充分认识青海文化产业发展面临的机遇和挑战，从经济学、社会学、民族学、公共管理学和文化学等不同角度阐述青海文化产业发展的理论依据和优势条件，按照系统性、可持续发展和统一规划的原则，提出青海文化产业发展的战略规划与对策建议。我们通过该选题的研究，以期为拓展青海文化产业发展空间、挖掘青海文化产业发展的潜力提供理论支持和政策指导；为加快青海省文化产业发展进程，并为青海文化产业更加规范、健康有序的发展做出贡献，并为其他城市和区域发展文化产业提供一些经验和借鉴。

九

文化产业是一个新兴产业，一个朝阳产业，一个具有生机和活力的产业。相信在这满园春色中，青海将凭借更好地发挥资源优势和特色优势，成为一枝独秀，翘首傲立。

我们坚信，青海文化产业将迎来最好的发展机遇。

本章参考文献

[1] 肖安鹿，段建玲 . 文化产业发展与文化大省建设［M］. 兰州：甘肃文化出版社，2012 年序言第 1 页。
[2] 萝莉 . 西藏文化产业发展探析［M］. 北京：社会科学文献出版社，2015:3.
[3] 陈伟军 . 广东文化产业发展战略研究［M］. 广州：暨南大学出版社，2013:1.
[4] 张宝宗 . 吉林省文化产业发展研究［D］. 吉林大学博士学位论文，2012.
[5] 张亚丽 . 我国文化产业发展及其路径选择研究［D］. 吉林大学博士学位论文，2014.
[6] 青海省文化和新闻出版厅 . 关于加快发展文化产业的意见（送审稿）［R］. 青海省文化和新闻出版厅内部资料，2016–7.
[7] 李思屈等 . 中国文化产业政策研究［M］. 杭州：浙江大学出版社，2012 年总序第 1 页。
[8] 陈红玉 . 中国文化产业创新政策研究［M］. 北京：北京理工大学出版社，2012 年序第 1 页。
[9] 王琼瑶 . 青海：一个正在崛起的文化产业高地［N］. 青海日报，2011–8–19，第 11 版。
[10] 刘凤霞 . 滨州市文化产业发展研究［D］. 天津大学硕士学位论文，2007.
[11] 辛佳 . 从一大组数据来看 当前文化产业发展现状［N］. 中国信息报，2016–4–27.

（本章撰稿人：李毅）

目 录

第一部分 青海省文化产业发展总论 …… 1
第 1 章 青海省文化产业发展经验和启示 …… 2
1.1 青海省文化产业发展的历程与经验 …… 3
1.1.1 青海文化产业发展的主要历程 …… 3
1.1.2 青海文化产业取得的主要成绩 …… 7
1.1.3 青海文化产业发展的经验 …… 19
1.2 国内外文化产业发展的经验与启示 …… 25
1.2.1 国外文化产业发展主要模式与经验 …… 25
1.2.2 国内其他省份典型文化产业发展经验 …… 33
1.2.3 启示一：文化产业发展一般规律 …… 37
1.2.4 启示二：青海省文化产业发展必须处理好的几个关系 …… 39
1.3 青海省加快发展文化产业的重要性和紧迫性 …… 40
1.3.1 文化产业在构建公共文化服务体系中的作用 …… 41
1.3.2 文化产业在创建生态文明先行区建设中的作用 …… 42
1.3.3 特色文化产业在民族地区经济社会发展中的地位 …… 43
第 2 章 青海省文化产业发展现状、存在的主要问题及制约因素 …… 46
2.1 青海省文化产业发展现状 …… 46
2.1.1 青海省文化产业发展的基本情况 …… 46
2.1.2 青海省文化产业“十二五”期间取得的主要成绩 …… 56
2.1.3 青海省文化产业发展形势 …… 58
2.2 青海省文化产业发展存在的主要问题 …… 63
2.2.1 文化产业规模总量偏小，结构单一 …… 63
2.2.2 文化产业集约化程度不高，缺乏有竞争力的市场主体 …… 63
2.2.3 文化资源开发力度不够，产品档次不高 …… 64
2.2.4 文化与其他行业深度融合不够 …… 64

2.2.5 政策保障支撑不足 …… 64
2.2.6 文化产业各类人才紧缺 …… 65
2.2.7 文化体制改革的活力尚未完全释放 …… 65
2.2.8 园区与基地建设缓慢 …… 66
2.2.9 科技创新不足、创意能力弱 …… 67
2.2.10 文化产业年度数据统计不完全 …… 68
2.3 制约青海省文化产业发展的主要因素解析 …… 68
2.3.1 政府政策支持力度不够、基础服务设施投资不足 …… 68
2.3.2 对文化产业在经济发展中的战略地位认识不足 …… 69
2.3.3 文化产业产值比重低、区域性发展不平衡 …… 70
2.3.4 打造知名文化品牌的意识不强，创意不够 …… 70
2.3.5 文化专业人才严重缺乏 …… 71
2.3.6 特色文化产业发展规模小、效益低 …… 73
2.3.7 从事文化产业的管理人才严重缺乏 …… 73
2.3.8 文化产业金融资本紧缺 …… 73
2.3.9 文化消费需求不足 …… 76
2.3.10 缺乏有效整合优势资源的文化产业集团公司 …… 76
第 3 章　青海省文化产业发展总体规划 …… 78
3.1 指导思想 …… 78
3.2 基本原则 …… 80
3.2.1 总体原则 …… 80
3.2.2 具体原则 …… 81
3.3 发展定位 …… 83
3.4 发展思路 …… 83
3.4.1 着力发展特色文化产业 …… 83
3.4.2 推动区域文化产业协调发展 …… 84
3.4.3 实施重大文化产业项目 …… 84
3.4.4 培育骨干文化企业 …… 84
3.4.5 完善政策措施 …… 85
3.4.6 优化文化市场环境 …… 85
3.4.7 强化人才支撑 …… 85

3.4.8 加强组织领导 …… 85
3.5 发展模式 …… 86
3.6 发展目标 …… 86
3.6.1 总体目标 …… 86
3.6.2 具体目标 …… 86
3.7 主要任务 …… 88
3.7.1 繁荣文化艺术创作生产 …… 88
3.7.2 构建现代公共文化服务体系 …… 90
3.7.3 构建优秀传统文化传承体系 …… 91
3.7.4 推动新闻出版事业发展 …… 94
3.7.5 推动文化产业快速发展 …… 96
3.7.6 推动文化与旅游深度融合 …… 99
3.7.7 推进现代文化市场体系建设 …… 101
3.7.8 积极挖掘发展生态文化 …… 102
3.7.9 加大对外文化交流力度 …… 103
3.7.10 发挥文化在脱贫攻坚中的作用 …… 104
3.7.11 加强文化人才队伍建设 …… 105
3.8 促进计划和工程 …… 112
3.8.1 促进文化消费计划 …… 112
3.8.2 文化创意产品扶持计划 …… 112
3.8.3 文化产业数字发展计划 …… 113
3.8.4 特色文化产业发展工程 …… 113
3.8.5 文化市场主体培育工程 …… 113
3.8.6 文化产业园（基地）提升工程 …… 113
3.9 保障措施 …… 114
3.9.1 总体措施 …… 114
3.9.2 具体措施 …… 116
第 4 章 青海省文化产业发展的路径与机制保障 …… 120
4.1 青海省文化产业发展的路径选择 …… 120
4.1.1 特色发展 …… 120
4.1.2 集群发展 …… 122

4.1.3 融合发展 …… 127
4.2 青海省文化产业发展的机制保障 …… 132
4.2.1 改善文化产业发展的政策和法规环境 …… 132
4.2.2 建立健全文化产业结构 …… 135
4.2.3 完善投融资机制做强文化企业 …… 136
4.2.4 优化整合文化产业人才资源 …… 138
第二部分 青海省文化产业发展战略及其体系 …… 141
第5章 加快推进青海文化产业成为支柱产业的发展战略 …… 142
5.1 推动文化产业成为支柱产业的发展战略思路 …… 142
5.2 推动文化产业成为支柱产业的SWOT分析 …… 143
5.2.1 青海省发展文化产业的优势 …… 143
5.2.2 青海省发展文化产业的劣势 …… 146
5.2.3 青海省文化产业发展的战略机遇 …… 147
5.2.4 青海省文化产业发展面临的挑战 …… 149
5.3 青海省文化产业发展的具体战略 …… 150
5.3.1 发挥文化产业的关联带动作用，实施总量扩张战略 …… 150
5.3.2 产业结构优化战略 …… 152
5.3.3 集群发展战略 …… 153
5.3.4 加快推动重点行业发展 …… 154
5.3.5 人才发展战略 …… 156
5.3.6 实施重点工程战略 …… 157
5.3.7 优化发展环境战略 …… 159
5.3.8 完善投融资体系战略 …… 160
5.3.9 以西宁为重点的“走出去、引进来”战略 …… 160
5.3.10 扩大文化消费战略 …… 161
第6章 推动传统优势文化行业转型升级 …… 164
6.1 工艺美术业（民族民间工艺品业）…… 164
6.1.1 概述 …… 164
6.1.2 发展现状 …… 165
6.1.3 存在的问题 …… 166
6.1.4 发展建议 …… 167

6.2 新闻出版业 …… 168
6.2.1 发展现状 …… 169
6.2.2 存在的问题 …… 173
6.2.3 发展建议 …… 176
6.3 节庆会展业 …… 178
6.3.1 概述 …… 178
6.3.2 发展成果 …… 178
6.3.3 存在的问题 …… 179
6.3.4 发展建议 …… 180
6.4 文化休闲娱乐业 …… 181
6.4.1 文化休闲娱乐业界定 …… 181
6.4.2 发展现状 …… 182
6.4.3 存在的问题 …… 187
6.4.4 发展建议 …… 189
6.5 广播电影电视业 …… 191
6.5.1 发展现状 …… 191
6.5.2 存在的问题 …… 196
6.5.3 发展建议 …… 199
第 7 章 大力发展新兴复合文化业态 …… 202
7.1 文化旅游业 …… 202
7.1.1 文化旅游资源 …… 203
7.1.2 发展现状及存在问题 …… 207
7.1.3 发展建议 …… 208
7.2 演艺娱乐业（民族民间演艺业） …… 210
7.2.1 概述 …… 210
7.2.2 发展现状 …… 211
7.2.3 存在问题 …… 213
7.2.4 发展建议 …… 214
第 8 章 培育扶持文化创意产业 …… 217
8.1 文化创意产业概念及青海文化创意产业概况 …… 218
8.1.1 文化创意产业概念 …… 218

8.1.2 青海文化创意产业概况 …… 219
8.2 网络、新媒体、动漫游戏业 …… 222
8.2.1 网络业 …… 222
8.2.2 新媒体 …… 224
8.2.3 动漫游戏业 …… 227
8.3 文化创意设计业 …… 229
8.4 休闲避暑创意产业 …… 231
8.5 藏医药文化相关产业 …… 234
8.5.1 建设生态基地，实现产业可持续发展 …… 237
8.5.2 形成产业集群，提高企业竞争力 …… 238
8.5.3 打造品牌，传播藏医药文化 …… 238
8.5.4 培养人才，实现科学生产管理 …… 239
8.6 对策建议 …… 239
8.6.1 优化文化创意产业发展的内部环境 …… 239
8.6.2 优化文化创意产业发展的外部环境 …… 241
8.6.3 完善特色文化创意发展产业链 …… 243
8.6.4 完善特色文化创新型人才培养 …… 244
8.6.5 创新特色文化表现形式 …… 245

第三部分　青海省各市州文化产业发展研究 …… 247

第 9 章　西宁市文化产业发展研究 …… 248
9.1 文化资源状况 …… 249
9.2 文化产业发展现状 …… 253
9.2.1 新闻出版规模逐年扩大 …… 254
9.2.2 广播电视人口覆盖率逐年提高、电影院线建设初见成效 …… 254
9.2.3 市内风景名胜旅游景区资源丰富、旅游规模逐年扩大 …… 255
9.2.4 文化产业场、馆数量和规模日渐扩大，文化产业规模快速提升 …… 256
9.3 文化产业发展问题分析 …… 256
9.3.1 文化产业发展不足、产业规模偏小 …… 256
9.3.2 文化场馆基础设施不完善建设职能虚化 …… 257
9.3.3 产业发展投入不足 …… 257
9.3.4 缺乏文化产业人才 …… 258

9.4 西宁市发展文化产业的 SWOT 分析 …… 258
9.4.1 优势分析（Strength） …… 258
9.4.2 劣势分析（Weakness） …… 260
9.4.3 产业发展机会分析（Opportunity） …… 261
9.4.4 威胁分析（Threat） …… 262
9.5 总体思路与对策建议 …… 262
9.5.1 加强政府政策扶持 …… 262
9.5.2 完善和规范行业发展体系 …… 264
9.5.3 优化产业布局、扩大产业规模 …… 265
9.5.4 完善基础设施，落实管理职能 …… 265
9.5.5 挖掘文化资源，打造特色文化品牌 …… 266
9.5.6 培养文化产业人才，促进可持续发展 …… 266
9.5.7 加快文化创意产品开发的跨界融合，促进产业升级转型 …… 267
9.5.8 实施载体项目，带动产业繁荣发展 …… 267
9.5.9 创新发展路径，推动新型产业发展 …… 268
9.5.10 扩大消费市场，增加文化消费总量 …… 268
9.6 重点项目 …… 268
9.6.1 特色文化产业项目 …… 268
9.6.2 丝绸之路文化产业重点项目 …… 269
第 10 章 海东市文化产业发展研究 …… 271
10.1 海东市文化资源状况 …… 271
10.1.1 多彩的生态文化资源 …… 271
10.1.2 独特的民俗文化资源 …… 272
10.1.3 深厚的古文化资源 …… 273
10.1.4 浓郁的宗教文化资源 …… 273
10.1.5 丰富的民族民间艺术文化资源 …… 274
10.2 文化产业发展现状 …… 274
10.2.1 文化基础设施不断加强 …… 274
10.2.2 群众文化活动不断丰富和活跃 …… 275
10.2.3 特色文化产业初见规模 …… 276
10.2.4 文化旅游产业得到前所未有的发展 …… 276

10.3 存在的问题和不足 …… 277
10.3.1 文化产业品牌不多，地域特色的文化精品较少 …… 277
10.3.2 文化产业人才总量不足，文化创意和经营型人才缺乏 …… 277
10.3.3 文化产业发展基础薄弱，产值不高 …… 277
10.4 “十二五”期间文化产业发展的主要做法 …… 278
10.4.1 培育发展文化企业，壮大文化产业队伍 …… 278
10.4.2 挖掘地域民间文化特色，突出产业优势 …… 278
10.5 对策建议和保障措施 …… 280
10.5.1 进一步加强和完善公共文化服务体系建设 …… 280
10.5.2 努力打造地方文化活动品牌 …… 280
10.5.3 加强人才队伍建设，为繁荣发展提供人才支撑 …… 281
10.5.4 保障措施 …… 281
10.6 重点项目 …… 282
10.6.1 互助彩虹部落温泉养生度假区 …… 282
10.6.2 乐都文化一条街建设项目 …… 282
10.6.3 鄯州古城民俗文化生态园建设项目 …… 282
10.6.4 药草台文化康体养生度假区建设项目 …… 283
10.6.5 映山红文化旅游生态园建设项目 …… 283
10.6.6 民和《梦幻三川》山水实景表演项目 …… 283
10.6.7 民和文化产业创意园项目 …… 283
第 11 章　海南州文化产业发展研究 …… 285
11.1 文化资源状况 …… 285
11.2 文化产业发展现状 …… 290
11.2.1 文化产业基本状况 …… 290
11.2.2 文化产业发展现状及特点 …… 292
11.3 文化产业发展存在的突出问题和主要困难 …… 295
11.3.1 对发展文化产业的重要性认识不到位 …… 295
11.3.2 扶持资金投入不足 …… 296
11.3.3 文化产业结构单一 …… 296
11.3.4 人才支撑十分薄弱 …… 296
11.3.5 投资环境亟待改善 …… 296

11.3.6 市场主体亟待培育 …… 297
11.3.7 文化资源的整合与开发利用亟待深化 …… 297
11.4 总体思路与对策建议 …… 297
11.4.1 总体思路 …… 297
11.4.2 对策建议 …… 298
11.5 重点项目 …… 302
11.5.1 特色文化产业发展工程 …… 302
11.5.2 文化产业园区（基地）提升工程 …… 302
11.5.3 文化产业建设项目 …… 302
11.5.4 数字文化产业发展工程 …… 302
11.5.5 构筑安多生态文化实验保护区 …… 303
11.5.6 建立高端休闲娱乐旅游区 …… 303
11.5.7 建设南部高端生态文化旅游区 …… 303
11.5.8 实现景区演出常态化，适时打造实景演出项目 …… 303
11.5.9 建立海南州文化产业培训基地 …… 304
第 12 章 海西州文化产业发展研究 …… 305
12.1 文化资源状况 …… 305
12.1.1 文物古迹 …… 305
12.1.2 岩画艺术 …… 307
12.1.3 民族民间文化资源灿烂 …… 308
12.1.4 非物质文化遗产丰富 …… 309
12.1.5 “柴达木精神”文化独具魅力 …… 310
12.2 文化产业发展状况 …… 310
12.2.1 海西文化产业发展稳中求进 …… 311
12.2.2 挖掘地域特色文化，文化旅游融合发展 …… 313
12.2.3 公共文化服务体系建设初具规模，群众文化活动效果显著 …… 314
12.3 存在的突出问题和主要困难 …… 315
12.3.1 文化产业整体规模小、实力弱 …… 315
12.3.2 文化产业布局不平衡 …… 316
12.3.3 文化创意产业集群缺乏，产业链条有待延长 …… 316
12.3.4 文化产业资源利用程度、整合程度有待近一步提升 …… 316

12.3.5 文化产业面临投融资机制不健全 …… 317
12.3.6 文化产业创新创意能力较弱，缺少领军人才 …… 317
12.3.7 高原文化生态资源保护仍需加强 …… 317
12.4 总体思路与对策建议 …… 318
12.4.1 发展定位 …… 318
12.4.2 发展思路与对策建议 …… 318
12.5“十三五”文化产业发展重点 …… 321
12.5.1 工艺美术业 …… 321
12.5.2 节庆会展业 …… 321
12.5.3 文化旅游业 …… 322
12.5.4 演艺娱乐业 …… 323
12.5.5 广播影视业 …… 324
12.5.6 创意设计业 …… 325
12.6 重点项目 …… 325
12.6.1 做好国家藏羌彝文化产业走廊项目 …… 325
12.6.2 培育发展德令哈——乌兰——天峻和都兰文化旅游经济带 …… 326
12.6.3 稳步推进文化产业园建设，延伸文化产业链 …… 327
第 13 章　海北州文化产业发展研究 …… 328
13.1 文化资源状况 …… 328
13.1.1 民族文化 …… 328
13.1.2 红色文化 …… 330
13.1.3 历史文化 …… 330
13.1.4 生态文化 …… 332
13.1.5 体育文化 …… 333
13.2 文化产业发展现状 …… 333
13.2.1 积极培育发展，产业成效逐步显现 …… 334
13.2.2 从现有产业投资主体分析，民营经济占主导地位 …… 334
13.2.3 采取有力措施，扶持、引导文化产业发展 …… 334
13.2.4 科学定位布局，推进文化产业差异化发展 …… 335
13.3 存在的突出问题和主要困难 …… 335
13.3.1 文化产业意识尚未完全形成 …… 335

13.3.2 文化产业经营管理人才与科技匮乏 …… 336
13.3.3 文化产业规模小，特色不明显，竞争力不强 …… 336
13.3.4 文化产业发展资金缺乏，企业经济发展速度缓慢 …… 336
13.3.5 文化产业统计指标体系不健全 …… 336
13.4 对策建议 …… 337
13.4.1 建立健全文化产业统筹协调机制，加强宏观调控和管理 …… 337
13.4.2 加大政策引导扶持力度，强化文化产业发展 …… 337
13.4.3 建立健全多元化投融资体系，优化文化产业结构 …… 338
13.4.4 强化品牌意识，全力推动文化产业全面发展 …… 338
13.4.5 培育骨干文化企业，延伸文化产业链 …… 338
13.4.6 加强文化产业园区和基地建设，增强产业集聚效应 …… 339
13.4.7 打造民族文化展示平台，提升文化产业影响力 …… 339
13.4.8 加强市场监管，优化文化市场环境 …… 339
13.4.9 鼓励和扶持文化产业培训，加快人才队伍建设 …… 340
13.5 重点项目 …… 340
13.5.1 门源县文化产业项目 …… 340
13.5.2 刚察县文化产业重点项目 …… 341
13.5.3 海晏县文化产业项目 …… 344
13.5.4 祁连文化产业项目 …… 345
第 14 章　黄南州文化产业发展研究 …… 348
14.1 文化资源状况 …… 348
14.1.1 黄南地区的热贡文化 …… 348
14.1.2 热贡文化的特点 …… 349
14.1.3 热贡文化的范围 …… 350
14.2 文化产业发展现状 …… 351
14.2.1 同仁县文化产业发展现状 …… 351
14.2.2 黄南州文化产业现状 …… 352
14.3 存在的突出问题和主要困难 …… 355
14.3.1 文化产业管理体制和机制不顺，市场配置资源的机制尚未形成 …… 355
14.3.2 文化生态环境不够理想，文化产业规划政策不完善 …… 355

14.3.3 热贡文化内容资源尚未有效开发利用 …… 356
14.3.4 文化企业规模小，产业布局分散，文化精品不多，核心竞争力不强 …… 356
14.4 对策建议 …… 356
14.4.1 进行文化产业管理体制和机制创新 …… 356
14.4.2 加强科学规划，完善扶持政策法规体系 …… 357
14.4.3 加快文化产业内容创新与技术应用相结合 …… 357
14.4.4 在广度深度上提高文化产业意识 …… 358
14.4.5 重视文化产业人才培养 …… 358
14.4.6 加强高级文化艺术人才培养 …… 358
14.4.7 加大热贡文化宣传力度 …… 359
14.5 重点项目 …… 359
14.5.1 倾力打造热贡文化艺术产业园和推广吾屯热贡文化艺术村经验 …… 359
14.5.2 “十三五”期间重点培育的文化企业和文化产业项目 …… 360
第 15 章　果洛州文化产业发展研究 …… 363
15.1 果洛州文化资源现状 …… 363
15.1.1 以格萨尔文化为代表的非物质文化遗产 …… 363
15.1.2 以格萨尔文化旅游节为代表的节庆文化 …… 364
15.1.3 神秘而又丰富的藏传佛教文化 …… 364
15.1.4 以班玛红军沟为代表的红色旅游文化 …… 364
15.1.5 以碉楼为代表的建筑文化 …… 365
15.1.6 方兴未艾的民间手工艺品 …… 365
15.1.7 特有的民族饮食文化 …… 366
15.1.8 丰富的民族歌舞资源 …… 366
15.1.9 自然景观与民间神话传说交相辉映 …… 366
15.1.10 民族医药文化 …… 366
15.1.11 特有的民族风情文化 …… 366
15.2 果洛州文化产业发展状况 …… 367
15.2.1 文化产业总体发展状况 …… 367
15.2.2 文化事业发展基本现状 …… 368

15.2.3 近年文化基础设施和重点项目建设情况 ………………………………… 368
15.2.4 文化产业发展定位、现状及特点 …………………………………………… 369
15.3 存在的主要问题和困难……………………………………………………… 370
15.3.1 文化资源整合水平不高，形式依然单一 ………………………………… 371
15.3.2 文化产业市场意识淡薄 …………………………………………………… 371
15.3.3 整体发展水平落后 ………………………………………………………… 371
15.3.4 文化需求弱 ………………………………………………………………… 371
15.3.5 专业人才缺乏 ……………………………………………………………… 372
15.3.6 文化发展基层基础薄弱 …………………………………………………… 372
15.3.7 对文化产业重视程度不够 ………………………………………………… 372
15.4 总体思路与对策建议………………………………………………………… 372
15.4.1 可行性分析 ………………………………………………………………… 372
15.4.2 总体发展思路及对策建议 ………………………………………………… 373
第 16 章 玉树州文化产业发展研究 ………………………………………… 378
16.1 文化资源状况………………………………………………………………… 378
16.1.1 非物质文化传承 …………………………………………………………… 379
16.1.2 民族歌舞 …………………………………………………………………… 380
16.1.3 地域环境 …………………………………………………………………… 381
16.1.4 交通 ………………………………………………………………………… 381
16.1.5 文化节庆会展 ……………………………………………………………… 382
16.1.6 民族特色产品 ……………………………………………………………… 382
16.1.7 文化旅游 …………………………………………………………………… 383
16.1.8 自然保护区 ………………………………………………………………… 383
16.2 文化产业发展现状…………………………………………………………… 384
16.2.1 文化产业类型及成效 ……………………………………………………… 384
16.2.2 文化品牌建设 ……………………………………………………………… 385
16.2.3 文化产业投融资 …………………………………………………………… 385
16.2.4 藏传黑陶制作工艺 ………………………………………………………… 385
16.2.5 安冲藏刀制作工艺 ………………………………………………………… 386
16.3 存在的突出问题和主要困难………………………………………………… 386
16.3.1 发展理念亟待创新 ………………………………………………………… 386

16.3.2 市场主体培育不足 …… 386
16.3.3 产业要素亟需健全 …… 386
16.3.4 经营管理水平较低 …… 387
16.3.5 打造文化产品品牌不足 …… 387
16.3.6 文化产业的领军人物、专业人才严重不足 …… 387
16.3.7 资金投入不足 …… 387
16.3.8 交通是制约玉树文化旅游产业发展的瓶颈 …… 387
16.4 总体思路与对策建议 …… 387
16.4.1 发展机遇 …… 387
16.4.2 发展定位 …… 389
16.4.3 总体思路 …… 389
16.4.4 对策建议 …… 389
16.5 重点项目 …… 391
16.5.1 重点扶持以民族歌舞为代表的文化产业项目 …… 391
16.5.2 成立玉树州文化产业培训基地 …… 391
16.5.3 以嘉那嘛呢为品牌打造新寨卓舞的演艺中心 …… 391
16.5.4 加快州级文化创意产业园、康巴文化风情园等文化产业园区建设项目 …… 391
16.5.5 出版发行玉树民族文化全书 …… 392
16.5.6 积极争取玉树州康巴艺术中心环形剧场改造项目 …… 392
16.5.7 进一步加大文化产业的扶持力度 …… 392
16.5.8 健全完善体制机制，加快“文化＋旅游＋商贸”等多产业融合发展 …… 393
后　记 …… 395

第一部分
青海省文化产业发展总论

第1章　青海省文化产业发展经验和启示

近年来，随着青海省经济社会的快速发展，人民文化素质和收入水平的逐步提高，人民群众可供休闲娱乐的闲暇时间日益增多，精神文化需求迅速提升，文化产业发展面临难得的历史机遇。

从国际发展经验以及我国发展文化产业的历程来看，大力发展文化产业，有着重大的现实意义和深远的战略意义。①文化产业是21世纪的朝阳产业，对于提升国家文化软实力和综合竞争力具有重要战略意义，在促进区域经济结构调整、拉动经济增长、提高就业率、刺激消费、提高国民素质和文化生活质量，从而带动区域内各要素生产力提高等诸多方面发挥越来越大的作用。主要发达国家和新兴经济体高度重视文化产业的发展，美国、欧盟、日本、韩国等国家文化产业增加值对经济的贡献率已经超越一些传统产业，文化产业领域的国际竞争日趋激烈。我国文化产业近年来快速发展，据国家统计局核算，2014年全国文化及相关产业增加值23940亿元，比上年增长12.1%（未扣除价格因素），比同期GDP现价增速高3.9个百分点；占GDP的比重为3.76%，比上年提高0.13个百分点。核算数据表明，文化及相关产业在稳增长、调结构中发挥了积极作用。"十二五"时期推动文化产业成为国民经济战略性支柱产业已经上升为我国的国家战略，成为推动文化大发展大繁荣的主要任务。从我国地区间文化产业发展现状来看，区域间产业竞争与合作并存，机遇与挑战并存。十三五规划建议：文化产业将成国民经济支柱性产业，我国文化产业增加值占GDP比重要达到5%。文化产业高附加值的特性吸引了大量资本和人力资源涌进文化领域，社会资本投资文化产业和文化资源开发的热情持续升温，文化产业成为社会资本追逐的热点，文化产业规模扩张成为文化产业发展的必然趋势。

对青海省而言，大力发展文化产业不仅有利于发展少数民族地区先进民族文化，满足人民群众日益增长的精神文化需要，提高人民生活质量；有利于促进经济结构调整和民族地区和谐稳定，推动产业结构升级，有效拉动内需，促进就业，实现经济可持续发展；还有利于促进民族地区和谐稳定，全面贯彻实施省委

① 刘绍坚.文化产业：国际经验与中国路径［M］.北京：中国社会科学出版社，2014：117-118.

"131"战略部署[①]，推动青海省和谐社会构建；也有利于增强青海省软实力，提升青海省的经济地位和影响力。

1.1 青海省文化产业发展的历程与经验

1.1.1 青海文化产业发展的主要历程

新中国成立之后，青海省和国家层面一样，在很长一段时间内将文化作为公共事业来发展，其主要承担意识形态功能，并没有去挖掘其本身具备的经济功能[②]。改革开放之后尤其是进入21世纪以来，随着社会主义市场经济体制的不断完善，国内文化体制改革步伐不断加快，我国对文化产业的认识也在不断深化。[③]青海的文化产业也是在改革开放之后尤其是进入21世纪后才有了较快的发展，为青海经济的增长做出了较大贡献。实际上，青海省文化产业发展正式起步于2003年，起步时间较晚，但昆仑玉、热贡艺术、藏族织毯、民族服饰、工艺美术、传统手工艺等深厚的民族文化底蕴，让青海省的文化产业发展从一开始就站在了一个很高的起点之上。[④]

近十多年来，青海省立足本省实际，以民族民间文化和丰富的民族文化资源为源头，逐步探索出一条发展特色民族文化产业之路。

"十一五"以来，青海省在文化产业发展方面积极探索，因地制宜，大胆实践，狠抓民族文化品牌的塑造、文化旅游精品剧目的生产、农牧民文化技能技艺的培训和文化"走出去"工程，初步形成了工艺美术产业重点推进，文艺演出、艺术培训、图书音像出版等其他门类产业协调发展的良好局面，尝试走出了一条具有青海民族特色的文化产业发展的新路子，并初步形成以昆仑玉为代表的玉石雕刻工艺品区，以藏文化艺术为代表的民族民间工艺品区，以书法绘画为代表的书画艺术品区，以冬虫夏草为代表的青藏土特产品区等四大经营区域。

"十二五"以来，伴随着青海省一系列培育和发展文化产业的政策与规划的出台，通过简化办事程序，加强政策引导，降低市场准入门槛，积极培育文化市场，以及税收、财政、信贷、投资准入等各个方面的优惠与便利，青海省文化产业在发展中逐步提升内涵，发展特色文化产业的总体思路也越来越明晰，并把文化产业确定为影响未来发展的战略产业。

---

① "131"战略部署即实现"一个同步"、奋力建设"三区"、打造"一个高地"。其中，"一个高地"即铸就青海精神高地。

② 张宝宗．吉林省文化产业发展研究［J］．吉林大学博士学位论文，2012：1–20.

③ 刘绍坚．文化产业：国际经验与中国路径［M］．北京：中国社会科学出版社，2014：117–118.

④ 王琼瑶．青海：一个正在崛起的文化产业高地［N］．青海日报，2011–8–19，第11版。

2014年，青海省文化及相关产业法人单位稳步发展，各行业经济指标与上年相比略有提高，部分行业经济效益较快增长，2014年青海省文化及相关产业实现增加值46.67亿元，比上年增长7.2%（未扣除价格因素）；青海省文化及相关产业法人单位实现营业收入159.2亿元，比上年增长10.2%。总体看来，近几年，青海省文化产业稳步发展，但与全国相比，文化产业增加值占地区生产总值的比例较低。2014年文化及相关产业增加值46.67亿元，占青海省地区生产总值的比例为2.03%，比全国平均水平低1.74个百分点。同时文化产业企业达到规模的企业个数少，且以文化制造业为主，其他文化产业发展依然不足。[①]

"十二五"期间，青海省重点推动工艺美术、文化旅游、演艺娱乐、新闻出版等行业发展，文化产业得到快速发展，增加值达51亿元，年均增长率达18%以上，占青海省GDP的2.07%。投资42亿元建设的27个文化产业园区中有18个相继投入运营，国家级文化产业示范基地达到10个，省级文化产业示范基地达到78个，年销售收入千万元以上的企业达到25个。财政金融助推文化产业发展，财政投入文化产业专项资金3.54亿元，金融部门发放贷款超过50亿元，一大批文化企业和项目得到有力支持。

从文化部公布的2015年度特色文化产业重点项目、丝绸之路文化产业重点项目和藏羌彝文化产业走廊重点项目名单来看，青海省19个项目被纳入中国文化产业重点项目库，入选数量居全国第一，其中3个特色文化产业重点项目、10个藏羌彝文化产业走廊重点项目、6个丝绸之路文化产业重点项目。[②]

近年来，国家和青海省出台一系列支持文化产业发展的政策措施，鼓励和引导文化产业加快发展。国家实施特色文化产业发展工程、藏羌彝文化产业走廊、丝绸之路文化产业带重点项目建设以来，青海省互助土族纳顿特色文化产业发展示范项目等6个项目入选国家特色文化产业重点项目，热贡龙树画苑唐卡加工项目等13个项目入选国家藏羌彝文化产业走廊重点项目，城南文化产业聚集区丝路创意产业园项目等6个项目入选国家丝绸之路文化产业带重点项目（见表1-1）。国家《藏羌彝文化产业走廊总体规划》涵盖青海省西宁、海东及6州的30县（市）的61个文化产业项目。《青海省文化产业发展规划》《藏羌彝文化产业走廊（青海片区）发展规划》的发布实施，指导和推动青海省及藏区文化产业发展。近两年中央文化产业发展专项资金对青海省8个藏羌彝文化产业走廊重点项目支持2960万元，重点支持青海省少数民族地区特色文化产业发展。

---

① 青海省统计信息网.2014年青海省文化及相关产业发展情况简析［EB/OL］. 统计与调查第31期，http://www.qhtjj.gov.cn/infoAnalysis/tjContrast/201601/t20160104_38106.html.

② 注：入选国家重点项目库，国家将重点在资金扶持、项目规划创意、对接推介、投资融资、人才培养、专家咨询等方面提供扶持和服务。

表 1-1　入选国家重点项目库项目一览表（2014-2015）

特色文化产业重点项目

序号	项目名称	企业名称	项目所在地	资金来源	项目资金额（万元）	资金合计（万元）
1	藏文化艺术特色创意产业化示范基地	青海八瓣莲花文化产业股份有限公司	西宁市	省级	50	1320
2	岗拉藏文化旅游产业园建设项目	青海循化县岗拉民族用品有限公司	海东市	无		
3	穆斯林文化特色网帽生产线创新项目	青海新优民族用品有限公司	海东市	省级	10	
4	手工藏毯及精品艺术挂毯研发和生产销售项目	青海省藏羊地毯（集团）有限公司	西宁市	中央	600	
5	互助县土族纳顿特色文化产业发展示范项目	互助县土族纳顿文化旅游开发有限公司	海东市	中央	600	
6	循化县撒拉族文化产品生产基地（黄河石艺）项目	循化县博艺旅游文化有限责任公司	海东市	省级	60	

藏羌彝文化产业走廊重点项目

序号	项目名称	企业名称	项目所在地	资金来源	项目资金额（万元）	资金合计（万元）
1	热贡雕塑工艺品开发项目	青海仁俊热贡艺术有限责任公司	黄南州	省级	90	410
2	黄南州热贡文化产品绘画矿物颜料精加工项目	黄南州热贡赞巴拉文化艺术有限责任公司	黄南州	省级	35	
3	和砚和雕文化旅游工艺品产业化开发项目	泽库县泽和石源石材工艺开发有限公司	黄南州	省级	30	
4	“苏勒德”蒙古族风情园文化旅游服务拓展建设项目	河南县苏勒德草原文化推广有限公司	黄南州	省级	35	
5	贵南县藏绣产业园建设项目	贵南县东格尔藏绣科技有限责任公司	海南州	省级	35	
6	拉脊山安多民俗文化开发项目	海南州东智藏文化艺术开发有限责任公司	海南州	省级	10	
7	祁连翠光玉文化展览馆	祁连翠光玉文化旅游开发有限公司	海北州	省级	45	
8	玉树藏区原创文化艺术品加工项目	玉树州三江源藏族文化艺术有限公司	玉树州	省级	55	
9	玉树县恭藏民族手工艺品加工项目	玉树恭藏民族手工艺品有限公司	玉树州	省级	35	

续表

10	玉树文化旅游精品剧目《玉树春天》项目	玉树华王文化有限公司	玉树州	无		
11	果洛州特色民俗文化体验中心项目	久治县年保玉则文化旅游产品有限公司	果洛州	省级	20	
12	乌兰县特色文化产业园建设项目	乌兰县元亨文化影视旅游有限公司	海西州	省级	10	
13	德都蒙古族文化展示中心	青海柴达木旅游开发投资有限公司	海西州	省级	10	

丝绸之路文化产业重点项目

序号	项目名称	企业名称	项目所在地	资金来源	项目资金额（万元）	资金合计（万元）
1	城南文化产业聚集区丝路创意产业园项目	青海省演艺集团有限责任公司	西宁市	中央	600	4623
				省级	3000	
2	民族传统木雕创意系列产品研发基地项目	青海缘汇木雕工艺有限公司	西宁市	省级	95	
3	撒拉族丝路文化特色产品生产基地建设项目	循化县沙舟工艺开发有限公司	海东市	省级	25	
4	撒拉族刺绣产品扩建项目	循化县圣驼民族工艺品有限公司	海东市	中央	120	
				省级	55	
5	丝绸之路青海互助土族文化交流平台建设项目	互助县土族纳顿文化旅游开发有限公司	海东市	中央	600	
				省级	68	
6	丝路缘—撒拉族黄河石艺画创意产品设计制作项目	循化县博艺旅游文化有限责任公司	海东市	省级	60	

新闻出版改革发展重点项目

序号	项目名称	企业名称	项目所在地	资金来源	项目资金额（万元）	资金合计（万元）
1	青海省新华发行集团物流信息平台建设项目	青海省新华发行（集团）有限公司	西宁市	中央	900	2250
				省级	120	
2	云印刷网络平台	青海新华印刷厂	西宁市	省级	170	
3	绿色环保印刷数字化转型升级	青海中山印务有限责任公司	西宁市	省级	10	
4	书刊教材绿色印刷设备升级改造	西宁东宝印务有限责任公司	西宁市	无		
5	青海民族出版社民文数字内容发布平台建设项目	青海民族出版社	西宁市	中央	600	
6	青海人民出版社数字出版生产与发布平台建设项目	青海人民出版社有限责任公司	西宁市	中央	220	

续表

7	耐高原气候的 UV 光致发光油墨的研制	青海雅丰彩色印刷有限责任公司	西宁市	中央	160	
				省级	10	
8	青海省原创动漫影视作品编创及译制出版推广项目	西海民族音像出版社	西宁市	省级	50	
9	绿色环保数字印刷	西宁罗兰印务有限公司	西宁市	省级	10	

文化金融合作项目库（贷款贴息）项目

序号	项目名称	企业名称	项目所在地	资金来源	项目资金额（万元）	资金合计（万元）
1	民族特色地毯生产基地扩建及民族特色服饰项目	青海省藏羊地毯（集团）有限公司	西宁市	中央	140	140

同时，从“中国省市文化产业发展指数”来看，2014 年，青海省文化产业驱动力指数首次入围全国前十，居第三位（见表 1–2）。这一系列数据表明，随着青海省各地重视和支持力度的加大，青海省文化产业的发展潜力逐步显现。

表 1–2　中国省市文化产业发展指数（2014）得分及排名情况

排名	综合指数		生产力指数		影响力指数		驱动力指数	
1	北京	82.1	广东	83.9	上海	84.7	北京	83.5
2	江苏	81.1	江苏	80.8	江苏	84.6	辽宁	81.5
3	浙江	79.7	山东	80.8	北京	83.6	青海	80.3
4	广东	79.6	北京	79.1	浙江	83.6	宁夏	80.1
5	上海	78.8	浙江	78.3	广东	79.7	西藏	78.9
6	山东	77.7	四川	76.8	湖南	79.0	江苏	78.0
7	辽宁	77.2	上海	76.1	山东	78.1	浙江	77.1
8	河北	75.2	河北	75.7	江西	77.6	山西	76.5
9	湖南	75.1	河南	74.9	辽宁	76.5	河北	76.5
10	江西	74.2	辽宁	73.8	安徽	76.3	上海	75.4

资料来源：中国报告大厅（www.chinabgao.com），2015 年 01 月 15 日 15：27 发布。

1.1.2 青海文化产业取得的主要成绩

“十二五”期间，在国家大力加强文化建设、提升文化软实力的背景下，青海省文化产业抢抓发展机遇，特色文化产业不断发展壮大，文化产品和文化服务的供给能力快速提升，文化发展活力进一步增强，形成了以工艺美术行业为龙头，文化旅游、新闻出版、演艺娱乐等共同推进的发展格局，取得了长足发展，成为青海省国民经济重要的增长点。

1. 文化产业增加值四年翻一番

2014 年，全省文化及相关产业增加值达 46.7 亿元，与 2010 年的 22.38 亿元相比增长 108.67%，年均增长 27%，比“十二五”既定年均增长 18% 的目标超出 9 个百分点，四年实现翻一番（见表 1–3 和图 1–1）。

表 1–3 “十二五”文化产业增加值一览表

年份	增加值（亿元）	占 GDP 比重
2010	22.38	1.66%
2011	29.45	1.76%
2012	36.34	1.88%
2013	43.53	2.07%
2014	46.70	2.03%

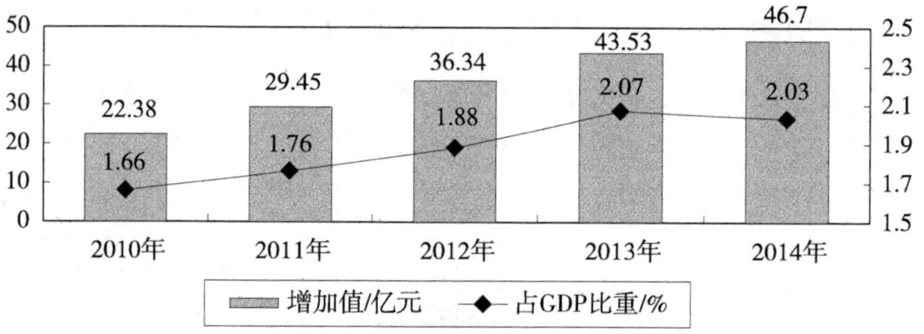

图 1–1 “十二五”文化产业增加值变动情况

2. 文化产业产值快速增长

2010 年，青海省文化及相关产业产值为 69.24 亿元，2014 年达到 159.2 亿元，提前实现了翻一番的目标；与 2010 年相比，四年总增长 129.9%，年均增长 32%（见表 1–4 和图 1–2）。

表 1–4 “十二五”文化产业产值一览表

年 份	产 值（亿元）	增长率
2010	69.24	--
2011	88.89	28.4%
2012	94.44	6.2%
2013	144.5	53%
2014	159.2	10.2%

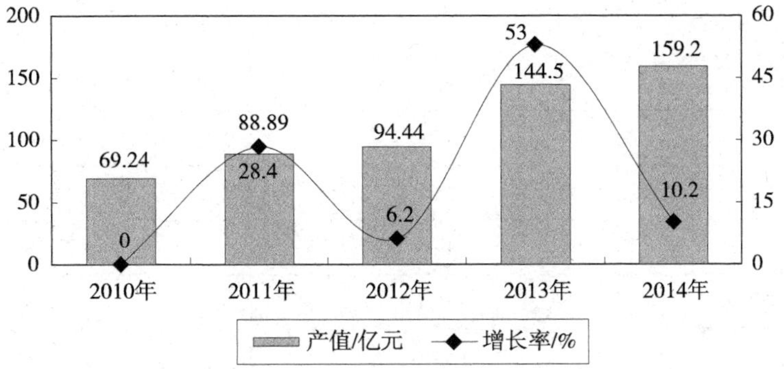

图 1–2　文化产业产值变动情况

3. 财政扶持力度持续加大

“十二五”期间，累计下达文化产业发展专项资金 6.73 亿元，其中，中央文化产业发展专项资金 2.14 亿元，省级文化产业发展专项引导资金 3.08 亿元，市（州）、县级文化产业发展专项引导资金 1.51 亿元。全省近 700 个项目获得支持（见表 1–5 和图 1–3）。

表 1–5　“十二五”期间文化产业获得专项资金扶持情况一览表

资金来源	扶持金额（亿元）	占比
中央文化产业发展专项资金	2.14	32%
省级文化产业发展专项引导资金	3.08	46%
市（州）、县级文化产业发展专项引导资金	1.51	22%
合　计	6.73	100%

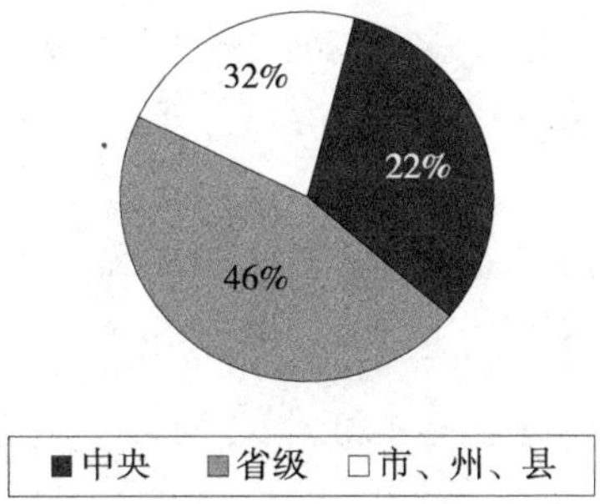

图 1–3　“十二五”期间文化产业获得专项资金扶持情况

4. 获得中央文化产业专项资金扶持力度持续加大

青海省从中央获得的中央文化产业专项资金从 2010 年的 1400 万元，增加到 2015 年的 7390 万元，取得了巨大成绩（见表 1–6 和图 1–4）。

表 1–6　中央文化产业专项资金下达额度

年 度	金 额（万元）	增长率
2010	1400	——
2011	1200	–14.3%
2012	1414	17.8%
2013	4560	222.5%
2014	5410	18.6%
2015	7390	36.6%

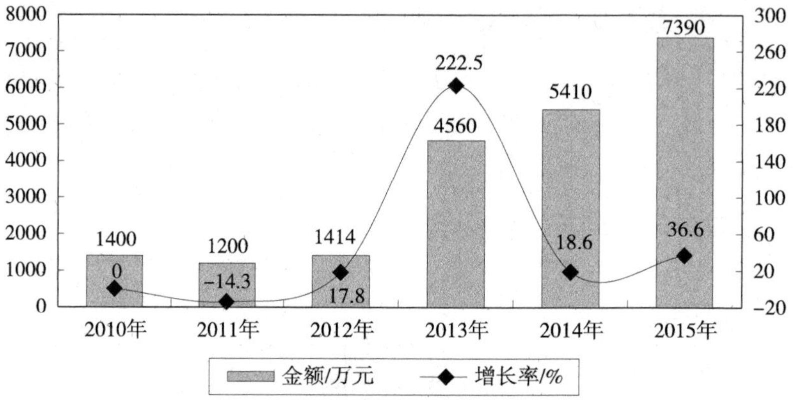

图 1–4　中央文化产业专项资金下达额度

5. 设立了省级文化产业专项引导资金

为了引导青海省特色文化产业发展，设立了省级文化产业专项引导资金，从2010年的1040万元，增加到2015年的7000万元，（见表1–7、图1–5和图1–6）。

表 1–7　省级文化产业专项引导资金下达额度

年 度	金 额（万元）	增长率
2010	1040	——
2011	3270	214%
2012	6000	83.5%
2013	7000	16.7%
2014	6500	–7%
2015	7000	7.7%

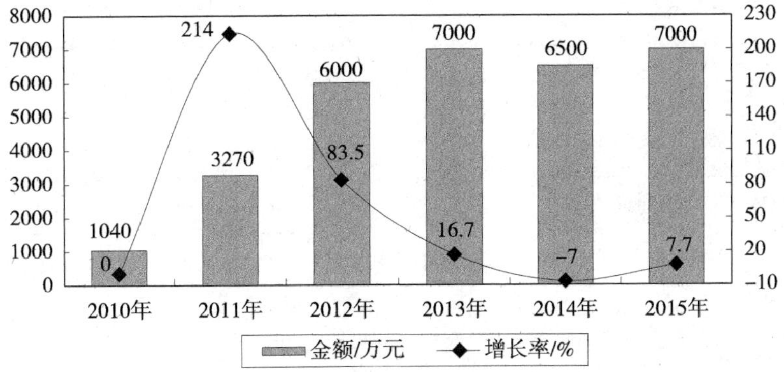

图 1-5　省级文化产业专项引导资金下达额度

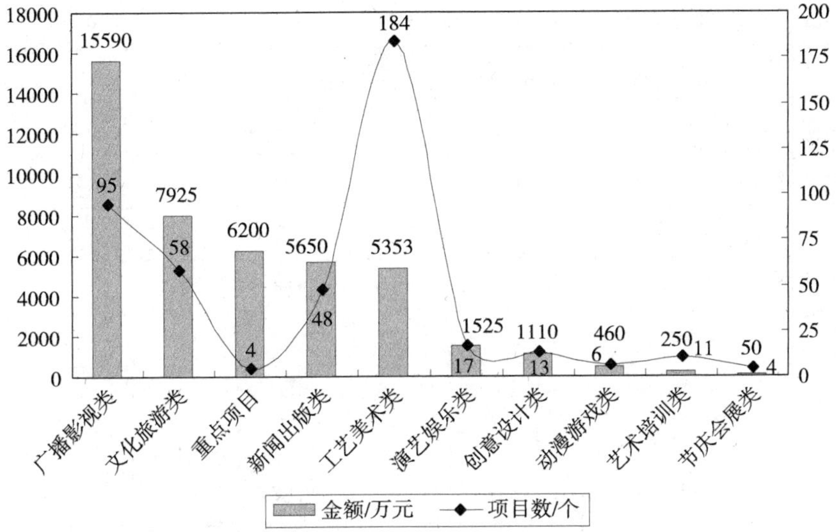

图 1-6　文化产业项目获得中央、省级文化产业专项资金扶持情况

6. 文化产业投融资体系日益完善

“十二五”期间，持续推进文化金融合作，各金融机构累计发放文化产业贷款 68.62 亿元，2015 年底贷款余额 36.48 亿元（见表 1-8 和图 1-8）。1 家文化企业通过发行私募债成功融资 1000 万元，5 家文化企业启动上市或计划在新三板挂牌融资。

表 1-8　商业银行发放文化产业贷款统计一览表　单位：亿元

年度 银行	合计	2011 年	2012 年	2013 年	2014 年	2015 年
合计放贷	68.62	7.06	15.30	12.60	13.26	20.40
贷款余额	36.48	20.39	22.38	23.26	25.97	36.48

续表

银行 \ 年度		合计	2011 年	2012 年	2013 年	2014 年	2015 年
建行青海省分行	当年发放贷款额	7.49	0.70	3.30	0.82	1.26	1.41
	贷款余额	5.00	4.00	4.50	4.78	4.60	5.00
农行青海省分行	当年发放贷款额	22.89	4.18	2.43	6.55	3.88	5.85
	贷款余额	6.30	6.39	3.29	5.14	4.15	6.30
中行青海省分行	当年发放贷款额	1.87	0.00	0.00	0.70	0.81	0.36
	贷款余额	0.70	0.33	0.20	0.64	0.41	0.70
工行青海省分行	当年发放贷款额	0.00	0.00	0.00	0.00	0.00	0.00
	贷款余额	0.00	0.00	0.00	0.00	0.00	0.00
国开行青海省分行	当年发放贷款额	8.40	1.23	6.14	0.15	0.42	0.46
	贷款余额	6.84	8.79	11.98	8.06	7.22	6.84
交通银行	当年发放贷款额	17.77	0.84	0.59	2.96	5.18	8.20
	贷款余额	12.67	0.84	0.88	3.14	7.72	12.67
青海银行	当年发放贷款额	5.28	0.08	1.72	0.42	0.56	2.50
	贷款余额	2.47	0.00	0.40	0.00	0.07	2.47
农信社	当年发放贷款额	3.42	0.03	0.64	0.66	0.85	1.25
	贷款余额	2.13	0.04	0.65	1.15	1.50	2.13
邮储银行	当年发放贷款额	0.00	0.00	0.00	0.00	0.00	0.00
	贷款余额	0.00	0.00	0.00	0.00	0.00	0.00
招商银行	当年发放贷款额	0.00	0.00	0.00	0.00	0.00	0.00
	贷款余额	0.00	0.00	0.00	0.00	0.00	0.00
浦发银行	当年发放贷款额	1.50	0.00	0.48	0.35	0.30	0.38
	贷款余额	0.38	0.00	0.48	0.35	0.30	0.38
中信银行	当年发放贷款额	0.00	0.00	0.00	0.00	0.00	0.00
	贷款余额	0.00	0.00	0.00	0.00	0.00	0.00
兴业银行	当年发放贷款额	0.00	0.00	0.00	0.00	0.00	0.00
	贷款余额	0.00	0.00	0.00	0.00	0.00	0.00

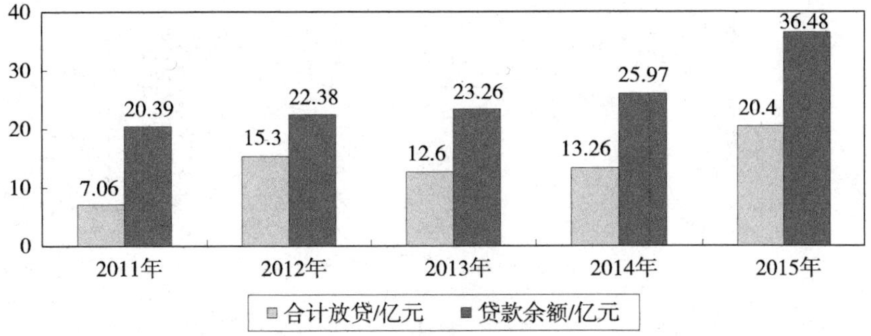

图 1–7　商业银行发放文化产业贷款统计情况

7. 文化市场主体不断壮大

全省文化企业法人单位 2321 家，个体经营户 5171 家，规模以上文化企业达 38 家，年营业收入超过亿元的文化企业 8 家；企业经营管理人员 53674 人，直接从业人员超过 20 万人，间接从业人员超过 10 万人。

8. 文化对旅游的支撑更加凸显

全省 34 个 3A 级景区引进“非遗”项目及特色文化产品的展示和销售。《热贡神韵》《古道传奇》等剧目逐步实现商业化演出，16 个演艺小舞台建成并投入使用。文化生态保护实验区、文化遗迹和一批国家、省级文化产业示范基地已成为“大美青海”新的文化旅游目的地和拉动旅游业发展的重要增长极。

9. 新闻出版业繁荣发展

表 1–9　“十二五”青海新闻出版产业发展情况

年 度	产 值（亿元）	从业人数（人）
2010	9.37	8893
2011	10.66	9249
2012	12.08	9790
2013	12.80	9953
2014	13.12	9949

“十二五”期间，全省出版、印刷、发行单位设施条件大幅改善，服务能力显著提升，出版汉、藏文图书 2228 种，音像电子出版物 185 种，汉、藏文教材 2320 种，连续 37 年实现“课前到书，人手一册”。2014 年底全省图书、报刊、音像、电子出版经营单位达 1711 家，年产值达 13.12 亿元，从业人员达 9949 人（见表 1–9 和图 1–8）。

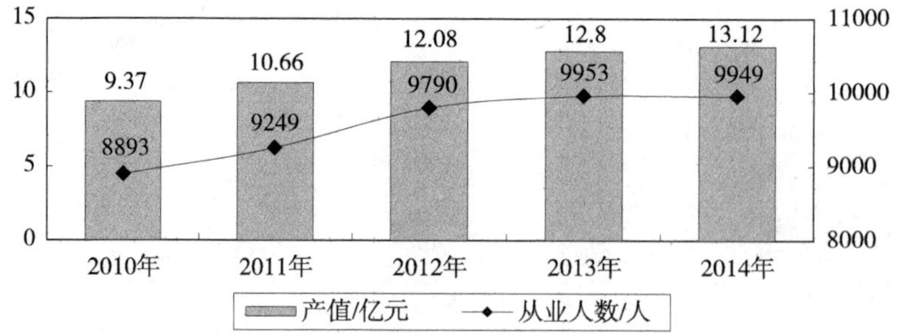

图 1-8 "十二五"青海新闻出版业发展情况

10. 工艺美术行业实力稳步壮大

表 1-10 工艺美术行业发展情况一览表

年度	销售收入（亿元）	从业人员（万人）
2011	18.42	5.6
2012	22.42	6
2013	25.76	10.03
2014	23.29	10.07
2015	29.91	10.05

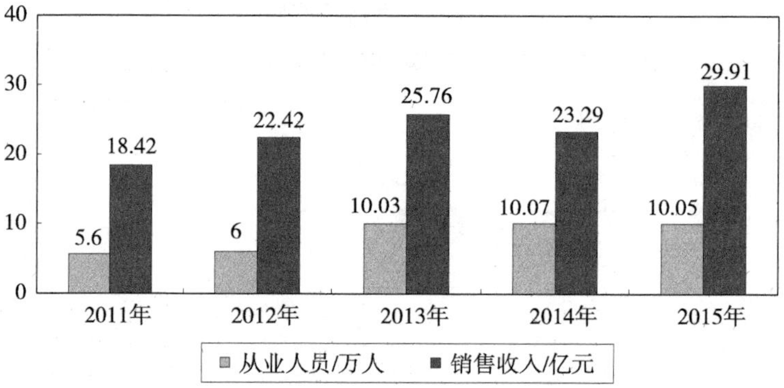

图 1-9 工艺美术行业发展情况

青海省现有工艺美术产品共 8 个大类，62 个种类，8000 余个品种。工艺美术行业企业、商店、个体作坊 3305 家，行业年销售额达 29.91 亿元，从业人员 10 万余人。现有国家级工艺美术大师 6 人，省级工艺美术大师 21 人、民间工艺大师 28 人、民间工艺师 182 人（见表 1-10 和图 1-9）。

11. 文化节庆会展成效显著

连续举办了 5 届青海文化旅游节、2 届青海国际唐卡艺术与文化遗产博览会、3 届青海民族民间工艺美术品展。青海民族民间特色文化产品的知名度、影响力和市场占有率逐年提升，文化产品销售额达 6573 万元，订单 13617 万元，签约 6000 万元。签订 32 个招商引资项目，引资 18 亿元。

12. 特色文化品牌进一步彰显

（1）“一地一品”文化品牌情况

目前，青海省各地区实施“一地一品”文化品牌战略，重点打造特色文化品牌，具体见表 1–11 所示。

表 1–11　“一地一品”文化品牌列表

地区	品牌
西宁	多元文化
海东	河湟文化
海南	黄河文化
海北	青海湖文化
黄南	热贡文化
海西	昆仑文化
玉树	康巴文化
果洛	玛域格萨尔文化

（2）特色区域获得荣誉称号情况

经过多年的发展，目前已经形成了 3 个特色区域荣誉称号，见表 1–12 所示。

表 1–12　特色区域荣誉称号列表

地 区	称 号
黄南州同仁县	中国唐卡艺术之乡
海 南 州	中国藏绣艺术之乡
海南州贵南县	中国藏绣生产基地

（3）文化企业荣获中国驰名商标和青海省著名商标情况

经过多年的发展，青海省文化企业已经形成了 12 个特色中国驰名商标，12

个青海省著名商标，见表 1–13 所示。

表 1–13　文化企业荣获中国驰名商标和青海省著名商标列表

中国驰名商标	八瓣莲花、三江雪、藏羊地毯、布哈拉、宝光、昆玉、圣源地毯、宝玉陈、布绣嘎玛、撒拉黄河石艺、金驼
青海省著名商标	玉玲珑、三江雪、八瓣莲花、玉生琨、宝玉陈、撒拉族石艺画、圣驼、穆巴热可、翠光、布绣噶玛、岗拉、天地人缘

13. 文化产业“走出去”日趋活跃

先后组织 200 多家（次）文化企业（单位）携民族工艺品、民族演艺节目走出国门，赴贝宁、马耳他、韩国等二十多个国家和港澳台地区进行特色文化产品展示、交流。藏毯、民族服饰、唐卡、木雕、藏绣、藏陶等产品出口美国、意大利、蒙古、印度等国家和港澳台地区，文化产品累计出口额达 3.1 亿美元（见表 1–14 所示）。

表 1–14　文化产品出口企业统计一览表

指标 年度	企业名称	出口项目	出口国家和地区	出口金额（万美元）	年度合计（万美元）
	合计			30697.79	
2010	青海藏羊地毯（集团）有限公司	地毯	英国、德国、美国、日本	2380	3526
	青海伊佳民族服饰有限公司	伊斯兰帽、阿拉伯长袍	沙特阿拉伯、阿联酋、巴基斯坦、马来西亚	1146	
2011	青海藏羊地毯（集团）有限公司	地毯	英国、德国、美国、日本	4289	5933
	青海伊佳民族服饰有限公司	伊斯兰帽、阿拉伯长袍	沙特阿拉伯、阿联酋、巴基斯坦、马来西亚	1644	
2012	青海藏羊地毯（集团）有限公司	地毯	英国、德国、印度尼西亚、美国、日本、阿联酋、沙特阿拉伯	2648	4577
	青海伊佳民族服饰有限公司	伊斯兰帽、阿拉伯长袍	沙特阿拉伯、阿联酋、巴基斯坦、马来西亚	1929	
2013	青海藏羊地毯（集团）有限公司	地毯	英国、德国、马来西亚、印度尼西亚、朝鲜、美国、日本、阿联酋、埃及、沙特阿拉伯	3871	6329.3
	青海伊佳民族服饰有限公司	伊斯兰帽、阿拉伯长袍	沙特阿拉伯、阿联酋、巴基斯坦、马来西亚	1792	
	青海伊光服饰有限公司	穆斯林民族帽	沙特、阿联酋、叙利亚、黎巴嫩和马来西亚	666.3	

续表

指标 年度	企业名称	出口项目	出口国家和地区	出口金额（万美元）	年度合计（万美元）
2014	青海藏羊地毯（集团）有限公司	地毯	英国、马来西亚、印度尼西亚、朝鲜、美国、日本、阿联酋、埃及、沙特阿拉伯	2760	5571
	青海伊佳民族服饰有限公司	伊斯兰帽、阿拉伯长袍	沙特阿拉伯、阿联酋、巴基斯坦、马来西亚	1105	
	循化县博艺旅游文化有限公司	石艺画	沙特阿拉伯	5	
	青海伊光服饰有限公司	穆斯林民族帽	沙特、阿联酋、叙利亚、黎巴嫩和马来西亚	1000	
	青海新优民族用品有限公司	民族服饰	哈萨克斯坦、土耳其	701	
	青海缘汇木雕工艺有限公司	藏式家具、板式家具	巴基斯坦		
2015	青海藏羊地毯（集团）有限公司	地毯	英国、马来西亚、印度尼西亚、朝鲜、美国、日本、阿联酋、埃及、沙特阿拉伯	2600	4761.49
	青海伊佳民族服饰有限公司	伊斯兰帽、阿拉伯长袍	沙特阿拉伯、阿联酋、巴基斯坦、马来西亚	550	
	循化县博艺旅游文化有限公司	石艺画	沙特阿拉伯	0	
	青海伊光服饰有限公司	穆斯林民族帽	沙特、阿联酋、叙利亚、黎巴嫩和马来西亚	1500	
	囊谦县藏黑陶文化研究开发有限公司	藏黑陶	美国、非洲、韩国	4.7	
	河南县乐乐玛蒙藏特色手工制品开发有限责任公司	特色手工制品	法国、意大利、日本、俄罗斯、蒙古	3.5	
	青海缘汇木雕工艺有限公司	藏式家具、板式家具	泰国、美国、加拿大	46.9	
	海南州布绣嘎玛民族工艺品有限责任公司	藏绣、唐卡	中国香港	1.62	
	青海华坊工艺有限公司	云锦、挂毯、绛丝	中国香港	23.48	
	青海金宝海进出口贸易有限公司	掐丝唐卡	中国台湾	31.29	

14. 文化产业园区（基地）建设突飞猛进

全省文化产业园区（基地）从无到有，从小到大，成为推动文化产业发展的重要载体。“十二五”规划建设的27个园区（基地）全部开工建设，累计完成投资45亿元，比计划完成投资35亿元超出28%。培育国家文化产业示范基地10家，省级文化产业示范基地70家（见表1-15）。

表1-15　文化产业园区建设情况表　　单位：万元

序号	地区	项目名称	总投资	累计完成投资	完成情况	责任单位
合计			828862	450980.4		
1	西宁市	西宁城南文化产业聚集区	20000	8621	主体已基本完工	青海省演艺集团有限责任公司
2		西宁生物园区博物馆群	54000	54000	已完工并投入运营	青海藏文化博物院有限公司、青藏高原自然博物馆、青海昆玉实业投资集团有限公司
3		西宁市文化生态公园	41035	41035	已完工并投入运营	西宁市政府
4		大美青海玉文化产业园	300000	27000	基础设施建设	西宁经济技术开发区南川工业园区管委会
5		塔尔寺文化旅游景区提升工程	35000	35000	已完工并投入运营	湟中县文化局
6		湟源丹噶尔文化创意城	26000	26000	主体已基本完工	湟源县政府
7	海东市	海东市河湟文化走廊	20000	20000	已完工并投入运营	海东市文化局
8		互助土族民俗文化展示中心	6500	6500	已完工并投入运营	互助县政府
9		民和文化旅游休闲度假区	6600	6600	已完工并投入运营	民和县文化局
10		青海新优民族用品加工基地	2874	2874	已完工并投入运营	化隆县文化局
11		循化撒拉族文化产品生产基地	4100	4100	已完工并投入运营	循化县政府
12	海南州	海南州藏文化创意产业园	33000	38500	已完工并投入运营	青海隆豪置业有限公司
13		贵德黄河生态文化旅游基地	15000	15000	已完工并投入运营	海南州文化局
14		贵南藏绣艺博园	1200	1520	已完工并投入运营	海南州文化局
15	海北州	门源百里花海文化生态体验基地	20840	7184	主体已基本完工	门源县政府
16		祁连玉文化产业园	10000	10000	已完工并投入运营	祁连县文化局
17		海晏王洛宾音乐体验基地	11000	11450.4	已完工并投入运营	海晏县政府
18		刚察民族工艺品研发基地	7054	7054	已完工并投入运营	刚察县文化局
19		青海民族文化音乐城	80000	51060	已完工并投入运营	海北州文化局

续表

序号	地区	项目名称	总投资	累计完成投资	完成情况	责任单位
20	黄南州	国家级热贡文化生态保护区	19559	19559	已完工并投入运营	黄南州政府
21	海西州	格尔木昆仑玉文化展示中心	20000	10000	主体已基本完工	格尔木市政府
22		德都蒙古族文化展示中心	14800	14800	主体已基本完工	海西州文化局
23		吐谷浑吐蕃博物馆群	1300	1300	已完工并投入运营	都兰县政府
24		天峻西王母神话系列展示园	7000	1900	主体已基本完工	天峻县政府
25		乌兰县特色文化产业园	43000	11423	主体已基本完工	乌兰县政府
26	玉树州	玉树州康巴文化风情园	15000	15000	已完工并投入运营	玉树州政府
27	果洛州	果洛州格萨尔文化展示园	14000	3500	主体已基本完工	果洛州政府

1.1.3 青海文化产业发展的经验

随着文化体制改革的不断深入和人民群众精神文化需求的不断提升，青海省文化产业已经从探索、起步阶段，步入培育和发展阶段，呈现出朝气蓬勃的良好发展局面。主要体现在三个方面：一是文化产业在国民经济中的份额稳步提高，“十二五”期间，青海省文化产业年平均增长速度在 18% 以上，远高于同期国民经济增长速度，到 2015 年，占青海省 GDP 的 2.07%。二是新兴文化业态开始兴起，随着互联网技术、数字技术的快速发展，动漫游戏、数字音乐、数字电影、网络视频、移动多媒体、数字出版、网络出版等新兴文化业态开始崛起，丰富了文化产业的生产和消费方式，极大地拓展了文化产业涵盖的范围。三是文化“走出去”步伐不断加快，为有效拓宽青海省特色文化产品市场空间，青海省文化和新闻出版厅积极为文化企业搭建展示、宣传、推介、交流、交易平台，先后组织 264 家文化企业参加了义乌、深圳、厦门、北京文博会和 2015 青海文化旅游节、2015 青洽会、青海藏毯博览会文化艺术展，共展出特色文化产品 8 大类 10000 多个品种，文化产品销售额达 3244.6 万元，产品订单达 3399.7 万元，签订文化产业招商引资项目 9 个，签约金额达 4.11 亿元。①

① 青海民族文化网 . 青海省特色文化产品创新驱动力不断提升有效助推文化产业快速发展［EB/OL］.http：//www.qhwh.gov.cn/system/2015/11/10/010187209.shtml.

上述成绩的取得是在各方面共同努力的结果。在发展过程中的经验和启示主要有以下几个方面：

1. 政府高度重视

纵观国内外，但凡文化产业发展较好的地区和国家，都是在政府高度重视的基础上发展起来的，青海省文化产业经历了10多年的探索，已经取得了较好成绩。尤其是2009年后，国家层面开始加大了对文化产业发展的扶持力度，青海省文化产业也获得了良好的政策机遇。主要措施包括：加快了国有文化事业单位转企改制、放宽市场准入、加大财政支持、提供税收优惠和完善金融服务。具体体现在下面系列政策的出台：

专栏1　中央国务院文件

1. 中华人民共和国国民经济和社会发展第十三个五年规划纲要（摘要）（2016年3月16日第十二届全国人民代表大会第四次会议通过）；

2. 十八大报告关于文化建设的阐述；

3. 十八届历次全会关于文化建设的阐述；

4. 国务院关于印发文化产业振兴规划的通知（国发〔2009〕30号）；

5. 国务院关于推进文化创意和设计服务与相关产业融合发展的若干意见（国发〔2014〕10号）；

6. 国务院关于加快发展对外文化贸易的意见（国发〔2014〕13号）；

7. 国务院办公厅关于印发文化体制改革中经营性文化事业单位转制为企业和进一步支持文化企业发展两个规定的通知（国办发［2014］15号）；

8. 中共中央办公厅、国务院办公厅印发《关于推动国有文化企业把社会效益放在首位、实现社会效益和经济效益相统一的指导意见》的通知（中办发［2015］50号）。

为了加快文化产业发展，特成立了“青海省文化体制改革工作领导小组”，加快青海省文化体制改革。2009年下发了“关于转发《中央文化体制改革工作领导小组办公室关于认真落实文化体制改革税收优惠政策的通知》的通知”①，加快了青海省文化体制改革的步伐。

2010年下发了“青海省人民政府办公厅转发省金融办关于金融支持文化产业发展实施意见的通知”②，强调发挥金融杠杆作用，推动文化产业实现跨越式发展。

① 详见“青文改办（2009）05号文件”。

② 详见“青政办［2010］176号文件”。

专栏 2　国家部委文件

1. 文化部、财政部关于印发《藏羌彝文化产业走廊总体规划》的通知（文产发［2014］11 号）；

2. 文化部、中国人民银行、财政部关于深入推进文化金融合作的意见（文产发［2014］14 号）；

3. 文化部关于贯彻落实《国务院关于推进文化创意和设计服务与相关产业融合发展的若干意见》的实施意见（文产发［2014］15 号）；

4. 文化部、工业和信息化部、财政部关于大力支持小微文化企业发展的实施意见（文产发〔2014〕27 号）；

5. 文化部、财政部关于推动特色文化产业发展的指导意见（文产发［2014］28 号）；

6. 国家新闻出版广电总局关于推动新闻出版业数字转型升级的指导意见（新广出发〔2014〕52 号）；

7. 国家新闻出版广电总局、财政部关于推动传统出版和新兴出版融合发展的指导意见（新广发［2015］32 号）；

8.《西部地区鼓励类产业目录》（中华人民共和国国家发展和改革委员会令第 15 号）。

2011 年下发了“转发《关于保险业支持文化产业发展有关工作的通知》的通知”①，强调保险业要加大创新力度扶持文化产业发展。同年又下发“关于印发《青海省深化文化体制改革总体方案》的通知”②，全面推进青海省文化体制改革工作，加快文化发展繁荣，推动建设文化名省。为了加快文化名省建设，2011 年 11 月 18 日又审议通过了《关于加快文化改革发展建设文化名省的意见》③，把加快文化改革发展、建设文化名省摆在了全局工作重要位置，明确提出加快发展文化产业，推动文化产业成为国民经济支柱性产业，并提出大力实施“特色产业培育工程”和“文化园区建设工程”，着力构建结构合理、特色鲜明、富有创意、竞争力强的文化产业体系。

2012 年“青海省委省政府联合印发了《关于促进青海省文化改革发展政策措施的意见》的通知”④，从财政政策、税收政策、金融政策、市场准入政策、土地政策及人才政策方面制订了政策意见，这一政策的实施，无疑助推了文化产业发展。

① 详见“青保监发［2011］49 号文件”。
② 详见“青文改发［2011］2 号文件”。
③ 详见“青发［2011］31 号文件”。
④ 详见“青办发［2012］7 号文件”。

专栏 3 青海省相关政策文件
1. 中共青海省委、青海省人民政府关于加快文化改革建设文化名省的意见（青发〔2011〕31 号）； 2. 关于印发《青海省深化文化体制改革总体方案》的通知（青文改发［2011］2 号）； 3. 青海省人民政府办公厅转发青海省文化和新闻出版厅等部门关于促进青海文化与旅游融合发展若干意见的通知（青政办［2012］218 号）； 4. 中共青海省委办公厅、青海省人民政府办公厅关于印发《省直国有文艺院团改革实施方案》的通知（青办发［2012］29 号）； 5. 中共青海省委办公厅、青海省人民政府办公厅关于印发《青海省深化非时政类报刊出版单位体制改革实施方案》的通知（青办发［2012］38 号）； 6. 青海省人民政府《关于印发青海省推进文化创意和设计服务与相关产业融合发展行动计划（2015–2020 年）》的通知（青政［2015］3 号）； 7. 青海省人民政府关于进一步加快培育和发展市场主体的意见（青政［2015］33 号）； 8. 青海省人民政府办公厅转发省金融办等部门关于金融支持文化旅游产业加快发展意见的通知（青政办［2015］193 号）。

2014年下发了“关于深入推进文化金融合作的意见”①，强调了深入推进文化与金融合作，推动文化产业成为国民经济支柱性产业，要求创新文化金融体制机制，开发符合文化产业发展需求特点的金融产品和服务，并加强组织实施与配套保障。并针对小微文化企业出台了“关于大力支持小微文化企业发展的实施意见”②，不断优化小微文化企业发展环境，鼓励引导小微文化企业创新发展思路、开拓市场空间，推动小微文化企业健康持续发展。2010 年至 2014 年，为省内 131 家小微文化企业，在贷款贴息、新产品研发等方面下达引导扶持资金 6331 万元，充分发挥了产业资金的引导和带动作用。

2015 年下发了“青海省推进文化创意和设计服务与相关产业融合发展行动计划（2015–2020年）”③，旨在加快推进青海省文化创意和设计服务与相关产业融合发展。强调到 2020 年，文化产业相关领域人才、产品、企业发展加快，文化创意和设计服务的产业作用强化，文化创意和设计服务占文化产业增加值的比重明显提高，与相关产业进一步深度融合发展，文化产业在促进经济持续健康发展

① 详见“文产发［2014］14 号文件”。
② 详见“文产发［2014］27 号文件”。
③ 详见“青政［2015］3 号文件”。

发挥重要作用。同时，《计划》还将目标责任落实到具体负责部门，有利于加快文化与相关产业的融合速度。

2. 理清发展思路

青海文化产业经过 10 多年的探索，终于理清了文化产业发展思路，逐步走上了一条“以民族民间文化和丰富的民族文化资源为源头，发展特色民族文化产业之路”。

“十二五”期间，青海省各地认真贯彻落实省委、省政府建设文化名省的目标要求，以《青海省“十二五”文化发展规划》为指导，立足实际，着眼长远，积极探索，勇于实践，全力推进“八大工程”建设，走出了一条具有青海特色文化产业发展的新路子。“十二五”规划目标任务全面完成，青海省文化产业获得长足发展，文化产品和文化服务的供给能力明显提高，文化发展活力进一步增强。文化产业总体实力、基地（园区）、优势行业、文化“走出去”政策措施等方面取得了显著成绩，已经形成了以工艺美术行业为主的多类型共同推进的发展格局，文化产业发展特色逐渐清晰和明朗。

3. 加快文化产业园区建设

随着政府支持力度的加大和社会资本的大量进入，青海文化产业园区进入快速发展时期，文化产业的集聚开始初步形成。“十二五”期间，青海省文化产业园区（基地）建设进展顺利，总投资 82.88 亿元的 27 个园区（基地）全部开工建设，累计完成投资 45 亿元，比计划投资 35 亿元超额完成 128%。海南州藏文化创意产业园等 18 个园区投入运营，海西德都蒙古族文化产业园等 8 个园区主体基本完工，大美青海玉文化产业园正在进行主体施工。①

4. 拓展对外文化交流渠道

随着青海文化产业的不断发展，青海省逐步加快了文化“走出去”的步伐，扩大了青海文化产业的推介活动，有助于提升青海文化产业的知名度和影响力，如 2014 年文化对外交流活动包括：（1）完成了青海藏族歌舞团赴美国执行“欢乐春节”访演任务；（2）继续与韩中文化友好协会，贝宁、马耳他文化中心开展交流合作；（3）加强了与俄罗斯、蒙古文化中心的联系，积极参与中俄青年文化年、中蒙文化交流的相关活动；（4）加大了工作策划力度，推荐重点项目参加 2014 中国——东盟文化交流年系列活动；（5）举办了国家博物馆唐卡展和北京“798”文化广场藏毯展；（6）组织完成了青海国际水与生命音乐会，等等。②

---

① 青海民族文化网 . 青海省文化和新闻出版厅 2014 年工作要点［EB/OL］.http：//www.qhwh.gov.cn/system/2014/09/17/010133864.shtml.

② 青海民族文化网 . 青海省文化和新闻出版厅 2014 年工作要点［EB/OL］.http：//www.qhwh.gov.cn/system/2014/09/17/010133864.shtml.

5. 积极推动文化旅游、体育深度融合

为了加快青海文化旅游名省建设，推进文化与旅游融合发展，进一步壮大文化旅游产业，走内涵式发展道路，青海省政府出台了《关于促进青海文化与旅游融合发展的若干意见》，从6个方面提出了促进文化与旅游融合发展的具体措施。

一是从规划入手，提升旅游的文化内涵。以“十二五”规划为指导，强化区域旅游和重点景区规划，对旅游规划进行修编补充时，重点突出地域文化特色，秉承传统，返璞归真，注重原真性、保护性，提高规划的创意水平。积极向文化部和国家旅游局上报《国家文化旅游重点项目名录》项目。依托文物资源打造文化旅游品牌，以丰富的高原文化遗存丰富旅游内涵。二是积极打造文化旅游系列活动品牌。对本省具有影响力的文化旅游节庆活动，经省文化和旅游部门遴选、审核后，统一上报文化部和国家旅游局，积极争取列入国家文化旅游节庆活动扶持名录，取得国家政策优惠、资金补贴等多种方式的支持。着力提高文化旅游节庆市场化运作水平，做大做强青海湖国际诗歌节、青海国际唐卡艺术与文化遗产博览会等展会、节庆、体育活动，打造特色文化创意品牌。三是着力推进非物质文化遗产项目进景区，开展非物质文化遗产进3A级以上旅游景区工作。以传承、保护和发展青海非物质文化遗产为目的，支持重点景区创办“青海非遗文化一条街”，设立传统演艺和非遗产品演示展销体验区，建立非物质文化遗产产品、传统演艺与游客互动交流的平台。做好文化旅游演艺剧目、影视节目的创作、修改、加工、提高工作，进一步适应旅游市场的需求。四是打造区域性特色文化旅游景区。从促进旅游发展的角度，对现有特色文化资源进行整合利用，在不同地域、不同景区，推出不同特色、不同内涵的文化旅游产品，以满足不同人群的旅游消费需求。五是加快“花儿”小舞台建设。为更好地发扬光大“花儿”文化，满足游客对青海“花儿”的需求，在南山公园、老爷山、瞿昙寺、互助丹麻、尖扎县直岗拉卡等地开展以演唱“花儿”为主的小舞台建设。六是深度开发旅游商品。进一步增强非遗产品、青海特色商品等的研发、策划能力，提升产品内容和外包装的创意水平，全面引入旅游消费市场。加强文化旅游工艺品（纪念品）的市场推广，逐步提高信誉度和影响力。做好文化旅游产品创意大赛，鼓励有创新特色的文化旅游工艺品的开发。①

近年来，为了进一步助推文化产业发展，青海省加快了拓展文化与旅游、体育融合的深度和广度。例如，2014年，青海省文化和新闻出版厅结合青海实际，重点实施了以下措施：（1）推出了演艺剧目、“非遗”展演进景区工作。（2）巩固、提高、扩大已进入景区的“非遗”项目和民间艺人展示成果。（3）建设8

① 中华人民共和国文化部．青海省六项新措施助推文化与旅游融合发展［EB/OL］．全国文化新闻联播－青海，2012-8-23.http：//www.mcprc.gov.cn/whzx/qgwhxxlb/qinghai/201208/t20120823_417538.html.

个旅游演艺小舞台，在青海湖、塔尔寺、贵德、坎布拉等重点景区和西宁、格尔木市编排原创品牌性精品剧目，提供常态化演出，督促具备条件的景区推出特色鲜明的小型演出。（4）引导、支持文化企业策划、研发和生产青海特色文化产品，提升产品内容、包装创意水平。这些举措加快了文化产业和体育、旅游等产业的融合，也有助于加快青海文化产业发展。①

1.2 国内外文化产业发展的经验与启示

1.2.1 国外文化产业发展主要模式与经验

1.2.1.1 国外主要国家文化产业发展模式

根据各国政府和区域市场在推进文化产业发展过程中的相互关系，可将世界主要发达国家文化产业发展模式划分为国家战略推动模式、市场发展模式和混合发展模式三种类型。②

1. 市场发展模式：美国与英国

市场发展模式是指，在“政府——市场”的二元格局中，市场在国家文化产业发展过程中具有核心和决定性的影响和作用。与国家战略推动模式相对应，市场发展模式更强调市场在文化产业发展过程中资源配置的基础性作用，政府除宏观政策调节和少量公共资助外，基本不介入文化产业领域的运作过程，在文化产业发展过程中，国家政府行政力量如政策、法律、税收、公共财政等具有重要影响但并不具有决定性的作用，主要由文化市场中的生产商、销售商、运营商等市场主体来主导文化产业的发展过程。这一模式在形态上体现为以政府与市场保持“一臂之距”为基础的市场自由发展模式。

市场发展模式的前提是市场经济体制较为完备，政府有完善的法律法规政策，宏观环境良好，而且行业发展较为规范，注重行业中介组织的重要作用，而政府的角色和定位限于宏观调控领域。这种模式比较典型的代表国家是美国与英国。

2. 国家战略推动模式：日本与韩国

国家战略推动模式是指，在促进文化产业发展的诸要素中，国家战略以及相关的政策措施是最重要的资源，是矛盾的主要方面。在国家战略的主导下，国家

---

① 青海民族文化网 . 青海省文化和新闻出版厅 2014 年工作要点［EB/OL］.http：//www.qhwh.gov.cn/system/2014/09/17/010133864.shtml.

② 霍步刚 . 国外文化产业发展比较研究［D］. 东北财经大学博士学位论文，2009：42–47.

文化产业领域实现了要素汇聚和力量裂变，走上了快速发展的轨道。这一模式体现为，政府在文化产业发展过程中全面介入，市场体制尽管起到了重要的作用，但在文化产业发展过程中不具有决定性的影响。国家通过政府行政力量如政策、法律、税收、公共财政等强有力的手段推动文化产业发展。

国家战略推动模式所强调的是政府在发展文化产业的过程中具有主体性的作用。这种模式的基本特点就是将文化产业发展作为国家的基本发展战略来对待，将文化产业事务上升到国家战略的层面，通过多方位的政府举措来强力推动文化产业发展。这种模式比较典型的代表国家是日本和韩国。

3. 混合发展模式：德国与法国

混合型发展模式是指，在“政府——市场”的二元格局中，政府与市场在国家文化产业发展过程中都具有重要的影响和作用。在一定时期和一定阶段上，尽管二者的作用和影响力不是绝对的均等，但差异并不明显。可能在不同的文化产业领域如动漫产业，政府的影响力较为明显，但对于国家文化产业的整体而言，两者的影响实难分伯仲，故称之混合型发展模式。

混合发展模式中，政府和市场的两种力量都起重要作用，比较典型的代表国家是德国和法国。

1.2.1.2 国外主要国家文化产业发展经验①

1. 美国

美国是一个没有悠久历史文化的国家，但却成为当今世界当之无愧的头号文化强国。② 文化产业是美国经济中的支柱产业，是仅次于信息技术产业的第二大产业。美国发展文化产业主要实施六大措施：

一是强调建立以市场为导向的文化产业运作模式。美国是一个信奉市场规律、强调市场竞争的国家，在发展文化产业的过程中，始终坚持在市场竞争机制下，依靠商业运作，让文化产品通过市场检验，为社会认知和接受，引领社会文化潮流，继而影响国内外民众。主要做法包括：（1）突出文化企业的主体地位，坚持以利润最大化为最终目标；（2）市场自发推进文化产业的规模化、集群化；（3）鼓励各方资本投资文化产业;（4）围绕消费者开展有针对性的文化产业营销。

二是构建完善的文化法律法规。美国政府在经济发展中，十分强调制度建设，以完善的法律体系为产业发展保驾护航。建国初期，美国宪法就明确提出国会不能制定任何干涉言论自由的法律条文，为美国文化产业自由发展奠定了基础。另外，合同法、劳动法等法律条文的出台，极大地促进了美国文化产业

---

① 刘绍坚 . 文化产业：国际经验与中国路径［M］. 北京：中国社会科学出版社，2014：57-118.

② 李炎，陈曦：世界文化产业发展概况［M］. 昆明：云南大学出版社，2014：3-27.

的发展。在美国所有的文化产业法律中，知识产权保护的制度起到了十分重要的作用。时至今日，美国已经建立了以《专利法》《商标法》和《反不正当竞争法》等为主的一套完整的知识产权法律体系，很好地保护了其文化产业的崛起和发展。

三是建立有针对性的税收政策支持体系。经济上，美国政府主要通过国家艺术基金会、国家人文基金会和博物馆学会等组织机构对文化艺术产业给予资助。同时，对非盈利文化团体和机构提供便利，免征所得税，并减免资助者的税额，鼓励基金会、大公司和个人投资，引导社会财富用于文化产业发展。为了鼓励知识的广泛传播，美国对出版物不征收商品销售税；对非营利性出版机构，不仅不征税，还给予一定的资金支持。美国政府对出口图书免征增值税和营业税（先征后退），对进口图书也免征进口税。此外，美国实行出版物邮寄费用优惠政策，书刊邮寄费比其他邮品优惠 30%，等等。美国各州还根据自身情况出台了很多支持文化产业发展的税收优惠政策。

四是高度重视科技在文化产业中的应用。美国一直十分重视推动高新技术在文化产业中的应用，并引发了文化企业在内容创作、表现形式和生产方式上的巨大转变，产生了很高的艺术价值和经济价值。以影视业为例，每一项对影视产业的创制与传播可能产生影响的科技成果，几乎都会同步运用于电影、电视之中。在图书业，从 20 世纪 90 年代开始，出版公司开始将因特网技术运用于图书销售，网上售书方便了顾客挑选图书，极大地推动了出版业的发展。美国的大唱片公司也争相建立网上唱片销售渠道。

五是积极发挥基金会、行业协会等非营利组织的作用。美国非营利组织包括三类：（1）基金会，自身不直接从事文化创造或生产，但是为非营利的文化单位、慈善机构、博物馆等方面提供资金支持，帮助它们健康发展。（2）非营利文化生产单位，直接进行文化产品的创作生产，接受基金会的资金支持，在美国文化市场占据重要地位。（3）文化领域的行业协会，促进和规范文化行业的发展。行业协会以中立的身份出面协调文化产业内部企业之间的公平竞争关系，代表文化产业整体协调与社会各界和政府之间的关系，反映产业整体诉求，塑造文化产业的整体形象。

六是全方位推进美国文化全球化。美国依托强大的国家实力和国际影响力，依靠超强的企业竞争力，开展全球文化贸易，推行全球化的资本运作和跨国商业经营，既大胆“引进来”也大胆“走出去”，不断巩固提高其全球文化产业霸权的地位。其工作的着力点主要包括：（1）文化创意来源的全球化；（2）文化产业人才的全球化；（3）文化产业规则的全球化；（4）文化产品生产的全球化；（5）文化产品市场的全球化；（6）文化资本的全球化。

2. 英国

英国1997年正式提出创意产业这一新概念[①]，是世界上最早提出“创意产业”概念的国家。目前，创意产业成为英国六个战略经济产业之一，表现出强劲的上升态势，成为英国经济新的增长点，已经超过传统的金融服务业，成为第一大产业。英国发展文化产业主要实施八大措施：

一是成立创意产业特别工作机构。英国是市场经济的发源地，长期以来自由市场经济思想占据主流地位，因而对文化创意产业并没有明显的政府支持，也没有任何正式的政策协调机构。1997年布莱尔当选英国首相后，这一现象有了明显改变，成立了“创意产业特别工作组”，并由布莱尔亲自任主席，该小组成员包括外交部，文化委员会，财政部，贸易和工业部，教育部和就业部，北爱尔兰事务部，环境、交通和区域部，苏格兰事务部，威尔士事业部，科学和技术部，妇女部，唐宁街10号政策研究室等部门的首长，以及与创意产业有关的重要商业公司的负责人和社会知名人士等[②]。行动小组的成立，避免了部门之间互不通气、各自为政的现象，同时可以充分发挥其协调作用，集思广益，统一调动各部门掌握的有限资金和资源，形成合力，统一管理，为创意产业的规范发展奠定了良好的基础。2011年卡梅伦联合政府上台后成立了创意产业委员会，委员会由来自不同领域的企业家、投资者、专家学者等组成，针对产业发展中的具体问题提供更为专业的指导与咨询。

二是夯实创意产业发展的基础条件。英国政府的推进措施主要集中在支持文化创意产业从业人员技能培训、企业财政扶持、知识产权保护、文化出口扶持等方面。主要做法包括：（1）加强创意产业的基础研究。英国对创意产业进行了大量的基础研究，这些研究为英国政府制定创意产业政策提供了完整的信息支持，从而保证了政府产业政策的有效性、连贯性、一致性。（2）培养公民创意生活与创意环境。政府从产业发展角度来推动创意产业的同时，也意识到公民创意生活的重要性，因此采取了一系列的措施，包括开放更多的博物馆及将所有数据档案数字化等，期望通过教育培训、支持公民的创意发展、提供公民的创意接触的机会，使人们可以享受创意生活，并为产业的发展提供基础。[③]

三是提供财税政策优惠。主要体现在三方面：（1）图书出版方面，多年来，英国历届政府从未对图书、期刊、报纸征收过任何增值税，图书与其他出版物始终处于零税率状态，这使得英国的出版业实现了长期稳定的增长，使英国跻身于

---

① 英国没有简单认同被世界上多数国家普遍使用的“文化产业”概念，而是使用了“创意产业”的概念。“创意产业”概念在英国被正式命名后，短短几年内迅速被新加坡、澳大利亚、中国香港与中国台湾等国家和地区加以调整后采用，在全球范围内产生了广泛的影响。

② 王东明．英国文化创意产业的发展［J］．企业改革与管理，2009（8）：64–66.

③ 王东明．英国文化创意产业的发展［J］．企业改革与管理，2009（8）：64–66.

世界出版大国之列。(2)电影制作方面，从 2006 年开始，英国电影公司制作电影，成本在 2000 万英镑的，可以获得在英国花费成本 20% 的税收优惠；成本高于 2000 万英镑的，可以获得在英国花费成本 16% 的税收优惠。这大大降低了投资影视制作的风险，受到海内外投资者欢迎，有利于英国本土电影的制作，以及吸引海外对高预算电影的投资，尤其是吸引好莱坞的大制作投资。(3)电视节目方面，英国法律规定 BBC 和 ITV 每年至少有 25% 的节目应由独立制作公司制作。在这一规定的引导下，英国的中小独立制作力量迅速发展，涌现出一批享有国际盛誉的独立电视制作公司，并成立了行业工会"电影电视独立制作人联盟(简称 PACT)"。目前，PACT 成员已经超过 1000 个，年总产值超过 11 亿英镑。英国因此成为最大的电视节目模式出口国之一，每年仅电视节目出口一项创收就超过 5 亿英磅。①

四是重视数字化对创意产业的影响。近年来数字化技术的快速发展，对创意产业产生了深远的影响。数字化技术不但大大缩短了创意产业的创作过程，降低了创作成本，提高了创意产品的创作质量(例如电影数字化制作等)，而且也促成了创意产品销售渠道和消费者消费习惯的深刻变化(例如：在线销售、在线支付与消费等)。为顺应数字化的发展，英国政府采取了一系列的措施：1998 年，政府对下议院特别委员会所提出的"多媒体革命"做出响应，开始积极计划应对数字化潮流；2000 年，创意产业专责小组对互联网的影响进行了研究，并提出若干建议。政府于同年做出响应，提出了相应的具体做法。2009 年发布的《数字英国》报告明确提出，要在数字时代，将英国打造成全球创意产业中心，在清晰公平的法律框架的保护下，扩大数字内容的传播范围，包括公共服务内容。作为英国政府规划未来发展战略的重要文件，《数字英国》为创意产业定下了数字化发展的基调。依据规划，在未来的几年中，数字广播、数字电视和互动内容将在 英国获得更大发展；创意产业对整体经济的作用将得到更加准确的测量；将限制非法下载等内容使用方式，以便保护创作者、平台主体、发行者和消费者的利益。②

五是积极推动文化国际贸易。为推动文化产品出口，英国政府在创意产业特别工作小组下专门成立了"促进创意产业出口咨询委员会"，对创意产业的国际贸易发展提供咨询建议，就促进创意产品出口、打造英国文化产业品牌等提供政策建议，帮助文化创意企业开拓国际市场。2007 年英国文化创意产业出口 115 亿英镑，占英国出口总额的 5%；1997–2007 年创意产业出口平均年增长率达 10%，而同期英国的总出口额年均增速才 3%。

---

① 程坚军．对我国文化创意产业发展及人才培养的思考——以英国文化创意产业发展为例［J］．中国广播电视学刊，2010(7)：63–65.

② 熊澄宇．英国创意产业发展的启示［J］．求是，2012(7)：58–60.

六是帮助中小企业筹措发展资金。英国创意产业从业者多为中小企业，其发展中往往会遇到缺少资金、研发投入不足、无力开拓海外市场等问题。因此，政府积极支持那些有创新能力的个人或从业者，为其提供发展所需的资金，以免埋没了许多创意构思及商机。为创意产业从业者寻求资金，是1997年创意产业专责小组成立后最重要的工作之一。目前采取的措施有：提供各地可供给创意业者资金的机构联络方式；英国科学、技术及艺术基金会对于具有创新点子的个人，提供发展资金等。[①]

七是注重创意人才培养。创意产业的可持续发展，需要有源源不断的人才队伍，需要加强对青少年的创造力、想象力的重视，开发和创意能力的培养。英国的主要做法有：（1）国家整体规划创意人才的教育培养；（2）政府相关部门协力培养创意人才；（3）社会组织在培养创新人才中积极发挥作用。

八是大力发展创意城市。伦敦无疑是英国创意产业的领头羊，早在1999年伦敦就设立了文化战略委员会，负责规划、协调和发展伦敦市的各类文化机构，制定实施伦敦文化发展战略。2005年3月，伦敦市设立了“创意之都基金”，专门为伦敦创意产业中有才华的企业家提供原始资本和商业支持，以服务于伦敦经济和社会的发展。基金原资产净值达到500万英镑，加上配套的私人投资，总额已经达到了一亿英镑。

3. 法国

法国文化历史悠久、底蕴深厚，这为法国文化产业发展提供了极为优越的条件。法国文化产业规模巨大，仅在与文化遗产领域相关部门工作的从业人员就有50多万人，经济规模高达210亿欧元，是法国经济的一个重要组成部分。法国发展文化产业主要实施四大措施：

一是注重发挥政府在文化产业发展中的主导作用。法国在文化产业发展上不太信赖市场机制，采取与美国截然不同的发展模式和管理模式，设立有专门管理文化事务的部门。主要做法有：（1）加强监督管理；（2）强化直接管理；（3）提供财政支持。其中，资金来源来自三方面：（1）中央政府直接提供赞助、补助和奖金；（2）地方政府提供的财政支持；（3）出台政策鼓励各类企业为文化产业发展提供资金支持。

二是强调对文化遗产的保护和利用。法国是世界文化遗产大国，政府高度重视文化遗产保护，与之相关的法律措施处于世界先进水平。主要做法有：（1）加强文化遗产保护立法工作；（2）加大在文化遗产保护方面的投入；（3）发挥专业机构的作用；（4）推进文化遗产的数字化；（5）实行国家主导，监管制裁和激励引导相结合的文化遗产保护政策；（6）推动文化遗产的开发利用。

---

① 王东明. 英国文化创意产业的发展［J］. 企业改革与管理，2009（8）：64-66.

三是大力发展特色鲜明的文化产业。法国虽然是一个文化产业十分发达的国家，但在发展文化产业时也是根据自己的资源禀赋条件，突出重点，发展特色鲜明、具有明显国际竞争力的优势产业，取得了很好的效果。主要特色产业有：（1）经久不衰的时尚文化产业；（2）蓬勃发展的文化旅游业；（3）生机盎然的电影产业；（4）异军突起的电子游戏业；（5）持续繁荣的图书出版业。

四是实施独具特色的文化国际化政策。主要做法包括：（1）在全球大力推广法语文化；（2）加大对本土文化的保护力量。法国经过长期的努力，形成了一整套行之有效的保护本土文化的政策措施，主要体现在三方面：（1）对外国文化商品的进入设置关税壁垒和贸易配额；（2）制定政策加大本国文化产业的投入；（3）在数字文化领域推出保护措施。

4. 日本

2011 年，日本文化产业产值在各产业中仅次于制造业，显示出其强大的国际竞争力，日本已悄然从制造大国、经济大国转变为名副其实的文化大国。日本发展文化产业主要实施五大措施：

一是政府明确文化产业发展导向——从文化立国到“酷日本”。日本对文化产业的发展高度重视，将其定位到立国、强国的高度。发展文化产业，不是简单的产业选择，更不是权宜之计，而是关乎全局、关乎长远的战略举措，是促进国民经济持续发展的基础性产业，有利于统一社会各方面对文化产业发展的认识，促进产业政策的制定在更高的层次形成政府与民间的共识，调动更多的社会力量和资源要素投入到文化产业的发展当中。

二是制定促进文化产业发展的相关法律法规。首先，日本对文化产业的认识从“文化振兴”开始，出台了一系列鼓励政策。1995 年，日本“文化政策推进会议”发表《新文化立国：关于振兴文化的几个策略》，确立了日本在 21 世纪的“文化立国”方略。其次，实施“知识产权立国”战略，为文化产业的顺利发展提供了法律依据和保证。2001 年 10 月，日本政府对 1970 年颁布的《著作权法》进行修订，改名为《著作权管理法》。最后，为文化产业的发展专门立法。2003 年 3 月，日本政府根据“信息技术基本法”成立了“知识财富战略本部”，小泉首相任部长，明确将音乐、电影等文化产业与技术、工艺、名牌产品等并列为国民经济的基础产业。

三是多个政府部门共同推动。为了推动文化产业发展，日本政府的组成部门根据各自的职责，从不同角度积极参与，包括文部省、经济产业省和外务省等。日本文部省为扩大日本文化产业的国际知名度和影响力，每年都花费上亿日元的财政经费，用于国际文化交流与合作。

四是重视发挥行业协会的作用。日本的文化行业协会很多，几乎每个领域都有自律性的组织或者机构。这些行业协会都是独立社团法人，负责制定行业规则，维护会员合法权益，同时进行行业统计，经常有计划、有步骤地开展一些活动。日本的文化企业很看重行业协会，不仅积极参加，而且遵守行规。

五是加强日本文化产品的海外推广。日本从20世纪90年代开始，由文化外交推动公共外交，使动画、漫画、游戏等流行文化成为体现日本软实力的重要组成部分。日本文部省每年都花费上亿日元的财政经费用于国际文化交流与合作，进而扩大其文化产业的知名度和影响力。在促进本国文化产业“走出去”参与国际竞争的过程中，日本政府综合运用出口退税、再投资退税、财政补贴、政府担保、优惠利率等综合性优惠政策。

5. 韩国

经过韩国政府多年的积极扶持和民间企业的努力开拓，韩国文化产业取得了巨大的成功。韩国文化体育观光部的数据显示，2010年韩国文化产业规模为72.6万亿韩元（约合650亿美元），比1999年的7.1万亿韩元产业规模增长了10倍。韩国发展文化产业主要实施五大措施：

一是政府大力推动文化产业发展。在尊重市场规律的前提下，韩国政府通过产业政策制定、国家预算倾斜等宏观层面进行引导，在优化组织管理、强化人才培养等方面构筑起集约化的文化生产经营机制，形成从生产到消费、从国内到国外、从文化产品到衍生商品的完整产业链条和产业集群，最终形成从量到质的整体提升和优化。具体做法包括：（1）有明确的规划导向；（2）设立强有力的推进部门；（3）加大文化产业投入；（4）强调对传统文化的保护和发扬；（5）推动文化产业园区发展。

二是突出发展影视和网络游戏等重点优势产业。韩国在发展文化产业方面，并非面面俱到，而是强调突出重点，将各种资源要素集中用于发展影视和网络游戏等重点优势产业，取得了良好效果。在影视方面取得的成绩主要取决于：（1）放松市场准入；（2）加大本土市场保护；（3）突出民族特色。在网络游戏方面取得的成绩取决于：（1）政府的大力支持；（2）大力发展网络游戏专业教育；（3）积极拓展国际市场。

三是加强对文化产业发展的人才培养。韩国文化产业在快速发展的过程中也遇到了创作、企划、市场开发等方面人才短缺的问题。为此，韩国决定投入2000多亿韩元抓紧培养人才，突出艺术学科的实用性教育，扩大文化产业与纯艺术人员之间的交流合作，构建“文化艺术和文化产业双赢”的人才培养机制，重点抓好电影、卡通、游戏、广播影像等产业的高级人才培养。主要措施包括：（1）完善人才培养机制；（2）加强院校培养；（3）强化校企合作；（4）利用网络及其他教育机构进行培养；（5）加强专业资格培训；（6）加强教材开发；（7）加强与外国的人才交流合作。

四是大力开拓国际市场。韩国的基本战略是，瞄准国际大市场，把以中国、日本为重点的东亚地区作为登陆世界的台阶，大力开发，促进出口，利用国内市场收回制作成本，通过海外市场获得盈利。现在，文化产业已经成为韩国仅次于汽车制造业的第二大出口创汇产业。主要采取的措施包括：（1）针对不同地区特点调研开发适销对路产品；（2）重视发挥明星等品牌效应；（3）在文化出口战略地区建立“前沿据点”；（4）积极开展跨国生产合作；（5）积极参加和举办国际性展销活动；（6）政府集中资金支持重点文化出口项目；（7）建立文化产品国际营销网络。

1.2.2 国内其他省份典型文化产业发展经验

1. 湖南[①]

湖南虽然地处中部地区，经济发展程度并不高，但是其文化产业的发展还是比较成功的，不仅有资源依托型、政府引导型和旅游推动型，还有青海省文化产业发展所没有的模式，如品牌胜出型、文化创意型发展模式。

（1）品牌胜出型

品牌是一个企业区别于其他企业的标志，是企业竞争力的体现。湖南文化产业发展过程中非常重视品牌的树立，注重文化产品的创新，着重突出文化企业的独特性、文化产品个性化，以提高文化的影响力。例如：世界“奇山”品牌——张家界、饮食品牌——湘菜，其中最引人瞩目的就是近年来由湖南卫视所打造的一系列影视品牌：2004 年以来连续举办的“超级女声”“快乐男声”迎来全国各地的参赛者，可以说在当时轰动了全国；“天天向上”“快乐大本营”给年轻一代留下了许多的欢乐；“我是歌手”给观众们带来了一场高手与高手的对决，是一种对音乐的享受；“爸爸去哪儿”更是演绎了明星们的实景生活，获得了全国综艺节目收视率冠军。这些响当当的品牌使湖南文化产业走向了一个新的台阶，成为文化产业发展的典范之一。[②]

（2）文化创意型

文化创意产业是以创意作为源头、以内容作为核心、以技术作为手段的高科技、高知识、高附加值的战略新兴产业，具有特色性、优势性、竞争性的特点。湖南省早已将其定位于战略性产业并且进行了大力发展。湖南长沙是中国动漫产业起步最早的城市之一，有“动漫先行者”的美誉，其起步早并且有全国都很有影响力的影视业作为基础，为动漫产业的发展营造了良好的氛围，动漫产业取

---

① 杨秋浪．恩施州文化产业发展研究［D］．湖北民族学院硕士学位论文，2015：30–32.

② 匡跃辉，王锋．长沙市文化产业发展模式研究［J］．成都理工大学学报：社会科学版，2012（6）：1–6.

得了非常显著的成绩。到目前为止，动漫企业达150多家，原创人员多达13600人，电视动画的产能已超过5万分钟，产值达到46.55亿元。金鹰卡通频道收视率位居全国上星频道前列，手机动漫企业拓维信息系统股份有限公司已于2008年成功上市。①

2. 云南②

云南文化产业起步较早，1996年云南省就已经提出建设“云南民族文化大省”的发展目标，并且云南省委省政府多次修正和重新定位文化产业发展的战略思路，立足于当地深厚的民族文化底蕴和独特的自然景观的基础上，成功地走出了一条属于云南文化产业发展的模式。

（1）龙头产业带动型

龙头产业往往是一个地区的品牌，具有雄厚的资金和科技实力，能够对地区相关产业的发展起到带动作用，对一个地区经济的发展有着重要的影响。

云南省是文化旅游资源大省，云南的旅游业结合得天独厚的区域资源和潜在的巨大旅游消费市场，旅游产业发展迅速，形成了许多具有影响力的旅游品牌，旅游便成为云南省带动文化产业发展的龙头。如昆明国际旅游区、香格里拉生态旅游区、湄公河国际旅游区、艳遇之都丽江等等。这些龙头型产业无形之中对文化产业的发展以及其他相关产业的发展都起到了积极的带动作用。最开始的云南旅游就是结合《丽水金沙》《云南映象》等文化产品和民族工艺品而发展的，从而带动了大量演艺演出产业的发展。③

（2）文化与旅游强势互动型

1995年云南省将旅游产业确立为云南四大支柱产业之一，从此旅游业在云南的社会经济发展中起着举足轻重的作用。云南旅游业依托丰富的旅游资源和成熟的市场体系，为文化产业的发展提供了不可多得的平台和载体，加上现代人们对旅游质量要求的提高，文化与旅游的融合已经成为现代旅游业发展的必然趋势。云南旅游业之所以能够在现代社会之中吸引住人们的眼球，其中一个重要原因就是文化与旅游的融洽结合，使得旅游业中催生出了文化产业，文化产业又为旅游业的繁荣发展提供了源源不断的动力。如，大理武庙就是由一批权威专家和高手，齐心协力、精益求精共同打造而成，其每一栋建筑、每一尊雕塑都蕴藏着对关帝文化的弘扬和继承，其原本只是一个商业项目最后却升华为文化旅游的精品和典范。

---

① 匡跃辉，王锋．长沙市文化产业发展模式研究［J］．成都理工大学学报：社会科学版，2012（6）：1–6.

② 杨秋浪．恩施州文化产业发展研究［D］．湖北民族学院硕士学位论文，2015：30–32.

③ 闫秀娟．云南文化产业发展模式探究［D］．云南大学硕士学位论文，2011：20–35.

3. 浙江[①]

浙江属于民营崛起型文化产业发展模式。近年来，浙江的文化产业发展比较迅速，2009 年，杭州文化创意产业增加值占全市地区生产总值的比重达 12.6%，文化产业增加值实现 642.4 亿元，是中国内地文化产业占 GDP 比重最先超过 10% 的两个城市之一。2010 年，浙江文化产业增加值达到 1056 亿元，第一次突破千亿元大关。浙江杭州在动漫产业领域发展迅速，实力大幅度提升，现已成为上海、广州、北京、长沙等动漫强省之后的又一个"动漫之都"，现已具有国家级动漫基地 5 个，仅 2009 年的原创性动画片生产数量 27409 分钟，总计 1477 集，占全国总数的 16%，产量位居全国首位。其中中国国际动漫节的举办（杭州）非常成功，被认为是"世界上规模最大、人气最旺的动漫盛会"。

在国有文化企业快速发展的同时，浙江省民营文化产业呈现迅速崛起之势。从历史维度来看，浙江文化产业起源于民营文化企业和市场经济。近几年来，在各级政府的支持和引导下，浙江民营文化企业茁壮成长。2012 年浙江有规模以上民营文化企业 4 万余家，从业人员 50 余万人，投资总规模超过 1300 亿元，涌现出了横店、宋城、华策影视以及中南卡通等一批在全国具有较大影响的民营文化知名企业。并且，浙江的民营资本呈现百花齐放的局面，开始向文化旅游、演艺娱乐、文化出版等领域延伸和扩展。在我国资本市场上，浙江创造了我国"演艺第一股"宋城集团、"电影第一股"华谊兄弟以及"电视剧第一股"华策影视。[②]中南卡通股份有限公司，原来是一家纯建筑公司，自 2004 年正式成立之后，着力于动漫开发领域。过去的 8 年（2004–2012 年）里，中南卡通原创了近 4 万分钟，覆盖 15 大题材、35 部精品动画，在中央电视台、上海炫动、北京卡酷、金鹰卡通等 300 多家电视台首播及重播。同时，中南卡通以市场需求为动力，采用网络营销手段，构建多元化销售渠道，同时申请以商标权、专利权以及版权等为核心的自主知识产权系列。在企业的盈利模式中，直接的文化产品只占到 20%~30%，而衍生产品的盈利占到 70%~80%。近年来中南卡通把原创动画推广到海外，在国际上已经具有一定的知名度和影响力，如今中南卡通每年都参加戛纳电视节，接近 70 个国家和地区能够收看该节目频道，仅 2010 年就创造外汇收入超过 210 万美元。毋庸置疑，中南卡通股份有限公司是浙江民营文化企业的一个成功案例，更是我国民营文化企业中的"一朵奇葩"。又如横店，横店原是一个小镇，既无交通之便，又无山水之美，但仅仅 2011 年，它接待游客近 1100 万人次，实现营业收入 6.64 亿元。

---

① 熊正贤 . 乌江流域民族文化资源开发与文化产业发展研究［D］. 西南民族学院博士学位论文，2013：134–136.

② 董碧水 . 浙江文化产业收获真金白银［N］. 中国青年报，2012–06–04.

民营企业的积极参与不但为地方创造了经济贡献，带动了劳动就业，更为重要的是，它为浙江文化产业的发展注入生机活力，促进文化产业百花齐放局面的形成。

4. 外省市的发展经验总结

（1）党委政府高度重视。将文化产业作为调结构、转方式的重要切入点，纳入全省（市）整体战略，在组织领导、资金投入、政策配套等方面给予大力支持。如重庆市出台了《关于推进全市文化市场改革加快文化产业发展的意见》《关于推进文化与旅游融合发展的意见》《关于促进文化金融合作的实施意见》等系列政策文件，并将文化产业纳入了市委市政府对区县经济社会发展的实绩考核；云南省建立了“党委统一领导、政府组织实施、宣传部门协调指导、文化行政主管部门具体落实、各有关部门密切配合”的文化改革发展领导体制和工作机制。省文产办推出了系列研究成果，按行业门类编制完成了产业发展的三年行动计划。省财政每年安排 6 亿元省级文化产业发展专项资金，对重大文化产业项目、龙头文化企业予以重点扶持。文化产业已成为云南省经济新的增长点和支柱产业。2014 年全省文化产业实现增加值 600 多亿元，占全省 GDP 的 6% 以上。

（2）发展思路明确。各地立足本省总体发展战略和文化资源优势，明确发展思路和目标，突出发展重点和主要任务。如云南省立足民族文化资源，充分发挥市场对资源配置的决定性作用，以文化改革发展为突破口，按照“融合发展、差异发展、特色发展、重点发展”的总体思路，大力发展文化产业。以深化文化体制改革为契机，组建成立了文投、出版、广电、传媒、报业等五大国有文化企业集团。河南省以文化产业园区、重大文化产业项目、小微文化企业、文化创意产业为抓手，做大做强骨干文化企业。开封宋都古城文化产业园区年收入超过 103 亿元，带动 5 万人就业；镇平玉文化产业产值超过 150 亿元，带动 25 万人就业。实施了郑州华强文化科技园二期、中国玉雕大师园、清明上河城、小宋城等一批重大项目。全省共有小微文化企业 2.3 万个，占全部经营性文化企业的 97.5%，吸纳从业人员 38.8 万人。规模以上文化创意企业 100 家。文化创意和设计服务企业创造的主营业务收入超过 100 亿元。

（3）政策支持力度大。各地从投融资、公共服务平台建设等方面，强化文化产业的政策保障。如云南省财政厅从 2015 年起，每年安排 2000 万元、三年共 6000 万元，与云南省信用再担保有限责任公司合作设立文化企业风险补偿基金，建立中小微文化企业融资担保风险补偿机制。重庆市财政资金由“补”改“投”，出资 3.5 亿元，吸引社会资本 14.5 亿元，设立规模为 3 亿元和 15 亿元的两支引导基金，建立项目动态储备库和对接推介机制。出资 7 亿元资本金成立担保公司，开发多种特色文化担保业务，办理文化担保业务 280 笔，支持 248 家企业发展，累计担保金额 22.7 亿元，有效缓解了融资贵的问题。该市南安区政府整合相关职能部门资源，搭建南安区小微企业党群服务中心平台，交由社区管理，财政定额补助。对入驻企业两年内给予免租、培训、业务咨询等服务，并享受 15 项扶持优惠政策。河南省实施小微文化企业孵化培育专项计划，建立小微企业融资风险补偿机制。省级文化行政部门和财政部门对符合产业发展政策的信贷项目以上年度利息总额进行贷款贴息，对上年度保险费用进行保费补贴，所需资金从预算经费或设立的专项资金等既有预算中统筹安排。洛阳市孟津县、开封市对新设立的文化企业，给予 3 年减免或先征后返税收优惠政策。

1.2.3 启示一：文化产业发展一般规律[①]

正如其他的产业一样，文化产业的发展也有一定的阶段性，有其独特的生命周期。一般而言，其生命周期可以划分为形成期、成长期、成熟期和衰退期四个阶段。文化产业每个阶段所表现出来的特征有所不同，并且国内外各国文化产业的发展都有其各自的特点，但是文化产业的稳步发展有其内在的规律性。

1. 政府支持和政策扶持

政府支持是文化产业繁荣发展的重要保障，是促进文化产业发展的重要力量。从世界其他国家和我国其他省份文化产业发展壮大经验来看，文化产业的发展离不开政府的扶持与领导。政府通过制定文化产业的法律法规政策、文化产业的财政扶持政策、税收优惠政策和价格补贴政策等措施为文化产业发展创造良好的政策环境。文化产业的法律法规政策的稳定性，有利于建立规范的市场秩序，有利于提升文化产业整体实力和竞争力的政策环境。政府财政扶持政策不仅保证财政资金的的投入力度，更应注重帮助文化企业提高管理水平，提升文化创新能力，依靠财政资金的投向引导文化资源的流向，调节文化资源配置，刺激和强化文化产业科技研究与开发，优化文化产业结构，延伸文化产业链，从深层次解放和发展文化产业生产力，实现文化产业全面振兴。实施扶持文化产业的税收优惠政策和价格补贴政策。根据文化产品和服务的不同类别和文化企业效益等情况，综合运用税收和价格政策进行宏观调控，引导各种资本流向文化产业，提高文化产业资本投入，扩大文化产业总体规模。

2. 吸纳不同民族文化，拓宽市场

在世界经济全球化、一体化的趋势下，文化产业的发展已成为各国的国家战略。文化产业强国在发展文化产业时，都提出了国际化战略，充分利用国家力量，拓展国际市场。如一些发展强国通过其强大的经济实力和国际影响力，推动

---

① 霍步刚. 国外文化产业发展比较研究［D］. 东北财经大学博士学位论文，2009：217-220.

了文化及文化产品和服务的输出。文化自身的开放性和包容性使其不断地吸纳各民族、各地的文化精华，为自身注入了新的血液和养分，使其具有多元化的特征。文化的多元化要求发展文化产业时注重吸收和借鉴好的文化元素和发展经验。经济全球化也要求文化产品在满足本民族需求的同时，需要吸收他国民族文化，打破传统文化的束缚，走本土化和国际化相结合的道路，才能保证文化产业的持续稳步发展。

3. 灵活的投融资体制

要发展文化产业离不开资金的支撑，文化企业的稳步发展需要构建完善的文化产业投融资体系，实现文化产业投资主体的多元化和投资渠道的多样化，加大对文化产业投资力度，提高文化产业投资规模，带动文化产业整体发展。文化产业发展的投资主要有两个渠道：一是政府奖励性、扶植性、优惠性的拨款和补助，另一方面来自社会的投资。政府要积极发挥政府资金的引导和示范作用，创新文化产业投融资形式，盘活文化产业资本存量，带动更多社会资金和企业投资参与到文化产业发展中来。政府可以通过制定税法，提出一些优惠政策，鼓励非文化部门和外来资金投入文化产业，为他们积极创造良好的投资环境，吸引大量资本，为文化产业的发展提供间接的资金支持。

4. 文化科技含量高，科技带动作用强

科技不再是一种辅助性的工具手段，而是现代经济发展的一个重要依托。在西方发达国家，以各种高科技为载体的文化产品和文化服务，不仅创造了丰富的文化产品，而且影响到人们的生活理念。文化产品借助于科技的力量，向全世界流通。随着文化产业的不断发展，科技创新在文化产业中的作用变得愈发重要。一方面基于高科技平台上的网络游戏、动漫、数字娱乐产品等行业获得高速发展；另一方面传统文化行业如广播电视、出版发行、表演艺术行业等借助于科技力量获得了新的竞争力，呈现出新的形态。科技的发展已将文化产业推向了新的发展领域和发展形态，数字化、网络化成为文化产业发展的基础趋势。注重科技与文化的融合，发挥技术带动作用是世界文化产业大国的一条重要经验。

5. 文化人才培养和招揽

文化产业很大程度上都需要创意，而创意出自人才。因此，文化产业的竞争不仅是资金、科技含量的竞争，也是人才的竞争。作为知识密集型产业，文化产业需要吸引、培养、储备一大批具有国际视野、具有创新精神的管理人才、市场拓展人才和技术型人才。通过多种途径和方式培养高素质文化产业优秀人才或者直接引进人才可以为文化产业的发展不断注入新鲜的血液。同时，文化产业相关研究机构的设置，有助于针对行业、技术、市场和消费者进行研究，这些研究成果对政府管理文化事业和产业都产生了影响，为企业的战略和战术发展决策提供了理论支撑。

1.2.4 启示二：青海省文化产业发展必须处理好的几个关系①

在文化产业发展过程中，政府与市场的边界问题，文化与经济的边界问题，文化产业的经济属性与意识形态属性的关系问题都必须妥善的处理。文化产业在发展过程中遇到的问题十分复杂，各种关系错综复杂，充满各种矛盾和争议，只有合理平衡这些矛盾，文化产业才能长远地持续地健康发展。青海省文化产业发展必须处理好的几对关系：

1. 文化产业和文化事业的关系

文化产业和文化事业都是为社会提供文化产品和服务，但二者的作用和发展路径却有很大差异，文化事业的投资是政府，文化产业的投资主体多元化，包括国有、民营和外资等企业。文化事业通常实行公益性事业单位管理体制，文化产业实行经营性企业管理体制。发展文化事业的目的是丰富广大人民群众的精神文化生活，提高人民的文化生活质量。不以盈利为目的的公益性事业。文化产业是具有经营性，以创造利润为目标，受市场调控，投入生产流通都必须按照市场的经济规律来运作。但两者之间也是相辅相成的关系，可实现共同发展。文化事业的发展，有助于缩小城乡文化差距，群体文化差距和区域文化差异，从而促进文化产业的发展才是真正的目的。同时文化产业的发展才能给文化事业更多创新的动力。

2. 大众文化和小众文化的关系

大众文化是现代工业社会和市场经济条件下，反映大众日常生活、大众生活品位、为大众所接受和参与的文化产品生产与流通。小众文化也称精英文化，主要以受教育程度或文化素质较高的少数知识分子或文化人为受众，旨在表达他们的审美趣味，价值判断和社会责任，虽为少数人所从事的文化活动，但往往能创新出一些引领社会文化前进的方向的作品。总体来说，大众文化更倾向于娱乐，市场规模较大，往往能从市场中得到足够的经济补偿。而小众文化市场规模小，市场潜力潜伏期较长，很难在短期内获得再生产的经济补偿。但两者之间不是简单的俗雅之分，不论是大众文化还是小众文化，都有自己独特的魅力所在，都有自身从高到低的发展过程。发展文化产业就必须要处理好大众和小众的关系，相互借鉴和相互促进，针对不同的艺术类需求，采取不同的政策，才能推动文化产业大发展大繁荣。

---

① 刘绍坚 . 文化产业：国际经验与中国路径［M］. 北京：中国社会科学出版社，2014：48–51.

3. 新兴文化产业和传统文化产业的关系

新兴文化产业是由传统文化产业不断融合衍生出来的，如文化旅游业、观光农业、文化主题餐厅、主题公园、游乐场、3D电影等。为了适应大众需求，具有较强的应变能力和创新力的新兴文化产业发展如火如荼。由于文化产业之间的替代性，新兴文化产业的发展很大程度上影响着传统的文化产业，所以在发展新兴文化产业的浪潮中，不仅要考虑传统文化产业的传承问题，例如传统的“京剧”“话剧”“藏戏”等，不能一味地求短期发展，而是要加大政府支持力度，推动剧目不断创新，使这些文化品种得以留存和流传。因此，青海在发展文化产业时，需要考虑新兴文化产业与传统文化产业共同发展，实现长久的持续健康发展。

4. 大型文化企业与中小型文化企业的关系

在一些大型文化企业加快发展的同时，一大批拥有自己独特技术和市场定位的中小文化企业也不断发展，与大众文化企业共同形成完整的文化产业生态系统。大型文化企业为整个系统的基础框架，小型文化企业是从不同角度实现市场供给，甚至成为大企业的供应商。大企业能够整合资源，能产生内部规模经济效益，在未来的发展中，大企业应该发挥其带头作用，引领文化产业的发展方向。小企业应该利用自身灵活多变的优势，在创意创新和科技创新上发挥独特的作用。只有两者都发挥自身优势，相互协作相互促进，才能形成一个良好的市场环境，才能实现文化产业的共同发展。

5. 文化多样性与同一性的关系

文化不分国界，文化的同一性是各民族、各地区文化普遍具有的属性，是各民族、各地区文化在数千年的发展过程中相互影响、相互借鉴、相互吸收、相互融合而形成的关系。在经济全球化的时代背景下，国际文化贸易得到快速发展，促进各国之间的交流联系，甚至是促进了全人类的共同进步。但文化是多元的，每个国家每个民族都有自己独特的文化，这也反映出文化的多样性。文化的多样性和同一性是辩证统一的关系，任何一方都不可能单独存在，所以发展文化产业，就必须要两者并驾，相互协作，才能推动世界各国文化交流发展，同时促进本地民族优秀文化产业的发展。因此，青海文化产业发展过程中，要解决好文化多样性与同一性之间的关系，二者并重，相互协调、相互促进，与世界优秀文化深入交流，促进青海本地民族优秀文化产业的健康发展。

1.3 青海省加快发展文化产业的重要性和紧迫性

文化产业具有很强的外部性，呈现出与其他产业不同的功能特征。文化产业的主要功能有政治功能（促进思想意识和制度进步、提升凝聚力）、经济功能（促进经济增长、促进结构优化、促进就业）、文化功能（促进民族文化发展、提高民族文化素质）和社会功能（促进社会和谐、促进社会进步）。[①] 而文化产业是文化与经济相互结合的集中体现，文化产业在某种程度上可以看作是文化在经济功能上的缩影。

文化产业是从事文化产品生产和提供文化服务的经营性行业。具有高知识性、高增值性和低能耗、低污染等特征。发展文化产业是加快经济结构调整、转变经济发展方式、促进创新创业的重要动力，有利于培育形成经济发展新动力，促进经济平稳持续增长，推动文化产业成为国民经济支柱性产业；是丰富人民群众精神文化生活、满足人民群众多样化消费需求、提升国民文化素质的重要途径，有利于激活和释放文化需求，促进消费结构升级，加快推进供给侧结构性改革；是加快“文化名省”建设、提升文化软实力和产业竞争力的重大举措，有利于推动文化创造性转化和创新性发展，催生新兴业态，促进就业创业，推动实现“131”总体要求，具有重要意义。近年来，在省委、省政府的正确领导下，全省各地依托文化资源优势，着力推动文化产业发展，呈现出特色优势日益显现、市场主体不断壮大、产业集聚效应明显、新兴产业逐步兴起的良好态势，文化产业进入提升发展的重要节点。同时要看到，全省文化产业存在总量小，产业化程度低，龙头骨干企业少，创新创意能力弱，与相关产业融合不够，政策体系不完善等问题，这与人民群众日益增长的精神文化需求不相适应，与我省丰富独特的文化资源优势不相适应，与我省创建“三区”建设战略目标不相适应。各地区、各部门和各单位要深刻认识当前发展文化产业的重要意义，切实增强责任感使命感紧迫感，把发展文化产业摆上更加重要的位置，主动担当作为，聚焦短板发力，采取有效措施，推动快速发展。

作为 21 世纪的低碳产业、绿色经济代表，文化产业具有促进产业结构优化，拉动居民消费、吸纳人口就业、实现可持续发展的显著优势，在实现经济增长，提升经济发展质量，推动经济发展模式转变方面发挥着积极的作用。随着现代服务业的飞速发展，文化产业成为调整产业结构、服务居民生活的重要组成部分。以文化产业为支点进行经济结构和产业结构调整是当前经济发展的趋势和突破口。因此，青海加快发展文化产业尤其重要和紧迫。

1.3.1 文化产业在构建公共文化服务体系中的作用

公共文化服务体系，是面向大众的公益性的文化服务体系。文化产业在构建公共文化服务体系中的作用如下：

---

① 肖安鹿，段建玲 . 文化产业发展与文化大省建设［M］. 兰州：甘肃文化出版社，2012：21–25.

首先，文化产业推动公共文化服务平台建设。① 一大批具有文化展示、文化服务、文化交流和文化经营等多种功能于一体的现代化文化地标建成并投入使用，成为青海省公共文化服务体系建设新的里程碑。文化惠民工程投入力度进一步加大，基本形成了覆盖市（州）、县区、乡镇街道、村居委会的四级群众文化设施网络，文化服务标准进一步提升。同时，各级政府着力丰富了公共文化产品供给形式。在群众文化、广场活动、社会阅读、非遗保护、文艺创作、新闻媒体等方面形成一系列在青海省具有知名度的名品名节。

其次，文化产业通过构建公共文化服务体系为城镇化提供有力支撑。② 当前，我国发展中不平衡、不协调、不可持续的问题依然突出，城乡二元结构尚未根本改变，城乡发展差距也有扩大的趋势。这种差距，既体现在经济社会方面，也体现在文化方面。以工促农、以城带乡，着力破解城乡二元结构，已经成为党和国家发展的基本方略。青海省在加强公共文化服务体系建设中，要注重以城带乡，统筹城乡文化发展，加快构建公共文化服务体系建设。通过文化产业的发展，可以加快青海形成“文化 + 城市”“文化 + 民族”“文化 + 社会”“文化 + 旅游”“文化 + 文化”“文化 + 商品”“文化 + 互联网 +”“文化 + 产业”等等多种复合形式，注入文化的 DNA，形成“文化 +X”的公共文化服务体系，通过实施“文化 +”战略，进一步促进公共文化服务体系建设和丰富公共文化服务体系内容。“文化 +”战略是文化更加自觉、主动地向经济社会各领域的渗透，其核心是赋予事物活的文化内核、文化属性、文化精神、文化活力、文化形态和文化价值，为事物植入文化的DNA。③ 在青海文化产业发展过程中实施“文化+”战略，可以加快公共文化服务体系建设，同时可以提高服务质量和丰富服务内容，这样构建的公共文化服务体系将更加具有活力。

最后，文化服务水平的提升可以促进社会稳定。④ 社会发展的前提是稳定，而稳定的坚实基础是生产发展，经济运行正常，人民生活有保障，政治局面稳定。但这决不意味着可以忽视文化建设对于社会稳定的作用。一个地区的群众文化活动繁荣、精神生活丰富，有利于提高群众的思想道德品质，抵制各种歪风邪气，进而促进社会和谐稳定。因此，公共文化服务水平的提升，改进和加强了文化建设，对社会稳定有着特殊的作用。

1.3.2 文化产业在创建生态文明先行区建设中的作用

文化产业具备导向、凝聚、教育、扩散、促进环境与经济和谐发展等功能，

① 夏长江 . 公共文化服务体系建设在构建和谐社会中的作用研究［D］. 信阳师范学院硕士学位论文，2013：32.
② 夏长江 . 公共文化服务体系建设在构建和谐社会中的作用研究［D］. 信阳师范学院硕士学位论文，2013：53.
③ 参考《“文化 +”与天竞文化产业的崛起》一文，天竞文化 2016 年 2 月 26 日发布。
④ 夏长江 . 公共文化服务体系建设在构建和谐社会中的作用研究［D］. 信阳师范学院硕士学位论文，2013：60.

能在生态文明建设中发挥约束、导向人们的行为、开展环境教育、促进绿色经济快速发展的作用，为生态文明先行区建设提供智力支持和精神保障。① 以不同的文化现象为依据，找寻其与生态文明建设的特征与目标的内在联系，挖掘其在生态文明建设中的价值，是选择合理路径最基本的前提。在这一前提下，因地制宜、因时制宜，采用灵活、多样的方式，为生态文明建设中出现的问题提供解决问题的思路与方法，为生态文明建设提供现实依据和参考，切实发挥文化在青海生态文明先行区建设中所应发挥的作用。

1.3.3 特色文化产业在民族地区经济社会发展中的地位

我国是个多民族国家，上下五千年积淀了醇厚的中国文化，其中民族文化更是耀眼的一部分。青海多民族聚居，文化特色鲜明，做好做强少数民族的文化产业，是青海少数民族地区经济发展的重要契机。因此，特色文化产业在民族地区经济社会发展中的地位越来越重要。②

一是文化产业可以推动经济社会协调发展。随着改革建设实践的不断深化，人们对文化功能定位的认识大大提升，越来越多的人认识到，文化不仅是现代化建设的重要保证，而且是经济社会发展不可或缺的重要内容和重要目标。整合文化资源发挥服务效益，多方协作扩大产业优势，青海省各市县州努力推进文化资源的整合，提升青海形象，促进文化与经济融合共进。

二是青海拥有极为丰富的少数民族文化资源，具有良好的开发前景。这些民族文化资源，不仅保证了文化的沿袭，又增加了收入，促进了经济增长。实践证明，从最直接的文化旅游，到相关文化产品的衍生开发，都有着一个潜在的大市场。

三是青海作为少数民族地区，其经济发展水平相对落后，亟需找到一条迅速发展的出路来改善人民生活。而相对于工业化、现代化程度较高的非民族地区而言，文化是少数民族地区的相对优势资源。更重要的是，这些资源在大部分地区都没有被充分开发，也就是说，还没有形成一种产业。而只有形成产业，尤其是形成完整的产业链，才能实现做大做强，达到发展经济的目标。因此，青海丰富的民族文化资源为文化产业实施“文化 + 民族”战略赋予了独特的天然优势，发展特色民族文化产业，推动民族地区经济社会快速健康绿色发展，是青海顺利实现“三区”建设的必然选择。

四是文化产业在少数民族地区完全可以作为支柱产业、主体产业来发展。文化产业是无污染、可持续的绿色产业，符合当前我国经济发展的方向，符合中央

---

① 敖敏 . 生态文明建设中的地域文化作用研究［D］. 北京林业大学硕士学位论文，2011：1.

② 张婉 . 论民族文化产业与民族地区经济增长［D］. 中南民族大学硕士学位论文，2009：6–7.

政府对青海生态文明建设的具体要求。同时，作为少数民族地区的青海，经济发展水平低，亟需找到一个发展潜力大的产业带动自身发展，而文化产业无疑是最佳选择。

五是文化产业在社会发展过程中，作用越来越凸显，不仅能直接创造大量的经济价值，增加就业，创造税收，对整个社会国民经济的增长有带动作用，而且还让我们能够更加深刻地了解青海各少数民族的历史与生产生活方式，对青海少数民族文化的保护与传承起到的作用毋庸置疑。

本章参考文献

[1] 张宝宗 . 吉林省文化产业发展研究 [J] . 吉林大学博士学位论文，2012：1-90.

[2] 夏长江 . 公共文化服务体系建设在构建和谐社会中的作用研究 [D] . 信阳师范学院硕士学位论文，2013：60.

[3] 王琼瑶 . 青海：一个正在崛起的文化产业高地 [N] . 青海日报，2011-8-19，第 011 版。

[4] 青海省统计信息网 .2014 年青海省文化及相关产业发展情况简析 [EB/OL] . 统计与调查第 31 期，http：//www.qhtjj.gov.cn/infoAnalysis/tjContrast/201601/t20160104_38106.html.

[5] 张宝宗 . 吉林省文化产业发展研究 [J] . 吉林大学博士学位论文，2012。

[6] 青海民族文化网 . 青海省特色文化产品创新驱动力不断提升有效助推文化产业快速发展 [EB/OL] .http：//www.qhwh.gov.cn/system/2015/11/10/010187209.shtml.

[7] 青海民族文化网 . 青海省文化和新闻出版厅 2014 年工作要点 [EB/OL] .http：//www.qhwh.gov.cn/system/2014/09/17/010133864.shtml.

[8] 霍步刚 . 国外文化产业发展比较研究 [D] . 东北财经大学博士学位论文，2009：42-47.

[9] 刘绍坚 . 文化产业：国际经验与中国路径 [M] . 北京：中国社会科学出版社，2014：57-118.

[10] 李炎，陈曦：世界文化产业发展概况 [M] . 昆明：云南大学出版社，2014：3-27.

[11] 王东明 . 英国文化创意产业的发展 [J] . 企业改革与管理，2009（8）：64-66.

[12] 程坚军 . 对我国文化创意产业发展及人才培养的思考——以英国文化创意产业发展为例 [J] . 中国广播电视学刊，2010（7）：63-65.

[13] 熊澄宇 . 英国创意产业发展的启示 [J] . 求是，2012（7）：58-60.

[14] 杨秋浪 . 恩施州文化产业发展研究 [D] . 湖北民族学院硕士学位论文，2015：30-32.

[15] 匡跃辉，王锋 . 长沙市文化产业发展模式研究 [J] . 成都理工大学学报：社会科学版，2012（6）：1-6.

[16] 熊正贤 . 乌江流域民族文化资源开发与文化产业发展研究 [D] . 西南民族学院博士学位论文，2013：134-136.

[17] 董碧水 . 浙江文化产业收获真金白银 [N] . 中国青年报，2012-06-04.

[18] 夏长江 . 公共文化服务体系建设在构建和谐社会中的作用研究 [D] . 信阳师范学院硕士学位论文，2013.

[19] 敖敏 . 生态文明建设中的地域文化作用研究 [D] . 北京林业大学硕士学位论文，2011：1.
[20] 张婉 . 论民族文化产业与民族地区经济增长 [D] . 中南民族大学硕士学位论文，2009：6–7.
[21] 闫秀娟 . 云南文化产业发展模式探究 [D] . 云南大学硕士学位论文，2011：20–35.
[22] 罗布次仁 . 文化产业发展的“西藏模式”探索研究 [D] . 中央民族大学硕士学位论文，2013：1–35.
[23] 赵珂 . 云南文化产业发展模式探析 [D] . 云南师范大学硕士学位论文，2006：1–30.
[24] 王国平，刘凌云 . 新型文化业态是文化产业结构优化升级的先导 [J] . 求索，2013 (7)：223–225+198.
[25] 肖安鹿，段建玲 . 文化产业发展与文化大省建设 [M] . 兰州：甘肃文化出版社，2012：21–25.
[26] 中华人民共和国文化部 . 青海省六项新措施助推文化与旅游融合发展 [EB/OL] . 全国文化新闻联播 – 青海，http：//www.mcprc.gov.cn/whzx/qgwh xxlb/qinghai/201208/t20120823_417538. html，2012–8–23.
[27] 辛佳 . 从一大组数据来看 当前文化产业发展现状 [N] . 中国信息报，2016–4–27.
[28] 青海省文化和新闻出版厅 . 青海省“十三五”文化发展规划 [R] . 内部资料，2016 年 7 月 .
[29] 青海省文化和新闻出版厅 . 关于加快发展文化产业的意见（送审稿）[R] . 青海省文化和新闻出版厅内部资料，2016 年 7 月 .

（本章撰稿人：李毅、周大千、秦燕、邓梦婷、夏红梅）

第2章　青海省文化产业发展现状、存在的主要问题及制约因素

文化产业是文化与经济相互交融的集中体现，文化的经济功能很大程度上通过文化产业体现。文化产业具有优结构、扩消费、增就业、促跨越、可持续的独特优势和突出特点，是一个朝阳产业、绿色产业，对促进经济增长、提升经济发展质量、推动经济发展方式转变发挥着重要作用。在调整经济结构方面，文化产业是现代服务业的重要组成部分，既为生活服务，又为生产服务，是经济结构调整的重要支点。抓住文化产业，就抓住了经济结构和产业结构调整的突破口。

青海文化产业的发展相较其他省份而言，一直处于起步晚、发展缓、资源丰富、开发不足的局面。但是在“十二五”期间，青海省以《青海省“十二五”文化发展规划》为指导，立足实际，着眼长远，积极探索，勇于实践，走出了一条具有青海特色文化产业发展的新路子。“十二五”规划目标任务全面完成，青海省文化产业获得长足发展，文化产品和文化服务的供给能力明显提高，文化发展活力进一步增强。文化产业总体实力、基地（园区）建设、优势行业、文化走出去、政策措施等方面取得了显著成绩，已经形成了多类型共同推进的发展格局。

2.1 青海省文化产业发展现状

2.1.1 青海省文化产业发展的基本情况

2.1.1.1 青海省文化产业总体发展规模

1. 文化产业增加值

青海省文化产业的发展起步较晚，与国内发达省市相比，还处于不断探索的初级阶段。

根据《文化及相关产业分类（2012）》和《文化及相关产业增加值核算方法》，经国家统计局核算，2014年全国文化及相关产业增加值23940亿元，比上年增长12.1%，比同期GDP现价增速高3.9个百分点。而根据青海省统计局《统

计与调查》第 31 期资料显示，2014 年青海省文化及相关产业实现增加值 46.67 亿元，比上年增长 7.2%（未扣除价格因素）。

如表 2–1 和表 2–2 以及图 2–1 所示，青海文化产业法人单位增加值快速增长，占 GDP 的比重逐年提高。2014 年，青海文化产业法人单位实现增加值 46.67 亿元，比 2010 年增加 26.67 亿元，增长 112.27%，年均增长 21.09%。从增速角度看，2008 年至 2014 年间，青海文化及相关产业法人单位增加值年平均增速为 12.9%，高于全国平均增速 1.5 个百分点，文化产业成为青海经济增长的亮点之一。从占 GDP 比重看，青海文化产业占 GDP 比重较低，2014 年比全国占比低 1.7%，差距较大。

表 2–1　青海文化产业法人单位增加值　　（单位：亿元）

年份	2004	2008	2011	2012	2013	2014
文化产业增加值	5.1	10.3	29.45	35.01	43.53	46.67

数据来源：《2015 中国文化及相关产业统计年鉴》和《青海省“十二五”文化发展规划文化产业发展评估报告》。

表 2–2　我国文化产业增加值　　（单位：亿元）

年份	2004	2008	2009	2010	2011	2012	2013	2014
文化产业	3440	7630	8786	11052	13479	18071	21351	23940

数据来源：《2015 年中国文化及相关产业统计年鉴》。

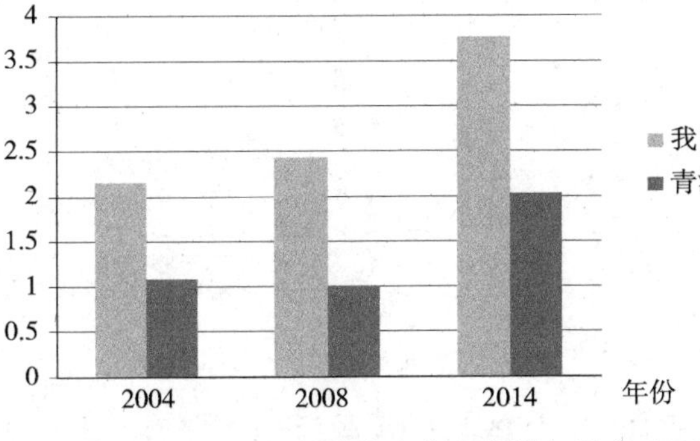

图 2–1　2004–2014 年青海文化产业增加值占 GDP 比重与全国对比图

在西北地区，陕西省 2014 年文化及相关产业增加值总量为 646 亿元，占 GDP 的比重达 3.7%；甘肃省 2014 年文化及相关产业增加值总量为 132.91 亿元，占 GDP 的比重为 1.9%；新疆 2012 年文化及相关产业增加值总量为 77.2 亿元，占 GDP 的比重为 2.9%；宁夏 2013 年文化及相关产业增加值总量为 60.54 亿元，占 GDP 的比重为 2.3%。与之相比，青海省文化产业增加值均低于西北其他四省区。

而在我国沿海省份，仅杭州市 2014 年文化产业增加值已经达到 1607.27 亿元，占 GDP 比重达 17.47%。无论是总值还是占 GDP 比重均远超西北五省区，见表 2–3。

表 2–3　近年来西北五省区文化产业增加值

地区	文化产业增加值（亿元）	占省区 GDP 的比重（%）
青海	46.67	2.1
陕西	646①	3.7
甘肃	132.91②	1.9
宁夏	74③	2.7
新疆	77.2④	2.9

注 1：青海、甘肃数据为 2014 年增加值，其中甘肃 2015 年增加值为 183.46 亿元。

注 2：宁夏数据为 2015 年预计值，2013 年宁夏统计数为 60.54 亿元，占 GDP 的 2.3%⑤，2014 年数据尚未公布。

注 3：新疆数据为 2012 年数据，新疆 2013 年和 2014 年没有公布统计数据。

资料来源：根据新闻报刊公布数据整理而得。

2. 文化产业法人单位

（1）与外部相比

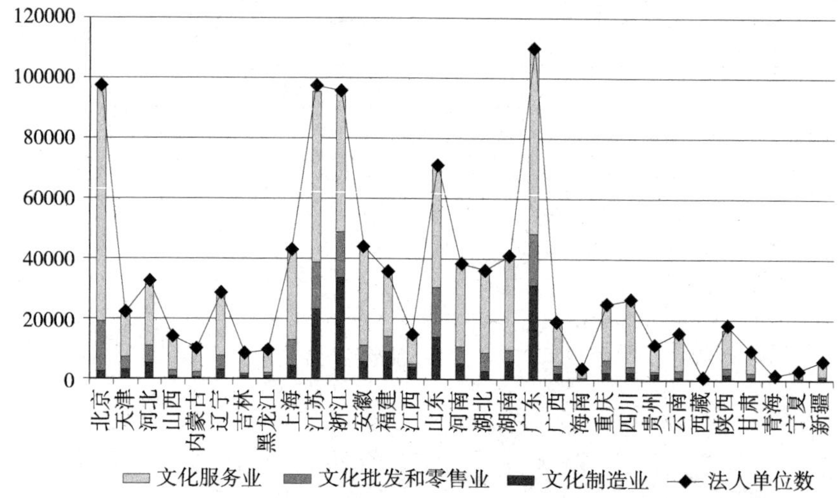

图 2–2　2014 年全国 31 省区市文化产业法人单位数对比图

① 秦振，赵昊 . 陕西文化产业增加值达 500 亿 成功举办丝路艺术节［EB/OL］. 网易新闻网，http：//news.163.com/15/1228/10/BBTS10NQ00014AEE.html，2015–12–28.

② 梁峡林，刘苗苗 . 去年全省文化产业实现增加值 183 亿［EB/OL］. 网易新闻网，http：//news.163.com/16/0123/02/BDVT5HI400014Q4P.html，2016–1–23，原载兰州晨报。

③ 宁夏社会科学院理论研究中心 .2014 年宁夏文化产业发展新步伐回眸［J］. 共产党人，2015（9）：37–39.

④ 数据来源：新疆文化产业发展报告（2012）。

⑤ 宁夏回族自治区统计局 . 宁夏回族自治区第三次全国经济普查文化及相关产业主要数据公报［N］. 宁夏日报，2015–3–6，第 009 版。

根据《2015 中国文化及相关产业统计年鉴》，如图 2–2 所示，青海文化产业法人单位数（1949）在全国 31 省区市中排名第 30 位，仅高于西藏（798）。为了便于更好了解青海文化产业法人单位数的多少，这里选取民族八省区进行对比。如表 2–4 所示，青海文化产业法人单位数从 2012 年到 2013 年有明显增长，但 2014 年比 2013 年略有下降。然而，从表 2–4 可以看出，在民族八省区中青海位于第 7 位，排名在青海之后的仅为西藏，青海文化产业的总体规模较小。

表 2–4　民族八省区文化及相关产业法人单位数（2012–2014）

	2012	占比	排序	2013	占比	排序	2014	占比	排序
新疆	3986	0.006	5	7274	0.008	5	6391	0.007	5
西藏	395	0.001	8	846	0.001	8	798	0.001	8
内蒙古	4463	0.007	4	9396	0.010	4	10393	0.011	4
广西	16947	0.026	1	17464	0.019	1	19719	0.020	1
宁夏	2143	0.003	6	2756	0.003	6	2884	0.003	6
云南	11417	0.017	2	14200	0.015	2	15578	0.016	2
贵州	6846	0.010	3	9941	0.011	3	11686	0.012	3
青海	1211	0.002	7	2162	0.002	7	1949	0.002	7

数据来源：根据《中国文化及相关产业统计年鉴（2013，2014，2015）》计算整理而得。

（2）与内部相比①

近年来，青海省着力转变经济发展方式，不断加大对文化产业的扶持与支持力度，将文化产业视做加快本省经济发展的核心推动力量；其结构布局不断完善，使得新兴文化产业得以培育，文化与科技融合发展；产业集聚与辐射效应逐渐显现，对经济的拉动效应较为明显；全体文化产业整体呈现直线增长趋势。主要表现为：

文化产业规模不断加大，据文化及相关产业法人单位调查年报资料显示，2014 年，青海省文化及相关产业调查法人单位 1949 个，其中限额以上文化及相关产业法人单位 38 个，比上年增加 7 个，增长 22.6%；限额以下文化及相关产业法人单位 1911 个，比 2013 年全国第三次经济普查国家统计局核定数少 220 个。文化及相关产业法人单位年末从业人员 4.3 万人，比上年增加 0.22 万人，增长 5.4%。其中，限额以上法人单位从业人数 1.04 万人，比上年增加 0.12 万人，增长 13.2%；限额以下法人单位从业人数 3.28 万人，比上年增加 0.10 万人，增长 3.2%。

① 资料来源：青海省统计局《统计与调查》第 31 期。

3. 文化产业结构[①]

从文化产业的组成看，青海 2014 年限额以上文化及相关产业法人单位支撑作用明显。2014 年，在青海省文化及相关产业法人单位实现营业收入中，限额以上文化及相关产业法人单位实现营业收入 133.8 亿元，比上年增长 10.8%，占全部主营业务收入的八成以上，达到 84%。

（1）文化制造业中地毯、挂毯制造业营业收入占比大。2014 年，青海省限额以上文化制造业中，地毯、挂毯营业收入 24.4 亿元，占全部限额以上文化制造业营业收入的比重为 43.9%。限额以下地毯、挂毯制造业营业收入 5 亿元，占全部限额以下文化制造业营业收入的比重为 37.9%；其他工艺品制造业、装订及印刷服务业营业收入 1 亿元，占 7.6%。

（2）文化服务业单位部分行业增速较快。2014 年，在青海省限额以上文化及相关产业单位中，书报刊物印刷业营业收入 2.7 亿元，增长 47%；属部分文化产业的信息化学品制造业营业收入 22.2 亿元，增长 63.2%；家用视听设备零售营业收入 3.8 亿元，增长 2 倍；图书、报刊零售业营业收入 0.5 亿元，增长 13.7%；报纸出版业营业收入 500 万元，增长 40.6%；属部分文化产业的工程勘察设计业营业收入 2.3 亿元，增长 69.7%。新增行业文艺创作与表演业和其他文化艺术业营业收入分别为 301.6 万元和 865.2 万元。

（3）2014 年，在青海省限额以下文化及相关产业中，电影放映营业收入 0.6 亿元，增长 43.3%；互联网信息服务业营业收入 0.6 亿元，增长 26%；属部分文化产业的工程勘察设计业营业收入 1.4 亿元，增长 10.7%；网吧营业收入 0.5 亿元，增长 42.9%。从文化事业单位非企业单位支出看，广播行业非企业单位支出 3.1 亿元，增长 49.6%；档案馆非企业单位支出 0.6 亿元，增长 30.8%；博物馆非企业单位支出 0.8 亿元，增长 31.9%；群众文化活动非企业单位支出 1.1 亿元，增长 35%。其他文化服务业单位中，会议及展览服务非企业单位支出 97 万元，增长 5.6 倍。

（4）文化产业单位数地区分布集中度高。分地区看，在限额以上法人单位中，2014 年西宁市 33 个，占全部限额以上法人单位的 87%；海东市 2 个，占 5%；海南州 2 个，占 5%；海西州 1 个，占 3%。在限额以下法人单位中，西宁市限额以下法人单位 942 个，占青海省限额以下法人单位的 49.3%，其次是海东市和海西州分别占 13% 和 12%。

总体看来，近几年，青海省文化产业稳步发展，但与全国相比，文化产业增加值占地区生产总值的比例较低。同时文化产业企业达到规模的企业个数少，且以文化制造业为主，其他文化产业发展依然不足。

---

① 资料来源：青海省统计局《统计与调查》第 31 期。

4. 文化产业固定资产投资

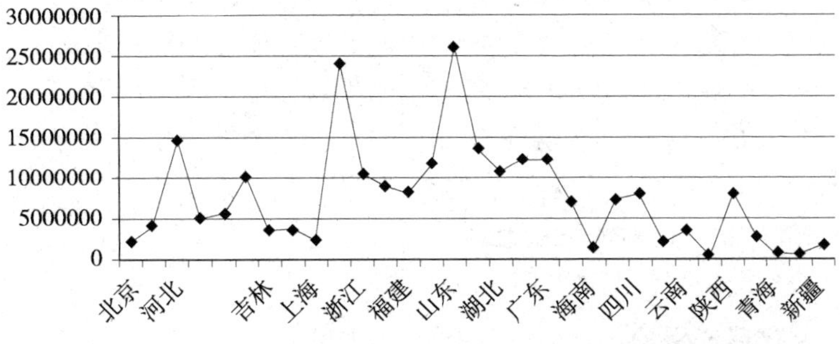

图 2-3　2014 年全国 31 省区市文化及相关产业固定资产投资对比图

基于图 2-3，在全国 31 省区市中，青海文化产业固定资产投资数额排名 29 位。基于表 2-5，2014 年民族八省区中广西地区投资额最高，其次是内蒙古自治区和云南省，西藏最低，青海仅高于西藏，排第 7 位。青海文化及相关产业的固定资产投资每年都在稳步增长，以近五年为例，2010—2014 年青海固定资产增长率为 308.44%，在民族八省区当中排名第 3，位于其前的是贵州和西藏。可以看出，近年来贵州和西藏加大了文化产业固定资产投资力度。从投资额来看，青海只是从 2013 年和 2014 年才加大了投资力度，与发达省份仍有较大差距，还需持续加大投资力度，促进文化产业发展。

表 2-5　民族八省区文化及相关产业固定资产投资　　（单位：万元）

地区	2010	2011	2012	2013	2014	近五年增长率 %	排序
新疆	458662	622876	943052	1166183	1692432	269.00	5
西藏	118720	165556	320715	639234	510105	329.67	2
内蒙古	1960465	2689276	3061915	2947674	5608522	186.09	8
广西	2125396	2844772	4078112	5398113	7109740	234.52	6
宁夏	138612	169311	225405	335158	550228	296.96	4
云南	1247579	1996848	2113237	2711661	3704349	196.93	7
贵州	460871	642014	715251	1063878	2205423	378.54	1
青海	161868	176607	428814	628911	661121	308.44	3

数据来源：根据《2015 中国文化及相关产业统计年鉴》整理计算而得。

2.1.1.2 基础设施建设

——青海省目前已有青海省博物馆、青海藏医药文化博物馆、湟源县博物馆等 16 家博物馆（纪念馆）。在省会西宁建设的省图书馆（二期）、省文化馆和省美术馆“三馆”建设项目在新宁广场南侧形成连续的文化建筑群组，以全面提升新宁广场周边建筑空间布局，打造提升省级公共文化服务平台。

——文化惠民推进工程、特色文化产业培育工程、文化园区建设工程、文化市场建设工程、特色文化品牌打造工程、文化开放交流工程和文化人才培养工程的“八大工程”，累计完成投资83亿元，超规划目标19亿元。

——公共文化服务网络覆盖率达到95%。初步建成覆盖青海省的1184个服务网点，电子阅览室、中心机房、数据加工室等各类设施。

——特色文化产业不断发展壮大，生产总值占青海省GDP的2.34%，文化产业成为青海省国民经济新的增长点。

2.1.1.3 文化遗产保护

——青海省现有文物保护点4300余处，其中全国重点文物保护单位18家，省级文物保护单位315处，县级文物保护单位394处。青海境内已发现的文物点有4300余处（西宁为705处），其中，全国重点文物保护单位6处（塔尔寺隆务寺、瞿昙寺、马厂垣遗址、西海郡故城、热水墓地），省级文物保护单位224处，县级文物保护单位319处；馆藏文物16万余件，其中一级文物205件。[①]投入上亿元资金对塔尔寺、隆务寺、玉树藏娘佛塔及桑周寺等重点文物保护单位进行了修缮。循化《古兰经》得到修复保护，玉树东仓“大藏经珍藏馆”已建成并交付使用。初步形成了国办博物馆为主体，社会力量参与博物馆建设的发展格局，中国藏医药博物馆等社会力量兴办的博物馆蓬勃兴起。

——青海省非物质文化遗产保护工作取得进展，2014年已经有热贡艺术等57个项目列入国家级非物质文化遗产保护名录，102个项目列入省级非物质文化遗产保护名录。青海省有50名民间艺人被文化部确定为国家级非物质文化遗产项目代表性传承人。热贡文化生态保护实验区已经文化部正式批准。成立了青海省民族民间艺术品工艺美术协会，推出了10家省级文化产业示范单位，重点培育文化行业的龙头企业。

2.1.1.4 文化产业投融资

——推动文化金融合作，鼓励和引导金融机构开发适合文化产业发展特点的金融产品和服务，文化产业贷、唐卡贷等金融产品相继推出。“十二五”期间，各金融机构累计发放文化产业贷款68.62亿元，2015年底贷款余额36.48亿元。1家文化企业通过发行私募债成功融资1000万元，5家文化企业正在筹划上市或计划在新三板挂牌融资。

2.1.1.5 文艺团体

——搞活机制，理顺关系的措施为青海省的文艺团体注入了活力，涌现出

① 注：文中如果没有特别说明，数据都截至2014年，下同。

了以藏戏《意乐仙女》《藏王的使者》《金色的黎明》《格桑花开的时候》等；平弦戏《塔中塔》等；话剧《大山国与小勇士》等；民族歌舞《高天厚土》、京剧《天马歌》《藏羚羊》等；民族歌舞史诗《唐蕃古道》《秘境青海》《彩虹部落》《天域天堂》《撒拉尔家园》等；秦腔《湟水情》等；交响乐《雪域彩虹》《高原花儿红了》等；花儿剧《六月六》《雪白的鸽子》等；民族歌舞《青溜溜的青海》《在那遥远的地方》《热贡神韵》《天上玉树》等为代表的一批具有浓郁民族特色、地方风格和鲜明时代气息的精品力作。

——以专业艺术团体为龙头、民营演出团体为基础、各类演出场所为依托的演艺业市场主体茁壮成长，演出场次不断增加，剧目创作成绩显著。省演艺集团有限责任公司，步入市场化运营轨道，发展势头良好。截至 2014 年底，青海省共有国有文艺院团 12 家，文化类社会组织 98 家，民办非文化单位 85 家，社会团体 13 家，民营演出团体 49 个，民营演出经纪机构 7 个，文化市场经营单位 1838 家，从业人员 5089 人。

——青海省各地文艺演出团体多次派出演出队伍赴非洲、中东、美洲及港澳台地区演出。成功举办了新西兰、墨西哥“中国青海民族民间文化艺术展”、多彩中国—贝宁青海文化周、青海民族歌舞英国行、澳门申岁满盈西北情—青海春节习俗展、青海民族民间文化北京行、天津青海民族民间艺术展、迎奥运北京民博园青海民族文化演展、第九届中国上海国际艺术节青海文化周、大美青海香港行等各种大型活动。

2.1.1.6 重点文化产业

——藏文化艺术、藏毯、金银首饰、昆仑玉雕已成为青海省工艺美术四大支柱。唐卡、昆仑玉、藏毯、民族刺绣、石雕等传统工艺美术实现产业化生产。热贡艺术成为国内知名文化品牌。截至 2014 年底，青海省工艺美术行业企业（单位）3346 家，销售额 23.29 亿元，从业人员 10.12 万人。青海省图书、报刊、音像、电子出版经营单位达 1711 家，年产值超 13.12 亿元。

2.1.1.7 文化节庆会展

——围绕宣传和推广“大美青海”的品牌战略的实施，青海省开展组织了一系列旨在提升知名度、影响力的各种节日活动。近年来青海民族文化旅游节、青海国际藏毯展览节、中国（青海）郁金香节、环青海湖国际公路自行车赛、中国（青海）高原风情热气球旅游文化节、中国青海结构调整暨投资贸易洽谈会、中国（青海）福口杯羔羊美食节、中国（青海）三江源国际摄影节、青海湖国际诗歌节、青海国际唐卡艺术与文化遗产博览会暨民族文化旅游节、青海国际水与生命音乐之旅——2008 世界防治荒漠化和干旱日主题音乐会、在上海举办的“青海文化周”等。围绕“环青海湖”“夏都西宁”“神秘江河源”“祁连之夏”“特色餐饮”为主题的活动，充分展示了青海自然风光、民族风情、名胜古迹、社会生活等文化。

——青海国际唐卡艺术与文化遗产博览会暨民族文化旅游节。2004–2008年，已经成功举办了五届，前四届累计接待国内外客商及省内外游客约40万人次，并完成了多项签约，取得了良好的社会效益和经济效益。第五届博览会以“建设文化名省，弘扬民族文化，发展文化产业”为主题，分为展会板块、论坛板块、演出板块、群文板块等4大板块，举办了创意文化产业展、国内外精品唐卡展等16项主题活动，宣传规模和内容逐步扩大。

2.1.1.8 **民营文化产业**

——以青海纵横文化艺术发展有限公司、青海大舞台演艺服饰有限公司、青海德盛投资集团有限公司、青海阿如拉文化传播有限公司等为代表的文化类民办企业已有38家。

——“青海省文化产业示范单位”涵盖艺术培训、工艺品生产、演出等诸多文化领域，业绩突出，在开拓市场、人才培养、机制创新、品牌打造等方面，为青海省文化产业发展提供了有益经验。其中，青海纵横文化艺术发展有限公司，下辖分布在青藏两地的六个规模型专业乐器店（克莱德曼琴行），九所音乐艺术学校（克莱德曼音乐艺术学校），一个大型文化活动专业策划公司（金轩策划传播有限公司）和一个影视文化传媒公司（明海威影视文化传播有限公司）。大舞台演艺服饰有限公司共生产舞蹈服装20余万件，产品远销国内外，出租服装10万件次。公司组织各类演出百余场，培训舞蹈演员500余人，已形成规模较大，集策划、创作、编排、实施各类文艺演出，舞蹈服装设计与制作、销售与租赁为一体的文化产业链，成为青海高原知名文化产业。年产值及销售额平均每年递增30%左右，2009年已实现产值600多万元；青海德盛投资集团有限公司注册资金人民币20890万元。公司总资产10亿元，进入市场的商户总计达5000余户，从业人员10000余人，安置下岗待业人员5000人左右，年成交额5亿元以上。

——青海工艺美术企业近百家，有昆仑山珠宝玉石有限公司、青海工艺美术厂、西宁新奇工艺装饰有限公司、青海源上女民间堆绣文化研究中心等，年均产值6亿元以上，从业人员近3万人。

——青海的赏石文化开始“点石成金”，举办了三届江湖源全国奇石展，首届奇石展成交额超过800万元；第二届奇石展成交额达3000余万元；第三届奇石展成交额达5000余万元，青海省奇石产业收入2009年突破1亿大关。

2.1.1.9 **出版发行和印刷复制业、动漫业**

——青海突出了“四个着力”：一是着力发展图书、报纸、期刊等纸介质传统出版产业。青海省2家图书出版单位，已出版汉文图书1060种、345.6万册，藏文图书 220 种、60.97 万册。完成《藏族十明文化传世经典丛书・宁玛系列》《十世班禅佛学文集》等一批国家重点图书出版。《藏传因明学通论》等 100 多种图书获大区奖和省级奖。二是着力推动新闻出版企业向多元化、多媒体方向稳步发展。青海省 2 家音像出版社年生产音像制品 20 余种，1 家电子出版社，年生产电子出版物 20 余种。三是着力发展新闻出版流通、物流产业。青海省出版物发行单位拥有总发行资质的企业 3 家，二级批发发行企业 33 家，出版物零售书店 280 多家。青海省出版物发行单位资产总额 3.7 亿元，年销售额达 3.3 亿元。四是着力发展印刷复制产业。青海省印刷企业由 176 家增长为 182 家，打字复印业由 253 家增加为 436 家，年产值 4.5 亿元。青海新闻出版业已初步形成包括出版、印刷、发行等结构完整的产业链。

——成立了青海省民族语动漫发展中心，民族语动漫译制工作迈出新步伐。在文化部文化产业司的指导及青海省文化和新闻出版厅的积极争取下，浙江中南卡通、上海今日动画、湖南蓝猫动画等 30 家国内重点动漫企业联手帮扶青海动漫事业发展。其中，北京迪生、广州艺洲人、湖南瑞丰等 15 家动漫企业已与省民族语动漫发展中心签订了为期 3 年的无偿帮扶计划协议，帮扶资金总额将达到 460 余万元。决定在今后 3 年内为青海无偿援助 100 部优秀动画片节目，供省民族语动漫发展中心作为民族语译制片节目源，并转让了这些节目在青海的播映权和发行权。

2.1.1.10 旅游业成为文化产业发展的“领头羊”

——旅游业具有“无烟产业”和“永远的朝阳产业”的美称，随着市场经济和人们消费模式的转变，旅游业已成为全球产业经济发展最具活力的行业，它已和石油业、汽车业并列为世界三大产业。目前，青海旅行社规模已经有 215 家之多，仅 2015 年第四季度，青海省接待游客 223.85 万人次，实现旅游收入 21.16 亿元。

——2014 年，青海省旅游业以“全省特色旅游推进年”为主题，以转型升级、提质增效为主线，以发展自驾车、自行车“双车驱动”和乡村旅游为主要路径，积极顺应旅游发展新常态，提前一年超额完成“十二五”确定的旅游收入年度目标。2014 年以来，青海省旅游市场一直呈现出较为积极的增长态势。为满足持续增长的旅游需求，青海省不断加大旅游配套服务设施建设，丰富旅游产品，积极开拓省外及境外客源市场，拓展旅游新线路新业态。其中突出的是：青海省自驾车旅游火爆，入境游游客量增长。2014 年前 11 个月，青海省入境游客累计达 48824 人次，同比增长 6.9%。旅游产业的迅猛发展对青海的宾馆住宿、饮食服务、现代物流、零售商业等服务业的增长拉动进一步显现，对第三产业的引领作用增强。

——自驾车旅游成为青海旅游业的新常态，青海省成功入选“2014携程年度最佳自驾游目的地”，入省自驾旅游车65.5万辆，同比增长18.4%；自行车旅游成为青海旅游新热点，截至2015年底，环湖自行车总数达5000辆，1—10月，环湖骑行人数达到25万多人次，增长近10%。

——乡村旅游蓬勃发展。乡村旅游点发展到2853家，旅游收入达3.3亿元，带动近12万农民受益，农家乐成为旅游与一产（农业）融合的新平台。同时，以文化旅游节会为契机促进旅游发展、挖掘旅游消费产品，促消费、拉内需，2014年青海省游客人均花费较2013年人均增加108元。

2.1.2 青海省文化产业“十二五”期间取得的主要成绩

“十二五”（2011–2015年）时期，我省文化工作以党的十七届六中全会、十八大以及全省文化改革发展大会精神为指导，认真贯彻落实省委、省政府各项决策部署，紧紧围绕文化名省建设目标，全力推动实施“八大工程”，累计完成投资83亿元，超规划目标19亿元，超额完成29.6%，全面完成了“十二五”文化发展规划确定的各项目标任务，文化事业、文化产业取得长足发展（见表2–6）。

表2–6 “十二五”规划文化产业各项指标完成情况

序号	指标	单位	十一五	十二五	年均增长（%）
1	平均每万人公共文化设施建筑面积	平方米	300	500	11
2	公共图书馆图书人均藏量	册	0.6	0.7	4
3	公共图书馆年流通人次	万人次	89	112	5
4	文化馆（站）年服务人次	万人次	143	347	19.4
5	博物馆年服务人次	万人次	83	147	12
6	文化产业增加值	亿元	22	56	20.5
7	文化产业增加值占GDP比重	%	–	2.32	–
8	文化产业增加值占第三产业比重	%	–	5.6	–
9	规模（限额）以上文化企业数量	个	–	38	–
10	文化产业从业人员（直接或间接）	万人	9	20	17
11	出版图书	种	1500	2228	9.7
12	民文图书出版	种	248	480	14

——文艺创作生产日渐繁荣。“十二五”期间，我省文艺创作活力得到有效释放，全省各级文艺院团深入挖掘青海历史、民族、地域等特色文化资源，积极创作歌舞诗《风从青海来》、京剧《七个月零四天》、平弦戏《未婚妈妈》、话

剧《草原之子》、交响乐《青海花儿红》、杂技《高原精灵》、文旅剧目《古道传奇》等 25 台符合时代要求、体现民族精神和地域特色的舞台艺术作品，创造了良好的社会效益。其中，儿童京剧《藏羚羊》、民族风情歌舞《热贡神韵》、歌舞剧《玉树不会忘记》入选国家舞台艺术精品工程资助剧目；藏戏《松赞干布》和杂技剧《雪豹王子》获得国家艺术资金支持。

——公共文化设施网络不断完善。“十二五”期间，我省公共文化服务网络逐步完善，国家和省财政共投入公共文化建设资金 16.6 亿元，先后实施省图书馆二期、文化馆、美术馆及市州、县、乡、村一大批基础设施建设项目，全省五级公共文化服务网络覆盖率达 95%。实施公共文化设施免费开放、文化“进村入户”、农（牧）家书屋、数字图书馆、流动图书车等一系列文化惠民工程。公共文化服务标准化、均等化水平大幅提升。

——文化遗产保护取得重大进展。全省分别新增国家级、省级重点文物保护单位 27 处、59 处。投资 14 亿元，推动实施喇家国家考古遗址公园建设、对塔尔寺等一大批重点文物保护单位进行了维修和保护性设施建设、圆满完成了玉树地震灾后重点文物抢救性保护和修缮。国家、省、市州、县四级非遗名录保护体系得到基本建立，全省分别新增国家级、省级非遗代表性名录项目 16 项、55 项，新增国家级格萨尔（果洛）文化生态保护实验区。投资 1.7 亿元，对一批非遗名录项目进行了抢救性、生产性保护。

——新闻出版事业繁荣发展。“十二五”期间，出版汉、藏文图书 2228 种，其中藏文图书 480 种；出版汉、藏文教材 2320 种，其中藏文教材 760 种，连续实现了“课前到书，人手一册”；出版电子音像出版物 185 种。《农牧区科普读物丛书》《守望三江源》等 134 种图书分获中华优秀出版物图书提名奖、精神文明建设“五个一工程”等奖项，《藏羚羊》《美丽的青海湖》等 10 种电子音像出版物荣获中国电视金鹰奖等奖项。投资 0.7 亿元，通过实施少数民族新闻出版东风工程，全省各出版、印刷、发行单位基础设施条件有了明显改善，服务能力有了显著提升。

——文化产业增加值实现翻一番。“十二五”期间，重点推动工艺美术、文化旅游、演艺娱乐、新闻出版等行业发展，文化产业得到快速发展，增加值达 56 亿元，年均增长率达 20% 以上，占全省 GDP 的 2.32%。规划的 27 个文化产业园区中有 18 个相继投入运营，累计完成投资 42 亿元。国家级文化产业示范基地达到 10 个，省级文化产业示范基地达到 70 个，规模（限额）以上文化企业达到 38 个。财政、金融助推文化产业发展，财政累计投入文化产业扶持资金 3.54 亿元，金融部门累计发放贷款超过 68 亿元，一大批文化企业和项目得到有力支持。

——文化市场监管逐步强化。“十二五”期间，全面推动文化市场技术监管与服务平台建设，完成了全省4187家文化经营单位的数据采集及部分上线工作，开展线上行政审批与综合执法工作。组织开展打击非法出版物、网络淫秽色情信息、校园周边出版物市场集中整治等专项行动，查缴违禁非法出版物及宣传品9.3万件，审读鉴定违禁非法出版物及宣传品2390种，全省文化市场环境得到极大改善。

——文化体制改革不断深入。积极推进行政审批制度改革，依法取消审批项目21项、下放9项、修改1项，承接国家部委审批项目13项。加快国有文化企业改制，组建成立了青海省演艺集团有限责任公司，完成了青海人民出版社等6家单位、14家非时政类报刊出版单位的转企改制任务。全面完成了文化市场综合执法改革，实现属地化管理和综合执法。推进公共文化服务单位组建法人治理结构，在省文化馆等5个文化事业单位组建了理事会。

——对外文化交流成绩显著。“十二五”期间，青海对外文化交流走在全国前列。全省共开展对外文化交流项目40多批次，组织文化企业赴30个国家进行产品展示、交流。承接文化部“艺海流金”港澳文化交流活动。完成赴港澳感恩演出、东南亚“欢乐春节”、中韩缘文化节、大美青海走进阿尔及利亚等多项对外文化交流任务。举办青海文化旅游节、西北五省区花儿演唱会、青海国际“水与生命”主题音乐会等文化交流活动，“大美青海”的文化内涵得到进一步丰富，文化影响力也得到进一步提升。

——人才队伍建设成效明显。依托国家和我省人才队伍建设工程，拓宽培训渠道，创新培训手段，采取岗位实践、在职培训、挂职锻炼、选派人员到基层服务等方式，加大文化新闻出版各类人才的培养力度。近五年来，投入资金6609万元，举办培训班330期，培训各类人才27475人次，人才队伍建设取得新成效。

2.1.3 青海省文化产业发展形势

青海的经济社会发展已经步入快车道，迎来了加快发展的重要战略机遇期。青海特色文化及文化产业既面临着实现跨越发展的难得历史机遇，又面临着发展环境复杂多变的严峻挑战。从发展形势分析，既有有利于产业发展的条件，又存在不利于产业发展的因素。

1. 基础条件

（1）地理位置

从中国版图上看，青海省属于西部内陆大省。地处青藏高原东北部，与甘肃、四川、西藏、新疆接壤，辖西宁市、海东市两个地级市和海西州、海北州、海南州、黄南州、果洛州、玉树州等6个民族自治州，共46个县级行政单位，面积72万平方公里。有藏族、回族、蒙古族、土族、撒拉族等54个少数民族，人口 583.42 万人（截至 2014 年底）。青海省平均海拔 3000 米以上，境内山川盆地发育。北部有祁连山和阿尔金山，中部是昆仑山和阿尼玛卿山，南部为唐古拉山和巴颜喀拉山。山系之间是著名的柴达木盆地、湖群密布的神秘无人区——可可西里盆地和开发历史悠久、人口稠密的“河湟谷地”，形成山盆（谷）相间的地形格局。多座山峰耸立于雪线之上，最高峰为布喀达坂峰，海拔 6860 米。青海素有“天河锁钥”“海藏咽喉”“金城屏障”“西域之冲”和“玉塞咽喉”“高原水塔”等称谓，是长江、黄河、澜沧江的发源地，被誉为“三江源头”“中华水塔”。处于内陆青藏高原上的青海，有着广阔的地域空间、独特的地理风貌、丰厚的原生态景致、地形地貌复杂繁多。如此种种都将成为发展青海文化产业绝佳的天然资源。

（2）文化传承

青海境内生活着 54 个少数民族，占青海省人口的 46.98%。其中藏族占 24.44%；回族 14.83%；土族 3.63%；撒拉族 1.90%；蒙古族 1.77%；其他少数民族占 0.40%[①]。从各州（地、市）少数民族人口所占比重看，由于各地人口数量与密度不同，各地少数民族人口占青海省少数民族总人口的比例也有差异，西宁市少数民族人口占青海省少数民族人口的 21.70%，海东地区占 23.40%，海北州占 6.63%，黄南州占 9.12%，海南州占 12.56%，果洛州占 6.42%，玉树州占 13.88%，海西州占 6.29%。五个藏族自治州少数民族人口占当地人口的比例虽然较高，但在数量上少于西宁和海东地区。多元的文化，独特的风情，深厚悠长的历史成为发展特色文化产业取之不尽的资源。

青海省五个世居少数民族在长期的生产生活实践中，形成了丰富多彩而又独具特色的民族风俗文化。如以“花儿”创作演唱为代表的民间民俗文化，以玉树歌舞为代表的民族民间歌舞文化，以史诗《格萨尔王传》为代表的源远流长的民族民间说唱艺术，以塔尔寺“艺术三绝”和“热贡艺术”为代表的藏传佛教文化，以赛马会、纳顿节、六月歌会等为代表的民间风情文化等都将是发展青海文化产业的软实力。

（3）交通运输道路[①]

青海南通川藏，西接新疆、东邻甘肃、是通往东南沿海地区和内陆省份的重要交通枢纽。青海抓住国家实施西部大开发战略和支持青海等省藏区经济社会发展的机遇大力发展交通建设。

公路方面：加强国道、省道升级改造和农村公路建设，促进结构调整和交通发展方式转变，增强建设、运输、养护、管理的协调性，公路水路交通事业取得了长足进展。截至 2014 年底，青海省公路总里程达到 7.27 万公里，较 2003 年

① 截至 2014 年底数据，下同。

末的2.44万公里增加4.83万公里，年复合增长率达到10.08%；与此同时，青海省公路质量显著提高，根据国家统计局的资料显示，截至2013年底，青海省二级以上公路总里程达到0.77万公里。在实现“村村通公路”，保持公路总里程持续增加的同时，注重高速公路、高等级公路建设，新建、改建、扩建了一大批高等级公路，使得青海省的公路交通状况得到了很大的改善。

民航方面：“十二五”期间，青海机场建设高效推进，初步形成“一主六辅”的机场运营格局和“一主八辅”的机场建设格局。如今，西宁机场完成改扩建任务，玉树、德令哈、花土沟机场相继投运；格尔木机场正在紧锣密鼓地进行改扩建；果洛、祁连机场建设加紧建设……这一主八辅机场不仅在青海省范围内搭建起了安全、快捷、便利的空中交通网络，更为青海对外开放创造了有利条件，在丝绸之路经济带架起了“青海道”的空中走廊。2015年，青海机场公司预计实现资产总额39亿元，营业收入3.1亿元。

铁路方面：随着青藏铁路的建成通车，这个运输能力最强，带动能力最大的建设工程使得青海省由铁路运输的末端一举成为铁路沿线的枢纽。去西藏必须经过省会西宁，去新疆也可由西宁路经格库铁路（也称库格铁路）：由青海省格尔木市到新疆库尔勒的铁路，是成库铁路的北段，全长1240公里，投资200亿，青海境内为540公里，投资116亿，2014年底动工建设，预计2019年建成通车。格库铁路完善了我国西部铁路网，开辟了新疆中部—青海中部的轨道交通，是新疆第二条出疆铁路，每天客运数对，也使南疆资源—内地工业品的交易有更大通道（市场经济里的交往不是单方面的输送资源），推动线路周围区域的发展，还是内地进入中亚南欧的通道。公路、铁路、航空等交通的巨大发展为青海的文化产业的发展提供了必要的条件。

（4）特色文化产业发展

经过十余年的探索，青海省文化产品和文化服务的供给能力明显提高，藏毯、民族服饰等文化产品不仅在各大文化会展上受青睐，也远销至美国、瑞典、意大利等国家，省内的工艺美术大师带着一批非遗项目陆续走出国门，开展交流合作，展示了独具特色的青海民族民间文化，推动青海文化产业的跨区域合作与交流。

青海的民族特色产品积极参加在全国举办的各类展览会、洽谈会。2014年文化产品销售收入首次突破千万元，达1046.25万元，订货金额1814.4万元，签订意向性协议资金6000万元。相较于2010年256万元的销售收入，全省文化产品销售额在四年的时间里增长了四倍。

青海的民族民间特色文化产品具有独特的优势。经过多年的发展和宣传，逐步形成了固定的销售渠道，极赋民族文化特色的文化产品对国内外市场都具有很大的有吸引力。民族特色是青海文化产品最大的优势。在展览的产品中，除掐丝唐卡、手工藏毯、泥塑、皮雕、黑陶等独具特色的主打品种外，黄河石艺画、绒毛画、银铜器及牛角手工艺品受消费者亲睐。另外，2014 年还新增青海尖扎县五彩神箭、囊谦县藏纸和“中华之魂”10 米彩绘长卷等创新产品。

2015 年，在海峡两岸文化产业博览交易会上，青海省共有 16 家企业参展，展品涵盖了唐卡、堆绣、藏绣、藏饰品、民间刺绣、土族盘绣、掐丝画、黄河石艺画等项目。参展的文化产品销售收入达 65 万元，签约金额 228 万元。在“中国优秀公益作品奖”的评选中，由青海民间工艺师手绘的唐卡《十八罗汉》和彩唐《财宝天王》等作品获得金奖，青海省参评作品共获得 4 项金奖、5 项银奖和 1 项铜奖。

2015 年，在北京国际文化创意产业博览会上，青海省的 20 家文化企业、6000 多种文化产品参展。首次亮相的文化产品有玉树嘎玛嘎赤画派唐卡、安冲藏刀、藏式腰带、银碗、藏香、陨石工艺品等。展会期间，青海省文化产品销售额达 84.7 万元，订货金额 310 万元。同时，青海省文化产品和文化服务的供给能力明显提高。特色产业产品的宣传和推广为青海今后的特色产品形成产业化奠定了基础。

2. 有利条件

——中央和国家促进文化大发展大繁荣的重大决策，西部大开发战略、国家支持藏区发展和玉树灾后重建等政策措施，将为青海特色文化及文化产业实现跨越式发展提供强有力的政策保障。国家坚持扩大内需的战略方针的确立及《文化产业振兴规划》的实施，有利于青海加强公共文化基础设施建设，大力发展文化产业，改善文化民生。

——省委省政府高度重视文化改革与发展，在充分调研的基础上出台的指导意见、政策措施，以及文化发展投入力度的加大，将为青海破解发展难题、挖掘民族文化资源、大力发展文化事业和文化产业提供保障。

——青海具备开发民族文化的丰厚土壤，54 个少数民族有着悠久的文化和美丽的传说，大力开发和推广民族文化、特色民族产业、挖掘和传承名族特色文化将成为振兴青海经济的新引擎。

——迅猛发展的青海连接内地和西亚地区的公路、铁路、航空交通运输立体形势的形成，青海由单纯的内陆交通末端成为内地连接西藏、新疆以及西亚的枢纽地区，巨大的物资中转和人员往来，必将刺激青海文化产业的快速发展。

——特色民族文化产品凭借较高的艺术欣赏价值和收藏价值，吸引了游客和中外投资商的眼球，很多投资商表示愿意到青海省考察投资。特色民族产业的发展前景可期。

——网络平台的高速发展为青海文化产业的宣传和推广起到了极大的推动

作用。通过网络平台可以将青海特有的风土人情、特色文化产品等加以展示和推销。吸引国内外游客来青海观光旅游，在网上购买到青海独具特色的民族文化产品。

3. 动力条件

丝绸之路经济带建设成为青海文化产业大发展的最主要的动力。青海省境内的公路、铁路、航空、通信网沿着古丝绸之路的印记通达南北。青海已经成为丝绸之路经济带承东启西、南联北拓的战略通道、开放型经济合作的重要支点和亲密和谐的人文交流中心，也是稳疆固藏的大本营。丝绸之路经济带建设为青海省文化产业实现“二次创业”和快速发展提供了一次难得的历史机遇。

——“一带一路”建设可以推动青海省文化产业快速发展。把文化产业培育成为引导青海经济社会发展的“引擎”，成为推进青海开放型经济发展及生态文明建设的强力支撑，成为青海与沿线国家和地区文化交流与合作和向西开放的主渠道，成为加强民族认同、培育国家认同、增强国民意识的良好平台，进一步释放青海开发开放和创新创造的活力。

——“一带一路”建设可以依托青海丰富的自然资源和多元化的民族文化资源，激发创新、创意、创业活力，有效利用国际、国内两个市场，加大区域内外资源整合开发力度，推动文化创意和设计服务与相关产业融合发展，加快文化与科技融合程度较高的创意设计、动漫游戏、数字出版、新兴媒体（网络音乐、网络演艺、网络广告）等新兴文化产业发展，做大做强以服务文化旅游、文化体育为先导的特色文化产业，形成优势比较明显的文化产业体系。

4. 不利条件

发展基础方面：长期以来由于受社会经济发展水平、基础设施、资金、人才和科技实力等条件的限制，文化产业的发展总体上相对于东部地区来说要缓慢，总体规模和发展程度低，不利于文化产业的快速发展。

周边竞争方面：青海周边的四川、甘肃及陕西也都在大力建设民俗文化产业，这将对青海的民俗文化产业带来巨大压力与竞争。

交通方面：东部地区游客坐火车来青海必经过西安和兰州，而从四川到西宁也要经过陕西，造成客流分流于两地；经济基础上看，四川和陕西新中国成立后就有许多重工业项目，发展至今许多产业都比青海雄厚得多。

文化资源方面：陕西、甘肃、新疆都有自己特色的历史文化，这些地区都是古代陆上“丝绸之路”必经之地，许多文化景观世界闻名。

2.2 青海省文化产业发展存在的主要问题

经过多年的积累和发展，青海省文化产业虽然取得了不菲的成绩，但由于受社会发展水平、经济实力和政策保障等多种因素的制约，文化产业总量小、基础薄弱、产业结构单一、竞争力不强的局面仍未得到根本改观，文化资源优势未能充分发挥，与发达省区相比还存在着较大差距，与省委省政府提出的文化名省战略目标也有较大距离。

2.2.1 文化产业规模总量偏小，结构单一

基于“欠发达、欠开放”的实际省情，青海省文化产业尚未摆脱整体“小、散、弱”的特征，基本以中小微企业及家庭作坊、个体经营户为主，普遍存在规模小、效益低、市场影响力弱等问题。具有引领示范作用的文化企业、产品、品牌有限。文化产业发展基础薄弱，总量小，处于探索培育的初步发展阶段。

全省文化产业增加值占全省 GDP 的比重过低，以 2015 年数据为例，比全国 3.76% 低 1.73%，与成为国民经济支柱性产业的目标（5%）还有较大距离；文化产业法人单位只占全省各类企业的 5.16%，文化产业规模以上企业只占全省各类规模 以上企业的 2.3%，文化个体工商户只占全省个体工商户 2.7%。产业结构单一。市场主体和产值主要集中于工艺美术等传统行业。如 10 家国家级文化产业示范基地有 6 家从事民族民间工艺品的生产销售；70 家省级文化产业示范基地（单位）近三分之二从事民族民间工艺品的生产销售。动漫游戏、创意设计、影视传媒、节庆会展等行业虽有发展，但市场主体少、发展缓慢、增速不大、活力不足，对文化产业的贡献力度不够。

2.2.2 文化产业集约化程度不高，缺乏有竞争力的市场主体

据不完全统计，全国成规模的文化产业园区达 2000 多家，而青海省“十二五”期间总投资 82.88 亿元建设的 27 个园区（基地），累计完成投资 45 亿元。海南州藏文化创意产业园等 18 个园区投入运营，海西德都蒙古族文化产业园等 8 个园区主体基本完工，大美青海玉文化产业园正在进行主体施工。这仅有的 27 个文化产业园区，尚未形成规模效应。另外文化产业的整体专业化程度不高，前端的研发创意设计企业、后端的品牌销售企业少，经纪、代理、评估、鉴定、推介、咨询、拍卖等市场中介组织缺乏，组建成立的文化产权交易所、经济文化促进会、文化产业律师服务团等中介组织的作用尚未完全发挥，文化产业链还不够完善（甚至是断链和残缺不全），专业化分工与合作的程度极低。

全省文化产业中缺乏规模大、品牌响、实力强的骨干文化企业和大型文化企

业集团。无论在产业规模、资金投入还是产品研发、市场需求等方面，都不具备竞争优势和竞争实力。转企改制的国有文化企业未建立起严格意义上的现代企业制度，活力不足。国家级、省级文化产业示范基地股权结构单一、投资不足、规模小、产业链不完整、示范带动作用仍不明显。

2.2.3 文化资源开发力度不够，产品档次不高

青海文化产业资源丰富，以非物质文化遗产为例，据青海省非物质文化遗产保护中心统计，青海省登记在册的非物质文化遗产项目高达 2639 项，其中民间文学 233 项，民间美术 122 项，民间音乐 292 项，民间舞蹈 138 项，民间手工技艺 346 项，生产商贸习俗 61 项，消费习俗 316 项，人生礼俗 140 项，岁时节令 182 项。这些数字的背后，蕴藏着青海历史悠久、文化内涵丰富的“非遗”资源。但是对非物质文化遗产的利用程度不高，青海省拥有各类景区近千处，但是不少景区对文化的挖掘整理不够。文化产业与相关产业的融合发展程度还不高，还没有与旅游、餐饮、建筑、制造等产业深度融合发展。

虽然青海省历史悠久、文化厚重，发展文化产业具有得天独厚的资源优势，但是对这些资源的深度挖掘、创造性开发利用不够，文化、新闻出版、广播影视等领域都缺乏有影响力的特色文化品牌和拳头产品。以工艺美术行业为例，面向大众的产品普遍存在设计单调、制作简陋、包装粗糙等问题。模仿传统的多，创新创意的少。缺少与现代生产生活和消费需求对接的产品。产品类同、同质无序化竞争现象十分突出，传统手工艺品大多集中于宗教题材，市场空间窄小，发展空间有限。

2.2.4 文化与其他行业深度融合不够

文化与科技、旅游、体育、商贸等行业融合层次低、力度小。文化产品的科技含量不高。新兴出版发行业态、高新技术印刷发展滞后。传统媒体与新兴媒体融合发展亟待推进。以文化提升旅游的内涵质量，以旅游扩大文化的传播消费还处于较低水平。对景区所承载的历史典故、历史渊源、神话传说等文化内涵缺乏深入挖掘，游客参与互动体验项目少，并普遍缺乏展示当地特色文化资源的驻场演艺剧目。文化遗产与旅游业的互动未能充分释放，对文化遗产的旅游价值开发利用不够。

2.2.5 政策保障支撑不足

与一产、二产相比，各级财政对文化产业的投入严重不足。目前，省级文化产业发展专项资金规模偏小，仅有 5000 万元（文化新闻出版资金），且真正

用于文化产业发展的资金不足 3000 万元（以 2015 年为例，下乡演出补贴 500 万元，重点剧目创作补助 500 万元。此两项补助资金原纳入财政预算单列，国有文艺院团转企改制后，归到文化产业专项资金的盘子里），省文联文学创作补助 100 万元（已连续安排五年），全省征订《习近平治国理政》、基层订阅《人民日报》《光明日报》、省图书馆图书搬迁费等 192 万元，文化旅游节补助 100 万元，尼日利亚、韩国等文化交流活动补助 70 万元，深圳等四大文博会参展补助 120 万元，藏文报刊补助 85 万元，等等，真正用于文化企业项目补助资金为 2275 万元，还是历年来支持项目数最多、资金额最高的一年。文化企业用地按商贸企业用地对待，土地出让金偏高且很难拿到用地指标。

融资难仍是制约青海文化产业发展的一大瓶颈。文化企业由于自身的轻资产属性，加之文化产业融资担保机构的缺乏，缺乏融资公共平台，以及多元化的文化产业投融资渠道，文化企业普遍存在融资难融资贵的问题，特别是民营文化企业，问题更加突出，文化产业发展专项资金在投入使用上对民营文化企业的扶持额度尚未达到三分之一。文化产业前期投入大、回报期长，造成文化企业融资困难。如泽库县泽和石源石材工艺开发有限公司是一家石雕工艺原材料开采、石雕工艺品加工的小微企业，先后投入 1000 多万元，其中银行贷款 270 万元，用于大型设备采购、厂房建设、石料开采等，由于前期投入大、资金回笼慢，银行贷款未能偿还，二次贷款受阻，目前公司面临资金链断裂、停工的困境。

2.2.6 文化产业各类人才紧缺

全省文化产业领域人才匮乏的矛盾极为突出。文化创意和设计服务人才数量严重不足，高端人才尤为稀缺。创意是文化产业的灵魂，而人才是这个灵魂的载体，青海尚缺乏一支现代化文化产业人才队伍，尤其是既懂文化又懂经营管理的复合型本土人才十分缺乏。

同时，具有“工匠精神”和文化创新能力的技能技艺人才分布于个别技艺种类，且数量极少。当前从事文化产业的经营管理人员，普遍缺乏经济管理与市场运营经验，往往按传统方式运作产业，造成市场执行力低下。

另外，在构建产业发展的相关人才，如策划师、咨询师、金融师、广告师、规划师、经纪人、设计师等非常缺乏，既懂文化又懂经营管理和资本市场运作的复合型人才更加匮乏；人才培养渠道单一，产学研用合作培养人才机制尚未形成，目前，省内高校无一所开设相关文化产业专业。

2.2.7 文化体制改革的活力尚未完全释放

青海各地区经济发展水平、资源禀赋、地理位置、人才水平等条件各不相同，各地州市的文化产业机构设置存在差距。受编制影响，六州尚未成立专门的文化产业科室，机构设置的空缺制约和影响了文化产业的发展。一方面，青海国有文化事业单位变为市场运作较为困难，表现在一些国有文化事业单位虽然已经进行管理体制改革，实际运作中仍然沿袭着两种运作方式，即这些单位身份为事业法人，运作形态为“事业型企业化”，享受着事业单位的待遇和企业的好处，运行中受到行政保护，投资资本大多为垄断性资源，资金和人才的市场运作水平都远远落后于内地；还有不少文化单位名为企业，实际上大多是政府的下属机构，自主权较少，部门垄断和趋于封锁现象比较严重；另外还有部分文化事业单位由于担心失去“铁饭碗”和某些利益至今仍不愿意进行市场化运作。另一方面，青海文化管理体制改革也遭遇困境，有时会遭遇文化领域条块分割、市场壁垒障碍、管办不分以及分工不明等问题。此外，有些经过管理体制改革的单位的市场化运营仍处于探索阶段，如完成转制的省级广电、报业、出版、期刊、演艺 5 大集团在法人治理结构、内部经营管理机制上还不完善，离合格市场主体还有相当差距。其他转制文化企业尚未完全转变观念，还存在“等靠要”的思想，尚未完全树立市场化理念。在推动青海经营性文化产业发展上处在探索阶段，推出的文化产品中经营性文化产品的比重较小。

总之，从管理体制上看，还一定程度地存在政企不分、政事不分的现象，文化管理部门对所属文化企业的经营管理还存在过多干预。文化事业单位在完善法人治理结构上还处在探索阶段。通过近几年的文化体制改革，不少国有文化企业逐步走向市场化，完善了管理运行体制，不断开拓市场，但是总体看，文化体制改革的活力还未完全释放。

2.2.8 园区与基地建设缓慢

“十二五”青海省规划建设的 27 个文化产业园区，18 个已建成投入运营，其他项目还在建设当中。一些地方、部门的欠账较多，导致进展不平衡。主要问题包括：在规划方面，有的已完成规划编制，但并未按要求报送有关部门，有的规划文化内涵有待提升，有的用其他规划代替文化产业规划；在建设进度方面，有些项目因拆迁工作难度大和投资需要资金大，土地招拍挂方案需要大量协调工作，导致进展较慢等；在招商引资方面，多数开工建设和待开工建设项目，资金到位较好，但也有小部分投资主体实际到位资金较少，极少数项目投资主体尚未落实；在管理运营方面，已建成投入使用的园区、基地，总体上存在运营管理人才缺乏、发展思路不清晰、公共服务不完善等问题。

2.2.9 科技创新不足、创意能力弱

文化产业企业仍停留在传统产品的生产，消费群体面不广，产品档次不高，品牌特色不鲜明，市场空间受限。转型发展意识不强，创意设计能力不足，缺少与生产生活和消费需求对接的刚需产品，短期内很难实现转型升级和跨越式发展。

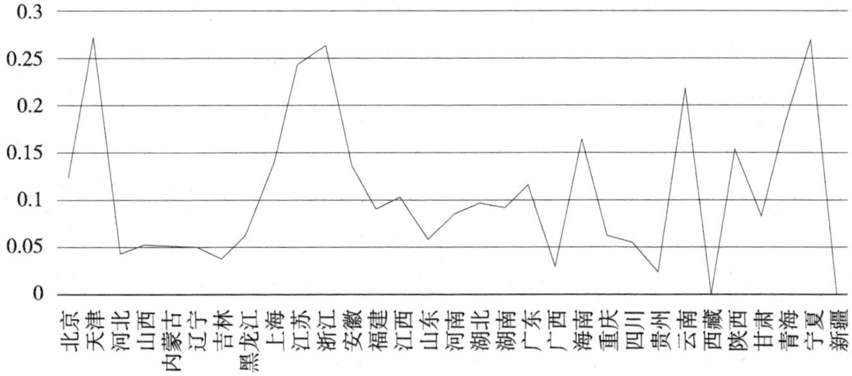

图 2–4 2013 年青海文化产业 R&D 情况与全国其他地区对比图

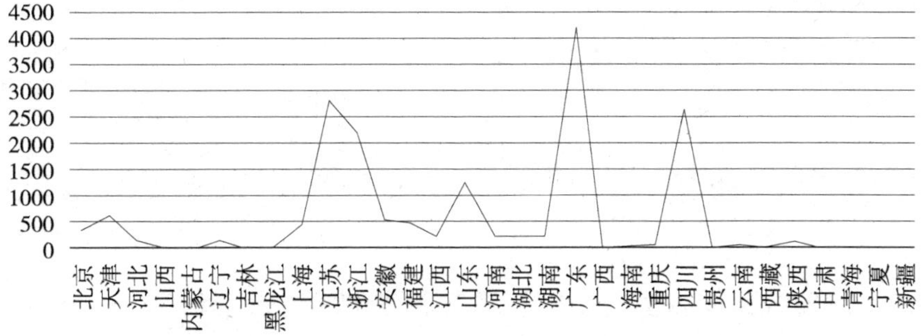

图 2–5 2014 年青海文化产品新项目数与全国其他地区对比图

如图 2–4 和图 2–5 所示，2014 年，青海文化企业研究与试验发展等科技活动较少，在全国 31 个省市自治区中位居末位，文化产品新项目仅仅只有 1 个。青海的文化产业和科技融合远远不足。科技创新是文化产业发展的重要推手，文化高科技的普及及运用是决定文化产品取得效益的重要内容。舞台高科技的运用，使各类舞台艺术作品产生非常的效果；电视电影高科技制作手段，使电影、电视作品既产生非常的视觉效果，同时大大减少制作成本等；文化旅游业与科技融合，能创造出不同的视觉享受。目前，青海文化产业与科技融合的问题主要包括：文化产品科技含量较低，新兴文化产业科技创新不足，民族特色文化资源与科技的融合欠佳。例如青海著名的藏毯产业，作为青海流传较久的民族传统手

艺，相比于位于地毯业高端市场的波斯地毯，近年来由于创新不足，有些图案和编织技法已经过时，新的编织技术未能采用，导致大部分地毯只能以较为低廉的价格出售，藏毯从业人员的利益也受到影响；青海新兴的动漫游戏产业，知名动漫企业和动漫产品较少；民族特色文化资源与科技的融合欠佳主要体现在未能充分利用数字技术、信息技术等科技手段，例如青海历史文化资源通过 3D 手段展现的较少，有关青海文化资源介绍的应用软件也很缺乏。

2.2.10 文化产业年度数据统计不完全

调研地区及企业均表示，近两年生产经营情况良好，都保持了两位数的增长，经济下行对文化产业影响不明显，但从 2014 年的统计数据及与省统计局核实的情况看，青海省文化及相关产业增加值未能真实的反映文化产业发展成果，存在漏统、误统等情况，如省统计局统计的青海省规模以上文化企业 37 家，但各地上报的规模以上企业近 100 家。统计部门是按规模以上企业数据测算规模以下企业产值，导致文化产业统计数据不完全、不真实。统计指标体系、统计口径、调查方法等确需进一步完善和规范。

此外，青海省还没有专门针对文化产业发展情况的统计分析报告，西部民族八省区如新疆和贵州等省区均有《文化产业发展报告》。由于统计数据的缺失，导致对青海文化产业发展情况研究的严重不足，不利于促进文化产业健康快速发展。

2.3 制约青海省文化产业发展的主要因素解析

2.3.1 政府政策支持力度不够、基础服务设施投资不足

一方面，青海地处我国偏远地区且经济基础比较薄弱，交通不便且信息闭塞等多个因素使青海整体文化产业发展思想意识比较滞后。表现在很多文化部门管理人员未能摆脱计划经济观念的影响，文化经济和消费意识不强，对文化产业和文化事业的理解有失偏颇。例如忽视文化产品的商品性将文化产品看成是精神产品；把以追求经济效益采用实现利润的市场营销手段的经营性文化产业混同于以实现社会效益通常政府作为主体提供给人民群众的公益性文化事业；不明确文化产业在区域经济发展中的定位和作用，存在一定的随意性和盲目性。尽管我国 2004 年和 2012 年分别制定文化产业相关分类标准，青海统计年鉴和青海文化厅发布的相关文化产业报告中，对文化产业的统计指标相对较少，现有数据主要针对文化、广电和新闻出版部门，不利于对青海文化产业的发展水平进行准确评

估，这从另外一个角度反映了青海对文化产业发展的重视程度，没有将其作为衡量地区经济发展考核的指标。

另一方面，青海经济基础也比较薄弱。2012-2015 年青海 GDP 在全国 31 省区市中排名一直处在倒数第 2 名，仅高过西藏。经济基础的薄弱对文化产业发展的制约体现在多方面：一是青海居民的文化消费水平较低，城乡居民可供支配的收入较东部沿海地区有很大差距，文化消费能力制约文化产业的发展；二是制约了人才的引进和本土人才的留下，很大程度上限制了文化产业尤其是与科技有关文化产业的发展；三是金融、保险等保障体系也较弱，不能为文化产业的发展提供强有力的服务；四是基础设施的落后，对青海各行业的发展极为不利。

另外，青海基础设施比较落后，对文化产业发展而言，影响比较大的是文化设施和交通设施。长期以来，青海对文化产业的重视程度较低，尽管近年来青海大幅提高文化产业投入，但短期内青海文化基础设施建设比较滞后，群众休闲娱乐的场所有限，例如青海很多剧场设备老化陈旧，缺少自我生存和发展能力，甚至被改为其他用途，有的县城甚至一座电影院、剧院都没有。交通设施方面，由于青海地域辽阔，绝大部分地区之间的路途较远，主要依靠铁路和公路运输，甚至有的地方只能长时间公路旅行。以文化旅游业为例，青海特色文化资源丰富，文化旅游业是青海重点发展的产业，然而旅游基础设施总体比较薄弱，交通制约尤其严重，影响了青海文化旅游业的发展。表现在：青海很多景区配套接待服务能力有限，很多 3A 级景区水、电、路、游都不同程度存在设施不完善的问题，其中景区通达道路不畅尤为严重，很多优质景点旅游车无法进入。青海还有很多优秀的文化资源分布在不同的少数民族村寨、乡村中，很多独特的民族民间工艺也存在偏远的家庭作坊中，这种情况下，无论是建立文化企业还是发展民族文化旅游，交通设施不便利是个极大的挑战。

总之，虽然国家和省上出台了一系列青海的文化产业发展扶持政策，但真正有分量、含金量高的政策措施却不多，而且真正落实到位很难。中小微文化企业及个体经营户缺乏金融机构的有效支持，融资难、融资贵的问题依然突出。文化产业配套服务能力和水平处于较低层次，配套服务规模也难以满足青海省文化产业快速发展需求。投资不足、基础服务设施不全依然是制约其文化产业发展的“瓶颈”。

2.3.2 对文化产业在经济发展中的战略地位认识不足

文化产业在经济社会发展中的战略地位没有引起足够重视，缺乏统一规划。目前，青海还没有一套科学完整的文化产业支持和配套政策，与产业政策配套的保障体系也有待建立。文化产业在青海经济建设中应该处于什么样的地位？作用多大？发展趋势怎样？对这些问题的看法一直以来没有一个清晰的认识，这些认识直接决定着青海省文化产业发展的定位。很长一段时间，青海在经济建设方面提出了“文化搭台，经济唱戏”的口号。这样只是把民族特色的文化节、艺术节、旅游节等作为给经济发展的台子，从短期效益来看，是会产生一定的效果，但就长期而言，不能做到社会、经济、文化的协调发展，甚至会影响到文化产业的发展。随着中国经济的发展，西部相对落后的地区发展重点更应该在特色文化产业上下大力气去挖掘和开发。文化，尤其是特色民族文化更不应该在经济建设中只是配角，而应该成为发展地方经济的新引擎。

2.3.3 文化产业产值比重低、区域性发展不平衡

我国文化产业在国民经济中所作的贡献远远低于美英等发达国家，2010 年美国的文化产业占整个 GDP 的 25%，英国达到 11%，而中国只占到 2.6%。2011 年，全国文化产业产值达到 3.9 万亿元，占全国 GDP 的 3%。而青海文化产业增加值为 29.45 亿元，占 GDP 的 1.81%。到 2014 年，经国家统计局核算，全国文化及相关产业增加值 23940 亿元，比上年增长 12.1%（未扣除价格因素），比同期 GDP 现价增速高 3.9 个百分点；占 GDP 的比重为 3.76%，比上年提高 0.13 个百分点。而 2014 年青海省文化及相关产业实现增加值 46.67 亿元，占 GDP 的比重为 2.07%，和全国水平比较还差很多。这些数字表明，青海的产值比重远远不及内地其他省份，加大对文化产业的投资比重，提高产值是青海省发展文化产业发展的关键所在。

另外，青海文化产业的发展呈现出不平衡的特点，从地域分布上看，省会西宁以及周边州县发展相对较快，海西州、海南州、玉树州次之，果洛州发展最慢。其中，西宁地区集中了 80% 以上的工艺美术产业，是国家级文化产业示范基地最为集中的地区。从产业的行业类别来看，以网络、旅游、休闲娱乐、经纪代理等新兴文化服务业为主的文化产业“外围层的”发展迅速，以新闻、出版、广播影视、文化艺术为主的传统文化产业的“核心层”和以文化用品、设备及相关文化产品生产和销售为主的文化产业的“相关层”发展较弱；从文化产业行业的内部来看，产品的开发良莠不齐，传统文化产业中具备企业经营性质、有政府主导的行业发展较好，如出版发行和版权服务行业、广播电视行业、文化艺术服务行业比新闻服务业的产业增加值高；从文化消费市场的构成来看，城镇较好、农牧区偏低。

2.3.4 打造知名文化品牌的意识不强，创意不够

文化产业是以创意为动力、以内容为核心，其发展主要依靠精神成果、智力

和科技投入，资源消耗少，环境污染低，是典型的绿色产业、低碳产业，具有很好的可持续发展特性。同时，文化产业属于高附加值、高回报产业，一个故事、一个人物形象可以转化为出版物、影视作品、动漫游戏、舞台演出等系列衍生品，只要消费者认可，就能在经济收益上产生叠加效应，实现一次投入、多次转化、持续回报。

青海拥有历史文化、民族文化、宗教文化、现代文化等多种文化形态，并且不少文化资源具有独特性和垄断性，开发价值十分巨大。可是青海在打造文化品牌方面和开发文化创意产业方面却显得十分苍白。青海先后出现过马家窑文化、齐家文化、卡约文化、辛店文化、诺木洪文化等多种文化，保留有明长城、虎台遗址、舞蹈彩陶盆、“唐蕃古道”“丝绸之路南路”等珍贵的历史遗存。经几百年的发展，河湟“花儿”已经成为一种文化心理渗透到了河湟各民族中间。河湟皮影通过传承开发，已市场化运作，并初步建成了大通皮影艺术产业园。以皮绣、掐丝唐卡、皮影、剪纸刺绣、农民画为主的民间文化协会。湟源排灯、藏靴、堆绣、农民画等民族艺术丰富多彩独具特色。遗憾的是，青海在深入挖掘这些优秀文化方面投入太少，创意不足，重视不够。

青海文化产业创意能力不足。以青海本土电影业为例，电影创作题材较为局限，想象空间有待扩展。创新性较为缺乏，究其原因：一方面，青海电影长期以来贯彻现实主义创作观念；另一方面，青海本土电影高科技技术缺乏阻碍了青海某些类型题材，例如幻想类题材的开发。青海高水平专业电影人才的缺乏也限制了青海本土电影的发展。迄今为止，青海本土培育出的在国内领先的艺术人才寥寥无几。此外，在青海的少数民族题材电影中，更多的是对某一个民族单一文化的表达，缺乏多元文化的碰撞和交流，这在吸引内地观众方面是个短板。

2.3.5 文化专业人才严重缺乏

青海有着其他省份都不具备的大量的民族文化资源。众多的民族有着各自辉煌的历史和悠久的文化传承。打造极具特色的少数民族文化经典、挖掘各民族优秀的历史文化，急需具有大量的文化创意人才精心打造进而加以广泛传播。形成宣传青海的独具魅力的特色名片。目前的情况是，只有极少数的民族文化得以宣传发展和传承，而且呈现出发展极不平衡的局面，有些民族的文化挖掘和整理开发相对顺利，比如藏族文化、土族文化等。而其他民族优秀的文化和传承开发还很少甚至没有被开发和传承发展。

人力资源丰富的地区，一方面可以聚集很多优秀的人才，进行思想碰撞和交流，知识容易溢出，产生新的创意，文化企业可以加快技术更新速度和提高管理效率，该地区也容易产生新的文化业态；另一方面，为文化企业的发展提供丰富的人力资源储备，文化产业从业人员之间也可以加强竞争，产生更多的高级人才，为文化产业集群的形成奠定人力基础。

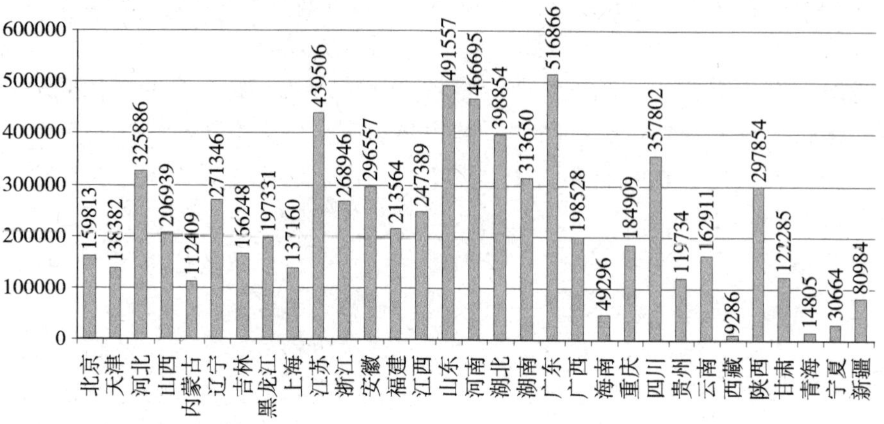

图 2-6　2013 年青海专科和本科教育招生数量与全国其他地区对比图

如图 2-6 所示，2013 年青海高等教育招生数量在全国排名靠后，考虑到青海很多毕业生回内地发展，留在青海的高素质人才就更为缺乏。近年来，青海文化产业得到迅速发展，各类文化人才不足与文化产业快速增长的矛盾日益突出。表现在以下几个方面：一是基层文化单位人员不足，职业门槛较低，一些县级和乡级文化站从业人员编制没有落实，具有高级职称和中级职称的人员占从业人数比例较低。二是文化产业各领域的高级管理人员和高级技术人员较少，尤其是懂策划、善经营、会管理的复合型人才更为缺乏，究其原因，文化产业涉及多个细分行业，专业性很强，部分文化产品技术含量很高，而不少文化产业部门的领导是从文艺团体中提拔上来的，在管理和营销技能方面有些欠缺。三是文化产业人才的保障机制不完善，青海有很多非物质文化遗产濒临消失，缺乏继承人，很多年轻人由于工资水平低不愿意从事手工艺品的传承，青海在针对文化领域的特殊人才，例如非物质文化遗产传承人等特殊从业人员等的保护力度不够，缺少相应的物质和精神激励机制，文化从业者的积极性以及文化单位的创造活力都受到影响。四是人才培养力度不够，青海高校还没有专门开设文化产业专业，而且高校培养出的人才也面临培养和需求脱节以及人才流入内地或集中在西宁市等大城市，偏远地区引进人才相当困难。五是人才流失严重，虽然通过挂职锻炼、外出培训的方法培养了一批专业人才，但由于青海总体的经济和生活环境较内地落后，很多专业人才涌入内地，优秀人才的引入也极为困难，即便留在青海，专业人才也都趋向于到西宁发展，青海各地、州、市文化产业发展面临很大的人才缺口。

2.3.6 特色文化产业发展规模小、效益低

青海同其他省市相比来看，人均文化产品的消费水平低，总体规模小，对周边省市和全国文化市场的辐射力不大。就特色文化产品生产来看，文化产业发展基础薄弱，总量小，处于探索培育的初步发展阶段。青海特色文化产业链条没有形成，民营特色文化产品规模小，产品单一，产、供、销没有形成固定体系，特色文化产品生产起点低，规模小，发展参差不齐。主要以中小微企业及家庭作坊、个体经营户为主进行生产。从投资拉动的角度看，主要文化产业领域国有资本量有限，大量社会投资尚未进入。从消费拉动的角度看，缺乏广大消费者喜闻乐见的文化产品，大众的文化消费潜力没有释放。

2.3.7 从事文化产业的管理人才严重缺乏

1. 新型业态创意人才不足

管理人才和经纪人才严重短缺，影响文化企业管理和市场开拓，从而阻碍了文化产业向纵深发展，尤其是熟悉本土文化、懂管理、善经营的具有创新意识的综合型人才十分紧缺。2010 年，青海文化产业单位就业从业人员有 9.7 万多人，单位平均从业人员，专业技术人才、管理人才、经营人才严重缺乏，这种现象在基层尤其严重，以海南州为例，海南州文化产业从业人员有 3500 人，其中，大专以上文化程度的仅有 13 人。

2. 缺少领军人才

青海省缺少经营文化产业人才，外面的高级人才进不来。不少民营文化企业先后招收了数十名大学生，但能胜任文化策划、工艺美术研发、设计的人才太少。演艺界奇缺编导人才，有一定知名度的要价太高，企业难以承受。一些民族歌舞团主要靠演员自编自演，水平低，缺乏创新。

2.3.8 文化产业金融资本紧缺

青海省文化产业的发展有着特定的历史轨迹，文化特征及存在的特殊问题。2014 年以来，文化部也出台了各项政策，提出加大金融对文化产业的支持力度。并对扶持工作做了各项具体要求。近年来，尽管青海省不断加强文化产业发展的金融支持力度，但制约文化产业发展的瓶颈问题尚未彻底根除。例如青海省文化产业主要以中小企业为主，融资难且经营效率不高，金融体系不足，缺少创新性。

1. 投融资体制不健全

金融是现代经济的核心，青海文化产业的发展离不开金融工具的支持。目前

银行业作为金融业重要的组成部分，近年来对文化产业的发展起到较大的支持作用，主要支持领域为文化会展业、数字电视和信息网络传输业、文化旅游基础设施、出版发行业、影视制作、印刷复制等六大行业。

然而金融业对文化产业发展的支持还存在不少局限。如图 2–7 所示，以 2014 年居民储蓄存款指标为例，青海银行业发展水平在全国 31 省区市中比较落后，不利于青海文化产业的发展。一方面，文化产业特点是风险高，投入高，目前青海很多文化企业规模较小，抵抗风险能力较弱；适合文化企业尤其是中小企业发展的信贷产品较少，现行的授信审批条件，如期限、流程、价格等方面的要求，主要适合工商企业类客户，与文化企业特点不相适应。另一方面，青海目前财政贴息等政策扶持力度不够，青海不少获得银行贷款的文化单位，每年需要支付高额利息，很多贷款单位不堪重负。

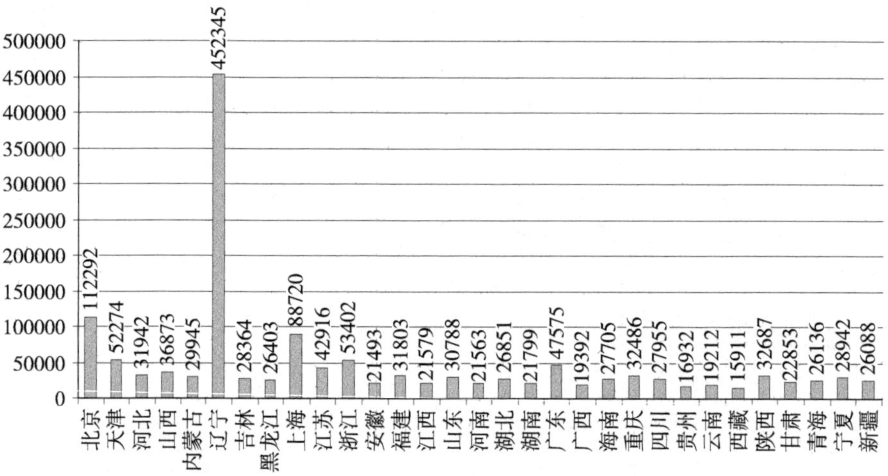

图 2–7　2014 年青海银行业发展情况与全国其他地区对比图

尽管青海现在已经设立文化产业专项资金，政府财政每年对文化产业进行大量投入，但还有很多文化单位尤其是中小文化企业面临融资困境。青海文化企业的主要融资渠道是通过银行贷款，很多中小企业例如传统工艺品制造企业，固定资产较少，经常由于缺乏抵押物通常难以获得银行贷款。青海文化企业融资渠道比较狭窄，地方文化项目招商引资通常是大项目优先，中小项目往往资金投入较少。

资金是发展文化产业最重要的前提保证，但青海的文化产业由于资金投入的不足，发展规模和速度不尽如人意。比如：黄南与青海省及四川九寨沟大旅游圈连接的出境公路建设相对滞后，交通不畅、服务设施不全依然是制约其文化旅游业发展的“瓶颈”；海北景区的点线距离远、连接差，目前全州还没有一家三星级以上的宾馆；久治县离四川阿坝几十公里，但交通、宾馆等基础设施建设滞后，影响更大的发展；柳湾彩陶博物馆史前文化遗址的深度开发项目无法上马等。

另外，青海虽然也成立了融资服务中介平台，但从起步时间和会员数量看，青海文化产业融资在中介服务方面还处在起步阶段。

2. 文化产业保险制度不完善

2010 年国家九部委发布《关于金融支持文化产业振兴和发展繁荣的指导意见》，自 2014 年以来，青海保监局也开始引导青海的保险机构发展文化产业保险，并对投保贷款保证保险、出口信用保险的文化创新和设计服务企业给予一定比例的保费资助或补贴。然而，青海文化产业保险在支持文化产业发展方面存在的问题主要有两方面：一是文化产业保险市场需求和供给不平衡；二是文化产业保险未能为文化产业发展有效发挥其“金融引擎”功能。如图 2–8 所示，以 2014 年财产保险收入指标为例，青海保费收入较低，可见青海保险业市场在全国 31 省区市中发展比较落后。

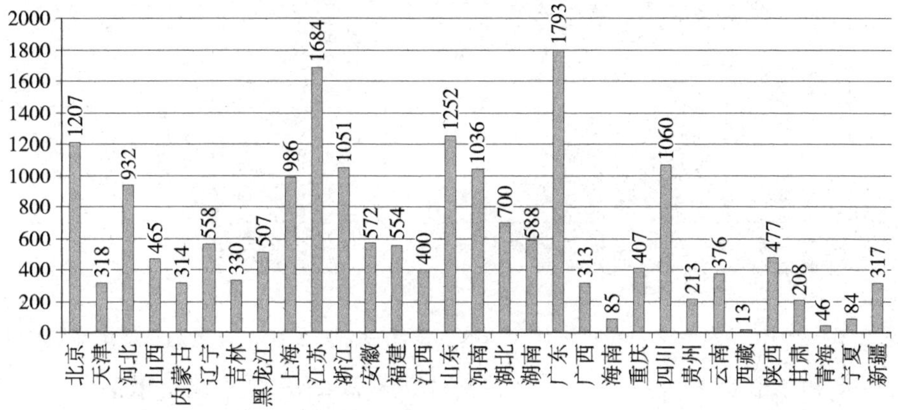

图 2–8　2014 年青海保险业发展情况与全国其他地区对比图

文化产业保险市场的需求与供给不平衡。主要表现在部分文化产业保险产品供给不能契合市场需求，推广遭遇阻力；部分文化产业保险产品供给远远小于需求，有较大的市场空白。以动漫游戏企业关键人员意外和健康险为例，保险公司推出该险种旨在提供医疗、工资津贴、交通补贴和烧伤等保障，是专门针对动漫游戏人员提供的保险产品，然而该险种的推广情况与保险公司的期望差距较大。究其原因，青海很多文化企业风险意识比较淡薄，将文化产业保险视为企业的额外负担；该产品同其他人身保险产品保障内容相似，文化企业经营管理存在惯性，对已有保险产品不愿意做大的变动；很多中小文化企业本身资金实力较弱，对于这种短期内可能看不到“回报”的投入，投保兴趣比较低。部分文化产业保险产品供给远远小于市场需求，以艺术品保险为例，据统计，艺术品市场交易中，90% 以上的艺术品都没有保险保障，面对如此庞大的市场，保险公司现在只针对某些大型展览承保，还没有对个人和企业收藏的艺术品设计出相应的保险。

保险未能有效发挥文化产业发展的“金融引擎”功能。我国中小文化企业，包括青海，经常会面临资金短缺问题，然而在向商业银行申请贷款时，由于缺乏抵押物或相关保证，经常会面临融资困境。为顺应市场，2011 年 11 月，中国人保财险推出一款针对文化企业的贷款保证保险，意在解决文化企业的融资难问题，这是一好的开端，一定程度上缓解了中小文化企业的融资困难，然而文化产业保险的“金融引擎”功能还未有效发挥。

2.3.9 文化消费需求不足

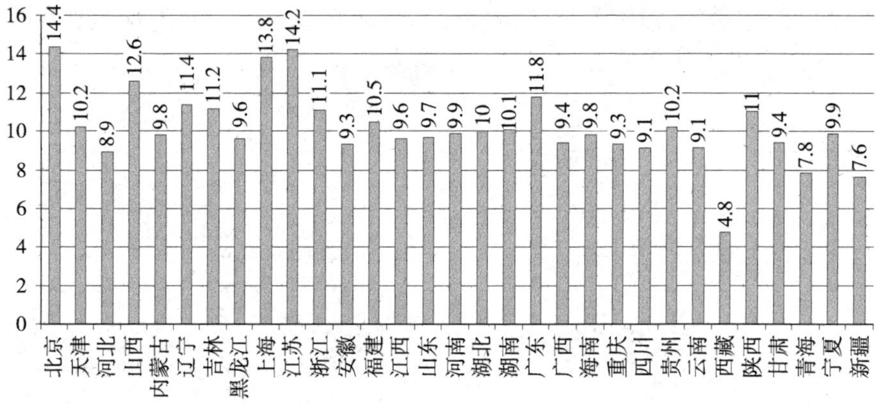

图 2–9　2013 年青海城乡居民人均娱乐消费支出占总支出比例与全国其他地区对比图

青海文化消费需求总体不足，主要体现青海的平均文教娱乐消费水平落后于全国，城乡居民消费水平差距较大。如图 2–9 所示，以 2013 年全国城乡居民人居娱乐现金消费支出占总支出比例来看，青海在全国 31 省市自治区中排名比较靠后。全国城镇、农村居民文教娱乐服务支出占消费性支出的比重，在 2005 年分别达到 13.82%、11.56%，比青海 2014 年的这两项指标还分别高 4.72%、9.61%。可见青海城乡居民文化娱乐消费水平的差距较大。

2.3.10 缺乏有效整合优势资源的文化产业集团公司

青海有国有的文化企业，也有民营的文化企业，但缺乏一种混合性质、投资主体多元、国有资本控股的文化产业集团。故不能聚集更多的资本、抵御更大风险，不容易找到海内外的合作伙伴。推出的文化产品的经济效益和社会效益不大，没有市场竞争力。

本章参考文献

[1] 青海省文化和新闻出版厅 . 青海省“十二五”文化发展规划文化产业发展评估报告 [R]. 内部资料，2015 年 .

[2] 青海省文化和新闻出版厅 . 关于进一步促进文化产业发展若干政策的意见（征求意见稿）[R]. 青海省文化和新闻出版厅内部资料，2016-01.

[3] 李思屈等 . 中国文化产业政策研究 [M]. 杭州：浙江大学出版社，2012 年总序第 1 页 .

[4] 陈红玉 . 中国文化产业创新政策研究 [M]. 北京：北京理工大学出版社，2012 年序第 1 页 .

[5] 王琼瑶 . 青海：一个正在崛起的文化产业高地 [N]. 青海日报，2011-8-19，第 11 版 .

[6] 青海省人民政府 .2016 年青海省人民政府工作报告 [R]. 内部资料，2016 年 .

[7] 秦振，赵昊 . 陕西文化产业增加值达 500 亿 成功举办丝路艺术节 [EB/OL]. 网易新闻网，http：//news.163.com/15/1228/10/BBTS10NQ00014AEE.html，2015-12-28.

[8] 梁峡林，刘苗苗 . 去年青海省文化产业实现增加值 183 亿 [EB/OL]. 网易新闻网，http：//news.163.com/16/0123/02/BDVT5HI400014Q4P.html，2016-1-23，原载兰州晨报 .

[9] 宁夏社会科学院理论研究中心 .2014 年宁夏文化产业发展新步伐回眸 [J]. 共产党人，2015（9）：37-39.

[10] 新疆文化产业发展报告（2012）.

[11] 宁夏回族自治区统计局 . 宁夏回族自治区第三次全国经济普查文化及相关产业主要数据公报 [N]. 宁夏日报，2015-3-6，第 009 版 .

[12] 王述芬 . 推动文化产业成为新疆国民经济特色产业研究 [D]. 新疆大学博士学位论文，2015：50-130.

[13] 胡文娟 . 新疆文化产业发展对经济增长影响的实证研究 [D]. 新疆大学硕士学位论文，2015：20-30.

[14] 国家统计局社会科技和文化产业统计司、中宣部文化体制改革和发展办公室 .2015 中国文化及相关产业统计年鉴 [Z]. 北京：中国统计出版社，2015.

[15] 青海省文化和新闻出版厅 . 文化产业发展状况的调研报告 [R]. 内部资料，2016-04.

[16] 青海省文化和新闻出版厅 . 关于加快发展文化产业的意见（送审稿）[R]. 青海省文化和新闻出版厅内部资料，2016-07.

（本章撰稿人：姚枋、李毅、孙爱存）

第 3 章　青海省文化产业发展总体规划

在经济新常态下，青海文化产业的发展必须遵循一定的原则，以转方式、调结构为主线，客观分析发展环境，准确把握发展阶段，以科技创新和产业融合为支撑，不断提升传统文化产业，以结构调整为主线，以提高经济效益为中心，重点培育和发展新兴文化产业，突出抓好文化创意和设计服务与相关产业融合，不断提高文化产业增长的质量和效益，积极开拓国内外市场，发展文化产业新业态，促进文化产业经济增长方式由数量型向质量型转变，提高文化企业市场竞争能力，努力实现青海省文化产业持续健康发展。

要加快青海文化产业发展，必须在正确的指导思想下进行，进行准确的战略定位，在正确的战略思路指引下，实现青海文化产业发展的战略目标。在发展过程中，主要是抓好传统文化产业；大力扶持和发展一批具有自主知识产权的文化骨干企业和一批国内外知名文化品牌；培育壮大一批民族特色文化产业集群（产业园区、基地）和新兴文化产业；总结和推广一批文化产业融合发展成功的典型企业经验。充分利用“一带一路”战略带来的契机，积极开拓国内外文化市场，切实提高文化产业发展的质量与效益，努力加快青海省文化产业发展步伐，实现由弱到强的跨越式发展，努力建设青海文化名省①。

3.1 指导思想

高举中国特色社会主义伟大旗帜，以马克思列宁主义、毛泽东思想、邓小平理论、“三个代表”重要思想、科学发展观为指导，全面贯彻党的十八大、十八届三中、四中、五中全会和习近平总书记系列重要讲话精神，牢牢把握“两个巩固”根本任务，紧紧围绕“四个全面”战略布局，深入贯彻创新、协调、绿色、开放、共享的发展理念，按照省委提出的实现“一个同步”、奋力建设“三

① 青海文化名省工程已经取得了初步成效。“十二五”期间，作为全省文化名省建设中的重要引擎，省文化新闻出版、广电、体育等部门强化工作措施，狠抓任务落实，积极推进文化建设“八大工程”，基本完成各项目标任务，为实现文化名省建设目标插上了腾飞的翅膀。“八大工程”即公共文化设施建设工程、文化惠民推进工程、特色文化产业培育工程、文化园区建设工程、文化市场建设工程、特色文化品牌打造工程、文化开放交流工程、文化人才培养工程。“十二五”时期，青海省“八大工程”计划总投资 96 亿元以上，截至 2014 年年底，实际总投入资金 117.66 亿元，超额完成投资任务（转自青海新闻网）。

区”、打造“一个高地”总体要求，坚持社会主义先进文化的前进方向，坚持以人民为中心的工作导向，坚持把社会效益放在首位，实现社会效益与经济效益相统一，坚定文化自信，增强文化自觉，加快推进文化名省建设，为全面建成小康社会提供强大的价值引导力、文化凝聚力和精神推动力。

具体而言，就是要紧紧围绕《中共中央关于深化文化体制改革推动社会主义文化大发展大繁荣若干重大问题的决定》和《文化产业振兴规划》确定的文化产业发展目标和任务，按照全面协调可持续的要求，以建设“大美青海”和“凉爽夏都”为战略目标，以生态文明理念统领青海省经济社会发展全局为主题，以绿色和谐发展为主线，把生态保护作为治省理政的第一要务和立省之本，加快转变经济发展方式和全面建成小康社会的总体要求，以改革创新和科技进步为动力，以知识产权保护利用和创新型人力资源开发为核心，牢固树立创新、协调、绿色、开放、共享的发展理念，围绕转方式、调结构、促转型，坚持生态保护优先统筹协调发展，坚持因地制宜、突出特色、创新驱动、融合发展，坚持把社会效益放在首位，努力实现社会效益和经济效益相统一，以市场为导向、企业为主体，充分发挥市场作用，促进资源合理配置，强化创新驱动，优化发展环境，实施龙头引领、项目带动、产业集聚发展战略，打造具有鲜明青海特色、明显比较优势的特色产业、特色产品、重点项目和重点企业，构建结构合理、门类齐全、富有创意、竞争力强的现代文化产业体系，切实提高青海省文化产业整体质量水平和核心竞争力，全面提升青海省文化产业综合实力，大力推进与相关产业融合发展，更好地为经济结构调整、产业转型升级服务，为扩大省内需求、满足各族人民群众日益增长的物质文化需要服务。

同时，利用青海优美的自然生态环境和社会人文环境、发挥独特的高原区位优势，大力培育市场主体，推动文化与科技和经济的融合，加快转变文化产业发展方式，进一步解放和发展文化生产力，增强文化发展活力，建立和完善文化产业的产业链和价值链，持续做强传统优势产业、培育壮大新兴文化产业、提升文化产业的生产性服务功能，重点发展创意设计、动画影视、文化旅游和数字内容新兴文化产业，充分发挥文化产业融合性好、成长性高、带动辐射效应强和自然资源消耗低等特点，推动文化产业成为青海经济社会发展的支柱性产业，并通过文化产业的跨越式发展来促进城市功能的提升、城市环境的美化和经济结构的优化，为推动青海科学发展新跨越提供重要支撑。

全面贯彻《青海省国民经济和社会发展第十三个五年规划纲要》中提出的“打造青海精神高地”的要求，积极培育和践行社会主义核心价值观，充分发挥文化引领社会、教育人民、推动发展的功能，大力发展文化事业和文化产业，不断满足人民群众日益增长的精神文化需求，激发青海省各族人民建设青海的主人翁意识，推动文化大发展、大繁荣，显著提高国民素质和社会文明程度，着力建设“文化名省”，有效夯实青海省各族人民的共同思想基础。

总之，青海省文化产业的发展要以习近平总书记关于文化工作的一系列重要讲话精神为指导，全面落实中央第六次西藏工作座谈会和青海省藏区工作会议重要精神，把握全面建成小康社会和全面深化改革的良好发展机遇，积极推动改革、创新和发展，促进文化建设、文化事业和文化产业持续健康地发展。以突出特色、展现风貌力推文化旅游活省，推动公共文化事业体系建设长足发展，全面整合、深度开发民族文化资源，以消费性文化产业和生产性创意产业为重点，推动青海省文化产业加快发展，加强文化产业与传统牧业、旅游、科技、金融等领域的融合和创意研发，加快文化产业项目申报步伐，加快民族文化产业园区、区域性特色文化产业基地建设，建设民族地区文化基地、打造青海文化名片，建设青海文化名省，建设具有鲜明青海民族文化产业特色和现代精神文明交融发展的民族地区文化发展新格局，切实把文化产业打造成“促进青海民族团结、社会进步和各族人民群众更加满意的”现代服务业，为实现青海经济社会持续健康发展做出积极贡献。

3.2 基本原则

2016 年 4 月 14 日文化部部长雒树刚作题为《加快文化改革发展建设社会主义文化强国》的报告，指出，“十三五”时期是全面建成小康社会的决胜阶段，也是建设社会主义文化强国的重要时期。文化建设要坚持创新、协调、绿色、开放、共享的发展理念和以人民为中心的工作导向，用中国梦和社会主义核心价值观凝聚共识、汇聚力量，始终把社会效益放在首位，实现社会效益和经济效益的有机统一，推进改革创新、依法治文，为全面建成小康社会提供强大的价值引导力、文化凝聚力、精神推动力。①

因此，青海省在制定地区文化产业发展中长期战略时，应本着三个基本原则：一是地域观。破除狭隘的区域概念，建立新的区域定位；二是利益观。将经济区的整体利益放在区域的利益之上；三是调控观。尊重文化的多样性、丰富性，正确认识自己的文化，正确处理与不同文化之间的关系。

3.2.1 总体原则

文化部部长雒树刚指出，“十三五”时期国家层面文化建设需要把握好以下原则：一要坚持创新、协调、绿色、开放、共享的发展理念。二要坚持用中国梦

① 参考《国务院关于推进文化创意和设计服务与相关产业融合发展的若干意见》，人民出版社 2014 年 3 月第 1 版。

和社会主义核心价值观凝聚共识、汇聚力量。三要坚持以人民为中心的工作导向。把满足人民群众日益增长的精神文化需求作为文化工作的出发点和落脚点。四要坚持把社会效益放在首位，实现社会效益和经济效益的有机统一。五要坚持改革创新。深化文化体制改革，不断解放和发展文化生产力，推动文化创新，激发全民族文化创造活力。六要坚持依法治文，完善文化法律制度，为文化改革发展保驾护航。①

因此，青海省文化产业发展应该把握好以下总体原则：

——统筹协调，重点突破。统筹各类资源，加强协调配合，着力推进文化软件服务、建筑设计服务、专业设计服务、广告服务等文化创意和设计服务与装备制造业、消费品工业、建筑业、信息业、旅游业、农业和体育产业等重点领域融合发展。根据省内不同地区实际、不同产业特点，鼓励先行先试，发挥特色优势，促进多样化、差异化发展。

——市场主导，创新驱动。以市场为导向、企业为主体，产学研用协同，转变政府职能，加强扶持引导，实施支持企业创新政策，打破行业和地区壁垒，充分调动社会各方面积极性，促进技术创新、业态创新、内容创新、模式创新和管理创新，推进文化创意和设计服务产业化、专业化、集约化、品牌化发展，促进与相关产业深度融合，催生新技术、新工艺、新产品，满足新需求。

——文化传承，科技支撑。依托丰厚民族文化资源，丰富创意和设计内涵，拓展物质和非物质文化遗产传承利用途径，促进文化遗产资源在与产业和市场的结合中实现传承和可持续发展。加强科技与文化的结合，促进创意和设计产品服务的生产、交易和成果转化，创造具有青海民族特色的现代新产品，实现文化价值与实用价值的有机统一。

3.2.2 具体原则

——以人为本原则。坚持文化发展为了人民、文化发展依靠人民、文化发展成果由人民共享，尊重人民群众的主体地位和首创精神，把满足人民群众日益增长的精神文化需求作为工作的出发点和落脚点。

——改革创新原则。以激发各民族文化创造活力为中心环节，积极探索有利于解放和发展文化生产力的新举措、新途径，全方位推进文化体制机制、内容形式、传播手段的创新发展。

——夯实基层原则。坚持各类资源优先向基层倾斜，着力破解制约基层文化改革发展的一系列难题，全面夯实基层文化发展基础，激发基层文化发展活力，

① 金晶．文化部部长雒树刚详解“十三五”文化建设：“一个工程”和“四大体系”［N］．经济日报，2016-4-15.

为青海文化持续繁荣发展提供不竭动力。

——特色引领原则。坚持因地制宜、错位发展，推进青海省历史、地域、民族等特色优势文化资源的开发利用，促进城乡、区域文化协调发展，全力打造特色文化品牌，着力提升青海文化的影响力和美誉度。

——开放包容原则。坚持政府统筹、社会参与、官民并举、市场运作，努力构建全方位、多层次、宽领域的文化开放格局，加快推动各民族多元文化交流、交融，增进文化理解与尊重，促进社会和谐进步。

——经济发展和文化发展相协调原则。坚持全面、协调、可持续的发展观，充分认识文化在全面建设小康社会中的重要意义，把文化建设纳入经济社会发展总体布局，同步规划，同步建设，同步管理，促进经济文化协调发展，实现社会全面进步。

——社会效益和经济效益相统一原则。把社会效益放在首位，实现社会效益与经济效益的统一，最大限度发挥文化引导社会、教育人民、推动发展的功能。

——市场运作和政府扶持相结合原则。坚持企业主体、市场运作，更好地发挥政府的引导、扶持职能，完善政策措施，健全市场体系，优化发展环境，提升文化产业创新能力和发展活力。按照文化事业和文化产业的不同性质，明确政府与市场的作用。遵循市场经济规律，充分发挥市场配置资源的基础性作用，着力培育文化产业主体，大力发展文化产业。

——城乡协调发展原则。按照城乡、民族地区共同、协调发展的思路，积极推进城乡一体化建设，形成文化产业与相关产业资源互补、深度融合、良性互动的发展格局。

——保护资源和开发利用相结合原则。坚持“保护为主、抢救第一”的方针和“有效保护、合理利用、加强管理”的原则，加强文化产品的保护和传统艺术的传承，切实处理好抢救保护与开发利用、大众旅游同文化生态保护的关系，妥善解决经济建设与文物、文化产品保护利用之间的矛盾。[①] 做到文化遗产的保护、传承、弘扬与开发利用协调发展，使文化遗产成为推动青海省经济社会发展的后续资源、优势资源。

——发展与管理并举原则。做到一手抓繁荣，一手抓管理，大力发展先进文化，支持健康有益的文化体育活动，坚决抵制腐朽、低俗的文化活动，坚决抵制藏独等分裂言论和活动，推动青海省文化体育广电事业健康快速发展。

——创意引领与跨界融合原则。坚持创意驱动，推陈出新，促进文化资源与现代消费需求对接，实现文化价值和实用价值的有机统一，打破行业和地区壁垒，加快文化与旅游等相关产业融合发展，提升产品品质，丰富产品形态，延伸

① 马佳男．中国“兰西格经济区”特色文化产业发展研究［D］．中央民族大学博士学位论文，2013：107–111.

产业链条，拓展发展空间。

总之，青海省文化产业发展必须坚持社会主义先进文化前进方向，坚持把社会效益放在首位、社会效益和经济效益相统一，坚持以体制改革和科技进步为动力，增强文化产业发展活力，提升文化创新能力，坚持以优化结构为主线，把握国内外文化产业发展的总体趋势，实施项目带动战略，扩大产业规模，增强文化产业整体实力和竞争力。

3.3 发展定位

按照“大美青海”和“凉爽夏都”定位青海的文化特征，凸显青海的民族特色，建设青海文化名省。具体而言，“十三五”时期，青海省文化产业发展紧密围绕“三区”建设为核心①，我们将其定位为：

——民族特色文化产业合作的示范区

——民族地区创意设计之都

——民族地区影视产业中心

——西部民族地区数字内容与新媒体产业基地

——国际知名的民族文化旅游目的地城市

——国家级民族特色文化产品与服务的出口基地

3.4 发展思路

坚持因地制宜、突出特色、政策扶持、项目带动、融合发展的思路，积极挖掘整合特色文化资源，推动传统产业转型升级，培育新型复合文化业态，实施重大项目建设和园区（基地）提升工程，发展和壮大骨干文化企业，扩大和引导文化消费，努力构建结构合理、门类齐全、科技含量高、富有创意、竞争力强的现代文化产业体系。

3.4.1 着力发展特色文化产业②

丰富的民族文化资源，是青海省发展文化产业的重要基础，也是发展文化产业的优势所在。立足资源禀赋优势，精准定位青海省文化产业的发展方向和目标，把发展着力点放在优势产业上，形成局部发展优势。突出重点，集中有限的人力财力物力，优先发展工艺美术、文化旅游、新闻出版、演艺娱乐等特色文化

① “三区”建设即“建设国家循环经济发展先行区、全国生态文明建设先行区和民族团结进步示范区”的“三区”战略。

② 青海特色文化中的昆仑文化、河湟文化、格萨尔文化等均有专门著作论述，本书不再详细论述。

产业。围绕特色文化产业，实施特色文化产业项目，打造特色文化企业、产品和品牌，培育特色文化产业示范区，构建具有鲜明地域和民族特色的文化产业集聚区。

3.4.2 推动区域文化产业协调发展

实施差异化的区域文化产业发展战略，推动形成文化产业优势互补、联动发展的布局体系。根据全省区域功能定位和资源禀赋，构建“一核四带五区”的文化产业布局，引导各地走特色化、差异化发展之路。“一核”即依托区位和人才资源优势，把西宁打造成为全省文化产业的核心发展区；“四带”即依托国家级热贡和格萨尔文化生态保护实验区、三江源国家公园及喇家遗址等文化遗产保护工程，打造丝绸之路青海道文化产业带、藏羌彝文化产业走廊（青海片区）文化产业带、黄河源头文化产业带、唐蕃古道文化产业带；“五区”即依托民族文化及生态资源，打造海东河湟文化产业集聚区、黄南热贡文化产业集聚区、海南海北环青海湖文化旅游产业集聚区、玉树果洛三江源特色文化集聚区、海西柴达木文化产业集聚区。

3.4.3 实施重大文化产业项目

以文化企业为主体，加大政策扶持力度，充分调动社会各方面的力量，规划和建设一批具有示范效应和产业拉动作用的重大文化产业项目，充分发挥重大项目对文化产业的支撑作用，培育形成新的增长点，提升全省文化产业发展的质量和效益。实施促进文化消费计划、文化创意产品扶持计划、文化产业数字发展计划、特色文化产业发展工程、文化市场主体培育工程、文化产业园（基地）提升工程等促进计划和工程。加强文化园区（基地）的规划和管理，严格命名标准，完善退出机制。

3.4.4 培育骨干文化企业

着力培育一批有实力、有竞争力的骨干文化企业，增强青海省文化产业的整体实力和竞争力。选择重点文化产业中成长性好、有发展潜力的企业作为重点培育和扶持对象，加大政策扶持力度，促进文化资源、要素向优质企业、优势产业门类集聚。可借鉴云南省做法，由省财政注资，成立文投公司，通过市场化运作、股权投资等方式，破解融资难题。推动国有文化企业公司制股份制改造，形成体现文化企业特点、符合现代企业制度要求的资产组织形式和管理模式。加强文化企业孵化器、公共服务平台、众创空间建设，扶持文化领域创新创业，支持“专、精、特、新”小微文化企业发展。

3.4.5 完善政策措施

在全面落实国家各项扶持政策的基础上，针对突出问题，进一步完善青海省文化产业相关政策，形成政策的协同集成效应。一是加大政府投入力度。逐年提高省级文化产业专项资金的规模，重点支持特色文化产业、文化创意产业、重点项目建设、骨干企业培育等。二是优化土地使用政策。按照文化制造业、文化批发和零售业、文化服务业，分类指导确定相对应的工业、商业和公益性、经营性土地政策。在国家土地政策许可范围内，优先保证重要文化产业设施、项目用地。三是给予税收优惠政策。落实转制国有文化企业相关扶持政策。对新设立的文化企业给予两至三年免税的优惠政策。四是加大金融支持力度。鼓励金融机构针对文化产业的特点，提供多层次、多样化的金融产品和服务。建立文化产业融资担保体系和贷款风险分担补偿机制。

3.4.6 优化文化市场环境

加强文化知识产权保护，严厉打击侵犯知识产权、制售伪劣文化产品的违法违规行为，规范文化市场经营秩序，营造良好的文化市场主体发展环境。积极发挥行业协会在行业自律、行业管理、行业交流等方面的重要作用。培育和发展一批依托青海省优势产业的行业协会。推动工艺美术、唐卡、藏毯、昆仑玉、刺绣、银铜器等行业协会，完善规章制度，加强自身建设。

3.4.7 强化人才支撑

以培养高技能人才和高端文化创意、经营管理人才为重点，加大对文化产业人才的培养和扶持。实施“非物质文化遗产传承人群研修研习培训计划”，提高民间艺人的审美能力、创新能力。依托青海省“高端创新人才千人计划”和国家“文化产业创业创意人才扶持计划”等平台，加大文化创意人才的扶持和培养。继续办好经营管理人才培训班，培养熟悉文化、懂经营、善管理的人才。鼓励有条件的高校调整增设文化产业相关学科和专业。吸引财经、金融、科技等行业人才进入文化产业领域。

3.4.8 加强组织领导

一是建立省级文化产业联席会议制度，成员由财政、发改、国土、税务、旅游、商务、经贸、金融等部门组成。主要任务是研究发展战略，审定重大项目，协调重大问题，落实相关政策措施；二是将文化产业发展绩效列入年度政府目标责任考核体系，强化责任落实、协同推进和激励约束机制，引导地方政府像抓经济工作一样抓文化产业发展。依据考核结果，对成绩显著的部门和州市予以表彰奖励。

3.5 发展模式

由于文化产业包含众多的产业门类，传统的发展模式一般从行业行政管理部门的职责出发，按照行业门类来各自推进，从而造成了文化产业链的分割，无法实现文化产业集群化发展的内在要求。为此，本书根据文化产业自身的特点，从完善文化产业链和推进青海文化产业集群化发展的需要出发，把握文化产业发展的最新趋势，打破按照文化产业门类来推进的传统发展模式，努力克服青海文化产业发展过程中存在的薄弱环节，把构建比较完善的文化产业链作为青海"十三五"时期文化产业发展的重点领域，确立"以产业集群建设为重点、以骨干文化企业或企业集团的培育为抓手、以重大文化产业项目为支撑"的发展模式，充分发挥文化产业园区的聚集效应和孵化功能。

3.6 发展目标

3.6.1 总体目标

建成一批具有示范带动效应的文化产业集聚区、特色村镇和重点项目，培育一批充满活力的各类文化市场主体，形成一批具有较强竞争力的文化企业、产品和品牌，文化与科技、信息、旅游、体育、商贸、金融等产业深度融合发展。文化产业体系基本建立，发展环境进一步优化，创新能力和发展活力显著增强，文化产品和服务供给能力大幅提高，人民群众精神文化生活需求得到更好保障，文化引领支撑经济社会发展的作用更加明显。到2020年，全省文化产业增加值达到140亿元以上，占全省生产总值的比重达到4%以上，文化企业上市公司实现零突破，培育规模以上文化企业超过100家。①

3.6.2 具体目标②

到2020年，文化名省建设取得重大进展，文化小康全面实现，文化软实力明显增强。中国梦和社会主义核心价值观更加深入人心，各族人民群众精神文化生活更加丰富，公民素质和社会文明程度逐步提高。现代公共文化服务体系基

---

① 青海省文化和新闻出版厅．关于加快发展文化产业的意见（送审稿）[R]．青海省文化和新闻出版厅内部资料，2016年7月。

② 本部分引自《青海省"十三五"文化发展规划》，报告由省文化新闻出版厅提供。

本建成，优秀传统文化传承体系加速构建，现代文化产业体系和市场体系更加完善。

——公共文化服务体系覆盖率达到 100%。省、市州、县、乡公共图书馆、文化馆（站）、博物馆等公共文化服务设施基本达标，普遍建成村级综合性文化服务中心，县县有流动图书车、流动文化车，公共文化服务效能明显提高，服务内涵和品质不断优化，人民群众基本文化权益得到更好保障。

——创作一批体现青海精神、高原气派的精品力作。文艺创作实现“五个一”，即每年打造一部好剧、生产一台好戏、出版一本好书、创作一首好歌、办好一次节会。到 2020 年，形成在全国有影响力的一部剧、一台戏、一本书、一首歌和一个节，通过“五个一”工程，推动实现全省文艺事业的普遍繁荣。

——优秀传统文化传承保护全面加强。文化遗产保护利用取得明显进展，全国重点文物保护单位“四有”标准达到 100%。传统工艺、优秀传统文化得到有效传承保护，非物质文化遗产保护四级名录体系进一步健全，热贡文化生态保护实验区和格萨尔（果洛）文化生态保护实验区建设取得重大进展。

——新闻出版业基本完成转型升级。新闻出版内容生产更加丰富，出版图书 2500 种以上，电子音像出版物 200 种以上。面向基层、农牧区的出版物数量、质量和民文出版规模、能力显著提高。传统出版纸质资源全部实现数字化，传统出版与新型出版融合发展实现新突破。

——推动文化产业成为全省国民经济的重要增长点。着力提高文化产业规模化、集约化、专业化水平，文化产业增加值达到 140 亿元，占 GDP 比重 4% 以上，年均增速保持 20% 以上，文化企业上市公司实现零突破，培育规模（限额）以上文化企业超过 100 家。文化产业驱动力指数位居西部前列，文化消费占城乡居民生活支出比重有较大提高。

——特色文化品牌影响力不断扩大，文化开放格局日益完善。依托青海独特的多元民族文化资源，打造一批具有浓郁地方特色、在国内外有重要影响的特色文化品牌，“大融之美·文化青海”的独特魅力不断彰显，文化“走出去”实现新突破，文化开放格局日益完善。

“十三五”文化产业发展规划主要指标见表 3-1 所示。

表 3-1　“十三五”文化产业发展规划主要指标

序号	指标	单位	预期目标	年均增长（%）
1	平均每万人公共文化设施建筑面积	平方米	1000	15
2	公共图书馆图书人均藏量	册	1	7
3	公共图书馆年流通人次	万人次	300	22
4	文化馆（站）年服务人次	万人次	500	8

续表

序号	指标	单位	预期目标	年均增长（%）
5	博物馆年服务人次	万人次	300	15.5
6	文化产业增加值	亿元	140	20
7	文化产业增加值占 GDP 比重	%	4	--
8	文化产业增加值占第三产业比重	%	8.7	--
9	规模（限额）以上文化企业数量	个	100	22
10	文化产业从业人员（直接或间接）	万人	35	12
11	出版图书种类	种	2500	2.5
12	民文图书出版种类	种	516	1.5
13	全国重点文物保护单位“四有”标准	%	100	--

3.7 主要任务①

3.7.1 繁荣文化艺术创作生产

坚持“二为”方向和“双百”方针，坚持以人民为中心的创作导向，重点围绕打造青海精神高地，创作生产更多体现时代精神、民族精神，思想性、艺术性、观赏性相统一的优秀作品。

——把握正确的创作导向。深入贯彻落实习近平总书记在文艺工作座谈会上的重要讲话精神，聚焦中国梦时代主题，以社会主义核心价值观为引领，大力弘扬以“两弹一星”精神、“五个特别”的青藏高原精神、“人一之，我十之”的实干精神、玉树抗震救灾精神为代表的青海精神，以鲜活的文艺作品深入开展爱国主义、集体主义、社会主义教育，有效夯实全省各族人民的共同思想基础，激发建设青海的主人翁意识。

——创作生产优秀文艺作品。坚持把创作生产优秀作品作为文艺工作的中心环节，尊重艺术创作规律，抓好现实题材、爱国主义题材、重大革命和历史题材、青少年题材的创作生产。实施精品战略，加强艺术创作资源统筹，重点围绕舞台艺术精品创作、文旅演艺剧目生产、地方戏曲品牌打造、民族音乐发展等领域，大力推进文化内容与形式创新，集聚资源打造精品，努力攀登艺术高峰，实现量质齐升。

——加强优秀作品的传播推广。积极打造青海文化旅游节、丝路花儿艺术

① 本部分引自《青海省“十三五”文化发展规划》，报告由省文化新闻出版厅提供。

节等重大文化交流活动品牌，推动优秀艺术作品的传播。加强与国内兄弟省（市、区）的合作，推动优秀艺术作品巡演推广，扩大知名度。统筹艺术作品创作生产、剧场（排演场）设施建设和旅游景区资源的整合利用，推动优秀艺术作品进景区常态化演出，扩大观众覆盖面。深入开展艺术普及活动，支持专业文艺院团每年送戏下乡百场、高雅艺术进校园、进社区百场等文艺惠民活动，提升公众艺术素养。

——完善文艺创作扶持政策。坚持因地制宜，分类指导，深入推进全省各级专业文艺院团体制机制改革，完善各项管理制度。改进和优化政府扶持方式，通过政府购买公共文化服务，重点转向“项目资助”，推动全省各级专业文艺院团发展。省级专业文艺院团要在选题策划、创作编排、人才培养、传播推广等方面给市州级院团进行帮扶。坚持价值导向把关机制，在创作报审、宣传推介、播映展演等不同环节严格程序、科学管理，改进评价激励示范机制，强化“群众评价、专家评价、市场检验”相统一的评价标准。

专栏 1　文艺作品创作生产

精品剧目创作项目：实施“双五”精品舞台剧目创作项目，创作完成 5 台舞台艺术精品剧目、5 台文旅演艺剧目。

地方戏曲扶持项目：开展剧种普查，重点扶持创作青海平弦戏 2 台、青海藏戏 5 台；继续打造“西部京剧”品牌，推出 2 台优秀剧目。

美术发展和收藏项目：组织美术工作者开展“深入生活，扎根人民”主题实践活动，省美术馆收藏省内外美术界名家代表作品 300 幅，推出 50 个美术精品展览（国际性 5 个、省内外 45 个）。

市州、县级剧场（排演场）建设项目：实施 32 个州、县级剧场（排演场）建设项目，改善各级文艺院团排练、演出设施条件。

“一带一路”主题作品扶持项目：抢救保护传统民族音乐舞蹈资源，重点扶持推出 5 部“一带一路”为主题的文艺作品。

优秀剧（节）目展演项目：每年举办 1 次全省艺术院团舞台艺术剧（节）目展演活动，促进各地文艺创作和交流，推出文艺新人。

市州级国有文艺院团扶持计划：对市州级国有文艺院团在项目资助、选题策划、创作编排、人才培养、对外交流等方面给予扶持。

文化艺术普及公益行动：开展文化艺术知识普及行动，专业艺术院团每年送戏下乡百场、高雅艺术进校园、进社区百场等文艺惠民活动，惠及群众 50 余万人次。

青海文化研究项目：组织省内外科研机构、高校等力量对青海文化进行系统研究，将研究成果编辑出版，并加以宣传，提升青海文化的地位和影响力。

3.7.2 构建现代公共文化服务体系

坚持政府主导、社会参与、重心下移、共建共享，以满足人民群众基本文化需求为出发点和落脚点，加快构建适应社会发展要求、符合文化发展规律、具有青海特色的现代公共文化服务体系。

——加快完善公共文化设施网络。统筹城乡公共文化设施建设布局和资源配置，实施公共文化设施填平补齐工程，推动各级公共文化设施达到国家标准。实施省博物馆提升改造工程、市州级 12 个公共图书馆、文化馆、博物馆建设和西宁、海东县级 13 个图书馆、文化馆标准化建设工程，全面改善设施条件，完善服务功能。适应新型城镇化和社会主义新农村（牧区）建设发展要求，引导文化资源向城乡基层倾斜，重点采取整合资源、盘活存量、调整置换、集中利用方式，实施基层综合性文化服务中心建设。配备新型集成化、便携式、多功能流动文化服务设备，实现阵地服务、流动服务、数字化服务有机结合和有效覆盖，打通公共文化服务“最后一公里”，全面完善公共文化服务设施网络。

——切实提高公共文化服务效能。积极对接“互联网 +”行动计划，统筹整合文化信息资源共享工程、数字图书馆、少数民族语言文字和地方特色文化等数字化资源，加大云计算、大数据在公共文化服务领域的应用，集中打造青海“文化云”，形成网上图书馆、网上文化馆、网上博物馆、网上美术馆、网上剧场、网上培训等丰富多彩的网络精神家园，推动全省公共文化服务的互联互通，为人民群众提供“一站式”的公共文化服务。制定公共文化服务目录，建立群众文化需求反馈机制，依托各地公共文化服务机构，推动建设便捷畅通的服务配送网络，推广“按需点单”服务模式，开展“菜单式”“订单式”服务。深入推进实施公共文化设施免费开放，提升免费开放服务水平。广泛组织开展文化志愿者服务工作，提高群众文化参与程度，全面提高公共文化服务效能。

——有效增强公共文化发展活力。尊重人民群众主体地位，大力发展群众自办文化，广泛动员社会力量参与公共文化建设，推动公共文化服务社会化发展。开展全省群众文化活动展演，为群众性文化活动提供交流平台。建立健全政府向社会力量购买公共文化服务机制，引导社会力量参与公共文化服务，鼓励社会力量投资或捐助公共文化设施设备、资助文化活动、提供公共文化产品和服务。支持社会力量兴办公共文化项目，促进公共文化服务举办主体多元化、建设运营社会化、融资方式多元化。

——创新公共文化管理体制和运行机制。深化公益性文化单位内部机制改革，建立公益性文化事业单位法人治理结构，全面完成全省各级公共图书馆、文化馆、博物馆组建理事会。在全省 50% 的县建立县级公共文化机构总分馆体系，形成以县级公共图书馆、文化馆为总馆，乡镇综合文化站为分馆，村（社区）综合性文化服务中心为服务点的总分馆体系，建立公共文化服务城乡联动机制，实现城乡公共文化服务一体化运行。健全完善公共文化服务评价工作机制，建立公共文化机构绩效考评制度，研究制定公众满意度指标，建立群众评价和反馈机制。

专栏 2　现代公共文化服务体系建设
公共文化设施建设项目：省博物馆提升改造。新建、改扩建市州级 12 个图书馆、群艺馆、博物馆。新建、改扩建西宁、海东 13 个县（区）级文化馆图书馆。支持新建 1030 个村级综合性文化服务中心，通过盘活存量、整合资源、改造提升等方式建设 1588 个基层综合性文化服务中心（乡镇文化站 369 个，村级综合性文化服务中心 1219 个），完善服务功能，提升服务水平，对设施改造、配套文体广场、阅报栏（屏）、文体设备器材等方面进行适当补助。 青海“文化云”建设项目：统筹整合文化信息资源共享工程、数字图书馆文化馆推广工程、少数民族语言文字和地方特色文化数字资源，利用现代信息网络技术，推动公共文化服务的互联互通，形成网上图书馆、网上文化馆、网上博物馆、网上美术馆、网上剧场、网上培训、网上资讯等丰富多彩的网络精神家园，为人民群众提供“一站式”的公共文化服务。 流动文化服务项目：在城市人口流动较大的商业区、居民生活区、校园、军营等配备图书自助借阅设施，实现图书资源的流动配置，方便读者借阅；为全省 55 个文化馆配备集文艺演出、展览展示、辅导培训等多种功能的流动文化车；继续实施公共文化设施免费开放工程，充分发挥图书自助借阅设施、流动图书车、流动文化车、流动售书车等资源优势，广泛组织开展图书借阅、文艺演出、文化下乡等各类流动文化惠民活动。 文化志愿者服务项目：通过政府购买服务等形式，聘请大学毕业生、乡土文化能人等，为每个乡镇综合文化站解决 1-2 名文化志愿者，专职开展文化服务工作；为村（社区）综合性文化服务中心配备 1 名公益文化岗位；鼓励文化志愿者服务进校园，支持学校开设美育课程。

3.7.3 构建优秀传统文化传承体系

坚持“保护为主、抢救第一、合理利用、加强管理、传承发展”的工作方针，发扬青海省农耕文化、草原文化、昆仑文化的原生态性、共生性和民族性，全面加强重点文物和非物质文化遗产的保护利用。

——加大文物保护力度。实施一批重大文物保护修缮、保护性设施建设、国有可移动文物保护修复等工程。推进喇家国家考古遗址公园建设，整体规划打造“喇家遗址、大禹故里、土族风情、黄河风光”四位一体的文物保护利用示范区。积极争取沈那遗址公园、考古基地建设项目。实施传统村落整体保护利用项目，加大传统村落、少数民族特色村镇和传统民居、历史文化名城名镇名村整体保护力度。积极开展唐蕃古道申报世界文化遗产工作。积极申报国家级文物保护单位，启动第十批省级文物保护单位申报审批工作。认真做好文物保护“四有”工作，夯实文物保护基础。建立省级文物保护单位管护员制度。建立全省文物基础信息数据库管理系统，做好重点区域的文物资源调查。重视和加强文物保护和利用工作，统筹做好文物保护单位保护和利用配套设施建设工作，实现在保护中利用，在利用中保护。

——提升文博服务水平。深入落实博物馆条例，提升博物馆社会教育水平。组建青海省博物馆协会，支持特色鲜明的非国有博物馆，鼓励引导社会力量参与文博领域的管理事务。注重体现社会主义建设和发展成就物品的征集工作，建立博物馆馆藏资源共享机制，提高馆藏文物利用率。支持各地区、各级博物馆扩大展览交流合作，举办各种联展、借展、巡展。依托数字信息技术实施文博展示体验工程，开辟文博主题精品游线。

——完善非物质文化遗产传承保护机制。继续完善非物质文化遗产四级名录体系。支持国家级非物质文化遗产项目保护利用设施建设，建立形式多样、各具特色的非物质文化遗产展览、展示、传习场所。实施国家级非物质文化遗产代表性传承人抢救性记录工程，加强抢救性保护成果的整理利用。开展非物质文化遗产传承人群研修培训工作，帮助非物质文化遗产传承人群提高文化艺术素养、审美能力和创新能力。全面实施文化记忆工程，分类分批实施历史、文化、艺术、山川记忆工程，系统整理、研究、保护和展示利用，建立全民共识的精神标识、文化标识和地理标识。

——推动传统文化艺术传承保护。实施传统工艺振兴计划，挖掘传统工艺的技术与文化双重价值，倡导和弘扬工匠精神，促进传统工艺走进现代生活、现代设计走进传统工艺，提高传统工艺从业人群的传承水平，提高传统工艺制品的品质和效益，发挥传统工艺对城乡就业的促进作用。实施青海优秀传统文化题材创作工程和地方戏曲扶持计划，制定地方戏曲和少数民族戏曲扶持名录。加大“花儿”、平弦戏、藏戏等优秀传统民间艺术的研究、保护和传承力度。持续推动民间文化艺术之乡建设与申报工作。推动非物质文化遗产与现代教育体系融合，完善非物质文化遗产代表性传承人参与院校教学工作机制。

——推进文化生态保护区建设。围绕创建生态文明先行区，推进文化生态保护区建设。巩固提升国家级热贡文化生态保护实验区建设成果，广泛组织开展非物质文化遗产展示交流活动，丰富建设内容，提升建设质量，推广建设经验。规划建设国家级格萨尔（果洛）文化生态保护实验区，支持实施保护利用设施建设，大力挖掘格萨尔文化资源，充分运用多种文化艺术形式生产格萨尔系列文化产品，提高格萨尔文化传承保护水平。总结推广国家级文化生态保护实验区建设经验，支持各地根据自身特色推进省级文化生态保护区建设，重点推进互助土族、循化撒拉族、海西德都蒙古、玉树康巴等省级文化生态保护区建设。

专栏 3　文物保护利用

大遗址保护项目：依托喇家国家考古遗址公园建设，整体打造“大禹故里园”；热水墓群整体保护和展示利用；沈那国家考古遗址公园争取立项。

全国重点文物保护单位保护项目：塔尔寺、瞿昙寺、旦斗寺、隆务寺等 41 处国保单位本体维修、环境整治和展示利用等。

明长城保护项目：实施明长城平安、互助、民和、乐都、大通、湟源、湟中、西宁、门源、贵德、化隆等 11 个段的抢险加固、保护修缮、设施建设、环境整治等，推动大通明长城主题公园建设。

传统村落保护与利用项目：实施同仁县保安镇城内村、隆务镇吾屯下庄村、年都乎乡郭麻日村、年都乎村 4 处传统村落保护规划编制、本体维修、环境整治、展示利用等。

“一带一路”文化遗产保护利用项目：围绕丝绸之路、唐蕃古道和茶马古道，重点做好沿线重点文物遗存考古调查研究及勘探发掘、保护修缮及展示利用工作。

省级重点文物保护单位保护项目：基本完成省级重点文物保护单位保护范围和建设控制地带划定，实施古建筑本体维修，推动重点田野文物考古调查研究、本体保护、辅助设施建设等。

文物平安工程：全面实施全国重点文物保护单位的“三防”工程，推进省级重点文物保护单位安防、消防设施建设工程。争取全省国有文物收藏单位的防火、防盗设施基本达标。

文物考古基地建设项目：新建集修复、整理、保护、研究、展示为一体的综合性考古研究工作基地。

可移动文物保护修复及预防性保护项目：馆藏珍贵文物及重要出土文物修复保护、预防性保护和数字化保护。

专栏 4　非物质文化遗产保护传承
青海文化记忆工程：以历史文物、非物质文化遗产、文化典藏、文化艺术、城乡建筑、名山大川等为核心，分类分批实施历史、文化、艺术、山川记忆工程以及文化记忆数字化保存与活化行动计划，系统整理、研究、保护和展示利用，建立全民共识的精神标识、文化标识和地理标识。 传统工艺振兴计划：在非物质文化遗产传承体系建设和工艺美术保护工作基础上，在历史文化街区、文化生态保护实验区和自然人文景区设立非物质文化遗产展示和产品销售网点。鼓励推进优秀传统文化工艺进校园。举办多种形式的传统工艺比赛活动。 构建青海传统文化传承体系：对现有国家级、省级非物质文化遗产代表性项目进行调查记录、技艺传习、展示交流等传承保护；对 65 岁以上国家级非物质文化遗产代表性传承人掌握的技艺进行全面抢救性记录；开展非物质文化遗产代表性项目相关传承人群研修研习培训，提高传承能力，扩大传承人群，增强传承后劲，规模约 5000 人次。 文化生态保护区建设：巩固提升热贡文化生态保护实验区建设成果，广泛组织开展非物质文化遗产展示交流活动；规划建设格萨尔（果洛）文化生态保护实验区，加大格萨尔文化遗产资源的挖掘、整理，扶持格萨尔文艺作品的创作生产和有效传播。加快推进玉树康巴文化生态保护实验区总体规划编制和申报工作，力争得到国家批准。规划建设互助土族、循化撒拉族、海西德都蒙古等省级文化生态保护区。 国家级非物质文化遗产保护利用设施建设项目：以国家级非物质文化遗产代表性项目为依托，统筹建设 10 个传统表演艺术类、传统手工技艺类、传统民俗活动类非物质文化遗产项目传承保护、展示利用的综合性设施。

3.7.4 推动新闻出版事业发展

牢牢把握社会主义先进文化的前进方向，弘扬主旋律，传播正能量，坚守意识形态阵地，为经济社会发展提供重要的思想保证、精神动力和舆论支持。

——加强新闻出版舆论阵地建设。坚持团结稳定鼓劲、正面宣传为主的重要方针，充分发挥新闻出版在宣传党的主张、弘扬社会正气、通达社情民意中的重要作用，积极引导社会舆论，确保意识形态安全。大力推进精品战略，重点抓好主题出版、民族团结进步出版、惠农惠牧出版、少儿出版、文艺精品出版和本土特色文化出版，彰显社会主义核心价值观。继续实施少数民族新闻出版“东风工程”，加强新闻出版基础设施建设，提升行业监管能力和水平，巩固意识形态阵地建设。加强网络思想文化阵地建设，发展积极向上的网络文化，确保网络文化安全。

——提高新闻出版公共服务水平。建设覆盖城乡的新闻出版公共服务体系。加快省、市州新闻出版单位的设备和技术更新改造，重点支持省及 6 州藏区主流媒体和新媒体建设，推动传统媒体和新兴媒体融合发展，打造一批新型主流媒体，提高数字传播能力。提升少数民族语言文字翻译出版能力和印制发行能力，扶持少数民族文字和双语出版项目。推进农（牧）家书屋和卫星数字书屋建设工程，实施出版物免费赠阅、阅报栏（屏）建设工程。广泛组织开展全民阅读活动。

专栏 5　新闻出版发展

少数民族新闻出版“东风工程”：青海民族出版社、青海新华（民族）印刷厂、青海藏文报及海东、海北、海南、海西、黄南、果洛州报社业务用房建设及配套相关设施。为大通、民和、互助、循化、化隆等 5 个民族自治县新华书店配备流动售书车；以数字印刷、绿色印刷为重点，支持民文印刷技术升级改造。

精品出版项目：加大少数民族语言文字翻译出版能力建设，支持青海民族出版社、青海人民出版社、西海民族音像出版社、江河电子出版社、昆仑音像出版社等出版单位精品出版物编辑出版。

“书香青海”建设项目：支持实施市民书香苑建设、出版物免费赠阅、城乡阅报栏（屏）建设。完善农（牧）家书屋出版物补充更新机制，建立卫星数字书屋，加强统筹管理和使用，推动农（牧）家书屋提质增效。深入开展全民阅读活动，推动全民阅读进家庭、进社区、进校园、进农村、进企业、进机关、进军营等。

实体书店建设项目：支持化隆、共和等 15 个县新华书店和西海镇、鲁沙尔镇等 21 个城乡发行网点建设。推动西宁大十字新华书店、小桥新华书店升级改造，创新商业模式和服务形式，将大十字新华书店打造成西宁市首家综合性文化体验消费中心，将小桥新华书店打造为体验式特色主题书店。引导扶持西宁三田书城、里想书店等民营书店的发展。积极在省内高校开办特色实体书店。

传统出版转型升级项目：重点支持青海民族出版社、青海日报社、青海人民出版社、西海民族音像出版社、青海昆仑音像出版社、青海藏文科技报社等数字出版转型升级示范单位的数字化建设，推动传统出版转型升级和传统媒体与新媒体融合发展，提高数字传播能力。

出版物监管平台建设项目：以互联网出版监管平台、出版物市场网络监管平台建设为抓手，构建新型互联网出版监管和出版物市场监管平台系统。

3.7.5 推动文化产业快速发展

坚持因地制宜、突出特色、创新驱动、融合发展的思路，积极挖掘整合特色文化资源，加大政策扶持力度，推动传统产业优化升级，培育新型复合文化业态，实施重大项目建设和园区（基地）提升工程，发展和壮大骨干文化企业，扩大和引导文化消费，加快文化产业发展，构建现代文化产业体系。

1. 优化文化产业布局

文化产业布局见图 3–1 所示。

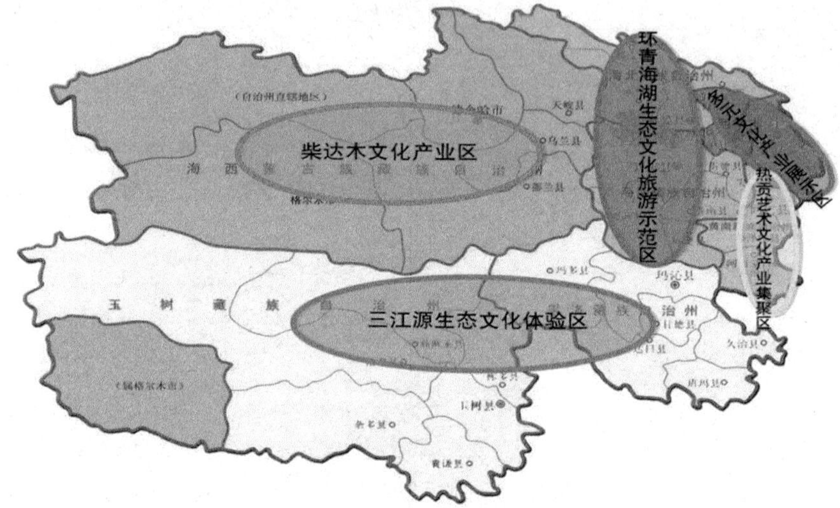

图 3–1　文化产业空间布局示意图

坚持因地制宜，分类指导，支持和鼓励各地区发挥比较优势，实行差异化发展，促进各类文化资源、要素向优势产业门类有序集聚，形成“一核五区”的发展格局。

“一核”：立足省会西宁政治、经济、文化中心地位，全力打造地域和城市文化品牌，提升文化形象和文化品位，强化引领带动辐射作用。

“五区”：依托丰富多元的河湟文化资源，重点将西宁、海东打造成为集文化旅游、创意设计、节庆会展、演艺娱乐等为一体的河湟文化产业集聚区；以黄南国家级热贡文化生态保护实验区和藏羌彝文化产业走廊等重点项目建设为载体，重点推动热贡艺术产业规模化、集约化、专业化发展，打造热贡文化产业集聚区；以三江源国家公园建设为契机，依托国家级格萨尔（果洛）、玉树康巴文化生态保护实验区建设，推动文化、生态、旅游协调发展，集中打造三江源生态文化体验区。以独特的自然资源和丰富的人文资源为依托，将海南、海北打造成为环青海湖生态文化旅游先行区。以格尔木昆仑玉文化产业园、海西德都蒙古文化产业园、德令哈丝路创意产业园等项目建设为重点，发挥青藏公路、铁路在要素集聚和流通中的作用，促进海西特色文化产业点状集聚，打造昆仑文化产业集聚区。

2. 推动传统优势行业优化升级

——工艺美术业。重点推动唐卡、昆仑玉、藏毯及艺术挂毯、民间刺绣、民族服饰、黄河石艺画等特色文化产品的规模化生产。借助“互联网 +”等现代高新技术手段与创意设计理念，研发与现代生产生活和消费需求对接的文化创意产品，加快传统工艺美术业优化升级。强化品牌意识，提高产品附加值，发挥工艺美术在推进扶贫、就业领域的重要作用。

——新闻出版业。以提高内容创新和生产能力为重点，巩固提升图书、报纸、期刊等传统出版产业。以业态创新、产品创新和内容创新为重点，加快发展民族音乐、民族语动漫、移动多媒体、网络视听、网络出版、数字教育等新兴出版产业。以绿色印刷、数字印刷、按需印刷为重点，引导印刷行业从加工型向服务型、个性化转变，筹建民族文字印刷园区，培育印刷示范企业，大力发展印刷产业。以电子商务和流通网络建设为重点，积极发展新闻出版流通和物流产业。实施藏文图书报刊“走向藏川甘滇”战略，扩大在全国藏区以及尼泊尔等国家的覆盖面和社会影响力。

——节庆会展业。科学统筹全省节庆活动资源，发掘各地传统节庆文化内涵，提升节庆文化品质，合理规划举办时序和空间布局，办好青海文化旅游节、三江源国际摄影节、海东河湟文化旅游节、海南藏族服饰文化艺术节、黄南热贡文化旅游节、海北祁连山草原风情文化旅游节、海西昆仑文化旅游节、果洛玛域格萨尔文化旅游节、玉树康巴艺术节等一批参与度高、影响力大、社会效益和经济效益好的节庆活动。创新办节办展理念，完善会展产业链条，提高会展服务能力，逐步形成由政府主导、全社会广泛参与的市场化运作模式，实现会展业快速发展。

——艺术培训业。坚持以就业为导向，立足民族演艺、工艺美术等民族民间技能技艺，鼓励和引导省、市州、县共建，公办、民办并重，企业、行业并举，形成主体多元、结构合理、灵活开放、特色鲜明、效益突出的现代艺术培训体系。培育和发展各类文化艺术培训机构，鼓励培训机构、文艺团体等开展艺术培训，满足不同层次的培训需求。依托文化产业园区、示范基地、非遗传习所、职业学校，构建产学研一体化平台。支持提升省文化艺术职业学校培训层次，扩大专业范围，改善校舍条件。创新艺术教育培训方式，依托互联网、数字新媒体等渠道开展网络在线、电视课堂等艺术培训服务。

3. 大力发展新兴复合业态

——文化旅游业。促进文化旅游深度融合，分层次培育各类涉旅文化企业，推动文化旅游重点项目建设。大力开发具有地域特色和民族风情的文化旅游产品，丰富文化旅游市场。推动文化旅游业与生态农业、体育产业、科技信息等相关产业融合发展，促进单纯观光型向参与式、体验式、休闲式等新型文化旅游业态转变。大力推动文旅演艺剧目、非物质文化遗产项目、图书音像、文化旅游产品进景区，提升景区的文化内涵。实施文化旅游摄影基地群建设。

专栏6　文化产业发展
促进文化消费计划：推动黄南州国家文化消费试点城市建设，总结推广试点经验。引导文化企业提供个性化、多样化的文化产品和服务。鼓励文化企业拓展电子商务营销模式，利用微博、微信、互联网等方式，向消费者及时提供最新文化消费信息。 文化创意产品扶持计划：引导传统工艺美术行业设计开发与生产生活和消费需求有效对接的文化创意产品。调动博物馆、图书馆、文化馆、美术馆等单位和创意设计机构等社会力量参与创作生产适应市场需要、满足现代消费需求的优秀文化创意产品。举办全省文化创意产品设计大赛。 文化产业数字发展计划：依托青海“文化云”，加快推动优秀文化内容数字化转化，加强数字文化创意内容创作与供给，大力推进文化科技创新，加快培育移动多媒体、网络视听、数字出版、动漫游戏等新兴数字文化产业，积极抢占文化与科技融合发展的制高点。 特色文化产业发展项目：有序开发特色优势文化资源，通过创意转化、科技提升和市场运作，推出特色鲜明的文化产品和服务。支持建设具有富民效应的文化产业项目。持续推进丝绸之路文化产业带、藏羌彝文化产业走廊项目建设。推进刚察、循化、祁连等文化旅游融合发展示范点建设，形成可推广、可复制的模式。 文化市场主体培育项目：重点扶持国家、省级文化产业示范基地发展，培育区域骨干龙头企业。鼓励文化企业通过合资、合作、兼并重组发展壮大。加快国有文化企业公司制股份制改造，组建工艺美术集团、出版传媒集团。推进“成长型小微文化企业扶持计划”，建设省级文化产业孵化基地，培育10个创业孵化平台，孵化1000家小微文化企业。 文化产业园（基地）提升项目：引导现有文化产业园（基地）发挥创意孵化、人才培养、产业融合、搭建平台、培育品牌等功能，促进优化升级。

——演艺娱乐业。培育和繁荣文化演艺娱乐市场，激活创作、演出、营销端各市场主体活力，构建主体多元、竞争有序、高效运转的演艺娱乐产业链。鼓励吸引社会资本投资剧目策划、创作和营业性演出活动。积极利用网络等媒体资源，宣传推广民族歌舞、青海“花儿”等青海特色演艺。推动成立青海省演艺院线、剧院联盟，并加强与国内其他院线、联盟的合作与交流。拓宽市场合作渠道，积极与国内外知名运作商、文艺主创团队等专业力量合作，推动专业院团、演艺机构、从业人员“走出去”，支持民间举办市场化运作的演唱会、音乐节。

——创意设计业。坚持继承和创新相结合，以创意创新、交互融合的大设计理念为引导，深入挖掘优秀文化资源，改造提升传统文化产业，促进特色文化元素、传统工艺技艺与创意设计、现代科技、时代元素相结合，设计研发独具特色的文化产品，提高青海本土文化创意设计整体水平，逐步形成具有青海民族民间特色的创意设计发展模式。引导各级各类文化文物单位依托馆藏资源、形象品牌、陈列展览、主题活动和人才队伍等要素，积极稳妥推进文化创意产品开发，促进优秀文化资源的传承传播与合理利用。举办文化创意产品设计大赛，以文化创意助推文化、旅游、科技等相关产业的融合发展。

——动漫游戏业。实施原创动漫培育和扶持计划，依托文化产业孵化平台培育一批有活力、有潜力的骨干动漫企业。加强原创能力建设，鼓励和引导动漫企业挖掘青海民族民间文化资源，创作生产《格萨尔》等系列优秀动漫作品，培育本土动漫品牌，用动漫语言讲好青海故事、传播青海文化。开发动漫衍生产品，拓展动漫外包市场，吸引人才、技术，逐步健全动漫产业链。

3.7.6 推动文化与旅游深度融合

坚持以高原旅游名省战略为引领，统筹规划，以弘扬、传承、展示、利用优秀历史文化、民族文化、地域文化为重点，以唐蕃古道申报世界文化遗产为契机，全力将唐蕃古道沿线打造成为保护文化生态、传承民族文化、增强文化认同、促进民族团结的文化展示走廊，积极推动文化与旅游深度融合。

——统筹做好唐蕃古道文化展示走廊建设规划。坚持因地制宜，突出重点，以弘扬优秀历史文化为主线，挖掘、展示、利用民族文化、地域文化为重点，统筹做好唐蕃古道文化展示走廊建设专项规划。注重加强与陕西、甘肃、西藏等省区的合作，推动唐蕃古道沿线地区文化协同发展。统筹整合唐蕃古道沿线各类文化旅游资源，提升沿线地区文化服务和展示能力，加强民族、地域文化品牌建设和宣传，增强文化影响力，发挥文化在民族团结和旅游发展中的重要作用。

——加大唐蕃古道文化展示重点项目扶持力度。坚持政府主导、市场参与相结合的原则，统筹做好唐蕃古道沿线地区多元文化展示、文化遗产保护利用、特色文化产业发展等各类重点文化项目的储备，系统规划好文化展示设施等重点项目的空间布局，全面推动实施重点项目建设。积极引导各类优惠政策和项目资金优先向唐蕃古道文化展示走廊建设倾斜，全力支持做好文化展示设施、文化遗产展示利用、特色文化产业开发等重点项目建设。

——全面推动唐蕃古道沿线文化旅游的深度融合。以青藏高原气势磅礴的人文自然景观为依托，以优秀历史文化为主线，加强唐蕃古道沿线民族民间文化传说、民族音乐舞蹈、重要历史文物、非物质文化遗产等的搜集整理、传承弘扬和展示利用，采取多种方式，全面为丰富的自然景观、各类文化遗产赋予新的文化和精神内涵，努力讲好弘扬优秀历史文化、传承展示民族文化、促进民族团结进步为主要内容的新青海故事，深度推动文化旅游的深度融合和互动发展（见图 3–2）。

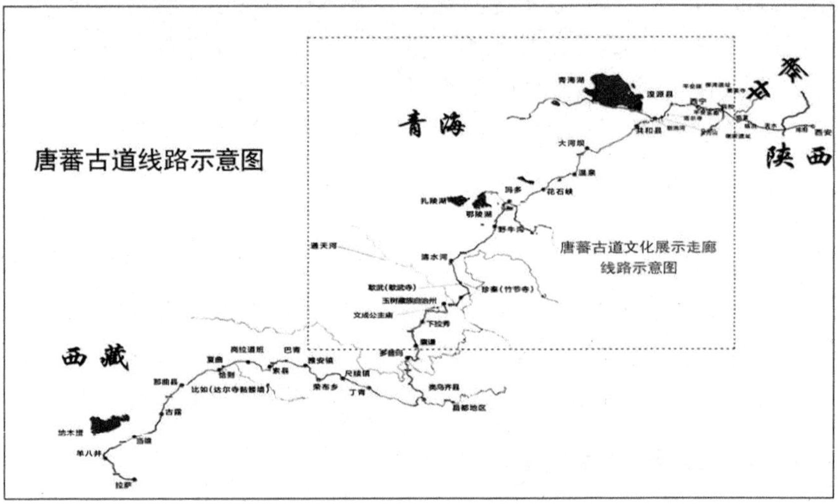

图 3–2　唐蕃古道文化展示走廊路线图

专栏 7　唐蕃古道文化展示走廊建设
文化展示利用设施建设：省文化艺术馆、西宁博物馆群以及海东市、民和县、海南州、海北州、囊谦县剧场建设。青海“花儿”、青海平弦、土族纳顿、黄南藏戏、玉树卓舞、民族服饰等表演艺术、传统技艺、民俗活动等各类非物质文化遗产展演设施建设。 主题文艺作品创作生产：5 台以唐蕃古道历史文化为主题的舞台艺术精品剧目的创作生产；创作 10 首反映各民族团结进步的民族音乐歌曲；组织美术工作者开展以唐蕃古道历史文化为主题的采风活动，创作优秀美术作品，举办 5 次以上的主题美术作品展览；编辑出版 5 部原创主题精品图书和音像制品。

重点文物展示利用：民和喇家国家考古遗址公园建设、乐都瞿昙寺展示利用工程、乐都柳湾遗址展示利用工程、西宁沈那遗址公园建设、湟中塔尔寺展示利用工程、湟源丹噶尔古城明清文物古建筑展示利用工程、海北西海郡故城展示利用工程、中国第一个核武器研制基地旧址保护与展示利用工程、新寨嘉那嘛呢、贝大日如来佛石窟寺及勒巴沟摩崖、藏娘佛塔及桑周寺、格萨尔三十大将军灵塔及达那寺等展示利用工程等。

特色文化产业园区建设：乐都区文化一条街、互助温泉文化休闲度假区、西宁城南文化产业聚集区、青海高原西创意文化产业园、湟中民族文化风情园、大美青海玉文化产业园、海南藏文信息产业园、兴海安多民俗文化村、玉树康巴藏文化产业园等。

文化交流平台打造项目：依托青海文化旅游节、青海“丝路花儿”艺术节，组织开展唐蕃古道历史文化为主题的文化交流活动。

3.7.7 推进现代文化市场体系建设

坚持加强市场执法监管与促进行业发展繁荣并重的“两手抓”工作思路，推进建立统一开放、竞争有序、诚信守法、监管有力的现代文化市场体系。

——培育完善文化市场新环境。积极引导建立多层次文化产品和要素市场。推动传统文化行业优化升级，推动“互联网 +”对传统文化市场领域整合，积极培育新兴文化市场和新型业态。鼓励企业因地制宜、加快创新、改造硬件、提升服务。建立健全市场准入退出制度和标准规范，为各类要素、主体提供公平、公开竞争环境，消除行业壁垒，鼓励多业整合，培育和发展农村文化市场，推动文化市场成为满足人民群众多样化精神文化需求的主渠道。

——提升文化市场综合执法能力。深化文化市场综合执法改革，加强文化市场综合执法机构和队伍建设，建设一支政治强、业务精、纪律严、作风正的专业化、规范化、信息化执法队伍。进一步明确文化市场综合执法维护国家文化安全和意识形态安全精准目标，牢牢把握社会主义先进文化方向，严厉打击文化类违法违规经营行为，促进文化市场规范有序发展。加大文化市场案件查办力度，针对突出问题开展专项治理，强化队伍培训和规范管理，推进文化市场技术监管与服务平台应用。

——推进文化市场信用体系建设。以文化市场技术监管与服务平台为基础，引导文化行业诚信健康发展，加强市场主体的责任意识，以文化市场诚信治理、信息公开、黑名单、学习培训、公开承诺等引导、监督、约束手段，构建守信激励、失信惩戒的监管机制，提升文化行业形象，促进行业诚信健康发展。

专栏 8　现代文化市场体系建设
文化市场技术监管与服务平台建设工程：充分利用国家文化市场技术监管与服务平台，积极做好相关业务人员培训工作，全省文化市场技术监管与服务平台上线率达到 80%。 文化市场综合执法能力提升工程：推进文化市场综合执法能力提升行动计划，推广综合执法师资巡讲活动，协作开展西藏及四省藏区“318”执法活动，全面提高执法人员水平。 文化市场信用体系建设工程：完善文化市场信用信息数据，涵盖全省 80% 以上的文化市场经营主体，引导文化行业诚信健康发展。 网络文化市场建设工程：完善网络文化内容监管体系，防控含有禁止内容的网络文化产品传播，净化网络文化环境。

3.7.8 积极挖掘发展生态文化

遵循生态文明对生态文化建设的一系列新要求，把生态文化建设作为推动“文化青海”建设的重要载体，努力挖掘、传承、保护和利用生态文化资源，大力推动生态文化发展。

——积极营造生态文化建设的良好氛围。挖掘各民族优秀生态文化理念，利用各种媒体渠道，广泛组织开展生态文化知识的普及教育，提高全民生态文明意识，营造生态文化建设的良好社会氛围，推动全社会形成简约适度、绿色低碳、文明健康的消费行为。挖掘丰富的生态文化资源，因地制宜，会同市政部门，用各种优秀传统文化元素集中命名一批城镇街道、建筑等的名称，用多种形式传播生态文化发展理念，厚植生态文化优势，增强青海生态文化发展自信。

——着力改善生态文化基础设施。全面推动黄南国家级热贡文化生态保护实验区和格萨尔（果洛）文化生态保护实验区建设，积极改善各类非物质文化遗产传承保护和利用的设施条件，实现文化在保护中合理利用，在利用中加强保护。实施文化和自然遗产地保护设施建设，创建一批生态文化基础设施，创作一批生态文化作品。

——丰富生态文化建设的产品。依托生态文明建设，组织、策划出版一批反映生态文化方面的图书、音像制品，丰富生态文化资源内涵，创作一批反映生态文化的音乐、摄影、美术、舞蹈、戏曲等文艺作品。发挥文化创意功能作用，大力发展文化科技、文化旅游、文化农业等各类产业，培育一批生态文化企业。

专栏 9　挖掘发展生态文化
生态文明理念普及行动计划：挖掘各民族优秀生态文化理念，广泛组织开展生态文化知识的普及教育，提高人民群众生态文明意识，营造生态文化建设的良好社会氛围，推动全社会形成简约适度、绿色低碳、文明健康的消费行为。 生态文化产品创作生产项目：支持打造生态文化产品展演展示平台，扶持策划出版生态文化方面的图书、音像制品，鼓励创作一批反映生态文化的音乐、摄影、美术、舞蹈、戏曲等文艺作品。

3.7.9 加大对外文化交流力度

坚持“政府统筹、社会参与、官民并举、市场运作”，创新方式方法，不断拓宽文化交流和文化贸易渠道，努力传播青海特色文化，全面提升青海文化的影响力。

专栏 10　对外文化交流
文化艺术交流品牌打造项目：打造青海文化旅游节、“丝路花儿”艺术节等品牌活动，扩大青海文化知名度和影响力。 “一带一路”文化交流与合作项目：推进实施“部省合作”计划，承接国家部委文化交流任务，组织民族民间歌舞团队、文化名人、非物质文化遗产传承人等与丝绸之路沿线国家每年开展不少于 2 次的文化交流活动。 港澳台民族文化交流项目：加强与港澳台思想文化界的深度交流，每年至少开展 1 次文化交流活动，推动我省优秀民族文化产品进入港澳台基层社区。 对口支援文化交流项目：充分利用国家对口支援政策，加强与对口支援省市的文化、人才交流与合作。 “丝路书香”项目：编辑出版民族文字精品图书，加强与印度、尼泊尔等丝绸之路沿线国家的文化交流。

——完善文化交流平台与渠道。积极融入丝绸之路经济带建设，巩固与韩国、越南、泰国等东亚、东南亚国家及港澳台地区的文化交流；发展与蒙古、俄罗斯、白俄罗斯、土库曼斯坦等丝路沿线国家的文化交流合作；拓展与欧洲、美洲国家的文化交流渠道。建设丝绸之路非物质文化遗产交流展示项目库，开展与

丝路沿线国家的文物交流合作。加强与海外中国文化中心的合作，广泛开展“青海文化周”系列活动，打造交流活动品牌。多语种翻译、出版、推广、传播青海当代文学作品。利用好青海文化旅游节、丝路花儿艺术节等展示平台，推介文化交流精品剧目和精品图书，广泛对外传播青海文化。

——扩大对外文化贸易与合作。围绕国家“一带一路”战略，加快对外文化贸易优化升级，促进青海优势文化产业要素有序流动、特色资源高效配置、市场深度融合。提高传统优势文化产品竞争力，加强营销和售后服务网络建设。广泛组织参加国内外文化产业博览会、交易会，加大青海省特色文化产品和项目的宣传推介。

3.7.10 发挥文化在脱贫攻坚中的作用

紧紧围绕“八个一批”扶贫攻坚任务，加强文化惠民、文化产业发展和扶贫政策的衔接，不断健全文化扶贫工作制度。充分发挥公共文化对提升群众素养、促进社会发展等方面的积极作用，加强特色文化资源合理开发利用，带动群众脱贫致富。

——完善脱贫攻坚公共文化设施功能。到 2019 年底，通过盘活存量、调整置换、集中利用等方式统筹整合现有的党员活动室等设施资源，在全省 1622 个建档立卡贫困村普遍统筹整合形成集宣传文化、党员教育、科学普及、普法教育、体育健身等功能于一体，资源充足、设备齐全、服务规范、保障有力、群众满意度较高的基层综合性文化服务中心，通过联合办班、提供场地、远程培训等多种方式，积极开展科学普及、法制宣传、社会救助、养老助残等惠农服务，提高群众科学文化素养。

——积极为群众脱贫致富创造有利条件。大力挖掘各地优势文化资源，统筹规划文化产业项目，在项目安排和资金扶持方面优先向贫困地区倾斜，力争在文化资源优势突出的重点县，建成一个示范带动性强，吸纳劳动力多的文化产业示范基地，并通过“公司 + 农户”模式，辐射带动更多的贫困群众从事文化产业领域的相关工作，充分发挥文化产业在扶贫攻坚中的作用。充分发挥乡土文化能人、非物质文化遗产代表性传承人等的示范、带头作用，加大文化技能技艺培训力度，帮助贫困群众开辟文化增收渠道。

——大力开展文化帮扶工作。把文化帮扶纳入行业扶贫和定点扶贫工作内容，通过合作共建、结对帮扶、区域文化联动等形式，建立省级文化单位、公共文化服务示范区城市、文化先进单位、城镇与农村牧区结对帮扶工作机制。积极为企业和社会各界参与文化帮扶提供准确信息，推进帮扶资源供给与帮扶需求的有效对接，提高社会帮扶资源配置与使用效率。建立文化企业和社会各方面力量参与文化帮扶的工作制度。打造一批文化帮扶公益品牌，发挥品牌效应，积极引导社会各方面资源向贫困地区聚集，动员社会各方面力量参与文化帮扶重点项目，形成政府、市场、社会协同推进贫困地区文化建设和发展的工作格局。

专栏 11　文化扶贫
“公共文化 + 扶贫”：积极对接贫困地区农牧民群众脱贫致富需求，依托基层综合性文化服务中心，以文化信息资源共享工程为平台，通过多媒体教学、上机自学、集中授课、基地实训等多种形式，积极组织开展各类专项培训，培养提高贫困群众科学文化素养，帮助贫困群众掌握实用的生产技术。 “文化产业 + 扶贫”：鼓励和支持贫困地区依托当地民族民间特色文化资源，规划建设示范带动性强、吸纳劳动力多的民间手工艺品、民间歌舞演艺、乡村文化旅游等文化产业示范点（基地、乡镇、村），并在产品开发、人才培训等方面进行重点扶持。积极推广“公司 + 农（牧）户”的经营模式，促进文化产品生产、传播、消费的数字化、网络化进程，拓宽贫困地区文化产品的展示空间和销售渠道。 “非遗传承 + 扶贫”：积极开展非物质文化遗产生产性保护，鼓励非物质文化遗产代表性传承人优先招收有传承意愿的贫困群众为徒，传授技艺。依托非物质文化遗产传承人群研修研习培训计划，对贫困地区传统手工艺传承人、学徒和从业者开展分类培训，帮助他们提高文化素养、审美能力和设计水平；支持贫困艺人参加省内外重大非遗展会活动，提供产品展示销售平台。 “文化志愿 + 扶贫”：鼓励和支持专家学者、艺术家、青年学生、专业技术人才、退休人员和社会各界人士为贫困地区提供文化志愿服务，推动公共文化单位、文艺院团等到贫困地区开展教、学、帮、带工作。

3.7.11 加强文化人才队伍建设

实施“人才兴文”战略，加大各类文化人才培养力度，实现人才队伍总量稳步增长，结构更加合理，活力不断增强，效能充分发挥，为文化改革发展提供坚强的人才保障和智力支持。

——健全文化人才发展体制机制。继续推进健全人才培养开发、评价发现、选拔任用、流动配置、激励保障机制和运行机制，完善文化人才队伍建设政策措施和人才政策体系，创新培训模式，拓展办学渠道，坚持在实践中锻炼人才，在重大文化工程、重点文化项目实施中发现和培养人才，建立“选、训、用”相结合的选人用人工作机制。

——培养造就高层次文化人才。在文化领域培养一批成就突出、影响广泛的高端文化人才。依托青海省“高端创新人才千人计划”建设项目，积极开展“请进来、送出去”，积极引进省外文化行业杰出人才、领军人才、拔尖人才，开展教学科研、联合攻关、技术合作等工作。同时，选派有发展潜力的文化优秀人才、技术骨干到省外访学研修，并通过特别支持使其在本领域发挥显著引领作用，提高文化领域高端人才后备力量。

——加强基层文化人才队伍建设。依托国家“三区”人才支持计划，制定年度专业技术人员服务基层工作计划，加大对农牧区基层文化从业人员，特别是基层公益性文化单位工作人员的培训力度，加强省直文化专业技术人才对基层专职文化队伍、业余文化骨干、文化志愿者的指导和参与，统筹推进分级分类分层培训，将青海省文化人才培训工作的重点前移到农牧区基层文化单位，有效提升人才培训工作的辐射范围。

——健全文化人才培训体系。按照分级负责、分类管理的工作原则，构建组织调训、干部培训、在职教育、挂职实践等方式相结合的培养格局。依托文化部干部管理学院、国家新闻出版广电总局培训中心、省委党校、行政学院、高等院校和各级各类教学点，开展初任培训、任职培训、岗位培训、专题培训、专业技能等各类培训。

专栏 12　人才队伍建设

全省文化系统管理人员轮训项目：举办全省各级文化行政主管部门和公共文化服务机构负责人培训班，五年内轮训一遍，累计培训 300 人。

文化专业人才培养计划：每年举办 1–2 期文化行业高研班，五年内培养 200 余名业务精通、成绩显著、勇于创新的优秀专业技术人员。

基层文化人才培养计划：依托“三区计划”文化工作者专项，每年培养基层乡镇文化工作者 120 名，选派文化志愿者、文化工作者 1000 名。

高层次文化人才引进培养计划：按照“高端创新人才千人计划”目标任务，有计划、分层次地引进一批文化行业的高端人才，培养一批领军人才和拔尖人才。

青海省文化产业重点任务分工和重点项目，见表 3–2 和表 3–3 所示。

表 3–2　重点任务分工

序号	工作任务	责任单位
1	优化文化产业区域布局。加强分类指导和规划引领，突出比较优势，优化产业布局，有序开发特色优势资源，促进文化资源、要素向重点地区、优势产业门类有序集聚，加快构筑“一核四带五区”。	牵头单位：各级政府、青海省文化和新闻出版厅 配合单位：省广播电影电视局、省旅游局、省发改委、省财政厅等
2	发展重点文化产业领域。着力培育特色优势产业，做大做强工艺美术业、演艺娱乐业、新闻出版业、文化旅游业、节庆会展业，重点培育影视动漫业、创意设计业，形成“5+2”的文化产业发展格局。	牵头单位：各级政府、青海省文化和新闻出版厅 配合单位：省广播电影电视局、省旅游局、省体育局、省财政厅等
3	打造生态文化城镇和乡村。建设有文化印记、地域特色、民族特点的特色文化城镇、特色小镇和乡村。鼓励和引导生态文化资源丰富的村镇、三江源生态移民因地制宜发展文化特点鲜明和生态产业突出的特色生态文化产业。	牵头单位：各级政府、省住建厅、青海省文化和新闻出版厅 配合单位：省旅游局、省发改委、省财政厅、省农牧厅、省扶贫开发局等
4	培育特色文化品牌。鼓励各地实施“一地一品”战略，形成一批具有较强影响力和市场竞争力的特色产品和品牌。鼓励文化企业申报原产地标记及中国驰名商标、青海省著名商标。	牵头单位：各级政府、青海省文化和新闻出版厅 配合单位：省广播电影电视局、省旅游局、省商务厅、省工商局等
5	健全各类文化市场主体。推动形成不同所有制文化企业共同发展、大中小微文化企业相互促进的市场主体体系。加强文化企业孵化器、众创空间建设，扶持文化产业领域创新创业，支持“专、精、特、新”小微文化企业发展。	牵头单位：各级政府、青海省文化和新闻出版厅 配合单位：省广播电影电视局、省旅游局、省经信委、省商务厅、省财政厅、省工商局等
6	推进文化与科技、旅游、体育、商贸等产业融合发展。	牵头单位：各级政府、青海省文化和新闻出版厅 配合单位：省广播电影电视局、省旅游局、省体育局、省科技厅、省商务厅、省经信委、省财政厅等
7	促进文化消费计划。从供需两端发力，着力扩大有效供给，引导文化企业提供个性化、多样化的文化产品和服务，优化供需结构，培育新的文化消费增长点。推动西宁城西、海东互助、黄南同仁国家文化消费试点地区建设，总结推广试点经验。	牵头单位：各级政府、青海省文化和新闻出版厅 配合单位：省广播电影电视局、省旅游局、省体育局、省商务厅、省财政厅等
8	文化创意产品扶持计划。优化创业创意环境，引导传统手工艺行业设计开发与生产生活和消费需求有效对接的文化创意产品，支持文化企业、各类文化人才创意、创造和创新，调动文化文物单位和创意设计机构等社会力量参与创作生产适应市场需要、满足现代消费需求的优秀文化创意产品。举办全省文化创意产品设计大赛。	牵头单位：各级政府、青海省文化和新闻出版厅 配合单位：省广播电影电视局、省旅游局、省体育局、省商务厅、省财政厅等

续表

序号	工作任务	责任单位
9	文化产业数字振兴计划。推动优秀文化内容数字化转化和创新，加强数字文化创意内容创作与供给。提升数字创意技术与装备水平。依托移动互联网、大数据、云计算等现代高新技术，加快数字文化产业发展。加快昆仑文化旅游综合服务平台、云藏藏文搜索引擎平台、民文数字化内容发布平台建设。	牵头单位：各级政府、青海省文化和新闻出版厅 配合单位：省广播电影电视局、省旅游局、省体育局、省科技厅、省商务厅、省经信委、省财政厅等
10	特色文化产业发展工程。有序开发特色优势资源，通过创意转化、科技提升和市场运作，不断推出特色鲜明的文化产品和服务，培育特色文化企业、产品和品牌。支持建设具有富民效应的文化产业项目。持续推进丝绸之路文化产业带、藏羌彝文化产业走廊项目建设。	牵头单位：各级政府、青海省文化和新闻出版厅 配合单位：省广播电影电视局、省旅游局、省体育局、省商务厅、省经信委、省财政厅等
11	文化市场主体培育工程。培育骨干龙头企业。扶持国家、省级文化产业示范基地发展。鼓励文化企业通过合资、合作、兼并重组发展壮大。加快国有文化企业公司制股份制改造。开展“青海省文化企业十强”评选。持续推进“成长型小微文化企业扶持计划”，培育一批具有发展潜力的小微文化企业和孵化效果显著的小微文化企业创业发展载体。建设省级文化产业孵化基地。	牵头单位：各级政府、青海省文化和新闻出版厅 配合单位：省广播电影电视局、省旅游局、省体育局、省商务厅、省经信委、省财政厅、省工商局等
12	文化产业园（基地）提升工程。鼓励和引导现有园（基地）更好地发挥促进创意孵化、加强人才培养、推进产业融合、搭建服务平台、培育文化品牌等功能，促其转型升级。推动“十二五”时期已建成的文化产业园（基地）提升发展水平。	牵头单位：各级政府、青海省文化和新闻出版厅 配合单位：省广播电影电视局、省旅游局、省体育局、省商务厅、省经信委、省财政厅等
13	加大财政支持力度。扩大省级文化产业发展专项资金规模。完善和改进省级文化产业发展专项资金投入方式，设立省级文化产业发展投资基金，成立文化投资公司。各级政府安排专项资金支持文化产业发展。落实转制国有文化企业相关扶持政策。	牵头单位：各级政府、省财政厅、青海省文化和新闻出版厅 配合单位：省广播电影电视局、省旅游局、省体育局等
14	全面落实国家扶持文化产业发展的各项税收政策，加强税收政策的跟踪问效。对新注册成立的文化企业给予三年免征各项税费的优惠政策。	牵头单位：省财政厅、省国税局、省地税局、各级政府 配合单位：青海省文化和新闻出版厅、省广播电影电视局等
15	优化土地使用保障政策。按文化制造业、文化批发和零售业、文化服务业，分类指导确定相对应的工业、商业和公益性、经营性用地政策和保障措施。	牵头单位：各级政府、省国土资源厅 配合单位：青海省文化和新闻出版厅、省广播电影电视局等

续表

序号	工作任务	责任单位
16	积极开展政银、银企合作，加大金融支持文化产业的力度。开发适合文化产业特点金融服务产品。鼓励文化企业多渠道多层次直接融资。	牵头单位：各级政府、省金融办、人行西宁中心支行、省银监局、省证监局、省保监局等 配合单位：省财政厅、青海省文化和新闻出版厅、省广播电影电视局等
17	强化人才智力支持。建立完善文化产业人才培养机制。将文化产业人才培养纳入各级政府人才发展规划和工作计划。	牵头单位：各级政府、省人力资源社会保障厅、省人才办 配合单位：青海省文化和新闻出版厅、省广播电影电视局等
18	积极培育和引导文化产品和服务出口，落实对外文化贸易相关政策。	牵头单位：各级政府、省商务厅、省民宗委、西宁海关 配合单位：青海省文化和新闻出版厅、省广播电影电视局等
19	加大招商引资力度。利用国家文化产业投融资公共服务平台及重大展会平台，推动文化产业在更广泛的领域实现跨区域合作与交流。建立和完善招商引资目标责任制。	牵头单位：各级政府、青海省文化和新闻出版厅、省广播电影电视局等 配合单位：省财政厅、省经信委、省商务厅、省工商局等
20	建立健全文化产业综合协调机制，负责统筹协调、督促政策落实。	各级政府、省委宣传部、青海省文化和新闻出版厅、省广播电影电视局、省体育局、省旅游局、省财政厅等
21	各级政府要把发展文化产业纳入国民经济和社会发展总体规划，纳入年度目标责任绩效考核，列入重要议事日程，集中研究解决制约发展的问题。	各级政府、省委宣传部、青海省文化和新闻出版厅、省广播电影电视局、省考核办等
22	将文化产业统计纳入国民经济统计序列，完善和规范文化产业统计指标体系和调查方法。	各级政府、省统计局、青海省文化和新闻出版厅、省广播电影电视局等
23	各市（州）、各部门要按照重点任务分工，强化协调配合，制定具体实施方案，落实工作责任，确保各项政策措施和目标任务落到实处。	各市（州）、省直有关部门
24	省政府将对各地及有关部门贯彻执行意见情况进行督促检查。	省政府督查室

资料来源：青海省文化和新闻出版厅。

表 3-3 文化产业重点项目

序号	项目名称	建设内容及定位	责任单位
一	河湟文化产业集聚区		
1	西宁城南文化产业聚集区	包括演艺影视区、综合艺术培训区、特色产业展示区、文化娱乐体验区四个板块。建成具有文化展示、商贸购物、休闲体验、主题餐饮、创新创业、研发孵化等功能，集演艺娱乐、文化旅游、影视动漫、创意设计等为一体的现代都市文化综合体。	省文化新闻出版厅
2	全国藏文图书批销及仓储配送中心	包括汉文图书仓储配送中心、全国藏文图书批销中心、办公区、生活区及附属设施。建成全省图书仓储配送集散地和藏文图书报刊走向“藏川甘滇”藏区乃至尼泊尔等国的批销物流中心。	省文化新闻出版厅
3	大美青海玉文化产业园	包括珠宝文化中心区、珠宝精品交易中心区、玉器加工区、金银首饰加工区、国际玉石拍卖及原材料采购中心区、商务交易区、配套生活区等七个功能区；文化旅游步行街、珠宝步行街、寻宝步行街等三个街区；瑶池广场、后羿嫦娥广场、女娲广场等三个广场。串联形成集珠宝玉石产供销、科工贸及旅游休闲、文化会展、创意设计等为一体的大型文化产业综合平台。	西宁南川工业园区管委会
4	青海高原创意文化产业园	包括特色文化展示平台、电子商务交易平台、文化金融平台、知识产权平台、文化交流平台、品牌推广平台等。建成集创意设计、策划制作、休闲购物、营销推广、中介服务等产、供、销于一体的综合性创意产业园区。	西宁市政府
5	湟中民族文化风情园	包括民族民俗建筑群、民俗文化体验区、特色文化旅游产品展销馆、小吃街及旅客集散中心等。是集文化旅游、休闲娱乐、民族民间手工艺品等为一体的民族文化展示体验综合体。	西宁市政府
6	雪域驿站—藏寨	包括藏寨中心建筑、20 座单体藏式建筑群。以藏医藏药为基础，通过藏式 SPA、藏式足浴、藏式熏蒸等藏式养生服务，打造现代都市人的心灵驿站。	西宁市政府
7	湟源丹噶尔古城提升工程	包括明清老街保护性修建工程，城隍庙、照碑、文庙照碑、文化文物展示区及停车场、绿化广场等。建成有文化印记、地域特色、民族特点的特色文化城镇。	西宁市政府
8	乐都区文化一条街	建设仿古建筑风格的、具有鲜明主题的文化商贸旅游购物街区。形成集南凉文化展示、特色餐饮、商贸购物、休闲旅游为一体的特色文化一条街。	海东市政府
9	循化黄河石艺文化创意产品生产基地	包括撒拉族民俗文化风情园、黄河石艺画研发生产加工车间、特色文化产品展销厅及人员培训中心等。建成黄河石艺画创意设计、生产加工、展示销售及撒拉族民俗风情体验的特色产业园。	海东市政府
10	循化撒拉印象城	建设民俗印象馆、撒拉族文化博物馆、古清真寺建筑群、民俗风情一条街、文化广场、撒拉特色生态餐饮中心、多功能文化中心、旅游服务中心等为一体的撒拉族文化展示体验综合区。	海东市政府
11	互助温泉文化休闲度假区	包括民族歌舞演艺厅、温泉配套接待区、温泉酒店、温泉洗浴综合区、汤屋、文化长廊及停车场、绿化等。建成集演艺娱乐、休闲养生等为一体的文化旅游休闲度假区。	海东市政府

续表

序号	项目名称	建设内容及定位	责任单位
二	热贡文化产业集聚区		
12	尖扎文化创意产业园	建设手工艺品步行街、藏式民俗建筑群、演艺娱乐休闲区、特色文化产品展览馆、藏餐一条街、民族射箭运动基地、游客服务中心等为一体的文化旅游、藏民俗文化展示的综合园区。	黄南州政府
13	热贡艺术文化产业园	建设热贡文化广场、热贡文化主题酒店、热贡艺术会展中心、演艺中心及艺术创作区（唐卡艺术庄园、雕塑艺术庄园、堆绣艺术庄园、壁画艺术庄园等）和商业休闲区（民俗演艺广场、藏式运动场、藏地风情街等）等多功能为一体的综合性热贡艺术文化产业园。	黄南州政府
14	和砚和雕文化旅游产品研发基地	建设石雕、石刻原材料加工车间、和砚和雕设计生产加工基地、产品展示中心、培训基地及设备购置等。以“公司 + 农（牧）户”模式，形成以石雕石刻为主的特色文化产品生产基地。	黄南州政府
三	三江源生态文化体验区		
15	玉树康巴藏文化产业园	建设民族特色手工艺品加工、创意唐卡研发制作、康巴文化风情街、特色餐饮街、歌舞演艺厅、369 民族创客空间、巴塘文化园、自驾游营地等为一体的康巴藏文化产业园。	玉树州政府
16	甘德县德尔文史诗村文化产业园	包括格萨尔宫殿圣水片区、英雄部落片区、爱情河谷片区、跑马战场片区、文化新城片区等。建成以格萨尔英雄史诗为内涵，集文化旅游、休闲体验为一体的特色民族文化村。	果洛州政府
四	环青海湖生态文化旅游先行区		
17	贵德文旅创意产业园	包括敦纳丝路藏文化创意区、洛藏数码科技创意区、布绣嘎玛藏绣艺博园、藏巴拉民族手工艺品加工区等。建成集文化创意设计、工艺品加工、藏汉英数码科技产品开发、文化旅游产品等于一体的综合性文化创意产业园区。	海南州政府
18	天地人缘文化产业基地	包括土文化产业基地、石文化产业基地、黄河文化产业基地、德文化产业基地、传媒影视基地等。建成集演艺娱乐、生态旅游、影视拍摄、创意设计等为一体的山水人文体验综合体。	海南州政府
19	海南藏文化信息产业园	包括云藏藏文搜索引擎平台、藏绣艺术产业园、安多藏族服饰生产基地等。建成集互联网文化信息服务、藏绣（唐卡）生产、民族服饰加工等以信息产业、特色文化产品加工展示为一体的综合性藏文化信息产业园。	海南州政府
20	兴海安多民俗文化村	包括特色农牧文化区、特色农耕文化区、特色文化产品街、藏音乐博物馆、自驾游营地等。建成体验安多游牧文化、影视外景拍摄、民俗节庆活动、文化旅游产品加工等一体的承载安多民俗文化文脉，有文化印记、地域特色、民族特点的特色文化村落。	海南州政府
21	天境祁连文化产业园	建设祁连玉文化产业基地、民族工艺品研发基地、马文化基地、《天境祁连》剧目、演艺剧场、自驾游营地等。建成集演艺娱乐、展示体验、休闲购物等为一体的综合性民族文化产业园。	海北州政府

续表

序号	项目名称	建设内容及定位	责任单位
22	达玉部落藏民俗文化旅游服务基地	建设户外民俗活动体验区、民俗餐饮区、产品展示展销区、民俗住宿休闲区、户外SDM、演艺娱乐区等。建成集休闲娱乐、餐饮住宿、自行车租赁、换乘驿站等为一体大型综合服务基地。	海北州政府
五	昆仑文化产业集聚区		
23	茶卡“天空之境”特色文化产业园	包括盐雕产品设计加工展示中心、演艺中心、游客服务中心、文化广场、停车场及《天空之境》剧目等。建成集休闲观光、演艺娱乐、文化旅游、影视拍摄等为一体的特色文化产业园区。	海西州政府
24	德令哈丝路创意产业园	建设德都蒙古民族传统手工艺品制作研发培训基地、高原音乐城，《汗青格勒》剧目、影视拍摄、创业孵化空间等，建成集文化创意设计、演艺娱乐、工艺品加工、文化艺术交流、特色餐饮、中介策划服务等于一体的综合文化创意产业园区。	海西州政府
25	大柴旦文化产业园	建设丝路文化墙、丝路文化遗址、王母文化雕塑群及游客服务中心、室内温泉池、室外温泉池、自驾车营地等。建成集休闲娱乐、住宿餐饮、温泉度假等为一体的文化旅游综合体。	海西州政府

资料来源：青海省文化和新闻出版厅。

3.8 促进计划和工程

3.8.1 促进文化消费计划

从供需两端发力，着力扩大有效供给，引导文化企业提供个性化、多样化的文化产品和服务，拓展适应消费者购买能力的业务，优化供需结构，培育新的文化消费增长点。发展电子商务、物流配送、连锁经营等现代营销模式，催生跨区跨境、线上线下、体验分享等消费业态。利用微博、微信、移动互联网等方式，向消费者及时提供最新文化消费信息，拓展大众消费市场。推广“公司＋农（牧）户”经营模式，促进民间手工艺品的生产和销售。推动西宁城西、海东互助、黄南同仁国家文化消费试点地区建设，总结推广试点经验。

3.8.2 文化创意产品扶持计划

通过示范引导、搭建平台、展示推广，优化创业创意环境，引导传统手工艺行业设计开发与生产生活和消费需求有效对接的文化创意产品，支持文化企业、各类文化人才创意、创造和创新，调动博物馆、图书馆、美术馆、文化馆等文化文物单位和创意设计机构等社会力量参与创作生产适应市场需要、满足现代消费需求的优秀文化创意产品。举办全省文化创意产品设计大赛。

3.8.3 文化产业数字发展计划

推动优秀文化内容数字化转化和创新，加强数字文化创意内容创作与供给。提升数字创意技术与装备水平。依托移动互联网、大数据、云计算等现代高新技术，大力推进文化科技创新，加快数字文化产业发展，积极抢占文化与科技融合发展的制高点。加快昆仑文化旅游综合服务平台、云藏藏文搜索引擎平台、民文数字化内容发布平台建设。

3.8.4 特色文化产业发展工程

有序开发特色优势资源，通过创意转化、科技提升和市场运作，不断推出特色鲜明的文化产品和服务，培育特色文化企业、产品和品牌。持续推进丝绸之路文化产业带、藏羌彝文化产业走廊项目建设。加快构建湟中、互助、循化、同仁、尖扎、贵德、海晏、祁连、德令哈、玉树等 10 个特色文化产业示范区。支持建设具有富民效应的文化产业项目。重点实施西宁城南文化产业聚集区、热贡艺术文化产业园、德令哈丝路创意产业园、海南藏文化信息产业园、玉树康巴藏文化产业园等 20 个建设项目。

3.8.5 文化市场主体培育工程

选择一批行业吸引力强、产品市场潜力大，有一定竞争实力和发展潜力的企业作为重点扶持对象，培育区域骨干龙头企业。重点扶持国家、省级文化产业示范基地发展。鼓励文化企业通过合资、合作、兼并重组发展壮大。支持组建青海省出版传媒集团、工艺美术集团、昆仑广视文化传媒集团、广播电视信息网络集团。开展“青海省文化企业十强”评选。持续推进“成长型小微文化企业扶持计划”，培育一批具有发展潜力的小微文化企业和孵化效果显著的小微文化企业创业发展载体。建设省级文化产业孵化基地。力争到 2020 年培育 10 个创业孵化平台，孵化 1000 家小微文化企业。

3.8.6 文化产业园（基地）提升工程

鼓励和引导现有园（基地）更好地发挥促进创意孵化、加强人才培养、推进产业融合、搭建服务平台、培育文化品牌等功能，促其转型升级。推动西宁生物园区博物馆群、湟源丹噶尔文化创意城、贵南藏绣艺博园、海南藏文化创意产业园、刚察民族工艺品研发基地、祁连玉文化产业园、玉树康巴文化风情园、果洛州格萨尔文化产业园等“十二五”时期已建成的文化产业园（基地）提升发展水平。

青海省文化产业促进计划和工程一览表，见表3－4所示。

表3-4 文化产业促进计划和工程一览表

（一）三大计划	
促进文化消费计划	推动西宁城西、海东互助、黄南同仁国家文化消费试点地区建设
文化创意产品扶持计划	举办全省文化创意产品设计大赛
文化产业数字发展计划	加快昆仑文化旅游综合服务平台、 云藏藏文搜索引擎数据库、民文图书数字化平台建设。
（二）三大工程	
特色文化产业发展工程	持续推进丝绸之路文化产业带、藏羌彝文化产业走廊项目建设。重点实施西宁城南文化产业聚集区、全国藏文图书批销及仓储配送中心、热贡艺术文化产业园、尖扎文化创意产业园等20个建设项目。
文化市场主体培育工程	组建青海省出版传媒集团、工艺美术集团、昆仑广视文化传媒集团、广播电视信息网络集团、电影集团。开展“青海省文化企业十强”评选，持续推进“成长型小微文化企业扶持计划”。培育一批具有发展潜力的小微文化企业和孵化效果显著的小微文化企业创业发展载体。建设省级文化产业孵化基地。
文化产业园（基地）提升工程	推动西宁生物园区博物馆群、湟源丹噶尔文化创意城、贵南藏绣艺博园、海南藏文化创意产业园、刚察民族工艺品研发基地、祁连玉文化产业园、玉树康巴文化风情园、果洛州格萨尔文化产业园等“十二五”时期已建成的文化产业园（基地）提升发展水平。

3.9 保障措施

3.9.1 总体措施[①]

1. 加强组织领导

——健全组织领导机制。加强各级党委、政府统一领导，有关部门密切配合，行政主管部门狠抓落实的机制建设，不断形成多部门齐抓共管、协同发展的强大合力。积极推动各级党委和政府把文化建设摆在全局工作重要位置，纳入经济社会发展总体规划，列入各级政府效能和领导干部政绩考核体系，做到文化建设与经济建设、政治建设、社会建设以及生态文明建设同部署、同落实。文化系统各单位、各部门要认真贯彻本规划，结合实际制定实施方案和年度执行计划，

① 青海省文化和新闻出版厅．关于加快发展文化产业的意见（送审稿）［R］．青海省文化和新闻出版厅内部资料，2016年7月。

分解落实工作责任，认真抓好落实。

——加强目标责任考核。把发展文化事业和特色文化产业纳入各级政府年度目标责任考核内容，考核结果以适当方式向社会公布。要明确重大工程和重大项目的责任主体和实施进度，对规划实施情况进行动态监测和跟踪分析，加强年度检查和中期评估，确保本规划确定的各项任务和目标如期完成。要重视对评估结果的科学运用，及时发现并解决问题，确保规划取得实效。

2. 深化文化体制改革

——深化行政管理体制改革。探索建立健全党委领导、政府管理、部门协同、权责明确、统筹推进的文化建设发展协调机制。深化行政审批制度改革，进一步简政放权，减少行政审批项目，放宽市场准入，激发社会活力。加快转变文化行政部门职能，强化政策调节、市场监管、社会管理、公共服务职能，推动政企分开、政事分开、管办分离，不断提高宏观管理能力。积极培育规范行业协会、文化类社会组织、中介组织以及文化志愿者等社会力量。

——深化企事业单位改革。着眼于突出公益属性、强化服务功能、增强发展活力，全面推进公益性文化事业单位人事、收入分配、社会保障制度改革，明确服务规范，加强绩效评估考核。创新公共文化服务设施运行机制，全面推进公益性文化单位组建成立理事会，吸纳有代表性的社会人士、专业人士、基层群众参与管理。坚持把社会效益放在首位，实现社会效益与经济效益相统一，以建立现代企业制度为重点，加快推进国有经营性文化单位改革。巩固国有文艺院团、非时政类报刊社、出版发行企业改革成果，完善法人治理结构，形成符合现代企业制度要求、体现文化企业特点的资产组织形式和经营管理模式。

3. 完善投融资体系

——加大政府财政投入。充分发挥政府公共财政主导作用，不断加大财政对文化建设和发展的投入力度，建立同人民群众文化需求相适应的政府投入保障机制。优化完善转移支付体制，优先支持基层农村牧区文化建设和发展。转变财政资金投入方式，积极探索建立文化产业发展基金，鼓励和引导更多的社会资本投入文化产业。鼓励有条件的地区组建成立国有文化资本投资公司，发挥财政资金和国有资本的杠杆作用，开展文化及相关联项目投资、建设、管理及运营。

——鼓励社会资本进入。改革创新公共文化服务投入方式，支持通过特许经营、政府购买服务、投资补助等多种方式，鼓励社会资本投资公共文化服务领域，大力推广实施政府和社会资本合作（PPP）模式。探索推进国有文化企业混合所有制改革，实现各种所有制资本在文化领域取长补短、相互促进、共同发展。引进国内外有实力的文化企业、投资机构投资建设文化项目。推动支持文化企业利用多层次资本市场上市挂牌工作，扩大文化企业直接融资比重。通过银政企合作，撬动更多社会资本和民间资本参与重点文化项目建设。支持文化企业利用出口信贷、出口信用保险、内保外贷、外保内贷等方式从事境外投资。

4. 优化发展环境

——完善扶持政策。贯彻落实国家建设“一带一路”重大战略决策及扶持藏区发展的优惠政策，配套出台促进我省文化改革发展的措施和办法。制定实施政府向社会力量购买公共文化服务的相关政策，落实企业、机构和个人捐赠、兴办公益性文化事业的税收优惠政策。落实文化体制改革配套政策。健全推动特色文化产业发展的财政、税收、金融、土地、人才培养及扩大文化消费的相关政策。

——加强文化法治建设。加快公共文化服务、文化产业发展、文化遗产保护、文化市场监管等方面立法调研，积极推动文化立法工作。结合“七五”普法和依法治理工作，深入开展文化法治宣传教育。坚持依法行政，依法加强文化市场监管，深入开展“扫黄打非”工作，加大知识产权保护力度。深化文化市场综合执法改革，加强文化综合执法队伍建设，加大文化市场事中事后的监管力度，提高依法行政能力和服务水平，营造公正、公平、有序的文化市场环境。

3.9.2 具体措施①

1. 完善财税扶持政策

从2016年起，建议将省级文化产业发展专项资金规模提高到2亿元，以后逐年增加，到2020年增加到4亿元以上。各级政府要设立市（州）不低于2000万元、县（市、区）不低于200万元的文化产业发展专项资金，以后逐年增加。省直有关部门支持服务业、中小企业、创业促进就业、扶贫开发以及其他与文化产业相关的专项资金，对符合条件的文化企业和项目予以倾斜，发挥政策集成和协同效应。完善和改进省级文化产业发展专项资金投入方式，发挥财政资金放大效应，有效带动、吸引社会资本投入。由财政注入一定的引导资金，吸纳社会资本设立省级文化产业发展投资基金。鼓励有条件的地区成立文化投资公司，开展文化产业及其关联项目投资、建设、管理及运营。落实国有文化企业相关扶持政策。省财政对转企改制的省演艺集团设备购置给予一次性2000万元支持。支持全国藏文图书批销及仓储配送中心建设。从2016年起，建议从政府购买公共文化服务资金中，每年安排一定资金购买国有文化企业的文化产品和服务，进一步支持国有文化企业发展。对因承担公益性文化服务而造成亏损的国有文化企业，经同级财政部门审核，并履行相关审批手续后，给予全额补贴。省属重点文化企业，经省级政府批准，2020年底前，国有文化企业可免缴国有资本收益。探索

① 本部分引自《青海省“十三五”文化发展规划》，报告由省文化新闻出版厅提供。

以国有资本金注入的方式推动企业兼并重组，对新组建的国有文化企业集团，省财政给予不少于三年的资金定额补助。全面落实国家扶持文化产业发展的各项税收政策，加强税收政策的跟踪问效。结合青海省实际，对新注册成立的文化企业给予三年免缴各项税费的优惠政策。

2. 优化土地使用政策

按照文化制造业、文化批发和零售业、文化服务业，分类指导确定文化产业相对应的工业、商业和公益性、经营性用地政策。在符合当地土地利用总体规划的前提下，文化产业发展项目土地利用计划指标给予保障。对列入全省文化发展规划的重点文化制造业等项目用地，在确定土地出让价格时，按照青海省工业用地相关优惠政策执行，依法办理相关用地手续。经营性文化事业单位转制涉及的原划拨土地，转制后用途符合《划拨用地目录》的，可继续以划拨方式使用；不符合《划拨用地目录》的，应当依法实行有偿使用。经营性文化事业单位转制为授权经营或国有控股企业的，原生产经营性划拨用地，经批准可采用国家出资（入股）方式配置；经营性文化事业单位转制为一般竞争性企业的，原生产经营性划拨用地可采用协议出让或租赁方式进行土地资产处置。对转企改制后，国有文化企业的重点项目用地，经有批准权限的人民政府同意可按国家有关规定分期缴纳土地出让金，首次缴纳 50%，剩余部分 1 年内缴清。所缴纳的土地出让金，按照“收支两条线”办法管理，并通过预算支出安排，优先用于所在地区的文化基础设施建设。

3. 加大金融支持力度

鼓励金融机构建立专门服务文化产业的专营机构、特色支行和文化金融专业服务团队，推出适合文化产业特点的“唐卡贷”“文化产业贷”等金融服务产品。在有效控制风险的前提下，探索融资租赁贷款、应收账款质押融资、无形资产抵质押贷款等业务，推广优质商标权、专利权、著作权等知识产权质押贷款，探索开展艺术品、工艺品资产托管，鼓励开展文化消费贷款。探索开展林权、农村宅基地抵押、在建工程抵押、农村承包土地经营权质押、草牧场质押贷款业务。引导金融机构以直销再贷款、再贴现业务扩大对贫困地区小微文化企业的支持力度。鼓励中小文化企业通过发行私募债、集合债券等拓宽融资渠道。建立文化产业融资担保体系和贷款风险分担补偿机制。采取贷款贴息、保费补贴等政策措施，支持文化企业充分运用金融资本，发挥信贷支撑作用，实现信贷政策、财税政策、产业政策联动。鼓励文化企业在主板、中小板、创业板、“新三板”及银行间债券市场、区域性股权市场等多层次资本市场直接融资。推进文化创意产业信贷资产证券化。

4. 强化人才智力支持

依托青海省“高端创新人才千人计划”等重大人才工程，加大文化产业高层次人才引进、培养力度。依托对口援青平台，鼓励地方与央企、对口支援省份开展人才交流合作，以双向互派等方式培养急需紧缺人才。持续推进“文化产业创业创意人才扶持计划”，每年选派100人“走出去”学习培训；通过资金补助、师资支持等多种形式，支持各地每年举办15期培训班，年培训1000人（次）。依托工作室、文化名人、艺术大师，促进人才培养和传统技艺传承。加强对非物质文化遗产传承人群的培训，着重提高其创新创意能力。将文化产业人才培养纳入各级政府人才发展规划和工作计划。

5. 优化文化市场环境

进一步完善文化市场行政审批信息公开制度，不断提高行政审批效率和查询、办理文化市场行政审批事项的便利程度。加强文化知识产权保护，严厉打击侵犯知识产权、制售假冒伪劣文化产品的违法违规行为，规范文化市场经营秩序，营造良好的文化市场主体发展环境。

6. 推动对外文化贸易

培育一批外向型文化企业和省级特色文化产业出口基地，鼓励文化企业在海外建立分支、分销机构，积极拓展国际市场，以文化贸易和项目投资带动文化企业“走出去”。鼓励省内金融机构开展境外信贷和保险业务，支持文化企业从事境外投资。积极培育和引导文化产品和服务出口，落实对外文化贸易相关政策。民宗、海关等部门要对唐卡、掐丝唐卡、藏绣、藏黑陶、藏式木雕等宗教文化题材系列产品及民文出版物、民族民间手工艺品、影视动漫产品、版权贸易等提供政策支撑和出口通关便利。

7. 加大招商引资力度

利用国家文化产业投融资公共服务平台，青洽会、青海文化旅游节及深圳、北京、敦煌等文化产业博览会重大展会平台，主动融入“一带一路”，拓宽招商引资渠道，推动文化产业在更广泛的领域实现跨区域合作与交流。建立和完善招商引资目标责任制。

8. 加强组织领导

建立省级文化产业领导协调机制，由青海省文化和新闻出版厅牵头成立联席会议制度，负责统筹协调、督促政策落实。各级政府要切实加强领导，建立健全综合协调机制，把发展文化产业纳入国民经济和社会发展总体规划和年度目标责任考核体系。各地要结合实际制定支持文化产业发展的配套政策和举措。建立重点项目领导包保责任制，加强跟踪服务和督促落实。市（州）行业主管部门要设立专门的内设机构。省直各部门要全力支持，形成合力，共同促进文化产业加快发展。省发展改革委每年将具备条件的文化产业项目纳入省政府重大项目建设计划进行管理。各级统计部门要将文化产业统计纳入国民经济统计序列，完善和规范文化产业统计指标体系和调查方法。充分发挥各级各类文化行业协会的重要作用。

本章参考文献

[1] 青海省文化和新闻出版厅 . 青海省“十二五”文化发展规划文化产业发展评估报告 [R]. 内部资料，2015 年 .

[2] 青海省文化和新闻出版厅 . 关于进一步促进文化产业发展若干政策的意见（征求意见稿）[R]. 青海省文化和新闻出版厅内部资料，2016-01.

[3] 李思屈等 . 中国文化产业政策研究 [M]. 杭州：浙江大学出版社，2012 年总序第 1 页 .

[4] 陈红玉 . 中国文化产业创新政策研究 [M]. 北京：北京理工大学出版社，2012 年序第 1 页 .

[5] 王琼瑶 . 青海：一个正在崛起的文化产业高地 [N]. 青海日报，2011-8-19，第 011 版 .

[6] 青海省人民政府 .2016 年青海省人民政府工作报告 [R]. 内部资料，2016 年 .

[7] 国务院 . 国务院关于推进文化创意和设计服务与相关产业融合发展的若干意见 [M]. 北京：人民出版社，2014 年 3 月第 1 版 .

[8] 马佳男 . 中国“兰西格经济区”特色文化产业发展研究 [D]. 中央民族大学博士学位论文，2013：107-111.

[9] 金晶 . 文化部部长雒树刚详解“十三五”文化建设：“一个工程”和“四大体系”[N]. 经济日报，2016-4-15.

[10] 青海省文化和新闻出版厅 . 青海省“十三五”文化发展规划 [R]. 内部资料，2016-07.

[11] 青海省文化和新闻出版厅 . 关于加快发展文化产业的意见（送审稿）[R]. 青海省文化和新闻出版厅内部资料，2016-07.

（本章撰稿人：申红兴、李毅）

第 4 章　青海省文化产业发展的路径与机制保障

现有产业发展规律表明，产业发展（尤其是产业集群化发展）只有依靠政府的科学引导，才能优化资源配置，增强竞争能力。作为一种新兴业态存在的文化产业，其集群化发展同样需要遵循产业发展规律和政府有力支持，方能壮大规模，提升实力，并由此推动区域产业结构优化升级，促进区域经济又好又快发展。[①] 事实上，包括青海在内的地方各级政府，目前也都在不遗余力地强化文化产业集群发展的支持力度。本章在此背景下重点探讨青海文化产业发展路径和保障机制。

4.1 青海省文化产业发展的路径选择

4.1.1 特色发展

《关于推动特色文化产业发展的指导意见》（文产发〔2014〕28 号）（以下称《意见》）指出，特色文化产业是指依托各地独特的文化资源，通过创意转化、科技提升和市场运作，提供具有鲜明区域特点和民族特色的文化产品和服务的产业形态。发展特色文化产业对深入挖掘和阐发中华优秀传统文化的时代价值、培育和弘扬社会主义核心价值观、优化文化产业布局、推动区域经济社会发展、促进社会和谐、加快经济转型升级和新型城镇化建设，发挥文化育民、乐民、富民作用，具有重要意义。《意见》认为，推动文化产业发展必须贯彻“因地制宜，突出特色”的原则，由于我国历史悠久、幅员辽阔、民族众多，在历史发展中形成了底蕴深厚、丰富多彩的地域文化。立足各地特色文化资源和区域功能定位，发挥比较优势，明确发展重点，把文化资源优势转变为产业优势，构建具有鲜明区域和民族特色的文化产业体系，促进多样化、差异化发展。

青海省面积为 72.10 万平方公里，大部分地区处在青藏高原地区，是长江、

---

① 程霞珍 . 安徽文化产业集群发展的政府支持研究［D］. 安徽大学博士学位论文，2014.

黄河、澜沧江的发源地，被誉为“三江源”“江河源头”“中华水塔”。早在远古时期，青海的先民就在这片广袤无垠的土地上繁衍生息，经考古发现，青海的先民曾经创造了马家窑文化、齐家文化、卡约文化、辛店文化和诺木洪文化。[①]从现有的文化构成看，青海形成了以藏传佛教为核心的藏文化圈，以伊斯兰教为核心的伊斯兰文化圈和以儒家为核心的汉文化圈[②]，这三大文化圈在共生过程中形成了独特的物态文化、制度文化、行为文化和精神文化，这都为青海发展文化产业（集群）提供了坚实的基础。

笔者认为，青海省文化产业发展路径的切入点在于“十大特色”。一是大美青海，锦绣生态。“天地有大美而不言”，[③]独特的地理环境造就了鬼斧神工的自然之美。昆仑山、祁连山、阿尼玛卿雪山、年保玉则山、青海湖、扎陵湖、鄂陵湖、仙女湖、鸟岛、三江源、可可西里、康巴草原、玛域草原、金银滩草原、坎布拉森林公园、互助北山森林公园、大通鹞子沟森林公园、平安夏宗寺森林公园、乐都仓家峡森林公园、玛柯河森林公园、同仁麦秀森林公园、祁连卓尔山、万丈盐湖、孟达天池都是很好的佐证。二是地域文化创造、积淀出有绚丽多彩的人文景观，如塔尔寺、隆务寺、瞿昙寺、龙恩寺、文成公主庙、东关清真大寺、平安洪水泉清真大寺、柳湾彩陶遗址、民和喇家遗址、都兰遗址、南丝绸之路等。三是博大精深而古老的羌炎文化，昆仑文化、祁连文化、三江源文化、河湟文化、宗教文化等。四是独具一格的民族歌舞风情。如各民族群情激昂的花儿会演唱风情、河湟社火（高抬、高跷、舞龙狮、八大光棍、跑旱船、五鬼顶灯等）、六月歌会、藏族民间歌舞风情（卓、依、拉伊、酒歌、逗曲、於菟等）、撒拉民间歌舞风情（迎亲、宴席曲等）、土族民间歌舞风情（纳顿、安召等）、蒙古族民间歌舞风情（牧歌、长调等）、回族民间歌舞风情（宴席歌舞）、宗教歌舞风情（颂经调、迎神曲、羌姆）等。五是青海各族人民在悠悠岁月中创造的独特形式民俗文化。如婚嫁习俗、礼仪习俗、传统节令饮食习俗等。六是多元文化、多种宗教共存的“众生狂欢”[④]局面形成的具有浓郁地方特色的宗教文化民俗。如祭山、祭海、祭湖、祭河、晒佛、跳神、迎神、修行等。七是神话传说或历史记载的人物文化。如西王母的传说、穆天帝周游西域、汉武帝征战西域、赵充国带兵屯田、阿才教子折箭、英雄格萨尔史诗等。八是具有鲜明地方、民族特色的戏剧和曲艺。如平弦曲艺、平弦戏、眉户戏、格萨尔曲艺、舞台藏戏、寺院马背藏戏、西宁贤孝、越弦、下弦等。九是传统的体育竞技文化活动。如赛马、赛牛、射箭、轮子秋、摔跤、甩跑石、羊皮筏渡黄河、荡秋千等。十是精美绝伦

① 详见崔永红等 . 青海通史［M］. 西宁：青海人民出版社，1999.

② 贾伟等 . 安多地区多元文化共生现象与构建和谐社会研究［M］. 北京：民族出版社，2014.

③ 庄子 . 庄子 · 知北游［M］. 昆明：云南出版集团公司、云南教育出版社，2010.

④ 刘夏蓓 . 宗教的诠释：安多区域文化解［J］. 西北师范大学学报（社会科学版），2004（4）.

的传统手工技艺产品。如彩陶、唐卡、服饰、堆绣、刺绣、腰刀、皮制包、农民画、湟源排灯、乐都九曲黄河灯、藏毯、剪纸、昆仑玉、祁连玉、河湟玉、嘛呢石刻、三江源奇石、河湟奇石、石雕、木雕、根雕、动物标本等。

同时，青海各族人民在建设社会主义和重建家园的伟大实践中积累了丰厚的精神财富。诸如"两弹一星"精神，特别能吃苦、特别能战斗、特别能忍耐、特别能团结、特别能奉献的"五个特别"的青藏高原精神，"人一之，我十之"的实干精神，玉树抗震救灾精神等。这些弥足珍贵的精神财富既为青海省文化产业发展提供了动力之源，也为文化产业的发展提供了独具特色的素材和因子。《青海省"十三五"文化发展规划》为此指出，在繁荣文化艺术创作生产方面要坚持"二为"方向和"双百"方针，创作生产更多的体现时代精神和民族精神，集思想性、艺术性和观赏性相统一的优秀作品。

4.1.2 集群发展

文化产业集群是指"众多相互独立又相互关联的文化资源、文化企业及相关机构在一定区域内根据自己的专业分工建设起相互协作关系，积聚形成一个相互支撑、相互依托、相互促进的专业化的产业发展组织，它可以降低集群内资源交易费用，产生规模经济效益。"①产业集群（英文Cluster），它不是从上而下的一根链条，更像是一簇生机勃勃的野生丛林，参杂着鲜花、药草、刺槐和昆虫，迸发出野性的活力。它往往把相关的各种企业、研发机构、工作室、艺术俱乐部等组合在同一个空间，不但降低了开发成本，而且在相互的穿插渗透中，形成许多新的组合，是与产业相关联并在企业个体基础上积聚而成的产业经济学概念。

1. 国内外文化产业集群化发展的基本模式

文化产业在市场化、信息化、国际化的改革和发展过程中，形成的某一区域行业所特有的样式、方法和特征，究其本质是一种产业经济模式。从这个意义上讲，文化产业集群的建构亦有不同的类型和模式。

一般而言，结合国内外文化产业集群发展模式可归纳为：

一是地域型文化产业集群。将处于同一地理区域内多个文化企业围绕同一产业或有限的几个产业从事文化产品的生产和经营活动模式。如北京石景山区以地域为特点，倾力打造休闲娱乐服务业、商务会展服务业和创意科技服务业等。

二是主导产业型文化产业集群。以某一种或某一类文化产品的生产经营为中心，围绕这一主导产品发展出众多文化企业。这种文化产业集群类似于产业链，但不像产业链那样彼此之间具有强烈的依赖性。例如，上海的张江国家高新技术

---

① 转引自朱蓉．文化产业集群化发展路径分析［J］．区域经济，2013（28）

开发区，以动漫和网络游戏为主导的文化产业集群，其创意产业的内容扩展到影视制作、空间设计、游戏娱乐产品、产品造型设计等，成为一个潜力巨大、前景广阔的文化产业集群性园区。美国好莱坞的电影产业亦是如此。

三是产品关联型文化产业集群。由不同集团的文化企业作为专门化生产产品链上的某个环节，形成集群的内部成员关联特征并由此凸现集体效率优势。如台北市的华山艺文特区就是由艺术文化产业和与之相关联的文化服务业组成的文化产业集群，其文化企业由非政府或非赢利的“第三部门”主办，吸引了文化人、艺术家、会展工作者、设计师等不同文化从业人群，成为举办各种创作、会展和交流的“艺文之家”。

四是产业地方化、地方专业化文化产业集群。某一类文化企业和文化产品的生产与经营集中在某一个地区或地方，形成规模经营的集群优势。如浙江“嵊州民营剧团聚集现象”就是很好的说明。

2. 青海文化产业集群模式选择的基本原则

一是政府主导原则。青海文化产业集群化发展必须充分发挥政府的主导作用。文化产业发展的特质决定了政府要发挥主导作用，美国、英国、法国、韩国、日本的文化产业发展都是政府发挥了重要的主导作用。文化产业与其他产业最大的不同在于需要巨大的投资，起初的投入过程需要强大的经济基础做保障。文化产业内容的生产决定了此类产品的生命力，符合道德、积极、健康向上的文化产品的生产方向需要政府制定文化产业政策来加以规制，否则文化产业将偏离社会主义方向而陷入只为追逐经济利益忽视社会效益的泥沼之中。

二是发展特色文化原则。青海文化产业集群化发展必须立足于青藏高原民族文化的发展特色。在长期的历史积淀中，青藏高原文化形成了极具个性、丰富的文化内涵和得天独厚的文化资源。鉴于文化资源的区域性和历史性特征，必须选择系统的、整合的集群发展模式，使文化产业发展“自有源头活水来”。

三是龙头企业带动原则。青海文化产业集群化发展必须高度重视大集团的“领头羊”作用。从目前的青海文化产业发展现状看，各文化产业企业尚未形成合力，处于零散、单干、社会效益和经济效益甚微状态。大型的文化产业集团为核心的发展模式有可能形成垄断的市场结构，笔者认为，青海的文化产业发展还未进入反垄断的阶段，恰恰相反，而是要精心培育大型龙头企业，以带动整个行业实现规模经济。同时，在文化产业集群中存在众多大中型企业反而有利于通过它们之间的推动技术进步和提高经营管理水平而实现公平、有序的竞争。

实践中，青海省在发展龙头企业以带动整个文化产业发展方面已经做了有效的尝试，在青海省“十二五”文化发展规划的实施中，组建成立青海省演艺集团有限责任公司，并完成青海人民出版社等 6 家单位、14 家非时政类报刊出版单位的转企改制任务，积极推进公共文化服务单位组建有效的法人治理结构，在企业自身发展和外部条件成熟的情况下，推动文化企业适时上市。

四是开放包容原则。不言而喻，任何一种源远流长、生机勃勃的文化体系的最大特质之一乃是她的开放包容兼收并蓄性。青海特殊的区域和地理位置是青海多元文化相互吸纳、共同发展的先决条件，“丝绸之路”青海道将东西方文化有机地联系在一起，“唐蕃古道”实现了中原文化与青藏高原文化的互通有无，在诸种文化交流过程中，青海担当了很重要的角色，其多元文化的并存和发展就是很好的佐证。因此，开放包容原则与青海的文化产业发展须臾不可剥离。在新形势、新任务下，青海的文化产业发展要坚持政府统筹、社会参与、官民并举、市场运作，努力构建全方位、多层次、宽领域的文化开放格局，加快推动各民族多元文化交流、交融，增进文化理解与尊重，促进社会和谐进步。

3. 青海文化产业集群化发展的基本模式选择

结合青海的文化产业发展的实际，笔者认为，应当设计以下四种模式推动青海文化产业跨越式、可持续发展。

一是政府政策推动模式。文化产业必将成为青海省支柱性产业，这是一个不争的事实[①]，这种模式是指政府运用技术、资金、税收、人才等优惠政策措施吸引创意企业在一定区域内集聚，待其形成一定规模后由政府认定，并进一步运用政策手段扶持其集聚发展。中央在这方面做了大量而卓有成效的工作，如，《关于推进文化创意和设计服务与相关产业融合发展的若干意见》、文化部、央行和财政部制定的《关于深入推进文化金融合作的意见》等的颁布使文化产业发展有章可循。针对青海省而言，各级政府要结合本地实际做出推动当地文化发展的政策设计。

二是大型龙头企业带动模式。这种模式是指以大型文化企业为核心，带动周边大批中小文化企业的共同繁荣和发展，形成功能协助、优势互补、结构合理的文化产业集群。创意型企业以市场为导向，以满足自身利益需求为目标，在一定空间内自发集聚，进而形成群体竞争优势和规模效益，形成具有品牌特征的文化创意产业集群。众所周知，青海是经济社会发展相对滞后的地区，各级政府必须着眼于设立国有大中型文化产业企业，并以此为龙头带动整个地区的文化产业发展，同时，要摒弃将国有文化产业企业进行简单重组的弊端。

三是官产学研联动模式。这种模式是指依托大学科技园，把政府规划、产业

---

① 李克强总理在《政府工作报告》（2014）中提出，要求在2014年文化产业发展增速要达到15%以上。刘玉珠（国家文物局局长）认为，要实现这个目标必须具备四个条件：第一，居民的文化消费市场需求比以前要旺盛；第二，政府在鼓励文化消费方面，文化部将会同有关部门将文化消费作为一个重点工作向前推动；第三，现在文化与科技的融合……社会资本纷纷投入到文化产业，为推动文化产业发展创造了很重要的条件；第四，各级政府对文化产业尤为重视，也出台了一些鼓励发展的政策。

发展、高等教育和科技研发融为一体，整合各方面的资源和优势，在一定区域内形成政府、创意企业、高校及科研院所、创意研发机构相互结合、高效联动的有机群体，进而逐步发展成为产业链完整、功能齐全、竞争优势明显的文化创意产业集群。科学技术为传统文化产业能够插上翅膀，能够拓宽传统文化产业的发展空间，摆脱旧模式的束缚，跃升为现代文化产业、向标准化、规模化、集约化方向发展，显示出前所未有的活力和发展潜力。

四是鼓励民营资本参与文化产业发展模式。从青海文化产业的发展现状看，资金的匮乏仍然是制约青海文化产业发展的瓶颈。为有效解决这一问题，应将民营资本纳入到发展青海文化产业的体系中来。从省内外民营文化产业企业的发展实际看，将民营资本吸纳进文化产业发展中来，民营资本具备两大优势：民营企业家有较强的开拓意识，他们对人生、社会有独特的思考和认识，并具有很深的文化情愫；由于民营企业的权属关系明晰，民营企业家决策果敢、理性，企业目标感强，企业运作灵活机动，效率较高，更能适应市场经济的发展。

4. 青海文化产业集群化发展的基本路径选择

一是文化资源发酵路径。文化资源泛指人们从事一切与文化活动有关的生产和生活内容的总称，它的特点之一在于适境性，即文化资源的生命力是在一定的情景和相当的环境资源下才会发生，因此，一定的文化资源是区域文化生存和发展之根。一定区域的文化产业发展就要求特定的区域内，政府、企业、个人、各类中介组织相互配合，各司其职，通过深入研究，挖掘地方性的历史文化资源，以旅游、会展、宗教等形式带动文化企业进行营销宣传，将文化产品推向市场，进而形成文化品牌，带动相关产业齐头并进，同一产业内进行差异竞争，相关产业联动发展，形成一个综合型的区域文化产业集群。西宁古城及周边 200 公里以内蕴含着丰富的文化资源，青海湖、塔尔寺、热贡文化、互助及周边的酒文化、大同的老爷山、乐都的瞿昙寺、湟源的排灯等物质和非物质文化遗产，通过对这些文化遗产的挖掘和推介，打造出众多文化精品，如青海湖诗会、贵德歌会（音乐会）、环青海湖轨迹自行车赛等，这些活动既丰富了人民的文化生活，也为青海的经济社会发展注入了活力。

二是文化人才集聚路径。文化产业发展具有很强的专业性，让专业的人做专业的事已经形成通识。据调查，青海省同全国一样文化创意人才面临严重的数量短缺和人才质量的结构性问题，青海省从事创意产业的人才不足 1000 人，创意人才缺口达 3 万人。与发达国家或地区相比，日本的创意、创造学校已达 5000 余所，创意人才达 5000 万人，美国创意人才有 3900 万人。2002 年 5 月 31 日，台湾地区“行政院”开始将文化创意产业发展列为“挑战 2008：‘国家’发展重点计划（2002—2007）”的子计划，通过行政力量为文化创意产业营造发展环境，推动产业发展。2010 年又颁布了《文化创意产业发展法》，台湾文化创意产业产值由 2002 年的 4352.6 亿元新台币增长到 2010 年的 6615.9 亿元新台币，文化创意人才数量亦增加至约 12 万人。

为集聚文化产业人才，首先，各级党委和政府要提高认识，切实提高并稳定本地区文化人才队伍。其次，制定切实可行的文化人才发展规划。各级党委、政府要将各级各类文化专业人才、文化经营管理人才和文化科技人才发展规划纳入本地区经济社会发展规划之中，完善机构编制、人员配备、财政投入等方面的政策措施，切实加大文化人才队伍建设、文化基础设施建设和设备维护管理使用的投入，确保每年文化事业经费的增长幅度不低于当年财政经常性收入的增长幅度。再次，要多措并举，切实搞好现有文化人才定向培养工作。通过办专业培训班、挂职锻炼、下派业务辅导、实地考察参观、外出交流学习等多种形式，做好文化人才定向培养工作。最后，要创新机制，灵活引进使用各类优秀文化人才。要珍惜本土现有文化人才，招聘急需文化专业人才，引进外来优秀文化人才，尽力尽快打破目前不少地方文化人才进出不畅的“瓶颈”。同时，各级党委、政府特别是宣传文化部门对基层的乡土文化能人、民间的文化传承艺人给予经济上的支持，在生活上给予帮助，解决其后顾之忧，让其安心致力于民间文化的传承与再创造，为他们积极营造良好的创作与发展环境。

三是文化功能再造路径。文化资源发酵路径与再造路径较为接近，前者立基于天然，后者则强调再造。文化功能再造路径就是在特定区域内对现有文化功能进行改造、建设、扩大，并在此基础上培植出新的文化功能，以此建立新的产业链，进而延伸拓展出新的产业领域，实现产业要素的高度集聚、产业链的高效整合，实现文化产业在特定区域的集群化发展。

四是强化优势文化产业路径。大卫·李嘉图的比较优势理论（比较成本理论）认为，在资本与劳动力在国际间不能自由流动的前提下，各个国家不一定要专门生产劳动成本绝对低的产品而只要专门生产劳动成本相对较低的产品，这样即使在资本、劳动力等生产要素不变的情况下，一个国家也可以增加其商品总量，并且可以通过对外贸易从中获益，这样形成的国际分工对贸易双方都有利，而且，在自由贸易下，还可以降低进口商品价格，减少消费者支出，提高消费者福利。可以说，比较优势是产业发展基础的决定性因素。文化产业的比较优势是由于特殊的文化资源和地域特征等因素所形成的优势。因此，青海文化产业的发展必须立足于传统优势文化产业，不断强化文化产业与高新技术的紧密结合、产品创新、生产工艺创新，充分利用优势产业的绝对优势和较强的市场竞争力，形成代表青海的文化品牌，在此基础上形成完整的产业链、价值链和供应链，实现专业化分工和外部规模经济效益。在青海，能够以强化优势文化产业路径实现集群化发展的文化产业，主要包括唐卡艺术、藏毯艺术、藏药文化和宗教文化等，我们不妨从以上优势产业文化入手，在探索中前进，在前进中探索，实现青海文化产业集群化发展。

五是产业园区推进路径。产业园区是指为促进某一产业发展为目标而创立的特殊区位环境，是区域经济发展、产业调整升级的重要空间聚集形式，担负着聚集创新资源、培育新兴产业、推动城市化建设等一系列的重要使命。产业园区能够有效地创造聚集力，通过共享资源、克服外部负效应，带动关联产业的发展，从而有效地推动产业集群的形成。产业园区的主要特点有：通过政府采用招商引资的方式引进文化企业，进而集聚发展；高起点规划，引进文化创意产品生产、技术支持、市场营销、信息咨询等各方面有一定经济管理、商业经营经验的企业，形成产业链；园区内具备文化创新环境和各类优惠政策，有利于降低企业运行成本、吸引人才流入和文化资本的投入。青海省在产业园区建设方面已经积累了丰富的经验，2002 年 4 月经青海省人民政府批准设立的青海生物科技产业园区（青海高新技术产业园区）紧紧围绕青藏高原特色动植物优势资源的综合开发利用取得了较高的经济效益和良好的社会效益，在此基础上，在园区管理和制定产业规划，加强基础设施配套建设的同时，将文化产业规划到园区中来。同时，可借鉴杭州北部软件园的成功经验，带动相关产业的发展，并辐射周边地区的文化产业。

六是大型企业带动路径。即在一定区域内，大型文化企业处于主导地位，大企业吸引和带动大量中小型企业，所有企业围绕大型文化企业展开合作，包括上游、横向、下游等功能协助、优势互补，进而形成集群竞争优势和规模效益，提高产业的整体发展水平和综合竞争力，形成一个与大企业相配套的文化产业集群。如上所述，青海的文化产业规模小，竞争力不强，尚未形成合力等不利因素仍然困扰着文化产业的发展。目前，各级党委和政府下大力气做的工作就是培植大型文化产业企业，充分发挥其骨干作用、示范作用和带头作用，以推动相关产业的集群可持续发展。

4.1.3 融合发展

1. 产业融合模式

2014 年 2 月 26 日，国务院颁布了《关于推进文化创意和设计服务与相关产业融合发展的若干意见》（国发〔2014〕10 号）（下称《若干意见》）指出随着我国新型工业化、信息化、城镇化和农业现代化进程的加快，文化创意和设计服务已贯穿在经济社会各领域各行业，呈现出多向交互融合态势。文化创意和设计服务具有高知识性、高增值性和低能耗、低污染等特征。推进文化创意和设计服务等新型、高端服务业发展，促进与实体经济深度融合，是培育国民经济新的增长点、提升国家文化软实力和产业竞争力的重大举措，是发展创新型经济、促进经济结构调整和发展方式转变、加快实现由“中国制造”向“中国创造”转变的内在要求，是促进产品和服务创新、催生新兴业态、带动就业、满足多样化消费需求、提高人民生活质量的重要途径。

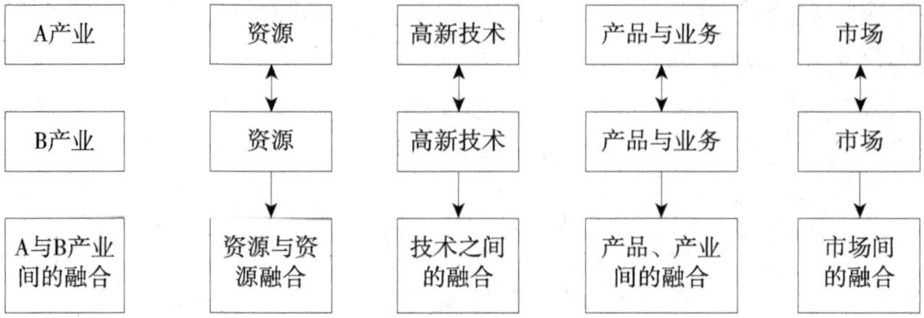

图 4–1　文化产业融合层面平面图[①]

产业融合是指不同产业或同一产业不同行业相互渗透、相互交叉，最终融为一体，逐步形成新产业的动态发展过程，是在经济全球化、高新技术高速发展的大背景下，产业提高生产率和竞争力的一种发展模式和产业组织形式，具体文化融合层面如图 4–1 所示。产业融合所产生的效益主要表现在促进传统产业创新，实现产业结构优化和产业发展；提高产业的竞争力水平；推动区域经济一体化，扩大区域中心的扩散效应，改善区域空间的二元结构。产业融合所产生的效应主要有：创新性优化效应、竞争性结构效应、组织性结构效应和竞争性能力效应。

具体到文化产业融合，主要有文化产业内部融合与文化产业外融合两种模式[②]：

（1）文化产业内部融合模式

将文化产业看做一个系统，系统中的不同产业之间存在着密切的关联，它们相互作用，因此，在文化产业内部将这些产业以重新组合的方式进行整合优化，在系统最优的前提和刺激下，达到系统结构的优化，最终推进文化产业系统的发展。文化产业内的融合具有现实意义，这是基于文化产业边缘性强的特性而形成的。由于文化产业与其他产业之间没有特别清晰的界限，因此，在实现文化产业发展的路径选择上更多的是寻求文化产业内的融合发展。

文化产业内重组式融合是实现青海特色文化产业融合发展的首要路径。具体可以从文化内容、商业模式等方面进行产业融合：文化的内容十分广泛，尤其是经济区内的特色文化更加充实了文化的内涵，经济区内的文化产业可以强化对特

① 资料来源：马佳男 . 中国“兰西格经济区”特色文化产业发展研究［D］. 中央民族大学博士学位论文，2013：122.

② 马佳男 . 中国“兰西格经济区”特色文化产业发展研究［D］. 中央民族大学博士学位论文，2013：120–130.

色文化资源原创的融合机制，积极培育出一批具有代表性的、独立的、专业的文化艺术原创设计、策划机构；其次，加大包含策划筹备、生产制作、销售以及跨地区和跨行业项目的合作等商业模式的裂变融合，有效整合企业内外的资源，积极发挥价值链中每一个参与者的作用，形成具有核心竞争力的文化运转系统，见图 4–2。

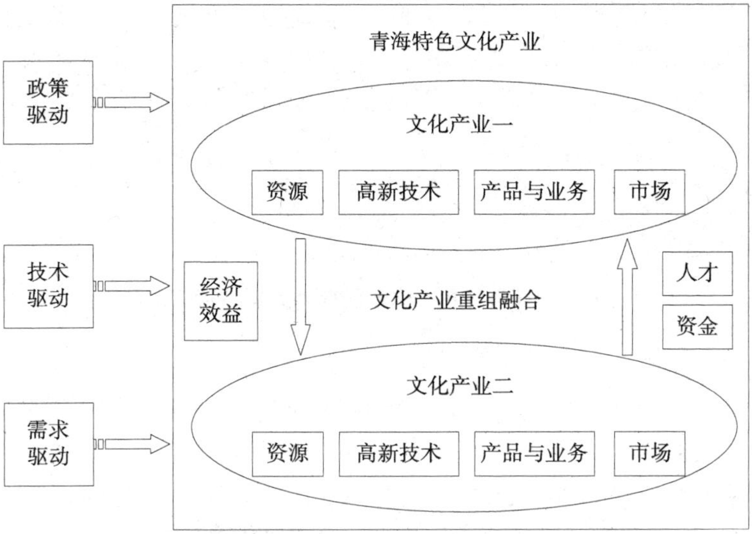

图 4–2　青海特色文化产业内重组式融合模式图

当下流行的网络书店、数字出版、手机电视、网络游戏等新兴文化产业的出现正是这些相关联产业之间相互重组融合所取得的跨越式发展，通过这些产业融合其实也是在实现产业链的延伸。在文化产业融合发展的同时更多的将青海地域内特有的人文资源融入其中，地区之间相互学习取长补短，以更好更新的作品展现在消费者面前。

（2）文化产业外融合模式

产业延伸式融合是指在存在产业功能互补的产业之间通过延伸的方式实现产业之间的融合。通过延伸式融合，原有产业能够被赋予新的附加功能和更多的市场竞争力，以此形成新的融合型产业体系。文化产业的延伸式融合（即外融合）主要是体现在文化产业向产业外的相关产业的延伸渗透，文化产业是个边缘性很强的产业，各个产业之间没有非常明显的界限，文化产业的发展很多时候会受制于文化资源底蕴以及现有的文化基础设施，在文化产业融合发展的过程中，文化产业不仅需要在文化产业内部、各个文化产业之间不断融合、创新，而且需要在现有局限的基础上向外延伸和扩展。

文化产业在向旅游业延伸时，可以充分发挥其赋予创新的优势将其融入旅游业的发展当中，并协助旅游业完成产业当中相关的设计环节，在互通互融中实现共赢。具体文化产业外延伸式融合可由图 4–3 表示。

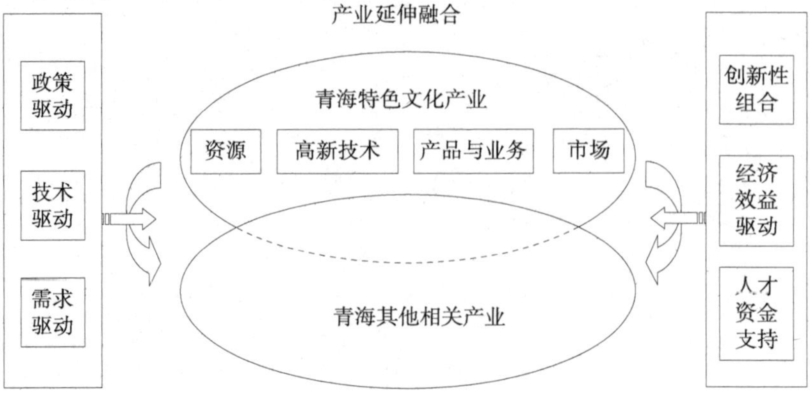

图 4–3　青海特色文化产业向外延伸融合模式图

2. 文化产业与旅游业的融合

针对青海的文化产业融合发展，这里仅以其与旅游业的融合发展为例做简要的讨论。

《若干意见》对文化创意和设计服务与相关产业融合发展的基本原则作了具体规定：（1）统筹协调，重点突破。统筹各类资源，加强协调配合，着力推进文化软件服务、建筑设计服务、专业设计服务、广告服务等文化创意和设计服务与装备制造业、消费品工业、建筑业、信息业、旅游业、农业和体育产业等重点领域融合发展。根据不同地区、不同产业特点，鼓励先行先试，发挥特色优势，促进多样化、差异化发展。（2）市场主导，创新驱动。以市场为导向、企业为主体，产学研用协同，转变政府职能，加强扶持引导，实施支持企业创新政策，打破行业和地区壁垒，充分调动社会各方面积极性，促进技术创新、业态创新、内容创新、模式创新和管理创新，推进文化创意和设计服务产业化、专业化、集约化、品牌化发展，促进与相关产业深度融合，催生新技术、新工艺、新产品，满足新需求。（3）文化传承，科技支撑。依托丰厚文化资源，丰富创意和设计内涵，拓展物质和非物质文化遗产传承利用途径，促进文化遗产资源在与产业和市场的结合中实现传承和可持续发展。加强科技与文化的结合，促进创意和设计产品服务的生产、交易和成果转化，创造具有中国特色的现代新产品，实现文化价值与实用价值的有机统一。

青海的文化产业发展与旅游业发展相辅相成，不可偏颇。文化与旅游是一对孪生兄弟，它们之间存在着天然的耦合性，作为意识形态的文化，是一定社会的政治和经济的反映，又作用于一定社会的政治和经济，它具有满足需要、记录、认知、传播、教化、凝聚、调节、动力、创造和审美娱乐等功能和作用。[①] 一般而言，文化产业是旅游产业发展的资源基础。于光远先生在《旅游与文化》一文中指出，“旅游不仅是一种经济生活，而且也是一种文化生活……旅游不仅是一种经济事业，也是一种文化事业；从旅游资源的角度看，文化事业的发展也具有决定作用。文化是旅游的核心价值，旅游是文化的外在表现，只有将两者紧密结合互通互补才能赢得市场，实现社会效益和经济效益的双丰收。

1986 年联合国教科文组织正式公布了文化统计框架（TCS），框架将文化统计分为 10 类：文化遗产、出版印刷业和著作文献、音乐、表演艺术、视觉艺术、音频媒体、社会文化活动、体育和游戏、环境与自然等。上述每一类都与旅游产业紧密相连。文化遗产、音乐、表演艺术、社会文化活动和环境与自然不仅是重要的旅游资源，而且是当地“人气”“文脉”的基本要素，亦可成为当地旅游品牌或宣传的理念基础。青海的青海湖、塔尔寺、柯柯盐湖、察尔汗盐湖、青藏铁路、门源油菜花海、国际环青海湖自行车赛、王洛宾的《在那遥远的地方》和电视连续剧《在那遥远的地方》等完全树立起了“大美青海”的旅游品牌形象，也使青海的美誉名扬四海。据统计，青海旅游资源总量大、类型多、功能全、组合优良，科学文化内涵丰富，不少指标居全国前列。青海除海滨海岛类等少数类型外，绝大部分资源类型均具备，有的则属全国独有或稀有类型，其中寺庙类旅游资源和盐湖旅游资源均居全国第一位。

2015 年 4 月 28 日，青海省人民政府为贯彻落实《国务院关于促进旅游业改革发展的若干意见》（国发〔2014〕31 号）下发《青海省人民政府关于促进旅游业改革发展的实施意见》，要求充分发挥青海省旅游资源优势，加快高原旅游名省建设。该意见的发展目标是：2016 年—2020 年，旅游人次和旅游综合收入年均增长 12% 和 15% 左右。到 2020 年，青海省接待游客达到 3900 万人次，旅游综合收入达到 480 亿元，旅游业增加值占青海省国内生产总值的比重达到 5% 以上，把旅游业培育成青海省国民经济战略性支柱产业和人民群众更加满意的现代服务业。

青海省如何做到将文化产业与旅游产业融合发展呢？笔者认为应从以下几个方面着手：

一是各级党委和政府应在国家文化发展和旅游发展政策与纲要的指导下，指导和协调文化与旅游部门制定适合本地区文化与旅游协调融合发展的区域规划，实现多个产业的同步创新、同步提升、同步转型。在实践操作过程中不断完善两个产业的融合互动机制，注重产业发展与区域经济社会的协调发展，全面落实“生态立省战略”，在旅游业发展中保护生态环境，在保护生态环境中进一步推

---

① 陈柳钦 . 文化与旅游融合［J］. 学习论坛，2011（9）.

动旅游业的发展。避免旅游业和文化产业“各自为政”现象的出现，努力做到资源共享、产品互用、互利双赢。在这一点上，青海省各级党委和政府已经积累了丰富的经验，且取得了前所未有的成果。

二是解放思想，实事求是，用创新的文化眼光精心打造文化产业和旅游产业。小平同志指出：“解放思想，开动脑筋，实事求是，团结一致向前看，首先是解放思想。”① 解放思想不应是一个政治口号，而是指导我们各项工作的理论基础。行为若要发生变化，观念、思想首先要发生变化，因此，理念的变化是行为变化的前提条件。青海旅游产业发展的前提条件是文化，从一定意义上讲，青海的旅游业要发展就必须打造有品质、绿色、健康的文化。旅游本身就在创造一种文化，是一种文化的集中。提升旅游的层次，增强旅游业的竞争力，关键是走内涵式发展道路，提高旅游的文化含量。文化是旅游的根、魂、源。旅游的文化属性，决定了旅游的发展离不开文化的融入。

三是应具有把握市场动向的能力和敏锐的市场眼光。文化产业和旅游产业融合发展的试金石就是市场。杰罗姆·麦卡锡在《基础营销学》中认为，市场是指一群具有相同需求的潜在顾客，他们愿意以某种有价值的东西换取买主所提供的商品或服务，这样的商品或服务是满足需求的方式。旅游和文化产业融合发展所提供的“服务”产品的价值实现需要市场，需要消费者的认可，若消费者对此类产品“用脚投票”，生产这类产品的过程就是浪费人力资源、物力资源的过程。同时，市场瞬息万变，需要我们具备清醒的头脑、聪明的才干来赢得市场。

要按照“政府主导、市场运作，企业主体、社会参与，群众受益、永续利用”的发展战略，政府把握好文化与旅游融合发展的总体战略部署。要构建文化和旅游产业融合的协调机构并建立良性运行机制，突破地区、部门、行业、所有制等的“壁垒”，实行文化与旅游的无缝链接，达到“1+1 ＞ 2”的目的。

总之，青海的宗教文化、藏药文化等产业的发展同样与其他产业，诸如交通业、物流业、酒店业、金融业和体育业等融合发展，可以实施“文化 +”的大文化产业融合战略。

4.2 青海省文化产业发展的机制保障

4.2.1 改善文化产业发展的政策和法规环境

产业政策是政府为了实现一定的经济和社会目标而对产业的形成和发展进行干预的各种政策的总和，其主要功能是弥补市场缺陷，有效配置资源，熨平经济

① 邓小平．邓小平文选（第 2 卷）［M］．北京：人民出版社，1989.

震荡，发挥后发优势，增强适应能力。

1. 国家层面的文化产业发展的政策和法规

党中央、国务院十分重视我国文化产业的发展，认为当今文化越来越成为民族凝聚力和创造力的重要源泉，越来越成为综合国力竞争的重要因素，丰富精神文化生活越来越成为我国人民的热切愿望，越来越需要文化产业又好又快发展。加快发展文化产业，是新时期新阶段文化建设一项十分重大而又紧迫的战略任务，是兴起社会主义文化建设新高潮、推动社会主义文化大发展大繁荣的迫切需要，是社会主义市场经济条件下满足人民群众多样化、多层次、多方面精神文化需求的必然选择，也是推动经济结构调整、加快经济发展方式转变的重要抓手，对于推动经济社会发展、增强综合国力、实现社会主义现代化，具有十分重大的现实意义和深远的历史意义。

为适应社会主义市场经济深入发展的新形势和加快发展社会主义先进文化的新要求，党的十五届五中全会强调要完善文化产业政策，加强文化市场建设和管理，推动有关文化产业发展，这是我们党在中央文件中首次提出“文化产业”概念。党的十六大进一步明确把文化区分为文化事业和文化产业，强调一手抓公益性文化事业、一手抓经营性文化产业，标志着我们党在文化建设的认识上实现了一个重大突破，对文化产业发展具有里程碑的意义。2005 年，中共中央、国务院下发《关于深化文化体制改革的若干意见》，把加快文化领域结构调整、培育现代文化市场体系、形成以公有制为主体多种所有制共同发展的文化产业格局作为深化文化体制改革的重点任务进行了系统部署。2006 年，中办、国办下发《国家“十一五”时期文化发展规划纲要》，明确了“十一五”时期文化产业发展的重点任务、重大工程和重要举措。党的十七大从增强国家文化软实力、兴起社会主义文化建设新高潮、推动社会主义文化大发展大繁荣的战略高度，强调要大力发展文化产业。2009 年 9 月国务院下发《文化产业振兴计划》，要求各级政府降低准入门槛，加大政府投入，落实税收政策、加大金融支持，设立中国文化产业投资基金等。

2013 年国务院下发的《国家“十二五”时期文化改革发展规划纲要》指出，到 2015 年，我国文化改革发展的主要目标是：社会主义核心价值体系建设不断推进，全党全国各族人民团结奋斗的共同思想道德基础进一步巩固；文化体制改革重点任务基本完成，文化体制机制充满活力、富有效率，有力促进文化科学发展；覆盖全社会的公共文化服务体系基本建立，城乡居民能够较为便捷地享受公共文化服务，基本文化权益得到更好保障；现代文化产业体系和文化市场体系基本建立，文化产业增加值占国民经济比重显著提升，文化产业推动经济发展方式转变的作用明显增强，逐步成长为国民经济支柱性产业；文化产品创作生产体系不断完善，高素质文化人才队伍发展壮大，内容创新和传播能力大大增强，精神文化产品和社会文化生活丰富多彩，更好地满足人民群众的精神文化需求；公有制为主体、多种所有制共同发展的文化产业格局逐步形成；技术先进、传输快捷、覆盖广泛的文化传播体系更加完善，以大城市为中心、中小城市相配套、贯通城乡的现代文化产品流通网络逐渐形成；重点媒体国际传播能力不断增强，与我国经济社会发展水平和国际地位相匹配的媒体国际传播能力逐步形成；主要文化产品进出口严重逆差的局面逐步改善，形成以民族文化为主体、吸收外来有益文化、推动中华文化走向世界的文化开放格局；全民族文明素质明显提高，国家文化软实力和国际竞争力显著提升。

2013 年国办发《国家文化科技创新工程纲要》认为，科学技术是第一生产力，文化科技创新必须始终把提高自主创新能力摆在突出位置，促进有利于文化和科技有机融合、相互作用、相互促进、共同提高的文化科技创新体系和机制的形成。

2014 年 2 月，中央全面深化改革领导小组审议通过了《深化文化体制改革实施方案》，2014 年 4 月，国务院办公厅下发《关于印发文化体制改革中经营性文化事业转制为企业和进一步支持文化企业发展两个规定的通知》（国办发［2014］15 号）来支持文化企业的发展。

2. 青海省层面的文化产业发展的政策和法规

2011 年 11 月 18 日，青海省委省政府下发《关于加快文化改革发展建设文化名省的意见》，在未来 8 到 10 年，青海将着力实施“特色产业培育工程”和“文化园区建设工程”，构建结构合理、特色鲜明、富有创意、竞争力强的文化产业体系，推动文化产业成为国民经济支柱性产业；2012 年 1 月，青海省为进一步形成建设文化名省合力出台了《关于促进文化改革发展政策措施的意见》，在财政、税收、金融、市场准入、土地、人才等方面，制定了一系列优惠政策和扶持措施；2012 年 7 月，青海省政府办公厅转发《关于促进青海文化与旅游融合发展的若干意见》（青政办［2012］218 号）；2014 年 7 月，青海省政府办公厅转发了省工商局《关于支持文化产业市场主体发展的意见》，提出了 19 项支持文化产业市场主体发展、促进文化名省建设的具体措施；2014 年 7 月 31 日，青海省财政厅下发《青海省文化产业发展专项引导资金使用管理办法》，目的在于进一步创新财政投入方式，健全财政产业发展支持体系，推动以财政直接投入向间接扶持转变，充分发挥引导资金的导向和杠杆作用，提高资金使用效益；2016 年 1 月，青海省政府办公厅日前印发《关于支持戏曲传承发展的实施意见》，还有 2016 年即将实行的《关于进一步促进文化产业发展若干政策的意见》等。这些政策与法规的颁布为青海的文化产业发展提供了政策支持和法治保障。2016

年 5 月，青海省文化和新闻出版厅下发《青海省“十三五”文化发展规划》从发展基础、发展环境、总体要求、主要任务和保障措施等方面对青海省文化发展进行总体布局和规划，为今后 5 年青海省的文化发展提供了政策支持。

4.2.2 建立健全文化产业结构

产业结构是指各产业的构成及各产业之间的联系和比例关系。在经济发展过程中，分工越来越细，产生了越来越多的生产部门。这些不同的生产部门，受到诸多因素的影响和制约，在增长速度、就业人数、在经济总量中的比重、对经济增长的推动作用等方面呈现出较大的差异。因此，在一个经济实体当中（一般以国家和地区为单位），在每个具体不同的经济发展阶段、发展时点上，组成国民经济的产业部门也会不同。各产业部门的构成及相互之间的联系、比例关系也不尽相同。实践证明，任何一个国家或地区的产业结构在横向（合理化）和纵向（高度化）演进过程中，产业结构调节机制都起着至关重要的作用。一般而言，产业结构调整机制分为政府调节机制和市场调节机制，这两种调节机制各有侧重点，这就要求我们处理好这两者的关系。

青海省近年来在文化产业调整方面做出了显著成绩。在工艺美术业，着力打造热贡艺术、昆仑玉文化、藏毯、民族服饰、民间刺绣（堆绣、盘绣、皮绣）、皮影、农民画、木雕、剪纸、排灯、金银铜器、奇石等工艺美术品市场，并鼓励社会资本兴办工艺美术产业。在文化演艺业，深化文艺院团改革，培育市场主体。按照“一团一策”的原则，进一步优化现有艺术院团及演出场所资源，着眼文化与旅游、科技、媒体、资本、市场的融合，引进战略投资者，采用整体转制、部分剥离、兼并重组等多种形式，推动艺术院团及演出场所改革创新。在广播影视业，加快发展广播影视内容产业，打造名牌栏目、频道。着力提高广播电视节目制作的科技含量，推进广播影视制作、播映、存储、交易及影视衍生产品开发等领域的数字化。在新闻出版业，进一步调整优化报刊结构，注重内涵发展，推进报刊业由数量型向规模型、特色型、品牌型、效益型转变。在印刷发行业。按照“优化结构、提升档次、壮大实力”的原则，大力发展印刷复制产业。在会展广告业，培育品牌会展，提高会展业竞争力。做活节庆活动，丰富文化内涵，提高地区知名度。办好“青洽会”、藏毯展览会、环湖自行车赛、文化旅游节、诗歌节、摄影节等重点节会，打造集“节、会、展、演、赛、论”为一体的特色节会。在青海省培育出具有国际影响力和全国影响力的名牌节会，形成了定位准确、主题突出、特色鲜明、梯次发展的会展业格局。在文化旅游业，深入发掘特色文化旅游资源，加强文化与旅游产业的有机融合，着力打造特色文化旅游品牌，积极发展文化旅游产业。重点打造“大美青海、寻道昆仑”形象品牌，着力建设四条文化旅游线路：以黄河沿线为依托，建设体现源远流长的黄河上游文化和神奇独特高原生态景观的文化旅游线路；以唐蕃古道为依托，建设体现青海悠久文明史和民族民俗风情的文化旅游路线；以青藏铁路、公路为依托，建设体现生态景观、人文景观、民俗风情的文化旅游线路；以宁张公路为依托，建设体现高原生态和自然景观，民族文化体验、自驾车旅游与观光、登山和滑雪及探险的文化旅游线路。

2010 年 5 月 5 日，中国社会科学院发布《文化蓝皮书》，蓝皮书指出，我国文化产业结构调整的五项任务是调整产品结构、企业组织结构、所有制结构、技术结构和区域布局结构。2013 年中国社会科学院发布的《文化蓝皮书》认为，以有效需求拉动产业发展，关键要确立市场在文化资源配置上的基础性作用，要从单纯追求量的增长转变为既要有量的增长更要关注质的提高，要从主要依靠增加资源投入和加大政府财政支持力度实现文化产业发展，转变为主要依靠企业竞争力提升和产业结构优化、更好地满足多样化文化消费需求以实现文化产业发展。要深化改革，开启新的“制度红利期”，提供新的发展动力。

党的“十八大”报告指出，建设社会主义文化强国，关键是增强全民族的文化创造活力，要深化文化体制改革，解放和发展文化生产力。用经济学的技术手段优化文化产业结构，激发文化生产力，就必然成为我们重点考虑的问题之一。

针对青海文化产业结构的实际，笔者认为，建立健全的文化产业结构，首先，要引导企业和社会各方面力量加大对文化产业的高端投入，解决投入结构低端化问题，克服文化产业的趋同性和同质性现象。其次，推动文化产业技术结构升级，特别在文化创意、出版发行等方面提高科学技术含量，培植新兴文化企业的发展，带动文化产品和服务的创新，形成青海的文化品牌。再次，优化文化产业人才结构，形成文化人才竞争优势，应该建立四大工程：引进人才工程、吸引非文化产业的人才进入文化产业创业工程、文化企业培育人才工程、文化产业人才社会培养工程。最后，在青海文化产业结构调整方面，各级政府要转变职能，科学界定政府和市场在文化产业发展中的功能定位和合理边界，将发展基础从政府支持转向市场竞争，将发展的主角从政府转变为企业。如何处理政府和市场的关系，需要我们进一步探讨。

4.2.3 完善投融资机制做强文化企业

2014 年 11 月 16 日，国务院下发《关于创新重点领域投融资机制鼓励社会投资的指导意见》（国发［2014］60 号），该《指导意见》第 25 条规定，加快社会事业公立机构分类改革。积极推进养老、文化、旅游、体育等领域符合条件的事业单位，以及公立医院资源丰富地区符合条件的医疗事业单位改制，为社会资本进入创造条件，鼓励社会资本参与公立机构改革。第 26 条规定，鼓励社会资本加大社会事业投资力度。通过独资、合资、合作、联营、租赁等途径，采取特许经营、公建民营、民办公助等方式，鼓励社会资本参与教育、医疗、养老、体育健身、文化设施建设。第 27 条规定，完善落实社会事业建设运营税费优惠政策。进一步完善落实非营利性教育、医疗、养老、体育健身、文化机构税收优惠政策。

2015 年 10 月，青海省政府出台《关于金融支持文化旅游产业加快发展的意见》(下称意见)，《意见》要求，青海省金融机构要把支持旅游文化产业加快发展，作为推动经济转型升级，增加民生福祉、建设生态文明、全面建成小康社会的重要抓手，进一步创新服务模式，改善服务环境、提升金融对文化旅游产业发展的支撑和服务作用，为推动文化旅游深度融合、联动发展提供融资支撑。

《意见》指出，充分发挥银行业金融机构支持文化旅游产业发展的作用，加大文化旅游“全产业链”的信贷支持力度；创新文化旅游产业信贷产品和模式；创新文化旅游产业信贷担保方式；优化文化旅游产业信贷业务；完善文化旅游产业贷款定价机制以及提升文化旅游产业基础金融服务。

在推进文化旅游企业多元化融资方面，大力支持符合条件的文化旅游企业上市挂牌融资，鼓励上市公司参股、控股、兼并、收购青海省文化旅游企业，利用资本市场实现加快发展；鼓励引导文化旅游企业通过债券市场筹资资金，加快培育文化旅游企业发债主体，完善风险控制，信用增进等机制；探索文化旅游文化企业通过创业投资等其他融资方式融资。鼓励设立文化产业发展投资基金，引进境内外各类投资基金进入文化旅游产业领域，组建旅游发展投资集团。

总之，无论在国家层面还是在青海省层面，这些政策的实施对青海文化产业的发展提供了政策保障。

我们知道，在发达国家，文化产业已经发展成推动国家经济发展的引擎，为支持本国的文化产业发展，各国在融投资方面已经积累了丰富的经验。以美国为例，总结起来，美国在文化产业的投融资方面的经验主要表现在以下几个方面：

一是对文化产业的多元化融投资方式。美国联邦政府注重用法律和政策的手段鼓励地方政府、各企业和全社会对文化产业进行资助和支持，要求各州、各地方政府划拨相应的地方财政经费与联邦政府的文化产业发展基金相配套，明确规定与文化公益事业相关的单位或群体全部享受免税待遇。

二是通过金融制度创新支持文化产业发展。美国政府充分运用投资组合理论[①]在电影界取得了显著成效，一个投资组合中一般包括20—25部风格不同的电

① 美国经济学家马考维茨 1952 年首次提出该理论，并因此而获得诺贝尔经济学奖。该理论是指若干种证券组成的投资组合，其收益是这些证券收益的加权平均数，但是其风险不是这些证券风险的加权平均风险。这种投资组合能降低非系统性风险。

影，大大降低了投资人的风险，使得保险资金和退休资金蜂拥而至电影业，2004年华尔街的私募基金也加入到电影投资的大军。

三是依靠贸易政策和高额利润吸引国际资本投资。美国常常采取贸易保护主义，对外国进口文化商品课以重税，外国的文化产业为了进入美国市场，只能选择在美国直接投资的方式。同时，对外国文化产品的进口进行限制，其目的在于限制国际竞争国内化，促成了美国文化产业在美国国内具有较高的利润回报率，从而吸引大量的国际资本投入到美国的文化产业中来。

因此，在借鉴美国经验的基础上，笔者认为，对青海文化产业的投融资应从以下几个方面着手：

一是拓宽投融资渠道，构建多元化的投融资结构。打破行业垄断，降低门槛，简化手续，逐步实现由政府单一投资向政府、企业、个人、社会力量的投融资结构转变。特别要吸引国外资本和民间资本投资到文化产业中来。

二是完善支持文化产业投融资的财政税收政策。税收的征收与否、起征点的高低、纳税环节的多少和税率的高低等，直接影响纳税主体的投融资偏好，进而影响行业、产业的发展。针对青海省文化产业发展起步晚、速度慢的情况，应出台一系列文化产业领域的财政税收优惠政策，通过降低税率或免税的办法、完善文化产业投融资中的差别税率减轻文化企业负担。同时，鼓励个人或企业赞助或捐赠行为，对于赞助和捐赠的企业或个人，实行税前列支或减少纳税基数，以扶持文化产业的投融资。

三是健全政策法规体系，为文化产业的发展创造一个良好的投融资环境。逐步通过立法来调整和规制文化产业的投融资行为，明确政府和企业在文化产业投融资方面所应享有的权利和承担的义务。

4.2.4 优化整合文化产业人才资源

2003年8月，中宣部会同中组部、人事部下发了《全国宣传文化系统“四个一批”人才培养工作意见》(中宣发26号)。实施这一工程，旨在培养造就一批全面掌握中国特色社会主义理论体系、学贯中西、联系实际的理论家，一批坚持正确导向、深入反映生活、受到人民群众喜爱的名记者、名编辑、名评论员、名主持人，一批熟悉党和国家方针政策、社会责任感强、精通业务知识的出版家，一批紧跟时代步伐、热爱祖国和人民、艺术水平精湛的作家、艺术家。

国务院发布的《文化产业振兴规划》指出，要培养文化产业人才。继续抓好全国宣传文化系统“四个一批”人才培养工程，着力加强领军人物和各类专门人才的培养。继续办好经营管理人才培训班，培养一批熟悉市场经济规律，懂经营、善管理的人才。吸引财经、金融、科技等领域的优秀人才进入文化产业领域。注重海外文化创意、研发、管理等高端人才的引进，为我国文化产业发展提供强有力的人才保障。

文化产业说到底是以人力资源创造高附加值的现代服务业，是先进生产力的表征，是人脑与电脑的融合，无形的资产高于有形的资产。在文化产业的核心要素中，人才、创意以及技术支撑下的文化创新至关重要。无论是物质文化遗产还是非物质文化遗产的保护和传承及其商业开发，从根本上讲，都离不开人的创意和创新，离不开文化的产业化能力、专业化水平和创新意识。只有把文化符号转化为文化生产力，创造经济价值，文化资源的价值才得以凸显。正是人才重新赋予文化资源与时俱进的内涵和时尚价值，及其具有时代特征的表现形式，使其成为社会主流的文化消费产品。

如何做好青海文化产业人才队伍建设，笔者认为应从以下几个方面着手：

一是确立人才资源是第一资源思想。文化产业的发展具有较强的差异性，这种差异性一方面由于不同的地域文化所造成，另一方面，人才的不同专业和规格等也是造成文化产业差异性的很重要的原因之一。一般而言，人才在文化产业发展中的引领作用与其他产业相比意义要重大得多。原因在于，人才资源具有其他资源和生产要素所没有的自主性和创造性，人的能力特别是潜能被激发以后，可以不断地增值，获得比投入倍增的价值，而其他资源只是物理或化学形式的转换。人才特别是优秀人才日益成为文化产业争夺的重点目标，产业的竞争、企业与企业之间的竞争等的本质在于人才的竞争，谁能拥有更多更好的人才，谁就会在竞争中占据主动地位。

二是采取有力措施，加快文化产业人才培养。在青海省的文化产业人才培养中，首先，明确专业定位，加强学科建设，建立合理的知识结构。文化产业由于横跨经济、文化、管理和技术各类学科。因此，在学科建设上，既要重视对自身学科的研究，也要注重各学科之间的关联研究，博采众长，多出精品。青海各高校和专业学校要发挥各自优势，进行特色办学，在加强统一的专业定位的大前提下，各学校可根据自身实际优势和区域文化产业发展的实际情况，寻求具体的专业定位。同时，积极推进产学研一体化进程。保证足够的实践性教学时数，要创造条件，开办教学实践基地，加强学生艺术实践环节。

三是要贯彻落实“以业聚才”的工作思路，巧借项目延揽人才。加快本地区文化产业集聚区和园区建设，利用产业的集聚、辐射效应，形成产业发展与人才集聚的良性循环机制。

四是要加快培育文化产业人才市场体系。大力发展行业性、专业性文化产业人才市场，积极培育专业化人才服务机构和中介机构，注重发挥各类文化经纪公司、代理公司及各种文化经纪人、代理人在促进文化人力资本市场化配置方面的积极作用。要加快文化产业人才供求信息化、网络化服务体系建设，提供便捷、准确的人才信息服务，为政府决策、企业引才、人才择业提供参考。

五是要完善人才服务体系，积极营造爱才、敬才、扶才、安才的良好环境。建立人才服务联动反应机制，整合教育、公安、社保等部门服务资源，快速高效为引进人才解决学历认证、落户安家、社会保险、配偶安置、子女入学等相关事宜。优化文化人才的工作生活环境，着力打造环境像花园、氛围像校园、生活像家园、创业像乐园的大环境。

本章参考文献

[1] 程霞珍 . 安徽文化产业集群发展的政府支持研究［D］. 安徽大学博士学位论文，2014.
[2] 崔永红等 . 青海通史［M］. 西宁：青海人民出版社，1999.
[3] 贾伟等 . 安多地区多元文化共生现象与构建和谐社会研究［M］. 北京：民族出版社，2014.
[4] 庄子 . 庄子·知北游［M］. 昆明：云南出版集团公司、云南教育出版社，2010.
[5] 刘夏蓓 . 宗教的诠释：安多区域文化解［J］. 西北师范大学学报（社会科学版），2004（4）.
[6] 邓小平 . 邓小平文选（第 2 卷）［M］. 北京：人民出版社，1989.
[7] 自朱蓉 . 文化产业集群化发展路径分析［J］. 区域经济，2013（28）.
[8] 陈柳钦 . 文化与旅游融合［J］. 学习论坛，2011（9）.
[9] 马佳男 . 中国“兰西格经济区”特色文化产业发展研究［D］. 中央民族大学博士学位论文，2013.
[10] 青海省文化和新闻出版厅 . 关于加快发展文化产业的意见（送审稿）［R］. 青海省文化和新闻出版厅内部资料，2016-07.

（本章撰稿人：吴秀兰）

第二部分
青海省文化产业发展战略及其体系

第 5 章　加快推进青海文化产业成为支柱产业的发展战略

实施推动文化产业成为支柱产业的战略，必须遵循社会主义市场经济规律和文化发展规律，以解放和发展文化生产力、繁荣社会主义先进文化、满足人民群众日益增长的精神文化需求为出发点，以科学发展观为指导，立足发挥青海省区位和资源优势，在短期内显著提升青海省文化产业全行业的综合实力和核心竞争力，突破总量不足的发展瓶颈。以市场为导向、以改革为动力，以科技进步为手段、以政策法规为保障，注重机制、制度创新，强化市场培育，把握文化产业发展的内在规律，实现文化大省到文化强省的转变。发挥文化市场配置资源的决定性作用。确立文化企业在文化产业发展中的主体地位；充分利用国内国外两个市场，努力构建统一、开放、竞争、有序的现代文化市场体系；科学规划、合理布局，建立健全文化产业发展的政策法规体系，充分发挥政策法规的调控作用，避免重复建设、无序竞争和资源浪费；在保护好文化生态环境和历史遗产的前提下，积极探索开发、利用历史文化资源的新途径，形成依托青海省人文和自然资源的文化产业的可持续发展路径，努力把丰富文化资源优势转化为经济社会发展的优势[①]。实施错位发展战略和差异化发展道路，实施项目带动和集团化发展，立足于青藏高原，积极参与国际文化产业合作与竞争，提升国内国际影响力。

5.1 推动文化产业成为支柱产业的发展战略思路

文化不仅是社会经济的重要组成部分，也是推动经济社会发展的重要杠杆，代表着一个国家和民族的文明程度，同时也是一个地区经济社会发展“软实力”的象征。文化产业所具有的知识密集、技术含量高的特征[②]，使得文化具有逆“戈森定律”的功能：即文化使资本出现边际报酬递增的现象。“文化既是文化财产，同时又是经济源泉。投资艺术将对一个地方的整体经济产生影响，她有着乘数效益，艺术将使得旅游业大受裨益，从而推动工业的发展，也能够提高不动产的价值”。[③] 以数字化、网络化为特征的文化产业，当前已经发展成为许多发达

① 张宝宗 . 吉林省文化产业发展研究［J］. 吉林大学博士学位论文，2012：100–140.

② 赵星 . 我国文化产业集聚的动力机制研究——基于空间经济学视角［D］. 南京师范大学博士论文，2014：22.

③ （美）约翰 . 奈斯比特、帕特里夏 . 阿伯丁 .2000 年大趋势［M］. 北京：中国人民大学出版社，1988：24.

国家的支柱型产业。

加快推进青海文化产业成为支柱产业，并形成布局合理、具有整体规模和实力的省域文化产业，第一要务是制定出符合省域特色文化产业的战略，按照区域发展的总体要求，以开阔的视野，从经济社会发展的全局高度谋划发展的新思路，省内区域之间、省内与省外区域充分发挥各自比较优势，创新合作机制，拓展合作领域，进一步建立互利共赢、长期稳定的合作关系，共同构建合作与发展的新格局，实现协调、持续和健康发展的一整套体制机制。①要在坚持“政府引导、市场运作、企业主体、合作共赢”的原则下，正确处理好政府与市场的关系，政府管理不能错位，在弱化微观方面的管理职能，放权给市场的同时，强化政府在社会管理和服务方面的职能，为市场经济发展营造良好的环境，积极发挥政府对市场健康发展的引导和规范作用，尤其是在推进跨界整合利用文化产业资源、共同开拓文化市场及便捷舒适无障碍旅游圈建设、优化文化产业布局，培育品牌企业和产品等方面创造条件，力争形成省际合作发展优势确立、成效凸显的新兴产业经济区域。②在文化产业发展过程中，青海应该做到坚持因地制宜、扶持引导、突出特色、融合发展的思路，实施市场主导、政策扶持、项目带动战略，采取强有力的措施，全力推动文化产业健康快速发展。

一是立足独特文化资源和区域功能定位，积极地挖掘整合特色文化资源，以工艺美术业为龙头，文化旅游业为重点，加快构建门类齐全、结构合理、科技含量高、富有创意、竞争力强的现代文化产业体系，基本建立特色鲜明、布局合理、重点突出、效益显著、链条完整的特色文化产业发展格局。

二是大力推进特色文化产业发展工程、藏羌彝文化产业走廊、丝绸之路文化产业带重点项目建设，继续深化文化金融领域合作，推进文化创意和设计服务与相关产业的融合发展。

三是加快培育和发展文化市场主体，鼓励大众创业、万众创新，支持小微文化企业发展壮大，加大文化产业创业创意人才的培养力度，完善和落实支持文化产业发展的政策措施，推动青海省文化产业实现跨越式发展。

5.2 推动文化产业成为支柱产业的 SWOT 分析

5.2.1 青海省发展文化产业的优势

1. 文化遗产资源富饶多姿

青海作为古丝路上的重要交通节点，长期受中原的汉文化、蒙古高原的游

① 解学芳 . 文化体制改革：文化产业的一项制度安排［J］. 学术论坛，2007.

② 马佳男 . 中国兰西格特色文化产业发展研究［D］. 中央民族大学博士论文，2013：107.

牧文化、中亚的伊斯兰文化与青藏高原的藏文化的交互影响，逐步演绎出河湟文化、柴达木文化、三江源文化、格萨尔文化、吐谷浑文化、热贡文化等独具青海特色的文化艺术形态。而独特的人文资源，也为青海打造特色文化品牌提供了厚重的历史文化积淀。目前，青海省有国家级文化生态保护区 2 处，国家级非物质文化遗产项目 73 项、省级非物质文化遗产项目 136 项，全国重点文物保护单位 45处，省级重点文物保护单位415处，中国民间文化艺术之乡 28个（见表5–1）。

表 5–1 青海省主要文化遗产一览表

类别	数量	内容
联合国人类非物质文化遗产代表作名录项目	5 项	热贡艺术、藏戏（黄南藏戏）、花儿会（老爷山花儿会、丹麻土族花儿会、七里寺花儿会、瞿昙寺花儿会）、格萨尔、皮影戏（河湟皮影戏）
国家级非物质文化遗产名录项目	73 项	格萨尔、拉仁布与吉门索、康巴拉伊、阿尼玛卿雪山传说、藏族婚宴十八说、回族宴席曲、玉树民歌、塔尔寺藏传佛教“花架”音乐、玉树卓舞、土族於菟、玉树依舞、湟中堆绣、加牙藏族织毯技艺、玉树藏刀锻制技艺、藏族黑陶烧制技艺、青海青稞酒传统酿造技艺、藏医药浴疗法、玉树藏族服饰、青海湖祭海等
省级非物质文化遗产项目	136 项	撒拉族谚语、青海蒙古族长调音乐、湟中农民画、贵南藏绣、青海坛城艺术、湟中壁画、海西蒙古族木雕、河湟刺绣、河湟剪纸、青海塔秀寺彩粉坛城制作技艺、海西蒙古族服饰制作技艺、湟中陈家滩传统木雕技艺、湟中民间彩绘泥塑技艺、青海藏族黑牛毛帐篷制作技艺等。
国家历史文化名城	1 个	同仁县
中国民间文化艺术之乡	28 个	同仁县年都乎乡、同仁县隆务镇、贵南县、贵德县河西镇、称多县拉布乡、曲麻莱县、甘德县柯曲镇、乐都县瞿昙镇、互助县五十镇、民和县中川乡、湟中县多巴镇、大通县黄家寨镇等。
国家重点文物保护单位	45 处	塔尔寺、西海郡故城遗址、青海明长城、都兰热水墓群、中国第一个核武器研制基地旧址、格萨尔三十大将军灵塔和达那寺等
省级重点文物保护单位	415 处	尕队遗址、结古寺、隆务清真大寺、昂拉千户院、南宗寺、卓木其格秀拉康及藏式碉楼群、十世班禅故居、九天玄女庙等

资料来源：青海省文化和新闻出版厅提供。

2. 历史文化资源丰富多彩

自古以来，各种文化在青海逐步演绎形成河湟文化、三江源文化、柴达木文化、吐谷浑文化、格萨尔文化、热贡文化等文化形态，历史文化资源多姿多彩，不仅为青海省发展文化产业提供了丰富的文化资源，也成为青海打造区域特色文化品牌的主要依据。其中，史诗《格萨尔》是世界上最长的史诗之一，是世界口承文化研究的活化石；土族的“纳顿节”被称为世界上历时最长的狂欢节；同仁的“六月会”至今已延续 500 多年。新中国成立后，青海各族人民在深挖民族历史文化内涵的同时，将现代文化元素融入传统文化，使青海文化在传承中发展，在发展中丰富。

3. 民族民俗文化丰富多元

青海省民族众多，民俗文化多元。经过历史的积淀，形成了以玉树歌舞、“花儿”“安召”“轮子秋”、藏族舞蹈、藏族民歌、传统藏戏、回族撒拉族宴席曲等民族民间歌舞文化，以赛马会、那达慕、九曲黄河灯会、撒拉族艺术节为代表的民族民间节庆文化，以热贡艺术、“八瓣莲花”、贵南藏绣等为代表的传统民间文化艺术，以藏、土、撒拉族为代表的民间风情文化。这些民族民俗文化资源涵盖了青海各民族的历史、民俗、艺术、宗教等多种文化形态，成为承载当地民族民俗文化和宗教文化的特殊符号。抓住时代发展契机，推动青海特色文化产业发展，需要坚持政府引导与民间推动相结合，搜集整理与引导扶持相结合，积极推动各民族传统文化转型升级，焕发新的生机与活力。

4. 生态文化资源魅力无穷

青海独特的地域特色、悠久的历史文化、浓郁的宗教气息、丰富的民族构成，成就了青海独具特色的文化资源，利用文化特色发展特色突出、品质高雅、潜在优势深厚的文化旅游资源“富省”。多种地形资源汇聚，巍巍昆仑山横贯中部，唐古拉山峙立于南，祁连山矗立于北，茫茫草原起伏绵延，柴达木盆地浩瀚无限，雪山草原壮美无比，江河大湖奔放激昂，古刹梵钟庄严神秘，田园牧歌沁人心脾；昆仑山、祁连山、阿尼玛卿雪山、青海湖、三江源、可可西里、康巴草原、万丈盐湖、孟达天池等大自然山川景观各具特色；塔尔寺、隆务寺、瞿昙寺、龙恩寺、文成公主庙、东关清真大寺、平安洪水泉清真大寺、柳湾彩陶遗址、民和喇家遗址、都兰遗址、南丝绸之路等人文景观绚丽多彩。青海得天独厚的地理优势、自然风貌与人文景观，正在成为也必将成为青海发展特色文化产业的重要资源。

总之，青海省文化资源较为丰富（见表 5–2），为青海省文化产业的发展提供了良好的产业资源基础。

表 5–2　青海省主要文化资源一览表

文化资源	分布地区	主要内容
河湟文化资源	西宁市、海东市	塔尔寺、刺绣、黄河奇石、藏毯、掐丝画、彩陶等
热贡文化资源	黄南州	唐卡、雕塑、堆绣、热贡建筑艺术、藏戏、年都乎、於菟、藏棋、和日石经墙等
三江源头文化资源	玉树州、果洛州	英雄格萨尔史诗、碉楼、嘉那嘛呢石城、安冲藏刀、藏娘塔、玉树歌舞、赛马会等
柴达木文化资源	海西州	塔里他里哈遗址、跳欠、岩画艺术、昆仑玉、桃花玉
青海湖文化资源	海北州、海南州	安多藏族射箭、华热藏族婚礼、藏绣、剪纸等

资料来源：青海省文化和新闻出版厅提供。

5.2.2 青海省发展文化产业的劣势

1. 文化资源整合水平不高

青海境内特色民族文化资源丰富。但是，文化资源整合力度不高，开发与利用程度相对落后且形式单一，独特的文化资源优势并没有形成旅游、演艺、会展等业态的产业优势，在一定程度上制约了文化资源的优势转化。以热贡艺术为例，青海的热贡文化内容涵盖面广，涉及了藏民族的历史、民俗、宗教、艺术等诸多方面，不仅包括唐卡、雕塑、堆绣，也包括独具民族特色的建筑彩绘图案、版画等多种艺术表现形式。但是，当地热贡艺术从业者中，80% 以上都注重唐卡的生产，忽略了热贡艺术其他艺术资源开发，导致唐卡供大于求与其他文化资源闲置的局面。

2. 文化产品创新意识不足

大多数文化产品缺乏创意和创新，缺少能够体现青海地域特色和民族风情的文化精品。企业仍停留在传统产品的生产，消费群体面不广，产品档次不高，品牌特色不鲜明，市场空间受限。转型发展意识不强，创意设计能力不足，缺少与生产生活和消费需求对接的刚需产品，短期内很难实现转型升级和跨越式发展。尽管昆仑玉、藏毯、藏绣等传统产业的发展取得了一定成效，但在生产过程中，只注重传统生产模式，没有将创意理念和特色文化元素融入产品设计中，没有与当下文化消费者的需求充分结合，加上材料价格和手工艺人工资不断升高，相应提升了产品的价格，产品附加值低，销量反而萎缩。

3. 文化产业结构仍不合理

从文化产业增加值的构成来看，青海省的文化产业发展中仍存在发展结构不合理、比重构成不健全的问题，主要表现在传统文化产业占比过大，新兴文化产业比重偏低。青海的现阶段的文化产业基本以传统文化经营模式为主，而以数字化、电子化、信息化为核心的新兴文化产业如现代传媒、数字视听、文化旅游、动漫游戏等发展缓慢，制约了青海省文化产业发展的进程。

4. 文化产业政策尚不配套

随着文化产业的深入推进，仅仅依靠省级文化产业发展专项引导和争取中央文化产业发展专项资金的单一扶持，已经不能满足文化企业的发展需求；虽国家和省上出台了一系列扶持政策，但真正有分量、含金量高的政策措施不多，且落地难。中小微文化企业及个体经营户缺乏金融机构的有效支持，融资难、融资贵的问题依然突出。文化产业配套服务能力和水平尚处于较低层次，配套服务规模也难以满足青海省文化产业快速发展需求。对省内文化企业在文化产品创意生产、文化产业项目建设、人才培训、创业扶持等方面给予支持有限，文化企业在融资、开拓市场、创意设计等方面存在较大困难。

5. 文化产业创意人才匮乏

受制于青海劳动者普遍文化素质不高，导致专门从事文化产业经营管理的人才队伍建设不健全，不仅人才数量偏少，而且专业化素质水平不高，项目策划、创意设计、文化经纪的专业人才稀缺。尤其是既懂经营管理，又懂市场营销知识的文化产业专业人才更加匮乏。而后备人才不足、专业素养欠缺，导致现阶段的产业活力难以适应文化产业长期持续快速发展的需要。青海省地处西北偏远地区，经济发展落后，对文化产业创意人才的吸引力不够，在吸引人才方面本身就处于弱势，再加上当地基础设施不健全，人力资源管理机制落后，很多引进人才在引入之后，很难施展自己的能力，发挥自身的优势，最后导致人才流失。虽然由于青海地理位置偏远，限制了优秀人才的引进，但是造成青海省文化产业人才匮乏的根本原因还是在于社会人力资源体系的不健全。首先，教育培养与人才需求结构不相适应，对职业教育重视程度不够，教育资源更多的向基础教育与高等教育倾斜，在培养过程中没有适应社会经济发展的要求，使得本来应该与社会人才需求对接性最好的培训渠道不畅，造成具有专业技能的一线人才极度缺乏；其次，人力资源管理机制僵化，没有健全的人力资源管理体系，人才的培养、引进和留用等政策规划不到位，管理混乱，在社会上也没有形成良好、宽松的用人环境，都加剧了青海省文化产业人才的匮乏程度。

6. 文化产业外拓力度不够

近年来，青海省在积极推进文化产业走出去方面虽然做了大量的工作，也开拓了部分市场空间，但仍缺乏相对完善的产业扶持政策和资金扶持体系，在税收优惠和政策奖励方面的力度比较欠缺，对于形成全产业化的推动作用力度不足。在文化产业“走出去”战略中，各主管部门的统筹协调力度不足，导致各行业、各单位各自为政，缺乏整体创新的合力，不仅使青海省文化产业的发展相对滞后，甚至会产生行业间的恶性竞争现象。

5.2.3 青海省文化产业发展的战略机遇

1. 全面建成小康社会有利于文化产业的快速发展

全面建成小康社会的战略目标，将有利于全省上下更加注重文化建设的全面性、协调性和可持续性，更加注重公共文化服务体系建设，有利于更好地保障广大人民群众的基本文化权益，满足人民群众日益增长的精神文化需求，提高人民群众的幸福指数。

2.“一三一”总体要求为文化产业发展指明了方向

省委站在历史和时代的新高度，牢牢把握“四个全面”战略布局，以“五个发展”理念为遵循，立足省情，明确提出了“十三五”时期我省经济社会发展必须遵循的“一三一”总体要求，这为我们破解发展难题，增强发展动力，实现文化持续快速发展指明了方向。

3.各项有力政策为文化产业发展提供了坚实保障

中央支持四省藏区经济社会发展的意见、中央关于加快构建现代公共文化服务体系的意见、中央关于繁荣发展社会主义文艺的意见、国务院关于推进基层综合性文化服务中心的指导意见、国务院关于推进文化创意和设计服务与相关产业融合发展的意见等一系列政策的出台，为深化文化体制改革，促进文化事业和文化产业快速发展提供了有力的政策保障。

4.“一带一路”战略为文化产业发展提供了新机遇

我省处于丝绸之路经济带向西开放的重要节点，多民族多元文化优势明显，充分挖掘特色优势文化资源，积极融入中央提出的“一带一路”战略，形成以丝绸之路经济带为核心的区域发展格局，有利于文化成为促进区域人文交流和经济融合发展的重要载体。

5.“生态立省”战略为文化产业发展提供了广阔空间

“生态立省”是我省长期坚持的重大战略，在构筑国家生态安全屏障、建设生态文明先行区目标的引领下，发挥好文化产业资源消耗低、环境污染少、吸纳劳动力强、易与相关产业融合等优势，大力发展特色文化产业，推动扶贫开发、就业创业、增加群众收入，有利于文化成为推动生态文明建设、促进经济社会发展的重要着力点。

6.高新技术发展为文化产业创新提供了技术支撑

随着互联网、大数据、云计算、物联网等高新技术的广泛应用，科技创新正深刻影响着文化发展。在文化与科技加速融合的态势下，把握高新技术带来的发展机遇，有利于积极利用“互联网+”等新型业态创新文化服务、艺术生产、文化产业模式和空间，推动实现文化创新发展。

7.多年的发展成就为文化产业持续发展奠定基础

经过多年努力，文艺创作基础不断牢固，公共文化服务设施明显改善，文化产业实力不断增强，文化市场环境不断改善，文化名省建设已取得了阶段性丰硕成果，为未来发展打下了坚实的基础。

5.2.4 青海省文化产业发展面临的挑战

1. 文化设施建设相对滞后

省、市州、县、乡、村 5 级公共文化基础设施建设相对滞后，大部分设施尚未达到国家标准，青海省剧场设施数量明显不足，特别是直接面向基层群众提供服务的村级公共文化服务阵地缺失，广大基层群众的文化需求难以得到较好的满足。

2. 文化发展资金投入不足

地方财政对文化发展的投入不足，基层公益性文化单位经费保障水平低；扶持文化产业发展的资金总量有限；许多珍贵文物、非物质文化遗产因缺乏资金投入得不到有效保护和合理利用。

3. 公共文化供给效能较低

公共文化产品和服务供给能力不足，供给主体单一，基层馆（站）利用率不高。适应文化发展规律和市场经济要求，政府主导、社会广泛参与的公共文化服务供给体系尚未形成。

4. 文艺创作生产能力较弱

全省文艺创作整体水平与社会和群众的需求有不小差距，数量偏少、种类单一、选材不活，缺少全面体现青海特色、彰显青海精神、有影响力的精品力作。文艺创作队伍力量薄弱，缺乏文艺展演平台，文艺展演的市场化运作水平低。

5. 新闻出版业发展水平不高

新闻出版基础薄弱，集约化程度低，出版产品数量、质量与人民日益增长的文化需求不相适应，缺乏有重大影响的精品出版物。原创出版不足，传统出版转型升级尚处起步阶段。

6. 文化产业整体实力不强

文化产业基础薄弱，发展规模小，市场化程度不高，知名品牌少。文化市场主体弱、小、散，创新能力不强。文化产业园区集约化程度低、运营质量不高、示范引领作用发挥不够。文化产业发展的政策体系尚未健全，融资难、融资贵的问题仍然突出。

7. 文化创新发展人才匮乏

全省文化人才总量规模小，结构不合理，特别是高层次文化专业技术人才和经营管理人才紧缺，基层公益性文化单位普遍缺编、缺人。人才引进机制不活，人才培养的系统性、针对性、有效性还不强。

8. 文化法治建设有待加强

文化立法步伐缓慢，依法行政能力还不强。基层综合文化执法机构不健全，执法人员数量和水平不能适应工作要求。文化市场监管手段落后，文化执法效能较低，执法保障能力不强。

9. 改革面临深层次矛盾

文化工作体制机制不顺的问题仍然突出，但在利益主体多元化、利益格局基本形成的情况下，继续深化文化体制机制改革涉及深层次的利益关系调整，改革攻坚更具复杂性和艰巨性。

10. 对外文化交流尚显不足

文化对外开放力度不足，对外文化交流的政策扶持体系尚未健全，文化交流渠道不多、领域不宽，缺乏重大支撑项目和有效的外联合作机制，外界对大美青海丰富多彩文化资源的熟知程度不高。

5.3 青海省文化产业发展的具体战略

5.3.1 发挥文化产业的关联带动作用，实施总量扩张战略①

据研究，文化制造业通过产业链对第二产业的波及拉动作用大，文化制造业的发展将促进第二产业的发展，也将促进第三产业的发展。其中，文化、办公用机械制造业和家用视听设备制造业通过整个国民经济系统对第二产业的带动性最强。文化制造业的中间投入率和中间需求率较大，表明文化制造业属于“高中间投入、低附加值”行业，在产品生产过程中对文化制造业的需求较大，对其他产业的带动作用强，是基础产业。因此要发展文化产业，率先发展文化制造业会带动其他产业发展，促进经济增长。文化制造业是文化产品生产消费的物质基础，更是加快推动文化产业发展的重要基础。大力发展文化制造业首先要加强对传统文化产业的技术改造。通过鼓励现代高新科技向传统文化产业的转移，充分利用各种先进的高新科技改造传统文化制造业，实现文化制造业的转型升级。其次要提升文化制造业创新能力。通过研究开发具有自主知识产权的新型文化制造技术，提升文化产品的创造力和影响力，使文化产品创新成为提升文化产业核心竞争力的重要手段。再其次要拓展文化制造业的应用范围。及时掌握国际上文化制造业方面的发展动态，不断拓展文化制造业的应用形式和扩大文化制造业的应用领域，培养文化制造业新的利润增长点。最后要不断提高文化产品制造效率。在

① 张亚丽.我国文化产业发展及其路径选择研究［D］.吉林大学博士论文，2014：164-165.

文化产品的设计、生产等环节，降低成本、提高经营管理能力，实现从创意生产到传播消费的良性循环。

文化服务业属于“低中间投入、高附加值”行业，是提供生活服务为主的最终产业。文化服务业的进步不仅有助于提高文化产品附加值，创造更多经济效益，而且有助于推动文化产业协调发展。大力发展文化服务业首先要搭建文化服务平台。通过文化服务平台，文化服务业可直接为文化制造业和消费者提供优质服务，同时为文化产品提供大规模传播能力，使文化产业的流通空间变得更大更广，从而大大提升了文化产业的价值能力。其次要丰富文化服务的内容和形式。通过创新文化服务形式、丰富文化服务内容、提高文化服务实效，加快文化服务业市场化步伐，使文化服务业在文化产业的各个环节中都发挥巨大作用。最后要提高文化服务质量。文化服务的质量直接决定了服务能否发挥其应有作用，只有提供高质量的服务，才能真正满足文化制造业和消费者对文化服务的需求，文化服务业才能蓬勃发展、日益壮大。

文化制造业和文化服务业之间具有很强的关联性。因此需要促进文化制造业和文化服务业的协调发展，推动文化产业体系的不断完善和发展，从而带动整个国民经济增长。文化制造业是文化服务业的基础，是推动文化服务业发展的引擎。文化制造业的迅猛发展，使得文化服务的发展样式、传播方式、表现形式发生革命性的变化，不断孕育和催生新的文化服务。文化服务业为文化制造业提供强大支持，是促进文化制造业发展的动力。文化服务软实力的提高不仅使新型文化服务业层出不穷，而且加快了文化制造业转型升级，使得文化制造产品的质量和效率大大提高。文化制造业和文化服务业的互动与融合，使文化产业焕发新的生机活力。

只有积极推动文化制造业和文化服务业向更深、更广的领域协调发展，加快文化产业整合、重构与总量扩张，提升文化产品和服务的质量和效率，才能不断提高文化产业对加快经济发展方式转变的贡献度，推进文化产业的大发展、大繁荣。

在具体实施总量扩张战略过程中，应以西宁市为重点，积极鼓励大众创业、培育相关市场主体。一是放开文化市场准入限制，鼓励和引导民间资本、社会资本投资兴办文化企业，支持“个转企”，引导和扶持创意人才、中小投资者、大学生创办文化企业；二是加快培育小微文化企业。重点支持小微文化企业“专精特新”发展；三是做大做强骨干文化企业，按照提升品位、扩大规模、培育龙头、做大做强的要求，引导有一定竞争实力和发展潜力的文化企业以创意创新为驱动、开展特色经营、创新产品特色和服务，提升科技含量及原创水平等方面形成竞争优势，通过政策、资金等方面支持，推动重点文化企业发展，形成一批综合实力较强的文化市场主体。四是优化文化市场环境。严厉打击侵犯知识产权、制售假冒伪劣文化产品的违法违规行为，规范文化市场经济秩序，营造环境优良的文化市场主体发展环境。五是贯彻落实文化部、财政部等《关于深入推进文化金融合作的意见》，建立由政府、企业、银行、担保机构共同参与的投融资合作机制，搭建文化产业投融资服务平台，完善科学合理的信用评级和评价体系，引导金融机构“量身打造”适合文化企业特色的金融信贷产品，推出集合债券、集合票据等直接融资产品，降低融资成本。

5.3.2 产业结构优化战略

充分依托青海丰富的自然资源和多样的民族文化资源，加大资源整合开发力度，深度挖掘“大融之美、文化青海”内涵，着力优化全域性产业布局。

1. 努力将西宁、海东发展成为业态齐全、产业链条完整、辐射带动能力强的文化产业核心区，打造集休闲度假、文化商务、节庆会展等为一体河湟文化产业集聚区。

2. 依托《青海与川甘交界地区振兴发展规划》《藏羌彝文化产业走廊总体规划》核心区建设，以国家级热贡文化生态保护区为基础，继续培育热贡文化品牌，积极打造以热贡艺术为特色的综合型区域文化产业集聚区。

3. 充分利用三江源地区的文化形态和遗址，适度开发高原生态文化旅游业，积极发展特色文化产业，打造具有示范意义的江河源型国家级文化生态旅游产业集聚区。

4. 以青海湖自然生态和人文资源为核心，大力发展文化旅游业、演艺娱乐业，努力将环青海湖地区打造成为“环青海湖文化”品牌展示区、“大美青海”高原生态文化旅游示范区。

5. 深度挖掘柴达木盆地文化资源，整合开发，重点打造一批重大文化产业项目，带动青海省西部地区文化产业发展壮大，形成柴达木文化产业集聚区。

西宁市作为全国首位度最高的省会城市，在青海省优化文化产业结构之时，必须对西宁市的文化产业结构进行优化。紧紧围绕将西宁建设成为“青藏高原区域性文化中心城市”的目标，着力调整区域产业布局，重点实施“四区、两带、一中心”的文化产业发展战略构想，实现文化产业成为国民经济支柱性产业的发展目标。即以国家“一带一路”“藏羌彝文化产业走廊”建设为产业发展机遇，积极创建湟中——文化旅游示范区、大通——生态文化旅游示范区、城西——文化创意服务示范区、城北——农耕文化示范区；规划以城东区穆斯林文化为纽带，发展西至新疆、乌兹别克斯坦、哈萨克斯坦、土耳其，东至甘肃、宁夏、陕西等国家和地区的伊斯兰文化产业带；以湟中藏传佛教文化为纽带，发展南至西藏、四川、云南直至尼泊尔、印度、马来西亚等地区和国家的藏文化产业带；立足于省会城市西宁独特的经济、政治、文化中心地位，全力打造集旅游观光、演艺娱乐、特色餐饮、节庆会展为内容的高原文化生活休闲聚集中心。从而进一步完善产业结构构成，推动文化产业快速发展。

5.3.3 集群发展战略①

集知识、资本、土地、资源、政策等生产要素于一身的文化产业集群，通过资源整合、优势互补，从而极大促进了文化产业的聚集化发展。加强文化集聚区建设可以更有效地发挥政府作用，使政府的政策支持更有针对性；能够更好地促进文化产业不同行业之间的有机结合，促使文化产品的生产与消费的有机结合，从而提升文化产业的集聚化发展效率。

一是针对本地区的比较优势，找准文化产业的定位。文化是有个性的，尤其是文化创意产业，是一个主张个性和弘扬文化独立性的产业，其价值来源于其地方特色。因此，文化产业聚集区的建设，要结合本地区具有独特意义的文化资源优势，充分利用市场机制的作用和经济的内生动力顺势而为。根据有关部门统计，当前文化产业聚集区超过万家，这些聚集区的建立和发展基本都是靠政府推动，目前这些文化产业聚集区内部和集聚区之间的竞争在不断加剧（如争夺优惠政策、财政资金支持，争夺消费群体，重复建设等），存在严重的外部不经济；另外，所生产出来的文化产品大同小异，缺乏地方特色和个性化色彩，难以被消费者所接受。未来文化产业集聚区的发展需要修正和避免这些问题。

二是合理规划文化产业聚集区的空间布局。文化产业聚集区的空间布局是否合理、聚集区内的道路等基础设施是否完善，都对文化产业的发展产生非常重要的影响。首先，文化产业发展规划应与整个城市总体发展规划相结合，把文化产业融入到城市的发展之中，为产业发展留出足够的空间，以主设施、主功能为核心，实现聚集区与其他城市区域功能的互补，拓展产业空间，从而带动整个城市经济的发展。深圳在加入联合国教科文组织的创意城市网络后，一方面大力引进和接纳世界顶级的文化企业，另一方面主动与制造业企业集群加强联系。其次，与城市的交通与通讯设施结合起来，一方面，优化城市的公共交通体系，使得聚集区具有高度可通达性，另一方面，优化城市的信息传播系统，使得文化产品和文化创意及时通达到受众身边。最后，以集约土地资源为原则，合理安排城市空间布局，实现城市的交通、信息、能源交换、产业布局的最优化。

三是扶持重点文化企业，实施龙头带动战略。文化产业的核心竞争力在于创作出文化精品。提高文化企业的生产力水平，关键在于大力培育文化产业的龙

---

① 赵星．我国文化产业集聚的动力机制研究——基于空间经济学视角［D］．南京师范大学博士论文，2014：70–71.

头企业，通过龙头企业的带头、聚集和辐射等作用，实现文化产业向外衍生和辐射，构建起一条完善的文化产业链，通过以重点企业为核心的集团化发展，带动整个区域的文化产业的繁荣。在有条件的地方，可以考虑通过将充满创造力的、经营业绩良好的文化企业重组上市，以此为依托扶持文化产业的龙头企业。

四是加强与各高等院校以及文化科研机构的合作。文化产业聚集区首先应该汇聚的是具有高创造力的人力资源。单从经济增长的速度上看，依靠开发人力资本的国家或地区的经济增长速度，要比依赖自然资源的国家或地区要高出几十倍。创意才能、特殊的专业知识、熟悉文化市场运作和管理，是文化产业经营管理人才的必备的素质，这一切都有赖于各高等院校的人才培养。应充分利用高校的师资优势，鼓励高校与社会团体以及民间资本联合组建文化产业的研究机构，推进文化产业人才的迅速成长。

五是加强文化产业聚集区内的企业间合作。文化产业是一个有专业化分工的复杂生产系统，包括生产商、供应商以及转包商等。一方面，通过纵向联系，加强上下游企业之间的合作，为文化产业的发展提供信息和技术上的支持；另一方面，通过横向联系，促进文化工作室以及文化机构的聚集，这不仅有利于创意人才的聚集，还促进了企业之间的生产过程的合作。

5.3.4 加快推动重点行业发展

1. 工艺美术业

坚持保护传承和创新发展相结合，发掘传统工艺美术资源，鼓励和引导唐卡、昆仑玉、藏毯及艺术挂毯、民间刺绣、民族服饰、雕刻等特色文化产品的产业化开发。促进特色文化元素、传统工艺技艺与创意设计、现代科技、时代元素相结合，支持具有一定市场前景的“非遗”项目实施生产性保护开发利用。构建包含民族民间民俗在内的非物质文化遗产保护、展示、利用和宣传推广、产业运作体系，推动传统工艺美术产品融入现代生活。支持开发新技术、新工艺、新产品，增加艺术含量和科技含量，提高产品的附加值。强化品牌意识，在昆仑玉、藏毯、唐卡、刺绣等行业培育一批有较高知名度的工艺美术品牌，引导唐卡等产品逐步进入高端艺术品市场。

2. 文化旅游业

围绕高原旅游名省的建设目标，培育一批文化旅游市场主体，分层次培育各类涉旅文化企业，逐步构建形式多样、互为补充、充满生机的文化旅游市场主体发展格局。推动文化旅游重点项目的建设，大力开发具有民族风情和地域特色的文化旅游产品。推动文化旅游业与演艺业、节庆会展业、工艺美术业、体育业等相关产业融合发展，实现由以前的单纯观光型向参与体验、休闲购物等新型文化旅游业态转变。探索演艺团体与景区合作机制，推动文艺院团、民间团队加强与旅游景区合作，支持民间艺人和团队进入景区景点演出，实现景区演出常态化。积极利用青海文化旅游节等节庆会展活动，宣传推介文化旅游产品，铸造“大美青海・多元文化”品牌。

3. 新闻出版业

大力发展民族出版业，形成竞争优势。依托藏文出版优势，策划出版系列藏文精品图书等主题出版物，扩大品牌影响力。实施藏文报刊图书“走向藏川甘滇”战略，扩大在全国藏区以及尼泊尔等国家的藏文书报刊覆盖面和社会影响力。支持本土原创作品、主题出版物的出版，继续实施青海名家精品图书出版资助项目。大力推动绿色印刷，发展以中小学教科书、地方特色图书、政府采购产品和食品药品包装为重点，引导印刷复制加工向综合创意和设计服务出版转型升级，推动新闻出版数字化转型升级和经营模式创新。支持实体书店及发行渠道建设。

4. 演艺娱乐业

创排品牌演艺剧目，鼓励青海省演艺企业创作体现青海特色文化、面向国际国内市场的演艺精品，重点在民族题材、历史题材、地域题材等方面的创作取得新突破。拓宽市场合作渠道，积极与国内外知名运作商、文艺主创团队等专业力量合作，对接省内外节事活动、歌舞晚会、专业演艺场所等优质演出平台。支持专业院团、演艺机构、从业人员“走出去”，完善市场信息发布及经纪人制度。加快演艺基础设施建设改造和演出场所建设，加强舞美设计、舞台布景创意和舞台技术装备创新，推动传统舞美与现代科技结合，丰富舞台艺术表现形式和科技含量。创新演艺业态，推动演艺与旅游、餐饮、休闲业融合发展。推动娱乐业与休闲产业结合，开发具有青海省民族文化特色、健康向上的原创型娱乐产品和新兴娱乐方式，鼓励娱乐企业连锁经营，促进娱乐产品传播消费。

5. 会展节庆业

完善文博会展载体建设。办好青海文化旅游节，打造文化会展品牌。结合青海文化产业特点，培育民族服装类、文化创意类、图书报刊类等会展产品。强化节庆品牌内生增长能力。将节庆活动与历史文化、民族风情、产业特色、自然风光有机结合，努力形成“一地一品牌、一地一特色”的文化节庆发展格局，着力提升贵德黄河文化旅游节、玉树康巴艺术节、青海花儿艺术节、热贡六月会、格尔木中国盐湖城文化旅游艺术节等节庆活动影响力。科学统筹节庆活动资源。坚持差异化发展原则，合理规划青海省节庆活动举办时序和空间布局。强化市场化运作模式。创新办节办展理念，逐步推动由政府大包大揽转向以政府主导、全社会广泛参与的市场化运作模式。

6. 创意设计业

加强本土创意能力的培养，扶持创意设计类企业发展壮大，引导文化企业更加注重创意创新、淡化行业界限、在产品的研发设计中强调交互融合的大设计理念，逐步形成具有青海民族民间特色文化的创意设计发展模式。强化创意设计外延服务，着力推动工艺美术产品、传统手工艺品与现代科技和时代元素融合，促进民族服饰、民族歌舞、民族工艺品等民族民间特色文化资源开发利用。支持多样化、综合性文化旅游休闲产品开发，服务创意农业和美丽乡村建设，提升文化旅游产品开发和文化旅游服务设计的人性化、科学化水平。依托网络化、数字化技术，繁荣文学、艺术、影视、音乐创作与传播，创新创意服务模式。促进创意设计与现代生产生活和消费需求的对接，拓展大众消费市场，积极探索个性化定制服务。

7. 艺术培训业

建立特色艺术培训体系。立足青海省民族演艺、工艺美术技艺等区域特色文化，坚持以就业为导向，推动省、州（市）、县共建，公办、民办并重，企业、行业并举，形成主体多元、灵活开放、结构合理、特色鲜明、效益突出的现代艺术培训体系。构建产学研一体化平台。依托文化产业示范基地、园区、非遗传习所、职业学校，围绕民族手工艺、民族歌舞及其他可开发民族艺术资源，分类打造中小规模、灵活多样的培训载体平台。依托互联网、新媒体等渠道开展网络在线、电视课堂等艺术培训服务，降低培训成本，提高培训效率。加强保障扶持力度，建立文化艺术专业人才社会化评价体系。

5.3.5 人才发展战略

1. 强化本土人才培养

全面实施“人才兴文”战略，落实《青海省宣传文化中长期人才发展规划》，培养一批具有重要影响的文化名人和文化大师，一批理论、新闻、出版、文艺等领域的领军人物，一批掌握现代传媒技术的专门技术人才，一批懂经营善管理的复合型人才。积极实施“三区”人才支持计划、文化志愿者等各类文化人才培育工程项目，积极采取送出去等方式，形成完善的人才合作培养机制。大力加强对艺术职业院校的行业指导，通过出台行业规范和标准、推动示范专业点建设举办教育教学成果展示活动，进一步提升办学水平和人才培养质量。加大民族手工艺等文化相关实用技术培训，服务地区产业转移和农牧民群众就业致富。

2. 加强专业人才引进

加快推进文化人才引进机制改革，健全完善《青海省引进人才智力实施办法》，推动人才引进政策创新，营造充满活力、富有效率、更加开放的人才引进环境。实施人才柔性引进策略，实现智力、智慧要素灵活流动，建立文化发展顾问制度，成立青海文化发展专家咨询委员会，聘请国内外著名文化大家、优秀文化企业家及曾任国家文化行业的部级领导等担任专家顾问。加强与重点高等院校、科研机构、文化旅游产业园区和骨干文化旅游企业的合作共建。大力支持企业引进高端人才，给予引进企业一定的补贴，降低企业引进高端人才的门槛和人力资源成本。

5.3.6 实施重点工程战略

1. 特色文化产业发展工程

依托各地独特的文化资源，培育以民族民间工艺品、演艺娱乐、文化旅游、特色节庆、特色展览等为重点的具有青海特色的文化产业体系。持续推进丝绸之路文化产业带、藏羌彝文化产业走廊青海片区项目建设，成为在全国有重要影响力的特色文化产业带。鼓励各地结合当地文化特色建设一批文化特色鲜明、产业优势突出的特色文化产业示范区。培育和发展特色文化骨干企业，发挥其在创意研发、品牌培育、渠道建设、市场推广等方面的龙头作用，带动区域特色文化产业发展。支持各地实施“一地（县、镇、村）一品”战略，重点支持具有地域特色和民族风情的民族文化产品开发，形成一批具有较强影响力和市场竞争力的产品品牌。组织企业申报国家部委及青海省相关特色产业项目库，积极争取相关政策及资金支持。

2. 文化市场主体培育和发展工程

选择一批行业吸引力强、产品市场潜力大，并在行业中有一定竞争实力和发展潜力的企业作为重点培育和扶持对象，支持和推动重点文化企业发展。适时组建工艺美术集团公司和出版传媒集团公司。鼓励进一步拓宽产业领域、延伸产业链条。积极引导社会资本、房地产企业、矿业企业投资和兴办文化企业，鼓励与文化相关联的其他行业企业进入文化市场，实现跨行业、跨界发展，为文化产业注入新活力。进一步完善支持小微文化企业发展的政策措施，积极营造有利于提高小微文化企业创新能力、扩大发展规模、促进企业可持续发展的良好环境，激发全社会文化创造活力。重点支持微型文化企业上数量、小型文化企业上规模，推动小微文化企业“专精特新”发展，鼓励提升经营管理能力及品牌塑造营销水平。实施文化产品“走出去”战略，拓展省外、国外市场，拓宽营销路径，扩大交易规模，为小微文化企业搭建产品展示、销售、项目洽谈的平台。参加义乌、深圳、厦门、北京、西安等文博会。支持省级文化企业孵化基地建设和小微文化企业比较集中的地区成立孵化基地。

3. 文化产业园区基地提升工程

重点支持国家、省级文化产业示范基地发展壮大，支持文化与科技、旅游融合的创意产业园区和地方特色文化产业园区项目建设。在目前已建成的27个文化产业园区的基础上，鼓励和引导各地整合文化资源，再支持规划建设一批集演艺、休闲、旅游、餐饮、购物、文化旅游产品开发于一体的重大文化产业园区项目。鼓励和引导文化产业园区基地更好地发挥促进创意孵化、加强人才培养、推进产业融合、建设服务平台、培育文化品牌等功能，形成一批具有核心竞争力的特色文化企业、产品和品牌。

4. 数字文化产业发展工程

利用互联网+及大数据技术，以创意为动力，促进文化资源与数字技术融合，构建新的文化产品生产和消费方式，培育新的文化产业集群、消费人群和传播方式。依托互联网新媒体模式（微博、微信、APP等），推动传统文化产品、经典作品转化成移动多媒体、网络视听内容或植入大众消费品，让传统文化走进市民生活，推动数字文化产业快速发展。提升文化企业网络服务能力，支持文化产品电子商务平台发展，促进文化产品、文化活动与现代生活广泛结合的应用、推广和交易，打造线上线下文化消费新业态。支持“昆仑文化旅游”综合信息平台及青海省文化资源数据库建设。推动新闻出版业数字化转型升级，通过政策引导和重大项目建设，积极引导新闻出版业推进内容和形式创新，丰富图书、数字出版、网络视听、动漫游戏等数字内容产品。推动文化产品生产传播全产业链与内容服务、应用商店模式发展，实现文化产品消费渠道网络化、消费体验虚拟化、消费终端集成化。

5. 文化产业投融资体系推进工程

鼓励金融机构发挥各自比较优势开发适合文化企业特点的金融信贷产品和特色服务产品，探索融资租赁贷款、应收账款质押融资、产业链融资、股权质押贷款等适合文化企业特点的信贷创新产品。在青海省范围内推广“唐卡贷款”创新经验，支持中小企业通过私募债等拓宽融资渠道。与金融机构合作，设立青海省文化产业发展投资基金，以股权投资、项目融资、债券等方式投资文化产业重点项目。加强对文化企业上市的辅导培育，鼓励文化企业上市融资和并购重组，实现文化资本跨地区、跨行业、跨所有制整合。重点支持文化企业在项目实施中积极利用金融工具，获得有关银行基准利率贷款的文化产业项目，分类推动文化投资项目资产证券化，推进项目产权与经营权交易平台建设。

6. 文化产业创意创业人才扶持工程

完善文化产业创意创业人才培养、引进和激励机制。引进培养一批领军人才、创意人才和高技能人才。支持文化企业与省内教育培训机构建立产学研一体化的人才培养机制。开展与央企、对口支援省份的人才交流与合作，建立与发达地区文化产业人才梯度对接的培养机制。资助优秀文化创意人才和经营管理人才“走出去”学习培训。创造条件，吸引成熟型高层次文化产业经营管理人才落户创业。

5.3.7 优化发展环境战略

1. 深化体制改革

建立健全党委领导、政府管理、行业自律、社会监督、企事业单位依法高效运营的文化管理体制和富有活力的文化产品生产经营机制。加快转变文化行政部门职能，强化政策引导、平台搭建、公共服务、环境营造，不断提高宏观管理能力，推动政企分开、政事分开、管办分离。深化行政审批制度改革，放宽市场准入，激发社会活力。深化文化市场综合执法改革，建设规范化文化市场综合执法队伍。积极培育规范行业协会、文化类社会组织、中介组织以及文化志愿者等社会力量。

2. 优化市场环境

持续实施“文化市场建设工程”，培育现代文化交易市场，进一步发挥市场在文化资源配置中的积极作用，加强文化产品、服务和要素市场建设，促进具有青海民族特色的文化产品和要素资源跨区域流动。完善现代文化市场基本管理制度，培育积极正面、公平竞争、优胜劣汰的市场环境，完善文化市场准入退出机制，加强和改进文化市场外资准入管理。建立健全以内容监管为重点，以信用监管为核心，覆盖文化市场事前事中事后的全过程、全领域监管体系。加快建立市场中介机构和行业组织，健全完善统一开放竞争有序的现代文化市场体系。

3. 完善政策体系

贯彻落实国家建设“一带一路”重大战略决策及推进藏区跨越式发展的定向调控政策，配套出台进一步促进青海省文化改革发展的措施和办法。制定实施关于支持社会力量参与文化事业，落实企业、机构和个人捐赠、兴办公益性文化事业的税收优惠政策，出台推动非物质文化遗产生产性保护税收扶持政策，落实完善文化体制改革配套政策。进一步健全推动民族特色文化产业发展的财政、税收、金融、土地、人才培养及扩大文化消费的相关政策。

5.3.8 完善投融资体系战略

1. 加大政府财政投入

充分发挥政府公共财政主导作用，建立同财力相匹配、同人民群众文化需求相适应的政府投入保障机制，提高文化支出占财政支出比例，保证公共财政对文化建设投入增长幅度高于财政经常性收入增长幅度。优化完善转移支付体制，优先支持基层农村牧区文化发展。逐步加大省级文化产业发展专项资金投入，采取贴息、补助、奖励等方式，改进投入方式，拓宽资金来源渠道，支持文化园区（基地）和重点项目建设。完善文化产业发展专项资金管理办法，确保投资发挥效益。

2. 鼓励社会资本进入

改革创新公共文化服务投入方式，支持通过特许经营、投资补助、政府购买服务等多种方式，吸引社会资本积极参与公共文化服务领域投资运营，推广实施政府和社会资本合作（PPP）模式。落实资源捆绑开发政策、招商引资优惠政策，引进国内外有实力的文化企业、投资机构投资建设文化项目。联合省内外投融资机构、征信担保机构为资本市场输送优秀的文化旅游企业和项目。支持条件成熟的地区成立文化发展投资基金，重点项目在实施谨慎风控基础上试水 P2P、众筹等互联网金融模式。

5.3.9 以西宁为重点的“走出去、引进来”战略

为促进文化产业实施国际化战略，鼓励和支持文化企业真正能“走出去”，从政策层面，应该制定产业保护政策以及财税优惠政策，使得文化企业有实力、有底气在国际市场上竞争；从文化产品层面，应引导和支持文化企业深入挖掘文化资源，努力整合和创新，形成具有青海特色的、多层次的、多种类的系列文化产品；从文化人才层面，应该培养具有国际视野和较强市场开拓能力的专业化文化人才，设立岗前培训，完善持证上岗管理制度，并探索与大型国际文化企业开展人才交流培训，从而提升文化产业人才的整体素质。从国际市场层面，应引导文化企业学习和掌握国际文化市场的交易准则，同时，可在省外乃至国外设立文化产业的代理公司，专门为文化企业提供文化产品交易、版权交易等服务，从而弥补文化企业在国际文化市场上信息不畅通，交易规则不熟悉等劣势，尽快与国际文化市场对接。①

青海文化产业若要取得快速发展，一方面，要实施“走出去”战略，参与省

---

① 刘丽娟. 文化资本运营与文化产业发展研究［D］. 吉林大学博士论文，2013：109.

外乃至国际文化市场竞争；另一方面，要实施“引进来”战略引进国内外优质的大型文化企业集团进驻，学习和借鉴其组织管理和市场运营等方面的经验。

以西宁为重点，通过文化资源、生活传统、风景及娱乐等因素，全力提升城市的文化旅游吸引力。高度重视文化和旅游产业融合发展，注重把文化融入旅游商品开发、项目推介、宣传促销当中，打造以文化旅游演出、民俗展览展示、文化产品生产销售等为主体的文化产业体系。同时积极促进非物质文化遗产保护传承与旅游相结合，发挥旅游对文化消费的促进作用。实施水街文化创意园、湟中民族风情园项目，加快陈家滩特色文化旅游产业园建设，充分利用创客空间、创业咖啡等新型孵化器模式，扶持文化小微企业，支持各类文化产业基地更好地发挥促进创意孵化、加强人才培养、推进产业融合、建设服务平台、培育文化品牌等功能，促进其转型升级。

5.3.10 扩大文化消费战略

据研究[①]，文化消费对文化产业发展的贡献度最大，表明文化消费是当前影响文化产业发展的最主要因素，文化产业发展的动力主要来自文化消费。近年来青海文化消费一直保持强劲的发展势头，文化消费总量不断上升，但是目前青海省的文化消费仍处于较低水平，文化消费存在结构不合理，区域文化消费发展不均衡等突出问题。因此，要大力发展文化产业，必须扩大城乡居民文化消费需求，增加文化消费总量，提高文化消费水平，促进城乡和区域文化消费协调增长。文化消费具有高层次需求的特点，可以根据城乡和区域的居民文化消费习惯，调整文化消费结构，合理布局文化物质消费与文化精神消费的生产供给，分层次扩大文化消费。同时要通过宣传引导文化消费逐步由低层次物质需求向高层次精神需求转变，由城市为中心向城乡同步发展转变，由发达地区为消费核心向区域消费层次协调共进转变，促进城乡和区域文化消费协调增长，从而促进文化产业大发展。

城镇居民人均可支配收入对文化消费具有显著的正向促进作用，是影响文化消费的主要因素。消费依赖于收入，收入不仅影响消费总量，更影响消费结构。文化消费对收入的弹性较大，要扩大文化消费需求，必须要进一步提高居民收入水平。青海省各地可根据各自的经济结构特征，发展优势特色产业，挖掘新的增长极，以经济增长带动居民收入水平不断提高。同时继续完善收入分配制度，缩小城乡、区域居民收入差距，为居民文化消费创造条件。城乡居民人均收入水平的不断提高，有利于扩大文化消费需求，为文化产业发展提供了强大的发展动力。

---

① 张亚丽．我国文化产业发展及其路径选择研究［D］．吉林大学博士论文，2014：167-168.

文化产品是富有弹性的商品。因此，在引导居民增加文化消费支出的同时应增加文化产品和服务的供给，降低文化产品和服务的价格。文化企业可投资兴建更多适合居民需求的文化消费场所，降低文化消费的机会成本。文化企业应降低和取消一些文化产品和基础设施收费，降低文化产品和服务的价格，促进居民文化消费。政府应对能提升居民精神文化水平的文化消费提供补贴，降低居民文化消费成本。补贴的形式可以包括直接价格补贴、消费券等。政府还要针对不同的群体制定不同的补贴措施，为困难群众和农民工文化消费提供适当补贴。

虽然青海居民文化消费水平不断提高，但是近年来文化消费有向庸俗化和享乐化方向发展的倾向。同时一些地区存在文化消费观念落后、文化消费意识不强和文化消费层次较低的现象。因此要不断加强文化消费宣传力度，鼓励新型文化消费方式，提高文化消费知识水平和文化消费技能，建立科学文化消费习惯和新式文化消费观念，引导广大居民文化消费向更加积极健康的方向发展。

随着文化消费渐渐成为人们关注的消费新热点，文化消费结构不断优化升级，但仍存在文化消费结构不合理的状况。从文化消费的种类来看，传统文化产品消费比重较大，高科技文化产品消费比重较小。因此，应加快推进文化与信息技术、数字技术融合，积极发展新型文化产业，不断丰富文化生产和出版方式，为居民提供更多高质量、多层次的文化产品和服务，积极引导文化消费结构升级。

对于青海促进文化产业发展而言，当前要做到以下几点：一要创新商业模式，拓展大众文化消费市场，开发特色文化消费，扩大文化服务消费，提供个性化、分众化的文化产品和服务，培育新的文化消费增长点。二要引导文化企业投资兴建更多适合群众需求的文化消费场所，鼓励出版适应群众购买能力的图书报刊，鼓励在商业演出和电影放映中安排一定数量的低价场次或门票，鼓励网络文化运营商开发更多低收费业务，有条件的地方要为困难群众和农民工文化消费提供适当补贴，提高基层文化消费水平，增加文化消费总量。

本章参考文献

[1] 赵星．我国文化产业集聚的动力机制研究——基于空间经济学视角［D］．南京师范大学博士论文，2014：22.

[2]（美）约翰．奈斯比特、帕特里夏．阿伯丁．2000 年大趋势［M］．北京：中国人民大学出版社，1988：24.

[3] 解学芳．文化体制改革：文化产业的一项制度安排［J］．学术论坛，2007.

[4] 马佳男．中国兰西格特色文化产业发展研究［D］．中央民族大学博士论文，2013：107.

[5] 张亚丽．我国文化产业发展及其路径选择研究［D］．吉林大学博士论文，2014：164-168.

[6] 赵星．我国文化产业集聚的动力机制研究——基于空间经济学视角［D］．南京师范大学博

士论文，2014：70–71.
[7] 刘丽娟 . 文化资本运营与文化产业发展研究 [D]. 吉林大学博士论文，2013：109.
[8] 张宝宗 . 吉林省文化产业发展研究 [J]. 吉林大学博士学位论文，2012：100–140.
[9] 刘绍坚 . 文化产业：国际经验与中国路径 [M]. 北京：中国社会科学出版社，2014：57–118.
[10] 李炎，陈曦：世界文化产业发展概况 [M]. 昆明：云南大学出版社，2014：3–27.
[11] 王东明 . 英国文化创意产业的发展 [J]. 企业改革与管理，2009（8）：64–66.
[12] 程坚军 . 对我国文化创意产业发展及人才培养的思考——以英国文化创意产业发展为例 [J]. 中国广播电视学刊，2010（7）：63–65.
[13] 熊澄宇 . 英国创意产业发展的启示 [J]. 求是，2012（7）：58–60.
[14] 杨秋浪 . 恩施州文化产业发展研究 [D]. 湖北民族学院硕士学位论文，2015：30–32.
[15] 匡跃辉，王锋 . 长沙市文化产业发展模式研究 [J]. 成都理工大学学报：社会科学版，2012（6）：1–6.
[16] 霍步刚 . 国外文化产业发展比较研究 [D]. 东北财经大学博士学位论文，2009：42–47.
[17] 青海省文化和新闻出版厅 . 关于加快发展文化产业的意见（送审稿）[R]. 青海省文化和新闻出版厅内部资料，2016–07.

（本章撰稿人：孙凌宇）

第6章　推动传统优势文化行业转型升级

党的十八大从国家战略高度明确提出，推动文化产业快速发展，促进文化和科技融合，发展新型文化业态，提高文化产业规模化、集约化、专业化水平。大力发展文化产业是当前我国经济结构战略性调整的重要支点和转变经济发展方式的重要着力点，更是提升国家文化软实力、实现中国梦的题中应有之义。近年来，随着文化体制改革的不断推进，我国文化产业呈现出朝气蓬勃的新局面，整体规模和实力有了明显提升，产业模式不断创新，逐步成为新的经济增长点，大力提升了中华文化的创造力和世界影响力。

“十二五”期间青海传统优势文化行业发展迅速，但也面临如何转型升级的问题。调整经济结构和转变发展方式是全面深化改革的重点，促进消费稳增长是“十三五”期间经济工作重中之重。2015年青海省第三产业增加值继续超过第一产业，其中包括文化产业在内的服务业作出了巨大贡献。发展文化产业是社会主义市场经济条件下满足人民群众多样化精神文化需求的重要途径，也是扩大消费稳增长、促进服务业全面健康发展的重要力量。当今，文化产业作为新型产业发展势头良好、发展空间很大。要按照全面协调可持续的要求，大力推动传统优势文化行业转型升级，使之成为新的经济增长点、经济结构战略性调整的重要支点、转变经济发展方式的重要着力点，为推动青海跨越发展提供重要支撑。

6.1 工艺美术业（民族民间工艺品业）

6.1.1 概述

青海的工艺美术业主要是民族民间艺术品。青海民族工艺品及其生产过程中独特的工艺技巧是民族文化的特殊载体，传承了千百年的青海传统民族信仰和民族性格，展示了丰富多彩的文化内涵及深层的精神观念。

《关于推动特色文化产业发展的指导意见》（文产发〔2014〕28号）（以下称《意见》）指出，鼓励各地发展工艺品等特色文化产业，工艺品业要在保护多样性和独特性的基础上，坚持继承和创新相结合，促进特色文化元素、传统工艺技艺与创意设计、现代科技、时代元素相结合。

同时，《意见》指出，培育特色文化品牌。支持各地实施“一地（县、镇、村）一品”战略，形成一批具有较强影响力和市场竞争力的产品品牌。发挥有代表性的民间手工艺人、工艺美术大师和文化名人在培育特色文化品牌中的作用。建立特色文化品牌认证和发布机制，加强宣传推广，完善传统工艺、技艺的认定保护机制，鼓励挖掘、保护、发展中华老字号等民间特色传统技艺和服务理念，鼓励特色文化企业申报原产地标记，加大知识产权的保护利用力度。

6.1.2 发展现状

1. 主体项目稳步发展

发掘青海民族民间文化资源，作为地方文化典型代表的部分工艺品产业形成稳步发展态势，产业结构进一步优化，质量效益明显提高。藏文化艺术品、藏毯、金银首饰、昆仑玉雕已成为青海省工艺美术四大支柱。唐卡、昆仑玉、藏毯、民族刺绣、石雕等传统工艺美术实现产业化生产。热贡艺术成为国内知名文化品牌。截至 2014 年底，青海省工艺美术行业企业（单位）3346 家，销售额 23.29 亿元，从业人员 10.12 万人。

2. 培育和打造“一地一品”特色文化品牌

西宁“多元文化”品牌、海东“河湟文化”品牌、海南“黄河文化”品牌、海北“青海湖文化”品牌、黄南“热贡文化”品牌、海西“柴达木文化”品牌、玉树“康巴文化”品牌、果洛“玛域格萨尔文化”等。品牌内涵不断丰富，影响力逐年提升，“大融之美、文化青海”品牌形象更加彰显。推动特色区域荣誉称号建设，同仁县、海南州、贵南县分别被中国工艺美术协会命名为“中国唐卡艺术之乡”“中国藏绣艺术之乡”和“中国藏绣生产基地”。特色区域荣誉称号的获得进一步提升了特色文化品牌形象，扩大了民族民间特色文化产品在国内外的知名度和影响力，唐卡产业和藏绣产业已经成为当地文化产业的支柱性产业。青海省文化企业注重企业品牌和中国驰名商标、青海省著名商标的培育。目前，青海省文化企业培育和打造的中国驰名商标有八瓣莲花、三江雪、藏羊地毯、布哈拉、宝光、昆玉、圣源地毯、宝玉陈、布绣嘎玛、撒拉黄河石艺、金驼等 11 个。青海省著名商标有玉玲珑、三江雪、八瓣莲花、玉生琨、宝玉陈、撒拉族石艺画、圣驼、穆巴热可、翠光、布绣噶玛、岗拉、天地人缘等 12 个。

3. 促进民族民间工艺品业与旅游产业的融合发展

某些民族工艺品具有旅游商品属性，针对青海旅游商品产业化程度不高，规模化、品牌化不够，发展滞后的实际情况，认真贯彻落实省委、省政府转发的

《关于加快青海旅游商品发展的意见》(青政办〔2007〕133号),深挖青海旅游商品“富矿带”,紧盯旅游购物收入占旅游业总收入20%的目标,力求补上青海旅游商品与购物服务业发展的“短腿”,积极推进青海特色旅游商品生产,建立和完善旅游商品销售网络。到“十二五”末,青海省有34个3A级以上景区引进“非遗”项目及民间艺人的产品展示、销售,现代堆绣、皮绣、木雕产品、泥塑、各类刺绣、石艺画等产品已经成为青海省旅游市场上比较成熟的商品。[①]

4. 培育和扶持小微文化企业发展

简化创办手续、降低准入门槛等措施,鼓励非物质文化遗产传承人、民间工艺大师等文化能人创业,引导手工类文化企业走“公司+农户”“协会+农户”“基地+农户”经营模式,一批有规模、有效益的文化企业正逐步兴起。

5. 积极向外推介

实施文化产品“走出去”战略,拓展省外、国外市场,为文化企业提供产品展示、销售、项目洽谈的平台。“十二五”期间,先后组织青海省200多家(次)文化企业(单位)携民族工艺品赴贝宁、马耳他、蒙古、韩国、越南等二十个国家和港澳台地区进行产业展示、交流。文化产品行销海外。民族服饰、藏毯、唐卡、乐乐玛藏式编织、藏式木雕、藏绣、藏饰品、藏黑陶、掐丝画等产品相继出口到美国、瑞典、意大利、蒙古、印度等国家和港澳台地区。工艺美术大师陆续走出国门,进行民间文化交流,有效推动了文化产业国际交流合作。青海藏羊地毯(集团)有限公司、青海伊佳民族服饰有限公司列为文化部文化产品出口重点企业,分别获文化部出口奖励94万元、70万元。循化黄河石艺画在韩国设点销售。积极为文化企业提供产品展示、销售、项目洽谈的平台,拓展省外市场,拓宽营销路径,扩大交易规模。先后组织1000余家(次)文化企业连续参加了5届中国北京国际文化创意产业博览会、5届中国(深圳)国际文化产业博览交易会、3届海峡两岸(厦门)文化产业博览交易会、1届中国(义乌)文化产品交易会、2届中国西部(西安)文化产业博览会、1届中国—东北亚博览会、1届甘肃省文博会及北京“藏之梦—青海手工藏毯艺术展”。十二五”期间,国内各大展会青海省民族文化工艺品销售额2589万元,订单10798万元,签约6000万元。

6.1.3 存在的问题

1. 创新创意能力弱

企业仍停留在传统产品的生产,消费群体面不广,产品档次不高,品牌特色

① 青海省旅游局.青海省旅游业“十二五”发展规划[EB/OL].青海省旅游局网站,2010-8-31.

不鲜明，市场空间受限。转型发展意识不强，创意设计能力不足，缺少与生产生活和消费需求对接的刚需产品，短期内很难实现转型升级和跨越式发展。

2. 产业化程度不高

以中小微企业及家庭作坊、个体经营户为主，普遍存在规模小、效益低、市场影响力弱等问题。具有引领示范作用的文化企业、产品、品牌有限。产业发展基础薄弱，总量小，处于探索培育的初步发展阶段。

3. 政策支持力度不够

虽然国家和省上出台了一系列扶持政策，但是真正有分量、含金量高的政策措施不多，且落地难。中小微文化企业及个体经营户缺乏金融机构的有效支持，融资难、融资贵的问题依然突出。产业配套服务能力和水平尚处于较低层次，配套服务规模也难以满足快速发展需求。

4. 人才短缺

创意创新人才不足，管理人才严重短缺，影响文化企业管理和市场开拓，从而阻碍了产业向纵深发展，尤其是熟悉本土文化、懂管理、善经营的具有创新意识的综合型人才十分紧缺。

6.1.4 发展建议

坚持因地制宜、突出特色、政策扶持、项目带动、融合发展的思路，积极挖掘整合特色文化资源，推动传统产业转型升级，培育新型复合文化业态，实施重大项目建设和园区（基地）提升工程，发展和壮大骨干文化企业，扩大和引导文化消费，努力构建结构合理、门类齐全、科技含量高、富有创意、竞争力强的现代文化产业体系。具体来说：

1. 重点推动唐卡、昆仑玉、藏毯及艺术挂毯、民间刺绣、民族服饰、黄河石艺画等特色文化产品的规模化生产。借助“互联网 +”等现代技术手段与创意设计理念，研发与现代生产生活和消费需求对接的文化创意产品，加快传统工艺美术业转型升级。强化品牌意识，提高产品附加值，发挥民族工艺品业在推进扶贫、就业领域的重要作用。

2. 不断挖掘传统工艺美术资源，加强对雕塑、金属、花画、刺绣等工艺品及地毯、挂毯等的产业化开发。加强对传统工艺美术类“非遗”项目的保护利用，实施生产性保护。统筹规划和布局唐卡、堆绣等艺术品的生产。顺应市场规律，引导唐卡逐步进入高端市场，形成行业知名品牌。充分发挥青海藏羊地毯（集团）有限公司的示范引领作用，继续扩大藏毯的品牌知名度和产业规模，不断增强创意设计能力。继续办好中国青海国际藏毯博览会。

3. 做大做强昆仑玉产业，推动青海昆仑玉、祁连玉等玉石产业的发展与壮大。大力推动昆仑玉产业自主创新和新产品研发能力，开发高端产品，扩大产业规模，培育昆仑玉龙头企业。以贵德黄河奇石园、平安小峡奇石产业园等为载体，推动西宁、贵德、平安、循化、化隆、祁连等地奇石产业发展，逐步扩大产业规模，提升奇石产品文化创意附加值。

4. 立足青海特色工艺美术，在坚持原料素材本土化的同时，加强工艺美术人才的创意设计及理念培训。筹划建设“青海特色文化产业创意研发中心”，加强对创新、创意的鼓励与支持。

5. 组织制订和完善昆仑玉、藏毯、唐卡等文化产品的行业标准，建立健全各类检测、鉴定机构，加强产品质量管理。组建各级各类行业协会，规范经营者的行为，实现行业自律。

6. 培养后续人才，促进民族工艺的传承。一是将非物质文化遗产传承、保护和发展纳入到职业教育体系，推动民间传统手工艺传承模式改革。二是以民族工艺品业为主导，加强民族工艺美术教育机构的建设和引进，完善民族工艺品业产业链的发展，实现创意文化进校园。三是发展工艺美术教育产业，建立工艺美术教育培训基地。

7. 拓宽营销路径，扩大交易规模，为文化企业、单位和个体经营者搭建产品展销、交流、项目洽谈的平台。加强对工艺美术品出口的扶持，不断扩大对外销售规模。支持企业通过建立全国性营销网点、分公司、连锁加盟等方式拓宽销售渠道。

8. 进一步加强民族工艺品业与旅游业的融合，畅通旅游商品销售渠道，提升青海旅游商品的销售量；建设一批旅游购物场所，筹建青海旅游商品交易中心，制定旅游商品销售评审办法与细则；加强对市场秩序的监管。

9. 加快工艺美术行业企业电子商务应用。依托现有的电子商务平台，支持青海省工艺美术行业骨干企业、中（小）微企业、民间工艺美术师、个体作坊艺人在第三方电子商务交易平台开设“青海工艺美术品特色馆”，通过“特色馆”开展网络营销。让实体店通过互联网展示、销售商品，同时提升线下体验、配送和售后等服务，加强线上线下互动，促进线上线下融合，不断优化消费路径、打破区域限制、提高服务水平。通过电商平台与消费者建立全渠道、全天候互动，扩大青海省工艺美术品的销售规模，开展跨境电子商务，拓展境外市场。

6.2 新闻出版业

国家统计局的行业分类标准中，将新闻出版业归于“文化、体育和娱乐业”（R 门类）中，具体分为“新闻业”和“出版业”两个大类，“新闻业”的具体内容没有具体的细分，“出版业”则具体分为图书出版、报纸出版、期刊出版、音像制品出版、和其他出版五个类别。《2014 年新闻出版行业分析报告》中，直接将新闻出版业分为图书出版、期刊出版和数字出版三大类，没有对“新闻业”作单独的分类与解释。而在《江西文化产业发展报告》（2015）中也认为，“在中国的分类体系中，新闻出版业中的‘新闻’二字相对较虚，不具备独立分类的特性，新闻出版业的实质是新闻或其他内容基于一定的实体介质进行大范围传播的产业，这种实体介质既包括纸张，亦包括其他需要借助设备才能完成阅读的磁带、光盘和存储器等”。① 因此，本研究中的新闻出版业以图书出版、期刊和报纸发行以及音像制品和电子出版物的发行为主要范围。

6.2.1 发展现状

1. 新闻出版业出版发行规模逐年提升

近年来，伴随着“西部大开发”政策的顺利实施，以及围绕“文化名省”建设目标的进一步推进，青海省新闻出版事业得到了快速发展。截至 2014 年底，青海省已拥有青海人民出版社、青海民族出版社图书出版机构两家，图书出版种类由 2004 年的 377 种增长为 2013 年的 1051 种，增长到了 10 年前的 2.78 倍。（见表 6–1）图书总印数也由 504 万册增长为 1331.3 万册，10 年间增长了 1.6 倍。青海省期刊发行种类近年没有太大的起伏，但是就发行量而言，2013 年比 2004 年增长了 1.4 倍。目前，青海省拥有《青海日报》《西海都市报》等 28 种报纸的出版发行权。2013 年，青海新闻出版中报纸的总印量已达 12426.4 万份，10 年间年均增长率达到了 18.3%。同时，在音像制品发行和电子出版物发行方面，青海省实现了零的突破，省内现有西海民族音像出版社、青海昆仑音像出版社、江河电子出版社新媒体出版机构三家，2014 年录像制品、录音制品和电子出版物发行分别达到了 16.1 万盒、1.5 万盒和 1 万张。综合而言，伴随着经济的不断增长，青海省新闻出版业无论在图书、期刊、报纸出版方面，还是在音像制品、电子出版物发行领域，其规模都有了极大地提升。

表 6–1　2004–2013 年青海新闻出版业出版发行情况表

指标		2004	2005	2006	2007	2008	2009	2010	2011	2012	2013
图书	合计（种）	377	390	392	576	656	680	652	781	788	1051
	总印数（万册）	504	840	1077	1143	987	843	1002.9	1015	1115	1331.3
期刊	发行种数（种）	49	40	52	52	52	53	53	53	53	53
	总印数（万册）	158	204	108	196	281	353	322.5	460	421	379.5

① 胡沈明. 江西新闻出版业发展报告（2015）[M]. 北京：社会科学文献出版社，2015.

续表

指标		2004	2005	2006	2007	2008	2009	2010	2011	2012	2013
报纸	发行种数（种）	21	19	27	25	26	26	27	27	28	28
	总印数（万份）	4384	4486	4400	9757	8859	9172	9769.7	10825	11085	12426.4
录音	种数（种）	0	0	0	0	0	2	0	0	1	1
	数量（万张）	0	0	0	0	0	0.6	0	0	0.7	0.8
录像	种数（种）	0	0	0	23	9	10	5	0	8	14
	数量（万张）	0	0	0	7.9	3.6	3.1	1.8	0	23.8	7.73
电子出版物	出版种数（种）	0	0	0	0	0	10	10	3	4	6
	数量（份）	0	0	0	0	0	6.1	7.2	0.5	0.4	1.8

数据来源：依据《中国新闻出版统计资料汇编》（2005 — 2014）、《青海统计年鉴》（2014）相关数据汇总所得。

2. 少数民族文字新闻出版规模持续增长

民族出版是一项责任重大、使命光荣的工作任务，在宣传党的民族政策、国家法律法规、传承少数民族文化、传播先进科学文化知识方面意义重大。我国历来重视少数民族文字出版事业，为了更进一步繁荣少数民族文化，加强少数民族语言文字出版规划与新闻出版公共服务体系的结合，国家新闻出版总局于 2012 年制定了《国家“十二五”少数民族语言文字出版规划》。

青海省虽然不是少数民族自治区，但是是我国重要的少数民族聚居区，世居有藏、回、蒙、撒拉、土等多个少数民族，且少数民族人口在青海省人口中所占比重高达 46.98%，因此，旨在宣传真理、凝聚人心、互求认同的民族文字新闻出版业就显得尤为重要。同时，青海省内有利于少数民族文字出版的资源也得天独厚，省内有国内知名的少数民族相关问题研究院所，也有众多享有盛誉的省内外少数民族相关问题研究学者和专家，更有不胜枚举的少数民族题材典籍和传说，因此，以藏文书籍为代表的少数民族文字新闻出版发行是青海省新闻出版界的一个优势。近年来，青海新闻出版业在少数民族书籍、期刊、报纸的出版发行方面成绩斐然，图书的出版发行从 2004 年的 183 种、83 万册增长到 2013 年的 343 种和 336 万册，10 年间分别增长了 87% 和 301%（见表 6–2）。青海民族出版社的《藏族少儿知识文库》《卓玛学汉语》等书籍在促进民族之间的文化的交流和融合，维护地方稳定方面做出了很大的贡献。少数民族文字期刊也从较早的 3 种增加到了 12 种，最高达到了 12 万册的印刷量。报纸从较早的 76 万份的发行量增加到 2013 年 134 万份。电子出版物方面不仅实现了零突破，而且电子出版物《民族团结挂图》《青海花儿集成》《卓玛扎西学汉语》《藏族历代文学经典文库》等，也受到了广大少数民族同胞的极大欢迎。

表 6–2　青海省少数民族文字出版规模变动情况表

项目	年份	2004	2005	2006	2007	2008	2009	2010	2011	2012	2013
图书	种数（种）	183	171	249	194	214	249	265	300	342	343
	印数（万册）	83	139	205	211	255	292	301	286	351	336
期刊	种数（种）	3	—	—	—	—	—	6	12	12	12
	印数（万册）	0.6	—	—	—	—	—	5.40	12.09	10.82	11.19
报纸	种数（种）	6	5	5	5	5	5	5	7	7	7
	印数（万份）	—	—	—	87	125	103	105	138	141	134

资料来源：依据《中国新闻出版统计资料汇编》（2005 — 2014）相关数据汇总所得。

3. 非国有背景新闻出版发行主体比重逐年上升

2005 年 12 月，中共中央、国务院颁发了《中共中央、国务院关于深化文化体制改革的若干意见》，明确要求深化文化改革，进一步解放和发展文化生产力。根据此意见的要求，新闻出版总署于 2006 年 7 月，印发了《新闻出版总署关于深化出版发行体制改革工作实施方案》，就进一步促进出版发行行业全面协调发展，调动广大新闻出版工作者的工作积极性和创造性，解放和发展新闻出版生产力，促进新闻出版事业繁荣做出了统一部署。2008 年 10 月，国务院办公厅进一步下发了《关于印发文化体制改革中经营性文化事业单位转制为企业和支持文化企业发展两个规定的通知》，支持经营性文化事业单位向企业转制。2010 年 1 月，新闻出版总署发布了《新闻出版总署关于进一步推动新闻出版业发展的指导意见》，这是继 2009 年出台《关于进一步推动新闻出版体制改革的指导意见》之后，新闻出版总署为进一步推进新闻出版体制改革、推动新闻出版产业发展制定的又一个纲领性文件，进一步明确引导和鼓励非公有资本有序进入出版产业。

在上述一系列改革措施影响下，我国传统上以新华书店为主的新闻出版发行主体格局发生了根本性的改观，就青海省而言，2004 年至 2013 年间，青海省图书发行机构从 379 个增加到了 987 个，新华书店发行网点数量却从 133 个降为 58 个，新华书店以外的批发及零售机构却从早期 2004 年的 246 个增加到了 2013 年的 926 个。数字显示（见表 6–3），新闻出版发行主体规模不断扩大的同时，新华书店为代表的国有书店及国有发行点的数量和比重持续下滑，国有发行机构和工作人员的数量呈现明显的萎缩趋势（见图 6–1）。新闻出版发行主体的国退民进对青海省整个新闻出版行业带来的重大影响就是消费者可选择的范围进一步增多，可以享受到更加优质的服务和更多的价格优惠，同时，传统的国有出版发行主体经营观念和方式在悄然发生着改观。

表 6-3 青海省出版物发行机构数变动表

项目 \ 年份	2004	2005	2006	2007	2008	2009	2010	2011	2012	2013
发行机构合计（个）	379	439	447	372	332	514	661	534	1052	987
新华书店及其发行网点（个）及占比	133	135	147	71	60	67	62	61	55	58
新华书店外批发及零售机构（个）及占比	246	304	300	301	274	457	599	473	999	929

资料来源：依据《中国新闻出版统计资料汇编》（2005 — 2014）相关数据汇总所得。

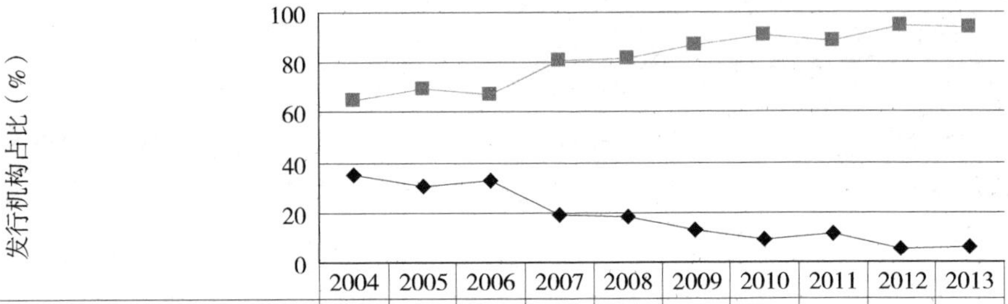

	2004	2005	2006	2007	2008	2009	2010	2011	2012	2013
—◆— 国有新华书店及发行点占比（%）	35.1	30.8	32.9	19.1	18.1	13	9.4	11.4	5.2	6.4
—■— 新华书店外批发及零售机构占比（%）	64.9	69.2	67.1	80.9	81.9	87	90.6	88.6	94.8	93.6

图 6-1 青海省新闻出版机构构成变动图

资料来源：依据《中国新闻出版统计资料汇编》（2005 — 2014）相关数据汇总所得。

4. 新闻出版行业发展政策敏感度较高

青海省新闻出版行业近年来的持续增长是毋庸置疑的，同时，通过统计数据也显示，以 1996 年到 2013 年的 17 年的期间作为观察期，青海省图书、期刊、报纸为主体的传统出版领域有一个明显的增长趋势，17 年间图书、期刊、报纸的平均增长速度分别为：0.48%、9.67% 和 4.72%（见表 6-4）。将 2001 — 2013 年间的 12 年作为一个观察期内，三大媒体行业的增长速度分别变为了：7.08%、12.64% 和 8.25%，比上一个观察期有一个明显的加速度趋势。当观察期变为从 2011 年到 2013 年的 4 年时，增长速度分别又成为了：15.22%、8.48% 和 12.7%，除了期刊增长速度低于 10% 以外，图书和报纸都保持在 10% 以上的高增长。三个观察期增长速度各有不同，总体而言越来越快趋势明显。同时，2001 — 2013 年新闻出版业较之前有快速的增长恰好与西部大开发政策的推进实施相吻合，2011 — 2013 年除了期刊之外图书和报纸领域的较快速较快速增长与国务院及新闻出版总署一系列深度的新闻出版机构改革相吻合，这也进一步证明，青海省图书出版行业的发展对相关政策的推行敏感度较高。各领域的快速增长并没有保持同步，期刊的快速增长期在 2001 年到 2013 年间，而报纸和图书的快速增长期却在 2011 年至 2013 年，2013 年后，期刊的增长速度有所放缓（见表 6–4）。

表 6–4　新闻出版业平均增长速度情况表

项目＼平均增速	1996 — 2013	2001 — 2013	2011 — 2013
图书	0.48%	7.08%	15.22%
期刊	9.67%	12.64%	8.48%
报纸	4.72%	8.25%	12.78%

资料来源：《青海统计年鉴》，2014 年。

6.2.2 存在的问题

1. 新闻出版业规模较小

从 2004 — 2013 年统计数字来看，青海省新闻出版业处于明显的持续的上升通道中，无论图书、期刊、报纸还是音像及电子出版物，出版发行种类和规模都有极大地提高。但是，相比较于其他省、区，青海省新闻出版业的规模还是偏小的。（见图 6–2）2014 年，青海省图书、期刊和报纸出版发行量分别为：1213 万本、378.1 万册和 13737.5 万份，人均出版发行量分别为 2.08 本 / 人、0.64 册 / 人和 23.56 份 / 人，而同期图书、期刊、报纸出版发行量最多的省区分别为上海、湖北和广东，分别达到了 5.6 亿本、2.8 亿册和 39 亿份，以当地人数求平均后，其人均量分别达到了 23.19 本 / 人、4.83 册 / 人和 36.64 份 / 人，因此，无论绝对量规模还是相对量规模，青海省新闻出版业的总体规模还是比较小的。

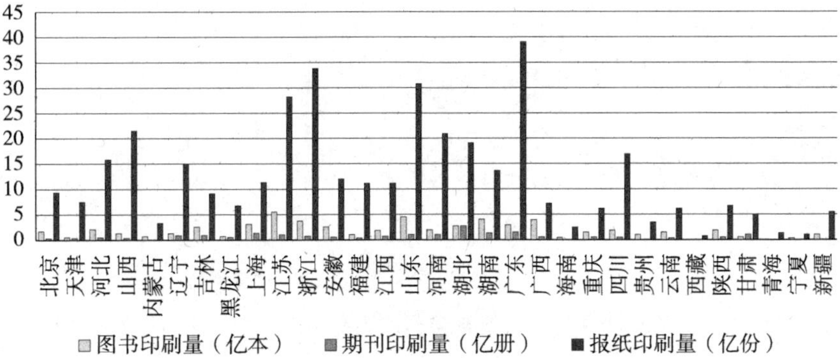

图 6–2　2014 年青海省图书、期刊、报纸出版发行量与全国对比图

资料来源：依据《中国统计年鉴》（2015）整理所得。

考虑到地区经济发展程度的影响，将青海省新闻出版发展规模放在西北五省区中进行比较，就绝对规模而言，青海省无优势，就人均的相对规模而言，除了报纸发行量排在陕西、甘肃、宁夏等省区前列，图书和期刊均处于末位（见表6–5）。

表 6–5　2014 年度西北五省区新闻出版业出版发行规模比较

项目 \ 省区		陕西	新疆	甘肃	宁夏	青海
图书	总印数（亿本）	1.9	1.0	0.5	0.4	0.1
	人均（本 / 人）	5.05	4.42	1.94	6.12	1.73
期刊	总印数（亿册）	0.5	0.2	1.1	0.1	0.0
	人均（册 / 人）	1.32	0.88	4.26	1.53	0.65
报纸	总印数（亿份）	6.8	5.5	5.1	1.1	1.4
	人均（份 / 人）	18.07	24.29	19.75	16.82	23.77

资料来源：依据《中国统计年鉴》（2015）、《中国新闻出版统计资料汇编》（2015）相关数据计算所得。

2. 新闻出版业全国影响力较低

就图书出版而言，2013 年全国 31 个省区市的出版发行业在图书出版种数、图书总印数、图书定价方面的平均影响力为 3.23%，而青海省在全国图书出版种数、图书总印数、图书定价方面的影响力分别为 0.25%、0.22% 和 0.15%，远远低于全国平均水平（见图 6–3）。

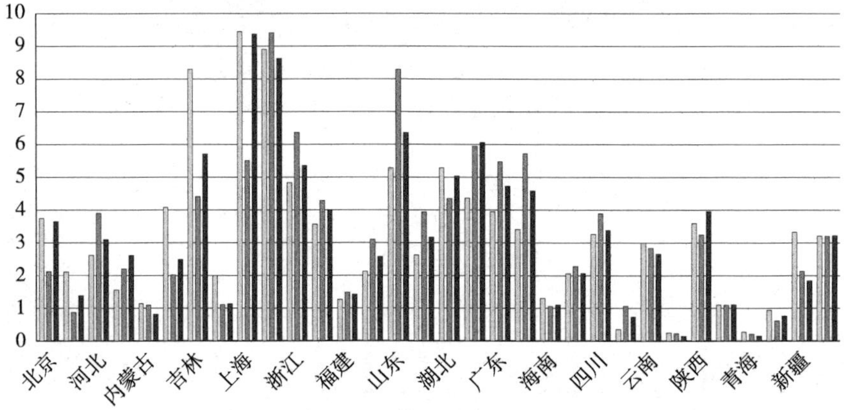

图 6–3　2013 年地方图书出版数量全国各省（区、市）所占比例比较图

资料来源：《中国新闻出版统计资料汇编》（2014）。

就期刊出版发行而言，截至 2013 年底，全国各省区市主办和发行的期刊中，共计有 95 种平均期印数在 25 万份以上的期刊，其中中央级别的期刊有 36 种，剩余的 59 种以多则 7 种、少则 1 种的形式分属于河北、山东、辽宁、湖北、湖南、重庆等 22 个省份和直辖市。西北省区中，甘肃省发行的《读者》以每期 3493985 份的印数拔得头筹。《党的建设》是甘肃省第二种平均期印数在 25 万册以上的期刊，平均期印数达 314000 册。陕西省出版发行的《当代陕西》和宁夏回族自治区出版发行的《看天下》分别以平均期印数 300000 和 267401 当选。但是青海省的 53 种期刊中却没有一种获此殊荣。

3. 新闻出版业工业销售产值较低

受经济发展水平、行业规模、行业全国影响力等因素的影响，青海省新闻出版行业工业销售产值较低，从绝对数来看，2013 年，青海省新闻出版业共计 52 家企业，实现产值 23.31 千万元，在全国排名倒数第三位。同年实现产值最高的省份为浙江省，共计实现产值 2083.59 千万元（见图 6–4）。考虑各省人口数差异，2013 年全国人均新闻出版工业销售产值为 105.66 元 / 人，而当年青海省人均新闻出版工业销售产值为 40.32 元 / 人，与全国平均水平相差较远。当年人均产值最高的是上海市，人均实现产值 443.63 元 / 人，比青海省的 10 倍还要多，因此，无论从相对数还是从绝对数对比，青海省新闻出版业工业销售产值在全国范围比都偏低。

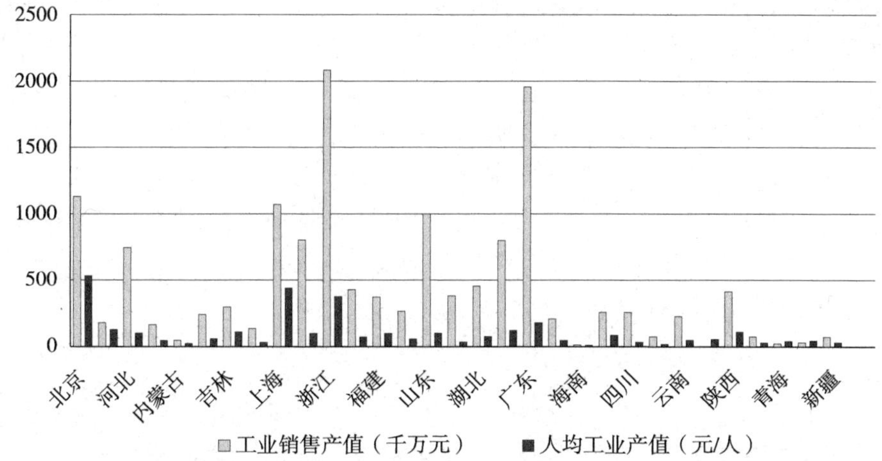

图 6–4 2013 年全国出版物印刷企业工业销售产值与人均产值对比图

资料来源：依据《中国新闻出版统计资料汇编》（2014）《中国统计年鉴》（2014）相关数据整理所得。

考虑区位因素，将青海与西北地区其他四省区作比较，以 2013 年度西北五省区出版物企业家数及工业销售产值和人均工业销售产值作比较，其结果无论绝对数还是相对数，青海依然处于最低水平（见表 6–6）。因此，青海省新闻出版业销售产值偏低是不争的事实。

表 6-6　西北五省区新闻出版工业企业家数、销售产值及人均销售产值对比表

项目＼省区	陕西	新疆	甘肃	宁夏	青海
企业家数（个）	217	122	96	82	52
工业销售产值（万元）	418454.75	76760.11	75984.49	29375.04	23306.65
人均工业销售产值（元/人）	418.46	76.76	75.98	29.37	23.31

资料来源：依据《中国新闻出版统计资料汇编》（2014）《中国统计年鉴》（2014）相关数据整理所得。

6.2.3 发展建议

1. 借力政策扶持，扩大新闻出版行业规模

首先，鉴于青海省新闻出版行业具政策敏感性高的现状，借力政府出台各项优惠政策推动青海省新闻出版业的发展是可行的。其次，在党的十八大报告中，党和国家领导人提出扎实推进社会主义文化强国目标，坚持要将文化产业发展成为国民经济的支柱性产业，为新闻出版业的发展提供了极为有利的契机。第三，新闻出版业的大力发展有利于推动当地经济的发展、民族新闻出版业的发展更有利于民族间的沟通与协调。综合上述原因，青海省应该出台相应的优惠扶持政策大力推动新闻出版业的大举向前发展。

政策扶持的范围首先应该为放宽市场准入条件，以较低的市场准入条件吸引较多的投资者进入新闻出版领域，吸纳社会资金壮大行业规模的同时，推动行业内的市场竞争和优胜劣汰，也不断刺激经营者推陈出新，以促进全行业的健康、持续发展。其次，政府相关部门应该出台相应的新闻出版业经营税赋的减免政策，通过减轻企业负担促成让企业把握住较多的市场机遇，借助税收这样一个杠杆推动新闻出版业大举向前发展。

2. 实施新闻出版精品战略

改革开放三十多年间，青海省新闻出版行业得到了长足发展，累计出版了上万种图书，年发行期刊 50 多种，300 多万册，但是，能够在市场上引起较高的关注，赢得较高赞誉的出版物却是凤毛麟角。因此，市场规模小、同行业中影响力不足等问题就会随之而来。改变这一现状的行之有效的办法就是实施新闻出版精品工程。首先，青海省可以利用其少数民族文字研究和出版的便利条件，与省内外知名学者和专家合作，大力开发少数民族文字精品图书，选题范围可以是专业性的少数民族历史文化研究、可以是历史名人选集、自传、也可以是工具类图书。通过民族专长的发挥创造精品从而扩大市场影响力。其次，可以通过购买

经典图书版权的方式增加精品数量，借经典之名扩大自身的社会影响力和市场份额。第三，打造精品期刊。比如《青海民族研究》是该领域享有口碑的专业性的学术期刊，也是青海省唯一入选北京大学中文核心期刊目录的期刊，完全有条件打造成青海省的精品刊物。相关部门应该汇集省内相关优势力量，全力打造，以实现青海省精品期刊的零突破。

3. 适时推进传统新闻出版业数字化转型

2014 年 4 月，国家新闻出版广电总局、财政部发布《国家新闻出版广电总局、财政部关于推动新闻出版业数字化转型升级的指导意见》，认为开展数字化转型升级是进一步巩固新闻出版业作为文化主阵地主力军地位的客观需要，是抢占未来发展制高点、参与国际竞争的重要途径，新闻出版企业在面对数字化与信息化带来的挑战与机遇过程中，应该主动开展数字化转型升级，只有这样才能实现跨越与发展。因此，为了贯彻党的十八大关于加快文化与科技融合的精神，落实《国家“十二五”时期文化改革发展规划纲要》关于“出版业要推动产业结构调整和升级，加快从主要依赖传统纸介质出版物向多种介质形态出版物的数字出版产业转型”的要求，推动新闻出版业健康快速发展，青海省应该在加大财政专项资金扶持力度，通过配备专业化的数字化转型设备和高技能的专业人才，构建高效的数字化转型升级模式，围绕开展数字化转型升级标准化工作指引，尤其加强青海省教育、少儿、少数民族语言等出版事业，为新闻出版业与科学技术的完美结合做好注脚。

4. 进一步稳定新闻出版人才队伍

任何一个产业的健康发展都离不开人才的支撑。受经济发展水平、行业规模、行业全国影响力等因素的影响，青海省新闻出版行业工业销售产值较低，目前的发展水平不具有足够的吸引力吸引和留住人才，因此，如何稳定现有的人才队伍、积极引进的扩充人才队伍是推动青海省新闻出版业快速发展的重要保障。

首先，青海省新闻出版机构要努力打造有利于人才成长的有前景的工作平台，以未来光明的事业前景来稳定人才队伍。工作平台的打造离不开前期资金的投入和科学合理的绩效评价体系和人性化的人员管理模式，资金的投入便于相关工作的开展、科学合理的绩效评价体系免除人才后顾之忧，而人性化的管理模式可以最大程度化解人才不良情绪，调动其工作积极性。其次，青海省新闻出版机构要致力于提高企业营业能力，适度维护人才多方收益和利益，做到以待遇留人。待遇虽然不是稳定人才的唯一法宝，但是却具有决定性意义的法宝。新闻出版业企业对外要维护好本企业的利益，保证企业收益的稳中有增，对内要维护好人才利益，以此保证在日趋激烈的人才竞争中人才不会流失。再次，青海省新闻出版机构要营造珍惜人才、尊重人才、爱护人才的内部氛围，做到以真诚留人。

新闻出版机构内部先要牢固地树立人才就是最重要的无形资产的理念，有效杜绝外来和尚会念经的做法，给予人才以主人翁的身份，以此来稳定人才队伍。最后，制定完善的契约关系，以法律的理性保证人才队伍的稳定，为机构的健康发展打下坚实基础。

6.3 节庆会展业

6.3.1 概述

节庆会展业是承接一、二产业，促进第三产业发展的新型经济业态，对于城市经济社会发展具有重要的推动作用。

《青海省人民政府办公厅转发青海省文化和新闻出版厅等部门 <关于促进青海文化与旅游融合发展若干意见> 的通知》（2012 年 7 月）中指出：积极打造文化旅游系列活动品牌。要根据文化部、国家旅游局《关于促进文化与旅游结合发展的指导意见》（文市发［2009］34 号）和国家旅游局《关于进一步加快发展旅游业促进社会主义文化大发展大繁荣的指导意见》（旅发［2011］61 号），对青海省具有影响力的文化旅游节庆活动，经省文化和旅游部门遴选、审核后，统一上报文化部和国家旅游局，积极争取列入国家文化旅游节庆活动扶持名录，取得国家政策优惠、资金补贴等多种方式的支持。要着力提高文化旅游节庆市场化运作水平，吸纳国内外旅游团广泛参与，做大做强一批有影响力的文化旅游节庆品牌，形成定位准确、主题突出、特色鲜明、梯次发展的节庆会展格局。要进一步做大做强环青海湖国际公路自行车赛、中国青海世界杯攀岩赛、中国青海抢渡黄河极限挑战赛、青海湖国际诗歌节、青海国际唐卡艺术节与文化遗产博览会等展会、节庆、体育活动，打造特色文化创意品牌。同时，引导做好区域性文化旅游节庆活动，如中国·青海西宁国际原生态舞蹈暨现代舞艺术节、中国夏都避暑旅游节、互助西北音乐文化艺术节、贵德黄河文化旅游节、民和县桃花旅游节、海晏县王洛宾音乐艺术节、门源油菜花文化旅游节、中国·乐都河湟地区国际民间射箭邀请赛、德令哈海子诗歌节、格尔木中国盐湖城文化旅游艺术节等。

6.3.2 发展成果

1. 文化节庆会展成效显著

形成环青海湖国际公路自行车赛、“水与生命”音乐之旅主题晚会、青海湖国际诗歌节、青海文化旅游节、青海国际唐卡艺术与文化遗产博览会、青海民族民间工艺美术品展、青海民族民间工艺美术成就展、国际藏毯博览会、青海经济贸易洽谈会等节庆、展会活动，打造特色节庆会展知名品牌，不仅成为青海对外文化交流的名片，还发展了文化产品展示交流的重要窗口。“十二五”期间，共举办五届青海文化旅游节、五届青海湖国际公路自行车赛、两届青海国际唐卡艺术与文化遗产博览会、两届青海民族民间工艺美术品展、一届青海民族民间工艺美术成就展等。

2. 节庆会展助推文化产业加快发展

节庆会展产业积极为文化企业、单位和个体户搭建了产品展销、信息交流和项目洽谈的平台，在行业发展中产生了重要的推介、辐射、凝聚和带动效应。以青海文化旅游节为例，参展单位从第一届的 10 余家、几百个品种增加到近 264 家、1 万多个品种，效益和规模不断显现。“十二五”期间，青洽会、藏毯展、文化旅游节等节庆会展活动实现文化产品销售额 3980 万元，订单 2819 万元，招商引资 18.06 亿元。节庆会展已发展成为青海省文化产品对外展示交流的重要窗口。

6.3.3 存在的问题

1. 政府参与过度

政府的过度参与是我国节庆会展项目普遍存在的问题，由于节庆会展涉及面广、综合性强，的确离不开政府的协调和支持，但现状是各级政府不仅在主题设置、名义主办中充当节庆会展的主体，连具体操作也参与其中，这不利于调动企业参与的积极性，约束了企业参与节庆会展的空间，市场对资源配置的基础性作用无法得到更好的发挥，市场营销的观念与方法未发挥应有的作用，不能有效地应用于节庆会展的组织管理活动中。

2. 缺乏市场调研、市场分析与先进营销观念的指导

节庆会展活动有其自身发展规律和特点，节庆会展活动之前对市场的调查、预测与参会者消费行为分析不足，不了解参与者的欣赏口味与审美情趣；活动中及活动后忽视了听取参与者意见的重要性，对社会反馈及处理缺乏详细分析。

3. 节庆会展产品主题雷同，缺乏创新

不同节庆会展的组织由不同政府部门主导，缺乏统一协调机制，主题雷同现象频出，缺乏创意创新。

4. 对外宣传营销力度不足

现有节庆会展的参观者主要以当地及周边省份居民为主，远距离游客及海外旅游者很少，参与形式以散客为主，团队很少，这都说明节庆会展在宣传、包装

乃至营销上都亟待提高。

5. 节庆会展纪念品开发欠缺

为具体节庆会展设计的独特形象往往是对其主题的提炼，也可以代表节庆会展举办地的独特地理特征、历史和文化，也为节庆会展项目营造氛围，成为节庆会展项目不可缺少的内容。以节庆会展主题形象及相关内容为核心开发的纪念品不仅可以给参与者带来节日气氛的延续，同时也可以为举办地带来可观的经济效益。但是从现有青海省节庆会展业的发展状况来看，节庆会展形象设计及产品的深度开发及其欠缺。①

6. 缺乏专业人才

节庆会展业是新兴产业，是经济发展的新动力，但其起步晚，发展快的特点也使得节庆会展业面临专业人才紧缺、职业教育及人才培养存在挑战等问题。

6.3.4 发展建议

1. 更新思想观念，创新办赛思路，以国际化、市场化、专业化的理念经营和培育赛事，充分发挥企业的积极性，提高赛事的市场化运作水平。环青海湖公路自行车赛已经是青海节事节庆产业的重要品牌，具有较高的国内外知名度和影响力，要充分利用环青海湖公路自行车赛的品牌效应，借鉴世界杯、环法自行车赛等体育节事成功经验，引入市场化运作机制，配套丰富大众旅游功能，积极与旅游企业合作，将品牌经济有效转化为旅游经济。继续办好国际黄河抢渡赛、世界杯攀岩赛，形成更丰富的国际体育品牌赛事。

2. 科学统筹青海省节庆活动资源，发掘各地传统节庆文化内涵，提升节庆文化品质，合理规划举办时序和空间布局，办好青海文化旅游节；指导做好区域性文化旅游节庆活动，逐步提升知名度，推动王洛宾音乐艺术节、中国盐湖城文化旅游艺术节、海东河湟文化旅游节、海南藏族服饰文化艺术节、黄南热贡文化旅游节、海北祁连山草原风情文化旅游节、海西昆仑文化旅游节、果洛玛域格萨尔文化旅游节、玉树康巴艺术节等一批参与度高、影响力大、社会效益和经济效益好的区域性节庆活动发展壮大。促进节庆会展产业与旅游业的融合发展，充分展现和弘扬少数民族文化内涵，借助旅游产业提升节庆会展产业的转型升级。

3. 完善青海节庆会展产业链条，不断提升服务能力。鼓励和支持会展企业联盟发展，提高行业服务能力和竞争力，引进有实力的会展运营商，积极培育有特色、有影响、有规模的品牌展会，实现会展业快速发展。

---

① 傅广海 . 会展与节事旅游管理概论［M］. 北京：北京大学出版社，2007.

6.4 文化休闲娱乐业

6.4.1 文化休闲娱乐业界定

所谓休闲娱乐，是指人们在工作学习之余的闲暇时间，为了满足自身内部需求，以健康、快乐和幸福的生活为目的，自主选择、自我进行的具有积极意义的各种活动的总称。① 由此可知，休闲娱乐必然是伴随着社会生产力的不断提高和人们对优质生活的不断追求渐渐进入公众视野。在国家统计局于 2008 年进行的时间利用调查中，把休闲娱乐分为一个活动大类，定义为“由个人自由支配的休闲娱乐和社会交往活动”，分为“使用媒体、体育锻炼与健身、业余爱好与游戏和消遣、外出参观与看电影和演出、社会交往、其他活动和与上述活动相关的交通活动”等 7 个中类，29 个小类。②

以 2011 年修订的《国民经济行业分类》（GB/T4754 — 2011）为基础、兼顾部门管理需要和可操作性、并与联合国教科文组织《文化统计框架——2009》相衔接，国家统计局于 2012 年 7 月 31 日发布了《文化产业相关产业分类》，根据文化及相关单位生产活动的特点，将“景区浏览服务”“娱乐休闲服务”“摄影扩印服务”统一归入了“文化休闲娱乐服务业”（详见表 6–7），意即对文化休闲娱乐业的范围作了较为清晰的界定。依据此界定，结合青海省实际，本文研究主要以青海省公园、游览景区、野生动物、植物保护、网吧、其他娱乐活动为主要对象，以此作为青海省文化休闲娱乐业发展研究的主要范围。

表 6–7　文化休闲娱乐产业的类别名称和行业代码

类别名称	具体内容	国民经济行业代码
景区游览服务	– 公园管理； – 游览景区管理； – 野生动物保护； ——动物园和海洋馆、水族馆管理服务； – 野生植物保护 ——植物园管理服务。	7851 7852 7712 7713
娱乐休闲服务	– 歌舞厅娱乐活动； – 电子游艺厅娱乐活动； – 网吧活动； – 其他室内娱乐活动； – 游乐园； – 其他娱乐业。	8911 8912 8913 8919 8920 8990
摄影扩印服务	– 摄影扩印服务。	7492

① 胡小丹 . 上海休闲娱乐区布局及设施配置研究［D］. 上海：华东师范大学硕士学位论文，2013.
② 刘庆庆，杨守鸿，陈科 . 新媒介对青年休闲娱乐的影响研究［J］. 重庆大学学报（社会科学版），2012（1）：143.

6.4.2 发展现状

1. 文化休闲娱乐业发展基本物质条件已初步具备

文化休闲娱乐业的发展离不开可由个人自由支配的资金和时间，更离不开可供休闲娱乐的活动场地。近年来，青海省文化休闲娱乐场地无论数量、规模还是品质都有极大地提升，截至 2014 年，青海省境内国家级风景名胜区面积达 8978 平方公里，供浏览面积也达到 8978 平方公里，其中包括 4A 级的西宁市青藏高原野生动物园、3A 级的西宁市人民公园等。同年度全国各省区平均国家级风景名胜区面积为 3305.87 平方公里、平均供游览面积为 1388.067，虽然四川和西藏国家级风景名胜区面积皆高于青海省，但受气候、地质条件等诸多因素影响，就供游览面积而言，青海省居全国第一位（见图 6–5）。如此富足的国家级风景名胜区为青海省文化休闲娱乐业的发展提供了良好的景区物质基础条件。

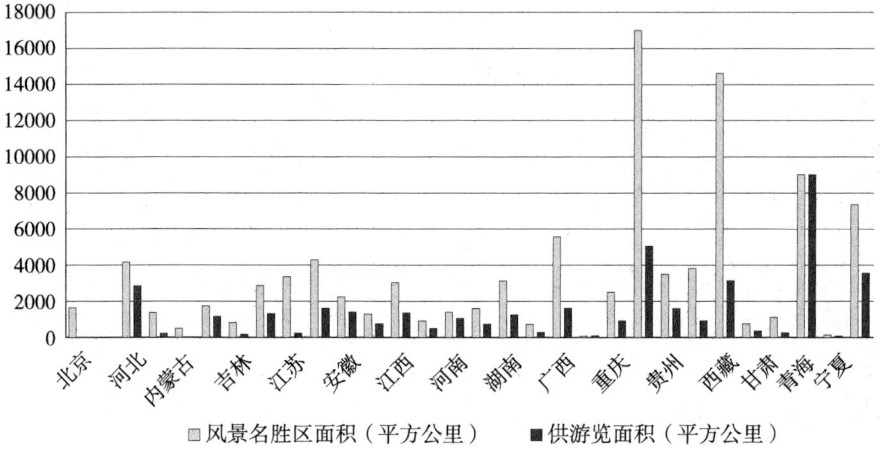

图 6–5　2014 年分地区国家级风景名胜区、供游览面积情况图

资料来源：依据《文化及相关产业统计年鉴》（2015）及《青海统计年鉴》2015 相关数据计算所得。

2014 年度，全国每万人娱乐场所和网吧平均拥有量分别为 0.7016 个 / 万人和 0.9132 个 / 万人，青海省同期数据为 1.00 个 / 万人和 0.80 个 / 万人，网吧每万人拥有量略低于全国平均水平，但是娱乐场所每万人拥有量却远高于全国平均水平（见图 6–6）。

同时，2014 年文化部出台推动互联网服务行业转型升级的相关文件，在国内部分省市开展了互联网上网服务营业场所转型升级试点工作并取得初步成效，试点成功的场所以其整洁的环境、高质量的服务促使网吧社会形象大为改观，受此影响，截至 2015 年 3 月，青海省已有超过 10% 的传统型网吧向网咖转型，以此为契机，青海省文化休闲娱乐业转型萌芽已经初步显现，文化休闲娱乐服务基础物质品质的进一步提升已经指日可待。

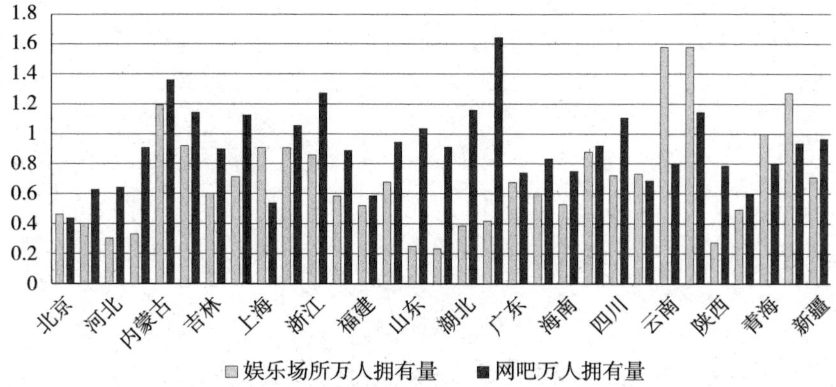

图 6-6　2014 年青海万人娱乐场所、网吧拥有量全国对比图

资料来源：依据《文化及相关产业统计年鉴》（2015）及《青海统计年鉴》2015 相关数据计算所得。

2. 文化休闲娱乐业行业就业前景较为广阔

青海省文化休闲娱乐资源较为丰富，尤其是国家级风景名胜区供游览面积在全国排于前列，有利于文化休闲娱乐业的进一步发展。近年来，随着“大美青海”宣传力度的不断加大，以及生活水平的普遍提高，青海省文化休闲娱乐广阔的市场正在逐渐开启。广阔的市场必然会提供较多的市场就业机会，但是，依据目前的统计资料分析可知，青海省文化休闲娱乐业尚存在较大的就业空间，其就业前景较为广阔。

2013 年，全国每万人景区就业人数平均值为 4.95 人 / 万人，居于第一位的北京达到 18.35 人 / 万人，其次为海南，达到 14.01 人 / 万人。而青海省当年每万人旅游景区就业人数仅为 3.12 人 / 万人，全国排名为第 18 位（见图 6–7）。随着青海省风景名胜区知名度的不断提高，以及景区服务项目的纵深化发展，在可见的未来这一数字必然会迅速提高，必然带来极大的市场就业空间。

同时，就 2014 年度青海省每万人娱乐场所和网吧就业人数与全国平均人数比较可知，当年全国每万人中在娱乐场所就业的平均值为 5.76 人 / 万人，网吧就业的平均人数为 3.24 人 / 万人，青海省同期人数分别为 4.1 人 / 万人和 3.5 人 / 万人，娱乐场所每万人就业水平与全国平均水平存在较大的差距，比全国最高水平 15 人 / 万人（西藏自治区）更是相去甚远。虽然每万人网吧就业人数略高于全国平均水平，但是距离湖南省达到 5.1 人 / 万人的平均水平也存在一定的差距，再一次昭示青海省文化休闲娱乐业发展过程中较为广阔的就业空间的存在（见图 6–8）。

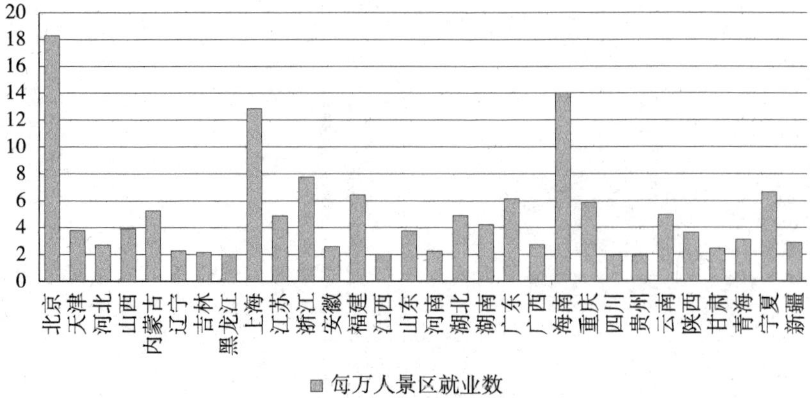

图 6-7　2013 年青海省每万人景区就业人数及全国对比图

数据来源：依据《中国旅游统计年鉴》2013、《中国统计年鉴》2013 相关数据计算所得。

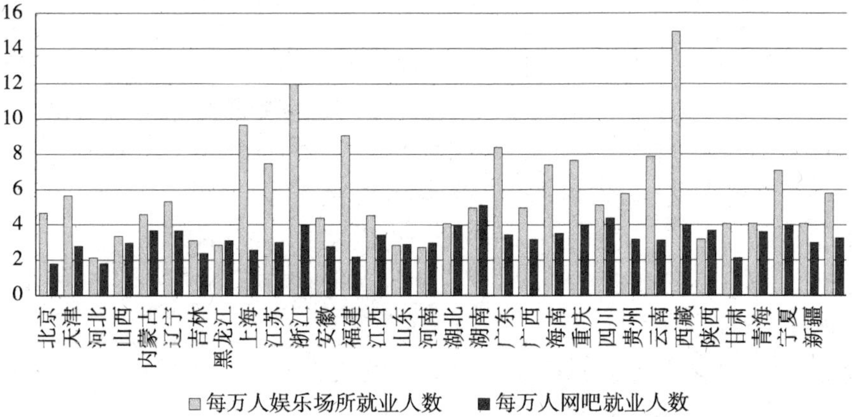

图 6-8　2014 年青海万人娱乐场所、网吧就业人数全国对比图

资料来源：依据《中国文化及相关产业统计年鉴》2015、《中国统计年鉴》2015 相关数据计算而得。

3. 文化休闲娱乐业行业收入水平有待提高

青海省是一个文化休闲娱乐资源大省，70 多万平方公里的土地上湖泊、冰川密布，群山起伏，悠久的历史和多元文化汇集形成了独特的人文氛围，足以打造丰富多样的平台吸引省内外千千万万的游客。但是青海省又是一个人口小省和经济弱省，受社会发展总水平的制约，青海省文化休闲娱乐事业起步皆晚于其他省区，总体规模也偏小。

2014 年度，青海省旅游景区接待游人 4000 万人次，比 2013 年增长了 1400 万人次，增长幅度达到 53.8%，但就总体绝对规模而言仍然排在全国倒数第 8 位，远远低于四川、贵州、云南等传统的西部旅游大省。就相对规模而言，也在全国排在靠后位置（见图 6–9）。2014 年度，青海省景区共计实现营业收入 27 亿元，4000 万游人人均营业收入贡献为 67.5 元 / 人，同期全国旅游景区营业收入平均游人贡献金额达到 99.46 元 / 人，青海省仅仅达到约 67.8% 的水平，景区各项收入水平总体有待进一步提高。

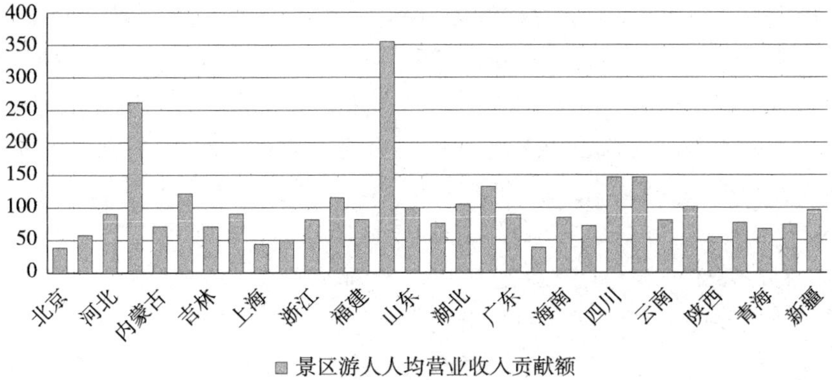

图 6–9　2014 年青海省景区营业收入游人人均消费贡献额与全国对比图

资料来源：依据《中国旅游统计年鉴》（2015）及《青海统计年鉴》2015 相关数据计算所得。

2014年度，全国各省区娱乐场所、网吧营业收入分别达到了2.27亿元和1.71亿元，分别位于全国倒数第一位和倒数第二位。剔除人口规模影响，按年末平均人口平均值后，全国平均每万人娱乐场所和网吧营业额分别达到了 108.97 元 / 万人和 33.55 元 / 万人，其中娱乐场所每万人营业收入最高为新疆自治区，达到了 629.06 元 / 万人，网吧每万人平均营业额最高的省份为福建省，达到了 109.5 元 / 万人，而同期青海省娱乐场所和网吧每万人平均营业收入分别仅为 38.9 元 / 万人和 29.3 元 / 万人，与全国平均水平存在较大差距，也意味着青海省娱乐场所和网吧平均收入存在较大的提升空间，见图 6–10 所示。

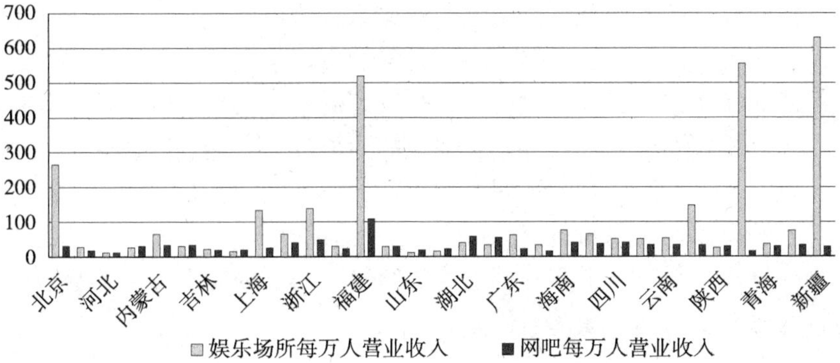

图 6–10　2014 年青海娱乐场所、网吧每万人营业收入及全国对比情况图

资料来源：依据《文化及相关产业统计年鉴》（2015）及《青海统计年鉴》2015 相关数据计算所得。

4. 文化休闲娱乐业行业发展先天土壤肥厚

（1）悠久灿烂的历史为文化休闲娱乐业的发展提供了丰富的素材

青海约有 3 万年的人类活历史和 3000 年的文明史，不同的历史时期所孕育的丰硕的历史文化一代代绵延不绝，至今已经累积了丰厚璀灿的精神文化财富，这些财富所呈现的独到的品质和内涵，多角度地阐释了多彩精深的青海历史文化成果。现存文物方面，有反映新石器时代彩陶艺术鼎盛风貌的各式青海彩陶作品，有我国目前已知最早的青铜质铜镜，有国内最大的玉刀；历史遗存方面，有塔尔寺为代表的经国务院批准公布的国家重点文物保护单位 18 处、青海省人民政府批准公布的 重点文物保护单位 383 处；非物质遗产资源方面有汉族的昆仑神话、藏族的《格萨尔》、蒙古族的《汗青格勒》，有遍布青海省的 1400 多种民间舞蹈，有流传于河湟地区的平弦戏、西宁贤孝等等。历史悠久，类型多样，内涵丰富，品质独特，多元互补的历史文化为青海省文化休闲娱乐业的发展提供了极为丰富的素材，而这样一些素材无不成为吸引各方、推动文化休闲娱乐业发展的重要元素。

（2）独特的自然条件为文化休闲娱乐业发展搭建了舞台

青海省自然条件极为奇特，就在同一省区范围内，青海包括了三种不同的地貌类型，即西北干旱的柴达木盆地、青南高原和东部的河湟谷地，这三种不同的地貌类型也代表了不同的气候区[①]。多气候区的交汇造就了青海迥异的自然环境和独特的自然风光，但是无论哪一种气候区，都与冬季的典型性、漫长性以及夏季的清凉性密不可分。青海的冬季零下 20℃最低气温成就了多个冰雪乐园、夏季平均低于 15℃的气温成就了“中国夏都”的美名，不论冬夏，独特的自然条件为青海省文化休闲娱乐业的发展搭建了广阔的舞台。

（3）多背景的人口构成为文化休闲娱乐业发展添薪加柴

青海省是一个人口流动率较高的省份，历史上许多较大规模的民族迁徙对这里的人口构成、民族关系、经济文化都带来很大的影响[②]，最终形成了青海省多民族聚居的人口构成特征。解放后，为了响应国家支援大西北的号召，大量的内地省份新移民来到青海参加建设，使得青海汇集了来自全国各地的新移民。多元的人口构成缩短了不同背景人们空间上的距离，为人们之间快速的相互学习提供了便利条件。一方面，省内不同民族与背景的人之间在长期的彼此差异性磨合过程中，必然会存在借鉴与摒弃的过程。另一方面，涉及全国各地的省内、外联系，给青海打开了无数个了解外部世界的窗口，新鲜的理念与事物会以较快的速度到达，对青海省内部的变革与创新有极大的点醒作用，进而催生新事物在省内

① 韩昭庆．青海历史文化多元及地域文化命名．［J］攀登，2006（5）．
② 王昱．试论青海历史文化的基本特点．［J］青海社会科学，2009（3）．

快速萌芽，也能为青海省文化休闲娱乐业发展提供新的思路与方法，为其添薪加柴。

6.4.3 存在的问题

1. 文化休闲娱乐业发展忽视乡镇

中国是传统的农业大国，乡镇人口占人口比重较高，虽然城镇化工作持续推进，青海省的城镇化率也在 2015 年已经达到了 49.76%，但是生活在乡镇的人口所占的比重还是高于城镇人口，文化休闲娱乐业发展过程中就应该有所侧重。但是，受经济发展水平、居民收入状况等因素的影响，在文化休闲娱乐业的发展过程中乡镇消费者往往处于被忽视的地位。青海省国家级风景名胜区多数处于县城及县城以上行政区域，即便坐落于乡镇行政区划中也要归于上级部门主管，与所在乡镇没有直接联系。娱乐场所和网吧的建设中，更是以城镇为主而导致乡镇总体覆盖率偏低。2013 年，青海省娱乐场所和网吧乡镇覆盖率分别为 0.19 个 / 乡镇和 0.17 个 / 乡镇，而同期全国平均水平为 0.43 个 / 乡镇和 0.86 个 / 乡镇，青海省两者与全国平均水平相去甚远，见图 6–11 所示。较低的文化休闲娱乐基础条件的覆盖率，必然导致一方面乡镇居民业余文化生活过于单一，体育设施设备的稀缺，导致除电视、广播之外再无其他休闲娱乐方式可以选择，健康主流的休闲娱乐产品无法到达广大乡镇的同时难免为低俗休闲娱乐活动留下生存空间。

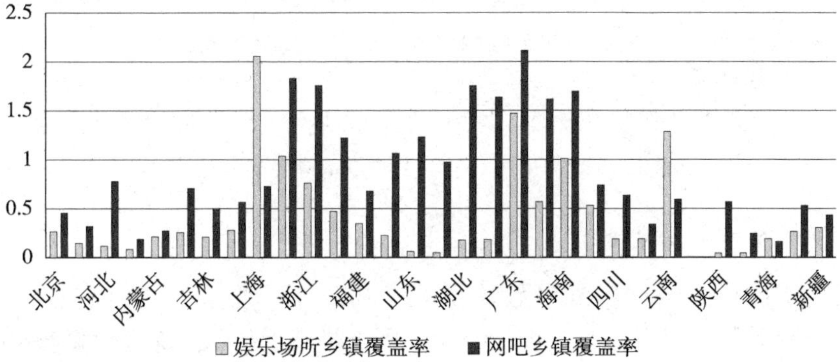

图 6–11　2013 年青海省娱乐业场所、酒吧乡镇覆盖率及全国对比图

资料来源：依据《文化及相关产业统计年鉴》（2015）及《中国统计年鉴》2015 相关数据计算所得。

2. 文化休闲娱乐业现有物质条件利用不充分

受多方因素的影响，青海省现有的文化休闲娱乐业物质条件利用不充分问题较为明显。青海省拥有全国最为富足的供游人游览景区面积，可供游人游览面积达 8978 平方公里，但是 2013 年，青海省国家级风景名胜区仅仅接待游人 132.7

万人次，单位供游览景区面积上游人的密度仅仅为0.01人/平方公里，单位景区面积营业收入为2.07万元/平方公里，而同期全国平均数字分别为7.9人/平方公里和962.38万元/平方公里，游人密度最高的海南省国家级风景名胜区面积为71平方公里，供游览面积仅仅为14平方公里，但是单位面积游人密度却达到了82人/平方公里，单位面积的营业收入更是高达10889万元/平方公里（见图6-12）。文化休闲娱乐业物质条件偏低导致的直接后果就是行业前期开发投入、后期维护成本无从弥补，整个行业进一步发展受到极大的限制。之所以出现上述问题，根本性的原因在于：首先，前期市场推广宣传力度不够或者效果欠佳，市场影响力太弱而导致客源不足；其次，因为青海省地处高原，部分外省市游人对高原反应欠缺深入了解而心怀顾虑，而经营方也未提供相应的扶助措施，致使客源流失；第三，文化休闲娱乐产品开发广度和深度不够，产品过于单一，服务过于生硬，从而使得消费者需求得不到满足而放弃消费。

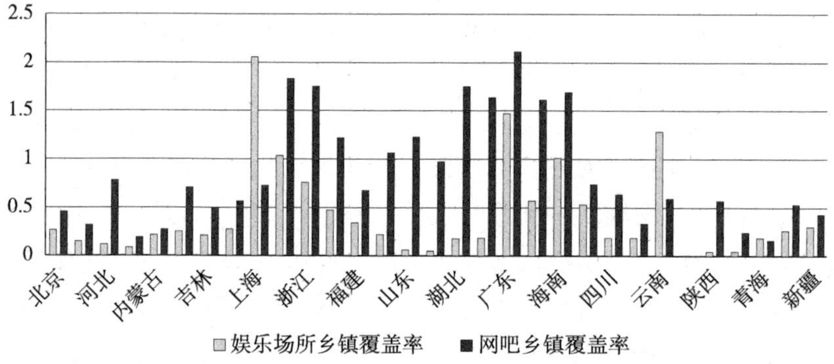

图6-12　2013年青海省供游览风景名胜区游人密度和全国对比图

资料来源：依据《文化及相关产业统计年鉴》（2015）相关数据计算所得。

3. 文化休闲娱乐服务产品价格偏高、品类单一

无论是景区服务，还是网吧、娱乐场所服务，青海省文化休闲娱乐业普遍存在产品开发不足、产品品类单一、消费者可选择范围狭窄、企业欠缺核心竞争优势的问题。省内很多景点、景区门票价格较高，但大多数景点仅仅停留在观光型旅游层次上，几乎没有度假型、商务型、疗养型等项目，游人进入景区游览后，除了代步的电瓶车和一名随车司机外，再无其他必要的服务项目和游艺项目跟进，旅游产品品种少，产品结构不合理，产业链条短，游客只能在景区做短时间逗留，花费也少，整个游览活动让游客产生蜻蜓点水、走马观花的感觉，游览结束后除了留在手机、相机中的图片，其他一无所获，景区价实不附感明显。

网吧经营过程中服务品类仅仅以提供上网服务为主，并未就以现有资源提供

纵深化的产品服务，如专业化资料查询、打印复印配套服务等，且网吧牢牢占据了文化休闲娱乐业低端市场，因而环境脏乱、空气污浊、财物安全得不到保障等现象与网吧如影随形，严重影响了网吧的总体社会形象，也影响了部分消费者对网吧消费者的选择。

文化休闲娱乐场所普遍存在如下问题：首先，多数场所收费偏高，以舞蹈课程学习为例，省内每个平均课时 70 分钟左右的课程收费都在 80 元以上，而且主推年卡消费，要求消费者一次性付清几千元甚至上万元的年费，令相当一部分消费者望而却步；其次，服务产品同质化现象严重，为了占领市场，机构会开设所有能够提供的业务服务，但是同类型的机构与机构之间所提供的产品没有本质上的区别，不存在主打产品或核心产品的理念；第三，部分文化休闲娱乐场所不对外提供服务，如青海宾馆、神旺大酒店等等，影响了消费者的消费者热情；第四，部分机构文化休闲娱乐场工作人员素质有待提高。

4. 文化休闲娱乐业人才欠缺、难以形成具有本土文化特色的核心竞争优势

人才是任何一个行业得到长足发展的基本保证，文化休闲娱乐行业的发展离不开科学、正确的组织定位、产品开发、渠道建构、战略选择，上述工作的顺利开展离不开专业的优秀人才参与其中。青海是具有多民族文化融合的大背景，移民占比较高的省份，悠久的历史和多元文化的冲撞和融合使得青海省内可挖掘的文化休闲娱乐资源异常丰富，但是由于专业人才的缺乏，结合本土文化特色的相关服务开发成果却无比匮乏。现有的休闲娱乐业产品要么忽视本区域特色文化的价值，要么即便关注区域特色文化的价值，也会出现对本地特色文化把握不准确、挖掘不到位、文化内涵与产品内涵脱节等现象，很多情况下产品仅仅是披了一个特色文化的外衣，难以将本土文化的精髓融入到所开发的产品中去，因而难以闯过消费者的挑剔关。

6.4.4 发展建议

1. 加大文化休闲娱乐基础设施乡镇投资力度

虽然青海省的城镇化率也在 2015 年已经达到了 49.76%，但是生活在乡镇的人口所占的比重还是高于城镇人口，文化休闲娱乐业发展过程中就必须要有所侧重。首先，政府应该借文化部门已有构建成熟的乡镇综合文化站网格，通过文化站规模扩充、服务项目增加等方式加强政府层面文化休闲娱乐项目的推广。此举一方面可以充分发挥政府公信力，增强文化休闲娱乐基础设施的影响力，另一方面政府在日常选派专人的管理过程中有效筛选文化休闲娱乐服务的范围，以保证文化休闲娱乐项目的质量。

其次，政府可以多举措鼓励有资质的文化休闲娱乐经营企业到乡镇投资，

政府可以通过开办场地免费使用、开办资金政府资助、经营费用减免等多渠道吸引社会资金到乡镇开展文化休闲娱乐服务项目的投资。这一方式一方面可以有效地解决政府资金不足的问题，另一方面选择专业的文化休闲娱乐服务机构做专业的投资、为广大乡镇居民提供专业的文化休闲娱乐服务，可以极大提高群众满意度。但是在此过程中政府务必加强监管，以防止经营机构为了有利可图降低文化休闲娱乐服务规格和质量。

2. 加大省内外文化休闲娱乐服务宣传力度

青海省拥有全国最为富足的供游人游览景区面积资源，可供游人游览面积达 8978 平方公里，但是，由于宣传力度不足，2013 年，青海省国家级风景名胜区仅仅接待游人 132.7 万人次，因此，通过扩大宣传提升青海文化休闲娱乐业的影响力是非常有必要的。在景区管理宣传方面，首先继续加强常规的青海旅游形象宣传，以稳定前期多方宣传的效果。其次，要扩大青海省新开发景点的宣传，如借宣传所造之势，茶卡盐湖很快取得了较高的知名度。第三，应该加强青海省淡季旅游项目宣传，以改变青海省各景区“淡季过淡，旺季过旺”“旺季伤害消费者，淡季伤害供给者”[①]。青海省旅游旺季主要集中在7、8、9三个月，其余时间则都为淡季，但是在所谓的淡季依然可以开发出富有吸引力的旅游项目，如 2006 年青海省特别制定了《2006 年青海冬季旅游活动总体方案》，拉开了青海冬季旅游的序幕，近年来，又先后举办了中国夏都冰雪旅游节、冰雪运动会、中国夏都迎新春冰上趣味运动会、冰雕、冰灯艺术节、塔尔寺大型酥油花展等多项冬季旅游活动，这样一些新项目成功与否很大程度上取决于宣传的效果如何。在娱乐场所及网吧宣传方面，着力宣传积极健康的生活方式、娱乐场所和网吧的转型升级等相关内容，以引导消费者有针对性地参与消费。

3. 优化文化休闲娱乐服务产品供应

消费者需求是企业生产经营的核心，提供满足消费者需求的各类产品是满足消费者需求的唯一手段。青海省景区、网吧、娱乐场所消费者可选择范围狭窄、对现有产品评价普遍不是很高、企业欠缺核心竞争优势等问题的根源，就是文化休闲娱乐业产品优化不足。

在景区文化休闲娱乐产品优化的过程中，一方面要对景区游览项目开展纵深化开发，变之前蜻蜓点水、走马观花式游览为游人全体验式游览，加深游览印象，延伸游览产业链条，让游人有物有所值的游览感受。另一方面，景区游览项目开发中不可忽视人文旅游资源的开发和利用。自然的旅游资源有些情况下可以复制、可以微缩、甚至可以背景图片来代替，而人文旅游资源才是景区的真正的

① 王东宏．青海旅游季节性特征及其调控策略［J］．攀登，2016（1）．

灵魂，也是难以复制的。青海景区发展的重心就是“开发一批富有本地文化特色的旅游资源，通过举办节日庆典、宗教法会、民俗表演、体育竞技、娱乐游戏等各类文化活动，形成具有现代气息的人文旅游资源。”

网吧文化休闲娱乐服务优化过程中，应该着力改变以往环境脏乱、空气污浊、财物安全得不到保障等负面形象，并提供纵深化的产品服务，如提供一般的百度类搜索之外的其他专业化资料查询，提供配套的打印复印服务等，彻底改变网吧低端、混杂的市场形象，在一定范围内将其打造成知性、清洁的休闲娱乐场所，进而对诸多消费者产生强大的吸引力。

其他文化休闲娱乐场所产品优化过程中：首先，应该优化收费方式，以优惠的收费吸引广大消费者参与。其次，在不断的市场竞争中找准市场定位，积极发展属于自己的核心优势业务，以差异化服务产品掘取市场空间。第三，提高服务员工素质的同时，有效扩大服务范围，以吸引更多的消费者前往消费。

4. 积极培养和引进文化休闲娱乐业发展人才

为了积极推进青海省文化休闲娱乐业的发展，必须积极培养和引进。一方面了解文化休闲娱乐市场的基本信息、懂得市场产品开发相关知识；另一方面，又对青海省人文环境情况比较熟悉的人才作为相关工作的负责者。这样，人才在掌握文化休闲娱乐服务产品开发要领的同时，知悉青海省人文资源对价值，懂得利用多元文化的冲撞和融合的大背景开发富有地方独有的人文内涵的服务产品。此类人才的培养方式，一方面依靠现有人才的进一步深造，在实践中逐渐提升其专业素养；另一方面可以依靠与相关院校联合订单培养的方式，培养出掌握市场开发基本技能和能准确驾驭当地文化的精髓的专门人才，为青海省文化休闲娱乐的发展添砖加瓦。

6.5 广播电影电视业

6.5.1 发展现状

1. 广播电视综合人口覆盖率逐年提高

近年来，伴随着“西部大开发”政策的扶持、“村村通”“西新工程”“户户通”工程的推进实施，青海省广播电视综合人口覆盖率显著提高，仅 2014 年，青海省完成村村通 23497 套广播电视设备进寺院工程，完成 5.4 万套户户通工程，户户通用户已达 70 万户，同时在青海省 6 州两市 42 个县 96 座骨干发射台、306 个乡镇级发射台站实施国标地面数字电视无线覆盖工程。数据显示（见表 6–8），截至 2014 年底，青海省广播综合人口覆盖率达 97.0%，电视综合人口覆盖率97.5%，分别比上年末提高1.3个百分点和0.6个百分点，比2005年同期提高了10.5个百分点和7个百分点。青海省广播节目和电视节目套数分别从2005年的8套、13套增加为12套、16套，有线电视普及率十年间提高了16个百分点，有线电视传输网干线网络建设也达到0.59万公里，接近2005年的三倍之多，使农牧民群众通过直播卫星"户户通"免费收听收看中央和省级广播电视节目外，还能收看到州（市）县2套自办电视节目，藏区农牧户还可以看到2套母语电视节目，而且收听收看效果更加优化。

表6-8　2005-2014年青海省广播电视覆盖情况表

指标	单位	2005	2006	2007	2008	2009	2010	2011	2012	2013	2014
广播综合人口覆盖率	%	86.5	87.5	88	88.5	88.89	90.03	91.64	94.14	95.74	97.03
广播电台	座	4	4	4	4	4	4	4	4	4	4
广播节目套数	套	8	8	8	9	9	9	9	10	12	12
电视综合人口覆盖率	%	92.5	93	93.5	94	94.34	95.02	95.69	96.33	96.93	97.51
电视台	座	8	8	8	8	8	8	8	8	8	8
电视节目套数	套	13	13	13	13	13	13	13	15	16	16
有线电视用户	万户	31.35	31.39	34.49	36.47	37.58	39.76	40.15	60.92	61.9	70.01
数字电视用户	万户	–	–	–	25.05	30.14	34.15	36.45	59.41	57.55	64.48
有线电视普及率	%	24.8	22.56	24.52	25.16	26.2	27.16	26.94	38.62	37.81	40.69
有线电视传输网干线网络	万公里	0.21	0.28	0.35	0.38	0.34	0.38	0.61	0.51	0.59	0.59

数据来源：青海统计年鉴（2014）第506－629页及"国研"网相关数据汇总所得。

2. 广播电视人才队伍日渐优化

随着近年来人才队伍的不断更替，青海省广播电视人才队伍呈现逐年优化趋势，从学历层次而言，数据显示，2012年，青海省广播电视从业人员3171人，其中接受过本科及大专学历教育的人员为2510人，占比为79.1%，2014年，在从业人员增长为3755人的情况下，接受过本科及大学学历教育的人员增加为3252人，占比达到86.6%，两年中增长了7.5个百分点。拥有研究生学历的从业人员2013年仅为48人，而2014年已经达到了54人。就专业技术职务而言，2012年，青海省广播电视人才队伍中副高级及以上人员为289人，到2014年，已增加为303人。虽然存在2013年度副高级及以上人员数量达到319人的历史数据，但就趋势而言，人才队伍逐年优化的趋势明显。

3. 广播电影电视固定资产投资持续增长

青海地广人稀，地理环境复杂，广播电影电视传输受客观物质环境制约明显，为切实保障广大农牧民群众收听收看广播电影电视基本文化权益，青海省广播电影电视局先后实施了“村村通”“户户通”项目、西新工程建设项目、安多藏语影视译制中心大楼工程建设项目、新建 5 座中短波实验台项目、第二批、第三批 11 座高山无线发射台站基础设施建设项目、中央广播电视节目无线数字化覆盖工程等多个重大项目，以从 2013 年开始实施的“国标地面数字电视覆盖工程”项目为例，总投资额就达 10588 万元。以“按各种口径分 50 万元以上项目固定资产投资”指标衡量的投资额度逐年增加（见图 6–13），近九年平均增幅达到 74%。使得 2014 年，青海省广播综合人口覆盖率已达到 97.03%，电视综合人口覆盖率达 97.51%，州（市）级电视自办节目覆盖率达到 79.49%，县级电视自办节目覆盖率达到52.52%，分别较“十一五”末提高了49.25 和47.79 个百分点。

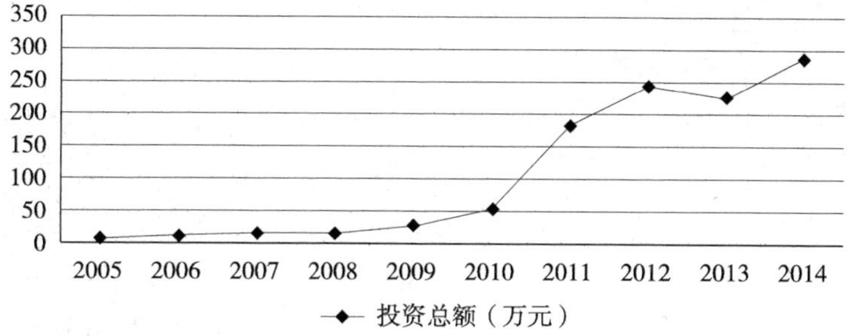

图 6–13　2005–2014 年青海省广播电视及 50 万元以上项目固定资产投资变动情况图

数据来源：依据《青海统计年鉴》《中国固定资产投资统计年鉴》数据整理所得。

4. 弘扬核心价值观成效显著

开播于 1952 年 7 月 22 日的青海广播电视台藏语广播，是唯一使用我国藏族三大方言中安多方言播音的省级藏语广播电台，覆盖青海省六州、海东藏区及甘肃甘南，四川甘孜、阿坝等安多方言区 300 万听众，及东南亚地区。开通于 2004 年 12 月 1 日的青海藏语广播电视网站，是集广播、电视新闻、专题文字、图片及音、视频于一体的纯藏文网站，2012 年 1 月 1 日起增加了青海藏语卫视的内容，是目前全国藏语新闻量最大的网站，平均每天达到一万三千次以上的点击率涉及 40 多个国家和地区。安多卫视是全国唯一的用藏汉双语播出电视节目的卫星频道，2006 年 2 月 28 日上星。

近年来，青海广播电视台藏语广播、青海藏语广播电视网站、安多卫视多次组织采访组深入青、甘、川安多方言区开展走基层报道活动，用镜头和话筒记录下安多藏区变化。藏语广播在《整点新闻》《早间新闻播报》《新闻联播》等新闻栏目精编中央及青海省藏区工作会议精神，在新闻性节目中开设《藏区工作会议惠藏区》栏目，在《375 直播室》节目中推出“学习第六次西藏工作会议精神，加快青海藏区全面小康步伐”“守望家园”系列报道，并及时上传到青海藏语网络广播电视台。安多卫视组织记者赴果洛州拍摄完成30集新闻系列报道《今日果洛》，社教栏目组《迭部史话》《卓尼土司》等节目用纪录片的形式展示当地社会经济、历史文化、民风民俗，以及继承和发扬民族优秀传统文化成果。14集系列专题节目《魅力西部和谐藏区》，全面展示了中央第五次西藏工作会议召开5年来青甘川藏区百姓生活发生的巨大变化。近年来开展了广播电视进藏传佛教寺院、进伊斯兰教清真寺活动，目前已惠及567座藏传佛教寺院的45287间僧舍，就国家和政府保障和改善民生、加强基础设施建设、加大扶贫开发力度、培育发展特色产业、推进生态环境保护和建设、加强基层组织建设、民族团结进步、区域协作共治等方面进行采访报道宣传，为宣传落实好中央西藏工作座谈会精神，积极服务于民族地区社会发展发挥了重要作用。

5. 本土影视文化快速崛起

2012年以来，青海省政府及省广电局相继印发了《关于促进青海影视产业发展繁荣的实施意见》《青海省广播影视精品创作奖励管理办法》《关于加快广播影视产业发展的若干意见》和《广播影视产业招商引资项目跟踪服务暂行办法》等文件和办法，着力培育和扶持具有特色竞争实力的影视品牌企业，有力推动了广播影视产业的发展。2013以来，青海本土影视文化快速崛起，多部青海本土影视作品走向了全国和世界。其中最美乡村教师暨残疾人公益电影故事片《无手老师》荣获第22届中国金鸡百花电影节水晶奖杯和第四届中国西安国际影像节电影作品奖；电影《五彩神剑》、原创动画片《藏羚羊》也都获得国家级和世界级大奖；与北京联合拍摄的电视剧《歌海情天》于2014年11月在央视八套黄金时段播出，受到广大观众的认可和好评。电影《白牦牛》是“青海省影视外景拍摄基地”建立后，由共和县文体广电局与青海白塔艺术文化传播有限公司共同筹资联合摄制的首部儿童题材的藏语电影，于2015年7月正式开机拍摄。为贯彻落实中央第六次西藏工作座谈会议的精神，庆祝祖国六十六周年华诞，青海卫视在2015国庆当日重点策划制作播出的《有国有家幸福花儿》大型特别直播节目，以青海世居少数民族——藏族、回族、土族、撒拉族和蒙古族的国庆家宴为切入点，展现世居沿革与民族团结、感恩奋进的主题，得到一致好评。2015年12月，青海省首部撒拉族题材电影《永远的绿盖头》由中国影誉国际影业文化传媒集团有限公司在省广播电影电视局报备，并通过内容审查。10月24日，青海省广播电影电视局举办青海省首届影视编剧创作培训班在循化县结束。2016年，30集原创电视连续剧《十世班禅进藏》已通过中央统战部三审，已报备国家新闻出版广电总局，30集电视连续剧《高原儿女》进入拍摄前期准备。

6. 民族影视作品译制成绩斐然

“十二五”以来，青海省民族语影视译制中心共译制完成各类影视节目 2505 小时，译制完成《周恩来的四个昼夜》《焦裕禄》《雪域天路》《毛岸英》《解放大西南》《国歌》《中国远征军》《永不磨灭的番号》《解放》《香格里拉》《康定情歌》等影视剧集，向青海省藏区州、县和四川、甘肃省安多地区广播电视播出机构免费赠送安多语译制节目 1000 集以上，极大地丰富了藏区群众文化生活，目前，青海省藏语影视译制能力和水平跨入国内先进行列，在青海省初步形成了以省民族语影视译制中心为龙头，州县电视台（站）为补充的藏语影视译制体系。藏语广播电视节目译制制作能力的提升，也对青海省藏区文化、经济社会发展发挥了积极的推动作用。

近年以来，青海省互助土族自治县、民和回族土族自治县广电部门开展土族语言影视节目译制成绩突出，现已译制完成土族语言版《举起手来》《红河谷》《可可西里》，动画片《熊出没之〈过年〉、〈年货〉、〈夺宝熊兵〉》、故事片《举起手来（二）之〈追击阿多丸〉》等多部影片，填补了土族语言影视节目译制的空白，同时对于保护和传承土族传统文化产生着深远影响，对土族语言的推广发挥了良好的社会效益。

7. 广播电影电视领域各项收入稳步增长

2003 年，青海省广播电影电视行业总收入为 6900 万元，2010 年为 46148 万元，2013 年达到 84805 万元，与去年同期相比增加 26556 万元，增幅为 45.59%，其中省级总收入 66067 万元，占青海省总收入的 77.9%，地市级总收入 9584 万元，占青海省总收入的 11.31%，县级总收入 9154 万元，占青海省总收入的 10.79%。2003 到 2013 年 10 年间，青海省广播电影电视行业收入平均增幅达到 123%。

表 6–9　2008 年至 2013 年青海省广播电视广告收入情况变动表

年份	2008	2009	2010	2011	2012	2013
广告收入	2548	6396	3565	4277	5401	5978

资料来源：《中国社会统计年鉴》（2009 — 2014）。

2013 年青海省广播电视广告收入达到 5978 万元，较 2012 年同比增加 577 万元，增幅为 11%。而 2008 年青海省广播电视广告收入仅为 2548 万元，2008 — 2013 年的 6 年间，青海省广播电视广告收入增加了 2 倍多（见表 6–9）。

近年来，随着原有影院的升级改造，加上嘉禾、星美、横店等一批大型影院先后落户，青海省影院市场快速发展。截至 2015 年底，青海省共有营业影院 18

家，拥有85块银幕和6799个座位。2010年，青海省影院票房收入仅为600万元，2012年增长到2700万元；2013首次突破了4000万元大关，并于2014年实现电影票房收入6639万元，比2013年增长了66%，当年增幅位居全国首位。在一系列政策扶持下，青海省首部全国院线电影《无手老师》，首部本土作者创作、本土题材、本土拍摄的电影《桑吉卓玛》等也先后走入人们的视野，加入票房争夺大军。

6.5.2 存在的问题

1. 各项收入低水平徘徊

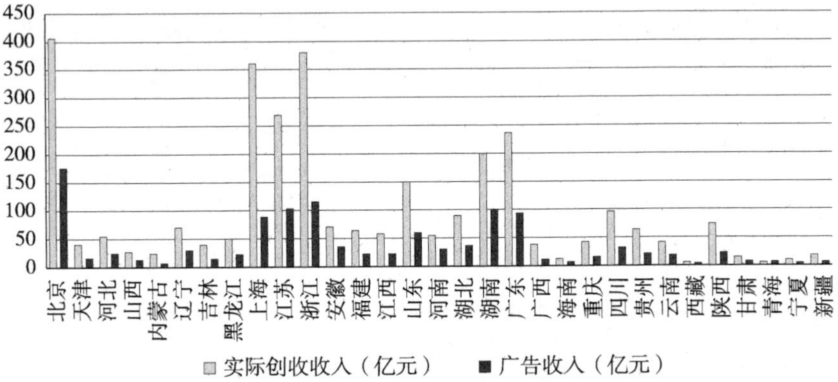

图 6-14　2014 年各省区广播电视实际创收收入与广告收入对比图

资料来源：《中国文化及相关产业统计年鉴》(2015)。

2014年全国各省区广播电视实际创收收入与广告收入的平均值分别为98.28亿元和36.95亿元，当年青海省的这两项收入分别为4.13亿元和0.7亿元，与全国平均水平相比，相差甚远（见图6–14）。

考虑到广播电视广告收入受地域、经济发展水平和人口规模的影响较大，故选取陕西、甘肃、宁夏和西藏五个省区与青海省广播电影电视领域历年来收入做比较，2008年至2014年7年期间，青海省广播电视广告收入逐年增加趋势明显，但是收入额度明显低于其他省份。2014年陕西省广播电视广告收入达到208754万元，青海省只达到6848万元，相当于陕西同年广告收入的3.2%（见表6–10）。2014年，西藏自治区的GDP总额为920.8亿元，青海为2301.12亿元，而同年西藏自治区广播电视广告收入达到了20790万元，是青海省3.03倍，GDP总额达不到青海省的50%的情况下，西藏自治区的广播电视广告收入却能达到青海省的3.03倍，青海省的广播电视广告收入之低可见一斑。

表 6–10　重点对比省、区广播电视广告收入情况变动表　单位：万元

省份 / 年份	陕西	甘肃	宁夏	西藏	青海
2008	102018	20564	18399	2282	2548
2009	99935	24565	19143	7863	6396
2010	151625	25662	27479	7594	3565
2011	162834	27979	31045	9042	4277
2012	181884	9088	34789	14947	5401
2013	200543	10306	23776	16489	5976
2014	208754	26470	33988	20790	6848

数据来源：依据《中国社会统计年鉴》相关数据整理所得。

就电影票房收入而言，2014 年度青海省增幅列全国第一位，比上一年增长了 66%，达到了 6639 万元，2015 年更是达到了 10455 万元，但是就常住人口计算的人均观影次数、人均票房贡献额而言，同年广东省这两个指标分别为 1.56 次和 58.63 元 / 人，宁夏自治区也达到了 0.85 次和 30.16 元 / 人，但是青海省相关数据仅仅为 0.51 次和 19.76 元 / 人。

2. 行业发展水平不高

受本地经济发展水平、人口规模制约，青海省广播电影电视行业规模受到一定的限制，与经济总量、人口数量大省存在较大的差距。同时，受多方因素的影响，青海省广播电影电视行业发达程度与其他省份相比也存在较大的差异，存在全行业发展不足问题。以绝对数作比较，青海省广播电影电视行业无论“公共广播、电视节目套数”指标、“全年制作广播、电视节目时间”指标、广播、电视节目覆盖率指标、“有线广播电视传输干线网络总长”指标，电影“票房收入”指标、“观景人次”指标、“影院数”指标、“银幕数”指标对比中，名列西北各省份末尾（见表 6–11 和表 6–12）。

以相对数作比较，在“每万人广播、电视节目套数拥有量”指标、“每万人影院拥有量”指标、“每万人银幕数拥有量”指标、广播电视综合覆盖率指标中，仅有一个指标：“每万人银幕拥有量”指标青海省是排名于甘肃省之前，但其中不排除甘肃省影院规模、每一银幕观众容纳量等方面均高于青海省，进而导致表面数字青海省暂时领先的情况（见表 6–11 和表 6–12）。综上所述，青海省广播电影电视行业全行业发达程度偏低。

表 6-11　西北各主要省、区广播电视行业发展比较

项目 / 省份	公共广播、电视节目套数（套）	每万人广播、电视节目套数拥有量（套 / 万人）	全年制作广播、电视节目时间（小时）	广播节目综合人口覆盖率	电视节目综合人口覆盖率	有线广播电视传输干线网络总长（万公里）
新疆	357	0.16	355899	95.34	95.62	3.55
陕西	230	0.06	303808	97.15	98.12	7.06
甘肃	193	0.08	168202	96.89	97.56	4.72
宁夏	52	0.08	69399	95.20	98.90	1.31
青海	25	0.04	52438	94.14	96.33	0.51

资料来源：依据《中国统计年鉴》（2012）相关数据整理所得。

表 6-12　2015 年度西北各主要省、区电影行业发展比较

项目 / 省份	票房收入（万元）	观影人次（万人）	影院数	每万人影院拥有量	银幕数（幅）	每万人银幕拥有量
陕西	103898.7	3217.91	168	0.045	805	0.216
新疆	27342.41	875.47	119	0.055	449	0.206
甘肃	38551.82	1201.19	88	0.034	347	0.136
宁夏	17207.44	483.48	40	0.063	164	0.260
青海	10455.29	270.79	18	0.032	85	0.152

资料来源：依据“中商情报网”相关数据整理所得。

3. 相关专业人才匮乏且流失明显

受自然气候条件和经济发展水平的限制，人才匮乏是青海省发展的一个重要的制约因素，这样一个问题同样困扰着青海省广播电影电视的发展。众多的古文化遗存表明，青海是华夏文明的重要“发祥地”，以昆仑山及其相关的神话人物、神话故事为主体的昆仑神话，是中国三大神话传说中影响最大、叙事形态最古朴、资料保存最系统的神话系统。作为黄河流域人类活动最早的地区之一，青海的开发至少已有 6000 年的历史，贵南拉乙亥、宗日文化遗址，马场文化遗址、柳湾原始社会公共墓地、民和喇家遗址等提供了极其丰富的本土文化创作素材，多民族的世居中文化的冲撞会产生无穷的创作灵感。但是受人才因素制约，至今优秀的本土题材广播电影电视作品乏善可陈。同时，青海省广播、电视栏目借鉴多于创新，青海本地广播电视栏目中收听、收视率较高的几个栏目，几乎无一例外都是借鉴于兄弟台的相关栏目开发出了本土栏目，自主创新栏目少之又少。

青海广播电视人才队伍中，2012 年研究生学历、副高级以上职务人员分别

人 57 和 289，2013 年，这组数字变为了 48 和 319，2014 年时，这组数字再一次发生变化，成为 54 和 303，研究生学历人员 2012 至 2013 年度存在明显的减少现象。而中级专业技术人才 2012 至 2014 三年间保持了明显的下滑趋势（见表 6–13）。

表 6–13　青海省广播电视中高、级人才变动表　　单位：人

年份	研究生学历	中级专业技术职务	副高级以上专业技术职务
2012	57	719	289
2013	48	713	319
2014	54	700	303

资料来源：《中国广播电影电视发展报告》（2015）相关数据整理所得。

6.5.3 发展建议

1. 增加投资、提高行业综合服务水平

广播电影电视行业收入水平的提高除了取决于当地经济发展水平、人口规模等，也受制于本行业在当地的发展水平，即取决于服务范围的大小和服务种类的丰富程度。而无论服务范围的扩大还是服务种类的增加，都与增加投资存在密切的关联。投资的增加，一方面可以有效改善硬件设施，通过延长有线广播电视传输干线网络总里程，增加影院数量、尤其是县级单位的影院数量，增加银幕数量以扩大广播电影电视行业的服务范围，提高服务响应度，进一步提高行业综合服务水平；另一方面，可以通过人才吸引或人才培育计划，创新现有广播电视节目的同时增加节目套数和可选择范围，逐步稳定和扩大的听众、观众范围，进一步增加全行业收入水平。

2. 加快与新媒体的融合步伐

2014 年 8 月 18 日，中央全面深化改革领导小组第四次会议审议通过了《关于推动传统媒体和新兴媒体融合发展指导意见》，对新时代背景下再次推动媒体融合发展提出了具体要求。2015 年 3 月《政府工作报告》中将“互联网 +”首次提上了政府工作议程。9 月，国务院办公厅印发《三网融合推广方案》，明确电信业务在全国进入双向扩大，进以加快推动 IPTV 传输系统对接。

截至 2015 年 6 月，中国网民规模达到 6.68 亿，其中手机网民 5.94 亿，互联网普及率达到 48.8%，网民中使用手机上网的人群占比由 2014 年 12 月的 85.8% 提升至 88.9%[①]。在我国网民规模迅速扩大、尤其是手机网民群体迅速壮大的背景

① 艳梅，张楠 . 广播电视与新媒体融合之探索［J］. 数字传媒研究，2015（5）：28.

下，青海省广播电视行业解决前期自身发展不充分难题一个有效手段就是大力推行和加快与新媒体的融合。但媒体的融合并不是电台、电视台开设网站，将频道直播和节目挂到网站上，网站变成广播媒体内容的另一展示平台①。与新媒体的融合是以精致和丰富的传播内容，吸引用户借助大数据、云平台满足自身个性化的需求、解决个性化的问题，同时构建与用户之间的互动渠道，提升用户参与度、提高信息使用和获取和完善的效率。青海省广播电视行业今后该着力克服资金和人才困难，进一步健全已开办的青海藏语网络广播电视台、青海网格广播电视台、IPTV 平台，转变观念，真正做到广电媒体与新媒体之间内容、经营模式、渠道、平台等的尝试融合。

3. 致力人才队伍建设

人才是事业发展的基础保障，因此，认真做好青海省广播电影电视领域人才队伍建设，既是目前事业发展的迫切需要，也是开创未来的重要保障。首先，制定人才引进机制。鉴于青海省广播电影电视人才流失明显的现状，相关部门应该大力做好外来优秀人才引进工作，制定健全的引入、留用、保障、奖励机制，经吸引优秀的人才扩充到现有的人才队伍中。其次，稳定现有人才队伍。在做好人才引进的同时，更应该关注现有人才队伍的稳定工作，应该有一套完善的人才选择机制，做到知人善任、让优秀的人才到合适的岗位上发挥专长。也应该有一套合理的人才培养机制，通过多渠道对现有人才做好继续教育和培训工作，实现从现有的较为稳定的人员中培养优秀人才的目标，而且这样的优秀人才队伍比单纯依靠引进构建的人才队伍更能体现稳定性。第三，营造健康良好的组织氛围。组织内部应该营造尊重技术、尊重知识、尊重人才的氛围和公平竞争的环境，鼓励年轻英才不断涌现。第四，建立完善的人才评价机制。应该建立一套完备、持久、稳定的人才评价机制，一方面给员工一个努力奋斗的方向，有了今后行动的准绳；另一方面，给人才的选拔提供公正的依据。第五，加强领导班子建设，更新领导班子理念，打造一支梯队结构合理、能及时吸纳新观点新主张，懂得尊重人才的重要意义的领导班子，营造和谐的上下级关系，以此吸引和留住各方优秀人才。

本章参考文献

[1] 李海峰. 谈基层广播电视人才队伍存在的问题及对策 [J]. 淮北职业技术学院学报，2011 (8).
[2] 高贵平. 略论基层广播电视人才队伍的建设 [J]. 经济师，2004 (11).
[3] 郑波涛. 新媒体环境下广播电视人才开发的路径创新 [J]. 经营管理者，2014 (2).

① 马德清. 青海广播电视业创新整合发展研究 [J]. 青海师范大学学报，2015 (7): 117.

[4] 林健 . 大学高层次人才挽留与稳定的对策分析 [J] . 清华大学教育研究，2009 (4) .
[5] 陈荣，殷勤，马晓林，柯福源，王利萍 . 影响科研单位人才队伍稳定的因素分析及对策思考 [J] . 农业科技管理，2005 (2) .
[6] 綦宗金 . 山东省新闻出版产业分析报告 [J] . 探索思考，2015 (11) .
[7] 王晓玲 . 中国少数民族出版业发展研究 [D] . 中央民族大学硕士学位论文，2010.
[8] 姚德权，徐超富 . 新闻出版市场准入放松：前提、原则与思路 [J] . 财经理论与实践，2004 (11) .
[9] 张海林 . 科技化背景下的新闻出版产业发展之路 [J] . 福建行政学院经济管理干部学报，2006 (5) .
[10] 韩昭庆 . 青海历史文化多元性及地域文化命名 [J] . 攀登，2006 (10) .
[11] 朱普选 . 青海历史文化的地域特色 [J] . 西藏民族学院学报，2005 (9) .
[12] 马学梅，何智奇 . 青海旅游服务营销的现状与对策研究 [J] . 西北民族大学学报，2007 (2) .
[13] 王东宏 . 青海旅游季节性特征及其调控策略 [J] . 攀登，2016 (1) .
[14] 胡小丹 . 上海休闲娱乐区布局及设施配置研究 [D] . 上海：华东师范大学硕士学位论文，2013.
[15] 青海省文化和新闻出版厅 . 关于加快发展文化产业的意见 (送审稿) [R] . 青海省文化和新闻出版厅内部资料，2016-07.

（本章撰稿人：李燕、王辉）

第 7 章　大力发展新兴复合文化业态

2009 年 7 月，国务院常务会议通过《文化产业振兴规划》，提出要“发展新兴文化业态。采用数字、网络等高新技术，大力推动文化产业升级。”近年来，文化产业成为中国经济抵御国际金融危机的一个有力支撑点。大力发展新的文化业态，推动文化繁荣发展，是培育文化产业新的增长点的重要途径。

培育新兴文化业态是促进文化产业转型升级及自主创新能力积累的有效手段。提升产业科技创新能力作为文化产业内生发展的政策核心，将加快文化产业的转型升级。

“十三五”期间，青海需要大力培育和发展新兴文化业态。在发展新兴文化业态时，需要大力推动文化产业升级，解放思想，推动文化与科技的融合，推进文化创新，增强文化发展活力，在时代的高起点上推动文化生产方式、内容形式、体制机制、传播手段创新。

文化要素与传统产业的结合形成多种新兴复合文化业态。目前，青海省新兴复合文化业态主要有文化旅游业、民族民间演艺业（演艺娱乐业）、动漫游戏业、创意设计业。为了避免重复，本章主要系统分析文化旅游业和演艺娱乐业（民族民间演艺业），动漫游戏业和创意设计业在第 8 章介绍。

7.1 文化旅游业

旅游作为现代社会中人们生活方式的一项基本内容，是物质进步和精神生活相结合的产物，是现代人疏解压力、精神文化生活升华的表现，人们的旅游需求随着人们物质生活的提高和社会经济的发展而发展。近几十年来，伴随着国家经济实力和综合国力的不断攀升，大众旅游需求的兴起推动旅游产业获得长足发展，在这种大环境中，青海省旅游业无论是从总体规模还是经济效益来看，都呈现出良好的发展态势，成为带动青海省经济发展高速增长的产业之一。

随着我国社会经济进入到一个新的历史发展阶段，旅游业所处的环境和面临的形势发生了深刻而巨大的变化。传统旅游业提供的产品仍以观光旅游等初级旅游产品为主，旅游创收严重依赖景区门票等初级产品收入，这样既不利于满足旅游需求向个性化、重体验的快速转变，也不利于充分释放巨大的旅游消费潜力，旅游业的发展已进入瓶颈期。走出瓶颈，促进旅游业的转型升级，是现代旅游业发展必须要解决的问题。①

文化是旅游的灵魂，旅游产业和文化产业都具有综合性强、关联度高、产业链长和融合性强的特点，这就决定了这两个产业之间能够进行很好的融合。② 同时，从实践层面来看，旅游产业与文化产业融合发展是近年来我国旅游业发展的重要趋势，也必将对旅游业的转型升级产生重要影响。

7.1.1 文化旅游资源

文化产业门类众多，与旅游产业的关联方式各有不同，全部文化产业与旅游产业的融合共同构成了文化旅游业。青海省文化资源丰富并富有特色，成为发展具有青海特色文化旅游业的天然优势。

1. 山宗水源

青海省雄踞“世界屋脊”之上，境内山脉纵横，不仅造就了奇雄险峻的高原风貌，更是因为道道险峰的高峻雄伟在人类发展的历史长河中承载了世世代代人们的幻想与遐思，成为万众向往的神山圣地。

青海省境内被誉为“中华水塔”的三江源自然保护区是长江、黄河、澜沧江（湄公河）的发源地，三条大河作为重要的淡水资源不仅支撑了中国大部及周边多国的生命延续，其流域更是重要的人类文明起源地之一。

青海湖是我国最大，世界第二大的内陆咸水湖，1992 年被联合国列入国际重要湿地名录，同时也加入了《关于特别是作为水禽栖息地国际重要湿地公约》，是我国七大国际重要湿地中面积最大的一处。青海湖控制西部荒漠化向东蔓延，为青海东部农业区发展提供条件；青海湖造就了环湖流域独特的高原水文、土壤、气候等环境条件，复杂的地形、多样的植被类型，也为众多珍稀和濒危动植物提供了栖息和生长的良好环境。这都彰显了青海湖巨大的生态价值和科研价值。作为青海省内最早被人们所熟知的大湖，环湖周边留存了诸多人文胜景、艺术作品与历史传说，青海湖又因此具有了极高的艺术文化价值。

2. 西海春秋

青海一地，人类活动的历史可以一直追溯到 3 万多年以前的旧石器时代晚期，原始先民的足迹也曾到达了 3500~4300 米之间的长江上游通天河流域，历经漫长的岁月之后，形成诸如马家窑文化、齐家文化、卡约文化、诺木洪文化等珍

① 卢世菊，吴海伦. 民族文化旅游创意产业发展研究——湖北省武陵山少数民族经济社会发展试验区的调查［M］. 北京：中国社会科学出版社，2014.

② 钟晟. 旅游产业与文化产业融合发展研究——以武当山为例［M］. 北京：中国社会科学出版社，2015.

贵的历史遗迹，并留存下来诸多玉器、铜器、彩陶等堪称国宝的艺术精品。①

九寨沟不仅以美若仙境的自然风光为世人称道，更是众所周知的羌族聚居区，从历史文献的记载来看，羌人是我国西部地区一个古老的民族，也是华夏族的重要来源。然而，追根溯源，羌族的祖居地则在三江之源的青海，特别是青海东部河湟地区，翻开史籍，依然可以看到羌人在这片辽阔土地上动人的历史故事。

吐谷浑，是一个逐渐被历史淹没，也为现代人感到陌生的名字，但是这个西部的游牧国家在古代青海地区写下了他们精彩而又跌宕起伏的发展历史。吐谷浑助推西域与江南之间的交通开拓，促成了丝绸之路“青海道”的出现和繁荣；培育繁殖驰名华夏的“青海骢”，创造独具魅力的马文化。这些贡献并没有随着吐谷浑的没落而消失，反而成为后世的宝贵资源。

青海作为传统游牧区，自古就有十分发达的畜牧业。唐代，青海地区少数民族极善牧马，并通过朝贡、互市等渠道将大批良马输送到内地，换取各种农产品和手工业品，在这种农牧交易中，茶马互市逐渐兴起，历经千年传承，这一贸易形式不仅促进了少数民族地区手工业等产业的发展，也促进了科学技术和文化艺术的交流，推动民族地区的开发和社会进步，更为重要的是茶马互市有利于民族团结和多民族国家的形成，具有极为重要的历史意义。

青海省在解放之前，曾经历了一段长达四十年之久的马家军阀的统治时期，位于西宁市的马步芳公馆不仅承载了这段历史的记忆，也因为其是青海省保存最为完整的民国时期建筑，全国唯一一座选用玉石建造的官邸，形成了较高的历史文物价值和浓郁的地方民族文化特色。

3. 和谐家园

青海自古就有不同的民族和文明在这里迁徙变化。青海处于中原儒道文化、西藏佛苯文化、西域伊斯兰文化、北方草原萨满文化的交融地带，属多元文化汇集地、多个文明叠合区。当今青海每一个民族文化都是历史上多民族或多地域文化的层层累加或相互融合而形成的。在历史长河中，古羌人、月氏、突厥、匈奴、党项、回鹘、鲜卑、吐谷浑、吐蕃等族先后驻足青海，频繁迁徙，交流交融。元明清以来形成了汉族、藏族、回族、土族、蒙古族和撒拉族六个世居民族为主的儒释道文化、藏传佛教文化和伊斯兰文化“三大文化圈”格局。从三大文化圈可以看出，多民族文化不仅在地域上相交叉，而且在民族之间相交汇，这个基本格局一直维持发展到了今天。在这个格局当中的每一个民族共同体，在民族文化上各有独特的内涵，但相互之间又有着千丝万缕的联系，从而形成了青海独具一格的民族文化。中华人民共和国成立以来，青海省委省政府高度重视民族宗教工作，坚定不移地贯彻落实党的民族、宗教政策，为社会主义新型民族关系巩

① 王予波. 大美青海［M］. 西宁：青海省人民出版社，2010.

固、为多民族文化共荣发展奠定了坚实基础。而近年来青海省委省政府实施的民族团结进步先进区创建活动，愈发使青海多宗教、多民族、多语言和美共荣，各民族和睦相处、相濡以沫、共生共荣，形成了多民族、多文化同处共存、彼此尊重，相互弥补、相互融合，共荣发展乃至深度融合的大好景象。概括地说，青海多民族文化“和美共荣”体现的模式表现为：一元主导、多元共生，自我认知、相互尊重，互动交流、团结进步，和美发展、共同繁荣。[①]

从社会生活的角度来看，青海各民族文化的差异与联系体现在服饰、饮食、建筑、居住、道德、宗教、文学、艺术、教育、丧葬、婚嫁、节事、游艺等各个方面，造就了青海省绚丽多姿、得天独厚的民族文化旅游资源。

4. 多元文化

中国古代流传下来的神话有两个重要系统，一个是发源于西部的昆仑神话，一个是受昆仑神话影响而形成于东部沿海地区的蓬莱神话。这两大神话系统后来相互融合，形成了楚辞中的中原神话。由此，可以认为昆仑神话是中国古典神话的主体。如果说神话是一个民族文化的源头，是文明古国的象征，那么作为中国古典神话主体的昆仑神话，至少也是中华民族文化的源头之一，也无疑是中国早期文明的曙光。[②]

《格萨尔》是世界上迄今发现的篇幅最为宏大的史诗，它是一部藏族民间说唱体英雄史诗，是我国藏族人民在十一世纪以来漫长的岁月里，用集体智慧创作出来的一部极为珍贵的文学巨著。《格萨尔》囊括了藏民族文化的全部原始内核，在不断演进的过程中又融汇了不同时代藏民族关于历史、社会、自然、科学、宗教、道德、风俗、艺术等方面的全部知识，具有很高的学术价值、美学价值和欣赏价值，是研究古代藏族的社会历史、阶级关系、民族交往、道德观念、民风习俗、民间文化等问题的一部百科全书。2006年5月20日，经国务院批准，《格萨尔》被列入第一批国家级非物质文化遗产名录。《格萨尔》史诗最初发生在青藏高原的黄河源头地区，随着社会的发展，各民族不断融合交流，《格萨尔》开始以黄河源头为中心，向外传播开来，在国内，从中国西部的广大藏区逐渐流传到蒙古族、土族、裕固族、纳西族、普米族等民族当中；在国外，《格萨尔》还流传至蒙古国、俄罗斯以及喜马拉雅山南麓的尼泊尔、印度、巴基斯坦、不丹等国。这种跨地域、跨文化传播的影响力是异常罕见的。

“花儿”又名“少年”，是流传于我国西北地区的民族民歌。“花儿”曲调婉转悠长，咏唱内容广泛，从神话传说、历史故事到宗教人文、民族风情，从天文

① 赵宗福，鄂崇荣．青海多民族文化和美共荣发展与创建民族团结进步先进区研究［J］．青海社会科学，2015（1）．

② 王予波．大美青海［M］．西宁：青海人民出版社，2010.

地理、自然风物到山川草木、花鸟鱼虫，无所不包。老百姓除了在闲暇时间、劳作之际哼唱“花儿”外，民间还自发形成了“花儿会”，各族群众不约而同，欢聚一处，演唱“花儿”，交流感情，甚或各族歌手饮酒赛歌，“花儿会”实质上是深受各族群众喜爱的民间艺术盛会。青海是“花儿”的故乡，在青海，规模大小不一的“花儿会”数目众多，2006 年 5 月 20 日，大通老爷山“花儿会”、互助丹麻土族“花儿会”、民和七里寺“花儿会”和乐都瞿昙寺“花儿会”被列入第一批国家级非物质文化遗产名录。

“热贡”，藏语音译，意味“充满希望的金色谷地”。热贡主要指今青海省黄南藏族自治州同仁县隆务河一带，从 15 世纪开始，热贡艺术就发祥于这里。热贡艺术又被称为“热贡藏传佛教艺术”或“热贡藏族艺术”，以反映藏传佛教内容为主，包括绘画、雕塑、堆绣、建筑装饰等艺术门类，是安多藏区的一个藏传佛教综合艺术流派。热贡艺术作品以工艺细腻、色彩绚丽、装饰性强而享誉藏传佛教艺术界，2006 年，热贡艺术入选首批国家级非物质文化遗产名录，2007 年，4 位热贡艺人获得“中国工艺美术大师”称号。2009 年 9 月，在阿布扎比召开的联合国教科文组织保护非物质文化遗产政府间委员会上，热贡艺术被列入《人类非物质文化遗产代表作名录》。

“纳顿”是青海省民和县三川地区土族独有的民俗活动，是该地区土族人民喜庆丰收的社交游乐节日。“纳顿”为土语音译，本意为“玩耍”“娱乐”，作为节日，“纳顿”具有“庙会”“庆祝丰收的狂欢活动”的意思。一般来说，“纳顿”在农历七月十二开始跳起，因此民间也称之为“七月会”，活动一直持续到农历九月十五结束，历时近两个月，场面隆重，加上参演者极尽狂欢之态，因而也被称作是“世界上最长的狂欢节”。2006 年 5 月 20 日，经国务院批准，青海土族纳顿被列入国家级非物质文化遗产名录。

玉树歌舞流传于青藏高原腹地青海省西南部的玉树藏族自治州一带，当地的先民们为了表达情感、传递信息，根据劳动号子创作音乐，进而形成歌曲，又从日常劳作姿态中提炼元素形成舞蹈，二者的结合成为了反映玉树藏族人民生活风貌的艺术形态，渐渐被玉树周边安多地区的农牧民接受和喜爱。玉树歌舞丰富的表现形式、独特的地域风貌、精湛的舞蹈技艺和强烈的艺术个性为广大群众所称誉，在藏族歌舞艺术中具有广泛的代表性和显著的典型性，显示出很高的艺术价值，同时也具有多方面的民俗研究价值和文化传承意义。2006 年 5 月 20 日，经国务院批准，被列入第一批国家级非物质文化遗产名录。

5. 宗教信仰

作为一个多民族地区，青海也是一个多宗教并存的地区，并形成深厚的宗教文化传统。

从人类文化发展史上来看，原始宗教与原始文化之间往往是浑然无界的，原始宗教就是原始文化有机的组成部分。在青海，宗教文化发端于史前时代，从现存文化遗迹中可以看到青海史前文化中的先民关于生死、灵魂、冥间等问题的宗教性思考，随着社会发展，这些宗教性思考演化为巫术、鬼神信仰等原始宗教，并随着不同民族的迁徙变化而发展演变，逐渐成为民间信仰或民俗化。

藏传佛教是青海地区重要宗教之一。青海是藏传佛教的发祥地之一，也是藏传佛教重要的流布区域，这里名刹迭兴，大德辈出，影响力远远辐射到整个蒙藏地区。

伊斯兰教在青海有长期传播发展历史，也是青海地区最有影响力的宗教之一。伊斯兰教对青海境内回族、撒拉族等的形成和发展起过十分重要的纽带作用，其宗教体系中还包括诸多社会制度和风俗习惯的内容，几乎渗透到回、撒拉等民族生活的方方面面，规范、凝聚作用十分突出。可以说，它不只是一种宗教信仰，也是一种生活方式和文化形态。

其他宗教，如道教、汉传佛教、天主教、基督教在青海地区都有传播，其中道教、汉传佛教在青海东部地区有一定影响力，并有一些具有一定影响的宫观和寺庙建筑，丰富了青海的宗教文化。

今天的青海不再是古老、神秘的远方，而是一个愿意向世界展示无限风光，具有自信、现代、开放的崭新形象的大美青海。

7.1.2 发展现状及存在问题

1. 客源市场占有率低，客流量相对小

近年来，虽然青海省加强了文化旅游营销的宣传力度，提高了一定的知名度，但力度仍然不够，形式单一，手段缺乏创新，使得市场占有率不高。

2. 高海拔制约游客数量的持续增长

青海省海拔较高，冬季漫长缺氧，使有些国家和地区的人们视为畏途，担心高原反应身体不适，制约了游客数量的增加和冬季旅游的发展，进而影响到文化旅游的招商引资和对景区、饭店的投入，导致青海旅游景点基础设施建设普遍较差，进一步又影响到旅游人数的增加，形成了恶性循环。

3. 盲目迎合需求，文化资源过度商业化使用

青海文化旅游资源本质上以民族文化为主体，但在民族文化旅游产业化的过程中缺乏可持续发展的观念，重经济效益，轻社会效益，使得青海民族文化的独特性正在散失。同时，在民族文化旅游产业化的过程中有滥用和扭曲民族文化的现象，对民族文化主体的意愿和民族文化的本来含义缺乏关注，使淳朴的民族文化变得庸俗，因此失去对旅游需求的持续吸引力。对文化旅游资源开发层次不

深、底蕴不足，表现为旅游模式和旅游产品的相对单一。

4. 基础设施薄弱，发展缓慢

青海省经济尚不够发达，用于旅游基础设施建设的投入相对不足，各种基础设施，特别是旅游景区点的交通条件、旅游接待设施很不理想，基础设施与配套设施建设滞后，景区的可进入性较差，接待能力比较薄弱，文化娱乐业发展覆盖面较窄[①]，项目少，缺乏创新。

5. 各类旅游人才缺乏

青海省发展旅游的人才支撑严重不足，成为青海旅游发展的深层制约因素。文化旅游作为青海旅游未来的重点发展方向，对于旅游人才的综合素质提出了更高的要求，新兴人才更为短缺。此外，旅游教育培训资源也比较短缺，旅游人才供给严重不足。同时，由于经济社会发展水平相对较低，环境也相对较差，旅游人才流失严重。

6. 旅游业发展方式粗放

近年来青海的旅游业虽然增长迅速，但发展过程中重速度规模、轻质量效益，重硬件景区建设、轻软件配套服务，重战略宣传、轻转化落实，旅游业的综合效益不高，产业内部结构不合理，可持续发展能力不强，人才和科技的支撑作用不明显，体制机制改革相对滞后，旅游业还停留在粗放增长的阶段，旅游企业弱小、效益比较低。

7. 旅游产业集群尚未形成

青海省旅游大产业发展的机制尚未完全建立，统筹青海省旅游发展的手段不足，整合青海省旅游资源的力度不够。省内旅游公司、旅行社、饭店、商场、交通运输部门等企业数量多，但企业之间未形成很强的关联性，协作关系不明显，处于一种空间上的集中，产业上的离散状态。经营上单兵作战，缺乏合力。景区建设仍处在政府的催动为主，市场运作不力的状况。如此经营上的各自为战，产业集群的各种优势就凸现不了。[②]

7.1.3 发展建议

1. 加强“大美青海”的品牌推广与宣传促销

按照青海省委、省政府提出的打造“大美青海”战略部署，借鉴“好客山

① 青海省委常委、宣传部部长张西明在青海省第十一次哲学社会科学颁奖大会上讲到：青海文化旅游基础实施差，缺乏舞台表演场地，大型舞台剧表演仅青海大剧院可以上演，加快文化旅游基础设施建设迫在眉睫。

② 王辉，张辉．青海旅游发展战略研究［J］．合作经济与科技，2011（3）．

东”品牌形象宣传的成功经验，将“大美青海”作为青海省整体形象进行推广，起草“大美青海”标准，采取一系列整合行动，增加“大美青海”内涵，将“大美青海”旅游品牌上升为青海省的品牌工程，实现全面拉动，成为各部门、各行业一致对外的宣传形象。不断改进宣传形式，持续开展高水准的旅游宣传促销。同时，还要适当开展旅游专题促销和特色服务促销，努力打响“大美青海”品牌，提升青海旅游目的地在国内外市场的吸引力，使之成为中国一流、世界知名的区域旅游品牌之一。

2. 合理利用文化旅游资源

以文化旅游资源和旅游业的可持续发展为目标，重视民族文化的传承。加强民族地区民族文化旅游的开发规划，强调政府和旅游管理部门的主导作用，有步骤、有秩序、科学地进行，避免重复和滥用资源，对于已经开发的民族文化资源，要进行有效的管理和监督，使文化旅游资源得到有效的保护。搞好民族文化旅游产品的设计和开发，结合民族文化的个性、特色和旅游者的体验化需求，设计出独特、丰富、具有发展优势的旅游产品，提升青海文化旅游内涵。

3. 利用品牌文化资源，打造重点旅游项目

青海省内现有一批文化资源已经具有广泛的知名度和影响力，利用现有资源的品牌效应率先打造一批重点旅游项目，形成青海省文化旅游发展强劲的带动力，如热贡文化旅游区；西宁多民族文化旅游区；三江源生态文化旅游区；塔尔寺宗教文化旅游区等。

4. 开发淡季旅游产品

针对青海旅游业淡季长、旅游发展不均衡的现状，深挖青海淡季特色旅游资源，围绕历史民俗文化、民族医药技法、地方传统的节庆和宗教活动，促动淡季旅游产品升温。

5. 打造人才建设工程

优化旅游人才环境，以事业前景和适当待遇作为吸引，稳定现有人才队伍；对现有从业人员分层实施旅游教育培训，提升专业水平；充分调动旅游行政部门、培训中心、旅游院校、旅游行业协会和旅游企业等多种教育培训的积极性、主动性和创造性，强力打造旅游教育培训基地；建立人才市场，建设人才信息库，积极构建高效的人才发展平台。不断探索旅游教育培训和人才交流的改革创新；加强旅游科研建设，为青海文化旅游业发展提供理论支持和智力保障。

6. 实施保障与政策措施

各级政府层面，强化组织领导，强化旅游发展的考核监督，出台配套的旅游

发展政策措施；以政府为主导，促进文化旅游深度融合，分层次培育各类涉旅文化企业，推动文化旅游重点项目建设，大力开发具有地域特色和民族风情的文化旅游产品，丰富文化旅游市场；加大资金投入和政策支持；完善监管体系，促进提升服务质量；注重文化资源与环境保护，推动旅游业可持续发展；以资源风貌的完整体验为目标，深化青藏旅游合作，深化与西北及内陆地区旅游合作，加强重点旅游区、精品旅游线路的区域合作。[①]

7.2 演艺娱乐业（民族民间演艺业）

7.2.1 概述

演艺产业是以演出的创作、生产、表演、销售、消费及经纪代理、艺术表演场地等配套服务构成的产业体系。演艺的产生必须以一定的文化元素为基础，就某一特定地域而言，只有建立在当地特有文化资源上的演艺才会是具有地方特色的演艺。

青海文化资源以民族文化为支撑，可以以多元文化元素为内容进行民族演艺产业的建设与发展，并结合旅游业，加快发展具有青海特色的民族演艺产业发展具有十分重要的意义：

1. 满足社会需求

演艺产品的开发，可以满足青海地方居民和旅游者丰富夜间生活的需求，开发综合性舞台演出娱乐节目，丰富夜间娱乐产品，一方面可以给地方居民和游客带来愉悦和优美的精神享受；另一方面，演艺产品可以延长旅游者在青海的旅游逗留时间，给旅游地区的住宿、餐饮、交通、购物等相关产业带来收益，产生客观的经济效益。

2. 直接创收

一方面，演艺团体和企业可以通过售票、广告赞助、售卖周边产品等形式获得直接经济收入；另一方面，演艺相关的辅助单位，如演艺场地、代理机构可以为演艺提供服务或产品而直接获利。二者共同构成演艺产业的直接收益。

3. 增加社会就业

演艺产品的形成往往经过创作、生产、表演等不同的环节的打磨，每一个环节的实现又需要诸多工作岗位的共同努力，可见，演艺产业的发展可以极大地促进社会就业的增加。

---

① 青海省旅游局 . 青海省旅游业“十二五”发展规划［EB/OL］. 青海省旅游局网站，2010-08-31.

4. 促进文化传承

民族演艺业为民族文化艺术的发展提供了契机，为民族歌舞等艺术形态提供了展示的平台，让艺术走出民族地区，跨越偏远的地域限制，展现在世人面前；各种文艺演出促进了民族舞蹈的普及，各族群众都有更多机会学习本民族和其他民族的歌曲或舞蹈等；在观念和意识形态层面，民族艺术在大型文化艺术活动中的展演可以增强民族自信心和民族认同感。①

7.2.2 发展现状

从现实的发展状态来看，青海民族演艺产业具有以下几个特点：

1. 青海民族演艺作品知名度较高

经过多年的发展，青海已经打造出一批具有一定知名度的演艺精品，如西宁市歌舞团创作的大型音画舞蹈诗实景演出《天域天堂》(入选《国家文化旅游重点项目名录—旅游演出类》)，京剧《天马歌》、青海花儿音乐诗剧《雪白的鸽子》、民族服饰歌舞剧《唐蕃古道》、花儿风情剧《六月六》等为代表的一批民族特色浓郁、思想性艺术性统一的精品力作，其中《天马歌》《唐蕃古道》剧荣获国家级奖项，为青海争得了荣誉。② 特别是“十二五”期间，青海省文艺创作活力得到有效释放，全省各级文艺院团深入挖掘青海历史、民族、地域等特色文化资源，积极创作歌舞诗《风从青海来》、京剧《七个月零四天》、平弦戏《未婚妈妈》、话剧《草原之子》、交响乐《青海花儿红》、杂技《高原精灵》，文旅剧目《古道传奇》等 25 台符合时代要求、体现民族精神和地域特色的舞台艺术作品，创造了良好的社会效益。其中，儿童京剧《藏羚羊》、民族风情歌舞《热贡神韵》、歌舞剧《玉树不会忘记》入选国家舞台艺术精品工程资助剧目；藏戏《松赞干布》和杂技剧《雪豹王子》获得国家艺术资金支持。③

这些精品不仅代表了青海文化产业的发展水平，展现了青海文化的迷人风貌，而且还创造了很好的社会效益和经济效益，逐渐发展成为青海文化产业的特色和亮点。

2. 青海演出演艺产业类型丰富

青海演出演艺产业可以分为旅游演艺业、艺术演艺业、娱乐演出业、大型演出业和农村演出业等几种类型。已建立演艺团体与景区合作机制，实现景区演出

---

① 赵世林．云南少数民族的文化产业与文化传承机制研究［M］．北京：民族出版社，2010.

② 王琼瑶．青海文化产业发展探析［J］．青海社会科学，2011（3）.

③ 青海省文化和新闻出版厅．青海省“十三五“文化发展规划 .2016–05

新突破。《藏舞京典》《藏羚羊》《热贡神韵》《古道传奇》等剧目逐步实现商业化演出，青海湖等20个景区在旅游旺季组织了各类非遗等展演活动。投资160万元修建的16个旅游演艺小舞台也全部投入使用。

3. 积极挖掘非物质文化遗产，打造原创产品，创作文艺精品

根据艺术形态，演艺演出内容包括以玉树歌舞、土族安召舞为代表的传统舞蹈，以藏戏、皮影戏为代表的传统戏剧，以青海曲艺、青海平弦、青海越弦、青海下弦为特色的曲艺表演，以那达慕为代表的民俗表演，以回族宴席曲、花儿、汉族民间小调、撒拉族民歌、蒙古族民歌为代表的民间音乐，以土族轮子秋为代表的传统体育与游艺，以佛教音乐为代表的宗教音乐等。

4. 演艺主体结构合理，深挖创作潜力

以专业艺术团体为龙头、民营演出团体为基础、各类演出场所为依托的演艺业市场主体茁壮成长，演出场次不断增加，剧目创作成绩显著。省演艺集团有限责任公司，步入市场化运营轨道，发展势头良好。青海省共有青海省民族歌舞剧院、青海省藏剧团、西宁市歌剧团等国有文艺院团12家，文化类社会组织98家，民办非文化单位85家，社会团体13家，民营演出团体49个，民营演出经纪机构7个，文化市场经营单位1838家，从业人员5089人。同时，充分利用各地演艺中心，丰富演出娱乐业，鼓励演艺团创新文化旅游演出品牌，精心打造展示时代风貌、体现地域特色、具有一定影响力的优秀剧目，不断推出艺术精湛、水准一流、拥有自主知识产权的歌舞娱乐精品；积极引进省内外高水平的文艺节目，培育歌舞娱乐消费热点，开发新的娱乐品种，为娱乐消费提供更多选择。

5. 青海民族演艺产业发展潜力巨大，发展优势明显

青海发展演出演艺产业占有“天时、地利、人和”的优势。“天时”指国家重视文化产业的发展，青海也把大力发展民族文化产业和建设民族文化强省作为发展目标，近年国家又出台了一系列推动营利性演出的条例与政策，这些都为青海发展演出演艺产业创造了良好的外部条件。“地利”是指青海具有独一无二的区位优势，这不仅造就了青海丰富多姿、异彩纷呈的民族文化资源，而且使青海成为资源丰富的旅游大省。“人和”是指在青海大力发展文化产业已经成为共识，而且青海发展演出演艺产业具有人力资源和人才资源两方面的优势。人力资源是指青海少数民族众多，很多民族能歌善舞，发展演出演艺产业具有极高的群众基础。人才资源主要是指青海拥有众多专业的艺术院团，这些院团储备了数量可观的艺术创作、表演等专业人才，他们不仅是青海省繁荣演艺事业的主力军，

也可以为演艺产业发展贡献出更大的力量。[①]

7.2.3 存在问题

1. 无序开发

一方面来自于各类文化企业，随着民族演艺产业的红火，各类大小不一的组织纷纷挤进演艺产业，但是由于缺乏对民间文化艺术生存环境和状态的全面考察，无法从根本上做到对传统艺术的真实把握，致使舞台上民间歌舞艺术创作的质量参差不齐。归根结底，缺乏对原生态环境中民间艺术文化的人文精神的切身体验和审美认知。

2. 文艺演出单一地依托旅游平台

从发展经验中可以看出，热演或走向成功的演艺项目往往产生于旅游热点区域，旅游已无可争议的成为演艺发展的有利平台。但旅游景区的文艺演出团体往往由隶属景区的少数民族员工或有一定表演基础的景区员工组成，受其表演的专业能力和水平限制，无法实现对民族演艺文化的充分诠释，演出效果并不理想。另一方面，演艺演出与文化产业其他门类的融合发展体现并不充分，联动带动效应不明显。

3. 民族演艺产业的利益分配问题

民族演艺业创造出的经济利益的最大受益者往往是投资者，真正的原生态民族文化的创造者，他们祖辈流传下来的宝贵财富，正在被无偿地使用着，而这些财富拥有者很难从民族演艺产业创造的经济利益中真正受益。在市场经济的今天，少数民族文化的知识产权问题应该引起关注，为民族文化的传承创造有利环境。[②]

4. 演艺公共文化服务功能发挥不足

国有艺术院团一直都是青海演艺表演的主导力量，但是这些院团也存在为社会提供公共文化服务能力不强，没有发挥应有主导作用等问题。据可查数据显示，2005 年至 2007 年，青海省文化部门艺术表演团体平均每团分别表演 166、83.3、135 场次，接近或低于国家平均水平 160、165.72、202 场次，在全国各省排名中，分别位列 11、30、20 位。可以看出，青海国有艺术院团提供的演艺公共文化产品不足。此外，演艺公共文化服务功能发挥不足还体现在演出场地不足和剧场设施滞后。[③]

---

① 李炎，王佳．空间、布局与特色：云南文化产业现状与对策［M］．云南：云南大学出版社，2011.

② 赵世林．云南少数民族的文化产业与文化传承机制研究［M］．北京：民族出版社，2010.

③ 李炎，王佳．空间、布局与特色：云南文化产业现状与对策［M］．云南：云南大学出版社，2011.

7.2.4 发展建议

1. 加强对不可再生的民族文化资源的保护，处理好保护与发展的关系

国外的成功经验告诉我们，在保护和开发的问题上，政府必须主动干预，用法规保证文化资源始终处于良好的状态。既避免没有节制地掠夺式开发，又要在保护的同时进行可持续性开发，形成保护与开发并举，以保护为重的良好态势。

2. 加强少数民族文艺相关领域的研究

目前，对于少数民族艺术的理论研究还远远不能满足实际需要，只有对民族艺术进行深层次的研究和探讨，才能培育出真正的舞台艺术精品。文艺界更需要深入研究民族文化的本质，探讨民族艺术理论，为各类艺术创作提供丰厚养料。

3. 强化基层文化馆的功能

基层文化馆最接近群众，最有可能收集到第一手的民族文化艺术资料，为保存民族文化和支持舞台艺术创作做出重要贡献，也为民族文化知识产权保护提供依据。

4. 打造演艺精品，多出剧目，多出产品

以青海省少数民族歌舞、地方戏曲为重点，创排一批反映本地区艺术水准的演艺剧目，推动剧目进入市场。鼓励吸引社会资本投资节目策划、创作和营业性演出活动。积极利用网络等媒体资源，宣传推广民族歌舞、青海“花儿”等青海特色演艺。鼓励成立青海省演艺院线、剧院联盟，并加强与国内其他院线、联盟的合作与交流，推动演艺产品“走出去”。

5. 优化演艺产业结构

深化国有文艺院团改革，积极发展多种所有制的演艺机构，打造一批品牌演艺企业，培育一批有影响力的演出中介、经纪公司；支持民间艺术团、剧团、歌舞队、曲艺队、皮影队等演艺团体发展壮大，建设演艺小剧场、小舞台。

6. 加强人才培养

支持文化艺术培训机构发展壮大，培养文化艺术人才；积极鼓励名家、传承人打破传统观念，广收门徒，将传统演艺发扬光大；鼓励高等院校、职业学校和艺术团体积极发展艺术教育；鼓励培训机构和艺术场馆面向市场，开拓各层次的艺术培训项目；鼓励演艺人员开办培训机构，满足不同层次的培训需求；请专家授课，创新艺术教育培训方式；加强对当地演出经纪人队伍的培育，支持成立演艺中介机构，助推演艺业发展。

7. 加强基础设施建设

对于演出场馆数量不足、硬件条件差、配套服务短缺等突出问题，政府应该站在维护公民基本文化权益的高度，加大对公益性文化事业的投入，把剧场建设作为青海文化产业发展的一项基本工作，加强文化基础设施的建设。并鼓励民间资本、社会资本进入演出演艺业，进入剧场硬件设施建设，改善青海演出剧场条件。重点提高西宁市演艺场馆的规模和水平，以适应西宁市作为“中国夏都”及省会城市对演艺场馆的需求。各州县加强演艺场馆的建设和完善，引进市场主体，加强场馆的市场化运营，为演艺业的发展提供设施保障。

8. 实现并提升演艺业与其他产业的融合

要充分发挥演出演艺业作为一种文化产业具有较高渗透性的特点，实现与其他产业的融合，形成良性互动关系，如演艺业与会展产业的融合、演艺业与商业的融合、演艺业与民俗文化的融合。加强表演艺术与其他传统技艺的结合，形成共生、共赢、互相促进的局面。进一步推动演艺与科技融合，并提升演艺与旅游业的互动发展水平，如引导规范的艺术团体与旅游集散地、重点景区合作，推动演艺剧目旅游旺季驻场演出，支持民间艺人、非遗代表性传承人进景区展演。突出民族歌舞、地方戏曲特色，策划排演一批特色演艺剧目，走市场化发展道路，实现文化产业增加值年均增长 18% 左右，培育规模以上演艺企业 5 家。

9. 加强文化消费引导，培育演艺消费市场

对政府而言，可以从普及艺术教育和民族文化入手，全面提升大众的文化素质、艺术鉴赏力以及民族文化的理解能力，使公众更了解民族艺术的意义和价值。①

本章参考文献

[1] 卢世菊，吴海伦 . 民族文化旅游创意产业发展研究——湖北省武陵山少数民族经济社会发展试验区的调查 [M]. 北京：中国社会科学出版社，2014.

[2] 钟晟 . 旅游产业与文化产业融合发展研究—以武当山为例 [M]. 北京：中国社会科学出版社，2015.

[3] 王予波 . 大美青海 [M]. 西宁：青海省人民出版社，2010.

[4] 赵宗福，鄂崇荣 . 青海多民族文化和美共荣发展与创建民族团结进步先进区研究 [J]. 青海社会科学，2015（1）.

[5] 王辉，张辉 . 青海旅游发展战略研究 [J]. 合作经济与科技，2011（3）.

[6] 青海省旅游局 . 青海省旅游业“十二五”发展规划 [EB/OL]. 青海省旅游局网站，2010-

① 李炎，王佳 . 空间、布局与特色：云南文化产业现状与对策 [M]. 云南：云南大学出版社，2011.

8–31.
[7] 赵世林 . 云南少数民族的文化产业与文化传承机制研究［ M ］. 北京：民族出版社，2010.
[8] 王琼瑶 . 青海文化产业发展探析［ J ］. 青海社会科学，2011（ 3 ）.
[9] 李炎，王佳 . 空间、布局与特色：云南文化产业现状与对策［ M ］. 云南：云南大学出版社，2011.
[10] 傅广海 . 会展与节事旅游管理概论［ M ］. 北京：北京大学出版社，2007.
[11] 傅才武，徐启彤 . 文化创意、产业融合和城市发展［ M ］. 北京：中国社会科学出版社，2015.

（本章撰稿人：王辉）

第8章　培育扶持文化创意产业

青海历史悠久，特色文化资源丰富，这些为青海文化创意产业的发展奠定了良好的基础。文化创意产业的发展有助于优化青海经济产业结构，增强青海文化影响力，增加就业人数，传承民族文化。推动青海文化创意产业的发展不仅关系到青海经济的发展、文化的传承、产业结构的调整、生活水平的提高，更是响应国家“文化大发展、文化大繁荣”的号召，是推动中国特色社会主义和谐社会建设的根本要求，是一项紧迫且艰巨的任务。①

随着青海文化改革发展大会的召开，青海省进一步明确文化发展思路，深入贯彻落实《国家“十二五”时期文化改革发展规划纲要》，以改革创新和科技进步为动力，加强文化基础设施建设，加快发展文化产业。近年来，青海特色文化创意产业发展迅猛，取得了令人瞩目的成绩。

2016年5月16日，《关于推动文化文物单位文化创意产品开发的若干意见》(以下简称《意见》)出台，引起了社会的广泛关注和讨论。文化部、国家发展改革委、财政部、国家文物局等部门对推动博物馆、美术馆、图书馆等文化文物单位文化创意产品开发工作作出部署。《意见》明确指出，要充分调动文化文物单位的积极性，采取合作、授权、独立开发等方式开展文化创意产品开发，深入发掘文化文物单位馆藏文化资源。《意见》强调文化文物单位要推动文化创意产品开发工作，表明我国越来越重视文化创意产业的发展。以前博物馆、图书馆、文化馆等文化文物单位多是发挥馆藏功能，凭借拥有的传统文化资源，为社会提供固定的文化产品。随着时代的发展，创新意识和文化产品的需求促进文化创意产业的兴起。博物馆文化创意产业链逐渐成型，销售时髦的文化创意产品成为文化文物单位的经济支撑。从《意见》相关规定可以看出，文化创意产业发展迎来了新的机遇。国家从政策上给予支持，社会民众也有积极参与的热情。这将对青海文化创意产业的发展指明方向，同时也提出了更高的要求。

---

①　张杰．青海特色文化创意产业发展研究［D］．青海大学硕士学位论文，2014.

8.1 青海文化创意产业概况

8.1.1 文化创意产业概念

创意文化就是指那些借助个人的创造力、技能和天分获取发展动力的企业，以及那些通过对知识产权的开发可创造潜在财富和就业机会的活动。创意产业的概念是1998年作为一项国家产业政策理念诞生于英国。① 布莱尔政府成立的“创意产业特别工作组”将“创意产业”（Creative Industries）定义为“源于个体创意、技巧及才能，通过知识产权的生成与利用，而有潜力创造财富和就业机会的产业”。随后，这一概念在英联邦国家和地区以及部分英语国家广泛传播。就世界范围来说，美国的文化产业最为发达，美国文化产业在其国内GDP中所占的比重非常大。文化创意产业在给美国带来巨大的经济效益的同时，也将美国的文化价值体系迅速地向世界其他国家和民族进行推广，美国的价值观念通过美国的影视作品在全世界范围内得到了传播。亚洲的韩国和日本在发展文化创意产业方面也取得了巨大的成绩，尤其风靡东亚甚至欧美的韩国电影和韩剧，在赚取了观众大量眼泪的同时还赚取了大笔的外汇，在很多国家形成了被称为“韩流”的韩国文化热。

我国关于创意产业的权威定义，最早出现于《上海创意产业发展“十一五”规划》中，该规划明确“创意产业具体是指以创新思想、技巧和先进技术等知识和智力密集型要素为核心，通过一系列创造活动，引起生产和消费环节的价值增值，为社会创造财富和提供广泛就业机会的产业，主要包括研发设计、建筑设计、文化艺术、咨询策划和时尚消费等几大类。”随后，广州、深圳、重庆、西安等城市相继提出了各自的创意产业发展思路。

在世界范围内，最先使用文化创意产业这个概念的是我国台湾，其在2002制定的《文化创意产业的发展规划和行动方案》中将文化创意产业描述为“源自于创意或文化积累，透过智慧财产的形式与运用，具有创造财富与就业机会潜力，并促进整体生活提升之行业”。2005年，我国香港地区沿用了这一概念，将文化创意产业定位为经济发展的新增长点之一，并进行大力的政策扶持。我国大陆地区最早使用文化创意产业的是北京市，其在2005年明确提出“要将文化创意产业作为首都经济未来发展的重要支柱之一，并相继出台了一系列的促进政策，对文化创意产业进行重点扶持和发展。”② 在北京市的“十一五”规划中，文化创意产业被界定为“以创作、创造、创新为根本手段，以文化内容和创意

---

① 金元浦．文化创意产业概论［M］．北京：高等教育出版社，2010.

② 金元浦．文化创意产业概论［M］．北京：高等教育出版社，2010.

成果为核心价值，以知识产权实现和消费为交易特征，为社会公众提供文化体验的具有内在联系的行业集群”。同样适用此概念的城市有南京、杭州、成都等。2006 年，中共中央办公厅、国务院办公厅印发了《国家“十一五”时期文化发展规划纲要》，“文化创意产业”这一概念首次出现在国家级的重要文件之中。2009 年 7 月 22 日，国务院常务会议通过了《文化产业振兴规划》，明确指出“国家将重点推进的文化产业包括：文化创意、影视制作、出版发行、印刷复制、广告、演艺娱乐、文化会展、数字内容和动漫等。”

文化创意产业发展问题越来越受到党和政府的关注。十七届六中全会指出，“加快发展文化产业，必须构建结构合理、门类齐全、科技含量高、富有创意、竞争力强的现代文化产业体系。”“十二五”规划提出，“推进文化产业结构调整，大力发展文化创意、影视制作、出版发行、印刷复制、演艺娱乐、数字内容和动漫等重点文化产业，培育骨干企业，扶持中小企业”。“十三五”规划建议则提出“推动文化产业结构优化升级，发展骨干文化企业和文化创意产业”。规划建议首次提出了“文化创意产业”的概念。

“创意文化产业”不等于“文化创意产业”，也不等同于“文化创意与设计服务”。“文化创意和设计服务”是国家统计局《文化及相关产业分类（2012）》中的十个类别之一，其概念小于“创意文化产业”。[①]“文化创意产业”则是学界从台湾搬来的概念，并被部分地区作为政策概念使用，其外延远超过“文化产业”，其概念也远大于“创意文化产业”。正确理解和区分这些概念对进一步认识我国文化产业相关理论，促进文化产业的发展有着积极的意义。

“创意文化产业”并不是一个凭空出现的新提法，它依旧是文化产业政策框架下的一个门类，延续了过去文化产业政策的整体思路。我们应该与时俱进，赋予它新的内容和生命力，发挥强大的作用。在东部一些地区，包括西部和中部的省份，已经开始意识到文化产业发展的高端形态是创意产业。创意产业的最大特点是以高科技为支撑，以全球化为背景。“创意”是产生新事物的能力，这些创意必须是独特的、原创的以及有意义的。创意文化产业其本质就是一种“创意经济”，其核心竞争力就是人自身的创造力。

鉴于上述概念的分析，本文并不严格界定“创意文化产业”和“文化创意产业”的内涵和外延，在此将“创意文化产业”和“文化创意产业”视为同一概念，在文中交替使用。

8.1.2 青海文化创意产业概况

近年来，青海省文化主管部门加大对文化创意产业发展的扶持力度，积极

---

① 于今．文化创意产业在城市更新中的进一步思考［EB/OL］．中国网，2016-01-25.

引导和鼓励省内文化企业创新思路，研发具有地方特色的创意文化产品，先后研发出藏黑陶创意产品、小转经筒文化创意旅游纪念品、小唐卡文化旅游饰品、掐丝画、绒毛画创意产品及牛羊毛编织产品、木雕创意产品，深受国内外游客的喜爱。在此基础上，为有效拓宽青海省特色文化产品市场空间，青海省文化和新闻出版厅积极为文化企业搭建展示、宣传、推介、交流、交易平台，先后组织264家文化企业参加了义乌、深圳、厦门、北京文博会和2015青海文化旅游节、2015青洽会、青海藏毯博览会文化艺术展，共展出特色文化产品8大类10000多个品种，文化产品销售额达3244.6万元，产品订单达3399.7万元，签订文化产业招商引资项目9个，签约金额达4.11亿元。[①]2015年以来，青海省文化主管部门加大对文化创意产业发展的扶持力度，积极引导和鼓励省内文化企业创新思路，研发的地方特色创意文化产品深受国内外游客喜爱。文化产业作为最具创新潜力的产业之一，在提升国家和区域综合竞争力方面发挥着越来越重要的作用。文化创意产业的发展不能仅仅依靠专业人士的技术，更需要依靠科技创新成果的驱动，才能使其具有可持续的发展动力。

文化产品生产和提供文化服务是推进文化产业发展的主要支撑，青海省特色文化产品＋创意、互联网＋文化产业发展持续升温，越来越多的文化产品享誉海内外，特色文化产品创新驱动力不断提升。

2015年11月2日，由文化部和中国人民大学联合主办的“文化中国——中国文化产业指数发布会暨拉动城乡居民文化消费试点项目阶段成果发布会”上，青海省文化产业驱动力指数位居全国第五，连续两年排在全国前列。文化部公布的2015年度特色文化产业、丝绸之路文化产业和藏羌彝文化产业走廊重点项目名单中，青海省19个项目被纳入中国文化产业重点项目库，入选数量居全国第一。“中国省市文化产业发展指数”自2010年发布以来，到2014年，青海省文化产业驱动力指数首次入围全国前十，居第三位。这一系列数据表明，随着青海省各地重视和支持力度的加大，青海省文化产业的发展潜力逐步显现。经过10余年的积极探索，青海省文化产业总体实力不断壮大，已经形成了以民族民间为主要特色，以工艺美术行业为主，出版发行、影视动漫、演艺、娱乐、网络文化、文物和艺术品、文化中介服务、广告和会展、文化创意和设计服务业九大类共同推进的发展格局，今后在推动传统产业、特色产业发展的同时，重点培育和扶持新兴产业发展，逐步壮大青海省文化产业整体实力和规模。目前，青海省的创意设计、动漫游戏、数字出版、新兴媒体（网络音乐、网络演艺、网络广告）等新兴产业处于起步培育期，要做大做强需要一定的时间。

2015年，青海省两个文化创意产业项目被纳入文化部特色文化产业重点项

① 李欣.青海省文化产业驱动力指数位居全国第五位，连续两年排在全国前列［N］.青海日报，2015-11-15.

目库，5 个文化创意产业项目纳入文化部藏羌彝文化产业走廊重点项目库，5 个文化创意产业项目纳入文化部丝绸之路文化产业重点项目库。青海省把文化创意和设计服务业列为重点发展行业，把推进文化创意和设计服务与相关产业融合发展作为今后推动文化产业发展的首要任务。2015 年初，青海省印发了《青海省推进文化创意和设计服务与相关产业融合发展行动计划（2015–2020 年）》，要求相关部门共同促进创意设计与现代生产生活和消费需求对接。

同时，文化创意产业与传统文化产业融合发展，需要各地坚持继承和创新相结合，促进特色文化元素、传统工艺技艺与创意设计、现代科技、时代元素相结合，设计研发独具特色的文化产品。加快文化产品的创作生产，重点发展创意设计、动漫游戏、演艺娱乐、工艺美术、器具雕刻、新闻出版等行业。加强民族民间特色文化资源开发利用，鼓励民族服饰、民族歌舞、民族工艺品等特色文化产品的创作、设计研发和产业化。重点发展工艺美术、演艺娱乐、新闻出版、影视动漫、文化旅游、节庆会展等特色文化产业。着力推动唐卡、昆仑玉、藏毯及艺术挂毯、民间刺绣、民族服饰、民族民间工艺品等传统优势行业转型升级。支持演艺剧目创作，完善演艺娱乐基础设施，打造适应市场需求的青海地域和民族特色演艺精品。加快新闻出版业数字化转型升级，实施藏文图书报刊“走向藏川甘滇”战略，支持全国藏文图书批销及仓储配送中心建设，构建全国藏区及尼泊尔等国家的发行网络。大力扶持原创动漫、影视、网络电视、网络游戏及衍生产品开发，创作生产《格萨尔》系列原创动漫作品，培育本土动漫品牌。鼓励开发具有地域特色和民族风情的文化旅游产品，促进由单纯观光型向参与式、体验式等新型业态转变。发掘各地传统节庆文化内涵，打造青海文化旅游节等特色节庆会展品牌。引导特色文化产业与建筑、园林、农业、体育、餐饮、服装、生活日用品等领域融合发展，培育新的产品类型和新兴业态。推动昆仑玉系列、藏毯系列、唐卡系列、藏绣系列、藏陶系列、银铜器系列及华坊云锦、缘汇木雕、黄河石艺画、和日石雕、茶卡盐雕、安冲藏刀等特色文化产品，在保持多样性和独特性的基础上，坚持继承和创新相结合，促进特色文化元素、传统工艺技艺与创意设计、现代科技、时代元素相结合，提升产品品质，丰富产品形态，延伸产业链条，拓展发展空间。通过政府购买服务、原创补贴、以奖代补等方式，大力支持原创舞台艺术、原创影视动漫、原创出版产品生产及非物质文化遗产生产性传承保护，在产业与市场的结合中实现民族民间特色文化资源转化利用、传承保护和可持续发展。积极培育特色文化品牌，鼓励企业申报原产地标记及中国驰名商标、青海省著名商标。发展创意设计、动漫游戏、数字出版、数字广播影视、网络传输、互联网文化信息服务、文化电子商务等新兴文化业态。扶持科技型、成长型文化企业，提高科技创新能力；鼓励文化企业在产业支撑技术等领域内，研发具有自主知识产权的创新技术；推动高新技术成果向文化领域的转化应用，加强对传统文化产业的技术改造；支持舞台剧目、音乐、美术、文化遗产等数字转化开发适宜互联网、移动终端的数字文化产品。举办文化创业创意设计产品大赛，获奖作品给予一定奖励。开展青海省文化领域高新技术企业认定工作。

8.2 网络、新媒体、动漫游戏业

8.2.1 网络业

2014 年 11 月，世界互联网大会上习近平主席说："当今时代，以信息技术为核心的新一轮科技革命正在孕育兴起，互联网日益成为创新驱动发展的先导力量，深刻改变着人们的生产生活，有力推动着社会发展。互联网真正让世界变成了地球村，让国际社会越来越成为你中有我、我中有你的命运共同体。同时，互联网发展对国家主权、安全、发展利益提出了新的挑战，迫切需要与国际社会认真对接、谋求共治、实现共赢。""十三五"规划建议中提出：加强网上思想文化阵地建设，实施网络内容建设工程，发展积极向上的网络文化，净化网络环境。推动传统媒体和新兴媒体融合发展，加快媒体数字化建设，打造一批新型主流媒体。

在全球化维度下，经济日趋一体化，互联网的迅速发展，使很多产业尤其是高科技行业已经日益因全球化而趋同，但文化却是无法替代和趋同的。每个民族每个国家都有自己独特的文化历史。如果没有关注自身的文化资源，没有对本土文化进行产业化发展，本土文化就会受到其他国家文化产业浪潮的冲击。由于我们缺少核心创意的版权，造成同质化现象十分严重，原创性在中国整个大文化的行业中越来越匮乏。

2015 年 7 月 4 日《国务院关于积极推进"互联网 +"行动的指导意见》正式公开发布。这一文件的发布，将意味着"互联网 +"正式从概念上升为国家行动，在"互联网 +"轰轰烈烈的时代，我们运用它做好意识形态领域的创新工作也将势在必行。在"互联网 +"的背景下大力发展网络文艺，更离不开文化产业的推动。在这个意义上，《关于繁荣发展社会主义文艺的意见》所指出的网络文学、网络音乐、网络剧、微电影、网络演出、网络动漫等新兴文艺类型，就是"文化创意产业"的典型代表。

在 2016 年 1 月 8 日举办的"2015 中国网络文化产业年会高峰论坛"上，文化部部长雒树刚表示，我国网络文化发展迅速，网络文化产业高速增长，已成为推动文化产业快速发展的重要力量。目前我国网民数达 6.7 亿人，其中网络音乐用户 4.8 亿，网络视频用户 4.4 亿，网络游戏用户 3.7 亿，网络文学用户 2.9 亿。

网络游戏产业连续 8 年以每年约 30% 的速度增长，2015 年达到 1330.8 亿元，同比增长 25.3%。其中，自主研发的网络游戏产品达到 945.4 亿元，占 70% 以上。

以网络音乐、网络游戏、网络演出、网络动漫、网络文学、网络视听等为代表的网络文化产业，已经成为推动文化产业快速发展的重要力量，也是文化消费中最有活力的领域，将优化网络文化产业发展环境，加强网络文化市场治理，推动网络文化繁荣发展。

青海省特色文化产品 + 创意、互联网 + 文化产业发展也持续升温，越来越多的文化产品享誉海内外，特色文化产品创新驱动力不断提升，有效助推文化产业快速发展。2015 年 11 月 2 日，由文化部和中国人民大学联合主办的“文化中国——中国文化产业指数发布会暨拉动城乡居民文化消费试点项目阶段成果发布会”上，青海省文化产业驱动力指数位居全国第五，连续两年排在全国前列。“十二五”期间，青海省公共文化服务网络逐步完善，国家和省财政共投入公共文化建设资金 16.6 亿元，先后实施省图书馆二期、文化馆、美术馆建设及市州、县、乡、村一大批基础设施建设项目，青海省五级公共文化服务网络覆盖率达 95%。实施公共文化设施免费开放、文化“进村入户”、农（牧）家书屋、数字图书馆等一系列文化惠民工程，公共文化服务标准化、均等化水平大幅提升。

“互联网 + 文化”具有高知识性、高增值性和低能耗、低污染等特征。“互联网 + 文化”极大激发了大众的消费意愿，消除了各产业间的壁垒。推进文化与科技的深度融合，是培育国民经济新的增长点、提升国家文化软实力和产业竞争力的重大举措，是发展创新型经济、促进经济结构调整和发展方式转变、催生新兴业态、带动就业、满足多样化消费需求、提高人民生活质量的重要途径。作为最具创造性的文化创意产业，在发展转变过程中与科技成果相融合，就更不能离开互联网。根据统计资料预测到 2016 年底互联网文化产业占比将达到 70%。中国的文化产业结构正发生巨大变化，传统文化产业的转型升级已迫在眉睫，互联网企业正在主导文化产业并购和资源整合。

在“互联网 +”的网络新思维的指引下，围绕文化与科技深度融合的发展现状，互联网思维正在为中国文化创意产业提供前所未有的巨大机遇，“互联网 + 文化”也将成为青海省在“十三五”阶段新的经济增长点。我们应该从以下几个方面推进“互联网 +”对青海省文化创意产业的作用。

一是加快完善公共文化设施网络。统筹城乡公共文化设施建设布局和资源配置，因地制宜推进公共文化设施建设。推动实施市州级公共图书馆、群艺馆、博物馆建设，对未达到国家标准的县级图书馆、文化馆进行新建和改扩建，全面改善设施条件，完善服务功能，提升服务水平。配备新型集成化、便携式、多功能流动文化服务设备，实现阵地服务、流动服务、数字化服务有机结合和有效覆盖，打通公共文化服务“最后一公里”。适应新型城镇化和社会主义新农村（牧区）建设发展要求，引导文化资源向城乡基层倾斜，采取整合资源、盘活存量、调整置换、集中利用方式，实施基层综合性文化服务中心建设，每年建成200个标准化、示范性基层综合性文化服务中心。

二是提升网络传播的效果和影响力。当前复杂的网络舆论环境对群众的思想与观念塑造起着巨大的影响，互联网文化创意产业必须着力强化网络传播效能及其文化引导实力。立足新媒介的基础优势与发展态势，大力加强在全媒体语境下的传播引导能力建设。强调电子报刊、网络广播、IPTV、三网融合、移动互联网等新媒介产业在传媒体系中的创新引领地位，注重网络电视、网络音乐、网络文学、多媒体数据库等新型网络文化元素中的舆论规范引导。注重重点媒体与民间网络议程的协调，增强城市舆论场的内聚力。增进政府传播的沟通渠道与效能，拓宽政府在网络平台中对民众信息公开、公共服务、舆情引导的实际效果。为互联网文化企业的发展创造良好的政策环境。

三是扶持引导互联网文化企业成为产业的支撑点。要立足现有的文化创意产业基础和优势，着重在数字图书期刊出版、网络影视、网络游戏等发展较好的领域继续做强做优，发挥它们对其他领域的示范辐射作用。要鼓励互联网文化产业与文化事业、社会公共服务的有机结合，以多种形式吸纳社会资本、商业资本进入公共网络文化服务体系建设，加大网络文化产业在文化信息资源共享工程、公共网络信息库和数据库中的合作力度。同时扶植建立起在文化领域的优势龙头企业，依托龙头企业的带动作用，整合区域内文化产业资源，实现地域辐射，以此为中心完善整个产业链的布局与建设。对于同类型的小微文化企业，要采取积极的政策帮扶；对于不适应市场需求的文化企业要限期整改以备进一步采取并购联合。优势龙头企业是文化内涵的缩影，不仅对上下游产业起到带动作用，更为地区精神文化生活注入了无限活力。文化传承与经济利益在优势龙头企业的发展中融汇交织，给本地区精神与物质文化生活提供了双重保障。

四是营造良好的文化产业发展环境。营造良好的文化产业发展环境不仅可以为企业减轻思想与观念上的束缚，更可以使整个产业得以良性向前发展，有利于企业创造力的发挥。就文化企业而言，良好的发展环境包括政府宽松的政策导向、通畅的进出口流通渠道、便捷的融资服务和非垄断充分竞争的市场格局。良好的文化产业发展环境不仅有利于文化企业自身健康发展，更能够在深层次上提升居民的文化消费比重，改变文化类产品消费不足的现状，真正实现扩大内需的发展目标。

8.2.2 新媒体

2014年是新媒体在中国迅速发展的一年，移动互联网日益勃兴，新媒体渐渐进入到了各行各业，据调查，"截至 2014 年 12 月 31 日，中国网民数量为 6.49 亿人。其中，手机网民规模达 5.57 亿，网民中利用手机上网人群达 85.8%，手机端即时通信使用率为 91.2%。"可见，新媒体可以利用的网民基数是非常之大的。除了用户的增多，另一方面，微传播正在渐渐成为一种主流传播，"在移动化的社会，这些微内容、微信息快速流动、跨平台流动，用户通过微博、微信、客户端等载体，随时随地实时获取信息。"除了这些，报告也指出，"2014 年，以微博、微信、APP 等形态为主体的"自媒体"加速发展。互联网的不断普及和逐步完善极大地扩展了网民的言论自由空间。"[①] 从以上这些发展模式都可以看出，现阶段，我国的媒体宣传已经不仅仅局限于传统的电视、广播、报纸等媒体，而是已经进入到了网络化时代，微传播与自媒体的迅速发展已经深入人心，因而，如何有效的利用新媒体发展文化产业就是一个非常值得关注的问题。

从《2014~2015 年青海社会发展形势分析与预测》中可以了解，2014 年青海省"强化和丰富了舆论引导、网络引导、文化引导、广告引导等多样化引导手段和方法，发挥了新闻媒体传播社会主义核心价值观的主渠道作用，不断增强网上传播社会主义核心价值观的影响力，进一步发挥优秀传统文化怡情养志、涵育文明的重要作用，强化了公益广告传播社会主流价值、彰显社会文明风尚的重要功能。"作为主流媒体，在宣传社会主义核心价值观方面的作用是不可小视的。在国家文化繁荣发展的大背景下，中共青海省委省政府于 2011 年 11 月 18 日十一届省委第 138 次常委会会议审议通过《关于加快文化改革发展建设文化名省的意见》。会议提出加快文化改革、建设文化强省的要求，努力建设覆盖城乡的公共文化服务体系，保障各族群众的基本文化权益，着力构建青海特色的文化产业发展体系，促进文化产业成为国民经济支柱性产业，努力建设以多样性和统一性为主体的文化体系，精心打造特色文化系列品牌，突出昆仑文化在多元文化中的主体地位，努力打造文化传播体系，进一步提高青海的影响力和知名度。

建立有利于促进文化建设健全体制机制，不断增强文化发展的动力和活力，全面推进文化繁荣发展，增强文化软实力。"十二五"时期，紧紧把握加快文化改革发展、建设文化名省的主线，紧紧把握建设社会主义核心价值体系这一根本任务，紧紧把握文化事业和文化产业"两手抓"这一基本思路，紧紧把握改革创新这一根本动力，精心组织实施《青海省"十二五"文化发展规划》，着力完成国有文艺院团、非时政类报刊出版单位转企，党报、广播电视台、新闻网站管理运行机制，有线广电网络整合，影视剧制播分离，文化市场综合执法等八项改革，全面完成文化设施、文化惠民、文化产业、文化园区、文化市场、文化品牌、文化交流、文化人才等文化建设八大工程确定的目标任务。

---

① 唐绪军 . 中国新媒体发展报告［M］. 北京：社会科学文献出版社，2015.

文化创意产业理念的引入与青海省文化发展目标可以实现无缝对接。青海经济飞速发展，人民生活水平有了很大提高，在满足基本物质生活需要后，对文化消费需要日益增加。此外，国内外部分城市和地区发展文化创意产业的先进经验也给青海的发展提供了借鉴。

无论从青海的发展变化，还是新媒体的整体迅速发展来看，在青海利用新媒体来宣传哲学社会科学都是非常有效的一种策略，一方面，新媒体发布信息非常快捷，能够将有关哲学社会科学方面的一些最新的动向迅速快捷地传递给大众，让他们可以在很快并且很简便的状态下了解这些变化。另一方面，新媒体非常简洁，一般仅仅利用很少的字符就可以将信息传达过去，当今社会是一个快餐化的社会，大众没有太多时间认真浏览过长的文字，新媒体的这种作用就显现出来了。此外，新媒体具有软性的性质，让大众在娱乐、轻松的状态下就可以理解并认知我国的一些新型的政策。例如：2015 年，央视与青海广播电视台联合推出大型直播《湟鱼洄流季》，这次大型直播节目在央视 13 套《新闻直播间》播出后引起很大反响，再通过央视新闻微信平台和青海网络广播电视台微信平台传播，点击率高达几十万次。这样的宣传力度是过去传统媒体无法比拟的。

2014 年全年，藏语广播向藏语网络广播广播电视台上传时政、社会、国际等各类新闻近八千条；广播自办直播节目 835 档；法制等其他社交类节目 816 档；图片新闻 1100 余条。这既丰富了藏语网络广播广播电视台的网站内容，又扩大了藏语广播的社会影响力、延伸了藏语广播的宣传功能。截至 2014 年底，藏语网络广播电视台的日访问量达 2 万左右，其中移动客户端占 61.91%，PC 端占 38.11%。从来源分析，直接输入网址占 75.06%，搜索引擎或者外部链接占 24.94%，从地域分布分析，国内访客大概占 80%，国外访客占 20%，从运营商分析，电信访客占 73.87%，移动访客占 16.07%，联通访客占 7.14%，其他运营商访客占 2.92%。从青海藏语广播电视网站的发展情况不难看出，从以往单纯的媒介已经扩大到了新媒体的运用中，正是因为这种改革，新的青海藏语广播电视网站在对外宣传中才能发挥出越来越重要的作用。

青海生活广播花儿调频用新媒体突破传统广播媒体的瓶颈。青海生活广播花儿调频自 2012 年 1 月 1 日开播以来，以清新明快时尚的风格，以青海特有的历史、文化、民俗、语言等元素融合现代、时尚、轻松、娱乐带给听众熟悉、亲和的听觉感触。打造出青海生活广播以民生化、娱乐化为频道节目主旨。频率节目互动性很强，重点打造青海方言脱口秀类节目。整个频道的包装体现娱乐、现代。节目内容丰富、节目形式多样。开播四年多时间在青海广播媒体中收听率位于青海地区第一、广告创收第一。在广大市民中有很大的影响力，尤其在出租车行业的收听率和知名度很高。截至 2015 年 7 月中旬，花儿调频公众微信平台已加入微友七万四千余人，新浪微博腾讯微博粉丝十二万人以上，这在青海所有媒体中是首屈一指的，这也是非常大的宣传客户基础群。每天给花儿调频发文字或语音路况的出租车司机、私家车车主近万人。一小时的节目路况高达六百条，这些都足以证明青海生活广播花儿调频在青海的知名度和品牌影响力以及百姓对我们的认可与支持。同时实现了网络蜻蜓 FM 的 APP 手机客户端收听，收听范围遍及亚洲地区。传播更快捷更高效。成功的经验就在于先一步做到了传统媒体与新媒体的成功嫁接。2013 年初，创建了“花儿 903”媒体公众微信平台，做出了不但可以听而且可以看，可以随时随地参与的广播电台；短短几年时间花儿调频的听众粉丝发展到七万多人，这个数字对于媒体来说不容小觑，目前在青海媒体中“花儿 903”公众微信平台排名第一。

由此可以看出，互联网 + 时代传统媒体与新媒体的嫁接势在必行，只有这样做，传统媒体才可以做到有效传播，才可以把党和政府的声音，把正确的舆论信息有效的传递给千家万户。2015 年，花儿调频又进一步做好微信平台的升级改版，新增了花儿摇一摇专栏。平台也做了分类，方便更加人性化为听众做好服务与沟通。青海生活广播节目的架构主要以方言类、综艺娱乐类、服务类节目为主。例：《沫沫别搅》《天天美食》《疯狂青海话》《午间时光》《903 早上好》《903 微博秀》《绝对意外》《花儿观影团》《谝闲传》《全程爱车》等。

推进“互联网 +”的国家行动锁定了十一大重点领域，在这些与我们日常生活息息相关的领域，国家又有各种具体部署。提前谋划行业布局。牢牢把握“三网融合”、新一代移动通信、下一代互联网发展机遇，以视听内容创作为核心，加快高新技术在视听新媒体领域的广泛应用与渗透，形成以网络电视、手机电视等业务领域协同发展的新格局。积极布局移动视听、数字娱乐等增值业务，大力发展各类新媒体业务，丰富文化产品的表现力，抢占视听新媒体领域产业发展的制高点。推进数字电视终端制造业和数字家庭产业与内容服务业融合发展，提升全产业链竞争力。着力突破行业关键技术。加快新媒体技术领域的研发投入，重点支持行业龙头企业、科研院所及高等院校等创新主体，在数字技术、网络技术、新型显示技术、虚拟现实技术、多媒体交互点播等视听新媒体领域的关键共性技术上实现突破，支持企业、科研院所和国家级、西宁市及行业重点实验室牵头或参与制定一批视听新媒体领域重大技术标准。

8.2.3 动漫游戏业

动漫业是世界范围内近年来一个重要的文化创意领域，在上世纪就崭露头角的日本动漫如今已占领欧洲动漫市场的 60%，占领中国动漫市场的 75%，为日本创造了惊人的财富，我国动漫也加快了发展速度。我国动漫产业起步晚、发展快，但市场化进展缓慢，存在的问题仍然严峻。我国动漫产业在产量上已成为动漫大国，但却远称不上是动漫强国。同时也出现了一些内容低俗、充斥暴力色情的不良动漫。动漫行业主管部门应转变职能，着眼于维护好产业市场合理有序运营，推动我国成为动漫强国。

青海省民族语动漫发展中心成立于2010年12月，主要工作是把优秀的国内外动画节目翻译成藏语等少数民族语言节目。动漫发展中心的成立填补了相关产业发展的空白。2013年夏天，一部关于藏族少年帮助受伤离群的小藏羚羊回到羚羊群体故事的动漫作品《藏羚羊》正式问世。这是青海开心动漫文化科技发展有限责任公司继2013年成功创作播出并发行青海省第一部藏汉双语原创动画连续剧《寻找智慧精灵》后，推出的第二部藏汉双语原创动画连续剧。开心动漫公司的成立填补了青海省尚无专业动漫公司的空白，青海省原创动漫作品也相继横空出世。《寻找智慧精灵》共五集，每集12分钟，全片时长60分钟，为汉、藏双语片。该片以青海特有的动漫场景、动物精灵形象为主角，以青海特有的山水及动植物为原形而创作，并由此展开的一系列生动而有趣的故事情节。根据业内人士介绍，动漫作品《寻找智慧精灵》的推出，不仅使青海广大农牧区观众观赏到了本地民族语动漫节目，而且首次创作并推出了具有青海特色的动画片，填补了青海原创动漫作品的空白，获得青海社会各界的认可和赞赏。

2014年年底，省民族语动漫发展中心开始筹备制作26集“格萨尔”题材的动漫系列片。通过一年的创作，《格萨尔王》系列动画片《赛马称王》《霍岭大战》（上下集）诞生。填补了青海自主文化品牌动漫的空白，青海本土原创民族语动漫节目逐渐兴起。

青海的动漫产业有了初步的发展，但是我们应该清醒地看到自身的差距。在动漫产业的整个产业链中，动漫生产（动漫的创作生产）、动漫市场（包括动画片本身的播出市场、动漫图书与音像制品市场，以及动漫形象所衍生的产品市场，如服装、玩具、儿童用品等）、动漫消费（观看影视动画，购买动漫衍生品，主题公园旅游）等各个环节构成动漫产业的有机链条。在这个连接中，每一个环节的运作质量都直接影响到下一个环节运作的成败，这是一个既相互联系、相互交叉，又相互制约、相互促进的有机连贯体，是一个不可分割的完整的循环系统。青海的动漫业仍处于产业链的开端，因此整个链条的过程都需要科学合理的规划。动漫衍生品开发及推广的成功与否，直接关乎着动漫形象的生命力。

青海动漫业的市场运作模式和营销推广策略将成为未来发展的重点，成功地打造不仅能获得理想的经济效益也将有力地促进青海特色文化创意产业的发展。扶持原创作品的创作生产。深入挖掘优秀文化资源，推动动漫游戏产业优化升级，打造民族品牌。加快扶持具有示范和引领作用的优秀原创动漫作品的创作生产，推进动漫内容创作、音乐创作、形象设计、节目制作、版权交易的发展，支持数字高清技术和三维动画电影技术的研发和运用，推动动漫游戏与虚拟仿真技术在设计、制造等产业领域中的集成应用，加强对移动终端动漫作品的开发与推广，不断开拓动漫衍生产品市场，完善和拓展动漫产业链。推动网络游戏、手机游戏、电子竞技和虚拟现实体验的发展，重点支持具有自主知识产权的网络游戏技术、游戏运营平台和具有民族文化特色的原创游戏产品的研发、推广与出口。搭建动漫行业服务平台。构建公共支撑体系，提升对动漫内容创作、素材资源库管理、产品交易、渠道发行与版权保护的服务能力和服务水平。搭建动漫内容的制作平台、作品的宣传营销和全媒体分发平台、衍生品设计开发和授权平台，建立完整的动漫产业链。加大对动漫游戏公共技术服务平台的建设扶持力度，为动漫游戏开发者提供支付系统、交易模式策略、数据管理等基础开发架构，提供跨平台的用户行为分析等后端服务。鼓励动漫引擎类企业发展，提高动漫产品开发速度和制作精良度，推动行业高标准化发展。搭建多平台传播渠道。依托媒体数字化、网络化和移动化发展趋势，积极开拓数字电视频道、视频网站、移动媒体等多平台传播渠道，加快多元化业务模式和赢利模式培养。实施原创动漫培育和扶持计划，依托“十百千”工程重点孵化一批有活力、有潜力的骨干动漫企业。加强原创能力建设，鼓励和引导动漫企业挖掘青海民族民间文化资源，创作生产《格萨尔》系列优秀动漫作品，培育本土动漫品牌。用动漫语言讲好青海故事、传播青海文化。开发动漫衍生产品，拓展动漫外包市场，吸引人才、技术，逐步健全动漫产业链。推动米堂动漫创意产业园建设。

8.3 文化创意设计业

近年来，青海省文化主管部门加大对文化创意产业发展的扶持力度，积极引导和鼓励省内文化企业创新思路，研发具有地方特色的创意文化产品，先后研发出藏黑陶创意产品、小转经筒文化创意旅游纪念品、小唐卡文化旅游饰品、掐丝画、绒毛画创意产品及牛羊毛编织产品、木雕创意产品，深受国内外游客的喜爱。在此基础上，为有效拓宽青海省特色文化产品市场空间，省文化和新闻出版厅积极为文化企业搭建展示、宣传、推介、交流、交易平台，先后组织 264 家文化企业参加了义乌、深圳、厦门、北京文博会和 2015 青海文化旅游节、2015 青洽会、青海藏毯博览会文化艺术展，共展出特色文化产品 8 大类 10000 多个品种，文化产品销售额达 3244.6 万元，产品订单达 3399.7 万元，签订文化产业招商引资项目 9 个，签约金额达 4.11 亿元。[①] 青海省特色文化产品同时亮相第十届中国北京国际文化创意产业博览会和第八届中国海峡两岸（厦门）文化产业博览交易会，富有创意且丰富多彩的特色文化产品，吸引许多观众和客商眼球。文化

① 熊晓燕 . 青海省特色文化产品创新驱动力不断提升有效助推文化产业快速发展［EB/OL］. 青海民族文化网，2015-11-10.

部文化产业司司长吴江波在参观青海展区时，对近年来青海省文化产品创意设计水平给予高度评价，认为青海文化产品在创新、创意设计等方面有很大进步，富有特色。

青海特色是青海工艺美术产业赖以生存发展，具有竞争力的前提条件。在青藏高原上，世居着汉、藏、蒙古、回、土、撒拉等各民族，他们用自己勤劳的双手谱写了青海辉煌的历史，创造、丰富和发展了富有地域和民族特色的文化。青海民族工艺美术产业不满足于传统，采用创意手法，大胆集各种艺术手法之长，运用刺绣、堆绣、制陶、绘画、剪贴、雕刻、编织等方法，将雪域高原人文和自然的神韵，在彩陶、绣品、唐卡、香包、雕塑、地毯等不同材质的作品中表达出来，并由此远扬海内外，对宣传青海及其文化起到了重要的作用。如新型工艺美术品“烤羊肉、吉祥小沙尼、藏族女孩、释迦牟尼、雪域神牛、玛尼石刻、护法神、中国原子城、绿色江河、藏式水晶脸谱”等，利用古老的刺绣技艺展现奥运福娃及当代土族民众的爱情、生产场景等，在题材上广泛多样，既有历史的、民族的、民俗的，也有时代积极向上精神的反映。青海特色文化工艺品通过传统和现代工艺相结合进行创意表现，把文化的神韵传递给世人，不仅满足了社会各界和广大消费者对文化艺术高层次的需求和享受，而且达到了继承弘扬高原文化，宣传青海、介绍青海的目的。藏文化艺术、藏毯、金银首饰、昆仑玉雕已成为工艺美术四大支柱。唐卡、昆仑玉、藏毯、民族刺绣、石雕等传统工艺美术实现产业化生产，工艺美术企业示范引领作用日益扩大。截至 2014 年底，青海省工艺美术产业销售额达到 23.29 亿元，工艺美术行业企业达到 3103 家，从业人员 10 万余人。热贡艺术成为国内知名文化品牌，同仁县被中国工艺美术协会命名为“中国唐卡艺术之乡”，海南州和贵南县分别被中国工艺美术协会命名为“中国藏绣艺术之乡”和“中国藏绣生产基地”。[①] 北京奥运会让昆仑玉在国人和世界面前精彩亮相，而北京文博会则让昆仑玉工艺品和昆仑文化逐步深入国人心里，走向世界。不仅产生了良好的社会效益，也带来了一定的经济效益。唐卡艺术是藏族一种独具特色的绘画艺术形式，凝聚着藏族人民的信仰和智慧。随着近年来唐卡收藏热来袭，唐卡艺术的产业化发展也愈发引人瞩目。参加北京文博会为龙树画苑热贡唐卡走出青海，走向全国乃至世界提供了契机。2004 年，热贡艺术只有 2000 多人从事创作，而现在热贡艺术的从业者达到 30000 多人。北京文博会等各类展会提升了热贡唐卡的知名度，从而直接带动了唐卡价格的提升。藏绣是青海文创艺术品的另一杰出代表，在青海有 1200 多年的历史。在 1200 多年前，国内多地都有藏绣技艺，但到现在，除青海外，甘肃、四川、云南以及西藏都失传了这种技艺，这都凸显了藏绣技艺的珍贵。虽然藏绣技艺发展史长达千

① 辛闻 . 对话青海文创人士：大美青海助力民族特色文创产业［EB/OL］. 中国网，2015-10-31.

年，但真正产业化才只有约十年的时间。经青海省文化和新闻出版厅扶持，藏绣技艺发展到今天，已成为了热贡唐卡艺术之外的另一个颇有发展潜力的一个文化产业。北京文博会为藏绣技艺走出青海，走向世界提供了牵线搭桥的平台。

今后青海省应重点推动唐卡、昆仑玉、藏毯及艺术挂毯、民间刺绣、民族服饰、黄河石艺画等特色文化产品的规模化生产。借助“互联网 +”等现代技术手段与创意设计理念，研发与现代生产生活和消费需求对接的文化创意产品，加快传统工艺美术业转型升级。强化品牌意识，提高产品附加值，发挥工艺美术在推进扶贫、就业领域的重要作用。坚持继承和创新相结合，以创意创新、交互融合的大设计理念为引导，深入挖掘优秀文化资源，改造提升传统文化产业，促进特色文化元素、传统工艺技艺与创意设计、现代科技、时代元素相结合，设计研发独具特色的文化产品，提高青海本土文化创意设计整体水平，逐步形成具有青海民族民间特色的创意设计发展模式。举办文化创意产品设计大赛，以文化创意助推文化、旅游、科技等相关产业融合发展。文化与科技融合是当前文化创意产业发展的重要趋势。依托高新技术增强文化产品的表现力、感染力、传播力，强化文化对科技手段的内容支撑、创意和设计提升，促进文化与科技双向深度融合。加快高新技术成果向文化领域的转化应用，重点培育动漫游戏、移动互联网应用、视听新媒体、3D 打印和绿色印刷等新兴文化业态。随着时间推移和产业演进，文化与科技融合将催生更多的文化产品与服务新业态。

8.4 休闲避暑创意产业

西宁位于青藏高原的东部，市区平均海拔 2275 米，日照强烈，属于大陆高原半干旱气候。全年平均气温为 6℃左右，这里为黄河湟水谷地暖区，冬季受冷空气影响较少，因而冬无严寒，一月份的平均气温为零下 7℃左右；夏无酷暑，6~8 月的月平均温度只有 15℃ ~17℃，平均最高气温在 25℃以下，是理想的避暑胜地，被誉为“中国夏都”。西宁有着清凉的自然环境，清净的社会环境，清新的文化环境，“夏都西宁”是个避暑概念、也是休闲概念。西宁打造“中国夏都”旅游城市品牌，得益于良好的生态和气候优势。特殊的地理位置和海拔高度，赋予西宁冬无严寒、夏无酷暑独具特色的气候条件。“春光融融，夏绿茵茵，秋气爽爽，冬雪阳阳”是西宁气候的真实写照。西宁是民族宗教包容性很强的都市，佛教、藏传佛教、道教、伊斯兰教、天主教、基督教相安一地。西宁还是一个多民族聚居的城市，有汉、回、藏、蒙古、土、撒拉族等 54 个民族。最重要的是，西宁集中展示了高原古城绚丽多彩的自然风光和厚重的历史文化、民俗文化。

近年来，西宁倾力打造“世界凉爽城市——西宁”品牌，拥有了首张城市国际名片；连续六届举办“夏都国际论坛”，架起西宁与世界各国沟通交流的桥梁。同时，西宁市旅游精心培育打造“中国夏都”旅游城市品牌，已基本形成了民族宗教、生态观光、乡村旅游、休闲度假、文化旅游等多元化的“中国夏都”旅游产品结构体系。主打生态观光旅游产品、休闲度假旅游产品、民俗文化旅游产品、博物馆系列旅游产品、宗教探秘旅游产品、文化体育旅游产品、青海地方特色餐饮美食产品。中国旅游研究院日前发布的《2014 年中国城市避暑旅游发展报告》显示，全国避暑旅游市场已初步形成，避暑经济效益显现，在全国排名靠前的 15 个避暑胜地中，西宁排在第 14 位。西宁市旅游局局长刘海云向省内外 20 多家媒体介绍西宁市今后避暑旅游文化发展定位时指出，西宁市将打造“避暑旅游＋避暑地产＋避暑节庆”等避暑经济复合产业链，做大做强避暑经济。据介绍，下一步西宁市将全力发展避暑旅游，通过避暑论坛、避暑峰会等方式，采取“走出去”与“请进来”相结合的宣传方式，赴港澳台、珠三角、长三角等市场潜力大、夏季气温高的地区进行推广营销。并整合以西宁为龙头的青海省休闲避暑资源，打造独具特色的避暑旅游线路、旅游产品、旅游基地。同时，鼓励避暑旅游与西宁特色文化旅游的深度结合，打造具有独特魅力的避暑产业，以“中国夏都”的“品牌＋活动”模式，推出避暑森林生态游、避暑登山探险游、避暑民俗节庆游等避暑节事活动，掀起西宁避暑休闲的热潮。打造“中国夏都”，西宁的第一大优势是资源优势，具体表现为丰富的文物古迹、多样的宗教文化、浓郁的民族风情、绚丽的自然风光。第二大优势是区位优势，西宁是青藏高原的东门户，现有兰青、青藏铁路贯穿东西，青藏、青新、宁张、宁久公路四通八达，承担着承东启西接南连北的作用。第三大优势是气候优势，每年夏季全国各地都酷热难耐、暑气袭人时，西宁却气候凉爽，无炎热相逼。第四大优势是文化优势，湟水谷地是黄土高原向青藏高原的过渡带，是农耕民族与游牧民族的贸易地，是秦汉文化同西域文化的交融地。第五大优势是节庆活动优势，在西部大开发的推动下，西宁成功举办了一系列大型活动，极大提高了青海和西宁的知名度。

青海省旅游部门的一组统计数字显示：2014 年 5 月国内游客 212.29 万人次，1~5 月累计 470.09 万人次，国内旅游收入 20.89 亿元。作为省会城市的西宁，一直秉持着“清凉夏都”的美名，在城市品牌中突出清凉、清净、清心之意蕴，合理划分全市避暑旅游文化功能布局，打造避暑文化旅游品牌，以“品牌 + 活动”的模式，推出避暑森林生态游、避暑登山探险游、避暑民俗节庆游、避暑清凉狂欢节等系列避暑休闲节事活动，“避暑胜地”的美名享誉全国。

正是凭借互联网时代一日千里的迅猛发展，青海省内各大媒体、相关单位都在为宣传大美青海持续发声。2015 年 1 月开通的“青海省旅游局”官方微博每周阅读量近 7000 次，“青海省旅游局”官网微信公众号累计关注人数达 5472 人。

无论是青海日报微信公众号“青报新媒”、西海都市报微信公众号“掌上青海”亦或是西宁电视台“爱西宁”社区，打开公众号历史消息，几乎每天都有与青海旅游相关联的图文。“互联网 + 旅游”的迅猛发展正在颠覆传统旅游业的格局，它的出现，不仅为青海旅游注入了新的活水，也为青海旅游业转型升级带来了新机遇。携程网、同程网、去哪儿网、途牛网等国内专业旅行在线网站，随时随地为旅行者提供国内外机票、酒店、度假、旅游团购及旅行信息深度搜索，巨大的网站资源，也在为到青海旅游提供食宿行“一条龙”服务，青海旅游新产品形态、新生产方式和新消费模式由此产生。统计显示，2015 年上半年，青海省接待国内外游客 824.96 万人次，比上年同期增长 13.7%；实现旅游总收入 83.63 亿元，比上年同期增长 18.7%。青海省各地景区宾馆升级、新建景区宾馆增多、旅游商品产销扩大、旅行社队伍扩容、乡村旅游业蓬勃兴起，日益发展的青海旅游服务业，为社会提供了大量就业岗位和创业机会，

休闲农业，作为青海省又一新兴的农牧业产业，青海省以休闲农牧业示范县（点）创建为抓手，大力推进休闲农牧业发展，产业规模不断扩大，品牌效应逐步显现。为促进休闲农牧业与乡村旅游的发展，从 2011 年开始，青海省财政每年安排阳光工程培训资金，用于培训休闲农牧业从业人员。从 2012 年开始，青海省政府每年投入 400 万元，在青海省建成了 20 个休闲农牧业示范点。西宁市政府投资 3400 万元提升和改造市郊休闲农业园区，着力建设“特色明显、产业带动、绿色休闲、人文和谐”的现代都市休闲观光农业。青海省各地区还结合“党政军企共建示范村”“推进高原美丽乡村”“新农村建设”等项目，通过整合资金，用于休闲农牧业与乡村旅游基础设施建设，使村容村貌，农村人居环境，乡村旅游公路等基本条件有了很大改善。2015 年，青海省共有各类休闲农牧业经营主体 1594 家，年接待游客 1196 万人次，营业收入达到 12.5 亿元，实现利润总额 3.8 亿元。[①] 初步形成以种植业基础的“传统农业观光型”、以城郊设施农业载体的“设施农业休闲型”、以民俗文化为主线的“民俗文化体验型”、以草地畜牧业为依托的“草地生态旅游型”、以旅游景点为支撑的“风景名胜依托型”五种发展模式。青海省通过国家和省级认定的休闲农牧业示范县 8 个，休闲农牧业示范点 72 家。贵德、大通、湟中、门源等县被认定为全国休闲农业与乡村旅游示范县；西宁市乡趣农耕文化生态园被评为全国五星级休闲农业与乡村旅游示范园区；共和县生态休闲农庄等 11 家示范点被认定为全国休闲农业与乡村旅游示范点，门源油菜花等 3 个景观被评为中国美丽田园，互助土族自治县高羌村、乐都区新联村被评为中国最美休闲乡村。从整体上看，休闲农业具有发展较快，形式多样的特点，但是，在突出地方特色，培育品牌方面仍需要做大量的

① 罗连军 . 休闲农业：新崛起的特色产业［N］. 青海日报，2015-10-21.

工作，还有很大的潜力可挖。如何把休闲农牧业作为农牧业发展新的产业形态和消费业态，推动一二三产业良性互动，带动农牧民就近就地就业，还有很多工作要做。

同时，将休闲农牧业的公共基础设施建设，纳入当地基础设施建设，鼓励农牧户以土地使用权、固定资产、资金、技术、劳动力等多种生产要素投资休闲农牧业项目，通过2~3年的建设，使休闲农牧业与乡村旅游的基础条件有一个明显的提升，游客每到一处，都能够感受到家的感觉，不论出行、居住、就餐、购物，游玩都有一个好心情。据了解，“十三五”期间，青海省提出从2016起，利用五年时间建立和提升一批不同类型、不同层次、不同特色的，具有观光、品尝、体验、休闲、度假、教育等多功能的休闲观光农（牧）业园区；积极创建一批生态环境优、产业优势大、发展势头好、示范带动能力强的休闲农牧业示范点，引领青海省休闲农牧业持续发展，使休闲农牧业成为促进农牧民增收和满足城乡居民休闲娱乐需求的新型产业。到2020年，创建休闲农牧业示范县2个、示范点100家，使青海省休闲农牧业示范县达到10个，示范点达到200家；不同类型的休闲农牧业观光园达到2500家，直接安置农村牧区就近就业的农牧民2.7万人，创营业收入14亿元。这将对当地民生的改善发挥重要的作用，也是各级农牧部门必须倾力打造好的一篇民生文章。

8.5 藏医药文化相关产业

由于特定的地理环境、历史人文等原因，长期以来，青海省中藏医与西医互相补充、协调发展，共同担负着维护和增进各族群众健康的任务，中藏医药具有悠久的历史和广泛深厚的群众基础，这是青海省医药卫生事业的重要特征和显著优势。中藏医药临床疗效确切、预防保健作用独特、治疗方法灵活、费用比较低廉，特别是随着人们健康观念变化和医学模式转变，中藏医药越来越显示出独特优势。扶持和促进中藏医药事业发展，对于深化医药卫生体制改革、提高各族群众健康水平、弘扬优秀传统文化、促进经济发展和社会和谐等都具有十分重要的意义。作为中国传统医学分支之一，藏医药历史至少可以追溯到2000多年前，并在2006年被列为第一批国家级非物质文化遗产。青海作为中国除西藏外面积最大的藏族聚居区，藏族人口约占青海省总人口的25%，藏医药在保障群众健康方面发挥着举足轻重的作用。藏医药发源于青藏高原，有着深厚的文化内涵，是中国传统医药宝库中的一枝奇葩，迄今已有上千年的历史。藏医药虽然属于医学体系，但是发展过程和文化内涵来看，是藏族人民在长期的生活生产实践中与疾病斗争的智慧和经验，是藏族人民文化的结晶。它里面有佛教的底蕴，佛教的思想贯穿在医学里面，尤其是在它的医德里面。藏医学还跟天文学、民俗学有很大的联系，藏医学的进步会推进藏族文化的发展。经过 30 多年产业化发展，到 2015 年青海省已拥有 20 余家现代化藏药生产企业，年产值突破 30 亿元。2016 年 2 月 26 日上午，青海省政府隆重召开 2015 年度青海省科学技术奖励大会，金诃藏药股份有限公司董事长艾措千荣获青海省科学技术重大贡献奖，艾措千是藏医药学的传承者和创新者。他致力于藏医药工作 40 年，在他和他的科研团队长期不懈的努力下，藏医药科研取得重大突破和丰硕成果。历经 20 余年编纂出版《藏医药大典》(60 卷)，成为代表我国藏医药文献研究国际领先水平的最新成果和藏医药文化史上新的里程碑。创建我国首个藏药企业国家重点实验室和国家药物临床试验机构，研究开发了 22 个独家品种、6 个独家剂型藏药品种，推进了藏医药产业化、标准化和现代化进程。创办我国首个藏医学博士授予点，编写出版的近 80 种藏医学专业统编教材填补了国内空白，在国内外藏医学专业普遍应用。在他的推动下，发起设立美国阿如拉藏医学健康文化中心和日本阿如拉藏医学中心等国际藏医药研究机构，2014 年美国弗吉尼亚大学首次开设藏医药学选修课程，为藏医药走向世界奠定了良好基础。他所创立的藏医药科研、医疗、教育、生产、文化“五位一体”发展体制，实现了藏医药科技资源有效整合和高度共享，极大地促进了藏医药事业发展，藏医药产业成为青海省特色优势产业，正在由藏医药大省向藏医药强省坚实迈进。艾措千董事长先后获得国家卫生部突出贡献中青年专家、中国科协西部开发突出贡献奖，何梁何利基金科学与技术创新奖等荣誉。此次他又荣获青海省科学技术重大贡献奖，这不仅属于他个人的荣誉，也是长期致力于藏医药科研工作的专家团队和整个藏医药界的共同荣誉，更是对青海省藏医药事业发展成就的充分肯定。①

传统藏药多依靠手工炮制，以汤、散、丸、膏等为主要剂型，缺乏统一的行业标准，导致藏药产业长期难以实现规模化发展。除了藏药材的源头保护问题之外，我国藏药产业发展至今，虽然已有 200 多种藏成药制剂收入了国家标准，但是藏药标准仍问题突出。集中体现在原药材来源不一致，药的名称、主治功能、用法用量翻译错误，成方制剂处方中品种重复或缺少、药材名称不规范，以及在藏药处方、炮制、鉴别等方面存在问题。藏药制剂的炮制十分关键，藏药材炮制的效果直接影响制剂品种的质量。目前藏药行业没有国家统一的炮制规范标准，各企业及医疗机构各自执行自己的标准规范，从而制剂品种的质量难以一致。更为重要的是，藏医药的炮制工艺中金、银、铜、铁、汞等重金属能够被安全入药，如果没有炮制标准规范，容易出现药品质量安全问题。藏医的理论体系、炮制工艺、医药传承、药材资源的传承都是非常完整的，但是产业还是处于发展初

① 张蕴，金玥彤 . 推动藏医药“产学研”结合并走向国际——访 2015 年度青海省科技重大贡献奖获得者艾措千［N］. 青海日报，2016-02-27.

期、培育期，藏医药的起步比传统中药晚了几十年，所以在产业化的程度上还是比较晚的。现在藏药有行业标准，但是这些标准随着时代发展还是需要进一步地提升。随着城镇化的发展、疾病谱与生态环境的改变和现代医学的快速发展，青海省中藏医药发展环境发生了深刻变化，面临许多新情况、新问题。中藏医药特色优势逐渐淡化，服务领域趋于萎缩，传统诊疗技术、方法未得到充分利用，中藏医药理论、学术和技术创新不足，中藏医药基础条件较差，人才匮乏。针对上述问题，近年来青海科研部门和藏药企业全面加强科技攻关，特别是在治疗缺氧引起的高原性疾病等方面取得多项突破。此外还积极推进藏医药行业的国际交流和标准化建设，青海省政府部门，全力推动中藏医药能力建设，提升传承发展水平。将符合条件的中藏医疗机构全部纳入城乡居民基本医保定点医疗，将中藏医诊疗类项目纳入补偿范围，严格执行将中草药藏药纳入新农合基本用药目录、中药民族药制剂纳入新农合报销范围等政策，使中藏医药简、便、验、廉的作用得到彰显。为深入贯彻党的十七大精神和省十一次党代会精神，推动青海省中藏医药事业又好又快发展，充分发挥中藏医药在维护和增进各族群众健康中的作用，根据国务院《关于扶持和促进中医药事业发展的若干意见》（国发〔2009〕22号）精神，结合青海省实际，2009年青海省政府发布了《青海省人民政府关于扶持和促进中藏医药事业发展的实施意见》，提出要充分认识扶持和促进中藏医药事业发展的重要性和紧迫性，同时制定了发展中藏医药事业的指导思想、基本原则和总体目标。

一系列优惠政策的实施，使得青海藏医药得到迅猛发展。1992年，青海省制定了《青海藏药标准》，成为我国第一部具有地方特色的藏药标准。2012年，应美国弗吉尼亚大学和加利福尼亚大学邀请，青海省10位专家学者，赴美参加国际学术交流与合作。2014年，我国首个藏医药文化专业委员会——青海省藏医药学会藏医药文化专业委员会在青海省藏医院成立，来自北京、西藏、陕西、甘肃及青海的三十余位藏医药专家学者出席成立仪式，并就藏医药文化举行学术研讨会。2014年8月，“2014中国青海国际冬虫夏草暨藏医药展交会”在玉树藏族自治州隆重举行。这是青海省着力打造的又一个以依托特色资源、凸显民族特色、发展民族经济为主旨的国际性、专业性经贸交流盛会。2015年10月，世界中医药学会联合会藏医药专业委员会下设的标准审定委员会在青海西宁成立，相关行业标准的制定目前已经启动。

近年来，随着藏医药产业的发展及鼓励引导藏医药产业发展政策措施的相继出台，青海藏药在更加广阔的地区得到进一步传播和应用。研究人员在藏医药现代化领域取得的成就将会使这一传统医药焕发新的生命力。藏医药学学科建设培养了一批民族医药专业技术骨干和学术带头人，有力推动了青海省藏医药事业长足发展。“十一五”以来，国家重点建设了青海省藏医院等多所民族医院、民族特色专科，加大了对少数民族诊疗方法、学术经验和技术专长的保护抢救力度，发掘了少数民族传统医药文献资料，制定民族医诊疗标准、民族药药品标准和民族药炮制规范，培养了一批民族医药专业技术骨干和学术带头人，也吸引了较为广泛的社会关注，引发了一股“藏医药热”。经过多年发展，我国藏医药建立了完整的医疗、教学、科研体系，全国现有藏医医院近 40 多所，藏医学院 2 所，已培养藏医药人员 5000 余人。[①] 西藏自治区与青海省相继建立了一批民族医药科研机构，为民族医药的学术发展提供了基础。不仅涌现出了久美、金诃、晶珠、格拉丹东等知名藏医药品牌，各藏医院的院内制剂，物美价廉，受到青睐。青海省依托青海生物科技产业园区兴起的金诃藏药、晶珠藏药、大地药业等藏药生产企业，利用冬虫夏草、大黄、红景天、藏茵陈、麻黄、花锚草、麝香、塞龙骨、牛羊骨等高原动植物资源，研发出一批藏药产品，打造出“金诃”“晶珠”“三江源”等知名品牌，尤其是在完成 GMP 改造后，青海制药行业生产能力已达到 1 亿元，实现了历史性的跨越。[②] 青海省藏医药研究所是中国目前唯一的一所综合型藏医药科研基地。研究所所属的古籍文献研究室长期从事藏医药古籍文献的抢救和整理工作，为弘扬藏医药文化做出了难能可贵的贡献。到目前为止，国内藏医药古文献最全的，有 900 多部，还有很大一部分散落在民间、寺院，包括一些流失到国外的书籍。这些书籍大部分都是藏医的古文献，包括藏药学、诊断、治疗、以及藏医心理学，和佛教里面一些涵盖医学内容的一部分书籍和古籍。除了人才培养和藏医院建设外，除此之外，青海各藏医药科研院所，不仅制定了多项藏医药行业技术标准，开展藏药新制剂生产和使用，还编纂了大型的藏医药典籍《藏医药大典》《藏医养生保健学》等。青海藏医药研究人员先后翻译和整理出版了《晶珠本草》《月王药珍》《四部医典》等藏医药专著，撰写出版了《藏医基础理论》《藏医医疗秘诀》《藏医外治疗法》《雪域养生秘诀》《藏药与方剂》《中华医药百科全书》（藏医药卷）等多部大型工具书。

当前，青海藏医药产业尚处在起步和发展阶段，增长潜力很大，涌现出若干像金诃藏药集团的龙头企业和众多民营企业，在产业开发模式和企业经营等方面积累了一些成功经验，值得借鉴。为了使青海藏医药产业有长远的发展，必须依靠制度创新、科技创新，用现代经营理念开辟市场，走可持续发展之路。

8.5.1 建设生态基地，实现产业可持续发展

加快青海省中藏药产业的发展，关键取决于藏药材资源的种植和人工繁育

---

① 张蕴．我省藏医药事业得到长足发展［N］．青海日报，2014-12-22.

② 李丽．试析青海藏医药产业开发模式及其问题［J］．中央民族大学学报（哲学社会科学版），2012（1）：17-22.

的发展。要积极扶持有条件的地方和企业加快 GAP 规范化药材基地建设，特别是地道药材的基地建设，利用成熟技术和现有中藏药品种资源，加快特色植物如沙棘、白刺、枸杞等封育繁殖基地建设，培育藏茵陈、大黄、黄芪、秦艽、贝母、麻黄、红景天等地道药材 GAP 生产基地，实现青海主流中藏药材的规范化种植，保证中藏药产业可持续发展。要结合“三江源”自然保护区建设，建立中藏药保护区和种植繁育基地和专门的藏药保护机构。要发展适应现代市场经济要求的大型联合企业，制定优惠政策，鼓励扩大中藏药材种植面积，发展药材业生产模式，实现规模化、集约化发展。

8.5.2 形成产业集群，提高企业竞争力

目前，青海省中藏药产业已初步形成了以青海金诃藏药、青海三普药业、青海晶珠藏药等为骨干的中藏药产业群体。尤其是金诃药业，从药材的种植到加工、销售等一体化，具备了龙头企业的条件。西宁生物科技产业园区已聚集了数个中藏药企业，在规模上也为产业集群的形成奠定了基础。可以继续通过上市、兼并、联合、引资嫁接改造等多种形式，集中运用政策调控手段和经济手段促进产业升级，加快医药企业改革和资产重组步伐，培育具有特色的骨干企业，支持有特色产品的医药企业，形成产业集群，发展大医药、大市场，提高青海中藏药产业的整体素质和竞争能力。企业要着眼于地方资源特点和传统藏医药优势品种，突出产品特色。也要打破技术垄断，在实施标准化进程中增强同行企业之间的竞争与合作。还要加强法律意识，保护中藏药知识产权，应对国际专利竞争。

8.5.3 打造品牌，传播藏医药文化

努力打造“青海藏药”品牌，阐释其文化内涵、价值和意义，大力宣传藏医药文化，带动藏药的生产销售。政府应该力争对藏医药的资源、科技、产业进行全面系统的宣传和推介。在创新资金投入、税收减免、创新平台建设等方面给予企业有力的支持。积极引进吸收先进的生产技术，加快传统藏药的二次开发步伐。在企业和市场、消费者之间建立多元的沟通渠道。可以运用博物馆、各类媒体扩大宣传。企业自身的文化建设，包括工厂建筑外观和内部装修都突出藏族文化的风格，也是在公众中树立品牌形象、传播藏医药文化的直接方式。金诃藏药集团建立藏医药文化博物馆、创立《中国藏医药》学术期刊、创建丰富的网络资源等方式得到市场的认同，树立了好的典范。另外，企业通过文化活动和履行社会责任也能传播藏医药文化，提高藏医药在市场上的影响力。

8.5.4 培养人才，实现科学生产管理

藏医药文化产业发展离不开优秀的专业技术人才和管理人才。应充分利用现有的中藏药教学、科研、生产等机构的技术力量，多渠道、多层次对技术人才进行继续教育和培训，开展中藏药研究开发工作，建立科技协作联合体。逐步在集团和企业内部建立各类研究开发中心和信息研究与质量管理部门，培育和发展科技主导型企业。需要培养造就具有现代经营理念和了解藏医药文化的企业家来管理企业。切实加大企业人才培养投入，营造良好的政策环境和激励机制。

藏医药文化产业是青海省优势和特色产业，要打造藏医药民族文化品牌，广泛传播藏医药文化，注重创新，培养人才，引导企业走可持续发展之路，为地方经济社会发展发挥更大的作用。

8.6 对策建议[①]

结合国内外相关发展的先进经验及青海的实际情况，试着提出加快青海文化创意产业发展的对策建议。

8.6.1 优化文化创意产业发展的内部环境

8.6.1.1 建设区域文化创意产业集群

《意见》指出，要加强支撑平台建设。发挥国家级文化文物单位和骨干企业作用，支持实施一批具有示范引领作用的项目，搭建面向全行业的产品开发、营销推广、版权交易等平台。支持有条件的地方和企事业单位建设文化创意产品开发生产园区基地。实施“互联网＋中华文明”行动计划，遴选和培育一批“双创”空间，实施精品文物数字产品和精品展览数字产品推广项目。青海面积广，文化资源分布较分散，建设文化创意产业园，打造文化创意产业集群就显得尤为重要。根据青海的不同地域特色，建议建立以西宁为综合文化产业区，环湖、柴达木及环湖旅游文化产业区的发展策略。

1. 建立以西宁为核心的综合民族文化创意产业区。以西宁为中心的河湟地区，历史文化资源集中，宗教文化以及以民间特色创作为主的民间民俗文化等资源丰富，同时以西宁为核心的河湟地区具有有利的地理位置和便利的交通条件，政府加大在文化环境、文化基础设施等方面的投资，充分发挥西宁在河湟地区区位突出、创意人才集中、科技信息优越、产业发展资本充足等优势，努力把西宁建设成为青海民族特色文化创意产业发展的领头兵。

---

① 张杰．青海特色文化创意产业发展研究［D］．青海大学硕士学位论文，2014：45-51.

2. 打造以青海湖为中心的高原民族文化旅游文化创意产业区。旅游业在青海地区的发展具有明显的优势，尤其青海湖的知名度享誉国内外。打造现代旅游业的同时，可以尝试通过集中建设一些重点项目，使重点产业得到优先发展，并对相关重点产业进行市场化运作，整合与之相关的衍生产业，使产业间的配套设施建设与环境优化得以完善，从而形成富有高原独特藏传佛教文化特征和浓郁西部边塞风情韵味特色的文化创意产业园。依托特色的人文地理优势，以“高原风景”建设为核心动力，充分利用高原特色旅游资源发展一系列与之配套的旅游文化创意产业是环湖地区创意产业发展的必由之路。

8.6.1.2 打造区域文化创意产业品牌

《意见》指出，要加强文化创意品牌建设和保护。促进文化文物单位、文化创意设计企业提升品牌培育意识以及知识产权创造、运用、保护和管理能力，积极培育拥有较高知名度和美誉度的文化创意品牌。依托重点文化文物单位，培育一批文化创意领军单位和产品品牌。建立健全品牌授权机制，扩大优秀品牌产品生产销售。

青海特色文化资源丰富但分布零散，缺少主打品牌。这种没有进行优化整合的各自为政的模式，导致发展形式多样而失去重点，使青海特色文化形成点式分布，这种缺乏合作的状况使青海文化资源如同一盘散沙。

针对青海文化产业整体布局，各地区各自确定区域主打文化产业，并申报一批省级的文化创意产业建设项，通过大项目的建设带动当地文化产业的集聚，才能扩大区域产业影响，开发区域特色的文化产品，以产品为依托形成区域独有的文化产业品牌。其中代表性的有海西地区的海西昆仑文化创意产业园，格尔木昆仑山地质博物馆等，海南地区的海南文化创意产业园，贵德文化创意产业园等，湟中藏文化创意产业园，城南文化产业园等。借助这些大型文化产业基地的建设，青海的文化资源已经摇身一变成为全国文化创意产业的独特品牌，具备了空前的品牌效应，不仅带动了文化产业的发展，更是有力地促进了其他相关产业的蓬勃发展，在区域内已经发挥了独有的辐射和扩散效应，为青海实现跨越发展起到了重要的推动作用。因此青海要在各个区域内选择具有突出代表性的文化资源为依托，通过重点产业园区和大型文化产业基地的建设，成功实现对区域内现有文化创意产业资源与品牌的整合与扩大，加大外部环境支持，完善文化产业的公共服务平台建设，推动国际化的多元文化发展的共识，营造具有城市或园区文化活动的社会氛围，培养公众参与的热情，使青海各地区文化创意品牌林立，创意优势产业集聚，形成青海文化创意产业发展的良好局面，有力地支持和推进青海的经济发展，提升青海整体竞争力。

8.6.2 优化文化创意产业发展的外部环境

8.6.2.1 营造文化创意产业的政策环境

政策是政府实现既定目标的有力工具，创意产业的发展离不开政策的引导、适宜的社会文化环境是创意产业成长的前提条件。其中最主要是营造多元的文化氛围。文化既是创意产业的核心资本，也是创意迸发、成长的必要外部条件，营造多元的文化氛围应成为青海培育创意产业软环境的主要手段。首先是开放的文化政策。对传统文化的继承、对外来文化的包容是青海实施文化多元化的重点内容。政府可以通过立法和规划等主要手段实现长期目标，也可通过定期主办各类文化活动营造文化氛围。其次是多元的文化组织与活动。（1）鼓励和扶持非政府组织的各类文化机构的设立，为文化创意提供生存的空间和活动场所。（2）政府定期举办各类文化创意活动，为多元文化提供展示的舞台。尤其跨国界、跨地区的活动，比如依托青海平台展示外地文化，既加深不同地区文化交流，也成为树立地区文化形象、提升青海知名度、吸引创意人才的好办法。

完善法制环境的建设，强化文化市场监管和执法，加大侵权惩处力度，创造良好市场环境。无数经验表明，文化创意产业需要健全的法制保护，政府可以出台相关法律法规，完善文化创意产业发展过程中知识产权的保护。创意转化为产业需要在知识产权被保护的前提下才能得以实现。

8.6.2.2 拓宽文化创意产业投融资渠道

《意见》指出，要落实完善支持政策。中央和地方各级财政通过现有资金渠道，进一步完善资金投入方式，加大对文化创意产品开发工作的支持力度。研究论证将符合条件的文化创意产品开发项目纳入专项建设基金支持范围。认真落实推进文化创意和设计服务与相关产业融合发展、发展对外文化贸易等扶持文化产业发展的税收政策，支持文化创意产品开发。国内外文化创意产业先进地区发展经验表明政府都会从宏观制定政策支持文化创意产业的发展，如英国政府采取了国家彩票基金加大对文化创意产业的资金支持；美国则是通过国家艺术基金会、国家人为基金会对文化创意产业进行资助；韩国成立文化创意行业基金进行金融支持。作为青海的新兴产业，文化创意产业在发展起始阶段需得到政府的政策倾斜与资金支持，当然青海经济发展水平客观决定青海不可能对文化创意产业注入更多的资金支持，因此现阶段的发展，对某一具体文化创意子行业的投入扶持比分散投资取得的效果更为明显。比如依靠“夏都”的影响力，加大会展业的投入力度，开展“美食节”“花儿会”等各种活动，建立更多文化交流平台。

同时由于过去遗留的行政干预问题，社会资本进入文化领域有各种限制。因此政府需放宽门槛，鼓励大企业积极参与创意产业投资同时拓宽融资渠道，扩大直接融资规模，建立文化风险投资制度。扶持各中小企业，科学规划发展方向，发挥群众的聪明才智，使工艺美术、艺术表演、服装设计等创意企业成为青海特色文化创意产业发展的生力军。

8.6.2.3 **加大原生态文化资源开发**

青海特色文化资源丰富，许多原生态文化资源保存完整，这为开发提供了先天条件。但这些原生态文化资源却鲜为人知，说明缺乏相关的文化营销与市场开发。如今在欠发达地区对原生态文化的开发主要是通过文化旅游实现，但层次较低。《印象·刘三姐》《印象·丽江》借助山水实景演出开创了一种全新的开发原生态文化资源的模式。但令人遗憾的是，《印象》这个品牌被人广泛套用，开发商陷入了成本回收的困境。社会的发展，使创意产业登上了历史舞台，却也加剧了“创意”沦为“平庸”的速度。这种创意被多次复制的结局令人担忧，如果之后的“印象”城市不能够不断创新，这一创意也将被淘汰。创新需要的是各地因地制宜，推陈出新，敢于利用先进技术与原生态创造性地结合，积极推出适合各地的新的发展模式。比如民族生态文化博物馆的建设，在不破坏原生态文化资源的同时也取得一定的经济效益。发掘原生态文化的同时，应打造民族特色文化创意品牌，使青海的民族特色文化创意产业形成可持续发展。要发挥各类市场主体作用。鼓励众创、众包、众扶、众筹，以创新创意为动力，以文化创意设计企业为主体，开发文化创意产品，打造文化创意品牌，为社会力量广泛参与研发、生产、经营等活动提供便利条件。鼓励企业通过限量复制、加盟制造、委托代理等形式参与文化创意产品开发。鼓励和引导社会资本投入文化创意产品开发，努力形成多渠道投入机制。

8.6.2.4 **丰富特色文化旅游内容**

《意见》指出，要促进文化创意产品开发的跨界融合，支持文化资源与创意设计、旅游等相关产业跨界融合，提升文化旅游产品和服务的设计水平，开发具有地域特色、民族风情、文化品位的旅游商品和纪念品。推动优秀文化资源与新型城镇化紧密结合，更多融入公共空间、公共设施、公共艺术的规划设计，丰富城乡文化内涵，优化社区人文环境，使城市、村镇成为历史底蕴厚重、时代特色鲜明、文化气息浓郁的人文空间。将文化创意产品开发作为推动革命老区、民族地区、边疆地区、贫困地区文化遗产保护和文化发展、扩大就业、促进社会进步的重要措施。鼓励依托优秀演艺、影视等资源开发文化创意产品，延伸相关产业链条。

文化创意产业和旅游业都是以人为本的理念的产物。其核心都是要拓展人们的视野，提高人们在精神层面的享受和达到一种精神上的满足。旅游业与文化创意产业的发展是密不可分的，尤其是在西部多民族地区，许多地区依托旅游业来发掘文化、保护文化、传承文化，并产生可观的经济和社会效益，同时文化创意丰富了旅游业的内容及表现形式。民族文化旅游资源是指有鲜明地域特色、文化内涵丰富，能够激发人们产生旅游动力的，具有旅游开发价值和旅游功能，并能产生经济、社会和文化生态效益的各类民族活动及其载体的综合[①]。所谓青海民族文化旅游资源，就是有开发价值的、具备旅游功能的，青海各地区各个民族所拥有的民族风情及其载体。发展民族文化旅游资源有利于生态立省战略的实施，有利于形成新的行业及衍生产品，延长产业链，使第三产业比重得到提高。开发民族文化旅游资源主要有三个方面：（1）实施民族文化的品牌战略。发挥品牌优势，最大化品牌价值。（2）民族文化资源产业化。对民族文化资源产业进行转化，将文化资源非物质的、古朴的、文化的艺术要素与现代的、品牌的、市场的乃至是全球的开发理念结合起来，走市场化的民俗文化资源开发道路。（3）发展民族文化产业集群。首先，应根据青海本地民族文化旅游资源特色，开发民族文化产业项目。其次，建设特色鲜明、优势突出的民俗文化产业基地和园区，培育特色文化产业集群。

8.6.3 完善特色文化创意发展产业链

产业链是产业环逐级累加的有机统一体，某一链环的累加是对上一环节追加劳动力投入、资金投入、技术投入以获取附加价值的过程，链环越是下移，其资金密集性、技术密集性越是明显；链环越是上行，其资源加工性、劳动密集性越是明显。青海作为经济欠发达地区主要从事具有相对较低技术含量的资源开采、劳动密集的经济活动，其附加价值率也相对较低；发达地区主要从事技术含量、资金含量较高的深加工、精加工和精细加工经济活动，其附加价值率也相对较高。青海特色文化创意产业的发展居于链环的上行，青海产生了很多优秀的民族文化资源，可这些优秀文化资源却被东部发达地区所利用，发展过程中获得了更多的利益。比如藏羚羊是青藏高原的精灵，作为北京奥运会的五个福娃之一为人们所热议，以藏羚羊为原型的玩偶、动漫形成了很好的市场反应，可这一切的发展与它的原产地竟然没有多少的关联。又如昆仑玉，同样因为作为北京奥运会的奖牌材质，受到了人们的追捧。在原石成为艺术品的过程中，昆仑玉身价倍增，可作为玉石的原产地青海因为缺乏相关技术，不得不委托他人代为加工，看似青海昆仑玉产业热闹非凡，殊不知大部分的利益被他人攫取。因此青海在文化创意产业发展的过程中应该完善产业链，形成自己的创作团队，产品的生产，加工，包装，宣传等主要过程独立完成，提高文化产品附加值，向“原创品→衍生产品制造商互动开发→衍生产品→消费者”的模式转型，依托浓郁的民族特色及区位优势，做到一地一品，实现一带一群，激发、释放创意产业的价值扩散效应。

---

① 华智海，边世平．青海民俗文化与旅游资源开发［M］．北京：旅游教育出版社，2012.

青海省应该贯彻《意见》的相关规定，创新文化创意产品营销推广理念、方式和渠道，促进线上线下融合。有条件的文化文物单位在保证公益服务的前提下，将自有空间用于文化创意产品展示、销售，鼓励有条件的单位在国内外旅游景点、重点商圈、交通枢纽等开设专卖店或代售点。综合运用各类电子商务平台，积极发展社交电商等网络营销新模式，提升文化创意产品网络营销水平，鼓励开展跨境电子商务。配合优秀文化遗产进乡村、进社区、进校园、进军营、进企业，加强文化创意产品开发和推广。鼓励结合陈列展览、主题活动、馆际交流等开展相关产品推广营销。积极探索文化创意产品的体验式营销。

8.6.4 完善特色文化创新型人才培养

以高端创意研发、经营管理、营销推广人才为重点，同旅游、教育结合起来，加强对文化创意产品开发经营人才的培养和扶持。将文化创意产品设计开发纳入各类文化文物人才扶持计划支持范围。发展创意产业的关键是完善产业链，完善产业链的关键是对创意人才的培养和培育。一个完整的创意产业链可以简单划分为原始创意、创意产品的生产、创意产品的商品化三个过程。在整个链条上，不同人才具有不同的特点，从事不同的工作，发挥不同的作用，创造不同的价值，因此对文化创新人才的开发应该采取具有针对性的措施，对不同类型的人才采取不同的方法和措施。

创意的生产者被称为创意生产的引导者，对于他们来说，首要的是培养他们的市场意识和对创意产品的敏感度。创意产品的经营者要具备先进的经营推广理念，要学会挖掘专门化的信息渠道并拥有成熟的市场开拓方法。以动漫业为例，青海跟全国的现状基本相同，动漫企业并不缺乏相关的电脑制作人员，难觅的是创意设计人才和营销策划人才。就目前发展来看，青海的高校创意产业或与其相关的专业设立暂属空白。在高校设立相关专业，培养专业人才更显紧迫。

同时，应注意创意人才具有流动性，倾向于集聚在宽松、自由的环境和区域，创意人才注重人生价值“自我实现”的理念和创新精神，其敏感自尊，向往追求自由的环境的特点决定了创意人才的培养需要“个性化”，不应该是批量生产，应尊重个性。同时建立创意人才交流平台、创意人才集聚区，各方面创意人才之间的相互交流与合作才能极大地推动文化创意产业的发展。大力培养创意研发、营销推广等人才，畅通国有和民营、事业单位和企业之间人才流动渠道。

此外，青海与其他欠发达地区遇到同样的困难，“孔雀东南飞”，留不住文化人才。这就需要创新人才培养模式，让文化区域的居民成为文化主体。诚然青海地方文化区域内居民文化水平较低，但我们不能否认创造力中默会知识的运用。“默会知识”是人们为了在一个环境中有效工作所需要知道的知识，并且这样的知识不是明确被传授的，而且常常难以言传。如同仁的唐卡，土族的盘锦，当地居民成为当地文化创意产业发展的主体。民俗村、文化村应成为创意人才培养与实践的基地。

8.6.5 创新特色文化表现形式

文化创意产业的发展不应该是亦步亦趋，人云亦云。青海特色文化创意产业的发展应该紧贴实际，可以借鉴国内外先进经验，但为了满足当代人尤其青少年的口味，可以丰富表现形式，创新表现形式。深入挖掘文化资源的价值内涵和文化元素，广泛应用多种载体和表现形式，开发艺术性和实用性有机统一、适应现代生活需求的文化创意产品，满足多样化消费需求。结合构建中小学生利用博物馆学习的长效机制，开发符合青少年群体特点和教育需求的文化创意产品。鼓励开发兼具文化内涵、科技含量、实用价值的数字创意产品。推动文化文物单位、文化创意设计机构、高等院校、职业学校等开展合作，提升文化创意产品设计开发水平。

1. 视觉文化冲击。无论好莱坞大片，还是韩剧，其文化内容并没有突出创新之处，只是颠覆传统表现形式，通过视觉冲击进行文化输送。以美国动漫《花木兰》《功夫熊猫》为例，其文化内容甚至取自中国文化元素，却通过创新形式取得了成功。我们如今的社会比以往更加视觉化和具象化，人们更加关注视觉文化，因此青海特色文化创意产业的发展可以以“格萨尔”“宗喀巴”等传统的文化内容给予重新包装，以电影、电视、广告等更多的符合当代人尤其年轻人的形式进行表现，以产生更积极的影响。

2. 重视新媒介。信息化、数字化的社会让整个世界越来越小，获取信息的方式也更加便捷，尤其微博、微信等新媒介的产生更是产生了媒介的革命，因此青海特色文化可以以此为契机。新媒介传播速度快、传播范围广、传播成本低的特点更适合于青海的现状，以此进行青海特色文化的微博、微信等网络营销，可实现事半功倍的效果。

当前世界，消费主义流行于全球，商品更多地成为了人们对个体欲望的满足，人们开始更多地消费文化产品。青海的特色文化不应该是神秘文化，而应该是顺应消费主义的流行，以同仁唐卡为例，其表现内容可以不局限于佛教文化，内容可以更加丰富。

推动文化创意产品开发，要始终把社会效益放在首位，实现社会效益和经济效益相统一，要充分运用创意和科技手段，注意与产业发展相结合，推动文化资源与现代生产生活相融合，既传播文化，又发展产业、增加效益，实现文化价值和实用价值的有机统一。

本章参考文献

[1] 唐绪军. 中国新媒体发展报告 [M]. 北京：社会科学文献出版社，2015.
[2] 赵宗福. 青海蓝皮书：2015 年青海经济社会形势分析与预测 [M]. 北京：社会科学文献出版社，2014.
[3] 张杰. 青海特色文化创意产业发展研究 [D]. 青海大学硕士学位论文，2014.
[4] 华智海，边世平. 青海民俗文化与旅游资源开发 [M]. 北京：旅游教育出版社，2012.
[5] 金元浦. 文化创意产业概论 [M]. 北京：高等教育出版社，2010.
[6] 于今. 文化创意产业在城市更新中的进一步思考 [EB/OL]. 中国网，2016-01-25.
[7] 李欣. 青海省文化产业驱动力指数位居全国第五位，连续两年排在全国前列 [N]. 青海日报，2015-11-15.
[8] 熊晓燕. 青海省特色文化产品创新驱动力不断提升有效助推文化产业快速发展 [EB/OL]. 青海民族文化网，2015-11-10.
[9] 辛闻. 对话青海文创人士：大美青海助力民族特色文创产业 [EB/OL]. 中国网，2015-10-31.
[10] 罗连军. 休闲农业：新崛起的特色产业 [N]. 青海日报，2015-09-21.
[11] 青海省文化和新闻出版厅. 关于加快发展文化产业的意见（送审稿）[R]. 青海省文化和新闻出版厅内部资料，2016-07.

（本章撰稿人：叶奕、李毅）

第三部分
青海省各市州文化产业发展研究

第9章　西宁市文化产业发展研究

西宁是青海省的省会，古称西平郡、青唐城，取“西陲安宁”之意，是青海省的政治、经济、文化、教育、科教、交通和通讯中心，是国务院确定的内陆开放城市。西宁位于青海省东部，湟水中游河谷盆地，是青藏高原的东方门户，古“丝绸之路”南路和“唐蕃古道”的必经之地，自古就是西北交通要道和军事重地，素有“西海锁钥”“海藏咽喉”之称，是世界高海拔城市之一。西宁历史文化渊源流长，拥有得天独厚的自然资源，绚丽多彩的民俗风情，是青藏高原一颗璀璨的明珠。先后荣获全国卫生城市、中国特色魅力城市200强、全国优秀旅游城市、全国园林绿化先进城市、国家森林城市等荣誉称号。

西宁是一个拥有悠久历史的高原古城，是中国黄河流域文化组成部分。据城北区朱家寨遗址、沈那遗址和西杏园遗址等考古发现，早在四五千年以前就有人类在这块土地上生产、生活，繁衍生息。商、周、秦、汉时期，河湟地区是古羌人聚居的中心地带。古为羌地，西汉时置军事和邮传据点西平亭，神爵初属金城郡临羌县。武帝元狩二年（前121年），汉军西进湟水流域，汉将霍去病修建军事据点西平亭，这是西宁建制之始。东汉建安中置西平郡，治西都县（今西宁市）。魏文帝黄初三年（222年）扩建为西平郡，开始在此筑城。北宋崇宁三年（1104年）改为西宁州，至此“西宁”之称始于见史。

民国十八年（1929年）青海正式建省，治西宁县，民国三十五年（1946年）以省垣周围正式成立西宁市。1949年9月5日西宁解放，9月8日成立市人民政府，为青海省辖市。

1950年西宁市为青海省人民政府驻地。现西宁市辖城东、城中、城西、城北四个区，大通、湟中、湟源三个县。另外设有西宁（国家级）经济技术开发区、城南新区（属城中区）、高新技术开发区（生物科技产业园区）、海湖新区。根据2015年全国1%人口抽样调查结果显示：2015年末西宁市常住人口为231.08万人，其中市区人口126.76万人，占54.86%，三县人口104.32万人，占45.14%。[①] 西宁是典型的移民城市，多民族聚集、多宗教并存，是青藏高原人口唯一超过百万的中心城市，移民人口达100万之多。青海是中国多民族聚居地区

---

① 2015年西宁市区县常住人口及城镇化率［EB/OL］. 西宁统计信息网，2016-02-23［2016-03-26］.

之一，青海省除汉族外，世居青海的主要有藏、回、土、撒拉和蒙古族，在长期的生产、生活过程中，各民族形成了自己独特的风情。全市少数民族人口为 58.81 万人，占常住人口的 25.9%，其中：回族人口 36.87 万，占 16.3%；藏族人口为 12.45 万，占 5.5%；土族 5.86 万，占 2.6%。

9.1 文化资源状况

西宁地处黄土高原和青藏高原接合部，是一个多民族城市，其文化艺术的发展具有浓郁的民族特色和地方特色。藏传佛教圣地塔尔寺的酥油花、堆绣、壁画被誉为“艺术三绝”，湟中农民画也在国内外享有盛誉。戏剧主要有眉户剧、平弦剧、藏戏、灯影戏、豫剧、秦腔。曲艺主要有平弦、越弦、下弦、道情、贤孝。歌舞音乐主要有汉族的社火、土族的安昭、回族的宴席舞、撒拉族的婚礼舞、藏族的锅庄舞以及藏传佛教寺院在祭祀、典礼、法会时演奏的寺庙音乐。民歌主要有汉、回、土、撒拉族喜爱的“花儿”和藏族的“伊”等。

青海是“花儿”的故乡，河湟花儿是西北花儿的精魂，最美的“花儿”是用三江最纯净的源头之水浇灌的圣洁之花。居住在这里的汉、藏、回、土、撒拉等各族群众，无论在田间耕作、山野放牧、外出打工或路途赶车，只要有闲暇时间，都要漫上几句悠扬的“花儿”。“花儿”是产生于青海，并流行于青、甘、宁、新等地区的一种山歌，唱词浩繁，文学艺术价值较高，被人们称为西北之魂。“花儿”发源于临夏，由于流行的地区不同，加之在发展过程中受到西北各民族文化的影响，因此形成不同的流派和艺术风格。

截至 2012 年末，西宁拥有专业文艺团体 5 个，演职人员 585 人，其中省级剧团 5 个，演职人员 362 人；市级剧团 3 个，演职人员 223 人。全市共有图书馆 6 个，博物馆 7 个。全市有广播电台 2 座，电视台 2 座，广播和电视人口覆盖率分别为 98.86% 和 99.5%，有线电视用户 35 万户。出版各类报纸 15 种，10345 万份；杂志 49 种，417 万册；图书 788 种，1114 万册。①

西宁独特的历史进程造就了各具特色、绚丽多彩的民族旅游资源。佛教、伊斯兰教、道教、基督教、天主教五大宗教并存，藏传佛教和伊斯兰教影响尤为深远，塔尔寺是中国六大藏传佛教寺院之一，东关清真大寺是西北四大清真寺之一。回族信仰伊斯兰教，在回族聚居地方，多建有清真寺。每年举行开斋节、古尔邦节和圣纪三大节日。自古以来，西宁既是青藏高原与其他省份交流与联系的门户和通道，又是汉族的儒道文化，藏、蒙、土族的藏传佛教文化以及回、撒拉族的伊斯兰教文化汇聚与交流的地方。其文化形态体现了各民族文化的交流与交

① 西宁市 2012 年国民经济和社会发展统计公报［EB/OL］. 西宁统计信息网，2013-02-25［2013-08-05］.

融。青海省是个多民族聚居的省份，随着西宁作为中心城市的作用日益凸显，各民族文化在西宁的联系更加的紧密。

近年来随着国家重视文化遗产的保护工作，西宁市通过实际举措，落实得较好，受到群众好评，特别是文物保护工作。比如花巨资保护青唐城部分城垣，并修建了青唐小公园，与南门外体育馆相依托，成为西宁市人民群众休闲、健身的场所。还有，虎台遗址公园的建成，使青海省南凉文化遗产得到有效地保护等等。截至 2012 年，西宁省级文物管理机构 1 个，省级博物馆 1 个，市、县文物管理机构 3 个，市、县博物馆 3 个，专业文博人员 28 人。青海境内已发现的文物点有 4300 余处（西宁为 705 处），其中，全国重点文物保护单位 6 处（塔尔寺和隆务寺、瞿昙寺、马厂垣遗址、西海郡故城、热水墓地），省级文物保护单位 224 处（西宁 64 处），县级文物保护单位 319 处（西宁 77 处）；馆藏文物 16 万余件，其中一级文物 205 件（西宁 14 件）。西宁大通上孙家寨出土的舞蹈纹彩陶盆，是中国最早的一件绘有舞蹈图形的彩陶。①

同时西宁市高度重视非物质文化遗产保护工作，立足于青海、西宁本土文化资源特点和现状，深入挖掘非物质文化遗产资源。西宁市非物质文化遗产保护工作从 2005 年开始，已有 8 年时间，目前，已有非遗项目 62 项。其中，国家级非遗项目 13 项、省级非遗项目 30 项、市级非遗项目 19 项。其中，国家级非遗项目 13 项为老爷山花儿会、塔尔寺酥油花、湟源排灯、加牙藏族织毯技艺、西宁贤孝、河湟皮影戏、青海平弦、青海越弦、湟中堆绣、湟中县千户营高台等。非遗项目代表性传承人中，国家级传承人 5 人、省级传承人 56 人，市级项目授牌工作和传承人工作将在年内完成。②

“十二五”时期，西宁市深入贯彻《文化产业振兴规划》、十八届三中、四中全会精神，以“文化名省”建设为契机，以青藏高原区域性文化中心城市和具有国际知名度的高原山水花园旅游名城建设为目标，坚持把文化创新作为文化发展的重要引擎，深入实施文化旅游融合战略，着力增强文化企业核心竞争力，一批以文化旅游、文化创意、图书音像、工艺美术、演艺娱乐、节庆会展等为主导文化品牌迅速集成，一批核心企业和产业基地形成带动引领，文化产业整体规模和实力快速提升。据统计，现从事文化及相关产业的单位数由 2011 年 1474 家已增长到 2014 年的 3900 余家；2011 年全市文化产业实现 7.88 亿元增加值，仅占 GDP 比重的 1.7%，到 2014 年末，实现 27.10 亿元增加值，占 GDP 比重约为 2.8%。全市现有国家文化产业基地 5 家；省级文化产业基地（单位）34 家、省级文化产业示范园区 2 家、市级文化产业示范基地 26 家，市级文化产业示范户

① 民族宗教［EB/OL］. 中国西宁，2012 年 3 月 14 日［2014-04-15］.

② 参见王紫 . 西宁已有非遗项目 62 项［N］. 西宁晚报，2015-05-06.

15 家。全市文化产业已逐步成为推动西宁市文化大发展、大繁荣的重要力量和经济发展新的增长点。

近年来，西宁市将公共文化服务体系建设全面纳入全市社会经济发展战略中。通过两年创建工作，西宁市公共文化服务基础设施建设稳步推进，取得骄人成绩。市区（县）、乡镇（街道）、社区（村）四级公共文化服务设施网络健全，覆盖全面，机构完善，服务设施运行有效。

而西宁所辖的四区三县也通过“创文”工作，树立了各自的文化特色，共同描绘了一幅文化西宁的美丽画卷。①

1. 城东区

西宁市城东区为少数民族聚居区，为了号召群众参与文化活动，东区成立了东关地区民族风艺术团。民族风艺术团以地域文化为底蕴，以民俗习惯为纽带，以文艺团队为依托，通过展示民族服饰和文艺节目等形式宣传民族团结进步，宣传独具特色的少数民族文化和服饰，进一步显示辖区民族文化的独特魅力，挖掘并展示民族艺术瑰宝，使辖区内外更多人士领略少数民族文化的内涵与美丽。

通过具有民族特色、展示本地民族风采的节目，吸引了很多少数民族观众，改变文化工作单纯搞文娱活动的观念，逐渐开放思想，调动了少数民族群众参与文化活动的积极性，大力推动了少数民族文化发展。

2. 城中区

城中区作为西宁市的中心地带，迄今已有 2100 多年的历史，是青海省政治、文化、商贸信息中心和对外开放的窗口，也是省、市党政机关的所在地，具有丰富的历史、文化、旅游资源。近年来，城中区围绕“四脉”（山脉、水脉、人脉、文脉）特点，按照“一轴两片”的发展思路，构建文化旅游大格局。

同时为全面促进文化旅游融合发展，大力推介“夏都西宁、多彩中区”品牌，进一步提升城中区的知名度和旅游形象，城中区在充分借鉴国内知名的草莓音乐节、MIDI 音乐节和张北草原音乐节办会理念的同时，结合本地特色，于 2014 年成功举办了首届“多彩音乐节”。极大地丰富了西宁市市民的精神文化生活，全面助推了城中区公共文化服务体系示范区建设，成功打造出了城中区文化旅游新品牌。

3. 城西区

在城西区，公共文化服务建设与公共安全、义务教育、基本医疗、社会保障被安排到同等重要的位置统一部署安排和推进，基层文化阵地建设作为公共文化服务体系建设最核心、最基本的工作，连续两年被纳入区委、区政府民生工程

---

① 参见杨健．四区三县：妙笔绘就文化西宁美丽画卷［N］．西海都市报，2016-04-14.

目标。2012年至2015年，西区对公共文化服务体系投入稳步增长，累计投入达七千余万元，年平均增长率为18%，实现了“一馆一站一室一点”建设达标全覆盖，文化建设和公共文化服务体系建设实现了跨越式发展。城西区创建国家公共文化服务体系示范区的终极目标，是把西区建设成为青海最具影响力魅力城区。在示范区创建中，西区充分发挥辖区2个博物馆、1个图书馆、1个美术馆、4个影城、1个大剧院、1个科技馆、1个体育中心的辐射带动作用，完善了区级文化馆、艺术中心、图书馆，乡镇街道文化中心、社区文化站、广场文化店的公共服务网络功能。

4. 城北区

城北区通过开展丰富多彩的文化活动，并结合创城、创模、建卫等活动、各类节庆时期及青洽会、环湖赛等重大活动开展形式多样的文化活动，打造了许多精品文化活动。其中北区的乡趣美食文化旅游艺术节、北山“四月八”文化庙会、锅庄舞大赛等历经数届，已成为社会认可度较高的品牌文化活动，丰富了群众的精神文化生活，极大地提高了北区知名度。目前，北区文化队伍建设，建成廉政文化、非遗文化等志愿者队伍15支，建成村级文艺小分队38支，建成大堡子镇、二十里铺镇乡镇流动文化服务队2支，广泛开展送戏下乡等文化志愿服务。还积极探索了在人才队伍建设、服务基层、服务群众方面的措施路径。打造符合地域特点的机制体制创新；积极调动社会力量参与文化事业发展，多方搭建平台和宣传渠道，通过举办各类文化活动有效形成互帮互补。

5. 湟源县

为推进创建国家公共文化服务体系示范区工作，湟源县着眼于农家书屋建设，在管理、服务、推广上做文章，努力打造“农味·书香”公共文化服务品牌，拓展了公共文化服务的深度与广度。为了真正发挥农家书屋的作用，结合国家公共文化服务体系创建，湟源县举办了农家书屋管理员培训班。邀请青海师范大学图书馆教授赴各乡镇开展专题讲座9场，各乡镇文化站负责人、文化干事、各村农家书屋管理员和部分包村干部共计260人参加了培训。通过培训，农家书屋图书管理员的业务素质得到提高，从而能更好地为农村读者提供优质服务，使农村居民充分享受到国家的文化惠民政策。

6. 大通县

大通回族土族自治县通过举办培训班，开展公益性文化服务。积极发挥县文化馆、图书馆、业余体校作用，“两馆”已开通局域网，将实现自动化、网络化管理。利用现有的文化设施设备，大力推进免费开放，建立与文化体育职能相适应的基本文化体育服务内容和方式，提升公共文化体育服务供给能力。

县文化馆开设了“兰亭”书法、民间舞蹈、“花儿”合唱等各类培训班，在县职业特殊学校等学校开设了剪纸、河湟皮影雕刻等 8 个长期培训班，共举办 14 个专题展览，培训班 20 期，培训 824 人。深入农村辅导乡镇文化站和村文化活动室开展文化活动，年辅导文化活动 736 天，共 1382 次，参加人数达 15000 余人次。县图书馆积极组织人员开展送书下乡活动，定期到农家书屋现场指导书屋管理，引导广大干部群众养成“爱读书，读好书”的良好习惯，为全民阅读活动营造了良好的社会氛围。

7. 湟中县

湟中县非物质文化遗产众多，塔尔寺酥油花、塔尔寺花架音乐、加牙藏族织毯技艺、千户营高抬、湟中堆绣、银铜器制作等列入国家非物质文化遗产名录；湟中农民画、却西德哇古老游戏、河湟皮影制作技艺、湟中壁画、湟中民间彩绘泥塑、南佛山“花儿”会、湟中陈家滩传统木雕、青海大有山民间传统武术、湟中加牙“四月八”庙会列入青海省非物质文化遗产项目名录；鲁沙尔高跷、塔尔寺藏传佛教舞蹈、湟中古建彩绘、塔尔寺藏传佛教壁画、塔尔寺藏传佛教堆绣、慕家酩馏酒酿造技艺、塔尔寺刻版印刷技艺列入西宁市非物质文化遗产名录。湟中现有国家级代表性传承人 5 名，省级代表性传承人 26 名。近年来，湟中依托丰厚的非物质文化遗产这一资源，秉承“非遗”生产性保护开展工作思路，着力打造了以农民画、壁画、堆绣、泥塑、雕刻（木雕、砖雕、皮雕）、藏毯、镶丝、银铜器等为非物质文化遗产为内涵的湟中县“八瓣莲花”特色文化产业。

9.2 文化产业发展现状

2009 年 9 月，国务院发布了《文化产业振兴规划》，明确提出要积极发展文化产业，激发全民族文化创造力，更加自觉、更加主动地推动文化大发展大繁荣。青海省作为“三江之源”，历史悠久、文化多元、自然资源丰富，具有发展文化产业得天独厚的优势。2011 年 11 月 25 日，青海省文化改革发展大会召开，时任省委书记强卫提出要提高文化自觉、担当文化使命，要增强文化自信、彰显文化特色，要实现文化自强、建设文化名省，全面开启了推动青海文化大发展大繁荣的新征程。2012 年，西宁市结合不断挖掘的独特地域文化特点，提出了“文化旅游融合发展”的新思路，印发了《关于文化旅游产业融合发展的意见》《关于贯彻建设文化名省战略加快文化改革发展的实施意见》等文件，多方面着手，深入挖掘多元文化、地域特色的城市文化内涵，积极探索文化和旅游融合发展的新途径，将西宁市文化产业的发展推向了一条快车道。经过多年的努力和推进，西宁市文化产业发展成效显著。

9.2.1 新闻出版规模逐年扩大

2004年，西宁市报纸印刷种数为17种，印刷总份数为204万份，到了2013年，这一数字即扩大为11668万份，10年间扩大了56倍（见表9–1）。期刊种数2004年为40种，到2013年即扩大为50种，且总印数也从早期的200万册增加为377万册，年均增长率达到8.9%。图书从377种增加为1051种，总印数从504万册增加为1331万册，实现了年均16%的增长率。总体而言，随着社会经济和文化产业的发展，西宁市新闻出版行业呈现规模逐年扩大态势。

表9–1 2004 — 2013年西宁市新闻出版发展情况表

年份	报纸		期刊		图书	
	种数（种）	总印数（万份）	种数（种）	总印数（万册）	种数（种）	总印数（万册）
2004	17	204	40	200	377	504
2005	19	4486	40	204	390	840
2006	27	4380	44	158	392	1077
2007	25	9759	52	196	576	1143
2008	26	8859	52	281	656	987
2009	26	9172	53	353	680	856
2010	15	9108	49	319	727	1015
2011	15	6469	49	329	781	1015
2012	15	10345	49	416	788	1115
2013	15	11668	50	377	1051	1331

资料来源：《西宁统计年鉴》（2005 — 2014）。

9.2.2 广播电视人口覆盖率逐年提高、电影院线建设初见成效

近年来，伴随着“西部大开发”政策的扶持、“村村通”“西新工程”“户户通”工程的推进实施，青海省广播电视综合人口覆盖率显著提高，仅2014年，青海省完成村村通23497套广播电视设备进寺院工程，完成5.4万套户户通工程，户户通用户已达70万户。数据显示，西宁市广播电视综合覆盖率也逐年提高。截至2014年底，西宁市广播综合人口覆盖率达99.32%电视综合人口覆盖率99.51%，分别高于青海省同期97.0%和97.5%的平均水平，比2005年同期提高了3.88个百分点和2.65个百分点（见图9–1）。西宁市广播节目套数也从2005年的1套增加为3套。

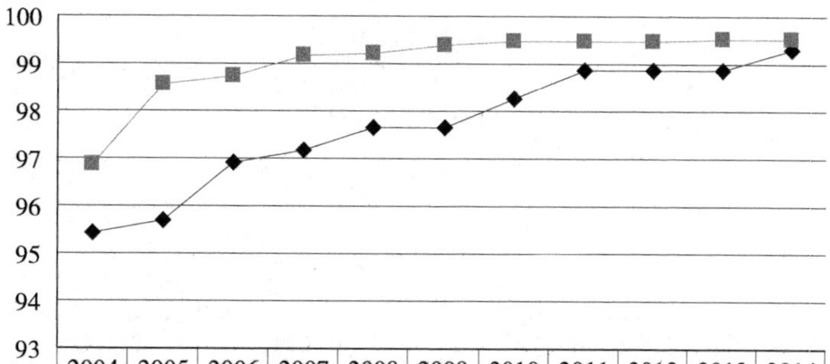

	2004	2005	2006	2007	2008	2009	2010	2011	2012	2013	2014
—◆— 广播节目覆盖率（%）	95.44	95.71	96.9	97.16	97.64	97.67	98.24	98.85	98.86	98.87	99.32
—■— 电视人口覆盖率（%）	96.86	98.56	98.72	99.16	99.23	99.37	99.48	99.48	99.5	99.51	99.51

图 9-1　2004-2014 年西宁市广播电视覆盖率情况图

资料来源：《西宁市统计年鉴》（2005 — 2014）、《青海统计年鉴》（2015）。

近年来，文化部门加快全市电影院线产业发展，合理布局电影院线网点，全面开工建设城西区奥斯卡影院、力盟星美等影院建设，截至 2015 年底，青海省共有营业影院 18 家，拥有 85 块银幕和 6799 个座位，2013 年，青海省票房首次突破了 4000 万元大关，并于 2014 年实现电影票房收入 6639 万元，基于青海省气候和人口聚焦特征，以及省会身份的特殊性，以上成绩中 90% 以上实现于西宁市。随着第二届西宁 FIRST 青年电影展的举办，宣传辐射效应与日俱增，为青海省和西宁市电影产业的发展打下了良好基础。

9.2.3 市内风景名胜旅游景区资源丰富、旅游规模逐年扩大

截至 2014 年底，青海省西宁市共计有 5A 级景区 1 处，即塔尔寺景区；4A 级景区 24 处，包括青海省博物馆、马步芳公馆、青海藏医药文化博物馆、大通老爷山风景名胜区、湟源丹噶尔古城、西宁乡趣农耕文化生态园等景区。不断完善旅游服务功能，着力塑造“中国夏都”城市品牌，西宁的旅游地位和产业素质得到有效提高，西宁市近年来旅游业也有长足的发展。2010 年，西宁市场年旅游总收入、旅游人数、游人人均花费分别为 4660 万元、889 万人次和 523.7 元每人。依托加强诚信旅游建设，提高旅游服务质量，塑造西宁旅游诚信形象工作的推进，到 2014 年，这一组数字分别为：1.27 亿元、1440 万人次和 877 元每人。5 年间分别增加了 189%、62% 和 68%（见图 9-2）。藏药、藏毯、藏族手工艺产品等特色旅游商品也随之受到市场追捧，民族手工艺品和各地绿色有机食品得到有效开发，到 2014 年末西宁市旅游业实现 27.10 亿元增加值，占 GDP 比重约达了 2.8%。

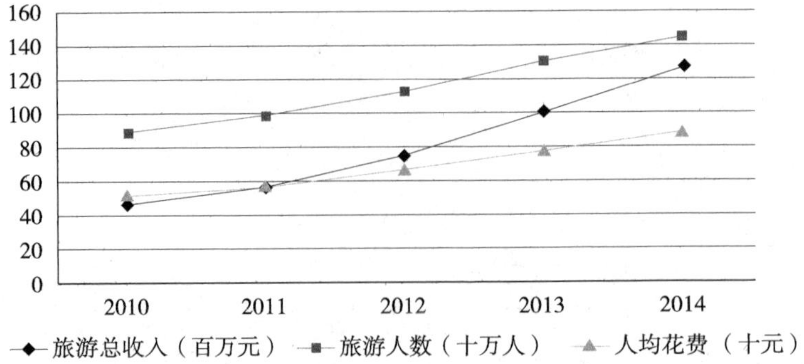

图 9-2 2010-2014 年西宁市旅游业发展情况

资料来源：《青海统计年鉴》（2011 — 2015）。

9.2.4 文化产业场、馆数量和规模日渐扩大，文化产业规模快速提升

随着西宁市文化产业的发展，文化产业场、馆建设成效显著。2003 年，西宁市辖区内仅有博物馆 3 家，到 2012 年，这一数字增加为 7 家。2009 年，西宁市辖区有剧场、影剧院 8 家，到 2014 年，已经增加为 12 家，且无论服务水平还是剧场规格都有极大地提升。2009 年，西宁市场公共图书馆藏书量为 715 万册，2014 年，这一数字刷新为 1804 万册，图书馆藏书规模整体提升。据统计，西宁市现从事文化及相关产业的单位数由 2011 年 1474 家已增长到 2014 年的 3900 余家；2011 年全市文化产业实现 7.88 亿元增加值，仅占 GDP 比重的 1.7%，到 2014 年末，实现 27.10 亿元增加值，占 GDP 比重约为 2.8%。全市现有国家文化产业基地 5 家；省级文化产业基地（单位）34 家、省级文化产业示范园区 2 家、市级文化产业示范基地 26 家，市级文化产业示范户 15 家。全市文化产业已逐步成为推动西宁市文化大发展、大繁荣的重要力量和经济发展新的增长点，西宁市文化产业整体规模和实力在快速提升。

9.3 文化产业发展问题分析

9.3.1 文化产业发展不足、产业规模偏小

与西部和先进地区相比，西宁市的文化产业经济总量较小，文化产业增加值占 GDP 的比重偏低。2013 年，西宁市文化产业增加值占 GDP 的比重为 0.97%，与西部五省会城市相比，西宁市处于第四位，而同期全国平均水平为 3.77%。这表明西宁市的文化产业发展空间十分广阔的同时，也表明西宁市文化产业发展严重不足。同时，西宁市“文”字号企业从资金投入、经营规模等方面来讲都较

小。无论是歌厅、娱乐场所，还是出版物、音像制品经营单位，其经营理念不新、经营手法不多、资金实力相对薄弱，2013 年全市规模以上工业企业中，从事印刷业和记录媒介的复制、文教体育用品制造业、计算机及其他电子设备制造业、仪器仪表制造业的工业总产值、主营业务收入和利税总额分别占全部规上工业企业的 3.29%、3.21% 和 5.74%。而且各产业单位基本都是单打独斗、各自为阵，不能做到资源共享，未能形成具有地域特色、民族个性和深厚文化蕴藏的产业集团、支柱产业和产品品牌，缺少有影响力的文化品牌及龙头企业。

9.3.2 文化场馆基础设施不完善建设职能虚化

基础设施的不完善严重制约了西宁市文化产业的发展。以群众艺术馆为例，作为公益性文化事业单位和基层文化建设的阵地中心，群众性文化艺术馆是践行和实现国家公共文化服务建设的主要对象之一。群众性文化艺术馆是对每一位群众开放的群众参与文化活动的一个重要场所，以吸引广大人民群众的广泛参与，而不是为了应付上级主管部门检查的摆设。同时，群众性文化艺术馆应该以群众作为活动主体，以群众自发性的文化艺术活动作为其存在的基础。但由于过去国家公共财政对文化事业认识和投入的严重不足，以及西宁市财政资金的极度紧张，使得西宁市群艺馆和县级文化站基础设施等硬件条件远远达不到广大群众参与文化活动的基本要求，文化场馆利用率低下。同时，管理部门为了提高现有的场馆及设施的利用率，自上而下布置和安排相应的文化艺术活动较多，群众自发性文化艺术活动少，就其成果而言，极易形成群众性艺术场馆设立目标与管理运行的“两张皮”现象，也削弱了群艺馆体系的群众服务意识，与其设立初衷存在背离。

9.3.3 产业发展投入不足

近年来，虽然各级政府在文化建设发展上投入了大量资金，但由于青海省长期以来社会经济发展程度不高、各项配套资金投入不足，导致文化产业投入历史欠账太多，因此，投入不足仍然是影响文化产业发展的主要问题，使得部分陈旧落后的文化设施不能及时更新和改善，公益性文化事业发展较慢。2011 年，西宁市财政用于文化体育与传媒业的支出为 1.83 亿元，占全市一般预算支出的 1.22%；2014 年全市固定资产投资为 925 亿元，但用于文化、体育和娱乐业的投资仅为 10.67 亿元，占全社会固定资产投资的 1.15%（见图 9–3）。政府对文化产业的扶持和投入不足，导致西宁市属两个剧团一直没有专用演出场地，开拓市场显得力不从心。从资金来源看，资金来源渠道单一，政府投入财政拨款作为主体，而其他社会性主体参与投资才刚刚起步，民营、个体和其他经济体投资文化产业的积极性还没有调动起来。

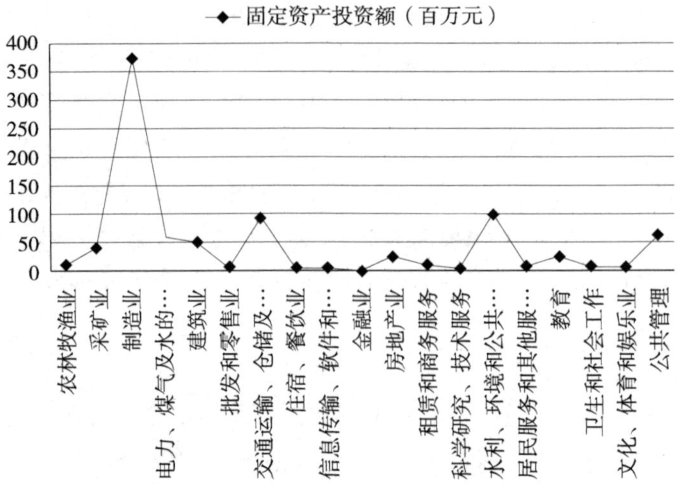

图 9-3　2014 年年度西宁市固定资产投资构成图

资料来源：作者整理绘制

9.3.4 缺乏文化产业人才

西宁市文化资源丰富，有许多传统的文化资源品牌。目前，这些品牌中大多数的影响力依然局限在本地区，市场化程度不高，尚未形成产业规模以及品牌效应。尤其是对文化资源转化为文化产品、名品、精品的深入研究不够、重视支持不够，转化思路不够清晰，大胆探索和创新实践不够，开发和创意出能够吸引广大消费者眼球的文化产品较为缺乏。究其根源，主要是西宁市大多数文化产业经营者文化程度较低，知识面较窄，知识更新不够，对现代企业管理和资产经营知识掌握较少，习惯于以传统的管理手段来经营，缺乏高素质的文化经纪人和中介机构。导致文化产业与经济、金融、信息、高技术等实现有效融合不够；传统文化产业运用现代科技改造提升程度不高；数字出版、网络传媒等新技术新业态发展缓慢，对新兴文化业态的创新以及对产业链延伸支持不力。

9.4 西宁市发展文化产业的 SWOT 分析

9.4.1 优势分析（Strength）

1. 富足的自然文化产业资源

西宁地处青藏高原河湟谷地南北两山对峙之间，统属祁连山系，黄河支流湟水河自西向东贯穿市区。全市总面积 7665 平方公里，市区面积 350 平方公里，建城区面积 75 平方公里。市区海拔 2261 米，年平均降水量 380 毫米，蒸发量 1363.6 毫米，年平均日照为 1939.7 小时，年平均气温 7.6 摄氏度，最高气温 34.6 摄氏度，最低气温零下 18.9 摄氏度，属大陆高原半干旱气候。夏季平均气温 17~19 摄氏度，气候宜人，是消夏避暑胜地，有“中国夏都”之称。作为一个历史文化名城和旅游城市，西宁市名胜古迹众多，市区主要游览点有北山寺、东关清真大寺、马步芳宅邸等，湟中县的塔尔寺是藏传佛教圣地为 5A 级景区，著名的青海湖距西宁市 151 公里。市辖区内还有包括青海省博物馆、青海藏医药文化博物馆、大通老爷山风景名胜区等 4A 级旅游景区 8 个，青海日月山旅游景区、大通国家森林公园察汗河景区、大通国家森林公园鹞子沟景区等 3A 级旅游景区 15 个。这些自然景观和人文景观有机结合在一起，与市区诸多文化产业设施共同构建了西宁市富足的文化产业资源。

2. 丰富的历史遗迹资源

西宁历史悠久、历史遗迹众多，据相关资料显示，西宁市辖区内现保存下来的历史文化遗迹达到 829 处[①]，从新石器时代的马家窑文化和青铜时代的齐家文化、卡约文化到汉唐宋元明清各个时期皆有分布。其中富有代表性的有：佛寺林立、有 20 多座古城遗址、40 多处卡约文化遗址的以丹噶尔古城为代表的湟源历史文化遗迹群；以被国家列为全国首批重点文物保护单位、格鲁派始祖宗喀巴大师的诞生圣地、我国藏传佛教格鲁派六大著名寺院之一的塔尔寺为代表的湟中县文化历史遗迹群；北魏时期就已经扬名于世的北山寺和土楼山；距今已有 2000 多年历史的北禅寺；由东晋十六国时期南凉王在西宁建都时修建的、距今 1600 多年历史的虎台遗址；建立于明永乐八年的南山寺等等。每一处历史遗存无不彰显着西宁市 2100 多年厚重的历史积淀，也为西宁市文化产业的更进一步发展提供了优厚的条件。

3. 多元的宗教文化资源

西宁是唐蕃古道、丝绸之路南线的必经之地，千百年来广受多元文化的冲击与影响。在西宁市，藏传佛教圣地塔尔寺、伊斯兰教东关清真大寺、集“儒释道”为一体的北禅寺等并存，成为西宁市多宗教和谐共存的力证。塔尔寺每年都会举行四次大型法会和一次小型法会，在四大法会期间，最隆重盛大的佛事活动是“跳神”“晒大佛”和大型酥油花灯会，每一次法会都会吸引来自世界各地信众和游客前来瞻仰和参观。与新疆喀什艾提尕大清真寺、陕西西安化觉清真寺、宁夏银川南关清真寺并称为中国四大清真寺的东关清真大寺，每一次的宗教活动因其场面较为壮观亦会吸引来自世界的游客前来参观。北禅寺依丹霞地貌而建，

① 刘真．西宁地区文化遗产保护刍议［J］．青海师范大学学报，2008（4）．

建于半山古洞中，古洞形状各异，殿中有洞，洞中套洞，洞与洞之间由栈道回廊相连，上载崖岩，下临深渊，甚至悬空架设，可称得上一座名副其实的悬空寺，蔚为奇观，吸引众多省内外游人前往祈福。多元的宗教文化，构成了一幅绚丽多姿的民族风情画卷，也为西宁市文化产业的发展提供了丰富的素材①。

9.4.2 劣势分析（Weakness）

1. 基础设施有待完善

由于地理区位因素的限制、气候相对恶劣，西宁市每年只有5个月的无霜期，造成其旅游淡旺季分明，形成“旺季一铺难求、淡季一客难有”的特点，旺季过于密集的游人对交通、住宿等带来很大的压力，而目前较差的交通、通信、文化娱乐场所等基础设施，难以满足越来越宏大的游人队伍的基本要求，进而成为制约西宁市文化产业发展的主要瓶颈，也成为制约外来投资的主要障碍。

2. 文化产业产品价格偏高、品类单一

西宁市文化产业普遍存在产品开发不足、产品品类单一、消费者可选择范围狭窄、企业欠缺核心竞争优势的问题。旅游业发展仍然依赖当前的“门票经济”，很多景点门票价格较高，且景点游览仅仅停留在观光型旅游层次上，几乎没有度假型、商务型、疗养型等项目，旅游产品品种少，产品结构不合理，产业链条短，游客只能在景区做短时间逗留，花费也少，整个游览活动让游客产生蜻蜓点水、走马观花的感觉，游览结束后除了留在手机、相机中的图片，其他一无所获，景区价实不附感明显。文化休闲娱乐场所普遍存在收费偏高，服务产品同质化现象，游客回头率不高。

3. 人才匮乏和教育滞后

专业人才匮乏与教育相对滞后是西宁市文化产业发展又一大劣势。一方面，相关从业人员虽然逐年有所增加，但总量仍然较少，且专业知识与素养不均，缺乏创新意识与能力，能胜任民俗文化策划、工艺美术研发、设计的人才少之又少，这样造成了开发民俗产品上战略前瞻不足，宣传营销上不到位。西宁市本土教育水平难以培养出达到国际化标准人才，而教育的投入是需要长期建设后才有成效。以导游为例，如果导游的相关专业知识不扎实，对当地民族历史文化、风土人情了解不充分，就会阻碍民俗文化旅游业正常发展，难以发挥本土文化的正面影响，导致民俗文化产业后续发展乏力。

---

① 刘真．西宁地区文化遗产保护刍议［J］．青海师范大学学报，2008（4）．

9.4.3 产业发展机会分析（Opportunity）

1. 政府对文化产业发展的重视

早在 2009 年，国家就颁布了《文化产业振兴规划》，这标志着我国的文化产业已经完成了从传统的文化行业到新兴产业的转型。党的十八大报告也提出要把文化产业作为国民经济的支柱产业加快发展。2012–2015 三年间，青海省共有 43 个文化产业重点项目得到中央文化产业专项资金支持，累计扶持资金达 1.77 亿元，仅 2015 年一年就有 18 个重点项目得到中央文化产业发展专项资金支持，扶持资金达 7390 万元。同时，西宁市也多方加强文化产业规划，先后出台了《西宁市关于加快文化产业发展的若干政策意见》《西宁市文化产业发展专项资金管理暂行办法》《西宁市文化产业示范基地评选命名管理办法》等产业发展配套措施，扶持成立了西宁市文化产业协会和青海创世新视文化传媒有限公司，有力地推动了西宁市文化产业的进一步发展。

2. 西宁市枢纽地位日渐凸显

就省内而言，西宁市是青海省内政治、经济、文化最发达的区域，省会城市的地位决定了其可以广泛地吸引青海省各地的特色文化在西宁市的聚集，实现百家争鸣、百花齐放。更重要的是，西宁市可以借助其特殊的城市地位，促进先进和优秀的文化成果快速地向省内其他区域的传播，发挥区域文化枢纽的作用。透过地域文化的镜头看西宁，这个处在祖国西北地区的核心部位的城市，也是唐蕃古道、丝绸之路南线的必经之地，自古以来就是东西方文明交流的重要地区。① 随着近年来大规模的公路和铁路建设工程项目陆续修建和开通，西宁市成为西部地区重要的交通枢纽的趋势日益明显，西宁可以借此交通区位优势成为文化产品的集散中心。

3. 网络信息技术快速发展带来的机遇

网络信息技术对现代生产生活所产生的影响是深远的。目前，网络信息技术已经快速渗透到社会生产生活的方方面面，且其渗透速度越来越快是大势所趋。文化产业本身是一个技术含量较高的产业，与网络信息产业融合度较高，较多地依赖于信息技术的发展与应用。现代网络信息技术的飞速发展，进一步完善了促进文化产业的发展的理想工具，使得文化产业在极短的时间内有较为快速的发展。一方面，网络信息技术对文化产业的渗透全面促进了地区间产业发展差距的拉近，另一方面，网络信息技术也促进了文化产业影响空间的扩大。目前西宁市信息化还处于较低水平，但是，随着近年来国家和行业投入的加大，网络信息技

---

① 苗利明，刘红梅 . 西宁城市文化大发展探研［J］. 青海社会科学，2012（5）.

术普及率和应用水平都有极大地提高，对社会生产生活的方方面面做出极大地改变的同时，也对文化产业的发展产生有极大的下面影响，借着网络信息技术的东风，西宁市场文化产业有了较好地发展成效。

9.4.4 威胁分析（Threat）

1. 周边区域竞争威胁

受市场和政策影响，西宁市周边很多地区也都进入了大力推进文化产业发展进步的通道，西宁市文化产业的发展受到来自省内外多地区的影响。尽管西宁市文化产业资源有其自身的特点和优势，但总体来讲知名度、产品的规模、质量都有一定的欠缺，在省内外其他省区相比同质化倾向明显，竞争力都不算很强。比如西宁市主打“夏都”旅游品牌，以凸显其夏天清凉宜人的气候优势，但是这一优势与甘肃兰州市的气候优势相一致，最终致使兰州抢注了“夏都”品牌而西宁市只能以“中国夏都”作为主打品牌。塔尔寺藏传佛教经典寺院的特色也易于被甘肃、四川藏区同类特色景区所取代，而以甘肃和四川为代表的周边省区的旅游产业和市场发展水平都高于青海省、高于西宁市，给西宁市带来了极大的竞争压力。

2. 政策体系不健全

任何产业的发展都离不开政策的支持，文化产业亦如此。目前，西宁市还没有正式出台一整套的产业支持和配套政策，与产业政策配套的保障体系也尚未建立，部分政策执行不畅的同时，还存在如下问题。一方面，由于管理文化产业发展的政策主体有多个，多个主体政策制定过程中缺乏彼此协商，致使政策欠缺整体协调性。另一方面，政策制定存在一定的偏向性，即政策多偏向于大型文化企业、多偏向于城市，而忽略了对中小文化企业以及农村的扶持，致使文化产业发展存在较为明显的不平衡性。同时，在政策制定时，没有做到经济效益和社会效益的有效统一，使得政策要么偏向于产业的经济属性，要么偏向于产业的社会价值，存在较为明显的内部失衡现象。

9.5 总体思路与对策建议

9.5.1 加强政府政策扶持

1. 落实完善资金支持政策

一是放开文化市场准入限制，鼓励和引导民间资本、社会资本投资兴办文化企业，支持“个转企”，引导和扶持创意人才、中小投资者、大学生创办文化企业；二是加快培育小微文化企业。贯彻落实《关于大力支持小微文化企业发展的实施意见》[2014] 27 号），制订《西宁市小微文化企业扶持办法》，重点支持小微文化企业“专精特新”发展；三是做大做强骨干文化企业，按照提升品味、扩大规模、培育龙头、做大做强的要求，引导有一定竞争实力和发展潜力的文化企业以创意创新为驱动、开展特色经营、创新产品特色和服务，提升科技含量及原创水平等方面形成竞争优势。通过政策、资金等方面支持，推动重点文化企业发展，形成一批综合实力较强的文化市场主体。四是优化文化市场环境。严厉打击侵犯知识产权权、制售假冒伪劣文化产品的违法违规行为，规范文化市场经济秩序，营造环境优良的文化市场主体发展环境。五是贯彻落实《文化部财政部等关于深入推进文化金融合作的意见》，建立由政府、企业、银行、担保机构共同参与的投融资合作机制，搭建文化产业投融资服务平台，完善科学合理的信用评级和评价体系，引导金融机构“量身打造”适合文化企业特色的金融信贷产品，推出集合债券、集合票据等直接融资产品，降低融资成本。

同时，青海省和西宁市各级财政应该通过现有资金渠道，进一步完善资金投入方式，加大对文化创意产品开发工作的支持力度，如：设立文化产业发展专项基金，通过研究论证，将符合条件的文化创意产品开发项目纳入专项建设基金支持范围；制定优惠税收政策，针对发展对外文化贸易、激发文化创意和设计的企业制定产业发展的税收政策，支持文化创意产品开发。将文化创意产品开发纳入文化产业投融资服务体系支持和服务范围。

2. 加强支撑平台建设

面向从事文化创意产品开发的企事业单位，培育若干骨干文化创意产品开发示范单位，充分发挥省级文化文物单位和骨干企业引领示范作用，将文化创意产品开发经营企业纳入各级文化产业示范基地评选范围，支持实施一批具有示范引领作用的项目，搭建面向全行业的产品开发、营销推广、版权交易等平台。支持有条件的地方和企事业单位建设文化创意产品开发生产园区基地，充分发挥重点文化产业、文物展会作用，促进优秀文化创意产品的展示推广和交易，借助各级各类文化展览展示交易活动，如青洽会、藏毯国际展览会等活动大力促进西宁市优秀文化创意产品走出去。强化文化市场监管和执法，加大侵权惩处力度，创造良好市场环境。鼓励各级地方政府创新文化创意产品开发机制，用机制创新干事。

3. 推动体制机制创新

鼓励西宁市现有具备条件的文化文物单位在确保公益目标、保护好国家文物、做强主业的前提下，依托馆藏资源，结合自身情况，采取合作、授权、独立开发等方式开展文化创意产品开发，逐步将文化创意产品开发纳入文化文物单位评估定级标准和绩效考核范围。促进国有和非国有文化文物单位之间在确保公益目标、保护好国家文物的前提下馆藏资源展览展示、文化创意产品开发等方面的交流合作。文化文物事业单位要严格按照分类推进事业单位改革的政策规定，坚持事企分开的原则，将文化创意产品开发与公益服务分开，原则上以企业为主体参与市场竞争，并积极探索文化创意产品开发收益在相关权利人之间进行合理分配。

9.5.2 完善和规范行业发展体系

1. 完善文化创意产品营销体系

创新文化创意产品营销推广理念、方式和渠道，促进线上线下融合。综合运用各类电子商务平台，积极发展社交电商等网络营销新模式，提升文化创意产品网络营销水平，鼓励开展跨境电子商务。支持有条件的文化文物单位在保证公益服务的前提下，将自有空间用于文化创意产品展示、销售，鼓励有条件的单位在省内外旅游景点、重点商圈、交通枢纽等开设专卖店或代售点。配合优秀文化遗产进乡村、进社区、进校园、进军营、进企业，加强文化创意产品开发和推广。鼓励结合陈列展览、主题活动、馆际交流等开展相关产品推广营销，积极探索文化创意产品的体验式营销。

2. 加强文化创意品牌建设和保护

促进文化文物单位、文化创意设计企业提升品牌培育意识以及知识产权创造、运用、保护和管理能力，积极培育拥有较高知名度和美誉度的文化创意品牌。依托重点文化文物单位，培育一批文化创意领军单位和产品品牌。建立健全品牌授权机制，扩大优秀品牌产品生产销售。以打造西宁市千年文化古城形象为最终目标，在当前文化创意品牌建设和保护过程中，注重凸显西宁市历史古城城市形象，在对现有的历史文化古迹进行更进一步恢复和扩建过程中，通过呼唤历史记忆打造人文景观和自然景观，为文化产品品牌的建设和保护做好铺垫。

3. 推动文化产业集团化发展

构建大型文化产业集团是发挥西宁市省会优势、走规模化道路、推动文化产业发展的有效途径。占据规模、资金实力、管理理念优势的文化产业集团便于实行规模化经营和专业化协作，有利于推动文化产业结构优化，促进文化产业综合竞争力的提升。

（1）成立西宁市晚报报业集团。建立以西宁晚报为龙头，西海都市报等为主体，信息、广告、出版、印刷、发行五大支柱行业多元化经营的报业传媒集团。

（2）成立西宁市出版集团。通过引进国内大型出版集团的成功运作经验和现代出版营销模式，发挥地缘优势，成立西宁市出版集团，并将该集团打造为全面推动青海省出版业发展的龙头企业。

（3）成立西宁市电影发行放映集团。以青海剧场等电影放映公司为基础，组建西宁市电影发行放映集团，深化体制改革和结构调整，建立并完善以院线为主、互联互通的电影发行机制，形成以市区为主体、辐射 3 县乡镇的电影发行放映市场体系。

9.5.3 优化产业布局、扩大产业规模

紧紧围绕将西宁建设成为“青藏高原区域性文化中心城市”的目标，着力调整区域产业布局，重点实施“四区、两带、一中心”的文化产业发展战略构想，实现文化产业成为国民经济支柱性产业的发展目标。即以国家“一带一路”建设为产业发展机遇，积极创建湟中—文化旅游示范区、大通—生态文化旅游示范区、城西—文化创意服务示范区、城北—农耕文化示范区；规划以城东区穆斯林文化为纽带，发展西至乌兹别克斯坦、哈萨克斯坦、土耳其，东至甘肃、宁夏、陕西、新疆等国家和地区的伊斯兰文化产业带；以湟中藏传佛教文化为纽带，发展南至西藏、四川、云南直至尼泊尔、印度、马来西亚等地区和国家的藏文化产业带；立足于省会城市西宁独特的经济、政治、文化中心地位，全力打造集旅游观光、演艺娱乐、特色餐饮、节庆会展为内容的高原文化生活休闲聚集中心。从而进一步完善产业结构构成，推动文化产业快速发展。优化文化产业布局，实施特色文化产业聚集区建设工程，将湟中县打造成文化旅游产业示范区，将大通县打造成生态文化产业示范区，将湟源县打造成民俗文化产业示范区，将城东区打造成民族多元文化产业示范区，将城中区打造成会展和现代商务区，将城西区打造成文化创意服务产业示范区，将城北区打造农耕文化产业示范区。

9.5.4 完善基础设施，落实管理职能

1. 加快文化基础设施建设

西宁市应坚持以经济效益和社会效益相结合的原则，通过合作经营、土地置换、贴息贷款等方式，多渠道地筹集资金，进行文化基础设施的改造和重大基础设施建设一体化。完善公共文化服务体系，政府加大对图书馆、文化馆等公益性文化事业的投入，完善县区级图书馆、文化馆的内部设施建设，为各级文化组织顺利开展内容丰富、形式多样的群众文化生活提供平台。完善和扩大西宁市文化展示基地。新建扩建一批满足各层次群众各类需求的博物馆、展览馆、艺术馆、演艺舞台、综合性文化娱乐中心等，以充分发挥省会城市优势，推动全省文化产

业的发展。打造历史古城城市形象。在当前的城市建设过程中，必须要注重凸显西宁市历史古城城市形象，对现有的历史文化古迹进行更进一步恢复和扩建，打造西宁市千年古城形象，通过呼唤历史记忆打造人文景观和自然景观，为文化产业的进一步发展做好铺垫。

2. 加强文化交流平台建设，为特色文化产业发展提供必要的硬件环境

加快建成和调整出一批文化设施，为民间演出市场的开拓和各项文化交流搭建平台。建设具有民族和地方表演特色，具有一定规模的民俗风情演艺接待中心。推出、展示青海独特的贤孝演唱艺术和河湟眉户、“花儿”、秦腔等民间民俗文化艺术，为其走向市场、走上产业化道路提供载体。整合现有各类市场，建立起专门的特色文化产品市场，改变现在各类文化产品掺杂在各类市场内，有市无场的局面，培育特色文化产品生产和经营的领军企业和经营业主。要加大政府扶持力度。把文化产业培育为新的支柱产业，离不开政府的引导，离不开相关政策的支撑和扶持。政府有关部门要加强衔接沟通，相互支持，形成合力，从财政税收、工商管理、社会保障、劳动人事各方面，加强对文化产业发展的引导和扶持。

9.5.5 挖掘文化资源，打造特色文化品牌

以市场为导向，努力打造文化品牌，逐步形成特色文化产业发展的龙头。打造具有市场竞争力的、能突出地方民族文化特色、具有较高艺术水平和代表性的民族民间精品演出剧目。深入调查和挖掘特色文化产业发展的优势和潜力，有计划有步骤地做大做强曲艺、“花儿”、皮影、雕刻等优势产业。挖掘、展示、推出农民画、排灯、皮影、堆绣、剪纸等艺术精品，开展规模化的旅游文化服务，整合资源，扩大影响力，提升经济效益，促进特色文化产业的发展。注重创意设计与规划，注重存量填补，注重特色品质建设。大力实施重点文化创意品牌打造工程，着力打造以“青年电影展”“夏游西宁”等为代表的节会文化品牌，以塔尔寺、东关清真大寺等为代表的民族宗教文化品牌，以丹噶尔古城群、卡约文化遗址等为代表的历史文化品牌，以“八瓣莲花”、排灯、花儿会等为代表的河湟文化品牌，扩大西宁文化影响力，提升西宁旅游知名度，把城市的文脉、文气、文化通过各类创意品牌彰显出来，推介出去。

9.5.6 培养文化产业人才，促进可持续发展

文化产业是知识经济的重要组成部分，是高智力的产业。它需要一大批具备较高的文化艺术素养和创新能力，同时又懂得文化产业经营管理规律的专门人才。围绕培养人才、吸引人才、用好人才三个环节，制定人才资源开发规划，实

施引进和激励人才的优惠政策，尤其要加强本土化人才的培养。重点加强经营管理、创作和科技创新等文化产业急需的各类人才的培养，定期和不定期地组织经营管理人员和专业骨干进行培训学习，培养和造就产业领域各级各类优秀人才，逐步建立一支懂文化、精技术、善经营、会管理的文化产业人才队伍。

同时，以高端创意研发、经营管理、营销推广人才为重点，加强对文化创意产品开发经营人才的培养和扶持。文化文物单位和文化创意产品开发经营企业要积极参与各级各类学校相关专业人才培养，探索现代学徒制、产学研结合等人才培养模式，并为各类学生实习提供岗位，提高人才培养的针对性和适用性。支持文化文物单位建设兼具文化文物素养和经营管理、设计开发能力的人才团队，并通过多种形式引进优秀专业人才，进一步畅通国有和民营、事业单位和企业之间人才流动渠道。

为保障青海省文化产业的可持续发展，应制定文化人才引进、培养和使用的优惠政策，完善文化人才激励机制。这将对文化人才的培养与开发产生重大影响。

9.5.7 加快文化创意产品开发的跨界融合，促进产业升级转型

支持文化资源与创意设计、旅游等相关产业跨界融合，提升文化旅游产品和服务的设计水平，开发具有地域特色、民族风情、文化品位的旅游商品和纪念品，推动本地优秀文化资源的紧密融合，文化创意产品开发过程中更多融入民族因素、多元文化因素、城乡因素、特殊地理地质因素等，以丰富的内涵开拓城乡文化市场、优化社区人文环境的同时，使西宁市城市、村镇成为历史底蕴厚重、时代特色鲜明、文化气息浓郁的人文空间。

通过文化资源、生活传统、风景及娱乐等因素，全力提升城市的文化旅游吸引力。高度重视文化和旅游产业融合发展，注重把文化融入旅游商品开发、项目推介、宣传促销当中，打造以文化旅游演出、民俗展览展示、文化产品生产销售等为主体的文化产业体系。同时积极促进非物质文化遗产保护传承与旅游相结合，发挥旅游对文化消费的促进作用。实施海湖新区文化创意园、湟中民族风情园项目，加快陈家滩特色文化旅游产业园建设，充分利用创客空间、创业咖啡等新型孵化器模式，扶持文化小微企业，支持各类文化产业基地更好地发挥促进创意孵化、加强人才培养、推进产业融合、建设服务平台、培育文化品牌等功能，促进其转型升级。

9.5.8 实施载体项目，带动产业繁荣发展

贯彻落实国家“一带一路”建设和国务院关于推进文化创意和设计服务与相

关产业融合发展的战略部署，加快落实《国务院关于推进文化创意和设计服务与相关产业融合发展的若干意见》（国发［2014］10号），《文化部财政部关于推动特色文化产业发展的指导意见》（文产发［2014］28号），合理开发利用西宁地区优秀的民族特色文化资源，支持建设一批有影响力和示范效应的文化产业重点项目，带动产业繁荣发展。以西宁、海东为核心，围绕国家丝绸之路文化产业带建设，重点打造集创意设计、节庆会展、演艺娱乐、文化电商等为一体的多元文化产业展示区和丝绸之路人文交流先行区。重点发展黄河石艺画、刺绣、云锦、木雕、银铜器、藏毯及手工挂毯、昆仑玉、出版印刷等文化制造业及以互联网文化信息服务业为主的新型文化服务业。培育一批以国有文化企业为主的骨干龙头企业。

9.5.9 创新发展路径，推动新型产业发展

坚持高起点谋划、高标准建设，大力实施西宁多元文化品牌打造工程。一方面不断加快文化内容创意或技术创新。以工艺美术品行业为重点，追求传统工艺内容创新，提升产品文化内涵。另一方面加快发展动漫、网络电视、数字出版等新兴业态，不断优化产业结构，推动新型产业发展。力争用五年时间，形成一批文化产业发展新的增长点和增长极，全面提升文化产业发展的质量和效益。

9.5.10 扩大消费市场，增加文化消费总量

一要创新商业模式，拓展大众文化消费市场，开发特色文化消费，扩大文化服务消费，提供个性化、分众化的文化产品和服务，培育新的文化消费增长点。二要引导文化企业投资兴建更多适合群众需求的文化消费场所，鼓励出版适应群众购买能力的图书报刊，鼓励在商业演出和电影放映中安排一定数量的低价场次或门票，鼓励网络文化运营商开发更多低收费业务，有条件的地方要为困难群众和农民工文化消费提供适当补贴，提高基层文化消费水平，增加文化消费总量。

9.6 重点项目

9.6.1 特色文化产业项目

藏文化艺术特色创意产业园项目。该项目由青海八瓣莲花文化产业股份有限公司组织实施，项目占地面积37.6亩，建筑面积1.6万平方米。该项目通过依托现有湟中县八种民间工艺和企业先进的经营优势、平台优势等一系列先进理念，整合全国各地区藏文化艺术产业，将藏文化艺术与现代经营理念结合，通过游客

对非遗项目的体验、民族手工艺 DIY 包等增加游客的购买量，带动旅游经济的发展，同时建立虚拟的电商交易平台，通过线下体验，线上交易，实现线下与线上销售并举之路，通过线上线下两个虚实结合的平台，形成产业互促、互补发展的聚合效应。让基地成为非物质文化遗产、藏文化展示、民族艺术体验的一个多功能的示范基地。

9.6.2 丝绸之路文化产业重点项目

1. 湟中县民族风情园项目

该项目位于湟中县徐家寨，紧临西塔高速公路，占地面积约 400 亩。项目拟建成集旅客集散中心、藏族包、蒙古包等民风民俗建筑群、风俗文化体验区、特色文化旅游产品平价馆、小吃帐篷街等为一体的民族风情旅游园。项目总投资 20 亿元人民币，项目资金主要来源为政府补贴、企业自筹、招商引资。

2. 湟中县雪域驿站——藏寨项目

该项目位于湟中县鲁沙尔镇迎宾路，项目拟建设以藏医藏药为基础，引进藏式 SPA、藏式足浴、藏式熏蒸等为主要内容的藏式养生服务项目，项目总投资 1.64 亿元人民币，实施周期为 2016~2020 年。项目资金主要以招商引资、银行贷款、企业自筹为主。

3. 西宁市城西创意产业园项目

该项目位于西宁市城西区，拟利用城西文化演艺、文化创意、现代商贸和旅游会展等资源优势，建设一处集“休闲、创意、设计、制作、经营、中介等产、供、销于一体的综合性创意产业园区，以此带动文化产业集约化、专业化、规模化发展，形成不同文化业态相互交融、共同发展的新格局。项目实施周期为 2016~2020 年，拟投资资金 3 亿元人民币，建设资金主要以争取国家、省、市专项资金为主。

4. 沈那遗址公园项目

该项目位于西宁市城北区，拟通过开发挖掘沈那遗址、打造沈那遗址公园、新建沈那遗址博物馆为主要内容，项目实施周期为 2016~2020 年，计划投入资金 1.2 亿元人民币，采用招商引资的方式解决建设资金。

5. 湟源影院项目

该项目位于西宁市湟源县，拟在湟源县建设一处现代化数字影城。项目实施周期为 2016 年，计划投入资金 700 万元人民币，项目建设资金采用招商引资方式。

6. 组建西宁戏曲艺术发展中心，改建“梨园小剧场”项目

该项目位于西宁市高槽巷，拟以剧院公司的形式促进戏曲事业发展，争取政策支持，招录吸纳优秀戏曲人才进入戏剧团，逐步充实戏曲队伍。项目实施过程中将改建“梨园小剧场”，并开展小话剧、小戏曲、曲艺等形式的文艺表演。项目实施周期为 2016 年，拟投放资金 150 万元，计划争取专项资金。

7. 西宁网络大剧院项目

该项目地址为西宁市高槽巷，拟成立西宁艺术剧院广告创意传媒公司，按照中央、省市等文件精神要求以广告公司为主体组建“网络大剧院”。同时公司对外承接广告宣传、媒体推广、商业演出、开展“9D 全息影院”建设项目等业务，利用公司优势资源，拓宽产业发展渠道。项目实施周期为 2016 年，拟投入资金 200 万元人民币，计划争取专项资金。

8. 湟源县丹噶尔景区文化内涵提质升级项目

该项目为丹噶尔古城续建项目，以明清老街保护性修建工程为主要内容，实施周期 2016 年，拟投放资金 1.5 亿元人民币，计划争取专项资金。

本章参考文献

[1] 于鹏 . 西宁市文化产业发展探析 [J]. 攀登，2012（3）.

[2] 王国利 . 西宁城市文化特色及在青海东部城市群建设中的作用 [J]. 青海师范大学学报，2014（11）.

[3] 何添 . 西宁市群众艺术馆建设研究 [J]. 柳州师专学报，2015（12）.

[4] 张旭，徐逸伦，钟宜根 . 新信息技术对城市文化空间影响研究——以南京为例 [J]. 现代城市研究，2009（6）.

[5] 王丹，万兴旺 . 完善我国文化产业发展政策的思考 [J]. 税务与经济，2013（4）.

[6] 娄孝钦 . 十六大以来我国文化产业政策研究现状与缺失 [J]. 学术论坛，2010（5）.

（本章撰稿人：叶奕、李燕）

第 10 章　海东市文化产业发展研究

海东市因位于青海湖之东而得名，总面积 1.32 万平方公里，全境东西长约 124.5 公里，南北宽约 180 公里，北枕祁连，南滨黄河，西抱西宁，东望兰州，地理位置十分重要，自古就有“海藏咽喉”之称。由于海东地处华夏民族摇篮——黄河上游及其重要支流湟水之间，是青海省开发较早、文化历史悠久的地区，因此史称“河湟间”或“河湟地区”。据考古发掘，早在新石器时期就有人类居住。民和县阳洼坡曾发掘了与中原地区相同的仰韶文化遗址，其他地方多处发现类似马家窑文化、齐家文化、辛店文化和卡约文化的遗址。

海东市现辖两区四县，有汉、藏、蒙、回、土、撒拉等 19 个民族在此定居，共计人口 178 万，约占青海省总人口的三分之一。2015 年，海东市实现地区生产总值 384.4 亿元，同比增长 11.2%，规模以上工业增加值增速 12.7%，均居青海省第一。地处“海藏咽喉”的海东，政治、经济、战略地位明显，尤其是其独特的文化优势，在国家高度重视文化产业发展的大背景下，在青海省文化产业中居于极其重要的地位，2014 年全市文化产业销售总收入达 1.45 亿元[①]。

10.1 海东市文化资源状况

海东市地处“河湟文化”核心地带，历史悠久、底蕴深厚，历经千百年的积淀，文化资源积淀丰厚。

10.1.1 多彩的生态文化资源

海东市地处黄土高原向青藏高原过渡镶嵌地带，境内山峦起伏、沟壑纵横，生态文化资源异常丰富。

1. 互助北山国家森林公园

北山国家森林公园被兴誉为青藏高原上的“植物王国”“天然动物园”，位于青海省互助土族自治县东北部，海拔 2100~4308 米，总面积 1127 平方公里，

① 陶成君 . 海东市文化产业销售收入达 1.45 亿元［N］. 海东时报，2015-03-11.

森林覆盖率64.3%。北山境内群峰巍峨，古木参天，危崖壁立，云淡天高，因高原特色突出，是旅游避暑、疗养度假、科普考察的胜地。北山是青海省唯一的以森林自然景观为主体的生态公园，是青海省内自然生态系统最完好的区域之一。景区向社会开放后，先后建成了宾馆、药水泉、停车场、游步道、浪士当和扎龙沟瀑布等项目，2000年被国家旅游局评定为AAAA级旅游风景区。

2. 循化孟达天池

孟达天池在青海省东部循化撒拉族自治县东部，被誉为青藏高原上的“西双版纳”，面积9544公顷，天池面积约300亩，池水清澈碧澄，群峰倒影，随波微动，鱼影绰绰，水鸟飞翔，是青藏高原的璀璨明珠，也是青海省建立的第一个以野生植物为主的自然保护区。天池从池边到山顶，全被森林覆盖。保护区野生植物有90科287属、509种，其中苔藓类3种、蕨类10种、木本植物159种、草本植物337种、药用植物较丰富，有322种。国家保护植物有太白红杉、桃儿七、羽叶丁香。列入国家药典的有81种。2000年4月批准为国家级自然保护区。

3. 民和桃花园

位于青海省民和县的桃花源，园林区总面积20平方公里，区内海拔1700米，主要游览活动有4月、5月份举办赏桃花、品牡丹及允吾梨花会，8月、9月采摘鲜果。桃花园林风景区是集考古研究、观光、休闲、度假为一体的农业生态观光旅游风景区，系国家AA级风景区。

4. 民和七里寺

七里寺风景区位于民和县城以南古鄯镇境内的小镇石山麓（七里寺峡），景区面积约53平方公里，海拔3200米，峡内有东西和南北走向的两道山峡，峡口为开阔河谷地，山势峻险挺拔，山之两侧溪流潺潺，似一束绿色的绸带。七里寺药泉水史称“其味辛温，无毒，饮之愈胃疾”“少则三七，多则四九愈之”。此泉水对胃病、心血管病、皮肤病等多种疾病具有显著疗效。

10.1.2 独特的民俗文化资源

青海省海东市有土、藏、回、撒拉、蒙、汉等19个民族，长期的共存共融中形成了地域独特、民族浓郁、风格迥异的民族文化。尤其是土族与撒拉族，是两个全国独有的少小民族。土族先民在青海高原建立了长达300年的吐谷浑王国，在后来漫长的岁月里逐渐开成并发展成为内容绚丽多姿、形式丰富多样、特色异常鲜明的土族文化，如独有的七彩土族服饰、礼仪、礼俗、宴席曲、轮子秋、纳顿、盘绣等，无不展示出其乐观向上、能歌善舞、忠贞勇敢的民族性格。撒拉族在循化定居已有800多年的历史，长期的积累和发展形成了其独有的婚丧、服饰、礼仪、礼俗、饮食等文化习俗，其白骆驼的传说、清真寺建筑、筑篱楼、皮筏子、《古兰经》手抄本、黄河石艺术等得天独厚、特征鲜明。同时，汉、回、蒙等其他 17 个民族在长期的共存过程中，也形成了各自独有和共同认同的诸多民俗习俗，在区域文化产业发展中都是不可多得的优势资源。

10.1.3 深厚的古文化资源

青海省海东市拥有深厚的古文化资源。喇家遗址对于研究西北地区先民的居住环境、玉文化的发展、4000 多年前中国灾难现状和探讨史前文明具有重要价值；被专家誉为可与埃及的金字塔相媲美的柳湾彩陶是中国新石器时代灿烂文化的典型代表，包含着丰富的文化信息；马场垣遗址，是马家窑文化马厂类型的命名地，不仅包含了马家窑文化马厂类型为主的居住遗址和葬地，还包含了辛店文化的居住遗址以及少量的齐家文化、卡约文化遗址和墓葬，文化内涵极为丰富；被誉为“湟北诸寺之母”的互助佑宁寺、有“小故宫”之称的瞿昙寺等等。海东市内历史文化遗存密集，有各类古文化遗址 2780 余处，出土的彩陶扬名海内外，南丝绸之路辅道成为今天的 109 国道，明长城遗址仍熠熠生辉。所有的古文化遗存无不体现了海东劳动人民的精神的生命力和创造力，也是现代文化产业发展的重要资源。

10.1.4 浓郁的宗教文化资源

青海省海东市多民族聚居、多宗教并存，积淀形成了浓郁的宗教文化资源。海东市是藏传佛教后弘期的重要发祥地和传播区，位于化隆县巴燕镇东南的丹斗寺，作为“后弘期”佛教的发祥地，在藏传佛教史上占有重要位置，一直是各派信徒们向往的圣地，三世达赖等西藏重要人物都曾到过丹斗寺。位于互助土族自治县红崖子沟湟水北岸白玛寺，古称金刚崖寺，建于 11 世纪，明万历十二年，第三世达赖途经此地，传说坐骑死去，遂塑白玛寺，故名“白玛寺”，该寺为安多地区首建的佛寺，宗教地位十分重要。位于乐都县中坝藏族乡的央宗寺，始建于唐朝，与尖扎县的阿琼南宗、兴海县的知嘎尔贝宗、平安县的夏哇日宗齐名，是历史上藏传佛教僧人静修的出名地方，因此藏语称“普拉央宗静房”。始建于元末的夏宗寺位于海东市平安区，相传西藏著名僧人噶玛噶举派四世活佛若贝多杰奉召赴大都，途经平安时，在此驻足，年仅三岁的藏传佛教格鲁派创始人宗喀巴被其父领到该寺受戒，因此在青海享有盛名。还有被誉为“湟北诸寺之母”的互助佑宁寺、有“小故宫”之称的瞿昙寺、洪水泉清真大寺、街子清真大寺等诸多名寺古刹，全市共计 1057 个各类寺院，形成了海东市神秘多样、底蕴深厚的宗教文化资源。

10.1.5 丰富的民族民间艺术文化资源

青海省海东市是多民族聚居地区，是民族民间艺术文化资源的富太区。承载了厚重历史文化信息的花儿艺术，是海东市民族团结、民族共融的瑰宝，作为海东文化的特色艺术品，每一年都会举办的乐都瞿昙寺、民和七里寺、互助丹麻镇花儿歌会，被第一批青海省省级非物质文化遗产名录所收录，是一种各族人民群众广泛参与和喜好的文化活动。被第二批青海省省级非物质文化遗产名录收录的乐都南山射箭活动，以及与其齐名的“北山赛马”活动源远流长，使得弓箭文化、骑马文化得以传承和交流。源自于明代的社火也是完全源自于民间的一种艺术形式，乐都、平安、互助、民和等每年正月都会举办各类社火节，增添传统节日喜庆气氛的同时，对民间舞蹈、青海眉户戏、青海贤孝、皮影戏、秦腔也是一种发扬和传承，促进民族交流，也有利于民族团结和谐气氛的形成。平安阿伊赛迈歌舞团、互助《彩虹部落》剧目、《拉仁保与吉门索》和民间说唱故事《祁家延西》剧目、循化的《撒拉尔家园》剧目，土族的“安召”舞、撒拉族的“骆驼舞”、乐都亭子、高跷等，无不具有深厚的民族风格和较强的艺术开发价值。

10.2 文化产业发展现状

目前海东市有国家级文化产业基地 1 个，省级文化产业示范基地 11 家、省级文化产业示范户 15 家、县级文化产业示范基地 16 家、县级文化产业示范户 25 家，入选国家丝绸之路重点项目企业 4 家，入选国家重点特色文化产业项目 2 家，从事文化娱乐、文化用品、图书、报刊、音像制品等批发零售经营的业主有 1000 余家，从业人员达 3680 余人，总资产为 2.4 亿元，文化企业有 56 余家。“十二五”期间，文化产业销售收入 5.8 亿元，增加 20%。

10.2.1 文化基础设施不断加强

1. 场馆建设迈上新台阶

目前全海东市建有群众艺术馆 1 个，县级文化馆 6 个，市级图书馆 1 个，县级图书馆 6 个，图书馆馆舍面积累计达 18000 平方米。现有文博机构 8 个，文物陈列展览用房 4800 平方米。已有乡镇文化站 94 个，实现乡镇全覆盖。已经建成农村小型综合文化体育广场 259 个，占总村数的 16%。建成村级文化活动室 713 个，占总村数的 44%。配备简易篮球场 650 个，占总村数的 40%，农家书屋 1587 个，实现村级全覆盖。全市总寺院 1057 个，寺庙书屋 162 个，占总寺院的 15%。文化进村入户工程 855 个，占总村数的 53%。河湟体育走廊篮球场建设

145 个，体育器材进寺院项目 104 个，占总寺院的 7%。在全国第六次体育场地普查中，共普查体育场地 2042 个，已配备图书流动文化车 5 辆。已经建成互助县彩虹部落剧场，乐都县彩陶博物馆，互助吐谷浑广场等标志性的文化设施。

2. 文化遗产保护与利用取得明显成效

在第三次文物普查中，海东市共普查不可移动文物 2707 处，发现新文物 939 处。目前全市共有国家级文物保护单位 16 个、省级文物保护单位 115 个。启动了喇家国家考古遗址公园的建设，各项前期工作已完成，博物馆、展厅等项目已经动工。

海东市的民族民间艺术文化也得到了有效保护和传承，一批非物质文化遗产得到有效保护，通过开发，已经初步打造成为民族、民间文化艺术品牌。目前，全市已经批准国家级非物质文化遗产项目有 19 项，已经批准的省级非物质文化遗产项目 35 项，公布市级文化遗产项目 257 项、县级 647 项，其中土族、撒拉族婚礼、土族“邦邦会”、乐都“九曲黄河灯”“南山射箭、北山赛马”、循化藏族螭鼓舞、河湟“花儿”等都已经成为海东文化的重要项目。

3. 广播电视基础设施建设的投入力度不断加大

十二五期间，海东市广播电视工程全面推进，共计完成“村村通”8.9 万户、“户户通”23 万户，建成国际数字地面站 74 个，广播电视直播“户户通”覆盖率已经达到 100%。完成广播电视无线覆盖工程投资 1.2 亿元，全市无线广播、电视覆盖率达到 95% 和 99%，边远山区群众收听、收看电视难的状况已经得到有效缓解。

10.2.2 群众文化活动不断丰富和活跃

近年来，青海省海东市不断完善的公共文化设施，群众性文化活动不断丰富和活跃。每一年的元旦、春节期间，全市会组织 500 余台社火、秧歌、业余剧团开展近千场的演出活动，参演人员近 2 万人。农历“六月六”期间，全市每年会举办不同形式的“花儿会”达 100 多场，参演人员近 3000 人。互助县东沟乡、丹麻乡、乐都县瞿昙镇补被文化部相继命名为“中国民间艺术之乡”，在庆“三八”“五一”“五四”“八一”“十一”期间，各级组织举办县级文化体育活动 60 次以上，举办多形式的广场文化活动 150 场以上。各乡镇因地制宜地利用农闲时间开展适合农村特点的赛马、射箭、拔河、篮球等活动，极大地丰富了广大农民群众的业余文化生活。乐都国际攀岩赛、互助河湟国际射箭邀请赛、循化文化旅游节、循化国际黄河极限挑战赛等都受到社会各界的广泛关注。

10.2.3 特色文化产业初见规模

2013 年，海东市全市文化产业销售收入达 1.15 亿元，2014 年达 1.45 亿元，文化旅游、文艺演出、工艺美术、图书报刊、音像网络、文化娱乐、出版印刷等各项产业均已步入正轨。目前，经市、县（区）文化部门登记许可的文化经营单位已达 1200 余家，从业人员总计 3680 余人，文化注册资本 1.2 万元。互助县成立了刺绣行业协会，建立了文化产业绣坊培训制作基地，完成了土族刺绣、土族盘绣、土族福娃、土族阿姑等系列品种的旅游商品开发。互助“梦幻谷”文化产业园、循化博艺民族工艺品公司、圣驼民族工艺品有限公司，平安县伊人绣坊有限公司、民和县峡门镇七彩石协会、县陨石宝玉观赏石协会、马场垣乡维明文化珍藏中心、互助纳顿文化旅游开发有限公司、乐都骏马行文化传媒中心、掐丝工艺制作中心、七彩情土族民俗文化产品开发有限公司等一批有规模、有效益的文化企业正在逐步兴起。循化县博艺公司也被评为全国文化产业示范基地。循化、平安、化隆等地的河湟奇石产业迅速发展，现已经形成规模的河湟奇石展销已达 40 余处。

10.2.4 文化旅游产业得到前所未有的发展

1. 文化旅游基础设施投资力度空前

“十二五”期间，海东市完成各类旅游投资 59.6 亿元，开工亿元以上项目 13 个，重点实施了互助彩虹部落民俗园、威远生态园、纳顿庄园、梦幻谷游乐城、古城度假村，化隆黄河绿洲生态园、昆仑玉旅游产品展销基地，民和永录民俗博物馆、喇家国家考古遗址公园，乐都瞿昙寺、凯博大酒店，平安海峰旅游度假酒店，循化波浪滩休闲度假区等旅游项目，旅游投资力度空前。

2. 文化旅游资源建设初见成效

截至 2014 年底，海东市共评定国家 A 级景区 10 家，其中 4A 级景区两家，包括互助土族故土园旅游区和循化撒拉族绿色家园两家。3A 级 8 家：平安夏宗寺森林公园，民和桃花园乡村休闲度假区、七里寺景区、药泉山旅游景区、金三川民俗风情浏览区、本康滩自然风景区、乐都柳湾彩陶旅游景区，化隆夏琼寺景区名列其中。

目前，海东市设立各类旅行社 15 家，评定星级旅游饭店 22 家，其中四星 2 家、三星 10 家、二星 10 家。

3. 文化旅游收入逐年提高

如图 10–1 所示，2010 年以来，青海省海东市年旅游总收入、年接待海内外游客数量、游客人均花费额都持续增长。2010 年至 2014 年 5 年间，接待海内外游客的数量从 420.8 万增加到了 754.8 万，年均增长率达到 16%，累计接待海内外游客的数量达到 2704.8 万人次。旅游年总收入从 5.7 亿元增长到 22.5 亿元，年均增长率达到 58.9%，5 年间实现旅游总收入 66.1 亿元。游客人均花费额也从 135.6 元增加到了 297.6 元。

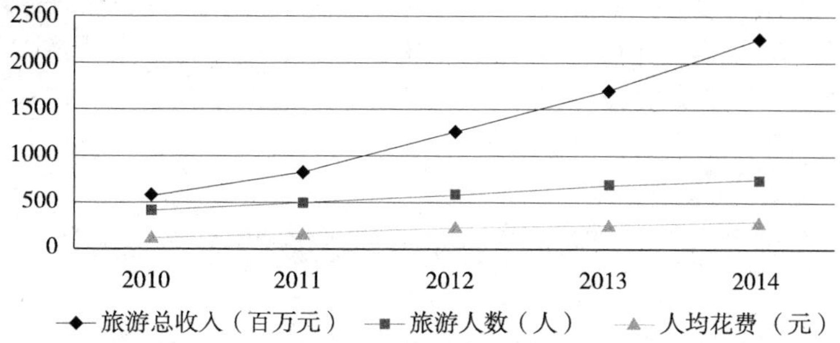

图 10–1　2010–2014 年海东市文化旅游业发展情况图

资料来源：《青海统计年鉴》（2014，2015）。

10.3 存在的问题和不足

10.3.1 文化产业品牌不多，地域特色的文化精品较少

海东市历史文化底蕴深厚，文化资源丰富。但是海东市的文化资源还没有得到充分有效的整理挖掘和开发利用，缺乏叫得响的文化品牌，具有民族地域文化特色的文化生态尚未形成。现有的文化产品多处于粗放型经营，缺乏文化产品的宣传、推广和后续配套经营。大多数文化产品缺乏创意和创新，缺少能够体现海东市地域特色和民族风情的文化精品。

10.3.2 文化产业人才总量不足，文化创意和经营型人才缺乏

受基础条件薄弱、待遇水平偏低等因素的影响，海东市吸引文化产业人才的能力较弱，且现有人才队伍稳定性欠缺，成熟人才更倾向于向西宁地区流动。人才培训和培养的机构和机制欠缺，使得海东市文化产业相关人才自我培养、自给自足也受很大的限制。因此，人员总量偏低、文化人才严重匮乏是制约海东市文化产业发展的桎梏。这种状况，不仅影响了文化消费群体的接受力和参与度，也影响文化产业队伍的竞争力。

10.3.3 文化产业发展基础薄弱，产值不高

近年来，海东市以丰富的文化资源为基础，在文化资源保护、文化市场完

善、文化基础设施建设及文化产业项目引进方面虽然取得了一定的突破，但是由于海东市建市不久，经济发展水平还相对薄弱，文化产业支撑力不足等问题日益凸显。2013 年，海东市全市文化产业销售收入为 1.15 亿元，2014 年为 1.45 亿元，按人均计算，分别为 64.61 元 / 人和 81.46 元 / 人，虽然从相对数来看增速高于 16.4% 的全国平均，达到了 26.1%，但是从绝对数而言，人均消费额低于 671 元[①]的2014年全国平均水平。因此，海东市文化产业发展基础相对薄弱，产值也不高。

10.4 "十二五"期间文化产业发展的主要做法

"十二五"期间，海东市依托丰富民族民间文化资源优势，积极引导社会力量以各种形式参与文化资源的开发、利用和经营，努力打造文化品牌，将文化产业培养成特色文化产业的重要支柱，取得了较好成绩。主要做法如下：

10.4.1 培育发展文化企业，壮大文化产业队伍

海东市已经发展了一批以海东艺馨文化创意园、循化博艺、圣驼、沙舟、岗拉；民和银龙文化旅游发展公司、天井峡文化旅游有限公司、黎石传媒有限公司、化隆新优民族用品公司、互助西海玉雕、互助纳顿、彩虹文化有限公司、乐都南凉日月有限工艺品公司，奇石、铁艺、雕塑等工艺美术产业等一批为代表的文化企业，培育形成了以纳顿、博艺、圣驼等为代表的龙头文化企业，互助县成立了刺绣行业协会，建立了文化产业绣坊培训制作基地，平安县三合绣坊有限公司、民和县峡门镇七彩石协会、县陨石宝玉观赏石协会、马场垣乡维明文化珍藏中心、乐都骏马行文化传媒中心、掐丝工艺制作中心，七彩情土族民俗文化产品开发有限公司等一批有规模、有效益的文化企业正逐步兴起。

10.4.2 挖掘地域民间文化特色，突出产业优势

1. 突出文化优势和特色

海东市循化县围绕建设"黄河上游生态环境优美、地域民族文化特色浓郁的现代商贸和国家级休闲度假名城"的目标定位和"打文化牌、走特色路、谋发展策"的发展思路，在文化产业的发展上，突出古文化、自然景观文化、伊斯兰文化、民间民俗文化、宗教人文文化这五大品牌，主打撒拉族这一民族文化品牌旗舰，依托特色资源和擅长优势，并通过产业开发和链条沿伸，努力建成青海新

---

① 2014 年我国人均文化消费增 16.4% [N] . 人民日报，2015-12-10，第 12 版 .

丝绸之路经济带特色文化建设的重要支撑点和西北独具特色的民族文化发源地。互助县以省级文化产业示范基地为引领，发展了青海彩虹部落文化旅游发展有限公司、互助金盘绣土族文化传播有限公司、互助土族纳顿文化旅游开发有限公司和互助西海玉雕有限责任公司，有效提升了知名度和城市形象，打造了集文化展示、民族歌舞、民族工艺等为一体的土族文化集聚区。平安区重点打造"古驿平安、现代驿站、高原硒都、河湟新城"，打造平安文化产业品牌。做大做强"古驿平安绣""平安福"等著名商标，并组织参展各类文化产业博览会，促进企业走向规模化、产业化发展道路。化隆县结合群科新区建设，做活做足"水文章"，在沿黄河地区规划建设及观光、休闲娱乐等综合性文化产业区，主打"化隆牛肉拉面"清真美食品牌、回族刺绣，民族服饰；深受宗教人士和穆斯林群众的肯定和喜爱。民和县文化产业创意园为支柱，重点打造"世界上最长的狂欢节"的土族纳顿精品，依托喇家国家考古遗址公园，民和县峡门镇丰厚的"七彩石"资源和三川地区民族民俗的特点，建设文化展示体验区。乐都区以南凉民俗文化产业园为龙头，重点打造康泰文化产业示范基地、骏马行文化传媒有限公司、南凉日月民间艺术有限公司等文化产业阵地、大力发展彩陶工艺品、河湟碑林、南山射箭、北山跑马、洪水火把节等非物质文化遗产，文化产业窗口已初步形成。

2. 特色文化产业品牌正在兴起

海东市已经形成了以互助北山、孟达天池、桃花园、七里寺为代表的生态文化、以土族、撒拉族为代表的民俗文化旅游、以喇家遗址、柳湾墓地、瞿昙寺为代表的古文化、以夏琼寺、夏宗寺、佑宁寺、街子清真大寺、班禅故居为代表的宗教文化和以李家峡、公伯峡、积石峡库区为代表额黄河风情文化"五大品牌"，依托这些资源，具有浓郁河湟文化特色的传统射箭运动系列活动、国际抢渡黄河极限挑战赛、环青海湖国际公路自行车赛海东赛段系列活动等已发展成海东河湟文化产业品牌的亮点。

3. 民族民间文化特色鲜明

海东是多民族聚居的地区，是民族民间文化资源的富矿区。民间文学、民族服饰、民间技艺、民族歌舞多姿多彩，风格独特。目前已列入国家级名录的非物质文化遗产的 19 项，列入省级非物质文化遗产的 35 项。土族婚礼、土族"邦邦会"、撒拉族婚礼、乐都"九曲黄河灯"和"南山射箭、北山赛马"、循化藏族螭鼓舞、河湟"花儿"等都是盛开在民族艺术大花园中的奇葩。互助县以三区文化人才队伍为支撑，重新排练了大型歌舞史剧《彩虹部落》，并在北京成功上演，三区人才志愿者歌舞队赴韩国参加"首尔·中国日"文化交流活动和 2015 中国亚洲艺术节，为海东市民族民间传统文化产业的宣传和推介起到积极的作用。

10.5 对策建议和保障措施

10.5.1 进一步加强和完善公共文化服务体系建设

1. 加快文化产业新场馆的建设

紧紧抓住国家支持西部文化产业发展的一系列政策机遇，组织专人尽快完成柳湾彩陶博物馆、平安洪水泉、撒拉族建筑群等国宝文物单位的前期申报工作，逐步建成海东市群众艺术馆、图书馆、博物馆、非物质文化遗产博物馆、体育场、电视台等一批标志性文化设施。

2. 进一步提升现有场馆的服务质量

做好县级剧场、文化馆、图书馆、博物馆、体育场（馆）、广播电视台维修和改造工件，推进县级乡镇灯光球场建设，村级文化活动室、健身活动场、社区文化活动中心建设工作，进一步提升现有文化产业场馆的服务质量，真正发挥市、县、乡、村四级公共文化网络设施的重要作用。

3. 继续推进重点工程建设

继续实施广播电视“村村通”“户户通”、广播电视“进寺院”、农村电影放映 2131 工程。重点实施好喇家国家考古遗址公园、柳湾彩陶、瞿昙寺、海东市传媒大厦、化隆群科文化广场、互助彩虹部落、“梦幻谷”娱乐城等项目实施，保证公共文化覆盖率及群众文化活动参与率的提高。

10.5.2 努力打造地方文化活动品牌

1. 精心打造历史文化品牌

海东市汇集了马家窑文化、齐家文化、卡约文化、辛店文化等各类历史文化遗址，合理开发和利用各个历史时期的重点历史文化遗址，包括柳湾彩陶遗址、喇家遗址、南凉古都、马场垣遗址，展示地方历史文化脉络的同时打造国内外知名的历史文化品牌是文化产业品牌打造中的优势项目。

2. 努力打造群众性活动品牌

认真办好丹麻“六月六”花儿歌手大赛、循化撒拉族文化旅游艺术、民和桃花节、三川纳顿艺术节、平安文化艺术节等重点文化活动，使之成为传承、发展和创新非物质文化遗产的载体。举办好乐都国际攀岩赛、互助河湟国际射箭邀请赛、循化国际黄河极限挑战赛等赛事，借此努力打造和树立群众喜闻乐见又能充分发挥当地文化资源优势和资源特色的群众性文化活动品牌。

3. 逐步打造文化艺术品牌

悠久的历史和多元的价值观，使海东市拥有丰厚的文化艺术创作资源，完全有条件创作一批适合县、乡、村的音乐、舞蹈、戏剧、曲艺、美术、书法等文化艺术作品，以贴近实际、贴近生活、贴近群众的形式弘扬河湟文化，并通过积累逐步打造海东市的文化艺术品牌。

4. 全力打造民俗文化品牌

海东市独有的互助土族和循化撒拉族资源，为打造土族和撒拉族民俗文化品牌提供了得天独厚的资源。可以通过土族、撒拉族民族民俗精品风情园的建造，利用民族刺绣、服饰、节庆、饮食、婚俗等方式打造土族、撒拉族民俗文化品牌。

5. 加快打造文化艺术品品牌

以互助、循化、平安为龙头的民族刺绣、以互助县为龙头的民间烙画艺术品、以乐都区为龙头的彩陶艺术品、以化隆县为龙头的民间剪纸、以平安、循化为龙头的河湟奇石及河湟奇石画等一批具有海东特色、在省内外有影响的艺术品，无不显示海东市各县区艺术品加工的技术优势。借助特色品牌战略实施，变技术优势为品牌优势，打造特色文化艺术品品牌，是海东市打造文化产业品牌的又一选择。

10.5.3 加强人才队伍建设，为繁荣发展提供人才支撑

人才是扶助产业发展的重要保障和前提。海东市文化产业发展中，应该牢固树立人才是第一资源和人才强文的观念，大力开发人力人才资源，在现有人才基础上，引进和培养一批包括文化策划管理营销、文化产业开发经营、文化发展研究、市场营销、编剧、导演、舞蹈编导、作曲、指挥、舞美设计、优秀演员在内的各类人才，以快速提升本市文化产业队伍人才的素质。同时，应该尽快完善人才激励机制，建立起以科学、人性化的以业绩为重点的人才考评机制，对能力和贡献突出者，委以重任、给予重奖，积极营造公平公正的人才培育选拔氛围，稳定人才队伍，为文化产业的进一步发展和繁荣打下坚实的基础。

10.5.4 保障措施

要加快海东市文化产业的发展，必须要有“三措并举”和“六个结合”作为保障。

1. 三措并举

（1）项目规划

项目规划是发展文化企业的重要支撑，通过省厅多举办申报项目规划的培训

班，立足海东市文化资源优势，强势谋划文化产业项目，建立青海省文化产业项目库。

（2）整合资源

整合文化系统不动产资源，打造标志性文化设施；整合文化系统乃至全市文化艺术人力资源，打造参与高端演艺、会展服务、创意服务、节庆服务的艺术家队伍，并给予政策和资金上的支持。

（3）人才兴文

既要注重优秀人才的引进，更要重视现有人才作用的发挥和本土人才的培养，依靠制度创新调动各类人才的工作热情，努力创造外出学习和交流的机会，拓宽文化产业企业管理人员的思路，营造出人、出戏、出效益的人才环境，逐步形成培养、管理、使用、引进人才的良性循环机制。

2. 六个结合

利用“互联网 +”的战略机遇，依托海东市丰富的民族地域特色资源，建议省上建立支持创意文化产业发展的优惠政策，以此不断完善相关文化要素市场在内的文化产业发展市场体系。做好六个结合：一是文化产业与惠民政策相结合；二是文化产业与年度目标考核相结合；三是文化产业与税收减免政策相结合；四是文化产业与政府购买服务相结合；五是文化产业与精准扶贫相结合；六是文化产业与重点项目扶持资金相结合，把海东市的文化事业和文化产业推向前进。

10.6 重点项目

10.6.1 互助彩虹部落温泉养生度假区

海东市互助彩虹部落温泉养生度假区总投资额 5 亿元，占地 100 亩，将建成集住宿、餐饮、健身、商务于一体的会所、医疗保健等项目，项目期间为 2016～2020 年。

10.6.2 乐都文化一条街建设项目

乐都文化一条街建设项目是海东市乐都区重点文化建设项目，总投资额为 3.37 亿元，最终建设为将南凉文化和小吃融为一体的特色文化一条街，总建筑面积 40000 平方米，项目建设期间为 2016～2020 年。

10.6.3 鄯州古城民俗文化生态园建设项目

鄯州古城民俗文化生态园建设项目是海东市乐都区重点文化建设项目，总投资额为 2 亿元，总建筑面积为 159840 平方米。最终将建成以秦汉建筑风格、传承和发扬地方本土特色民俗文化为主线的集商业、文化、娱乐、休闲等元素的民俗文化园，项目实施期间为 2016～2020 年。

10.6.4 药草台文化康体养生度假区建设项目

药草台文化康体养生度假区建设项目总投资额为 9 亿元，是海东市乐都区的重点文化项目，项目最终建成药草台文化康体养生度假区，该度假区以高山拓展、高山攀岩、滑雪场、滑草场、滨水休闲步道等休闲娱乐活动作为项目主体，将打造海东市最大的综合度假区。项目实施期间为 2016～2020 年。

10.6.5 映山红文化旅游生态园建设项目

映山红文化旅游生态园建设项目是海东市乐都区重点文化建设项目，总投资额为 1.8 亿元，项目拟打造集樱桃采摘、文化演艺、旅游产品研发、地方民俗活动、花儿演唱、棋牌娱乐、餐饮、农家宾馆为一体的综合生态园，占地面积 200000 平方米。项目建设期为 2016～2020 年。

10.6.6 民和《梦幻三川》山水实景表演项目

民和《梦幻三川》山水实景表演文化项目是海东市民和县的重大文化产业项目，总投资额 2 亿元，以三川土族的民俗风情为素材，在寺沟峡库区水面打造大型山水实景表演项目，并集剧本创作、舞美设计、灯光特效及服装、道具、音乐、编排等于一体，拟打造海东市较为有影响力的山水实景表演项目。项目建设期为 2016～2020 年。

10.6.7 民和文化产业创意园项目

民和文化产业创意园是海东市民和县的重大文化产业项目，总投资额 3 亿元，占地 15 亩，其中建筑面积 7000 平方米，绿化等 3000 平方米。项目内设刺绣展览室、三川民俗文化馆、研发区、生产区、展销区、办公区等，项目以研发生产刺绣产品为核心业务，配套研发、生产、展示展销等数字信息化设施设备，建立电子商务平台。项目实施期间为 2016～2020 年。

本章参考文献

[1] 李永新 . 文化崛起 [M] . 西宁：青海人民出版社，2013-09.
[2] 陶成君 . 海东市文化产业销售收入达 1.45 亿元 [N] . 海东时报，2015-03-11.
[3]“十三五”海东市文化旅游规划 .

[4] 青海省文化和新闻出版厅 . 关于进一步促进文化产业发展若干政策的意见（征求意见稿）［R］. 青海省文化和新闻出版厅内部资料，2016-01.

[5] 李思屈等 . 中国文化产业政策研究［M］. 杭州：浙江大学出版社，2012 年总序第 1 页 .

[6] 陈红玉 . 中国文化产业创新政策研究［M］. 北京：北京理工大学出版社，2012 年序第 1 页 .

[7] 王琼瑶 . 青海：一个正在崛起的文化产业高地［N］. 青海日报，2011-08-19，第 011 版 .

[8] 青海省人民政府 .2016 年青海省人民政府工作报告［R］. 内部资料，2016 年 .

（本章撰稿人：李燕、李毅）

第 11 章　海南州文化产业发展研究

海南藏族自治州地处我国最大的咸水湖“青海湖”的南岸，三江源北部，是青藏高原的东门户，素有“海藏通衢”之称。中华母亲河黄河流经境内五县，总长 411 公里。214 国道、109 国道和省道西久公路贯穿境内，历史上“羌中道”“丝绸之路”“唐蕃古道”都曾越境而过。州府恰卜恰镇距西宁仅 138 公里，地处“西宁一小时经济圈”。海南藏族自治州辖共和、贵德、同德、兴海和贵南 5 县、36 个乡（镇）、422 个行政村。全州平均海拔 3200 米。全州总面积 4.45 万平方公里，总人口 45.9 万，有藏、汉、回、土、蒙等 28 个民族，其中藏族占总人口的 65%。海南州是全国唯一的生态畜牧业国家可持续发展实验区，是联合国教科文组织确定的“全球无公害超净区”内最为重要的畜产品生产基地之一，也是青海省草原畜牧业第一大州。[①] 海南州历史悠久、文化灿烂、民风淳朴，群山起伏、河流绵延、草原广袤，独特的历史遗址遗迹文化资源、多彩的民族文化资源和壮美的自然胜景交相辉映，为海南州文化产业的发展提供了良好的基础。海南州境内不但文化资源十分丰富而且又是通往西藏和长江、黄河、澜沧江源头被称之为“中华水塔”三江源地区的必经之地，在青海省具有发展文化产业得天独厚、无与伦比的地缘优势。

11.1 文化资源状况

海南藏族自治州是“唐蕃古道”上的重要驿站，是安多藏族文化的核心区域。发展文化产业有着独特的资源优势。一是历史文化优势。目前，境内已发现宗日文化、齐家文化、马家窑文化、卡约文化、辛店文化、共和县铁卜加古城（伏矣城）等多处历史文化遗址，出土了贝叶经、铜镜和西北地区最大的大象化石等珍贵文物。二是生态文化优势。如孕育了中华文明的黄河贯穿全境，有被列为国际重要湿地资源和国家级风景名胜区的高原明珠青海湖，是“唐蕃古道”的必经之地，也是文成公主进藏的传说地。三是民族民间文化优势。如民间美术

---

① 新华网青海频道 . 与环湖赛的不解之缘——专访海南州副州长叶万彬［EB/OL］.http：//news.xinhuanet.com local/2015-07/09/c_1115874525.htm，2015-07-09.

贵南县藏绣，传统手工技艺同德县塔贤石雕、贵南县塔秀彩粉坛城等，共和县恰卜恰地区女装、贵德县罗汉堂地区女装等藏族服饰文化等。四是宗教文化优势。有著名的格鲁派寺院——兴海县赛宗寺、拉加寺、珍珠寺、新寺、石藏寺，白玛寺、文昌寺、德吉塘、恰卜恰东山佛教文化展览馆等一批藏传佛教圣地，不同的寺院有不同的法舞。

1. 海南州风景名胜文化资源

海南州具有丰富的风景名胜区文化资源（见表 11–1）。这些资源涵盖峡谷、丹霞地貌、温泉、草原、古城、乡村等多种类型，有的以自然胜景取胜，有的以人文底蕴丰厚，有的以自然与人文紧密结合彰显特色。

表 11–1 海南州主要风景名胜区一览表

序号	名称	地址
1	龙羊峡旅游景区	共和县
2	龙羊土林国家地质公园	共和县
3	黄河奇石苑	贵德县
4	阿什贡七彩峰丛（贵德国家地质公园）	贵德县
5	温泉热水景区	兴海县
6	直亥旅游景区	贵南县
7	北山湾温泉度假村	共和县
8	德吉滩	共和县
9	夏拉草原	共和县
10	扎仓温泉	贵德县
11	黄海生态文化旅游景区	贵德县
12	河滨公园	贵德县
13	江西沟乡莫热新村	共和县
14	贵德古城	贵德县

资料来源：根据《青海导游讲解词》(2015）以及官方公布资料整理得出。

2. 海南州重要历史遗址遗迹文化资源

海南州还具有非常丰富的历史遗址遗迹文化资源（见表 11–2）。海南州具有省级以上（包括国家级）的历史文物遗址遗迹约 75 项，国家重点文物保护单位 7 项。

表 11-2　海南州主要物质文化遗产

序号	名称	类别	地区	年代
1	贵德文庙及玉皇阁	古建筑	贵德县河阴镇	明、清
2	曲沟古城	古遗址	共和县曲沟乡	待定
3	托勒台遗址	古遗址	共和县曲沟乡合洛寺村	旧石器时代
4	下排园艺场遗址	古遗址	贵德县河西乡下排村	马家窑类型
5	羊曲十八档遗址	古遗址	兴海县河卡乡羊曲村	马家窑类型
6	兔儿滩东遗址	古遗址	同德县巴沟乡团结村	马家窑类型、半山类型
7	尕义香更遗址	古遗址	贵德县罗汉堂乡乜那村	马家窑类型、卡约文化
8	狼舌头遗址	古遗址	兴海县曲什安乡西滩村	马家窑类型、卡约文化
9	南坎沿遗址	古遗址	兴海县河卡乡羊曲村	马家窑类型、卡约文化
10	堂尔亥来遗址	古遗址	贵德县河西乡五路口村	马家窑类型、卡约文化
11	古格滩南坎遗址	古遗址	贵南县茫拉乡那然村	卡约文化
12	龙哇切吾遗址	古遗址	共和县恰卜恰镇吉东村	卡约文化
13	马汉台西坎沿遗址	古遗址	共和县铁盖乡农业点	卡约文化
14	南海殿遗址	古遗址	贵德县河阴镇西家咀村	卡约文化
15	群科加拉古城西遗址	古遗址	共和县倒淌河乡甲乙村	卡约文化
16	寺台地遗址	古遗址	贵德县河西乡吾路口村	卡约文化
17	塔格尕当遗址	古遗址	贵德县茫拉乡格达麻村	卡约文化
18	唐加里遗址	古遗址	贵德县罗汉堂乡乜那村	卡约文化
19	西台遗址	古遗址	共和县恰卜恰镇西台村	卡约文化
20	崖头沿遗址	古遗址	贵德县河东乡罗家村	卡约文化
21	朱乃亥台遗址	古遗址	共和县沙珠玉乡港岗力卡村	卡约文化
22	冬次多古城	古遗址	贵南县塔秀乡只哈村	唐
23	藏盖谷古城	古遗址	贵德县新街乡藏盖村	元
24	白城子（又称察汉城）	古遗址	共和县倒淌河乡黄科村	清
25	切吉古城	古遗址	兴海县河卡乡红旗村	待定
26	正东巴古城	古遗址	共和县东巴乡东巴村	待定
27	支东加拉古城	古遗址	兴海县河卡乡宁曲村	待定
28	黑古城	古遗址	共和县倒淌河乡蒙古村	卡约文化
29	龙曲古城	古遗址	兴海县唐乃亥乡沙那村	唐
30	夏塘古城	古遗址	兴海县桑当乡夏塘村	唐
31	应龙城	古遗址	共和县青海湖海心山	唐
32	伏俟城	古遗址	共和县石乃亥乡	吐谷浑
33	尕让古城	古遗址	贵德县尕让乡查曲昂村	明

续表

序号	名称	类别	地区	年代
34	瓦家古城	古遗址	贵德县河西乡瓦家村	明
35	斗后宗古城	古遗址	同德县巴水乡	清
36	克才城址	古遗址	共和县曲沟乡克才村	唐（始建）
37	拉乙亥遗址	古遗址	贵南县拉乙亥乡	中石器时代
38	关塘村墓地	古墓葬	贵南县沙沟乡关塘村	齐家文化
39	尕什在来墓地	古墓葬	贵德县东沟乡上兰角村	卡约文化
40	羌隆沟墓地	古墓葬	兴海县温泉乡南木塘村	卡约文化
41	香让北坎沿墓地	古墓葬	兴海县河卡乡羊曲村	卡约文化
42	下台西墓地	古墓葬	共和县恰卜恰镇下台西村	卡约文化
43	哇龙山墓地	古墓葬	贵德县河阴镇邓家村	卡约文化
44	干果羊下庄墓地	古墓葬	贵德县常农乡干果羊上庄村	卡约文化、汉、唐
45	上卡庙沟墓地	古墓葬	贵德县新街乡上卡力岗村	唐
46	赛拉亥寺	古建筑	同德县谷芒乡赛拉亥村	明
47	石藏寺	古建筑	同德县河北乡格什克村	明
48	关帝庙	古建筑	贵德县尕让乡亦什扎村	清
49	尕让白玛寺	古建筑	贵德县尕让乡大磨村	清
50	尕让寺	古建筑	贵德县尕让乡阿言麦村	清
51	罗汉堂寺	古建筑	贵德县罗汉堂乡罗汉堂村	清
52	珍珠寺	古建筑	贵德县河东乡保宁村	明
53	乜那寺	古建筑	贵德县河阴镇城东区	清
54	文昌庙	古建筑	贵德县河西乡下排村	清
55	新寺（全称“恰卜恰新寺吉祥大乘洲”）	古建筑	共和县东巴乡下梅村	清
56	王屯龙王庙	古建筑	贵德县河东乡王屯村	明
57	千卜录寺	古建筑	共和县廿地乡曲什纳村	清
58	鲁仓寺	古建筑	贵南县县城	清
59	也龙寺	古建筑	兴海县河卡镇	清
60	赛宗寺	近现代重要史迹及代表性建筑	兴海县桑当乡	民国
61	佐那寺	近现代重要史迹及代表性建筑	贵德县罗汉堂乡昨那村	民国
62	河阴清真寺	近现代重要史迹及代表性建筑	贵德县河阴镇	民国

续表

序号	名称	类别	地区	年代
63	太平村文昌庙	近现代重要史迹及代表性建筑	贵德县河东乡太平村	民国
64	德欠寺	近现代重要史迹及代表性建筑	贵德县拉西瓦镇豆后浪村	民国
65	舞蹈纹彩陶盆二人抬物盆	彩陶精品	同德宗日遗址	宗日文化
66	宗日遗址	古遗址	同德县团结村	宗日文化
67	唐蕃古道	古道	共和县恰卜恰	唐代
68	大非川	古战场	兴海县大河坝上游水塔拉地区	唐代

资料来源：根据王昱著作《青海历史文化与旅游开发》(2008)以及官方公布资料整理得出。

综上，海南州重要历史遗址遗迹有古遗址、精品文物、古建筑、古道、古战场、古城址、藏传佛教寺院等，这些文化资源从不同角度反映了海南州不同历史时期社会经济情况、社会风土民情、各民族人民生产生活方式以及人们改造和利用自然的历史记忆和实践的写照，是独具特色的宝贵财富，更是为海南州文化产业提供了重要的素材。海南州物质文化资源呈现类型多样，资源储备丰富，精品较少的特点。如何将文化资源优势转化为产业优势，是关键所在。

3. 海南州非物质文化资源类型及内涵

（1）海南州非物质文化资源异常丰富，归纳起来，主要包括以下 7 个类型。

——民间文学：藏文贵德本的《格萨尔》。

——民间音乐：拉伊、藏族扎木聂弹唱、青海藏族唱经调音乐（佛教音乐）。

——传统舞蹈：尚尤则柔、海南宗教法舞鹿舞。

——民间美术：藏绣。

——传统民族体育：赛马、传统射箭。

——传统手工技艺：贵南县塔秀彩粉坛城、同德塔贤石雕工艺。

——民俗：

居住民俗：藏族碉房、牛毛帐房

饮食民俗：藏族酥油、糌粑与手抓羊肉

服饰民俗：海南藏族服饰。

岁时节日民俗：贵德六月拉伊会

传统礼仪民俗：海南地区藏族少女成人礼（戴天头）[①]、藏族天葬习俗。

① 青海湖网 . 海南地区藏族少女成人礼［EB/OL］.http：//www.amdotibet.com/html/whhc/index_2.html.

民间信仰民俗：青海湖祭海。

海南州具有丰富多彩的非物质文化资源，主要包括民间文学、民间音乐、传统舞蹈、民间美术、传统民族体育、传统手工技艺、民俗等 7 大类，其中比重较大的是民间音乐。

（2）海南州省级以上非物质文化遗产类型及分布特征

海南州省级以上非物质文化遗产数为 7 项，类型为民间音乐、民间舞蹈、民间美术、传统手工技艺等 4 个类型。从空间分布上来看，海南州 3 项，兴海 1 项，贵德 1 项，贵南 2 项。贵南县重要非物质文化遗产为民间美术、传统手工技艺，其余地区为民间音乐和民间舞蹈。从民族分布上来看，以藏族文化为主体（见表 11-3）。

表 11-3　海南州省级以上非物质文化遗产名录

序号	地区	名称	项目编号	类型
1	海南州	藏族拉伊	Ⅱ—7	民间音乐
2	海南州	藏族扎木聂弹唱	Ⅱ—5	民间音乐
3	贵德县	尚尤则柔	Ⅱ—6	民间舞蹈
4	兴海县	青海藏族唱经调音乐	Ⅱ—4	民间音乐
5	海南州	海南宗教法舞鹿舞	Ⅲ—6	民间舞蹈
6	贵南县	贵南藏绣	Ⅶ—3	民间美术
7	贵南县	青海塔秀寺彩粉坛城	Ⅷ—6	传统手工技艺

资料来源：根据王昱著作《青海历史文化与旅游开发》（2008）以及官方公布资料整理得出。

总体上，海南州非物质文化资源内涵丰富，涉及类型较多，民族文化成分单一（藏文化为主体），缺乏品牌。今后在开发的过程中，首先应打造品牌，树立民族文化特色，开拓文化消费市场。

11.2 文化产业发展现状

11.2.1 文化产业基本状况

目前，海南藏族自治州文化产业发展处于初级培育发展阶段，文化产业结构以传统文化产业和民族特色文化产业为主，新兴文化产业和现代文化产业产值很少。海南藏族自治州的文化产业具有浓厚的民族性，其中民族文化旅游产业扮演重要角色。

从海南藏族自治州文化产业的总体情况来看，海南州以“天下黄河贵德清”为主体，努力打造黄河旅游文化品牌；在贵南以文化艺术传播中心、民间歌舞团为基础，打造高原牧区文化创收品牌，并扶持民间刺绣工艺；在同德以民间曲艺创作及弹唱为基础，着力发展文化大院；在兴海深入挖掘民间传统文化，打造民间艺人说唱及民间文化品牌。贵南县石乃亥农牧民艺术团先后在全国 20 多个省、自治区和直辖市演出 6 万余场，观众达 500 多万人。贵德县提出了借助旅游业，发展餐饮、娱乐、住宿为一体的“农家院文化”，不仅为游客提供了休闲、娱乐、读报的场所，而且带动了旅游业的发展。

截至2015年末，海南州有州级文化体育行政单位1家，下辖州民族歌舞团、州群艺馆、州博物馆、州图书馆、州业余体校 5 家事业单位，县级文化体育行政部门下辖文化馆、图书馆、电影院、文管所、文化执法检查大队等业务单位。全州有文化产业经营户 396 家，比“十一五”增加 192 家，累计实现销售额 3.38 亿元，带动城乡剩余劳动力就业 1.63 万人次。

1. 文化基础设施建设

截至 2015 年 7 月，海南州已建成乡镇综合文化站（点）36 座，农牧家书屋 422 家，覆盖率达到 100%。已建成村级文化活动室 109 处，大型文化活动广场 8 处，图书馆 6 所，数字化图书网络平台 1 处。目前海南州民族体育场，州博物馆、州群艺馆、州图书馆，群众文化体育活动中心已投入使用，贵德、贵南、同德、兴海四县民族体育场馆项目建设进展顺利，农（牧）家书屋、寺院书屋和农牧区电影“2131”工程实现了行政村全覆盖，藏传佛教寺院基本上配发了体育健身器材。①

2. 文化产业政策措施

为挖掘文化资源，加快推进文化产业发展，海南州推出了一系列加快发展文化事业和文化产业的新举措，出台了《关于进一步促进新时期文化事业发展的决定》。并从支持投资主体多元化、放宽准入条件、三年内免收小型微型文化企业登记注册费等多个方面加大对文化产业的政策支持力度，大力扶持私营企业、个体工商户、农民专业合作社等各类市场主体和社会资源向文化产业流动聚集，指导文化企业通过动产抵押物登记，融资 610 万元，为民族工艺品制造企业办理股权出质登记，共争取到专项贷款 200 万元。2011 年以来，海南州州县两级财政均设立了文化产业发展专项资金，到 2015 年，州级财政设立文化产业专项资金累计达 5963 万元。

① 新华网青海频道.与环湖赛的不解之缘——专访海南州副州长叶万彬［EB/OL］2015-07-09.http：//news.xinhuanet.com/local/2015-07/09/c_1115874525.htm.

3. 文化产业园区（基地）建设

——海南州现已建成共和县藏文化产业创意园、布绣嘎玛藏绣艺博园、贵南藏绣产业园区、贵德县藏文化创意园、贵德文旅商贸产业园五大产业园区，总投资达 5.47 亿元，有力促进了海南文化产业的整合升级。

——依托“丝绸之路”经济带和藏羌彝文化产业走廊辐射区，共和县藏文化产业创意园、贵德黄河生态文化旅游基地、布绣嘎玛贵德藏艺园 3 家文化企业已纳入藏羌彝文化产业走廊青海片区项目库。

——目前，海南州有国家级文化产业示范基地 2 家，分别是：贵南县石乃亥民间艺术团和青海省天地人缘文化旅游公司；省级文化产业示范基地 6 家，分别是：共和县藏文化产业创意园、海南州五彩藏绣艺术有限公司、海南州布绣嘎玛民族工艺有限公司、海南州爱博文化开发有限公司、同德塔贤工艺美术公司、贵南县东格尔藏绣科技有限责任公司。

——2014 年，海南州、贵南县分别被中国工艺美术协会命名为“中国藏绣艺术之乡”“中国藏绣生产基地”。

4. 文化遗产保护

——2015 年海南州共有国家级文物保护单位 7 处、省级文物保护单位 75 处，先后出土各类文物 3 万余件，其中国家一级文物 9 件，国家二级文物 12 件，国家三级文物 26 件。

——2015 年全州共有非物质文化遗产项目国家级 6 项、省级 7 项、州级 59 项，传承人国家级 1 名、省级 6 名、州级 17 名。评审公布州级民间工艺大师 6 人，一级民间工艺师 15 人，二级民间工艺师 17 人。

5. 文化节庆会展

——群众性节庆文化：新编“海南锅庄”已走进千家万户享誉全国藏区和各大城市，共和县藏族情歌大赛、同德县宗日文化艺术节、贵南县藏绣民族文化艺术节、兴海县冬虫夏草文化节和贵德县六月会等群众性文化活动如火如荼。

——品牌节庆文化：环青海湖国际公路自行车赛、黄河文化旅游节、水与生命主题音乐会、冬季抢渡黄河极限挑战精英赛、“相约贵德—行走母亲河”徒步行等一系列品牌文化节庆活动，扩大了海南州的对外影响力，为树立海南州精品文化产业品牌奠定了良好基础。

11.2.2 文化产业发展现状及特点

1. 依托区域特色文化资源，文化产业得到了差异化发展

海南州拥有以藏族为主体的独特民族文化资源，具有区域特色的文化资源，

如贵德县以清清黄河为代表的黄河生态文化和青海湖南岸的环湖生态文化是发展文化旅游业的优势资源；藏族服饰、贵南藏绣、贵南县塔秀彩粉坛城、同德石雕工艺等都达到了较高水平，是发展工艺美术业的经典素材；独特的民风民俗、厚重的文物古迹遗址、神奇的宗教文化、壮美的自然景观交相辉映，文化资源具有多样性、代表性、地域性等特点，海南州文化产业以这些优质的文化资源为依托，开始逐步发展起来。

2. 物质文化资源的开发深度有所提高

物质文化资源的开发深度有所提高，主要体现在州文化旅游业的快速发展。历史文化景点增多，文化旅游的范围明显得到拓宽。在考古方面增加了兔儿滩遗址、伏俟城、石头城；在古迹方面，有唐蕃古道沿途旅游等；古建筑方面有贵德县按照“修旧如旧”的原则，加大对古建筑、民间宅院、历史遗迹的保护，进行了文昌宫保护修缮工程；在宗教文化方面，藏传佛教文化为主要内容的赛力亥寺、新寺、赛宗寺等；这些景点基本涉及到海南州物质文化资源的各个方面。

3. 非物质文化资源的开发出现了亮点

——发展民间民俗文化，丰富了传统文化内涵。

尚尤则柔、藏族拉伊、藏族扎木聂弹唱、青海藏族唱经调音乐等被列入国家级非物质文化遗产名录。贵德县建立了 1000 万元文化发展基金，加大对“六月会”、皮影戏、社火、灯会、民歌、曲艺等传统文化活动的投入力度，大力保护、传承和发扬优秀民间民俗文化。

——传统的民间艺术形式被赋予现代健康的文化内容，推出了体现海南州文化特色的系列文化产品。

贵德县打造“德文化”品牌，使“德”文化成为日常行为。实施“德政、德育、德行”三大工程，挖掘和整理“德”文化资源，以丰富群众文化、突出城乡特色文化建设为重点，面向社会广泛征集德言警句，用书法、雕刻等形式展示贵德深厚的“德”文化底蕴，修建“德”文化主题墙、主题雕塑、文化碑林及“德”文化元素符号市政设施等展示工程，以彰显贵德“德”文化品味和形象，并将“德”字、“德”言、“德”图、“德”品、“德”行等植入到群众生活的各个环节。同时创作“德”文化文学、影视动漫作品。营造浓厚的“德”文化氛围。①

——以新老节庆活动提升文化品牌。

有以某个地方传统的民俗事项为内容的，如贵德地处黄河谷地，气候温暖湿润，适合梨树生长，因此当地以观赏梨花的风俗为主要内容，举办梨花节（后易

① 青海湖网 . 青海省贵德县加大文化发展力度提升旅游品牌［EB/OL］.http：//www.amdotibet.com/html/whhc/index_2.html.

名为黄河艺术节）；有以民风民俗为主要内容的，如贵德六月会；有以重大文体活动为主要内容的，如国际水与生命主题音乐会、高原世界杯攀岩赛、环青海湖国际公路自行车赛、中国青海共和高原汽车摩托越野拉力赛、“金河杯”民族传统射箭赛等。这些新老节庆活动从不同侧面、不同层次向外界充分宣传展示海南州绚丽多彩的文化资源，催生了一批新的文化艺术成果，已成为宣传海南州、展示海南州各族人民精神面貌、开发利用海南州经济、文化、旅游等特色资源的一个重要平台。

4. 积极发展文化演艺业

海南州鼓励和支持民间艺术表演团体的发展，打造体现海南州民族地域特色的艺术精品。省内最早成立的农牧区民族歌舞演出队伍——贵南县石乃亥民间艺术团，1997 年，由时为当地优秀基层文化干部索南卓玛策划组建而成，当时是一支仅有 23 人的藏族歌舞表演队。经过多年努力，现已发展成为深受农牧民喜爱的民间艺术团，并先后在全国 20 多个省、自治区和直辖市演出 6 万余场，观众达 500 多万人。石乃亥民间艺术团在传承弘扬了优秀民族传统文化、丰富人们精神文化生活的同时，先后吸纳大批下岗失业人员、困难家庭成员、大中专技校毕业生及农牧区青年，积极致力于当地的公共文化服务建设。该团对外培养输送演员、导游和服务人员 1000 多人，每年为农牧民创收 280 多万元。目前已有 485 人分别在北京、上海、西藏、山东等地从事文化打工，还组织刺绣能手，制作了不同题材、图案精美、具有很高观赏、收藏和实用价值的“五牛图”“八骏图”“雄鹰展翅”等刺绣作品，销售的各类刺绣作品收入达 14.2 万元。2005 年，被中宣部、文化部评为“服务农民、服务基层”的全国先进民营文艺表演团体，2008 年被命名为“第三批国家文化产业示范基地”。

5. 以工艺美术为龙头，扶持壮大文化产业

海南州注重挖掘、开发藏绣这一民间传统艺术，组建了藏绣协会，成立了藏绣产业开发中心，投入大量资金，购置藏绣图案设计、装裱等设备，并先后组织农牧民妇女群众、下岗职工等举办藏绣培训班。经过 20 多年的发展，贵南藏绣现已成为一项朝阳产业异军突起。贵南县的藏绣作品《和谐四瑞》《安多服饰》等优秀产品远销美国、英国、法国、日本、肯尼亚、香港等国家和地区，累计出口创汇达 32.8 万美元，填补了海南州民族传统手工艺品出口和藏绣产品出口两大空白，为海南州民族手工艺产品在国际市场上赢得了一席之地。

贵德县设立了 500 万元工业发展扶持基金，计划通过项目补贴、贷款贴息、融资担保等方式，加大对芦花枕芯、黄河奇石、唐卡、藏绣、布贴画、藏蜜、果酒等地方特色文化产品开发项目的支持力度，通过规模化生产，精细化包装，产业化经营，延长文化产业链条。

6. 政府培育扶持文化企业的力度加大

海南州政府积极培育和扶持微小企业发展，通过简化创办手续、降低准入门槛等措施，鼓励非物质文化遗产传承人、民间工艺大师等文化能人创业，引导海南藏绣等手工类文化企业走“公司 + 农户”“协会 + 农户”“基地 + 农户”经营模式，进一步增强了全州文化产业内在活力。同时，为青海天地人缘文化旅游公司、海南州布绣嘎玛民族工艺品公司、海南州东智藏文化艺术开发有限公司等 10 家企业争取落实产业扶持资金 1025 万元。

7. 传统文化产业保持活跃态势，新兴业态初显风采

海南州传统的文化旅游业、文化演艺业等行业保持快速增长势头，新兴的数字文化产业处于起步阶段，但呈现了强劲的扩张态势。

2013 年，海南藏族自治州启动“云藏”藏文搜索引擎建设工作，此举标志着青海省开发出全球首个藏文搜索引擎，将为青海省藏区信息化建设、提高藏语文使用普及率、加快青海省乃至全国藏区经济社会转型发展产生重大意义。经过专业研发团队两年多的努力，目前，“云藏”藏文搜索引擎已攻克基本构架与核心技术。

“云藏”藏文搜索引擎系统平台建设项目是集搜索引擎、藏文百科、自动问答为一体的大型藏文门户系统工程，将开辟新闻、网页、图片、视频、音频、百科、文库、知道 8 个板块，已建成的 7 个板块，包含近 3000 个子栏目。截至 2015 年，已完成以新闻、网页、图片、视频、文库和知道为主体的藏文搜索引擎基础开发。“云藏”数据库完善后，将成为全球最大的藏文电子图书馆。云藏”数据库全面建成后，不仅能满足藏文网民个性化的检索需求，还将推动藏文信息全方位融入互联网世界。[①]

11.3 文化产业发展存在的突出问题和主要困难

11.3.1 对发展文化产业的重要性认识不到位

海南州各地对发展文化产业的重要性和紧迫性普遍认识不足，组织程度也不高。全州上下尚未形成大力发展和加快发展文化产业的社会氛围，还没有从战略高度制定扶持州文化产业发展的政策，没有意识到文化产业与多产业融合之间能够产生巨大经济效益。

---

① 青海湖网 . 青海“云藏”：开发全球首个藏文搜索引擎 .http：//www.amdotibet.com/html/2015-09/16669.html.

11.3.2 扶持资金投入不足

特别是文化产业经营单位争取政策性扶持资金困难较大，融资难问题较为突出。具体表现为：鼓励社会资本投资文化产业的政策落实难，投融资政策不完善，金融机构在支持文化产业融资、贷款方面缺乏信用担保等方面存在的一系列问题，使金融服务难以满足现有文化企业发展的需要。文化企业开发新技术、新产品、新工艺的资金扶持政策缺乏，一些战略性新兴文化业态和主导产业发展缓慢，新技术孵化周期长。

11.3.3 文化产业结构单一

海南州主要依靠民族文化旅游产业及本土市场的文化休闲娱乐服务、出版印刷业（传统文化产业为主），移动多媒体、网络、电子书、手机报和网络出版物等新兴业态的发展滞后。

11.3.4 人才支撑十分薄弱

人才既是文化产业最核心的生产要素，也是夺取文化产业发展制高点的决胜因素。海南州文化产业的领军人物、专业人才严重不足，尤其是熟悉本土文化、懂管理、善经营的具有创新意识的综合型人才十分紧缺。2010 年，海南州文化产业从业人员有 3500 人，其中，大专以上文化程度的仅有 13 人。

同时，相关特色专业人才培训渠道少，导致众多行业在内容生产、经营管理等环节市场化水平较低，资源优势难以转化为经济优势。目前海南州同德塔贤石雕、贵南藏绣、贵南塔秀粉彩坛城等富有特色艺术品牌的现有传承艺人，大多是师傅带徒弟带出来的，所熟悉的仅是传统技艺，自身不但缺乏创新技能，而且缺乏经营意识，使资源优势变不成经济优势。特色文化专门人才培训渠道少，大中专及职业院校尚没有这方面专业设置，传统的培养方式难以满足发展的需要。缺乏对管理、创意和经营人才的引进和培养。

11.3.5 投资环境亟待改善

由于对文化单位的性质和功能缺乏科学的界定，海南州文化事业单位的改革也才刚刚起步，因此，海南州各级政府应当分层次、分类别实施有针对性的扶持文化改革发展的政策。在当前的文化体制改革过程中，文化单位的资产和土地处置、财政税收、金融等保障性措施还不配套，政策执行难、落实难的问题还很突出。尤其是在规划引导、政策支持、资金帮扶等方面明显不足，融资渠道单一狭窄，服务平台建设滞后。

11.3.6 市场主体亟待培育

海南州文化产业虽然有一定的发展，但文化产业链条的拓展和延伸不够，产业主体“小、弱、散”的特点依然十分突出。海南州文化产业市场主体呈现总量少、规模小、集约化程度低等问题。文化产业市场主体以个体经营户、小微企业为主，规模普遍较小、市场竞争力弱，缺乏有竞争力和带动力的文化集团公司和龙头企业。文化企业创新能力不足，缺少原创性文化产品和特色服务，市场推广与品牌培育意识和能力有待提升。文化产业不同程度地存在销售渠道狭窄、产销关系不稳、产品（服务）特色不明显等问题，仍处于初级培育发展阶段。

11.3.7 文化资源的整合与开发利用亟待深化

海南州主要充分利用本地区丰富多彩的民族文化资源来发展文化产业，文化产业的形态特点为资源型文化产业，这一文化产业形态主要是加速对文化资源的整合与开发利用，构成以文化资源为主的文化产业结构和产业链。海南州民族民间、历史、宗教等文化资源处于初级开发阶段，产业发展水平与资源禀赋不相符。黄河生态文化、藏文化、吐谷浑文化等特色文化资源挖掘、体系梳理工作有待进一步加强；创意设计产业化程度低，部分文化产品处于闲置、浅表性开发状态，文化资源的产品化、故事化创意能力不足，亟需进一步增加文化资源包装的创新性。

11.4 总体思路与对策建议

11.4.1 总体思路

海南州地域辽阔，历史悠久，文化灿烂，山河壮丽，既是青海省文化资源富集而有特色的地区之一，又是安多藏族文化的核心区域，发展文化产业是海南州经济增长和转变发展方式的内在要求。

国家“生态文明建设”战略和“一带一路”战略给海南州带来了新机遇。海南州是丝绸之路“青海道”北线和南线的主要经过地区。北线分北支线和南支线。南支线从甘肃省经海东市民和县、乐都区、平安、互助县经西宁市湟源县、海南州共和县、海西州都兰县、格尔木市西出阿尔金山至新疆若羌。南线主要以唐蕃古道为主，由甘肃省进入青海省海东市民和县、乐都区、平安县经西宁、湟源县、海南州共和、贵德、兴海县、果洛州玛多县到玉树州玉树市、囊谦县南出青海经西藏拉萨市达尼泊尔、印度等地区。丝绸之路经济带的建设必然会对海南州文化产业的发展带来巨大的推动作用。

同时，作为国家藏羌彝文化产业走廊辐射区之一的海南州，目前已经有海南州藏族文化产业园等建成并投入使用，今后将会有更多具有带动示范作用的文化产业项目投入运营，把民族文化资源优势变为经济优势，实现海南州民族文化产业快速发展。

海南州文化产业发展应紧紧抓住良好的发展机遇，充分利用原生态的贵德黄河源头生态文化和青海湖南岸的环湖文化、宗教民俗文化等优势，以推进文化产业与旅游的深度融合为核心，全面带动海南州民族特色文化产业的发展。

坚持“合理布局、开拓创新、规模聚集、品牌营造”的发展思路，推进文化创意产业、园区、设计服务和相关产业融合发展，确定“一区五品牌”的战略定位。“一区”即：构筑“安多生态文化实验保护区”。“五品牌”即：打造同德宗日文化品牌、贵南藏绣文化品牌、共和藏族服饰文化品牌、贵德山水文化品牌（或黄河文化品牌）、兴海宗教文化品牌。

11.4.2 对策建议

针对海南州文化产业发展现状和制约因素，因地制宜地采取政策性措施，把文化产业发展同规划、创新、统筹、辐射、改革、培育、政策支持有机结合起来，使其互相促进、共同发展。

11.4.2.1 完善文化产业发展制度与政策

完善文化产业发展制度与政策，充分运用市场机制，完成文化资源有效整合。海南州发展文化产业目前最迫切的任务就是要深化文化体制改革，优化整合已有的文化资源，改变当前文化产业多头管理、交叉管理的局面，实现管理一体化和执法综合化，强化管理效能，提高管理效率。第一，建立专门的文化产业管理机构，实现文化产业统一规划、资源开发、市场培育、产品推销和产业升级。第二，运用市场机制，以资本为纽带，重点培育和发展几个有代表性的企业，使之成为文化市场的主导力量和文化产业的战略投资者。第三，充分发挥市场配置资源的基础性作用，建立健全门类齐全的文化市场，以促进文化产品和生产要素合理流动。第四，加快文化市场管理法规及制度建设。第五，重视现代文化资源发展和有效整合，形成一手抓历史文化资源，一手抓现代文化资源，齐头并进的发展局面。

11.4.2.2 发挥公共财政功能，加强政策支持力度

优化财政资金投入机制，落实对文化改革发展的税收优惠政策。鼓励文化单位面向农村提供流动服务、网点服务，扶持文化企业以连锁方式加强基层和农村文化网点建设，支持演艺团体深入基层和农村演出，鼓励非物质文化遗产的经营与市场化开发。用好文化产业发展专项资金，以贷款贴息、扶优扶强、以奖代补

等方式支持文化产业发展。对文化产业研究、开发，给予资金扶持。重点扶持和奖励重大题材文艺作品的创作，扶持和补助民间文化艺术研究。实施公共文化服务项目政府采购，采取基于群众文化需求为导向的菜单式配送模式。发挥财政资金的杠杆作用，引导民间资本参与公共文化基础设施建设。

11.4.2.3 完善文化人才发现与培育机制

文化产业发展的决定性因素还是人才。目前，针对海南州文化产业人才管理人员观念滞后、新兴产业人才数量稀缺、从业人员质量参差不齐的状况，可以从多个途径入手，加快完善人才发现、吸纳、借用、储备、培育与选用的系统化文化人才资源整合机制。

1. 建立基层文艺人才储备信息库

重视发现和培养扎根基层的乡土文化能人、民族民间文化传承人，特别是非物质文化遗产项目代表性传承人，鼓励和扶持群众中涌现出来的各类文化人才和文化活动积极分子。

2. 引进与培育结合

采取“请进来、走出去”等各种办法引进或培育一批在文化艺术创新、文化管理运营等方面的骨干人才。改善人才流动机制，加大对稀缺人才的支持力度。让相关人才愿意来，来得了，留得住。

3. 健全人才激励保障机制，构建吸引文化人才的平台

采取签约、项目合作、技术入股、项目聘任等多种方式集聚文化人才。对发展文化产业做出突出贡献的集体和个人给予表彰和奖励，加大对优秀人才的表彰和奖励力度。构建激励基层文化人才发展的奖励机制，鼓励专业文化工作者和社会各界人士参与基层文化建设和群众文化活动。采取激励机制，留住具有较高文化水平的农牧区人口，为文化资源项目的开发、经营提供人才支撑。

4. 健全学历教育，改变人才培养模式，与企业联合培养

建立在职人员培训机制，引导省属高等院校加快建设文化产业重点专业和学科，引导各类培训机构、实验基地与文化企业进行合作，有针对性地培养专门文化人才。

11.4.2.4 建设优秀传统文化传承创新体系

海南州文化产业的发展是依托当地历史传统文化资源，今后应坚持保护与开发相结合，积极建立优秀传统文化的传承和创新体系。做好文化遗产抢救性保护工作，制定文化遗产保护规划，加强对非物质文化遗产项目的申报和保护；将优秀历史文化资源与现代新媒体相融合，系统有效地开展文化营销，强化当地特

色文化的国际、国内影响力、亲和力和吸引力。对于各类文化进行深入的挖掘创新，扶持创作一批艺术形式多样的文艺创作精品力作，建立专业化、社会化、长效化的文化精品资助与推广机制，努力实现文化精品的社会效益和经济效益最大化。

1. 在目前民族特色文化产业发展的基础上，以山水、草原、古迹为文化大背景努力挖掘、保护、研究、开发、利用文化遗产。

同德县应加快宗日遗址重要文物景点的建设，逐步建立起与旅游相配合的文物景点旅游专线，打造宗日文化品牌；共和县应以“青海湖”为文化大背景打造“青海湖古羌部落游牧文化园”，并通过对伏俟城遗址的有效保护与利用，深入挖掘吐谷浑文化，打造共和藏族服饰文化品牌，带动当地文化产业发展；贵南县依托非物质遗产藏绣，深入打造藏绣文化品牌；贵德县应以贵德古城开发的全面启动为契机，和贵德国家地质公园、温泉等相整合，深入挖掘贵德深层次的文化内涵，逐步形成的“一城一园一泉”的整体发展格局。

2. 注意挖掘文物古迹的内涵与价值，从大历史、大文化的角度看待文物古迹，从新的视角评价文物古迹。

海南州重要历史遗址遗迹有古遗址、精品文物、古建筑、古道、古战场、古城址、藏传佛教寺院等，呈现类型多样，资源储备丰富，精品较少的特点。众多的历史遗址遗迹，单独看似乎价值不大，如果依托丝绸之路、唐蕃古道、羌中道的开发把历史遗址遗迹资源整合利用，形成规模，文化资源优势就可有效转化为产业优势。

11.4.2.5 充分发挥现代文化产业体系的带动辐射作用

加强文化与旅游的结合，以文化建设丰富和提升旅游业的内涵，大力开发文化旅游衍生项目与产品，实现大文化大旅游的发展格局；充分发挥文化产业聚集效应，带动一、二产业发展，如生态农牧业和具有当地历史文化背景的特色产品加工业。

1. 文化产业与旅游深度融合发展

——加快文化创意与旅游融合发展。加快推进文化与旅游的深度融合，在继续举办和承办好环湖赛、贵德黄河文化旅游节等重大节庆和赛事活动的同时，精心编排好大型藏族风情歌舞史《千里和缘》，以艺术手法着力展现藏汉和亲、民族团结主题，奏响各民族共同团结奋斗、共同繁荣发展的时代主旋律。

组织策划汽车自驾游、自行车游、徒步游和登山探险、极限挑战等活动，形成全州文旅融合的拳头产品。

充分挖掘转山、转湖和各大藏传佛教寺院祈福等宗教民俗文化，提升全州文化旅游品位。逐步恢复共和县祭祀“塞钦俄堡”、民族传统射箭、赛马为重点的一批具有一定影响力的民间民俗、体育、展会活动，打造特色文化创意品牌。

——完善文化旅游设施，优化文化旅游环境。依托“丝绸之路经济带”建设，发挥海南州的比较优势，借势发展，提高特色文化产品市场竞争力。加强与“丝绸之路”“唐蕃古道”联动，完善文化旅游设施，优化文化旅游环境。

2. 文化产业与科技创新融合发展

一是深入实施文化科技创新工程，培育以数字技术为载体的文化产业，支持青海洛藏文化艺术创意有限公司藏文信息化建设、“云藏”藏文智能搜索引擎系统平台建设、全藏文界面平板电脑研发及产业化项目等民族产业。二是推动文化产品和服务生产、传播、消费的数字化、网络化进程，强化文化对信息产业的内容支撑、创意和设计提升，推动数字虚拟等新一代信息技术在传媒、文旅、演艺、艺术创作、出版发行等文化产业领域的应用，加快培育双向深度融合的新型业态。

3. 文化产业与节庆活动融合发展

——以大型节庆活动为契机，深入挖掘共和“和文化”、贵德“德文化”等资源内涵，切实用足用活独特县名文化资源，结合各地区民族文化特色和深厚的文化底蕴，重点打造“共舞和谐”“尊道贵德”“多彩贵南”“同心同德”“富饶兴海”等地标性县域文化品牌，并向每个乡村延伸，发掘、传播海南州“德”文化、“和”文化内涵，体现海南州文化特色，大力开发特色文旅产品，提高产品附加值，促进文化旅游深度融合发展。

——通过继续举办海南州藏族服饰文化艺术节、贵德黄河文化旅游节、国际水与生命音乐节、贵南藏绣文化艺术节、同德宗日文化节、共和中国少数民族情歌（藏族原生态唱法）大赛、兴海冬虫夏草文化节等大型地方节庆活动，将地方民俗、服饰、体育、展会、文艺演出等活动串联起来，充分展现和弘扬少数民族文化内涵。

4. 文化产业带动特色农牧业发展

依托海南州是青海省草原畜牧业第一大州、全国唯一的生态畜牧业国家可持续发展实验区的优势。一是围绕构建高原现代生态农牧业的主攻方向，丰富农业产品、生态观光、乡土文化等创意和设计，拓展休闲农业发展空间，提升群众精神文化生活。二是打造以高原动植物为特色的生物产业基地，实现创意文化进园林。

5. 文化产业带动加工业发展

挖掘和整合民间工艺美术资源，延伸和拓展产业价值链，培育和开发以民族手工艺品为主的旅游商品；坚持农牧区传统手工艺产业化发展与旅游业发展、旅游商品生产开发紧密结合，支持以藏绣、安多藏族服饰、石雕、黄河奇石等为代表的文化产业发展，力争将海南州建成中国最大的藏绣、安多藏族服饰等研发、加工和交易中心。

对于州内具有较强特色和独特工艺的民族民间文化资源进行集体商标注册保护，由专业团队对其进行品牌化管理和项目化开发，实现在国家重点文化产权交易所挂牌上市，推广特色文化品牌。

11.5 重点项目

11.5.1 特色文化产业发展工程

实施贵德敦纳藏文化丝路创意产业园、海南藏绣文化艺术产业园等藏羌彝文化产业走廊重点项目建设。

11.5.2 文化产业园区（基地）提升工程

实施文化产业园区（基地）提升工程，巩固各自在发展领域的领先地位，继续发挥自身影响力和示范意义，推动海南州文化产业实现整体提升。

重点实施贵南藏绣艺博园、海南州藏文化创意产业园等园区（基地）提升工程，推动贵德天地人缘文化产业基地等文化旅游融合发展提升工程。

11.5.3 文化产业建设项目

重点发展中国藏绣艺术产业园、海南州安多藏族服饰研发生产基地、“云藏”藏文搜索引擎数据库建设项目、文成公主进藏第一驿站、海南州民族印刷厂、海南州信息文化产业园、贵德松巴影视外景拍摄基地、青海黄河文化产业基地、宗日遗址文化旅游基础设施、高原第一藏城（倒淌河）等33个重点文化产业建设项目，总投资达28.84亿元。

11.5.4 数字文化产业发展工程

依托移动互联网、大数据、云计算等现代高新技术，大力推进文化科技创新，推动文化与科技深度融合。以打造“云藏”藏文搜索引擎数据库等数字综合服务平台为契机，继续实施“互联网＋文化”行动计划，加快数字文化产业发展，积极抢占文化与科技融合发展的制高点。

11.5.5 构筑安多生态文化实验保护区

海南州是安多藏族文化的核心区域，安多文化最大的特质表现为“多民族性”，民族的“多流源性”和“多种文化形态、多种文化模式”并存与互动。“安多”有边地之意。这里处于季风区与非季风区交界、黄土高原与青藏高原结合处，自然环境多样，地理构造复杂，特性鲜明。千百年来这片沃土孕育了灿烂多姿的民族民间文化艺术，物质文化资源分布广泛。设立文化生态保护实验区，是保持文化多样性、文化生态空间完整性、文化资源丰富性和抢救保护传承民族优秀文化的最为有效的手段，构筑安多生态文化实验保护区，对于优化安多文化生态环境、保护文化遗产、激活传统文化和民族文化的生命力，推动海南州文化、旅游产业的发展，都具有重要意义。

11.5.6 建立高端休闲娱乐旅游区

利用海南州独特的生态景观环境，积极发展以休闲娱乐为主题的旅游产业，引进国内外知名酒店服务业在贵德等地建立高端休闲娱乐场所，开展系列性文化创意活动，加强周边地区休闲娱乐项目的开发，完善配套设施，使海南州成为全国知名休闲娱乐旅游区。

11.5.7 建设南部高端生态文化旅游区

充分利用州属青海湖南岸的生态资源、文化资源等优势，发展俱乐部旅游、度假旅游、探险旅游等高端旅游产业，将青海湖南岸进行整体打造，建设独具海南州特色的南部高端生态文化旅游区。

11.5.8 实现景区演出常态化，适时打造实景演出项目

——随着藏绣、布贴画、石雕等手工艺品，尚尤则柔、拉伊、弹唱、鹿舞、贵德皮影戏等民族民间歌舞、民间曲艺相继进入了青海湖、贵德文庙及玉皇阁、兴海县赛宗寺等各重要旅游景区。亟需深入探索演艺团体与景区合作机制，推动州县文艺团体加强与旅游景区、旅游企业合作，实现景区演出常态化。支持民间演艺人才和团队进入景区景点演出。逐步实现“非遗”、书籍、演艺（三进入）进入 3A 级以上景区。

——依托海南州独特的生态景观环境和深厚的历史文化底蕴，在条件成熟地区打造实景演出项目。实景演出项目要具备三个条件：第一，有美景；第二，有好故事；第三，这个好故事能够产生有利于地区的品牌联想。依托黄河清、丹霞地貌等得天独厚的地理优势，继七彩峰丛实景剧之后，创排实景演出项目开展驻场演出活动；以唐蕃古道、文成公主等悠久的历史文化和藏族服饰、拉伊、锅

庄、弹唱等多彩的民族文化，以及青海湖、夏拉草原、龙羊峡库区湖面等相呼应的高原自然风光适时打造实景演出项目，形成海南州特色的文化符号。

11.5.9 建立海南州文化产业培训基地

——将非物质文化遗产传承、保护和发展纳入到职业教育体系，推动民间传统手工艺传承模式改革。

——以工艺美术业为主导，加强工艺美术教育机构的建设和引进，完善工艺美术业产业链的发展，实现创意文化进校园。

——发展工艺美术教育产业，建立工艺美术教育培训基地。

本章参考文献

[1] 杨眉 . 现代语境下安多藏区建筑及景观创作研究 [J]. 青海民族研究，2014（3）.

[2] 熊正贤 . 乌江流域民族文化资源开发与文化产业发展研究 [D]. 西南民族大学博士学位论文，2013.

[3] 张宝宗 . 吉林省文化产业发展研究 [D]. 吉林大学博士学位论文，2012.

[4] 王昱 . 青海历史文化与旅游开发 [M]. 西宁：青海人民出版社，2008.

[5] 王晓梅，罗赟敏 . 青海导游解说词 [M]. 西宁：青海人民出版社，2015.

（本章撰稿人：孟涛）

第 12 章　海西州文化产业发展研究

海西蒙古族藏族自治州（以下简称海西州或海西）建州于 1954 年，现辖德令哈、格尔木两市，都兰、乌兰、天峻三县和大柴旦、冷湖、茫崖三个行政委员会，共有 35 个乡镇、305 个行政村，全州总人口 63.91 万人，其中常住人口 48.93 万人（2015 年）。海西州地理位置在青海湖以西，故名海西。海西州有丰富的自然景观和人文景观，自然旅游资源都保持了原始风貌，景观独特、奇美、神秘，海西州西部地区奇特的雅丹地貌、沙漠戈壁，广阔的草场、蒙古族、藏族民俗风情，以及有"中国第一神山"和"万山之祖"的昆仑山等。海西州人文旅游资源有许多是青海乃至中国之最，区内名山大川、长江源区、荒漠戈壁、昆仑文化传说、"外星人遗址"、吐蕃文化、蒙藏风俗等旅游资源均体现出青藏高原原始、淳朴、粗犷的自然环境和自然旅游景点特点。这些丰富的人文地理资源，为加快海西州文化产业的发展奠定了坚实的基础。①

12.1 文化资源状况

海西以柴达木盆地而闻名于世，她气势磅礴，胸怀宽广，昆仑山雄居于南，祁连山挺拔于北，其间八百里瀚海连着天。藏珍聚宝，物产丰饶，风物独特，神奇迷人；有茫茫戈壁，辽阔草原；有皑皑雪峰，林立冰川；有北国风土，雅丹地貌；有南国湖水，汩汩温泉；有海市蜃楼，万丈盐桥；有一日四季，六月飞雪；有神话传说，二郎仙洞。柴达木的富有和神奇，引起了世人的关注。因此，用全新理念、前瞻眼光重新审视海西州的文化资源，发挥资源优势，大力发展文化产业是提升海西州综合实力的必由之路。

12.1.1 文物古迹 ②

历史悠久，民族众多，地域辽阔，独具特色的民族传统文化长期积淀，造就了海西州独特而丰富的文化内涵和人文资源优势。据史书记载，自上古时期至

① 引自青海海西州新闻网．海西简介［EB/OL］.http：//www.qh.xinhuanet.com/hxz/index.htm.

② 引自青海海西州新闻网．海西历史文化［EB/OL］.http：//www.qh.xinhuanet.com/hxz/index.htm.

公元前845年左右，在海西这片神奇的土地上就有人类使用石器、结绳记事的经历和从事农牧业生产，建造房屋，冶炼铜器，创造文明的开始。后经中原先进文化、生产技术的源源流入，不断融合，社会生活日益昌盛，出现了历史上诺木洪文化与中原文化媲美的景象。

海西州文化底蕴深厚，文物资源丰富，现已探明的受国家级和省级文物保护10处，县级文物6处，其他文物古迹66处，这10处国家级省级文物如下所述：

1. 塔里他里哈遗址。该遗址位于海西州都兰县诺木洪乡，在诺木洪农场东南部，属青铜器时代遗迹。遗址面积约5万平方米，文化堆积层最厚达8米以上。通过发掘，发现方形和圆形木结构房址11座，土坯坑9座，牲畜圈1座和瓮棺葬3座；出土陶、石、铜器、马、牛、羊、骆驼骨骼，毛制品、革履，各种饰品，骨笛、骨哨等文物。1957年发现后被列为省级文物保护单位，1959年由中国科学院考古研究所和青海省文物管理委员会组成联合发掘队对该遗址进行了发掘，并被命名为诺木洪文化。

2. 热水墓群。位于都兰县热水乡热水沟西岸，属唐代遗迹。分布在长约7千米的热水、扎玛日、沙尔塘、斜歪4个自然村，共有大小墓葬165座。1982—1986年，青海省文物考古研究所在此进行发掘与清理，1986年公布为国家级文物保护单位。墓葬均有封堆，分梯形和圆形两种；以夯土或堆以砾石后再复盖夯土，夯层间铺有沙柳枝条，夯土下方均筑平面为等腰梯形的石墙，边缘砌有土坯或泥球，并在其外侧涂以红色石粉；墓室为砌石，由墓道、中室、左右侧室和后室组成；封土堆前有规模巨大的祭祀坑、木车、木牍、玻璃器皿和金银器具。丝织品上有佛像、飞马及各种不重复图案130余种；部分文物及图案具有较浓郁的中亚风格特点。

3. 加羊墓群。位于都兰县沟里乡加羊山根，属唐代遗迹，1988年公布为省级文物保护单位。现存封土堆4座，分布于东西长200米范围内，封土堆高约3米。

4. 英德尔墓群。位于都兰县夏日哈乡英德尔西南，属唐代遗迹，1957年公布为省级文物保护单位。现存圆形封土堆1座，高约15米、直径约32米。

5. 考肖图墓群。位于都兰县香加乡考肖图沟内，属唐代遗迹，1957年公布为省级文物保护单位。现存封土堆3个，直径8米，高约5米。

6. 下柴开遗址。位于都兰县香日德镇柴新村南，属青铜器时代遗迹，1959年公布为省级文物保护单位。遗址面积约3000平方米，地面散布诺木洪文化夹砂红陶、夹砂灰陶片，部分陶片饰有刻划纹、绳纹。

7. 希里沟城址。位于乌兰县希里沟镇南，属民国遗址，1957年公布为省级文物保护单位。平面呈长方形，顶部有女儿墙，置嘹望孔与射击孔。四角原有角楼，现存夯土台基。开南北二门，宽5米。为都兰县国民政府兵营。

8. 香日德城址。位于都兰县香日德镇香日德农场，属清代遗迹，1959 年公布为省级文物保护单位。平面呈正方形，边长约 300 米。城墙夯土筑，高约 10 米，基宽约 7 米，顶宽约 2 米，夯土层厚约 0.12 米。

9. 鲁茫沟岩画。位于天峻县天棚乡鲁茫沟内，属唐代遗迹，1988 年公布为省级文物保护单位。共 3 处，总面积约 22.1 平方米，共 79 个画面。凿刻有马、牛、山羊、骆驼、猪、狼等动物图案。

10. 巴哈莫力沟岩画。位于都兰县香加乡东部，属唐代遗迹，1986 年公布为省级文物保护单位。画面长 7 米，宽 4 米，凿刻内容为鹿、羊、蛇、马、驴、鸡、太阳，等字纹及汉藏文字。

12.1.2 岩画艺术

据考古证明，早在三万多年前，人类的足迹就已踏进了柴达木盆地。到了二千八百年前的西周，柴达木盆地经济已相对繁荣，成为古老的西羌民族游牧的乐土。此后，在漫漫的历史长河中，西羌迁移，吐谷浑入居，吐蕃逐水草而牧，蒙古族走马而治，使柴达木成了多种文化交汇的地方。分布广泛的盆地岩画，生动地反映了古老的柴达木文化。

图 12–1　柯柯山豹牛岩画

海西岩画主要分布两大类：动物岩画和宗教岩画。动物岩画的年代比宗教岩画早，其代表作有天峻县江河乡的卢莽沟岩画、卢山岩画；都兰县的卢丝沟岩画和德令哈的怀头他拉岩画等。游牧于柴达木的民族，不论西羌、吐谷浑，还是吐蕃、蒙古族，都曾在广阔的草原上留下了逐水草而牧的足印。他们用灵巧的双手，简单的工具，在岩石上雕刻了各种各样的图画（见图 12-1），成为记载他们生产生活活动的宝贵文化遗产。

岩画的创作时间是六到七世纪，即北朝后期和隋唐时代。岩画制作技法精致，绘制风格独特，表现内容广泛，包括动物、人物、狩猎、放牧、植物、舞蹈以及性爱等方面的内容。画面上的动物神态灵活，生动逼真，有飞禽，有走兽，更多的是马牛羊等家畜。有的慢慢游弋草原，有的垂首食草，有的母子欢跑逗趣，有的交颈相吻，活脱脱一幅草原百兽图（见图 12-2）。岩画不仅有很高的艺术价值，也具有较高的学术意义，它弥补了游牧民族居无定所而造成的文物、文献史料不足的缺憾，丰富了我国古代文化宝库，留下了灿烂多彩的艺术画廊。①

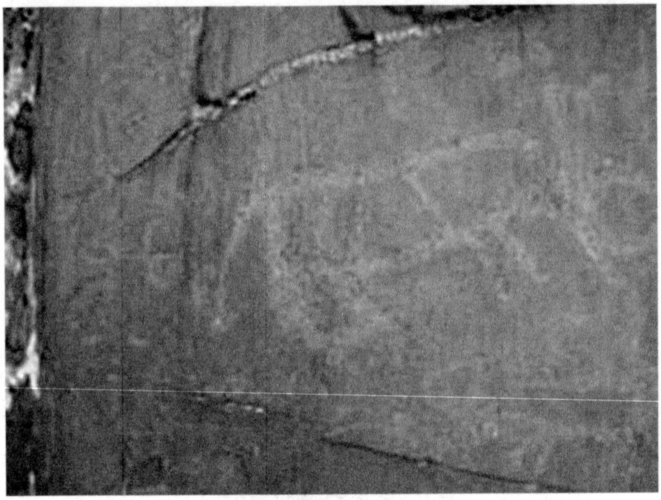

图 12-2　卢山树后射牛岩画

12.1.3 民族民间文化资源灿烂

海西古为西羌之地，东晋后期和隋唐时期，先后为吐谷浑和吐蕃政权所控制。到明朝初年东蒙古诸部进入，明末为西蒙古和硕特部所统治。作为“丝绸之路”辅道，这里曾是中西文化交流的重要通道和多民族生活聚居地，形成丰富的民族、民间文化，再加上颇具特色的自然景观，构成人文、自然相得益彰文化资源。如：“昆仑神话”“玄极山”“白公山外星人遗址”“千佛崖”“天峻石林”“雅丹林”“金子海”“万丈盐桥”“格拉丹东长江之源”“可可西里”、蒙古族风情、藏传文化、民间图腾社火、花儿等（见图 12-3）。这些文化资源是海西的地域优

① 引自青海海西州新闻网 . 海西历史文化［EB/OL］.http：//www.qh.xinhuanet.com/hxz/index.htm.

势和特色，要巧妙的寻求自然与人文和现实的联结点，挖掘这些特色资源建设特色文化，准确地把握好它的文化品格和精神气质，创自己的特色文化，应是海西文化建设的要义。

图 12–3　万丈盐桥

12.1.4 非物质文化遗产丰富

海西十分重视非物质文化遗产的抢救保护工作，2008 年开始结合青海省非物质文化遗产普查工作，对全州非物质文化遗产进行了普查，共普查登记了 13 大类，226 项非物质文化遗产保护项目，156 名非物质文化遗产传承人。2011 年，海西州群艺馆又设立了非物质文化遗产部、非物质文化遗产传习所、非物质文化遗产实物陈列馆、非物质文化遗产档案室。经过几年的努力，全州非物质文化遗产保护工作取得了良好的成绩，完成了州、县两级非物质文化遗产保护项目档案建设工作，建立起全州非遗四级项目名录及其代表性传承人的电子档案和文字档案工作，为非物质文化遗产申报项目工作筹备了民间文化的原始资料。先后筛选审定申报国家级项目 60 项、省级项目 157 项、州级项目 189 项、市县级项目 213 项，其中《海西蒙古族英雄史诗——汗青格勒》和《海西蒙古族那达慕》列入国家级非物质文化遗产名录，《蒙古族祭敖包》《藏族民间谚语》等 10 项列入青海省非物质文化遗产名录。海西州民族博物馆被国家民委命名为第二批全国民族团结进步教育基地。[①]

同时加快编辑出版工作，到目前已编辑出版了《海西民间故事》《海西民间谚语》《海西民间歌谣》《青海蒙古族格斯尔传说》《青海蒙古族祝赞词》《青海蒙

① 资料来源：海西州非物质文化遗产网，http：//www.hxzfy.com.

古族民间艺人》《青海蒙古族民间口头文学集锦》《青海蒙古族民间文学研究》《青海海西蒙古风俗文化》《青海土尔扈特蒙古人》《海西那达慕》《汗青格勒》（蒙汉合璧资料本）、青海蒙古族长调音乐《呼和苏里的骏马》（DVD）等非物质文化遗产图书、画册和 DVD 共 13 本。[①]

12.1.5 “柴达木精神”文化独具魅力

最能体现海西文化品格和精神气质的特色文化就是可贵的“柴达木精神”。柴达木的开发历程赋予了海西鲜明的文化特征。在被世人称为“地球第三极”和“生命禁区”的青藏高原上，一代又一代的柴达木人，在开发建设柴达木的伟大实践中，突出的表现了忘我劳动，敢于吃苦，勇于牺牲，无私奉献和开拓进取的高尚情操。海西各族人民共同创造的群体精神，柴达木精神有着深刻的思想内涵和人文精神，新的时代又赋予柴达木精神新的内涵，需要在继承中发扬，在继承中创新和光大。因此，柴达木精神具有取之不尽的文化宝藏，研究和开发的潜力巨大。要通过这一文化领域的开发对人们进行传统教育，典型教育和现实教育，使人们在这里寻找生活的全部含义和人生的真正价值。

总之，近年来海西州充分利用非物质文化遗产和深厚的历史文化底蕴，对昆仑文化、昆仑神话、德都蒙古文化、吐谷浑吐蕃文化、盐湖文化等资源进行深入挖掘，创作了《天上人间柴达木》《金色柴达木》《天边的牧歌》等一系列具有浓郁海西地方文化的特色民族歌舞。大型原创神话剧《昆仑神话》在全国重点城市进行了巡回演出。积极利用格尔木市独具特色的青铜器诺木文化，巍巍昆仑中道教色彩浓重的玉虚峰、西王母瑶池等文化融入旅游景点，开发都兰、天峻一带的吐蕃古墓、塔里塔哈遗址、鲁芒沟岩画等景点，吸引了更多的海内外游客来海西观光旅游。目前，海西发现的不可移动文物 290 处，其中全国重点文物保护单位 2 处，省级重点文物保护单位 19 处，县级重点文物保护单位 6 处。发现烽燧、关堡、烽火台、边墙等 36 处，并在怀头他拉镇雅沙图大阪地区首次发现了一座保存完好、构建独特的烽火台遗迹，先后出土各类文物众多，其中有国家一级文物，也有国家二级文物和国家三级文物。这些丰富的文化资源，都为海西州加快文化产业的发展提供了有力的支持。

12.2 文化产业发展状况

“十二五”以来，海西州逐步构建形成以工艺美术、文化旅游、演艺娱乐、文化节庆、艺术培训等为核心的特色文化产业体系，不断加大文化创意、数字出

① 资料来源：同上。

版、电子商务、新型传媒、广告会展、文化经纪、体育娱乐等新兴业态培育力度。民族手工艺行业规模逐步扩大，掐丝唐卡、桃花石加工、藏文化工艺品、民族服饰制作、煤精石手工艺品等特色文化产品附加值不断提高。文化、旅游融合发展进程加快，着力打造昆仑文化、德都蒙古文化、吐谷浑吐蕃文化和西王母文化等特色鲜明、吸引力强的文化旅游精品，节庆活动不断丰富，形成了柴达木民族文化艺术节、“那达慕”大会、吐谷浑吐蕃民族文化艺术节、中国盐湖城文化旅游节等一批民族特色浓郁的节庆品牌。

海西州经过加快培育大众文化消费市场，使城乡居民在文化、教育、娱乐消费方面的支出不断增加。2014 年，全州实现社会消费品零售总额 74 亿元，其中与文化市场紧密相关的消费品零售、批发业分别增长 12%、14.9%，文化休闲娱乐、日常文化用品等消费占较大比例，民族手工艺、音像电子、图书、文艺演出等消费情况良好。旅游等相关市场消费实现跨越增长，“吃、住、行、游、购、娱”等消费环境逐步优化，2014 年全州旅游总收入 25 亿元，相较 2011 年增幅达 180%，昆仑玉、桃花石、柴达木枸杞等特色旅游商品消费旺盛。在文化旅游市场带动下，文化娱乐、休闲、健身等其他相关热点市场服务需求持续上升，对海西文化消费、文化生产形成较强地拉动效应。[①]

12.2.1 海西文化产业发展稳中求进

海西州高度重视文化产业发展，把加快文化产业发展作为文化工作的重中之重，不断培育文化市场主体，摸清文化产业现状，建立和充实重点项目库，推动了全州文化产业从无到有、稳步发展。“十二五”时期，海西蒙古族藏族自治州将重点抓好构建公共文化服务体系、开展文化活动、挖掘特色文化资源、引导文化作品创作、加强文化载体建设、促进文化产业发展、扩大对外文化交流等七个方面，推动海西州文化产业大发展大繁荣。

1. 产业整体实力稳步增强。“十二五”期间，海西州文化产业生产总值达 76762 万元，同比“十一五”时期增长 19.4%，市场主体培育成效显著，大力支持和引导非公企业进入文化产业领域，推动文化资源和生产要素向优势企业适度集中。目前，海西州共有文化经营业户 447 家，从业人员 2300 余人，其中列入州级重点项目库的文化企业 31 家。

2. 文化产业园建设稳步推进。充分调动社会各方力量，建设一批市场前景好、发展潜力大、比较优势明显、民族特色浓郁的重点文化产业项目。共完成投资 43974.07 万元，重点实施了德都蒙古文化产业园、昆仑文化产业园、吐谷浑·

---

① 引自：青海省海西蒙古藏族自治州人民政府网《海西信息》海西州“十二五”期间文化产业发展稳中求进，2016-01-05.

吐蕃文化产业园、西王母文化产业园等四大产业园区建设，推动文化产业与旅游、科技、金融等产业融合发展。

3. 特色产业体系趋于健全。全州逐步构建形成以工艺美术、文化旅游、演艺娱乐、文化节庆、艺术培训等为核心的特色文化产业体系，不断加大文化创意、数字出版、电子商务、新型传媒、广告会展、文化经纪、体育娱乐等新兴业态培育力度。民族手工艺行业规模逐步扩大，掐丝唐卡、桃花石加工、藏文化工艺品、民族服饰制作、煤精石手工艺等特色文化产品附加值不断提高。

4. 产业载体建设初见成效。累计完成各类投资近 5 亿元，着力打造以民族工艺美术、歌舞演艺、文化旅游等为内容的文化产业园区、文化聚集区及文化旅游基地，重点规划实施昆仑玉开发展示中心、柏树山森林地质公园、玉珠峰国家登山旅游训练基地和玉珠峰朝拜、野牛沟探险、察尔汗盐湖体验、西王母石室、国际狩猎场、贝壳梁、茶卡盐雕等景区及各类博物馆、文化墙、民俗村、风情园、生活体验景区等文化旅游项目。紧抓藏羌彝文化产业走廊建设的有利时机，德都蒙古文化展示中心、哈里哈图文化旅游产业园、都兰铭玉有限公司申报为国家级藏羌彝文化产业走廊项目。

5. 文化品牌培育初具雏形。突出抓好节庆文化活动，海西蒙古族“那达慕”大会、海西蒙古族“孟赫嘎拉”文化节、海西藏族六月歌会、骆驼文化节、海子诗歌节、大美海西摄影家采风活动、中国盐湖城昆仑文化旅游节等重大节庆活动成为海西民族民俗文化传承的主要名片。赛马会、拉伊会等以广泛的参与性、群众性特点而更具吸引力。海西“蒙古族长调“、“蒙古族拉力”“蒙医正骨疗法”“海西蒙古族刺绣”“德都蒙古全席”等省级非物质文化遗产具有很大的开发价值，扩大海西文化品牌的影响力。

同时，着力打造昆仑文化、德都蒙古文化、吐谷浑吐蕃文化和西王母文化等特色鲜明、吸引力强的文化品牌，初步构建形成以柴达木特色文化品牌、历史文化品牌、民族文化品牌、民间工艺文化品牌、红色文化品牌、宗教文化品牌、节庆文化品牌为主体的区域文化品牌体系，并成为传承和弘扬海西民族文化和地域文化的有效载体；初步培育开发盐化工、昆仑玉、黄金等特色工业文化旅游品牌，加快打造柴达木枸杞种植、枸杞加工、乡土旅游等枸杞文化新品牌。

6. 中小微文化企业扶持成效初显。针对全州文化产业基础薄弱、规模较小、发展缓慢的实际，采取积极争取国家和省级专项扶持资金、开展文化产业政策知识培训、组织文化企业参加文化博览会等多种办法，不断培育、扶持全州文化产业稳步发展，落实专人与各地文化部门和入库重点文化产业企业衔接，大力宣传文化产业扶持政策，指导项目文本制作，开展网申网报。“十二五”期间，全州共申报省级扶持中小微文化企业 21 家，获批 9 家，共争取专项文化产业扶持资金 180 万元，成功申报青海香巴拉文化发展有限责任公司等 2 家文化企业争取中央中小微文化发展扶持资金，等待经过文化部审批。

总之，文化产业扶持力度逐步加强，2015 年用于扶持全州微小企业专项资金达 8000 万元。“十二五”期间，全州共落实招商引资资金 26350 万元，推动文化产业重大项目建设。

7. 文化开放交流内容日趋丰富。积极对外开展多层次、宽领域的文化交流活动，建立“政府主导、社会参与、多种方式”运作模式，大力实施文化“走出去”工程，在更大范围和更高层次上拓展对外交流空间，丰富对外交流内容，以州内外举办的各类招商引资活动为平台，积极组织海西州重点文化企业“走出去”，借鉴和学习文化产业发展方面的成功经验，进一步拓宽文化产业融资渠道。“十二五”以来，全州共组织 32 家文化企业，参加各类文博会、博览会 10 余场，共落实招商引资资金 26350 万元。①

12.2.2 挖掘地域特色文化，文化旅游融合发展

1. 海西州在挖掘地域特色文化，加强文化旅游方面开展了系列工程。主要打好三大特色品牌，一是“祁连文化旅游品牌”，利用市场化手段引进资金扩建“天峻石林”“仙人洞”“生殖洞”和“德令哈白公山外星人遗址”“柏树山探游褡裢湖”“大柴旦温泉”“雅丹林”从自然资源着手在文化内涵上深度开发。充分发掘德都蒙古文化、藏传佛教文化的精髓，通过举办西北五省花儿大赛、那达慕大会、赛马会、射箭比赛等一系列文体活动，支持旅游景区（景点）广泛吸纳民族文艺演出团体和民族传统艺术表演人才，精心打造了格尔木昆仑文化、德令哈德都蒙古文化、都兰吐谷浑吐蕃文化和天峻西王母文化等特色鲜明、吸引力强的文化旅游精品。着力推动海西德都蒙古文化品牌建设，建成全国唯一的德都蒙古文化实物展示中心、文献中心及影视资料中心。天峻县被文化部授予“中国民间文化艺术之乡”称号。

2. 依托赛会活动，促进文化旅游融合发展。为加大文化旅游融合发展推介力度，成功举办第一、二届激情哈拉湖 · 迎新年冰雪机车极限挑战赛、世人遗落的大美之地——寻美柴达木自驾之旅活动、“激情穿越柴达木”系列活动、“探秘柴达木”、2015 年“柴达木”杯全国摩托车越野锦标赛、中国第一、二届海子青年诗歌节等赛事。通过党政军企、高原美丽乡村建设等，完善基础设施建设，以改扩建的党员综合活动室为阵地，结合各类节庆活动，开展丰富多彩的文艺表演、体育比赛、民族手工艺品比赛等活动，促进了各项民俗节庆活动成为集观赏性、体验性、参与性为一体的地方特色旅游产品，增加了旅游收入，进一步促进了海

---

① 引自：青海省海西蒙古藏族自治州人民政府网《海西信息》海西州“十二五”期间文化产业发展稳中求进，2016-01-05.

西州文化与旅游融合发展。

3. 民族体育运动伴随群众文化活动也迈出新的步伐。先后成功举办了玉珠峰国际登山大会、“激情穿越柴达木”徒步探险、全国热气球精英赛等具有鲜明特色的民族文化体育品牌活动。民族运动会、职工运动会、万人环城赛、高原地区铁人三项赛、“激情穿越柴达木”汽车摩托车集结赛、中学生运动会等形式多样、丰富多彩的全民健身活动在全州蓬勃开展，大大促进了全州体育运动的发展。①

12.2.3 公共文化服务体系建设初具规模，群众文化活动效果显著

文化要惠民便民，硬件的投入必不可少。近年来海西州在公共文化服务体系建设投入较大，先后建成了海西州民族文化活动中心、海西州体育中心、德令哈游泳馆、海西州室内网球馆、海西海淀图书馆、格尔木市体育馆等一批重点文化活动设施。又投资建设青海省重点文化旅游产业项目：“柴达木盆地柏树山森林地质公园暨德都蒙古文化产业园”，工程总投资 20.3 亿元。项目建设内容包括：千年古柏园、祁连圣境祈福区、天门驿站露营区三大组团自然景观和山外旅游综合服务区、七彩草原文化景观带、滨水养生度假区和德都蒙古风情体验区四大组团人文景观区域，规划面积 217.7 平方公里，其中一期建设工程赛马场即将竣工，迎接青海省第五届民运会的召开。除了这些“新地标”，海西在“十二五”期间先后投入 6 亿多元，全面实施县有文化馆、图书馆，乡镇有文化站，村有文化大院工程，建设 33 个乡镇文化站，实施农牧民体育健身工程 71 个，新建村级文体广场 6 个，农（牧）家书屋和村级信息资源共享工程分别达到 306 个和 306 套，实现全覆盖，并且全州每个行政村达到了每月放映一场电影的目标任务；全州广播、电视覆盖率分别达到 97.65%、97.55%。

文化服务设施愈加便利，城乡群众与文化的距离就愈发拉近，也就能愈发真切地体会到文化的滋润，真正成为文化生活的主角。海西州群众文化活动异常丰富，一年一度的“柴达木之夏”广场文艺演出在海西最美的季节举行。“百姓舞台”是海西州结合我国“文化遗产日”推出的又一个群众性文化活动。由老百姓自编、自导、自演文艺节目，政府提供无偿服务。这一活动以“蒙古族音乐版”“藏族音乐版”“青海花儿版”等模式走进农村牧区，为老百姓搭起了一个展示艺术才华的崭新平台。通过开展“百姓舞台”、百名艺术家海西行、书画大赛、歌咏比赛、民族歌舞专场文艺演出、广场锅庄舞、安代舞等一系列喜闻乐见的文艺活动，全力构建以州民族文化活动中心为龙头，市、县、行委文化馆为枢

① 引自：青海省海西蒙古藏族自治州人民政府网《海西信息》海西州“十二五”期间广电工作实现新突破，2016-01-15.

纽，乡镇综合文化站、村社文化活动室为基础的四级文化网络服务体系。在此基础上成功推出了昆仑山交响音乐会、柴达木民族文化艺术节、“那达慕”大会、吐谷浑文化旅游艺术节、“金子海”民间民族文化艺术节、“孟赫嘎啦”文化节等大型品牌文化活动。与此同时，文化艺术创作走向大繁荣，先后推出《请到柴达木来做客》《金色的世界》《美丽的家园》等原创歌曲，《三江同源看青海》《盛世古韵》《昆仑神话》《天边的牧歌》等一批富有海西文化元素的舞台剧目相继上演，电影《情人湖》在国内知名媒体播映，30 集电视连续剧《柴达木之恋》完成拍摄和后期制作，《红柳》《百年祈祷》等一批反映柴达木人感人事迹的文学书籍出版发行。这些民族地域特色浓郁、艺术水准较高的文艺精品，真实生动地展示了海西民族文化的独特魅力和柴达木人的良好精神风貌，极大地提高了海西的知名度和文化影响力，有力地提升了海西的文化层次和品味。

创办刊物《柴达木经济》和《今日柴达木》成功宣传海西州经济、文化和各民族和谐发展的新面貌。

12.3 存在的突出问题和主要困难

回顾总结“十二五”以来海西州文化产业发展历程，海西在文化产业发展中进行了积极探索和大胆实施，推动了文化产业良好发展势头，但是客观地讲，海西的文化产业发展仍处在层次较低的阶段，这种状况与海西丰富多彩的特色文化资源不相适应，在产业规模、布局、产品质量、产业结构、竞争力、人才缺乏等方面还存在许多问题和不平衡。

12.3.1 文化产业整体规模小、实力弱

文化产业规模决定了一个国家和地区的经济实力和软实力。基于“欠发达、欠开放”的实际州情，海西文化产业尚未摆脱整体“小、散、弱”的特征，全州有文化经营业户 447 家，从业人员仅 2300 余人，列入州级重点项目库的文化企业 31 家。这些企业规模小，微企业多以家庭作坊和个体经营户为主，效益低、市场影响力弱，文化产业的规模在国民经济发展中地位不高，尚未达到支柱产业的地位。

总之，海西州文化产业市场主体培育建设亟待加强。海西州文化产业市场这种以个体经营户、小微企业为主体的格局，导致主体规模普遍较小、市场竞争力弱，缺乏在国内具有影响力的骨干文化企业集团，难以形成区域引领和辐射带动效应。文化企业创新能力不足，缺少原创性文化产品和特色服务，市场推广与品牌培育意识和能力有待提升。因全州地域广阔，文化企业及产业项目分布不均

衡，人才、土地等多方面的要素扶持难以有效对接，产业集聚效应难以形成，文化、旅游、体育等相关产业链条整合难度较大。

12.3.2 文化产业布局不平衡

文化产业布局的合理与否直接影响到一个国家或地区经济优势发挥的发展速度。海西州文化产业布局不合理主要表现：从文化产业单位和从业人员数量的分布看，州地区占青海省文化经营单位的10.67%，从业人员仅占1.15%；从增加值看，“十二五”期间海西州文化产业生产总值达76762万元，占青海省文化产业生产总值的15.68%；特色产业体系尚待健全和规范，全州逐步构建形成了工艺美术、文化旅游、演艺娱乐、文化节庆、艺术培训等特色文化产业，也仅仅是起步阶段，在影视产业、出版传媒、动漫游戏、艺术设计等方面尚待开发。

12.3.3 文化创意产业集群缺乏，产业链条有待延长

海西重点建设了德都蒙古文化产业园、昆仑文化产业园、吐谷浑吐蕃文化产业园、西王母文化产业园四大产业园区建设，推动文化产业与旅游、科技、金融等产业融合发展。但在园区文化创意产业集群发展方面还有待进一步提升，使四大产业园区的各种细分产业上下游链条上延长，同时各细分产业之间关联度方面进行研究和设计，形成链条式整体效应。

12.3.4 文化产业资源利用程度、整合程度有待近一步提升

海西州文化产业资源丰富，历史遗迹、非物质文化遗产、自然地理资源丰沛，“十二五”期间登记在册的各类不可移动文物297处，新发现185处。两处文物遗址入选第三次全国文物普查“百大新发现”，普查登记13大类226项非物质文化遗产保护项目和156名非物质文化遗产传承人。全州共有全国重点文物保护单位4处，省级重点文物保护单位29处，县级文物保护单位96处；国家级非物质文化遗产名录项目3项，省级项目23项，州级项目87项，县级项目53项；建成省级非物质文化遗产项目传承基地1所，州级非物质文化遗产项目传承基地3所。这些数字的背后，蕴藏着海西州悠久历史、内涵丰富的文化资源。但是对文化遗产的利用和对挖掘整理严重不足，程度不高，文化产业与相关产业的融合发展程度还不高，没有形成与旅游、餐饮、建筑、制造、设计等产业深度融合发展的规模。

总之，海西州文化资源利用程度和整体包装亟待深化。海西州民族民间、历史、宗教等文化资源处于初级开发阶段，产业发展水平与资源禀赋不相符。昆仑文化、德都蒙古文化、吐谷浑吐蕃文化等特色文化资源挖掘、体系梳理工作有待进一步加强；创意设计产业化程度低，部分文化产品处于闲置、浅表性开发状

态，文化资源的产品化、故事化创意能力不足，亟需进一步增加文化资源包装的创新性；文化品牌优势尚未凸显，需着力打造一批区域性文化品牌，落地一批文化精品项目。

12.3.5 文化产业面临投融资机制不健全

文化产业金融支持处于起步阶段，资金不足是制约文化产业发展的首要因素。文化产业由于风险性高、不确定性强，其主要融资渠道主要依靠银行贷款，这与当前文化产业快速发展的金融需求不相适应，多数企业处于融资逆境。因此，寻求强大、优质、持续的资本合作，是文化产业面临的现实需求。首先，文化产业的资金需求与供给存在很大缺口，文化企业自有资金十分紧张。主要依靠自有资金维持和发展，加之文化产业政策环境不健全导致投融资渠道不畅。政府扶持政策又偏重于大中型国有企业，对中小民营企业为主的文化企业总体上保持着谨慎的态度，使中小企业难以与大中型企业平等的待遇。其次，中小企业自身的缺陷性增加了投融资的难度。文化企业通常规模较小，财务制度不健全导致信用等级较低。另一方面缺少完善的资金担保体系，无形资产质押融资方式难以推广。政府财政资金又不能满足中小企业融资担保需要，而担保机构又缺乏对小微企业资信评估信息，致使中小微文化企业融资渠道不畅。

12.3.6 文化产业创新创意能力较弱，缺少领军人才

文化企业经营模式仍停留在传统生产经营层面，产品仍然停留在传统设计模式和理念中，缺乏创意，档次较低，品牌特色不鲜明，创意设计能力不足，缺少与生产生活和消费需求对接的刚需产品，短期内很难实现转型升级和跨越式发展。

文化创新发展人才匮乏，文化人才总量规模小，结构不合理，特别是高层次文化专业技术人才紧缺。人才引进机制不灵活，人才培养的系统性、针对性、有效性不强。文艺创作生产能力较弱。全州文艺创作整体水平与社会和群众的需求有不小差距，数量偏少、种类单一、题材狭窄，缺少全面体现海西特色、彰显柴达木精神、有影响力的精品力作。文艺创作队伍薄弱，缺乏文艺展演平台，文艺展演的市场化运作水平低。文化策划、工艺美术研发、设计的人才稀缺。演艺界奇缺编导人才，有知名度的要价太高，企业又难以承受。文艺团体的艺术创作质量不高，主要靠演员自编自演，水平低，缺乏创新。

12.3.7 高原文化生态资源保护仍需加强

海西州生态基础薄弱，政府部门采取了重要举措加强生态保护，取得了良好

的成绩，在一定程度上减少了工业、农业开发对生态环境的威胁。但文化旅游发展、产业项目开发与环境保护之间的矛盾依然存在，实现区域经济与生态的协调可持续发展成为海西州发展中面临的问题；文化遗产等部分资源保护处于“重申报、轻保护”阶段，因地域辽阔、遗址分布分散及保护经费投入不足，文化遗产开发、保护及非物质文化遗产传承工作进展迟缓[①]，文化生态保护仍需不断加强。

12.4 总体思路与对策建议

在经济新常态下，海西文化产业的发展必须遵循一定的原则，以转方式、调结构为主线，客观分析发展环境，准确把握发展阶段，以科技创新和产业融合为支撑，不断提升传统文化产业，以结构调整为主线，以提高经济效益为中心，重点培育和发展新兴文化产业，突出抓好文化创意和设计服务与相关产业融合，不断提高文化产业增长的质量和效益，积极开拓国内外市场，发展文化产业新业态，促进文化产业经济增长方式由数量型向质量型转变，提高文化企业市场竞争能力，努力实现青海省文化产业持续健康发展。

12.4.1 发展定位

依托优势资源，发挥蒙藏文化集聚、多民族文化融合共存的地方特色，以昆仑神话、吐谷浑、吐蕃历史文化、德都蒙古族文化、盐湖文化、昆仑玉开发和高原湖泊、雅丹地貌、野外探险等为主要内容，打造“昆仑文化”品牌。通过丝绸之路文化产业带联动、区域竞合、引进资本、合作开发、飞地经济等方式做大文化产业总量，把海西文化产业建设成为丝绸之路文化产业重点区域。

12.4.2 发展思路与对策建议

1. 政府积极扶持，降低文化企业发展成本

首先，降低文化企业的准入门槛，引导民间资本经营文化产业，鼓励中小型文化企业发展，降低企业的初期投入成本；其次，减少文化企业审批手续，降低企业的时间成本；第三，联合金融机构，在文化企业信贷方面给予支持和利率优

① 海西州文化生态保护刚刚起步，任重道远。2015 年 8 月 28 日，德都蒙古文化（海西）生态保护实验区《规划纲要》评审会在西宁市召开。省委统战部、省文化新闻出版厅、青海民族大学、省社科院、省图书馆等单位专家及海西德都蒙古研究会专家参加评审。与会专家认真听取关于德都蒙古文化（海西）生态保护实验区《规划纲要》编制工作情况的汇报，并一致认为，德都蒙古文化作为青藏高原独有的民族文化之一，保留着蒙古族原生态内容，历史积淀深厚，存续状态良好，非物质文化遗产集中，具备建立文化生态保护区的基本条件。专家组评审会原则通过德都蒙古文化（海西）生态保护区《规划纲要》，并就《规划纲要》体例结构、涉及的保护范围、保护对象、保护原则、保护方式等提出进一步修改意见（资料来源：海西州文体广电局）。

惠，设立专项产业基金，减少企业的融资成本；第四，利用财政政策，继续推进税收扶持政策，减少企业的经营成本；第五，完善文化企业信息交流平台，减少企业的信息获取成本。

2. 注重人才，坚持引进和培养相结合的战略

第一，可以充分发挥各类研究会和周边高校资源优势，引进历史研究人才；第二，对具有传统优势的工艺文化、民俗文化、饮食文化等可以发挥本土优势，培养产业链前端的原创人才；第三，通过多种形式，联合高校培养文化产业专业人才；第四，完善人才激励政策，注重长期激励。

3. 服务大局，为海西文化产业做好特色宣传

一方面，各类中介机构可以积极开展各类形式的文化论坛、讲座等，借助现代的传媒方式，将自己推向市场，树立自己的品牌；另一方面，中介机构可以通过各种会展等有效交流平台，将富有海西特色的文化资源推向世界，中介机构在宣传青海中发展壮大自己，在发展自己的过程中促进青海文化产业发展。

4. 尽快推进文化体制改革，健全文化市场体系

一是必须坚持社会主义文化建设的政治方向。要贯彻落实中央对文化体制改革的方针原则，坚持为人民服务、为社会主义服务，通过体制机制创新，解放和发展文化生产力，最大限度地满足人民群众日益增长的精神文化需求。

二是必须遵循社会主义精神文明建设的特点和规律，正确处理发展公益性文化事业和经营性文化产业之间的关系，正确处理社会效益和经济效益之间的关系，正确处理加强宏观管理与增强微观活力之间的关系。

三是必须积极稳妥推进文化体制改革。既要找准改革的切入点，大胆地闯，大胆地试；又要正确处理改革发展稳定的关系，处理好阶段性和长期性的关系，积极稳妥，有序推进。

5. 将文化产业置于全州发展战略，制定文化产业规划

文化产业发展要与经济发展战略相衔接。即铺摊子，打基础，上档次，大规模。就现阶段而言，要以改革为动力，以市场为导向，以民族民间文化产业为重点、为特色、为依托，以主流社会文化产业为难点、为瓶颈、为突破口，兼顾新型文化产业，以旅游和体育为载体，实现文化产业的合理布局，建立以公有制为主体、多种所有制一起上的文化产业体系，这需要强化各级政府发展文化产业的主导作用。

6. 继续完善各项政策机制

一是研究制定新的《文化体制改革和支持文化企业发展税收政策》。二是在文化产业园区（基地）内新办文化企业，可享受税收减免优惠政策。三是对单

位和个人从事文化产业技术转让、技术开发业务和与之相关的技术咨询、技术服务取得的收入，减免营业税。四是高校、科研机构服务于文化产业的技术转让、技术开发、技术咨询和技术服务所取得的技术性服务收入，减免所得税。五是加强金融产品和服务方式的创新力度，结合青海省文化企业运营方式和特点，转变以机器设备、厂房等有形资产为抵押品的传统思路，积极尝试应收账款、股权、专利权、商标权、电影制作权、著作权、版权等无形资产质押贷款，合理确定贷款期限，丰富融资品种，解决文化产业普遍缺失抵（质）押物的问题。六是综合运用多种货币政策工具，建立金融支持文化产业发展的金融机构及时提供充足的流动性支持；继续对符合条件的农村信用社（农商银行）执行差别存款准备金率，增加农村信用社支持文化产业发展的可用资金；继续对符合条件的民贸企业给予贷款贴息，支持民族文化企业发展，保护民族文化资源。七是完善信贷政策导向效果评估工作，提高金融机构支持文化产业的积极性。在信贷政策向效果评估中设立金融支持文化的信贷评估指标，引导金融机构加大信贷对纳入《文化产业投资指导目录》中“鼓励类”文化产业项目的支持力度。八是积极支持文化企业通过银行间市场融资，拓宽文化企业融资渠道。利用政银企沟通平台、举办专场推介会和各种媒体专题报道等方式，加大对超短期融资券、短期融资券、中期票据和中小企业集合票据等直接融资工具的推介和宣传力度，支持符合条件的文化企业通过发行企业债、集合债和公司债等方式进行融资。

7. 建立海西州民族文化资源产业研究评估开发机制

民族文化产业发展，离不开政府及其职能部门的统筹协调、监督服务，离不开学术界的智力支持及社会各界的广泛参与。而这些都基于民族文化产业开发评估机制的确立。为此，海西州应成立专门机构对全州民族文化资源及其产业化开发进行必要的调研评估，为政府决策和产业化发展提供风险、预测、调控、管理和经营的依据。对有特色、有市场文化企业给予鼓励和支持。

8. 优化文化产业发展环境

加强州域内协调，打破行政、行业、部门和所有制壁垒，消除资源流动的瓶颈，建立文化资源整合、文化产业集团化整合、关联产业基地化整合、价值链整合的机制，使文化产业由散兵游勇式的要素向战略协作式要素整合和转变。立足于海西州自身实际，对有可能形成强势主导地位的文化行业或企业给予支持，并进行打造形成海西州特色的民族文化领军者。尽快拓展文化产业人才培训的创新机制。形成多层次、多渠道、全方位的人才机制，为海西州文化产业发展提供智力支持。

12.5 “十三五”文化产业发展重点

“十三五”期间，海西州基于特色资源与要素优势，重点推动工艺美术、节庆会展、文化旅游、演艺娱乐、广播影视、创意设计等行业发展，构建结构合理、门类齐全、富有创意、竞争力强的特色文化产业体系。

12.5.1 工艺美术业

全行业实施品牌塑造、规模集聚、规范发展，提高民族服饰、昆仑玉、桃花石、煤精石、岩雕、藏绣、唐卡、嘛呢石刻等工艺门类产业化水平。“十三五”末，在全州培育 3~5 个规模化特色工艺品生产基地，力争培育 3~5 个国内知名、国外具有一定影响力的品牌。一是加强传统手工技艺保护。坚持师徒传承与技能培训模式相结合，健全岩雕、石刻、传统服饰等工艺品种的保护体系，创新利用石刻、唐卡、刺绣等表现形式，加快抢救天峻县岩画、墓葬石刻等濒危文化遗产。加大对传统工艺美术资料、珍品、技艺的研究和保护力度，充分利用德都蒙古文化展示中心、博物馆、乡镇文化站展陈空间，开展传统工艺美术品种、技艺的整理、阐发、展示工作。二是引导特色门类合理集聚。科学推动玉石雕刻类、绘制织绣类等工艺门类集聚发展，建设德都蒙古手工艺制作、研发培训基地，扩大昆仑玉文化产业园规模，在行业骨干企业带动下，相关行业间逐步实现技术、设备、设计、制作等链条资源的共享利用。鼓励嘛呢石刻、唐卡、民族服饰等实用性强、需求量大的工艺门类扩大生产规模，建设灵活多样的产业园区，逐步实现集聚发展。三是强化特色产品创新研发。深入挖掘海西地域风貌特色，充分融合地域文化元素，融合历史文化、民族文化、宗教文化元素，加大昆仑玉、煤精石、桃花石等特色文化旅游商品和土特产品的创意研发、策划包装，提升产品文化韵味和附加值。坚持科技创新、工艺创新，提高产品工艺制造能力和效率，丰富纪念品、艺术品、旅游商品、日用品等产品体系。四是积极拓展市场销售渠道。在玉石加工行业重点培育一批有较高知名度的工艺美术品牌，引导唐卡等产品逐步进入高端艺术品市场。搭建产品展销、信息交流和项目洽谈的平台，高标准组织企业参与省内外文化展会，以文化贸易和项目投资带动工艺美术企业“走出去”，鼓励支持有条件的企业、经营业户在重点城镇、景区开设直营店铺，积极拓展网络营销等新型销售模式。

12.5.2 节庆会展业

统筹规划全州节庆会展资源，打造一系列具有消费带动力、文化传播力及投资拉动效应的特色节庆会展活动。到 2020 年，培育 2~3 个国内知名的民族文化节庆品牌，形成“一县（市）一节庆，一县（市）一特色”的文化旅游节会品牌格局，海西力争成为青海民族文化节庆高地和区域性文化会展中心城市。一是强化会展基础要素支撑。积极融入“新丝绸之路”经济带战略，立足循环经济及文化领域对外交流、合作需求，加强面向国际的文博会展场馆建设，提高格尔木会展中心、重点景区、大型酒店节庆会展利用效能。积极承接省会西宁会展产业转移，打造西部省区及中西方会展交流的重要支点。提高财政经费、社会资本的投放效率，重点支持品牌展会，提高特色会展品牌转化率。二是统筹规划特色节庆活动。科学统筹节庆活动资源，错位利用各县市文化资源，合理确定节庆会展主题。以柴达木民族文化艺术节、“那达慕”大会、吐谷浑吐蕃民族文化艺术节、中国盐湖城文化旅游节等核心节庆活动为引领，制订全州年度民俗活动、文化节庆、体育赛事组织专项规划，出台合理的举办时序和空间布局方案，强化文化节庆公益惠民与文化交流职能。三是提高市场组织运作水平。完善“政府主导、民间推动、社会参与、市场运作”的节庆会展运营机制，在积极发挥政府对节庆会展导向把控、综合保障职能基础上，推动专业机构来承办大型节庆会展。利用各类媒体渠道加强宣传预热，围绕节庆会展地完善餐饮住宿、文化体验、商务洽谈、技术交流、商品交易、交通物流等上下游产业链，提高大型活动的组织效率。四是强化节庆会展品牌培育。强化节庆品牌内生增长能力，着力打造以海西民族民俗资源、生态资源为主题的重大节庆活动品牌，深化“中国青海·柴达木枸杞”文化旅游节、德都蒙古文化旅游节、柴达木民族文化艺术节、中国盐湖城昆仑文化旅游艺术节等重大节庆活动文化内涵。常态化创新茶卡盐湖盐雕艺术节、金子海沙雕艺术节、海子诗歌节、“穿越柴达木”系列赛等特色文艺、体育节庆活动内容和组织方式。

12.5.3 文化旅游业

加强文化旅游基础支撑体系建设，尽快实现海西州文化旅游市场的全面提速。到 2020 年，高质量建设形成“青藏线”精品旅游线路、“柴达木”精品旅游板块，建成一批市场前景好、影响力大的重大旅游项目，“一圈一线、五个园区、六大品牌、十条精品线路”的文化旅游发展格局基本形成。一是加强产业基础设施建设。根据旅游资源开发的时序、开发重点，优先解决黄金旅游线路、重要旅游资源开发地的出入支线公路建设，提高景区景点可进入性。加强茶卡盐湖、可鲁克湖、外星人遗址、自驾车营地、天峻探险攀岩游线等特色旅游景区、线路的基础设施改造。加快“互联网 +”智慧旅游体系建设，充分发挥海西旅游官网、微信平台对行政管理、旅游资源和信息资源的整合作用，大力发展旅游电子商务产业，提高信息化服务水平。二是打造高端文化旅游产品。加快推进文化与旅游融合发展，打造高端文化旅游产品体系，开发以自驾、徒步、露营、溯溪、攀岩、登顶为主题的户外运动游，以考察地质地貌、探寻地理奇观、探秘野生动植物资源为主题的科考探险游，以德都蒙古历史文化、藏民族文化等民族文化为主题的民俗体验游，以温泉养生、枸杞采摘、生态观光等为主题的休闲度假游，以寻根问祖、礼佛修德、探秘历史为主题的宗教朝觐游。三是优化提升既有文旅项目。提高柏树山、哈里哈图、金子海等项目开发建设水平，严格控制盐湖、吐谷浑吐蕃古墓群等自然生态、历史遗存的开发利用，持续推进茶卡盐湖景区整治工作，着力解决景区基础设施滞后、管理工作不到位、环境卫生脏乱差等问题。以德令哈为中心，落地一批德都蒙古文化旅游项目，实现观光、休闲与体验的有机融合。将非遗项目融入乡村文化旅游之中，提升德令哈农垦小镇、都兰乡村文化旅游的互动性与体验性。四是推动临近区域市场协作。充分发挥海西周边省区和州内邻近市州旅游资源富集的优势，加强区域旅游资源合作开发、旅游产品和线路打造、客源市场供需、景区景点协作等方面的合作，将海西境内的茶卡盐湖、哈里哈图、金子海、可鲁克湖、外星人遗址、大柴旦温泉、鄂博梁雅丹地貌、都兰吐谷浑吐蕃古墓群、昆仑山国家地质公园、可可西里自然保护区等重点景区串联起来，形成兰州、敦煌、柴达木和西宁环形大旅游圈和进藏旅游黄金通道。

12.5.4 演艺娱乐业

全州演艺场馆设施总量持续扩容，特色品牌演艺剧目影响力大幅提升，演艺、娱乐业态实现高度融合，文化演艺市场实现长效发展。到 2020 年，打造 3~5 个品牌演艺剧目，实现文化演艺市场创收年均增长 20% 以上。一是打造文化演艺精品剧目。整合全州专业院团、民间团体及人才资源，加大政策扶持、资金补贴力度，积极与国内外知名运作商、文艺主创团队等专业力量合作，以原真性地域文化和民族文化为根基，融合海西州神话传说、民间说唱、历史故事、文物古迹、人物传记、民族风情等创作元素，借鉴多元化艺术表现方式，常态化、系列化打造海西州演艺精品，鼓励各类演艺团体走向景区、走向旅游市场，推动精品演艺剧目与文化旅游项目相结合。二是培育新型演艺市场主体。深入、有序推动海西州民族歌舞团体制机制改革，激发院团文化生产力，完善专业人才培训机制，加强与省内外、对口支援省份演艺院团的合作与交流，加快提高歌舞团整体艺术水平。培育民营演艺院团品牌，支持民间艺术团、民族歌舞团、非遗展演中心等民间演艺团体发展壮大，推动以购买公共文化服务等方式增强海西演艺市场竞争力。加强海西州专业演出团体与民间艺术团体业务交流，完善人才选拔、培养、输送模式。三是创新演艺娱乐经营业态。加快推动德令哈、格尔木两市中小型文化综合体建设，丰富商铺、演艺、文化展示、休闲娱乐等业态。依托固始汗文化步行街等项目推动演艺、娱乐与旅游、餐饮、休闲业融合发展，依托哈里哈图等重点景区加快建设演艺中心，坚持常年演出和季节性演出相结合，探索海西州重点旅游区文化演艺“驻场演出＋连锁经营”模式。提高文化节庆活动中文化演艺场次数量及演出水平，鼓励休闲娱乐企业连锁经营，促进演艺、娱乐产品传播消费。四是探索新型市场化运作模式。坚持“政府引导、市场运作、企业参与”的原则，鼓励社会资本投资剧目策划与创作，拓宽市场合作渠道，积极利用省内外节事活动、歌舞晚会等优质演出平台，支持专业院团、演艺机构、从业人员“走出去”，激活创作、演出、营销端各市场主体活力，完善市场信息发布及经纪人制度。整合柴达木影剧院等现有场馆设施，探索“托管经营与驻场演出”相结合的运作模式。

12.5.5 广播影视业

大力发展新兴媒体业态，提高影视剧创作生产能力，大力推进影视外景基地建设。到2020年，力争推出3～5部凸显海西文化特色的影视精品，建设完成并有效运营3个影视外景基地，打造国内外知名的海西原生态影视文化名片。一是加强特色影视精品创作。加强海西影视精品创作生产的扶持和引导，围绕昆仑文化、德都蒙古文化、吐谷浑吐蕃文化等海西特色文化元素，深入挖掘历史、地域、民族、宗教等优势文化资源，着力创造一批原创电影、微电影、网络短剧、电视剧；提升反映海西州生态美景、德都蒙古及高原藏族民俗风情、柴达木精神的专题片、纪录片、影视剧、公益广告、重大主题出版物的创作质量。二是推进影视外景基地建设。大力推进柏树山影视基地、哈里哈图国家森林公园影视外景拍摄基地和大柴旦额博梁影视及摄影基地建设，将基地运营与藏蒙民俗文化游、乡村休闲旅游、高原神秘探险游等旅游业态相结合，力争将影视外景拍摄基地建设成为集影视拍摄、艺术创作、文化旅游、休闲度假等为一体的综合影视基地，带动当地配套服务收入及相关产业的发展。三是大力发展新兴媒体业态。支持移动多媒体电视、网络广播电视、高清电视等媒体技术的推广应用。加快移动多媒体广播电视覆盖网络建设，推动网络报刊、手机报刊、电子图书、IP电视、手机电视、汉藏语网络广播电视等新媒体新业态发展，推动有线电视网络开发宽带、互动点播、智能电视等新业态。完善建立对网络广播、网络电视、IPTV等新媒体的监管体系。四是加强产业配套体系建设。加强广播影视基础设施建设，推进各地电影院建设项目，加快海西州民族文化活动中心改造影厅工程建设，推动高清电视线路改造和海西电视台媒体资源建设，加快更新农村电影放映公共服务设备，推进农牧区电影放映“2131”工程健康有序发展。加强广播影视传输能力建设，持续提升海西广播电视台藏语节目形态、节目质量，保持全国州级藏语媒体前列水平。

12.5.6 创意设计业

创意设计业整体服务质量水平与核心竞争力全面提高，产业驱动显著增强。力争到“十三五”末，培育 3~5 家创意设计龙头企业，全州文化创意设计业占文化产业增加值的比重明显提高。一是培育优势创意设计业态。基于现有产业基础及市场需求，大力发展动漫设计、工业设计、广告策划等创意设计服务业态，并逐步向网络出版、电子商务、新型传媒、数字内容等业态领域延展。加强昆仑文化、德都蒙古文化等特色资源的开发利用，鼓励民族服饰、民族歌舞、民族工艺品等特色文化产品的创作、设计研发和产业化。二是强化相关产业服务能力。推动创意设计业与旅游、体育、农牧、工矿、信息、建筑等产业的融合发展。提供旅游项目策划、体验设计水平，创新发展高原特色体育赛事，强化休闲农牧业与乡村旅游经营场所的创意和设计，提高工矿企业文化建设、品牌策划服务能力，推动文化产品和服务的数字化、网络化发展进程，提升城镇人居环境质量。三是加强创意创新平台建设。依托“互联网 +”专项行动，推动互联网创业平台、交易平台等新兴创业载体的发展，拓宽文化企业的互联网创业发展渠道。培育创新创业孵化器，引导扶持创意人才、中小投资者、大学生创办创意设计企业，加大政府购买创意设计服务力度，推动与东部沿海地区设计产业合作，打造东西部创意设计产业交流合作平台。

12.6 重点项目

结合青海省重点文化工程项目，突出扶持重点文化产业园区和项目建设，对省级重点文化工程的项目，给予土地配置和土地出让等优惠政策。重点文化工程建设应交的各项税费，对照省重点建设项目的相关政策予以减免。各级政府及各有关部门要在立项、报建、用地手续及配套建设、业务等方面给予大力支持，并依法保护项目业主的合法权益。随着海西州“特色文化产品 + 创意”“互联网 + 文化产业”发展持续升温，使越来越多的文化产品享誉海内外，特色文化产业发展将大有可为。

12.6.1 做好国家藏羌彝文化产业走廊项目

国家“藏羌彝文化产业走廊”项目包括四川、西藏、甘肃、青海、云南的部分区域，项目主要是通过在这些区域内，实施一批具有带动示范作用的文化产业项目，把民族文化资源优势变为经济优势，扩大民族地区人口就业，促进文化资源的保护和合理利用，以发展文化产业的手段为西部地区经济和社会发展，民族大团结提供坚实的文化基础和物质条件。国家“藏羌彝文化产业走廊”项目，青海沿线重点规划了23个文化产业项目，总投资达29.08亿元，项目涵盖了黄南、海北、海南、海西、果洛、玉树6个自治州所辖30县（市）和3个行委，海东、西宁部分藏族乡。以黄南州及国家命名的青海“热贡文化生态保护实验区”为核心区，以海北、海南、海西、果洛、玉树5个自治州为辐射区域，以西宁市为城市枢纽，突出环青海湖、三江源、热贡艺术藏区文化板块。以藏区文化资源实现产业转化为目的，以文化产业项目为支撑，以特色藏民族文化县、乡、镇为载体，依托唐蕃古道、三江源自然生态保护区、青海湖、青藏铁路（公路）、黄河沿线，大力实施藏区文化产业园区建设，形成国家以及西部地区有鲜明特色的文化产业走廊。

12.6.2 培育发展德令哈—乌兰—天峻和都兰文化旅游经济带

柴达木盆地自古就是多种文化融合交汇之地。分布着广泛的历史遗迹和盆地岩画，生动地反映了古老的柴达木文化，留下了灿烂多彩的艺术画廊，借助这一经济带纹藏的历史遗迹和岩石画廊如：“下柴开遗址”“希里沟城址”“考肖图墓群”“英德尔墓群”“加羊墓群”“热水墓群”“塔里他里哈遗址”“鲁茫沟岩画”“巴哈莫力沟岩画”培育和打造，“德令哈—乌兰—天峻和都兰”文化旅游经济带。

“德令哈—乌兰—天峻和都兰”文化旅游经济带建设，重点要建设好乌兰县“一园四区”特色文化产业园。产业园占地总面积144.7公顷，总投资4.55亿元，建设期限6年。“一园”是以乌兰县文化产业为基础的特色文化产业园。“四区”是以哈里哈图国家森林公园为依托的综合文化观光区，主要建设文化长廊，浮雕大门，文化群雕；以茶卡盐湖为依托的盐化工业文化展示区，主要建设盐文化博物馆，户外大型的“盐雕”文化广场，盐工艺品开发、加工及销售；以金子海为依托的民俗文化体验区，主要建设大型木质敖包民俗文化展示馆，沙雕公园，蒙古族民俗文化雕塑群；以县城区和茶卡为依托的综合服务和文化产品展销区，主要包括民间手工艺品研发、桃花玉、翠玉、姜花玉、观赏石材、盐雕、木雕、土特产礼品生产加工、工艺品加工和销售展销厅等。[①] 随着乌兰县交通环境的日益改善，游客的逐渐增多，乌兰县抓住有利机遇逐步延伸“吃、住、行、游、购、娱”旅游产业链，着力打造“一园四区”特色文化产业园。

---

① 引自青海省海西蒙古藏族自治州人民政府网站 . 乌兰县打造“一园四区”特色文化产业园［EB/OL］2015-08-24.http：//www.haixi.gov.cn/info/1678/140150.htm，

12.6.3 稳步推进文化产业园建设，延伸文化产业链

充分调动社会各方力量，建设一批市场前景好、发展潜力大、比较优势明显、民族特色浓郁的重点文化产业项目。重点实施德都蒙古文化产业园、昆仑文化产业园、吐谷浑·吐蕃文化产业园、西王母文化产业园等四大产业园区建设，推动文化产业与旅游、科技、金融等产业融合发展。形成以工艺美术、文化旅游、演艺娱乐、文化节庆、艺术培训等为核心的特色文化产业体系，不断加大文化创意、数字出版、电子商务、新型传媒、广告会展、文化经纪、体育娱乐等新兴业态培育力度。

本章参考文献

[1] 青海海西州新闻网 . 海西简介［EB/OL］.http：//www.qh.xinhuanet.com/hxz/index.htm.

[2] 青海海西州新闻网 . 海西历史文化［EB/OL］.http：//www.qh.xinhuanet.com/hxz/index.htm.

[3] 海西州非物质文化遗产网，http：//www.hxzfy.com.

[4] 青海省海西蒙古族藏族自治州人民政府网《海西信息》海西州“十二五”期间文化产业发展稳中求进，2016-01-05.

[5] 海西州统计局 . 青海省海西蒙古族藏族自治州国民经济和社会发展统计资料汇编（2014年）［A］. 内部资料，2015-04.

[6] 海西州统计局 .“十二五”时期海西蒙古族藏族自治州国民经济社会发展情况［R］. 内部资料，2016-02.

[7] 海西州文体局 .“十三五”期间海西州文化产业发展调研［R］. 内部资料，2015-12.

[8] 肖安鹿，段建玲 . 文化产业发展与文化大省建设［M］. 兰州：甘肃文化出版社，2012 年总序第 1 页 .

[9] 萝莉 . 西藏文化产业发展探析［M］. 北京：社会科学文献出版社，2015:3.

[10] 张亚丽 . 我国文化产业发展及其路径选择研究［D］. 吉林大学博士学位论文，2014.

[11] 青海省文化和新闻出版厅 . 关于进一步促进文化产业发展若干政策的意见（征求意见稿）［R］. 青海省文化和新闻出版厅内部资料，2016-01.

[12] 李思屈等 . 中国文化产业政策研究［M］. 杭州：浙江大学出版社，2012 年总序第 1 页 .

[13] 陈红玉 . 中国文化产业创新政策研究［M］. 北京：北京理工大学出版社，2012 年总序第 1 页 .

[14] 王琼瑶 . 青海：一个正在崛起的文化产业高地［N］. 青海日报，2011-08-19，第 11 版 .

（本章撰稿人：李鸿霞）

第 13 章　海北州文化产业发展研究

文化产业是市场经济条件下繁荣和发展社会主义文化的重要载体，是推动经济结构调整、转变经济发展方式的重要着力点。与得天独厚旅游资源相关联的文化资源是海北最具潜力的比较优势资源，与旅游产业相衔接的文化产业是海北最具竞争力的后发优势产业。挖掘转化文化资源，培育发展文化产业，调整优化产业结构，努力把文化产业培育成为新的经济增长点，是实现海北文化大繁荣大发展的必由之路，也是海北承接青海省产业布局“四区两带一线”和产业梯度转移，以及全州经济社会发展思路定位，实现跨越发展、绿色发展、和谐发展、统筹发展的必由之路。

13.1 文化资源状况

13.1.1 民族文化

海北州共有藏、汉、回、蒙等 27 个民族，少数民族人口占总人口的 64.7%，是以藏族为主体的典型多民族聚居地区。在久远的历史长河中，海北州各民族创造并延续形成了语言、服饰、饮食、宗教信仰等一系列民族文化形态。

1. 民族民俗文化

在饮食文化方面，藏族、蒙古族分布的牧区主要食用牦牛肉、羊肉、奶制品，也食青稞（多做成糌粑）、大米、面粉等；汉族、回族、撒拉族、土族则主要从事农业生产，主食为小麦、青稞制作的面食，亦食用牛羊肉、奶制品。海北州各民族在漫长的生产和生活过程中，饮食习惯虽较为趋同，但也保留着自身特色。

在服饰文化方面，传统藏服受青藏高原自然环境及气候条件影响形成了长袖、宽腰、大襟的特色形态，尤其是门源华热藏族的衣着追求精美、华贵的古风，保留着游牧者袒露一臂、长宽大的特点；藏族人民每有喜庆之事，或远客来临，或拜会尊长、或远行送别，都要献上哈达以示敬意。蒙古服饰称为蒙古袍，主要包括长袍、腰带、靴子、首饰等，以右衽、斜襟、高领、长袖、肥大、镶边为基本特征，具有浓厚的草原风格。男子戴圆帽，女子戴盖头为标志的回族服饰也是当地民族服饰文化的重要体现。

在节庆文化方面，融赛马、射箭、摔跤等活动为一体的传统盛会“那达慕大会”是蒙古民族民俗文化的重要体现；藏族的传统节日与藏传佛教密切相关，民间最大的传统节日为每年藏历正月初一的藏历年，人们自发组织成社火队，走街串巷欢度春节。门源县华热藏族婚礼别具一格，举行“索萨”“仲”“尕什杂”的祝福仪式，晚上点燃篝火，敬上美酒，气氛热烈；回族在热闹而隆重的宴席中形成的回族宴席曲则成了民俗文化的重要代表；近几年形成的节庆文化品牌，如王洛宾音乐艺术节、油菜花文化旅游节、祁连山草原风情文化旅游节、青海湖观鱼放生节等。

2. 民族宗教文化

在精神文化层面，藏传佛教作为一种外来文化在雪域高原扎根、开花、结果，构成了藏区人民信仰追求和精神内核，伊斯兰教的基本原则、信仰观、人生观和行为准则经过长期积淀，产生了巨大的历史惯性力、行为驱动力和民族凝聚力。

在信仰形式方面，藏族信教群众除参加寺院举行的法会外，还在家中供奉佛像、献净水、点酥油灯、念嘛呢、挂经幡；回族信奉并学习《古兰经》以及伊斯兰教经典，虔诚践行念、礼、斋、课、朝五项功课；衍生了祭海、祭俄博等一系列基于自然崇拜的民族祭祀活动。

在文化传承方面，海北州宗教文化载体数量较多，久负盛名的藏传佛教寺院沙陀寺、刚察大寺、白佛寺、仙米寺、珠固寺、祁连阿柔大寺等集聚于此，连同穆斯林定期参加礼拜的伊斯兰教清真寺，成为许多游客和朝圣者慕名前往的祭拜圣地。①

3. 民族艺术文化

民间歌舞文化方面，主要有郭米则柔、阿柔逗曲、达玉逗曲、回族宴席曲、门源皮影戏、眉户戏坛城、藏城演艺中心、仓央嘉措音乐文化广场、青海湖祭海盛典、民族文化音乐城、达玉部落、马背民族互动营、尤其以《藏爱》《碧海云天金银滩》为核心演艺品牌剧目、串联《天境祁连》《在那遥远的地方》等舞剧、情景剧，融汇门源、祁连、刚察、海晏特色民俗、非遗展演资源，打造演艺业产品。

民间工艺美术品方面，主要以宝玉石产品、奇石产品、牛羊头壁挂、动物标本、民族服饰、藏毯、剪纸、刺绣、石刻等为主。如祁连翠光宝玉石公司生产的

---

① 海北州文体局 . 海北藏族自治州文化与旅游融合总体规划（2014-2020）[R] . 内部资料，2014.

祁连玉宝玉石产品，祁连山黑河奇石园制作的石雕、根雕产品，海北华瑞藏毯公司生产的藏毯产品，刚察梦之湖文化产业发展服务中心制作的环保型祭海宝瓶、石刻、掐丝唐卡等产品，海晏夸毛措、刚察切智海、祁连杨多生加制作的动物标本、牛羊头壁挂等产品，海晏仁毛制作的民族服饰，海晏王凤英、王桂梅的剪纸产品，门源民间艺人的刺绣产品，这些都是依托海北地质矿产资源、动植物资源、传统文化资源，结合现代和传统工艺生产的工艺美术品。

4. 民族医药文化

海北地区主要是藏医发展较好，其独特的地理环境造就了丰富的药用动植物资源，这也是海北地区民族传统文化的重要组成部分。在海北地区主要的药用动植物资源有当归、茯苓、藏红花、雪莲花、虫草、党参等；药用动物资源主要有麝香、鹿茸等。

13.1.2 红色文化

依托“两弹”研制基地及祁连红西路军、解放军二军纪念苑等红色资源优势，海北州不断挖掘地域红色文化内涵，拓展红色旅游市场。

在文化形态层面，以英雄英烈、革命遗址、革命历史为载体的红色文化资源丰富，原子城纪念馆、爆轰实验场、核武器研制基地纪念碑、纪念苑等爱国主义教育资源，将为红色文化的开发提供良好的基础条件。

在文化特质层面，红色文化凝聚英雄的智慧和崇高的精神是时代精神的象征。祁连西路军、解放军缔造的革命足迹承载了中国共产党波澜壮阔的革命史、艰苦卓绝的斗争史和可歌可泣的英雄史，是对广大干部、党员、青少年和人民群众进行爱国主义教育的珍贵素材；原子城承载的两弹精神在国防尖端技术领域体现了建国以后科技工作者们艰苦奋斗、爱国奉献、团结协作、自立创新、勇攀高峰的精神品质和优良作风，是建设和发展中国特色社会主义的强大精神支柱。①

在文化开发层面，原子城在 2005 年被评为“国家级爱国教育示范基地”和“全国重点文物保护单位”，2011 年金银滩（原子城）景区又被中宣部、国家旅游局评为全国第二批红色旅游经典景区，被中央文明委授予全国文明单位荣誉称号，其作为爱国教育文化资源的受重视程度不断加深。

13.1.3 历史文化

1. 昆仑文化

昆仑文化博大精深，基于其对神秘高原自然、人文的深厚积淀，以成为中华

---

① 海北州文体局 . 海北藏族自治州文化与旅游融合总体规划（2014–2020）[R]. 内部资料，2014.

民族乃至世界人民的精神之源。

在文化形态层面，神话传说是昆仑文化的重要体现，衍生自昆仑的“女娲炼石补天”“西王母蟠桃盛会”“精卫填海”“夸父追日”及“嫦娥奔月”等一系列的神话故事成为中华民族的精神源泉，其中昆仑山与西王母的神话传说最具远古文化意蕴和浪漫神秘色彩，某种程度上昆仑文化已成为中华民族的文脉之根、灵魂之乡和精神家园。

在文化脉络层面，昆仑文化与青海湖文化存在较密切的联系，《山海经》中记载的“弱水之渊”“西王母瑶池”据考证即为青海湖。“西王母与周穆王、格萨尔王”“海神赤雪嘉姆”等传说典故历经沧桑而光彩依旧。在昆仑文化影响下，以“花儿”演唱为代表的民间歌舞文化，以绘画、雕塑、建筑为代表的藏传佛教文化，以赛马会、那达慕、热贡艺术节、撒拉族艺术节为代表的民族民间节庆文化和以藏、土、撒拉族为代表的民间风情文化开发日益深入。①

2. 青海湖文化

青海湖文化内涵丰富，宗教文化、生态文化、节庆文化构成了青海湖人文生态文化体系，是海北州历史文化的缩影之一。

在人文历史层面，青海湖既承载了人文地理的积淀，又容纳着现代生产生活的创新；既有物质形态的自然风貌和历史遗存，又有非物质形态的文化遗产，如民间文艺、民俗风情、故事传说、思想道德、精神品格等。

在宗教文化层面，青海湖最具代表性的祭海活动表达了人们与自然和谐共存的美好愿望，展示了青海湖厚重的文化底蕴和民族特色、民俗风情，基于此类文化资源形成了“青海湖历史遗迹访古游”“青海湖宗教文化探源游”“青海湖民俗风情体验游”“青海湖祭海文化节”等旅游产品。②

在生态文化层面，青海湖蕴藏着禀赋极佳的自然景观和人文景观资源，含纳生态保护、生态建设、生态哲学、生态伦理、生态美学、生态教育、生态艺术、生态宗教文化等各种生态文化要素，是青海湖文化内涵的重要构成要素。

在节庆文化层面，青海湖通过“青海湖国际雕塑与大地艺术节”等文化节、艺术节打造青海湖文化特色的节庆品牌，带动旅游产品提升，成为青海省提升青海湖旅游市场影响力的重要平台。

3. 丝路文化

青海是古丝绸之路和唐蕃古道的重要节点，省域内的古丝绸之路称为“青海道”，海北州是青海道上的关键枢纽。

在路线分布层面，青海省境内古丝绸之路涵盖北、中、南三条线路。其中，

---

① 海北州文体局 . 海北藏族自治州文化与旅游融合总体规划（2014–2020）[R] . 内部资料，2014.

② 海北州文体局 . 海北藏族自治州文化与旅游融合总体规划（2014–2020）[R] . 内部资料，2014.

涉及海北州域的线路有二：一是胡羌道——经西宁穿越今门源、祁连至张掖，与丝绸之路河西道相接；二是羌中道——穿越今海晏、刚察入新疆至印度。

在历史地位层面，覆盖海北州的青海道向北、东、东南、西、西南都有着畅通的交通路线，维系着中国与漠北、西域、青藏高原、印度等地的交往，是丝绸之路上的一段重要干线，也是东、西方贸易交流、文化交流的中转站，其历史地位不亚于河西走廊。

在区域交流层面，古丝绸之路青海道使儒道文化、伊斯兰文化、藏传佛教文化在河湟地区交流融汇、和谐共存；西域胡商、中原晋商、陕商、牧区蒙商、藏商、本地回商云集河湟，中原、西域、牧区各类商品琳琅满目，繁荣的商贸业促进了中华民族和青海的开放发展。

4. 历史古遗址、古遗迹

主要有西海郡古城 、“中国第一个核武器研制基地”旧址、尕海古城、德州墓地、北向阳古城、舍布齐岩画、哈龙岩画、金巴台古城遗址、门源古城遗址、珠固寺、南关清真寺、永安城遗址、岗龙沟口石窟寺、石塔、佛像遗址、克图口三角城、祁连古三角城遗址、夏塘东台遗址、下阴田清真寺、“阿拉善旗王府”遗址、白佛寺、莫合口原始岩画、旧千户府王洛宾下榻处、东山遗址、建设掌遗址、岳家湾墓地、上台汉代墓葬、马家湾墓葬遗址、峨博掌遗址、月楼石崖遗址、哈藏沟口东西汉代墓地、仓开古城、砖瓦厂东、西遗址、哈尔盖古城、西山遗址、沙柳河大桥东遗址、沙柳河大桥西遗址、哈尔盖桥东遗址、青海湖农场、古城布哈河水文站遗址、鸟岛管理处遗址、年乃索麻古城、年乃索麻遗址、刚察面粉厂遗址、应龙城、刚察大寺、沙陀寺、黑石头三座古城、大通城遗址、沙金城、峨堡古城遗址、峨堡古方城、上庄清真大寺、东沙河清真寺、上阴田清真寺、大滩清真寺、吊沟清真寺、阿柔大寺、石棺葬墓地、狼舌头古城、景阳岭古墓葬。

13.1.4 生态文化

海北州独特的地理环境形成了稀缺性的自然生态系统，并体现出人与自然和谐相处的生态文化特色。

在自然生态层面，海北州属典型冰川高原湿地生态系统，地处“一湖三河”流域，境内的巨大水体、高山和草地是阻挡西部荒漠东侵的重要生态屏障，其生态环境状况直接关系到青海及河西走廊地区社会经济的可持续发展；海北州自然生态资源具有稀缺性和唯一性，发展生态旅游打造高原生态旅游示范区的潜力巨大。

在人文生态层面，海北州确立“生态立州”理念，实施青海湖流域及其周边地区生态保护与综合治理工程，推进大通河、黑河、湟水河流域生态环境保护和草地综合治理进度，加大青海湖流域草原湿地生态功能区和祁连山水源涵养生态功能区保护力度，并以祁连山草原、青海湖为代表，加快发展海北生态旅游，形成以生态风情为主的特色旅游景区。

13.1.5 体育文化

1. 民族体育运动

主要有摔跤、马术、赛马、赛牦牛等海北优势体育文化资源，做好传统民族体育项目的挖掘、推广、普及。以全州每四年一届的少数民族传统体育运动会为契机，巩固好、发展好海北特色的民族传统体育项目。

2. 户外体育运动

充分利用海北州独特的自然资源，可开发户外探险运动项目，策划推出一批海北州体育旅游精品路线，扩大户外体育旅游市场规模。以岗什卡登山滑雪等冰雪运动特色项目为突破口，引导社会力量积极参与建设一批冰雪运动载体，形成新的体育消费热点。

3. 自行车环湖游

以达玉环青海湖自行车旅游综合服务基地为核心支撑，有神秘青海湖风光、浪漫金银滩草原等资源，围绕自行车环湖线路，丰富自行车道文化意象。整合自行车酒店、餐饮、文化纪念品、特色展陈、文化演艺等消费业态，提升“环湖赛”品牌影响力，带动体育及相关产业的发展。

4. 自驾车环州游

建设自驾车、房车营地，发展以汽车自驾游、摩托车自驾游为主体的自驾车环州游市场。丰富文化观光、主题游乐、特色美食、修学探险、非遗生产等多元业态，形成环州休闲度假游与文化及相关产业相互融合、互动提升的新格局。①

13.2 文化产业发展现状

近年来，随着海北州经济与社会事业的发展进步，文化产业作为从事文化产品生产和提供文化服务的经营性产业，其发展逐步得到各级政府的重视和支持，特别是 2009 年全州文化工作会议召开之后，各地结合本地区实际，在文化产业发展方面积极探索，大胆实践，取得了一定成效。

① 海北州文体局．海北藏族自治州文化与旅游融合总体规划（2014-2020）[R]．内部资料，2014.

13.2.1 积极培育发展，产业成效逐步显现

通过政府扶持引导，海北州文化产业不断发展壮大，产业发展成效逐步显现。截至 2014 年底，海北州文化企业达到 46 家，销售收入达到 3194 万元，同比 2013 年增长 40.62%。文化旅游、体育旅游、民族工艺品、民族服饰、民族演艺、动漫等产业得到大力发展，动漫《赛亚历险记》已完成拍摄制作即将播出，微电影《爱，全在那儿》《父亲的草原》已经上网播出，民族歌舞《达玉婚俗》已进景区演出，实景剧《天境祁连》由企业投资启动创作编排，大型舞台剧《丰碑颂》《华热哇》已启动前期创作。同时，海北达玉部落文体旅游产业公司、海晏西海湿地水上运动公司等一批产业主体茁壮成长，产业培育发展成效逐步显现。①

13.2.2 从现有产业投资主体分析，民营经济占主导地位

祁连翠光宝玉石公司、祁连黑河源民族工艺品加工厂、祁连黑河奇石园、祁连山民族工艺品制作销售公司、海北华瑞藏毯公司、门源雪梅鞋业公司、海晏杨吉拉姆工艺公司等都是有一定规模的民营经济实体，其他个体生产也已形成一定气候。如成立于 1994 年的祁连翠光宝玉石公司，下设 1 个加工厂和 3 个营销点，拥有 32 名员工，年收入达 60 万元；祁连山民族工艺品制作销售公司由工艺美术制作艺人曲智尖木措于 2006 年创建，现拥有学徒 12 名，产品远销甘肃、西藏、广州、深圳等地区，年利润达 30 万元；成立于 2006 年的海北华瑞藏毯公司，拥有职工 200 人，年产藏毯突破 6000 平方米，实现年产值 360 万元，产品远销欧、美、日等 10 个国家和地区。

13.2.3 采取有力措施，扶持、引导文化产业发展

一是制定文化产业发展战略。2009 年，海北州委、州政府召开了全州文化改革发展大会，制定出台了《关于推动海北文化发展繁荣的决定》《关于培育发展海北州文化产业的实施意见》；2012 年，州政府制定出台了《海北州文化产业发展规划（2012—2020 年）；2013 年，州委、州政府制定出台了《关于促进文化与旅游融合发展的实施意见》；2014 年，州委办公室、州政府办公室制定出台了《关于金融支持海北州文化和旅游产业加快发展的意见》；2012 年，州政府制定出台了《海北州文化产业发展规划（2012—2020 年）；2014 年，州政府启动编制《海北州文化与旅游融合发展规划（2016—2020 年）》。这些政策措施的出台，把文化产业的发展提升到党委、政府发展战略高度，明确了海北文化产业的发展方

① 海北州文体局．海北藏族自治州文化与旅游融合总体规划（2014–2020）[R]．内部资料，2014.

向、产业定位、产业布局、目标任务和政策保障。二是加大政府扶持力度。2005 年，州政府设立了旅游发展基金；2010 年，州政府设立了文化发展基金。文化旅游发展基金现已倍增到每年 800 万元，用于扶持文化旅游产业发展，政府资金“四两拨千斤”的撬动引导作用逐步显现。三是提供产业发展平台。通过组织文化企业参加厦门、深圳、西安文化产业博览会和青洽会、青海民族文化旅游节，举办王洛宾音乐艺术节、油菜花文化旅游节、祁连山草原风情文化旅游节、青海湖观鱼放生节等重大节庆活动，宣传推介海北的文化旅游资源、文化旅游产品、文化旅游企业，拓展本地文化企业经营管理人员视野，吸引外资参与海北州文化旅游产业发展。同时，组织政府部门产业管理人员和文化企业经营管理人员参加省内外产业培训班、论坛会，学习考察其他地区文化产业发展的先进做法和经验，了解掌握国家产业政策，更新理念、理清思路。

13.2.4 科学定位布局，推进文化产业差异化发展

围绕省上确定的青海湖文化、昆仑文化主题和中国原子城红色文化旅游基地、门源百里花海文化生态体验基地、祁连宝玉石研发基地、海晏王洛宾音乐体验基地、刚察民族工艺品研发基地布局，根据各县文化旅游资源，重点推进门源县“一花一马”、祁连县“一玉一鹿”、刚察县“一湖一鱼”、海晏县“一山一鸟”品牌综合开发，着力建设青海民族文化音乐城、高原体育十大基地、岗什卡登山滑雪基地、门源“高原桃花园”、祁连玉文化产业园、沙柳河湟鱼文化产业园、藏文化创意产业园、海晏绿色文化产业园、达玉民俗村暨自行车自驾游基地、哈勒景马背民族文化体验园、西海湿地水上乐园等一批具有示范、辐射和推动作用的重点文化产业示范园区，逐步形成各具特色、差异化发展的格局，增强产业集聚效应。

13.3 存在的突出问题和主要困难

海北州文化产业虽然有了一定的发展，但是仍然处在“破题”阶段，有很多问题需要进一步探讨和解决。总体来说，海北州文化产业存在五个方面的突出问题：

13.3.1 文化产业意识尚未完全形成

由于理论研究不充分，对文化产业的性质、特点、规律缺乏全面认识，文化产业的思路定位不是很清楚，一些文化企业得不到有效帮助和指导，滞缓了文化成为产业并进入市场的步伐。一些自发的文化产业行为更多是适应市场和追逐短

期利润，因而难免出现各种弊端。文化产业对生产总值贡献率低，与文化产业发达地区差距悬殊。

13.3.2 文化产业经营管理人才与科技匮乏

文化产业经营管理人才和科技人才缺乏，远远满足不了文化产业领域高科技迅速发展和现代化管理的需要。文化产品创新能力不强，技术水平较低，高新技术和先进装备引入文化产业几乎为零，从而导致产品质量档次、科技含量不高，经济效益不明显，在市场上缺乏竞争力。文化产业发展服务管理人才奇缺，迄今为止，州县两级没有一个专门的文化产业发展服务管理办事机构，特别是2015年政府机构改革后，州县文化主管部门人员编制减少，工作人员不足的问题突出，根本适应不了文化事业和文化产业发展的要求，俨然已成为制约海北州文化产业发展的瓶颈。

13.3.3 文化产业规模小，特色不明显，竞争力不强

文化产业经营单位规模小，集约化程度很低，没有形成特色的产业集群；缺少龙头带动性强的文化企业，文化企业管理和经营技术人才匮乏，经营层次很低，效益较差；文化产业市场发育不健全，上档次的综合性经营场所少，市场占有份额低；科技含量不高，偏重数量扩张型的多，传统项目比重大，高新技术型文化产业几乎是空白。[①]

13.3.4 文化产业发展资金缺乏，企业经济发展速度缓慢

与一产、二产相比，政府对文化产业的投入严重不足。文化产业项目无法纳入青海省的盘子，得不到省级资金的支持，中小微文化企业及个体经营户缺乏金融机构的有效支持，融资难、融资贵的问题依然突出。文化企业用地按商贸企业用地划分，出让金偏高且很难拿到用地指标。企业不能做大做强，文化产业发展速度缓慢。

13.3.5 文化产业统计指标体系不健全

目前，海北州文化产业的统计指标体系尚未健全，文化产业的发展情况没有具体分类纳入到全州国民经济发展统计范畴，至今对文化产业没有一个考量的指标，无法真实反映发展变化。统计部门是按规上企业数据测算规下企业产值，导致文化产业统计数据不完全、不真实。海北州文化及相关产业增加值未能真实的反映文化产业发展成果，存在漏统、误统等情况，无法为各级党委、政府提供决

---

① 海北州文体局．关于上报文化产业相关材料的报告［R］．内部资料，2015-09.

策数据和依据。统计指标体系、统计口径、调查方法等确需进一步完善和规范。

13.4 对策建议

文化是旅游业的灵魂，要做强做大旅游业，就必须推进旅游二次创业，发展壮大文化产业。海北地域辽阔、民族聚集，文化产业资源丰富多彩、独具特色，有古遗址、古墓葬、古建筑、石刻、岩画、近现代重要史迹等特色鲜明的文物资源，有民族饮食、民族服饰、民族歌舞、民族体育、民俗风情等独具特色的文化资源，特别是青海湖、原子城、金银滩、海滨藏城、东方小瑞士、百里油菜花海等也已成为海北乃至青海省全国知名的文化旅游品牌，蕴涵着丰富的文化底蕴，发展文化产业潜力巨大。为此建议：

13.4.1 建立健全文化产业统筹协调机制，加强宏观调控和管理

文化产业面临的新情况新问题很多，当前，迫切要求解决好文化产业管理上的缺位、越位和错位问题。一是完善领导决策机制。建立健全领导机构，完善工作机制，确保对文化产业的组织领导和有效运作。考虑到文化产业的特殊性，在相关机构人员组成上应打破清一色行政人员的格局，吸收一部分专家、学者参加。二是深化管理体制改革。进一步转变职能，坚持政府主导、市场运作，推动文化资源向文化资本转变，切实发挥市场对文化资源的基础性配置作用。三是成立一支由有关专家、学者等方面人才组成的文化产业研究会（所），为党政决策和职能部门管理当好参谋。四是健全并发挥好文化产业行业协会在行业自律、行业协调、规范经营等方面的作用。

13.4.2 加大政策引导扶持力度，强化文化产业发展

文化产业的发展不仅需要具备经济实力，更需要文化市场规模、人才储备和产业发展配套资源等。通过促进文化销售市场建设、健全文化销售市场监管体系和完善知识产权保护、文化人才教育与培养等市场配套服务机制建设，推进文化市场支撑体系的完善。同时文化企业多为中小微企业，自身资金相对有限，因此，政府要出台一些扶持政策，更要强化对文化产业的引导扶持，尤其是在财政、税收方面的政策。建议在每年的财政支出中安排一些资金为文化产业人才建设专项基金，用于文化创意人才的培养、交流、引进、使用和奖励；对获得国际或国家级大奖的文化人才以及有突出贡献的文化人才，给予重奖；对于有较高市场潜力的文化人才，政府可考虑为其安排无息贷款或为其提供创业资金。

13.4.3 建立健全多元化投融资体系，优化文化产业结构

认真落实《国务院关于非公有制资本进入文化产业的若干决定》，鼓励非公有制资本进入政策许可的文化产业领域，在土地使用、项目审批、税收等方面享受与国有资本的同等待遇，支持非公有制文化企业的发展。积极引导境内外各类投资基金进入海北州文化产业领域，支持民间资本以参股、兼并、收购、承包、租赁等形式，参与海北州国有文化事业单位改制和改革，形成各类投资主体平等竞争、共同发展的文化产业格局[①]。加强与金融机构的合作，强化金融支持文化产业发展的力度；积极争取国家支持藏区中小企业发展创业扶持资金，加大政府引导资金的投入；推动文化企业通过合资、合作、产权出让等方式进行改组改造，缓解文化企业融资困难的问题。同时，切实发挥好文化发展基金的作用，采取贴息、无息借用、以奖代投、以奖代补等方式，重点扶持进入省州文化产业示范基地和园区的企业及有发展前景和竞争优势的文化产业项目和文化产品，促使更多的文化产业项目落户海北，为全州文化产业的发展提供有力的资金保障。

13.4.4 强化品牌意识，全力推动文化产业全面发展

一是以民族文化为背景，努力挖掘非物质文化遗产，打造原创产品，创作演艺产品，全景式地展示海北灿烂的民族文化和多彩的地域风情，并尽快形成品牌效应和对经济发展拉动作用。二是扶持培养民间艺术品制作能人和优秀人才，多渠道筹集资金，加大投入，重点开发一批具有地方民族特色、市场前景好、经济效益高的产品，形成海北独具特色的地方品牌，积极向外推介文化产品。注重民俗文化产品的生产、流通与高新技术的结合。三是扩大音像制作业发展，积极与省内外影视拍摄行业合作，极力创作和拍摄制作出反映海北自然风光、民族文化、风土人情等内容的音像制品出版发行，不断提升海北人文资源和生态资源的知名度。[②]

13.4.5 培育骨干文化企业，延伸文化产业链

鼓励文化企事业单位联合重组，壮大文艺演出、民族工艺美术品等企事业团队竞争力。积极探索文艺团体市场化经营的路子，逐步形成以州民族歌舞团为龙头，各县文艺团体为重点，以演出业为核心，联结旅游业、服务业的产业链。以祁连翠光宝玉石公司、祁连黑河源民族工艺品加工厂、门源华瑞藏毯公司、海晏杨吉拉姆工艺公司、刚察梦之湖文化产业发展服务中心等企业为龙头，加大产品

---

① 海北州文体局.关于上报文化产业相关材料的报告［R］.内部资料，2015-09.

② 海北州文体局.关于上报文化产业相关材料的报告［R］.内部资料，2015-09.

创新研发力度，突出民族特色，注重产品的文化内涵，把握好传统工艺与现代技术的有机结合，扩大生产规模和市场份额，培育龙头带动性强的文化企业，形成富有海北特色的民族工艺品、民间工艺品、高档礼品生产的产业链，填补海北在工艺品、礼品生产中的空白。

13.4.6 加强文化产业园区和基地建设，增强产业集聚效应

整合现有资源，集聚产业要素，以产业集约化、规模化、现代化模式，规划和建设一批文化产业园区和基地。在文化产业园区和基地建设思路上，门源县应以回族歌舞、服饰、饮食、刺绣等传统文化资源和仙米国家森林公园、岗什卡雪峰等独特自然生态资源为重点，祁连县应以宝玉石资源和黑河大峡谷等独特自然生态资源为重点，刚察县应以藏族民俗文化、宗教文化资源和青海湖、鸟岛等独特自然生态资源为重点，海晏县应以王洛宾音乐艺术、达玉民俗村、剪纸、牛羊标本、金银滩等人文和自然资源为重点，州级应以原子城红色文化、民族传统体育、民族歌舞、民族民间工艺美术品等为重点，园区和基地建设要定位准确，避免盲目建设、一哄而上。在全省层面上，加快构建海晏、祁连特色文化产业示范区和刚察民族工艺品研发基地、祁连玉文化产业园等的建设。充分发挥文化产业园区和基地重大项目的带动作用和集聚效应，增强文化产业发展后劲。

13.4.7 打造民族文化展示平台，提升文化产业影响力

继续举办好中国金银滩情歌节暨王洛宾音乐艺术旅游节、祁连山草原风情文化旅游节、门源油菜花文化旅游节、刚察观鱼放生节等活动，打造海北文化节庆品牌；积极参与青洽会、青海国际唐卡艺术博览会、青海民族文化旅游节、青海民族民间工艺美术品展览、西部文博会、北京文博会等重大展会活动，为海北州文化产业搭建产品展销、信息交流和项目洽谈的平台，不断扩大海北州文化产业发展知名度；继续组织《碧海云天金银滩》为重点的民族歌舞、传统手工艺人、工艺美术品生产企业等开展对外文化交流，进一步宣传海北，扩大对外开放，推动海北文化产业的发展。①

13.4.8 加强市场监管，优化文化市场环境

加强文化知识产权保护，严厉打击侵犯知识产权、制售伪劣文化产品的违法违规行为，规范文化市场经营秩序，营造良好的文化市场主体发展环境。积极发挥行业协会在行业自律、行业管理、行业交流等方面的重要作用。培育和发展

① 青海省文化改革发展工作领导小组. 青海省文化改革发展工作文件汇编（2013-2015）[R]. 内部资料，2015-10.

一批依托我州优势产业的行业协会。推动工艺美术、宝玉石、藏毯、昆仑玉、刺绣、剪纸、民族服饰、藏医药等行业协会，完善规章制度，加强自身建设。

13.4.9 鼓励和扶持文化产业培训，加快人才队伍建设

发挥海北州特有的民族文化产品形式，带动整个文化产业培训市场。鼓励和扶持现有文化企业，不断拓宽多方面的培训渠道，开展多种文化产业培训活动，增设民间艺术品类培训科目，重点培养一批文化专业和民间传承类优秀人才，并引导其形成规模化经营。积极探索发展文化产业培训的多种形式，鼓励社会资本、外资进入海北州文化产业培训市场。建成政府宏观管理、行业业务指导、各界积极参与、企业自主办学的文化产业培训运行机制。另外，根据文化产业的客观要求和海北州实际，着重抓好三支人才队伍，即文化企业家队伍，策划、营销、中介、经纪人队伍和政府职能部门文化管理人才队伍。大力挖掘、整合、用好州内现有文化人才资源；引进一批急需的既懂文化又懂经营之道的复合型人才、策划人才、外向型人才；实施文化产业人才培训工程。精心打造利于人才脱颖而出、能进能出、能上能下的人才机制和环境，使各类文化产业人才引得进、留得住、用得活，为文化产业的可持续发展积蓄人才。

13.5 重点项目

13.5.1 门源县文化产业项目

1. 百里花海生态文化体验基地

建设百里油菜花海滑翔机、热气球场地、蜂农生产生活体验区项目。建设花海滑翔机跑道 120 米、停机坪 600 平方米，建设热气球活动场地 2000 平方米。新建放蜂基地一处面积 2000 平方米，游客服务站一处，放蜂设施 20 套等设施。开发走马实景表演、走马体验、“走马观花”游览观光、艺术摄影等项目。

2. 仙米国家森林公园度假露营基地

配套建设度假村寨、林间氧吧、生态餐厅、生态避暑木屋、森林浴设施、野奢酒吧，增设民俗风情园、峰顶观光台、白牦牛珍稀动物观赏区、东海神湖峡区内的水上特色游乐区等，打造原生态民族露天演艺剧场、华热森林时尚服装秀场等展示场所，完善停车场、住宿、游客服务区、车辆维修站等配套设施。

3. 浩门古城遗址公园

建设浩门遗址博物馆，集中展示浩门古城、明长城考古发掘成果。对城墙及

半圆形瓮城进行修复，恢复古城曾有的东西南丁字形三条大街。修建旅游公路和停车场，建设旅游服务中心，提供接待、购物、餐饮等综合服务功能，配备旅游马匹。营造仿宋主题的以民族文化饮食、住宿、古代游乐街市为代表商贸风貌。

4. 回族之家·风情街

修缮南关清真寺、建设回族民俗街、回族风情文化景观长廊（艺术廊房、民俗小品雕塑、清真寺微缩景观等）、回族风情演艺中心、回族风情美食街、回族风情主题酒店，开发回族服饰、刺绣、民俗、餐饮、“非遗”等传统文化。配套游客接待中心，管理服务中心、管理用房、环卫厕所、水电路等服务设施。

5. 明长城考古遗址公园

划定明长城保护范围和建设控制地带，设立明长城保护标志；落实抢险加固工程，保护区域内恢复自然生态，复原损坏严重的城墙，添设标志性景观设施，引进虚拟视景漫游、考古体验等文化展示体验类、“明宫廷娱乐文化”等演艺剧目；配套水、电、环卫厕所、接待点、餐饮等基本服务设施类。

6. 回族宴席曲文化传习中心

以国家级非物质回族宴席曲遗产保护传承基地为中心，拓展建设宴席曲传习室、演艺剧场、宴席文化主题博物馆，并设为定点演出场所；以宴席曲人物服饰、姿态、表情开发“形神兼备”的宴席曲人偶等延伸文化产品；创作精品演出剧目，以巡演形式积极践行“非遗进景区”活动。

7. 华热藏族亲水生态度假村落

在东旭村一期景观设计和停车场、旅游公路、院落改造、农家乐建设基础上，打造华热藏族亲水生态度假原始村落。主要建设内容为 2000 平方米青年旅社、2000 平方米星期九农庄、800 平方米藏式 VILLA、滨水空间、河堤壁画、雕塑等。

13.5.2 刚察县文化产业重点项目

1. 藏城自驾车野营基地

新建约 60 亩（$40000m^2$）自驾车野营墓地帐房营地、新建 $2000m^2$ 停车场一处、新建 $200m^2$ 游客接待中心一座、大帐篷 20 顶、中、小帐篷各 50 顶，新建卫生环卫厕所、公共淋浴间、更衣室、路灯等配套设施。

2. 藏城游客之家

新建 50 套具有安多地区藏文化特色的独居小院，每套面积 $80m^2$、其中房屋 $50m^2$，停车位 15m，空地 15 m^2 和管理用房 $200m^2$ 及相应的配套设施。

3. 藏城文化创意产业园

规划业态主要包括民间手工艺、宗教用品、文艺创作演出、节庆演艺娱乐、民族餐饮、艺术人才培训、文化旅游服务等，其中工艺美术主要包括民族服装、民族饰品、掐丝刺绣、动物标本、石头彩刻、放生器具、牛羊皮革制品、牛羊毛绒编制等手工加工产品，节能酥油灯、佛堂柜、多彩经幡、便携经轮，五彩金刚结、环保祭海宝瓶、圣湖哈达、煨桑专用酒等宗教朝规系列产品以及藏戏人物造型工艺品等），园区建筑面积 4593.86 平方米。

4. 藏城演艺中心

规划建筑面积为 2000 平方米，现有建筑面积 1256.637 平方米，包括容 1000 座的民俗歌舞表演厅和两个容 300 座的民歌演唱厅，以及小型外景表演会场等演出场所。

5. 藏城良品商贸中心

建筑面积 42347.9 平方米，其中商铺面积为 16617 平方米。三条长 1.08 公里、累计投资 6100 万元的商业街，目前已全部建成并完成招商，未来配合文化产业园建设特色商品展销中心、藏文化长廊、建设主题休闲街，打造“藏式书吧”“海滨藏城 · 酒吧街”，配套完善休闲、娱乐、购物业态。

6. 湟鱼文化产业园

建设以青海湖湟鱼为内容的鱼文化观赏区、博爱放生区、母爱文化体验区、生态休闲服务区。景区占地总面积为 23000 平方米、建筑面积 10930 平方米。景区建设包括生态园区工程（湟鱼放生台、观鱼长廊等）、基础设施工程（道路及停车场、广场及游步道、围栏）、绿化工程、附属配套工程（供电、供水、排水系统、环卫）等。目前筹备建设沙柳河景区地质公国水上娱乐休闲项目，新建凉亭 2 座，购置 2 人、4 人、6 人标准的皮划舰，新建 800 平方米的停车场一处，新建人工沙滩，增设母爱系列文化景墙、雕塑等。

7. 圣湖徒步朝拜体验基地

新建 200 平方米的游客接待中心一座，新建 6 个站点，每个站点新建休息营地一处；每个站点新建医疗室、环卫厕所一座；每个站点新建淋浴中心一座，男、女各五间，每个站点水、电、照明、环卫垃圾桶等基础设施；每个站点内采用 80 平方米的地方进行野餐和烧烤场地。

8. 青海湖人文生态数字体验中心

该项目拟总占地面积约为 2000m²。规划建设游客服务中心、“梦幻鸟世界”虚拟体验馆、青海湖“时光隧道”。引进多媒体投影、数字沙盘、全息幻影成像、多点触控屏、三维动画、5D 技术系统、动感平台和大型球幕电影等在内的核心技术；制作鸟岛纪录片，展现青海湖破冰之旅以及斑头雁、鸬鹚、大天鹅等鸟类的特殊生长历程。

9. 刚察民族赛马场

拟占地 25000m^2，建设标准赛马场，包括 1000 米环形赛马跑道，马上射箭射击场、停车场及附属用房等，安装赛马道钢管防护栏和马闸、看台和观众坐席等。目前已完成主体工程建设，到位资金 2100 万元。

10. 青海湖生态实景摄影基地

该项目拟总占地面积约为 2 万平方米。规划建设一百个优质观光摄影区和拍摄点，建设木质栈道宽 2 米、长 50 米的摄影走廊；修建独具藏民族特色的四层“曼扎”1 座、玛尼石堆 1 座、不同形式的“雍康”8 座、修建度母本康一座，让每位环湖朝拜的信徒都能在这里为自已的家人祈福，亲手制作泥塑佛像，同时也可以让游客体会到藏民族的民俗民风。

11. 仓央嘉措文化产业园

建设内容包括建设 100m^2 游客服务中心，优化仓央嘉措广场文化主题景观体系，增设 50m 文化景墙及 1 座仓央嘉措大型雕塑；建设仓央嘉措诗歌文化研发中心、仓央嘉措纪念馆，围绕诗歌研发生产书法、篆刻、藏绣、出版及其他衍生产品，开发仓央嘉措主题演艺品牌剧目，拍摄制作仓央嘉措主题影视剧、纪录片；开辟 400m^2 演艺小广场、商业休闲街区，筹办仓央嘉措诗歌艺术节，举行文艺演出、篝火晚会等纪念活动。

12. 普氏原羚生态旅游观光基地

G315 沿线打造特色景观小品群，外设服务中心一座，主要有租车房、租马房等配套设施；特护区外围建设 5000m^2 生态型停车场等设施，停车场以天然草坪为垫层，照明灯 10 盏；在景区内新建原生态观景点 5 座，内设高倍望远镜等配套设施，设置保护性围栏和绿化隔离带。

13. 年钦夏格日山景区

建设游客服务中心，填补接待服务功能；增设文化景观小品，打造短时修行体验项目和以极限挑战为吸引点开发攀岩、跑酷、探洞等挑战极限的项目；新建 15 公里环山旅游专线和 1.5 公里的登山索道，增设昆仑文化景观石桥、观光栈道、观光车；拓建专用停车场及配套设施，新建 3000m^2 的停车场一处，完善景区导视警示系统，其中全景牌 2 块、景点解说牌 10 块、指示牌 30 块、警示牌 20 块。建设户外活动体能检测中心，拟建体能监测站（中心）一座（120 平方米），内设监测室、休息室、医护室等功能区。

13.5.3 海晏县文化产业项目

1. 中国青海民族文化音乐城

总占地面积320000平方米，总建筑面积约为53744万平方米。以音乐和文化为主题，由3大功能区块组成，分别为草原剧场群区、文化主题配套区、文化主题酒店区。截至2015年，共完成了文化主题酒店、20栋帐篷客房、艺术家部落、3个作坊商业街、3个主体餐厅区主体工程和花儿剧场一段二层浇筑工程，累计完成投资4.5亿元，完成总投资的56.9%。

2. “中国原子城”红色文化旅游基地

建设原子城红色文化体验游览区、红色军事文化产品研发基地、“两弹”精神教育培训基地、红色文艺创作展演基地、红色婚庆主题创意区、特色雕塑标识区、原子城红色之路徒步体验基地等，开发“原子城纪念馆—221厂、上星站—爆轰试验场”低空飞行游览线路和专线公交、徒步游线，提高景区关联度，沿线新建导示牌、供给站、综合服务中心、5D影院体验项目等，提升载体与受众间的参与体验度。

3. 马背民族互动营

占地面积200亩，规划建设蒙古族生活体验区、民俗文化展示区、蒙古王府、文化广场、蒙古族文化传习区、民族体育竞技体验区、蒙古族餐饮区。目前，已投资1360万元，水电路、40户牧户定居房屋土建部分及外墙粉刷已全部完成，民俗展厅、蒙古王府、文化广场、停车场、雕塑也已全部完工，赛马场及传统体育活动场所也将于近期完工。

4. 海晏文化创意产业园

拟占地100亩，围绕金银滩剪纸、动物标本、民族服饰、民族帐篷制作等民族特色工艺，新建多功能大楼、文化景观、音乐喷泉、培训室、加工生产车间、广场等，打造创意产业孵化基地、创意设计办公区、视觉艺术展示销售中心，通过举办培训班、挖掘收集资料、建立档案等方式将传统手工技艺加以保护。

5. 西海郡故城遗址公园

主要建设内容包括仿古城墙、城门、文昌楼、点兵台、生态步道、生态广场、王莽雕塑、“虎符石匮”雕塑、观景台、重走丝路5D互动体验馆、停车场、生态厅以及绿化、水、电、路等附属设施建设。其中，仿古城墙计划建设2800米，大门、点将台、汉亭、兵帐、驿站、商铺、演练场等西汉风格建筑物4000m^2，5D体

验馆 $200m^2$，西海郡历史沿革展馆 $1000m^2$，西汉歌舞演艺馆 1000 m^2，打造《又见西海郡》室内实景演出。配套建设给水管网 4000 米，排水管网 3000 米，10KV 供电线路 3 公里，供暖管网 4000 米，停车场 $1000m^2$，游客中心 $500m^2$。

6. 海北工业遗产博物馆

保持热电厂主体架构和基本形态，以现有的建筑群落建构“工业遗存轴线”，主要建设内容包括中心广场、工业文化展示馆、下沉式多功能演艺广场、历史长廊等功能区。工业文化博物馆展陈热电厂在研制两弹历史中承担供电、供热任务的相关仪器设备及其他物料，挖掘和发挥原二二一厂四分厂的红色历史文化价值，建设提升红色厂史陈列室，作为爱国主义教育和西海煤电事业历程展示的综合基地。

7.《藏爱》演艺剧目

邀请国内一流剧目编导、舞美设计单位主导创作，围绕爱情、母爱、爱国三大主题，融创海北特色的民间音乐、舞蹈、绝技、演唱、表演等诸多演出形式，以歌舞剧形式设计大中小三个商演版本；配套引进高流明舞台数字 3D 投影设备及三维动画、水下拍摄等多元化的摄制手段。

8. 西海温泉文化城

建设游客接待中心、西海温泉水疗度假村、西海温泉高端休闲中心，含盖“西海神泉”祠、温泉浴场、冰川温泉大厦等文化休闲场所。其中，温泉洗浴场所 9 处、温泉会所 1 座、餐饮及配套设施，给排水管网 1500 米，游步栈道 2km，游客接待中心 $500m^2$ 等。

9. 金银滩水（冰）上乐园

该项目主体功能区包括码头、河道、滑雪场、娱乐区、休闲区、展示区等，可开发游艇、水球、游泳、钓鱼、脚踏船休闲娱乐项目及雪橇、滑车、冰雕、冰上比赛等冬季项目。目前已建成面积为 520 平方米、可同时接待 500 游客的接待中心、民族演艺厅、篝火广场，库区另设供游客观赏和草原风光的栈道和观鸟台。未来着力提升景区基础设施建设，加快推进入口大门、观景台、停车场、主干道等环节的改造提升，建设野外露营区、养殖区、沙雕区、冰雕区，开发野外露营区、冬季滑雪场。

13.5.4 祁连文化产业项目

1. 祁连山影视外景拍摄基地

建设完善基地道路、水电、接待、通信、医护、救援等相关配套设施，建设若干影视主题场景，购置影视配套设备和运输接送车辆，加强宣传推广。

2. 祁连玉文化创意产业园

该项目于2013年5月动工，占地约十余亩。建设玉文化数码科技演示厅、玉产品拍卖厅、玉石雕刻园、玉石传统加工与现代科技加工演示厅、玉产品展示与游客购买厅、玉主题大酒店、玉石文学主题馆等。

3. 环牛心山国际山地自行车赛事基地

建设内容包括专用赛道、停车场、发车场、服务站、救护车等，开发入门级、中级和高级赛段，设计建设骑程35—40公里赛道，配套建设运动员公寓、餐厅、力量训练房等设施，配套标准应满足200人专业训练、比赛和2000人规模的群众性运动休闲需求。

4. 祁连山国家地质公园

总规划面积为1.4万平方公里。投资项目主要以环境保护、水土保护、退耕还草、退耕还林、植树造林、保护野生动物等，包括对现有自然资源进行保护规划，保护祁连山草原、阿咪东索生态景观、丝绸南路走廊、峨堡古城遗址公园、黑河大峡谷、八一冰川、卓尔山、地热温泉、祁连林海、祁连石林、雪山、野生动植物等原生态的自然景观，确保其原生态的景观环境。建设祁连山地质文化博物馆，完善各类保护设施和游览设施，建成较完备的服务接待设施，分节点建设游客集散中心，开辟地质旅游专线，提供观光车服务，设置救助点、医疗点、餐饮点、加气点、加油点，提供天气预警预报、手机信号覆盖、急救报警电话、急救设备。

5. 祁连天境牧园

主要建设内容包括一座现代化牧场、购置10辆房车，建设露天演艺舞台，赛马、赛牦牛场、射箭场、马术表演场等体育设施，配套建设停车区和生活服务中心。其中露天演艺场占地面积1500平方米，集看台、舞台、音响、更衣室为一体，体育场占地面积9万平方米，宿营地建设营地建设面积约为8000平方米。

6. “逐鹿祁连”中国祁连山国际狩猎区

提升祁连鹿场建设水平，重新规划基地住宿、餐饮、观光、产品加工与展销等功能分区，建设高空露天饮食阁、空中游览索道、驯鹿博物馆、鹿产品展示中心。以祁连鹿场为核心建立狩猎物种人工饲养基地，开辟国际狩猎场与国际野外狩猎培训基地，建设祁连山国际狩猎旅游接待营地1处，包含猎物自主加工和野外生活及珍稀野生动物活动区与观赏项目。

7.“丝路古驿”峨堡遗址公园

建设游客服务中心（800m^2）、演艺广场（1500m^2）、“丝路古驿”文史博物馆（2000m^2）、烽火台、历史长廊、微缩景观，创排“又见峨堡”实景剧目，博物馆内开发丝绸之路虚拟考古活动体验项目，完善停车场等配套设施。以遗址公园为中心布局现代商贸步行街、民俗体验商圈，建设成为以峨堡遗址公园为文化地标，以藏族建筑风格商业街、民俗体验商区为游客集散中心的“青海北大门”。

本章参考文献

[1] 海北州文体局 . 海北州藏族自治州文化产业发展规划 [R]. 内部资料，2012-06.

[2] 海北州旅游局 . 海北州“十二五”旅游业发展规划 [R]. 内部资料，2010-05.

[3] 海北州文体局 . 海北藏族自治州文化与旅游融合总体规划（2014-2020）[R]. 内部资料，2014.

[4] 海北州文体局 . 关于上报文化产业相关材料的报告 [R]. 内部资料，2015-09.

[5] 青海省文化改革发展工作领导小组 . 青海省文化改革发展工作文件汇编（2013-2015）[R]. 内部资料，2015-10.

[6] 郭旭红 . 青海省文化产业发展模式研究 [J]. 青海民族研究，2015（2）：112-114.

[7] 杨晓燕 . 青海宗教文化产业发展的路径探析 [J]. 青藏高原论坛，2013（10）：124-126.

（本章撰稿人：张俊英）

第 14 章　黄南州文化产业发展研究

黄南藏族自治州位于青海省东南部，地处九曲黄河第一弯，东南与甘肃省和青海省果洛州藏族自治州玛沁县为邻，西北与海南州同德县、贵德县和海东地区的化隆、循化县接壤。该州成立于 1953 年 12 月 22 日，辖同仁县、尖扎县、泽库县、河南蒙古族自治县，有 28 个乡和 7 个镇。全州总面积 1.88 万平方公里，占青海省面积的 2.63%。总人口 26.65 万人（2014 年），有藏、蒙古、汉、回、土、撒拉、保安等 15 个民族。在总人口中，少数民族人口 249639 人，占总人口的 93.66%。在少数民族人口中，其中藏族 182734 人，蒙古族 37205 人，回族 17223 人。黄南州地处青藏高原和黄土高原的结合带，历史上一直是西藏文化、西域文化和中原文化的融汇处。多民族的文化交融形成了该地区独特的地域文化。

本章在借鉴国内外文化产业发展成功经验基础上，以黄南州文化产业发展为主要研究对象，对黄南州文化产业发展现状、存在的问题及成因系统分析，并探讨了黄南州文化产业发展的总体思路和重点项目，力求为推动黄南州文化产业发展提供决策参考。

14.1 文化资源状况

14.1.1 黄南地区的热贡文化

几个世纪以来，黄南地区的艺人长年外出作画，足迹遍布青海、甘肃、西藏、四川、新疆、内蒙古等地以及日本、印度、尼泊尔、泰国等国家。他们绘塑了大量精美的艺术品，使得这门艺术在信仰佛教的地区获得很高声誉。经过历史的积淀，黄南地区的各族人民用勤劳的双手和智慧培育出了瑰丽的“热贡文化”之花。

热贡文化是指热贡区域内各族群众在漫长的社会历史发展进程中所创造的灿烂的物质和精神产品的总称。内容包含工艺美术、民俗民风等，以及古建筑和藏传宗教文化影响下的民间艺术等形式的物质精神产品。它具有显明的地域性、民族性、群众性、传承性、原生态性和宗教性。这种文化在黄南地区特定的生长和发展的历史过程中，通过持续不断地继承、发展、传递与扬弃而渐次形成的具有自身内涵和质的规定性的区别于其他地区的文化。从这一文化的生成上看，“每一种文化都以原始的力量从它的土生土壤中勃兴起来，都在它的整个生活期中坚实地和那土生土壤联系着；每一种文化都把自己的影像印在它的材料里，即它的人类身上，每一种文化各有自己的观念、自己的情欲、自己的身份、愿望和感情”。①

热贡文化是中华文明的典型代表，也是黄南地区各族人民的骄傲，是各种文化因子的集大成者。从宗教方面讲，它融合了汉传佛教文化、藏传佛教文化、原始万物有灵的萨满教、笨教文化、道教和儒教文化的因子。从民族方面讲，它融合了古代西羌、鲜卑（吐谷浑）文化、吐蕃文化、蒙古文化、汉文化等几十个民族的文化成分。从地域方面讲，它不仅吸收了吐蕃游猎文化，前后藏地文化、康区文化、北方草原文化、中原农耕文化，而且吸纳了波斯文化及中亚文化等地域文化成份。从文化类型方面讲，它既有纯艺术品种，又有非艺术品种；既有固态文化品种，又有流动文化品种；既有物质文化品种，又有非物质文化品种，各种文化因素在长期的历史进程中，兼收并蓄、融汇贯通，逐步形成多元一体的文化格局。

14.1.2 热贡文化的特点

一是热贡文化是青海历史长期发展的文化结晶。在漫长的历史发展进程中，热贡文化的雏形逐渐与藏传佛教文化体系相结合，并形成了以佛教文化为主要内容，多种文化相融并存的文化形态。可以说，热贡文化是青藏高原多民族融合的文化见证，是青海历史长期发展的文化结晶，是青海黄河谷地文化的集大成者。

二是热贡文化有着深厚的文化内涵。热贡文化是各民族相互交融、和谐共生的文化产物，它既是藏族民间文化的杰出代表，又吸收借鉴了汉、土等民族的文化因子，它是热贡地区传统文化的结晶。

三是热贡文化有着丰富的表现形式和广泛的群众基础。热贡文化之所以能够千年不衰，其奥秘就在于丰富的表现形式和广泛的群众基础。热贡文化已经深深融入群众的生产生活中，群众也长期在这种文化氛围中汲取着营养，并为其不断发展注入新的活力，使其经久不衰。

四是热贡文化有着广阔的产业发展前景。热贡文化是一个文化与产业交相辉映、相互融合又相互促进的文化品牌。实践证明，发展热贡文化产业是促进农牧民增收、拉动相关产业发展的有效途径和支撑。随着人们对发展热贡文化产业认

---

①（德）奥斯瓦尔德·斯宾格勒著，齐世荣译：西方的没落（上）[M]，北京：商务印书馆，1963.

识的不断深化，各方面投入的加大和热贡文化影响力的提升，热贡文化产业一定会成为黄南地区的先导型支柱产业。

五是热贡文化具有文化的多元性、宗教性、融合性、地域性和民族性。热贡文化多元性的前提是热贡地区民族来源的多元性，元明清以来，随着蒙古族、土族、汉族先后入居热贡地区，为热贡地区文化多元性的形成打下了基础。就热贡地区的宗教文化而言，它融合了汉传佛教文化、藏传佛教文化、原始万物有灵的萨满教、笨教文化、道教和儒教的文化因素，在热贡地区形成了一种独具特色的宗教文化景观。

14.1.3 热贡文化的范围

热贡艺术。它是藏传佛教艺术的重要组成部分和颇具广泛影响的艺术流派，包括唐卡（卷轴画）、雕塑、堆绣、版画、建筑彩绘图案等多种艺术形式，其艺术表现内容涉及各个方面，涵盖了藏族的历史文化、民俗、艺术、宗教等诸多内容，在它产生至今几百年的历史中，历经凝炼、发展成为独具一格的艺术形式，也被誉为“青藏高原上的一朵鲜花”“我国民族艺术宝库中一颗瑰丽的明珠”。

人文历史艺术遗存。是指黄南地区群众在长期的社会历史进程中所体现的精神生活的结晶。如民俗文化生活、婚丧嫁娶习俗、民间舞蹈、民间文化、六月会、祭神活动、於菟神舞、藏戏、传统节日习俗、民歌演唱等艺术形式。

古建筑艺术。是指当地人民群众在生产生活中创造的可视物质文化所体现的独特民族建筑风貌。如古文化遗址、古文物遗存、古建筑、古寺院僧舍建筑、古村落、古城堡、古城镇建筑模式。

传统体育文化。如藏族民间射箭、骑马点火枪、赛马、拉叭牛、举沙袋、藏棋、龙鼓舞等。

杰出历史人物和近现代文献资料。如著名文化人物、著名宗教人物、著名艺术家的著作及其文献资料等，有夏日仓、夏嘎巴、更敦群培、尖措、夏吾才让、朱仲禄等文化名人、艺术家。

民间手工艺制作艺术。包括民族服饰制作技艺、民族饰品制作、贵金属器皿等加工、传统纺织工艺等。

民族医药及民族饮食文化。包括民间医方医术、药材加工、药品制作工艺；具有民族区域特色的食品加工工艺和饮食习俗。

民间文学。神话传说、歌谣、谚语、叙事长诗、宴席曲、寓言、格言等。

自然遗存。温泉、森林、山川、河流等。

热贡文化是继闽南文化，徽州文化之后，全国第三个文化生态保护试验区，是目前北方和西部地区唯一的一个文化生态保护试验区。

独特的热贡文化为黄南州的文化产业发展提供了丰厚的土壤。在一定意义上讲，热贡文化不仅是一种社会产品，也是一种经济产品，如何将热贡文化的潜能挖掘出来并转化为文化产能，就成为我们重点思考的问题之一。

14.2 文化产业发展现状

14.2.1 同仁县文化产业发展现状

同仁县是“热贡艺术”的发祥地和安多地区的藏文化中心。历史上曾涌现出夏嘎巴、夏日仓·噶丹坚措、更敦群培等佛门奇僧、学术大师和享誉全国的国家级工艺美术大师夏吾才让、西北“花儿王”朱仲禄等一批文化名人。藏传佛教圣地隆务寺、创藏区泥塑之最的千手千眼观音、医治百病的神奇温泉、藏医、藏药、形态各异的丹霞地貌等人文、自然景观吸引着国内外学者、游客纷至沓来。

1994 年，同仁县被国家文化部批准为青海省唯一的国家级历史文化名城，1997 年，被评为“中国·民族民间艺术之乡”，2004 年，被评为“中国民族民间文化保护工程”试点县。2006 年，热贡艺术、藏乡六月会、土族於菟舞、热贡藏戏被列入国家首批非物质文化遗产名录。同年，同仁县吾屯村被文化部命名为第二批国家文化产业示范基地。2006 年，郭么日古堡被评为中国历史文化名村。2008 年 8 月，同仁县申报国家 AAAA 级旅游景区通过评审，同年 9 月，同仁县被国家文化部批准为西北地区唯一的热贡文化生态保护试验区。11 月，同仁县隆务镇被国家文化部命名为中国民间文化唐卡艺术之乡，年都乎乡被命名为中国民间文化堆绣艺术之乡。2009 年 9 月，热贡艺术被列入世界非物质文化遗产。这些文化标牌的申报成功，奠定了热贡文化的品牌地位。

同仁县委、县政府非常重视热贡文化产业的发展，编制完成了《中国·青海热贡文化产业发展规范》《中国·同仁热贡艺术村开发建设概念性规划》，进一步厘清了热贡文化产业的发展思路。并组建成立了同仁县热贡艺术协会、热贡艺术品质量鉴定小组，组织制定了《热贡彩绘唐卡青海省地方标准》，积极申报 15 名优秀热贡艺人分别获得国家级、省级工艺美术大师职称。其中：中国工艺美术大师 4 名，有效充实了热贡文化发展的技术力量，保证了传统手工技艺在传承中不流失、不走样。扶持组建了“公司+农户”经营模式的热贡艺术品企业 10 家，使 240 名失业人员和农村贫困户实现了就业，为热贡文化产业步入市场化经营创造了条件。组织开展了第三次全国文物普查和非物质文化资源普查，加强了热贡文化资源的保护。同时，为扩大艺人队伍，提高其整体素质，在年都乎、吾屯、民中等重点中、小学设立了热贡艺术课程，在青海民族大学艺术系设立了热贡艺术本科班。开展了热贡唐卡申报国家地理标志产品保护工作；成功注册了“热贡”34 类商标。

与此同时，按照《热贡文化产业发展规划》提出的建设目标实施了同仁历史文化名城传统街区保护修缮、国家文物保护单位隆务寺及属寺修缮、热贡产业园区工程、隆务清真寺修复、隆务街二郎庙钟楼修缮工程等。特别是把吾屯文化村建设作为发展热贡文化产业的重要突破口来抓，2007—2009 年，整合各类资源 467.7 万元实施了吾屯文化村项目，委托成都洛加艺美工程有限公司编制了《青海省同仁县吾屯村保护性修建详细规划》等。在 2009 年时，全县从事“热贡艺术”创作的人员就有 2000 余人，热贡文化产业收入达 4415.31 万元，其中，热贡艺术收入达 3539.59 万元。

“十二五”期间，同仁县充分发挥文化旅游资源优势，把文化旅游产业作为支柱产业，加大资金争取和投入力度，文化旅游产业发展相对较快。2010—2013 年全县累计实现旅游收入 13.14 亿元，累计接待国内外游客 373.2 万人次，文化旅游产品逐渐丰富，热贡文化旅游知名度显著提升。热贡艺术迅速发展，培育了热贡文化企业 79 家，其中大型企业 4 家，总面积为 50.6 公顷的热贡文化产业园正在加快建设，文化和旅游产业对于地方经济的带动作用逐渐凸显。扶持 29 家农（牧）家乐的建设，“热贡庄园”与“念青部落”两处农（藏）家乐将成为青海省藏家乐之最。旅游宣传和服务积极开展，成功编排了民俗风情歌舞剧《金色热贡》，编辑出版《大美青海 · 精美热贡》旅游精品画册和《朝觐热贡》藏传佛教文化旅游图书，成功举办了“行走金色热贡，感受世界非遗”千人露营大会。

14.2.2 黄南州文化产业现状

2002 年以来，黄南州委州政府进一步明确了热贡文化的文化定位和文化价值，理清了研究、挖掘、整理、保护、开发热贡文化资源的思路，使热贡文化产业的发展方向、发展层次不断明晰，为把热贡文化打造成青海一张亮丽的“名片”，使其成为青海省文化增收的主导型产业做出了卓有成效的贡献。

发展文化产业，打造文化品牌，全力把黄南藏族自治州从文化资源大州发展为文化产业强州的目标，得到了青海省各级党委、政府和社会各界的广泛认同，大力发展热贡文化已成为大家的共识，一个重视、扶持、发展热贡文化产业的良好氛围正在形成。

2005 年，青海省委有关领导在黄南藏族自治州调研时指出，热贡艺术享誉海内外，是具有浓郁民族特色的文化瑰宝，一定要发扬光大。要引入市场机制，积极推进产、学、研相结合，加大宣传、加强营销网络的建设，使其向产业化方向发展。要把热贡艺术与社会主义新农村建设结合起来，科学规划，建设好热贡艺术村。同时，要按照科学发展观的要求，搞好资源开发，发展水电、铝金、藏毯等工业，把热贡艺术与藏毯业发展结合起来，把文化产业与旅游业发展结合起来，大力发展文化旅游业。

2006 年，青海省政府有关领导带领有关厅局负责人赴黄南藏族自治州专题调研社会主义新农村建设和农牧区文化建设时强调，要拓展对优势资源内涵的认识，以丰富的自然资源、民族民间文化资源为依托，培育发展特色产业。热贡艺术是黄南藏族自治独有的传统文化资源，几百年来植根于老百姓当中，有着传统的优势、传承的优势、很多人爱好的优势。各级政府要利用好这个资源，作好这篇文章，并要加大宣传力度，扩大热贡文化的影响。

黄南州在倾力打造热贡文化产业的理念做到了与时俱进，主要表现在：（1）定位准确。热贡文化被定位为中国青海热贡文化。深入挖掘研究热贡文化资源，提升热贡文化品位，促进热贡文化产业发展，是青海省文化工作中的一项重要内容。所以，要对热贡地区的文化资源全方位、多层次地进行研究，在培育热贡文化旅游产业的基础上，以发展文化产业、深化文化体制改革为契机，通过加大对热贡文化的研究、挖掘和整理，加快资源转换步伐，使之成为代表青海文化的一张亮丽“名片”，推动热贡文化品牌走出青海、走向全国。（2）利用区位优势，乘势而上。热贡地处西宁—甘肃—四川的“黄金三角”地带，具有“北依西宁、南望九寨”的交通优势。黄南藏族自治州的旅游资源非常丰富，以热贡文化为代表的同仁地区是青海省非常重要的旅游区，热贡艺术品也是品位极高的旅游商品，热贡文化旅游也是拉动青海省冬季旅游的主导产品之一。近年来，黄南地区的同仁、尖扎两县被列入环西宁经济旅游圈，泽库、河南两县被列入三江源旅游圈，热贡文化旅游的区位优势不断显现，成为众多国内外旅游者和研究者的青睐之地。由此可见，把热贡建设成与青海湖、塔尔寺齐名的青海省第三大旅游胜地和青藏线青海中转站的核心客源集散地，即“中国夏都”的“南花园”，建成黄河上游文化旅游度假首选区的时机已经成熟。（3）后发优势明显。热贡文化产业虽起步较晚，但发达地区发展文化产业的成功经验，可资借鉴，能少走弯路。国际产业转移、国内结构调整特别是南资北移为借势发展提供了机遇。热贡文化产业蓄势待发，与旅游联姻互促的发展格局已经形成，特别是文化旅游业作为一个强关联度产业自从渗透到农村牧区后，在促进农牧民增收，推进产业结构调整方面双赢互促的优势已逐步显现。譬如，随着藏传佛教在热贡的传播与中兴，热贡地区逐步形成了环隆务寺的一地一寺、一村一庙、一家一佛殿的壮观景象，绘画、堆绣、歌舞、藏戏几乎成为热贡文化核心区域每个群众都能参与的文化活动，形成了家家有画室、人人是画家的壮观场面，文化已经深深融入群众的生产生活之中，群众也长期在这种文化氛围中汲取着营养，为热贡文化的不断发展注入新的活力。每年，在热贡因从事热贡艺术创作的个体收入少则万元，多则十几万、几十万元不等，为农牧区产业结构调整，增加农牧民收入开辟了一条捷径。近年来，随着坎布拉景区被评定为国家级森林地质公园，国家赛艇皮划艇黄河高原水上训练基地落户尖扎，吾屯热贡艺术村被命名为国家级文化产业示范基地，以及一系列得天独厚的文化旅游品牌，必将为促进热贡文化产业的强势兴起起到积极的推动作用。可以说，运用好这些后发优势，变被动为主动，变劣势为优势，把资源优势转化为经济优势，全力将热贡文化打造成为青海省重要的文化旅游品牌条件已经具备。

截至2013年末，黄南州拥有各级非遗项目114项，中国工艺美术大师4名，省级工艺美术大师和民间美术师42名，各级非遗传承人102人，热贡文化从业人员2.24万人，注册的各类热贡文化企业增加到120家。文化产业经营户达4465家，非遗示范户80户，非遗示范村19个，非遗示范单位3个，非遗综合传习中心（基地）6家，热贡文化产业年总收入达37249万元。截至2015年年底，全州文化产业经营户超过4700家，文化产业年收入达到近4.5亿元。

根据黄南州的“十三五”规划，在“十三五”期间，黄南州按照已经确立的“文化立州”的发展思路，把热贡这一独特的民间艺术转化为现实的生产力，到2020年文化产业收入在2015年的基础上翻番，走在藏区发展的前列。

经过多年的探索和实践，作为我国四大文化生态保护实验区[①]之一的黄南藏族自治州国家级热贡文化生态保护实验区建设取得阶段性成效，并探索出独具特色的文化发展“热贡模式”。这种模式的内容包括：（1）以活的形态开展生产性保护。2008年以来，黄南州国家级热贡文化生态保护实验区建设工作全面启动。立足当地文化资源禀赋，以整体性保护为目标，以生产性保护为突破口，省、州两级政府在运行机制、基础设施建设、生产性保护等方面做了大量工作，已取得阶段性成效。文化生态保护的工作重点是以活的形态开展生产性保护，将热贡文化植根于当地民众的“土壤”之中，让千家万户参与创作、生产和经营，热贡文化产业逐步走上了可持续发展的道路。如同仁县吾屯、郭麻日、年都乎等村几乎“家家有画室、人人是艺人”，呈现出一派繁荣景象。（2）“多管齐下”促进热贡文化发展。其一，在保护中开发，在开发中保护。黄南州制定《热贡文化生态保护区总体规划》，采取“政府主导、市场运作、社会参与”模式，成立州文化旅游产业保护与开发领导小组，设立文化旅游发展资金，组织实施“千家万户”工程，出台唐卡地方标准，初步形成了以唐卡、雕塑、堆绣、藏戏等为主体的文化产业集群，推动热贡文化走向社会、走进课堂、进入市场。其二，开辟多种渠道培养热贡艺人。据统计，目前全州就读唐卡、堆绣、藏医等专业的学生

① 徽州文化生态保护实验区是我国第一个跨省区的文化生态保护实验区；山西晋中文化生态保护实验区；闽南文化生态保护实验区；青海黄南藏族自治州国家级热贡文化生态保护实验区。

已达 2800 余人。黄南州“阳光工程”“雨露计划”的重点就是培训热贡艺人，近三年来，每年至少培训 100 名农牧民，对其增收致富起到促进作用。其三，实施“走出去”和“引进来”战略。各级文化部门大力搭建展示平台，促进对外推介和交流，如举办国际唐卡艺术节、参加文化旅游博览会、学术研讨会等活动，在北京、上海、深圳、昆明等地设立热贡艺术窗口，进行唐卡艺术展出，扩大了热贡文化的影响力，提高了热贡文化的知名度。其四，设立 4000 万元的热贡文化发展基金，扶持品牌保护、产品创新、规划设计、市场开拓、宣传促销以及重点企业发展，并以此撬动企业投资、社会扶持和金融信贷支持。

14.3 存在的突出问题和主要困难

综上所述，尽管黄南州在热贡文化的保护、发展和文化产业发展方面取得了巨大的成就，但仍然存在诸多问题和困难。

14.3.1 文化产业管理体制和机制不顺，市场配置资源的机制尚未形成

实际上，这也是全国文化产业发展方面存在的普遍问题。文化产业的管理方面存在条块分割、多头管理、政企不分等。尚未形成统一高效的文化产业管理体制，文化、旅游、热贡文化产业管理部门各自为政，管理分散，文化市场多头执法。文化事业和文化产业尚未分开，体制内的文化事业和体制外的文化产业两张皮。文化产业企业的上级主管部门多，“婆婆多”，干预多。市场主体地位不明确，缺乏活力。管理的政事不分、事企不分，“缺位”“越位”“错位”现象并存。市场发育不足，缺乏规范。市场配置资源的机制还没有真正形成。

14.3.2 文化生态环境不够理想，文化产业规划政策不完善

文化产业发展规划缺失，对文化“软实力”的认识尚不统一。文化产业作为新的战略支柱产业的定位尚不明确，尽管黄南州确立“文化立州”发展思路，但对热贡文化产业发展的目标定位、产业定向、路径选择、制度安排和支撑体系等重大问题缺乏必要的调查研究，“文化立州”发展思路仅仅停留在文件之中，而未春风化雨般地化为实际行动。因此，笔者认为，过程可能比结果更重要，行动比口号亦更重要。如前所述，黄南州的文化资源极为丰富，且在全国乃至世界具有极强的优势，如何将文化资源的优势转化为文化产业的优势需要我们进行理性的思考，做出科学的判断，用科学、成熟的理论指导我们的实践。

实践证明，经济竞争、产业竞争的优势关键在于人才，但黄南州文化经营人才的缺乏现象仍然存在，亟需文化市场经营主体和企业家人才的培育发展。

放开文化领域投资、实行文化准入，加大政府对文化产业的投入，采取类似于支持高新技术产业发展的财政税收政策，在鼓励民间资金投资文化产业、改革文化体制放活文化生产力等方面，目前都缺乏具体的政策。推进文化资源向文化生产力转变，推进文化事业与文化产业的结合，促进文化与经济的结合，需要在政策、制度和机制上解放思想，大胆创新。

从全国来看，我国尚未有发展文化产业的基本大法，文化产业领域内的基本法律也处于阙如状态，但黄南州缺乏先行先试的勇气和胆识，在地方文化产业发展立法方面作为较少。

黄南州文化企业融资难的问题始终困扰着文化产业企业的发展。

14.3.3 热贡文化内容资源尚未有效开发利用

在现有体制下，尽管文化产业具有政治与经济双重属性，但其意识形态下的政治属性优先，产业发展的经济属性相对弱化，许多体制上的问题限制了文化产业发展。自 2003 年 6 月文化体制改革试点工作启动至今，局部、有限的文化体制改革已取得了较大的实效，文化产业发展环境也获得相当程度的改善，但很多值得开发的文化内容资源仍未得到有效利用。以热贡艺术为例，热贡艺术的表现形式多种多样，但目前，我们所能看到的表现形式仅仅停留在唐卡和雕塑等方面，未能全方位地以多种形式表现热贡艺术的价值形态，以适应国际化选择。

14.3.4 文化企业规模小，产业布局分散，文化精品不多，核心竞争力不强

如前所述，至 2015 年年底，黄南州文化产业经营户超过 4700 家，多以分散式经营为主，规模化程度仅有 30% 左右，集中度低，管理粗放，大多经营户处于作坊式的经营状态，各经营户艺术、产业经营经验交流较少，几乎缺乏专业化分工协作，难以形成规模化、集约化经营、文化精品较少。文化产业市场“散、滥、小、差”现象普遍存在。可以说，黄南州文化产业停留在吃老本、模仿、粗制滥造的低层次状态。未能开发出广阔的热贡文化产业市场，几千家经营户就会陷入抢占有限的市场份额，诱发恶性循环竞争，导致“劣币驱逐良币”和违法经营排挤合法经营的恶果，严重影响了黄南文化产业的整体形象。

14.4 对策建议

14.4.1 进行文化产业管理体制和机制创新

《青海省“十三五”文化发展规划》指出，黄南州应以国家级热贡文化生态

保护实验区建设为重点，重点推动唐卡产业标准化、规范化、规模化发展，全力打造热贡艺术文化产业集聚区，这也成为黄南州委州政府在推动本地文化产业发展方面的核心工作。这就要求黄南州委州政府在管理体制、科学规划、文化产业创新等方面有所作为。

管理（体）机制是指管理系统的结构及其运行机理，本质上是管理系统的内在联系、功能及运行原理，是决定管理功效的核心问题，具有内在性、系统性、客观性、自动性、可调性五大特征。管理机制以客观规律为依据，以组织的结构为基础，由若干子机制有机组合而成的，是加强科学管理的依据。为切实克服黄南州对文化产业的多头管理、职能方面的越位、缺位、不到位，政企不分、政事不分、行业管理成本高等现象，建议设立黄南州文化产业管理委员会，由主管文化产业的副州长兼任管委会主任，在财税、土地征用、产业管理和投融资方面进行协调指导，避免政出多门，形成合力发展黄南州的文化产业。

14.4.2 加强科学规划，完善扶持政策法规体系

1. 从黄南州战略高度认识发展文化产业的重要性，在国家、青海省文化产业发展大规划前提下，并在充分调查研究基础上，集领导、专家和文化产业领域内人士的智慧制定科学、操作性强的文化产业发展规划。

2. 完善政策法规体系。根据文化产业发展要求，结合应对国外文化扩张及输出国家文化软实力，制定文化产业法律法规，营造有利于文化产业发展的法治氛围。建立健全知识产权保护体系，加大知识产权的保护和宣传力度，形成尊重创新、保护创新的发展环境。围绕落实文化产业发展规划，制定包括财政、税收、金融等多种手段的文化产业政策体系，通过政策调控引导产业健康发展。在这点上，黄南州完全可以青海黄南藏族自治州国家级热贡文化生态保护实验区为抓手，在全国范围内先行先试，由州人大、州法制局牵头借鉴发达国家关于保护推动文化产业发展的立法经验，并结合全国、青海省的文化产业政策制定适合于黄南州文化产业发展的地方性法规。

3. 开展配套服务。要结合产业发展重点和企业发展难点，开展针对性服务。为解决文化企业融资难问题，可实施无形资产质押贷款和银行贷款贴息政策，并建立文化企业贷款担保机制，为推进热贡文化产业发展，可建立公共技术平台，服务中小企业发展。

14.4.3 加快文化产业内容创新与技术应用相结合

促进文化产业内容创新与技术应用相结合，推动成为发展文化产业的一个普遍的指导原则。唐卡、雕塑等是传统的文化艺术，随着高科技的发展，热贡文

化艺术产品要在国内乃至国际市场竞争中占据优势地位，就必须与科技和市场有机地结合起来，赋予古老传统文化高科技含量。一般来说，创新是文化的生命，文化产品有无竞争力，主要取决于创新的程度、层次，取决于文化产业机体中创新“基因”。同时，热贡文化产业光有高科技含量是远远不够的，它必须与文化的艺术创造性、创新性相结合，必须有创新的发展理念思路和发展手段，必须形成差异化的优势，才能有获得更快发展并产生更广泛和深刻的影响，才能焕发更强大的生命力。因此，文化产品的生产不仅有技术应用问题，更主要的是内容创新。笔者了解到，广大群众对热贡文化产品的需求空前旺盛，文化产业企业作为提供方，不仅要从量的方面满足广大群众的这种需求，而且更要从质的方面满足其需要，实现产品和市场的无缝对接。

14.4.4 在广度深度上提高文化产业意识

在加强文化产业和文化市场监管的同时，文化需要在深度和广度上的全民参与和社会各方面的支持。走出文化只是意识形态，改变重视和强调文化产业的社会效益而轻视文化产业的经济效益状况，树立文化的产业经济意识，强化文化是生产力、是文化软实力和软竞争力意识，这些都需要在全社会形成共识。

就目前现状看，文化的经营理念转变仍是当前的难点。为彻底解决这一问题，各级领导应率先垂范，努力做到解放思想，实事求是。

14.4.5 重视文化产业人才培养

科技和人才是文化产业腾飞的两只翅膀。“科技是第一生产力”，也是文化发展的动力。发展文化产业和其他产业一样，人才是关键，这也是文化竞争力的核心所在。随着文化产业的繁荣对管理人才的需求日益强烈，要深化分配制度改革，完善人才激励机制，探索建立以知识产权、无形资产、技术要素等参与分配的新路径，营造有利于人才脱颖而出的良好氛围。多渠道培养文化人才，完善在职人员培训机制。省属高等院校要加快建设文化产业重点专业和学科，逐步完善有关课程，有针对性地培养所需专业人才。同时，广泛、深入、实质性地与省外高校和研究机构进行交流与合作，培养出更多的热贡文化大师级画师、雕塑师和文化产业高级经营管理人才等。

14.4.6 加强高级文化艺术人才培养

人才是艺术创作的基础，丰富的人才储备是创新发展的动力源泉。从热贡文化的人才储备现状看，由于老艺人的逐渐辍艺或辞世，热贡原生态传统技艺濒临失传。笔者认为在热贡文化艺术人才培养方面有五条路径可以考虑，其一，政府兴办唐卡艺术学校，该校为事业单位，将教职员工的聘任纳入事业编制，面向全国或青海省定期招生或特招有一技之长学生。其二，依托青海师范大学的艺术系和青海民族大学的艺术系，设置唐卡和雕塑艺术专业，招收全日制大学生，或特招有艺术特长的学生，教授可聘请唐卡、雕塑艺术大师来担任，其费用由设置的专项资金予以支付。其三，制定优惠政策鼓励民间办学，吸纳民间资本参与热贡文化产业的发展。其四，政府和民间投资人共同创立唐卡艺术学校，政府将此项目作为招商引资项目，设立校董事会进行管理和运作。其五，按照《青海省"十三五"文化发展规划》的要求，严格按照青海省"高端创新人才千人计划"的目标任务和要求，有计划、分层次地引进一批文化行业的高端人才，培养一批适合黄南州文化产业发展的领军人物和拔尖人才。

14.4.7 加大热贡文化宣传力度

在这方面云南丽江的经验可资借鉴，在多年的实践中，丽江探索出了一条"以自然为本、特色为根、文化为魂、市场为导向"的路子，丽江文化产业示范项目由云南文化产业投资控股集团与丽江市委、市人民政府共同投资兴建，把丽江打造为聚创意设计空间、工艺作坊、文化产品交易与展示台、企业远程工作站、低碳环境观光区及文化产业相关专业培训基地及文化产业为一体的特色旅游小镇。笔者认为应从以下几个方面着手宣传热贡文化：其一，青海省政府成立青海文化产业投资控股集团有限责任公司，负责青海省的文化产业投资工作，仅仅依靠黄南州自身的力量很难将热贡文化产业做大做强。其二，设立热贡文化发展基金，鼓励吸引青海乃至全国的小说家、摄影家和剧作家等深入黄南地区采风，撰写几部能够引起强烈反响的反映黄南宗教、唐卡艺术和雕塑为题材的小说、剧本，比如《神圣的唐卡》《黄南旧事》《秘境黄南》《四季的隆务河》等，聘请知名导演将其拍成电影或电视连续剧，在全国乃至世界范围内进行播放或演出，充分利用宝鸡至兰州高铁即将开通的机遇，吸引更多的游客来青海旅游观光，来购买热贡文化产品。产品能够顺利销售出去，文化产业才能不断发展壮大。

14.5 重点项目

14.5.1 倾力打造热贡文化艺术产业园和推广吾屯热贡文化艺术村经验

2014 年 9 月 15 日开工建设的热贡文化产业园区，项目总投资约为 77000 万元，规划总面积 50.6 公顷，主要建设内容分为三个区域，展示区、创作区以及滨河休闲区。热贡艺术产业园将以唐卡、堆秀、壁画、雕塑等热贡艺术的创作形式为核心，向艺术品销售、装裱、包装、原料加工、原料销售等配套产业以及文化观光、艺术休闲、民俗体验等延伸产业发展，逐步打造成多元化、多功能综合型的文化集群，从而推动热贡艺术产业及相关产业的共同发展。园区的建设主要是为了将热贡文化产业规范化，给外界展示最经典的艺术作品，同时推动市场的有效培育。热贡文化艺术产业园以“前店后院”的形式建设，将创作区与展示区分开，这样游客不仅能对热贡艺术作品货比三家，甚至可以参与到制作过程中，亲自感受藏族文化的魅力。热贡文化艺术产业园的建设不仅可以推动旅游经济，而且可以实现对热贡艺术、热贡文化保护和传承。

在文化产业园区建设、打造方面，杭州积累了丰富的经验。杭州的文化产业园区有10个[①]，各文化产业园区各具特色，并积累了丰富的经验。总的来说，杭州的文化产业园区建设经验可以归结为：顺利完成体制改革、园区集聚加快发展、品牌建设成绩显著、文化科技加快融合、人才培养力度加大和政策环境更为优化。黄南州可组成相关人员的考察团深入杭州各产业园区实地考察，学习先进经验。

吾屯热贡文化艺术村是闻名遐迩的“藏画之乡”，又因擅长绘制唐卡而被称为“唐卡村”。据统计，村内有农民446户，其中从事热贡艺术品业的有437户，占全村总户数的98%。热贡艺术品销售收入已成为村民的主要经济来源。在推动农村发展文化产业、促进农业结构调整、增加农牧民收入方面起到了带头作用。青海省人民政府命名为青海省社会主义文化新农村建设示范点。独特的热贡文化，也被认定为国家文化产业示范基地。吾屯的文化产业发展经验需要我们来归纳和总结，并在有条件的村落进行推广。

14.5.2 “十三五”期间重点培育的文化企业和文化产业项目

“十三五”期间重点培育的文化企业（见表14–1）和重点实施的文化产业项目（见表14–2）。

表14–1 “十三五”期间重点培育的文化企业

序号	企业名称	主营产品
1	泽库县泽和石源石材工艺品开发有限公司	石雕工艺品
2	天工艺苑热贡敲调艺术有限责任公司	金银铜手工敲雕艺术品
3	青海春光热贡艺术有限公司	唐卡艺术品
4	旦正旅游产品开发有限公司	木雕、石雕、唐卡
5	青海多吉热贡艺术传播有限公司	唐卡

① 西湖创意谷、之江文化创意园、西湖数字娱乐产业园、运河天地文化创意园、杭州创新创业新天地、创意良渚基地、西溪创意产业园、湘湖文化创意产业园、下沙大学科技园和白马湖生态创意城。

续表

序号	企业名称	主营产品
6	刚坚文化艺术有限责任公司	堆绣、唐卡
7	尖扎河湟文化传播有限公司	传统弓箭
8	青海玛龙文化旅游开发有限公司	文化旅游产业
9	泽库县赛日龙藏文化工艺品有限公司	掐丝唐卡
10	河南县苏勒德草原文化推广有限公司	文化旅游产业
11	同仁冷知热贡艺术品开发有限公司	铜雕艺术
12	黄南州尕藏热贡文化有限公司	泥塑工艺品
13	同仁县东珠服饰有限公司	藏式服饰
14	福田画院	唐卡
15	布达拉文化艺术有限公司	金银铜器加工
16	黄南州图丹热贡堆秀开发有限公司	堆绣
17	同仁县俄玛才旦唐卡有限公司	唐卡
18	河南县乌兰牧骑艺术团	演艺
19	泽库县和日石雕艺术有限公司	石雕
20	热贡画院	唐卡
21	青海仁俊热贡艺术有限公司	泥塑
22	同仁县龙树画苑	唐卡
23	桑杰民族文化宫	唐卡
24	青海多杰创意文化工艺品开发有限公司	文化旅游
25	尖扎赛乾民族手工艺品开发有限公司	旅游纪念品制作

表 14-2　“十三五”期间重点实施的文化产业项目

序号	项目名称	实施主体
1	同仁县文化产业园区项目	同仁县文体广电局、同仁县旅游局
2	泥塑艺术品生产销售展示综合楼建设项目	黄南州尕藏热贡文化有限公司
3	热贡文化艺术品研制中心建设项目	青海春光热贡艺术有限公司
4	热贡文化展示中心建设项目	刚坚文化艺术有限责任公司
5	铜雕艺术品生产销售展示综合楼建设项目	同仁冷知热贡艺术品开发有限公司
6	热贡文化创作展示中心项目	同仁县热贡艺术传播创作中心
7	民俗文化产业园区	青海玛龙文化旅游开发有限公司
8	热贡文化体验馆建设项目	同仁县吐蕃文化有限公司

续表

序号	项目名称	实施主体
9	黄南州综合性民间演艺展示中心	黄南州勒柔灵演艺公司
10	唐卡工艺品艺术开发展示项目	尖扎县圣地坎布拉文化艺术有限公司
11	尖扎县格萨尔绘画技艺传承项目	尖扎县格萨尔仁青加措绘画公司

本章参考文献

[1] 程霞珍 . 安徽文化产业集群发展的政府支持研究 [D]. 安徽大学博士学位论文，2014.
[2] 崔永红等 . 青海通史 [M]. 西宁：青海人民出版社，1999.
[3] 贾伟等 . 安多地区多元文化共生现象与构建和谐社会研究 [M]. 北京：民族出版社，2014.
[4] 庄子 . 庄子・知北游 [M]. 昆明：云南出版集团公司、云南教育出版社，2010.
[5] 刘夏蓓 . 宗教的诠释：安多区域文化解 [J]. 西北师范大学学报（社会科学版），2004（4）.
[6] 邓小平 . 邓小平文选（第 2 卷）[M]. 北京：人民出版社，1989.
[7] 自朱蓉 . 文化产业集群化发展路径分析 [J]. 区域经济，2013（28）.
[8] 陈柳钦 . 文化与旅游融合 [J]. 学习论坛，2011（9）.

（本章撰稿人：吴秀兰）

第 15 章　果洛州文化产业发展研究

果洛藏族自治州（以下简称果洛州，或者果洛）地处青海省东南部，黄河源头，全州平均海拔 4200 多米，全州人口 20.02 万（2015 年末），其中藏族人口占 91.87%，是全国 30 个少数民族自治州中海拔最高、气候最恶劣、环境最艰苦、经济社会发展最滞后的自治州，但这个自然条件极度恶劣的地区却不是文化沙漠，在漫长的历史长河中，居住在黄河源头的果洛藏族人民创造了绚丽多彩的民族文化，被誉为中国格萨尔文化之乡，是三江源头文化的重要组成部分。

本章在借鉴国内外文化产业发展成功经验基础上，以果洛州文化产业发展为主要研究对象，对果洛州文化产业发展现状、存在的问题及成因进行系统分析，探讨当前在经济欠发达地区发展文化产业战略对策和措施保障，以摆脱交通不便、环境恶劣、经济基础薄弱的劣势，力求为推动民族文化产业发展提供参考。

15.1 果洛州文化资源现状

长期以来，在果洛这片土地上，浓郁的安多藏区草原文化与丰富厚重的历史文化、民俗文化、宗教文化和格萨尔文化交相辉映，形成了厚重的文化积淀，留下了丰富的文化资源。各种神话传说、音乐、舞蹈、曲艺、谚语、绘画、雕刻、服饰等艺术和手工技艺及各种礼仪、民俗活动、民间节日、民间体育活动等构成果洛人民文化生活主要内容，也成为文化产业发展的重要基础和优势资源。主要文化资源如下：

15.1.1 以格萨尔文化为代表的非物质文化遗产

格萨尔文化博大精深、包罗万象，在藏区广为流传，涵盖了哲学、文学、诗歌、说唱、戏剧、绘画、建筑、民俗、风情等诸多领域，是藏民族的“百科全书”，与康巴文化、热贡文化、河湟文化等一样，是青海高原文化的重要组成部分。2009 年，果洛州被中国民间文艺协会、全国格协命名为“中国格萨尔文化之乡”“中国格萨尔研究基地”，是全国最重要的格萨尔文化区域。史诗《格萨尔》是世界上最长的史诗之一，被誉为“东方的荷马史诗是世界口承文化研究的活化石。全州境内有众多的格萨尔遗址遗迹，有神授、闻知、圆光、掘藏及智态化等门类的艺人群，有全村男女老幼都能说唱格萨尔的全国文化史诗村德尔文部落，有形式多样、丰富多彩的格萨尔史诗唱腔唱调，24个民间格萨尔剧团和6个民间传承保护机构，以及狮龙宫殿等大大小小的格萨尔建筑，甘德县柯曲镇更是被文化部命名为中国文化艺术之乡（格萨尔说唱）。全国首家格萨尔艺人之家和首个格萨尔博物馆落户果洛，并在各县逐步建立非遗项目保护基地和传习所，不断加大对格萨尔文化等非物质文化遗产的保护力度。“说不完、唱不完、画不完、写不完”的格萨尔文化在这里深入人心，与瑰丽壮美的自然景观交相辉映，共同构成玛域草原独特的文化和旅游资源。”

15.1.2 以格萨尔文化旅游节为代表的节庆文化

果洛州人民政府从2002年开始举办以“打造《格萨尔》文化品牌、展现地域特色、带动地方经济”为宗旨的玛域格萨尔文化旅游节活动，并于2002年、2004年、2007年、2014年成功举办了四届玛域格萨尔文化旅游节，对弘扬《格萨尔》文化和加强对外宣传奠定了良好的基础，也为进一步深入发掘《格萨尔》文化，展示玛域《格萨尔》文化的博大精深和蕴含的独特艺术魅力，唱响主旋律，确立民族特色文化品牌，促进特色文化旅游产业发展，发掘果洛特色地域文化和文化旅游资源优势，加强区域间文化交流与合作，全面促进和谐果洛、平安果洛建设等发挥了积极的作用，已成为果洛州打造文化旅游重要品牌，除此之外，久治县年保玉则旅游节、玛多两岸三地摄影节及黄河源之夏文化月、阿尼玛卿世界公桑日及民间自发的赛马节等，成为果洛群众文化及文化旅游活动的重要组成部分。

15.1.3 神秘而又丰富的藏传佛教文化

藏民族全民信仰佛教，果洛州为藏族聚居的少数民族自治州，截至2015年底，全州境内有大大小小的藏传佛教寺院66座，有宁玛、格鲁、觉囊和噶举四个藏传佛教派系，其中有近300年历史的格鲁派寺院拉加寺（国家重点文物保护单位）在安多藏区影响深远，宁玛派寺院查郎寺、白玉寺等古朴雄伟而又久负盛名，而龙恩寺则是玛域格萨尔活动中心所在地等等。众多的藏传佛教派多年来和睦相处、和谐传承，宗教文化熔铸在当地居民的心灵世界和生活习俗中，是居民生产生活中极其重要的一部分。

15.1.4 以班玛红军沟为代表的红色旅游文化

1936年6月，甘孜会议结束后，红二、四方面军从甘孜出发向北川和阿坝地区前进，在班玛县的子木达沟留下大量珍贵遗迹，特别是北上响应抗日反蒋的摩崖文字弥足珍贵，1986 年该地红军标语被列为省级文物保护单位，2012 年被省委宣传部命名为青海省爱国主义教育基地，2013 年成为青海省委党校、省行政学院、省社会主义学院教育实践基地。此外，达日县和平解放纪念碑、果洛州建政纪念碑、果洛工作团遗址等都是良好的爱国主义和红色旅游文化资源。

15.1.5 以碉楼为代表的建筑文化

提起果洛的建筑，人们大多会想到或雄伟、或神秘、或古朴、或庄严的各类宗教建筑，其实还有另一类建筑更能作为果洛建筑文化的代表——班玛碉楼。碉楼一般建在高的台地或山顶上（如图 15–1），建筑材质以石块为主，木材为辅，由专门的石匠修建，建筑过程中不吊线、不绘图，全凭经验，其墙面能到达光滑平整、不留缝隙的程度。该建筑群实属罕见，对于研究古代藏族群体生活习性和藏式建筑工艺方面具有很高的艺术和研究价值，如今，班玛碉楼民居与阿尼玛卿的传说、马背藏戏、德昂洒智藏文书法均列入国家级非物质文化遗产名录。

图 15–1　班玛碉楼民居

15.1.6 方兴未艾的民间手工艺品

果洛皮革手工艺多次在青洽会、民族工艺博览会屡获殊荣，其工艺性、观赏性和民族原生性都具有极高的价值；久治毛纺织品、班玛和玛沁的石刻都有一定的群众基础，规模在逐渐扩大；用牛羊角加工的摆件、挂件、笔架等饰品，制作工艺在全州广泛分布；班玛黑陶是我国现存的最古老的传统手工技艺之一，是历代陶艺文化的沉淀；尕玛尕智画派的果洛唐卡技法，在果洛州和四川阿坝州、甘孜州一带藏区影响久远。

15.1.7 特有的民族饮食文化

青稞酒和酥油茶曾是藏区饮食文化的最佳代表，其实在果洛，牦牛肉、卤羊肉（手抓）、牦牛酸奶、牦牛奶茶、蕨麻粥等都可以作为民族饮食文化的代表，藏餐吧和帐篷宾馆成为体验饮食文化最佳场所。除早已蜚声国内外的牛肉干外，果洛地区优质新鲜牦牛肉、羊肉和牦牛奶制品资源也极为丰富，且品质好，这些都为传播饮食文化、绿色食品深加工行业崛起提供了必要条件和现实可能。

15.1.8 丰富的民族歌舞资源

藏族是一个能歌善舞的民族，“会走路就会跳舞，会说话就会唱歌”是其最真实的写照。果洛锅庄舞因其独特的舞姿在藏区享有盛名。2015 年，班玛县锅庄队荣获第四届“中国碌曲全国锅庄舞大赛”第一名，州老干部锅庄代表队在四川阿坝州举行的“川甘青三省交汇地区离退休老干部锅庄邀请赛”上喜获第三名。除了传统的舞蹈，在歌唱方面，果洛的民歌资源同样非常丰富，全州境内弹唱、说唱、山歌广为流传，如今，以谢旦、多哇才吉等为代表的果洛籍年轻歌手们，不仅是当代藏族流行音乐的代表人物，更是民族文化传承的代表人物。

15.1.9 自然景观与民间神话传说交相辉映

在果洛，雄伟壮丽的自然景观往往同神话和民间传说相关联，如黄河源头姊妹湖——扎陵湖和鄂陵湖湖畔，相传是松赞干布迎娶文成公主的地方；藏区四大神山之一的阿尼玛卿雪山衍生的阿尼玛卿的传说，为果洛地区的国家级非物质文化遗产之一；年保玉则国家地质公园被誉为青海的“香格里拉”，是藏传佛教的发祥地，被称为“众神的花园”等等。瑰丽的自然景观与神话传说交相辉映，果洛成为自然景观与文化景观完美融合的典范。

15.1.10 民族医药文化

果洛独特的地理环境，成为众多中藏药才生长的乐土，除享誉全球的名贵中药材冬虫夏草外，大黄、贝母、鹿茸等中藏药材资源也较丰富，果洛藏医药在医治内脏器官疾病方面疗效显著，藏药胃宝、肾宝、心宝等药品的生产和销售已形成一定的规模，有效促进了中藏药文化产业开发和发展壮大。

15.1.11 特有的民族风情文化

果洛藏族服饰独特，特别是女子服饰和帽子典雅华贵；珊瑚、黄金、白银等饰品深受本地藏族群众喜爱；果洛藏族谚语丰富多彩，说起来如行云流水、绵延不绝，充分体现了当地藏民族的聪明才智；以格萨尔文化为内容创作的果洛独有格萨尔剧《赛马称王》《辛旦虎狮合臂》剧目深受群众喜爱，已列入青海省重点剧目，成为宣传果洛的一张靓丽名片。2016 年初，由青海省民族语动漫发展中心制作的《格萨尔王》系列动画片《赛马称王》《霍岭大战》（上下集）诞生，为格萨尔文化和民族风情文化传播提供了又一途径。

15.2 果洛州文化产业发展状况

15.2.1 文化产业总体发展状况

自党的十六大明确提出发展文化产业以来，全国文化产业发展迅猛，新的业态不断涌现。近年来，果洛州文化产业在州委州政府的正确领导和相关职能部门的支持下，逐步发展起来，在全州经济社会发展中的地位日益凸显。特别是“十二五”以来，果洛州文化事业发展迅速，文化产业也在起步中稳步发展，门类不断丰富，规模逐步扩大，文化及相关产业收入多年快速增长，经济效益逐步显现（如图 15-2），2015 年，全州文化产业销售收入 1125.44 万元，首次突破千万大关，是 2012 年的 3.04 倍。

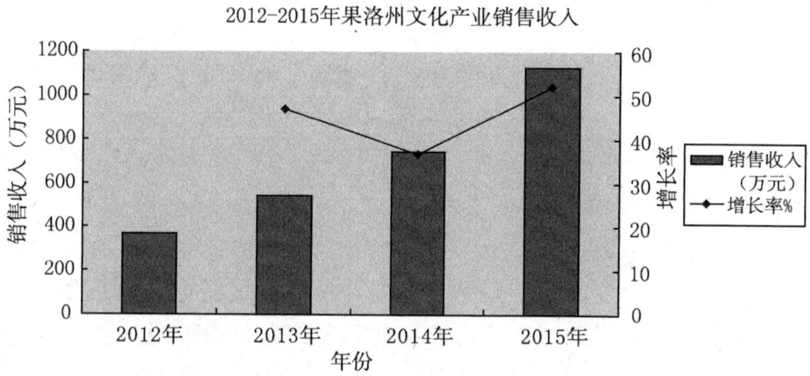

图 15-2　2013-2015 年果洛州文化产业收入和涨幅

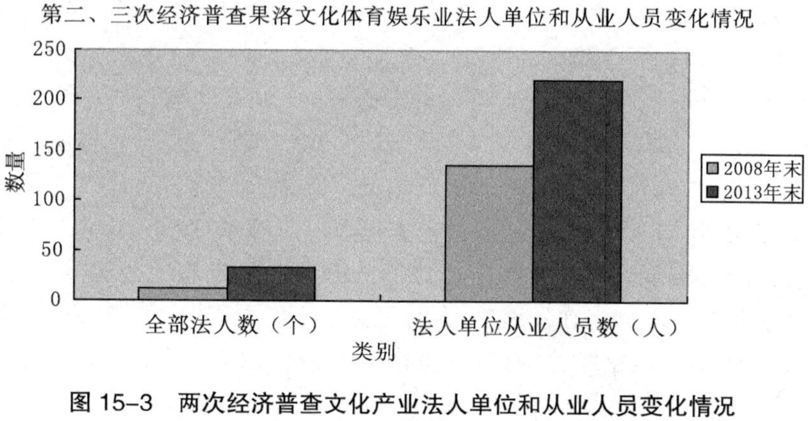

图 15-3　两次经济普查文化产业法人单位和从业人员变化情况

产业法人数、产业活动数以及从业人数，是公认的反映产业发展状况最主要的指标。通过第三次经济普查情况来看，与第二次经济普查情况相比，近年来，果洛文化产业单位数和从业人数均大幅上涨，其中，2013 年末文化、体育娱乐也法人单位数 33 个，较 2008 年末增长 175.00%；法人单位从业人员数 221 人，比 2008 年末增长 62.50%；文化产业活动单位 57 个，比 2008 年末增长 54.05%；文化产业活动单位从业人员数，比 2008 年末增长 39.48%。

15.2.2 文化事业发展基本现状

2015 年末，果洛州共有文体机构 68 个，其中：行政机构 7 个，专业艺术团体 1 个，州群众艺术馆 1 个，州图书馆 1 个，县文化馆 6 个，县图书馆 6 个，州博物馆 1 个，州格萨尔文化研究中心 1 个，乡级文化站 44 个；农（牧）家书屋 188 家，文化市场综合执法大队 6 个，村级信息资源共享工程 100 个。全州广播覆盖率 96.50%，电视覆盖率 98.20%。全州共有国家级非遗项目 4 项，省级非遗项目 5 项，州级非遗项目 46 项；国家级代表性传承人 2 名，省级代表性传承人 11 名。

15.2.3 近年文化基础设施和重点项目建设情况

随着各级党委、政府对文化事业的高度重视，近年来，果洛地区对文化建设的投入力度逐步加大，各种文化设施大量出现，文化产业发展的大环境不断得到优化和改善。州内文化重点设施项目及建设情况：投资 2650 万元的果洛州格萨尔博物馆已竣工；投资 1000 万元，面积 3000 平方米的果洛州民族文化艺术排练用房工程已全面完工；投资 493 万元，面积 7850 平方米的格萨尔文化公园项目已投入使用；投资 311.3 万元，面积 1928 平方米的州民族歌舞团综合办公楼工程已正式投入使用；投资 1150 万元的果洛州剧团排练用房也已完工；农（牧）家书屋项目已全面完成建设任务，且均已投入使用；全州 42 个乡镇综合文化站项目已全部完成建设，已全部投入使用；投资 272 万元的 4 县图书馆信息资源共享工程（县级支中心）全部完成安装任务按时投入使用，153 个村级信息资源共享工程也已于 2012 年全部完成建设。

通过政府投资、合资、重点扶持等方式，“十二五”期间，久治县年保玉则旅游产品开发销售有限责任公司、年保玉则文化传播园、果洛州格萨尔文化展示园、果洛州岭格萨尔部落风情园、格萨尔史诗文化影视传媒工作室、甘德县岗龙乡石刻工艺加工厂、柯曲镇民族服饰艺术加工厂、拉加镇牧人专业手工技艺合作社、玛沁县阿尼玛卿艺术团、班玛县黑陶旅游产品开发有限公司共 11 个重点项目相继完工并投入运行，在发展生态移民后续产业、扩大就业、提供旅游资源、提高收入、传播民族文化、丰富群众文化生活等方面起到了重要的积极作用。

15.2.4 文化产业发展定位、现状及特点

发展文化产业，能促进文化的传承与保护，推动地方经济发展，对改善民生、增进社会稳定与民族和谐有重要的表率作用。由于文化产业在我国起步较晚，对相应的产业统计也不是很全面，所以对该行业做全面具体的分析较为困难，只能通过目前的文字和统计资料对文化产业的发展情况做简要概述。

1. 文化产业发展定位。以“格萨尔”文化为核心品牌，突出三江源河源文化、果洛族源文化、民族宗教文化、红色文化和各类非遗文化，把文化旅游作为展示特色文化魅力的重要载体，以文化来提升旅游品位、丰富旅游内涵，全力打造“大美青海 · 雪域果洛”“中国格萨尔文化之乡”文化旅游品牌。

2. 文化产业发展现状及特点。通过第三次经济普查与第二次经济普查对比所反映的情况来看，近年来，果洛州文化产业保持良好的发展趋势，2013 年末与 2008 年末相比，文化、体育和娱乐业法人单位数 33 个，增长 175.0%；法人单位从业人员数 221 人，增长 62.5%；个体经营户 48 户，与 2008 年末持平；文化个体经营从业人员数 96 人，增长 17.1%；资产 1800 万元，增长 72.7%。

“十二五”期间，果洛州重点文化项目产业活动及经营效果如表 15–1 所示：

表 15–1　果洛“十二五”期间重点文化产业项目情况

项目名称	主要文化活动及效果
久治县年保玉则旅游产品开发销售有限责任公司	从事旅游文化产业开发的民间股份制私营福利性民营企业，同时承担专业技能培训任务
年保玉则文化传播园	已开发了 40 多个品种的传统手工艺品，申请注册“年保玉则”和“才让罗佳”两个商标。先后多次参加了青洽会等国内外展销会，并数次获得奖励和荣誉
果洛州格萨尔文化展示园	展示藏民族传统民俗文化、建筑艺术、餐饮歌舞、民俗风情等
果洛州岭格萨尔部落风情园	经营餐饮、藏餐、棋牌娱乐等，在经营过程中，注重突出文化特色，收集、收藏地方民俗及手工艺作品等非物质文化遗产项目，包括黑陶、藏文书法（德昂洒智）、格萨尔艺术品、民间生产生活工具等，已成为果洛州民间文化展示园之一
格萨尔史诗文化影视传媒工作室	继承和发扬格萨尔民间说唱艺术，主要以格萨尔史诗为主的说唱整理、唐卡制作等，深受广大牧民群众的喜爱，年总收入 30 万元
甘德县岗龙乡石刻工艺加工厂	生产各类玛尼石、摩崖龛像、石窟造像、寺院佛塔浮雕、装饰刻像，年收入 30 万元
甘德县格萨尔艺术研究所	生产和加工唐卡、堆绣等工艺品，年生产唐卡、堆绣、铜像、铜器、银器、工艺玉、石、木雕等手工艺品，总收入 1700 万元，年利润 450 万元
柯曲镇民族服饰艺术加工厂	生产精美民族服饰，年收入 40 多万
拉加镇牧人专业手工技艺合作社	以头饰发套、拉加藏靴、藏式背包为主要产品，同时还生产藏族服装、刺绣针线包、寺院用品、纯绵羊毛拖鞋、羔皮帽子等 8 大类 30 多个品种，年均盈利 20 多万元

续表

项目名称	主要文化活动及效果
玛沁县阿尼玛卿艺术团	大力发扬和传承民间传统文化的基础上推陈出新，创作并推出一批形式多样、丰富多彩的小型文艺节目，为繁荣玛沁文化产业发展探索新路子，也为全县广大文艺爱好者提供高层次的艺术实践和展示才华的平台
班玛县黑陶旅游产品开发有限公司	培养手工艺传承人，制作壶、灯盏、罐、坛等藏族人日常生活用器皿，并制作手工艺品

此外，为进一步推进格萨尔文化和特色文化旅游资源开发，果洛州文化局支持成立了果洛州岭域格萨尔文化传媒公司，实施果洛州格萨尔文化展示园项目建设；久治县成立了文化旅游发展公司，组织生态移民开展手工毛纺织品加工；玛多县精心筹建格萨尔文化公园，组织生态移民开展民族歌舞演艺及文化生态园经营；玛沁县的阿尼玛卿艺术团工作有声有色，努力打造演艺产品；班玛县投资建设的文化旅游产业园已见雏形；州群艺馆扶持皮革工艺、石刻、德昂洒智书法、木雕、面具、毛纺织品等文化旅游商品研发，各类文化产业展会、旅游文化创意大赛，取得较好成绩。

综合来看，果洛州文化产业发展呈现以下特点：

一是产业发展已初具规模。文化产业门类覆盖面逐渐扩大，由原来的单一公用事业性质开始逐渐扩大为现在的公私兼顾，行业类别业已发展覆盖至广播电视、新闻出版、音像出租、打字复印、网吧游戏、电影放映等，文化产业从业人数逐年增长，文化产业收入多年保持快速增长，极大地方便了人们的精神生活需要。

二是文化与旅游融合态势明显。旅游产业与文化产业密不可分，文化为旅游提供了资源，旅游为文化传播提供了载体，两者相互依存、相互促进、共同发展。近年来随着旅游基础设施的完善、旅游资源的大力开发，旅游业逐渐显现出生机和活力，一批高投入、长久收益的资源再生性旅游建设项目开始显现出果洛州旅游业的雏形。

三是居民文化消费水平不断提高。居民的文化消费是文化产业发展的根本动力，也是文化产业发展的目的。文化消费占居民消费的比重逐年增加，作为文化消费主体的城镇居民，近几年人均文化消费支出保持快速增长，2015 年果洛城镇居民人均文化教育娱乐消费支出为 1784.03 元，比 2010 年增长 31.45%。

15.3 存在的主要问题和困难

长期以来，由于文化发展滞后于经济发展、思想更新慢、教育发展水平低、生活水平发展落后等原因，果洛文化产业发展存在不少问题。

15.3.1 文化资源整合水平不高，形式依然单一

2004 年，国家统计局和中宣部及国务院有关部门共同研究制定了《文化及相关产业分类》标准，将文化产业分为核心层、外围层和相关层，核心层包括新闻服务、出版发行和版权服务、广播电视电影服务、文化艺术服务四个行业，外围层包括网络文化服务、文化休闲娱乐服务、其他文化服务等三个行业大类，相关层包括文化用品设备及相关文化产品的生产、文化用品设备及相关文化产品的销售两个行业。2012 年，国家统计局等部门再次对原文化产业分类进行了修订，形成了《文化及相关产业分类（2012）》。无论与哪一版文化产业分类相对照，总体来看，果洛文化产业覆盖面仍然非常窄，产业形势依然单一，独特的文化资源优势尚未充分转化为旅游、演绎、会展等业态的产业优势，一定程度上影响了特色产业的发展。

15.3.2 文化产业市场意识淡薄

从经济学角度来看，文化产业要想实现快速发展，以市场为导向、突出其经济价值是前提条件。文化产业研究专家金元浦教授认为我国文化产业最大的问题就是不以市场需求来定位，而需求恰好是整个产业链中最重要的一环。由于经济发展相对落后，市场意识不足，果洛文化产业的发展基本靠政府出资，文化法人大部分是文化事业单位，文化产业市场意识非常薄弱，发展形势并不乐观。

15.3.3 整体发展水平落后

受交通、资金、人才等诸多限制，文化产业发展一直较缓慢，文化资源和产业发展不成比例，文化及相关产业增加值占年度 GDP 的比重依然非常低，果洛州文化产业的发展还处于起步期和探索期，规模不大，小打小闹，产业链短，没有形成产业群。规模小、水平低、实力弱、贡献小，尚未形成有影响力的特色产业文化，无较强影响力的龙头文化企业和知名文化产品，文化资源没有转化为产业优势。

15.3.4 文化需求弱

在经济欠发达的果洛地区，对文化的需求仍然较弱。目前，绝大多数牧民群众没有能力以商品形式享受文化及其产品；教育普及率低，受教育程度低，群众享受文化艺术的条件和能力较差，文化氛围不浓；人口少，居住分散，地广人稀，市场容量有限。

15.3.5 专业人才缺乏

文化产业是一种高智力的活动，需要高素质的人才，尤其是高素质的创意、领导和管理人才，以及艺术经营和管理人才。而当前，从事文化产业的不懂经济管理，懂经济管理的不了解文化产业，专业人才奇缺，文化产业的商业模式发展尚处于起步阶段。公共文化产业发展同样不尽如人意，全州 44 个乡镇文化站因没有编制，无人从事文化工作，工作不能正常开展，文化站功能无法正常发挥。部分县文化部门人员紧缺，既要开展业务工作，又要开展县上的中心工作，顾此失彼。

15.3.6 文化发展基层基础薄弱

“基础不牢，地动山摇”，虽然文化基础设施建设力度近几年明显加大，但是大规模文化设施建设集中在果洛州府所在地大武镇地区，绝大多数乡镇文化站才刚刚起步，各县及基层文化基础设施匮乏，全州六县县级文化馆、图书馆设施缺乏，硬件条件差，群众看书难、看电影难问题依然突出，文化娱乐设施滞后于人民群众的文化消费需求，人民群众的基本文化权益得不到满足。

15.3.7 对文化产业重视程度不够

在以“经济建设为中心”思想的指导下，多年来地方过多的强调发展经济，普遍忽视了特色文化特色建设，文化跟不上现代社会发展要求。各级领导干部中，普遍存在对文化工作和文化产业认识不够，认为文化是软任务，存在重经济建设、轻文化建设的现象。县乡基层领导对文化建设缺乏认识和研究，看不到文化建设在推动经济社会发展和构建和谐社会中的重要作用，必要的机构和人财物问题得不到解决。从文化系统自身来看，对文化走向市场，推进文化产业，加快文化体制改革上缺乏应有的思想准备，在一些文化单位，等、要、靠等思想依然存在。

15.4 总体思路与对策建议

15.4.1 可行性分析

1. 文化资源保护完好

果洛地区自然环境恶劣，地广人稀，文化资源和自然资源丰富且保存较完好。地广人稀，滞后的交通，使得与外界交流缓慢，现代化进程慢，对文化资源的破坏少，很多文化资源得以保存。文化产业发展有良好的“原料”，文化产业的发展拥有良好的先天条件。

2. 对文化的需求不断增强

随着城乡居民收入不断增加，物质生活需求日益得到满足，对文化产品的需求越来越丰富，越来越强烈，文化产业蕴含的商机越来越大。

3. 各项政策覆盖最密集的地区

西部大开发、国家支持藏区发展、建设三江源国家生态保护综合实验区等政策相继出台，以及游牧民定居工程、林权制度改革、草原生态补偿奖励机制等惠民工程相继实施，果洛近年来一直是众多优惠和扶持政策覆盖最密集的区域，加之中国经济最发达城市—上海市持续对口支援，从资金、技术、人才交流、干部教育等各个方面给予扶持，成为果洛地区经济快速发展、实现文化产业快速发展的坚强后盾。

4. 独特地理位置优势

果洛州位于甘肃、青海、四川三省交界，青藏高原腹地，是康巴藏文化与安多藏文化的交汇地带，独特的地理位置有利于文化的交流、传承和发展。

5. 一定的文化品牌优势

果洛头顶"格萨尔文化之乡""中国民间文化艺术之乡""历史文化名寺""历史文化名村""黄河源头"等一系列光环，知名度不断提升，拥有一定的文化品牌优势。

6. 地方党委、政府的高度重视

近年来，州县各级党委政府切实把文化建设摆在更加突出位置，作为全面建成小康社会的重要指标，纳入当地国民经济和社会发展整体规划，纳入到州县乡和相关部门的工作目标考核的重要内容之中，让"软实力"有了硬目标和硬支撑。很多方面由政府直接推动，把发展文化产业作为一项重要的发展战略来认识和推进，运行机制上氛围良好。

15.4.2 总体发展思路及对策建议

文化产业是一项系统工程，需要多重要素的共同推进。照抄照搬别人的经验显然也不恰当，现实的状况决定了果洛州文化产业发展应该结合州情，走自己的路。

1. 发展经济，增强市场意识

经济发展是一切社会发展的基础，是每一个国家和地区追求的共同目标，只有发展经济，把"蛋糕"做大，才能为文化产业发展提供物质基础和经济保障。

应继续以科学发展观为指导，贯彻落实国家和青海省的发展指导精神，在保障文化的公益性基础上，同步提高文化的社会效益和经济效益。继续深化文化体制改革，增强市场意识，强化市场对文化资源的配置。结合地区实际情况，科学认识优势和不足，以加快旅游业的发展为突破口，绿色食品深加工、清洁能源开发为重点，加快农牧业生产科技投入为辅，转变经济发展方式，提升集约化水平，突出生态效应，坚定不移的走特色经济发展道路，为文化繁荣奠定良好的经济基础。

2. 加强顶层规划设计，构建文化产业发展格局

2015 年末，在前几次调研的基础上，果洛州“十三五”文化产业发展规划和政策相继出台，为文化产业的发展做出了科学、整体、系统规划，为文化产业的发展提拱了行动指南。在果洛藏区，要充分发挥重点文化产业在推动产业发展中的引领和带动作用，加大资源产业化开发力度。通过大力发展果洛文化旅游业、演艺娱乐业、工艺品制造业等主导产业，形成以重点产业为主导，相关产业联动发展的格局。积极培育果洛藏区文化旅游市场主体，深入挖掘安多文化、非物质文化，整合格萨尔文化、山水文化、黄河文化、宗教文化等历史文化资源，积极开发文化旅游产品。依托果洛藏区丰富多彩的歌舞，大力发展具有藏民族特色和地域风情的演艺娱乐业，以及衍生出的相关产业。在保护和传承的前提下，开发相关藏民族工艺品和旅游纪念品，逐步壮大民族工艺品产业。

3. 突出重大文化产业项目带动效应，继续加大文化基础设施建设

按照资源配置的集中度和项目的辐射力，做好果洛藏区文化产业重大项目规划，依托民族地区丰富的文化和旅游资源，投资建设一批发展水平高、集聚作用强的重大项目，发挥项目在推动文化产业发展中的支撑和带动作用。加大投资和项目管理力度，把现有项目做实做深做强。以“藏羌彝文化产业走廊”建设为契机，规划建设一批重点文化产业园区和基地，增强果洛藏区文化产业规模化、集约化和专业化水平。通过开展多种形式的招商活动，利用好展会平台，做好文化产业项目招商引资。推动果洛藏区文化产业区域内公共文化设施、文物保护单位、历史文化名城、非物质文化遗产等公益性重点项目建设，实施重大文化产业项目工程，推动文化产业集聚发展。

4. 加大文化和旅游的融合力度，大力发展生态文化旅游业

文化是旅游的灵魂，旅游是文化的载体，没有文化的旅游是缺乏生命力的。旅游既是一种经济现象，又是一种社会文化现象，现代旅游更是一种大规模的文化交流。果洛文化资源十分丰富，归纳起来主要有格萨尔文化（艺人说唱、马背藏戏等）非物质文化遗产、节庆文化、红色文化、民族民间手工艺、民族风情文化、九曲黄河、高山峡谷等，是果洛加强文化建设、发展民族特色文化和文化产

业的着力点，同时也为发展旅游业提供了较好的资源和基础。要按照《关于加快果洛州旅游业发展的意见》要求，加大旅游资源开发，将繁荣旅游业作为文化传承和发展的有效出路，形成旅游业发展和文化产业兴旺的双赢局面。

5. 打造特色文化产品，培育文化品牌

文化品牌也是一种市场资源。以果洛州目前的情况来看，急需对现有文化产品和资源综合整理，包装宣传，打造成为国家级乃至世界级的文化知名品牌，推向市场，提高果洛文化产业的影响力和竞争力。着重发展文化旅游、演艺娱乐、艺术品、创意设计等新兴业态，充分发挥文化产品在推动文化产业发展中的承载作用。一是发展文化旅游业，依托丰富的人文与自然资源，推进国家级格萨尔文化生态试验区的发展，建设文化名镇、名街、名村，打造文化旅游集聚区和特色文化旅游目的地。二是发展演艺娱乐业，充分利用高新技术、数字技术、全息成像技术，研发创作具有深厚民族文化内涵的影视剧目、实景演出以及参与性、互动性较强的体验情景剧目。三是发展民族工艺品业，在保护和传承传统手工艺技艺基础上，开发文化用品、工艺品和旅游纪念品，逐步壮大民族工艺品产业。四是发展创意设计业，促进民族文化元素与音乐制作、时尚设计、广告设计、家居装饰结合，大力发展文化创意设计，围绕果洛藏区人文、自然资源，打造省级、国家级乃至世界级摄影基地。

同时，充分利用藏文化资源优势，坚持政府引导，充分发挥市场在配置资源中的积极作用，吸引社会资本参与果洛藏区文化产业建设，培育文化产业骨干企业和战略投资者，着力打造一批文化精品，形成具有国际影响的文化品牌，突出品牌效应，带动文化产业“成功突围”。

6. 继续加大教育发展力度

2016 年 3 月，按照省上要求，果洛地区开始推行 15 年免费教育，无疑成为果洛州教育史上的一件大事。应以此为契机，在巩固“两基”成果的基础上，继续加大教育投入，更新教育理念，不能再“坐井观天”，积极引进高素质教育人才，提升对汉语教学重要性认识，课程安排上与全国和全省同步，鼓励学生积极接触外面的多彩世界，树立危机感和竞争意识，积极培养学生“走出去”意识，消除部分学生安于现状的消极心态，跳出害怕和回避竞争的“怪圈”，少搞一些“特殊”，在学费等方面对贫困生给予适当照顾，提升接受新知识、新技能的能力，努力提高人民群众文化素质，为推动文化消费和文化产业发展提供必要的人员和素质准备。

7. 挖掘、培养、引进专业人才

发展文化产业是个技术活，文化产业领域高精尖人才的缺乏显得尤为突出，加强人才建设是果洛州文化产业发展必不可少的工作。人才工作，主要有三条途径：一是通过高薪与优惠政策，吸引海内外高精尖文化创意产业人才；二是通过自身造血功能，培养本土文化创意产业人才；三是建立人才激励机制，留住人才，通过多种措施，建立健全人才奖励、激励机制，提高积极性和创造性。要积极构建文化产业人才支撑平台，采取引进与自我培养相结合，大力培养和引进文化产业发展所需要的高素质创新人才和团队。

8. 努力提高居民收入，扩大消费需求

按照经济学理论，收入决定消费，收入水平影响着居民的生活质量，同时收入水平的高低也直接决定着物质消费和精神消费的不同需求分配。果洛州经济社会发展水平不高，属于西部欠发达地区，食品支出占总消费支出的比重依然很高，抑制了文化教育娱乐服务消费。对文化产品的消费需求直接影响着文化产业的发展。所以，要想法设法提高就业水平，扩宽收入来源，从而刺激居民对精神消费的需求，并充分利用民族文化资源，生产民族文化产品，在满足当地居民消费的同时，积极开拓州外市场，拓展文化产品的销售渠道，增加收入的同时，满足文化产品需求。

本章参考文献

[1] 果洛藏族自治州统计局. 青海省果洛藏族自治州国民经济和社会发展统计资料汇编（2014年）[A]. 内部资料，2015-04.

[2] 华阳措. 试析果洛文化建设 [J]. 果洛论坛，2011.

[3] 果洛州政协办公室. 关于保护地方民族特色品牌产业的建议 [J]. 果洛论坛，2011.

[4] 尕藏才让. 对培育玛域格萨尔文化旅游产业的思考 [J]. 果洛论坛，2009.

[5] 达成刚. 久治县文化建设存在的问题及对策浅析 [J]. 果洛论坛，2010.

[6] 党国. 关于繁荣发展藏民族传统文化的调研报告 [J]. 果洛论坛，2012 年.

[7] 何向阳. 格萨尔文化产业发展调研报告 [J]. 果洛论坛，2012.

[8] 张康措. 果洛州文化建设现状及发展思路 [J]. 果洛论坛，2012.

[9] 汤向军. 关于全州公共文化服务体系建设的调研报告 [J]. 果洛论坛，2012.

[10] 杨增彪. 坚守文化责任彰显文化力量 [A]. 果洛建政六十年回眸，内部资料，2014.

[11] 果洛州统计局. "十二五"时期果洛藏族自治州国民经济社会发展情况 [R]. 内部资料，2016-02.

[12] 果洛州文体局. "十三五"期间果洛文化产业发展调研 [R]. 内部资料，2015-12.

[13] 杨秋浪. 恩施州文化产业发展研究 [D]. 湖北民族学院硕士学位论文，2015-06.

[14] 梁丰. 重庆市文化产业发展模式研究 [D]. 重庆工商大学硕士学位论文，2010-06.

[15] 刘凤霞. 滨州市文化产业发展研究 [D]. 天津大学硕士学位论文，2007-06.

[16] 刘翔. 少数民族地区文化产业发展的问题及对策探究—以恩施土家族苗族自治州为例

[D]. 湖北民族学院硕士学位论文，2015-06.
[17] 陈兴涛 . 果洛城乡贫困问题研究 [R].2015 年国家统计局青海调查总队招标课题，内部资料，2015-08.
[18] 史杰蔚 . 乡村旅游 看上去很美 [EB/OL]. 四川大学美丽中国研究所，中国休闲农业网，2016-03.
[19] 班玛碉楼图片来源：青海班玛碉楼 - 生长在玛柯河畔的藏地家园，百度图片，2014-04.
[20] 青海省文化和新闻出版厅 . 关于进一步促进文化产业发展若干政策的意见（征求意见稿）[R]. 青海省文化和新闻出版厅内部资料，2016-01.
[21] 李思屈等 . 中国文化产业政策研究 [M]. 杭州：浙江大学出版社，2012 年总序第 1 页 .
[22] 陈红玉 . 中国文化产业创新政策研究 [M]. 北京：北京理工大学出版社，2012 年序第 1 页 .
[23] 王琼瑶 . 青海：一个正在崛起的文化产业高地 [N]. 青海日报，2011-08-19，第 011 版 .
[24] 青海省人民政府 .2016 年青海省人民政府工作报告 [R]. 内部资料，2016.

（本章撰稿人：陈兴涛）

第 16 章　玉树州文化产业发展研究

玉树藏族自治州（以下简称玉树州）是青海省第一个、全国第二个成立的少数民族自治州。位于青海省西南青藏高原腹地的三江源头，平均海拔在 4200 米以上，是全国 30 个少数民族自治州中主体民族比例最高、海拔最高、人均占有面积最大、生态位置最重要的一个自治州。长江、黄河、澜沧江三大河流均发源于本地，三江源自然保护区和可可西里自然保护区覆盖自治州全境，素有江河之源、名山之宗、牦牛之地、歌舞之乡和中华水塔之美誉。玉树，藏语意为“遗址”，自治州首府结古镇是历史上唐蕃古道的重镇，也是青海、四川、西藏交界处的民间贸易集散地。玉树藏族自治州总面积为 26.7 万平方公里，总人口为 404636 人，其中少数民族人口 398451 人，占总人口的 98.47%。在少数民族人口中，藏族 397665 人，回族 351 人，其他少数民族 435 人，藏族占 98% 以上。①巍巍唐古拉、茫茫昆仑山孕育了玉树康巴儿女勤劳、豪爽、吃苦耐劳和不屈不挠的品格，形成了底蕴深厚、丰富多彩的康巴文化。②

近年来，玉树州文化产业得到了快速发展，规模也逐渐开始扩大，相对于玉树州文化产业的起步来看，玉树州文化产业整体处于培育期，但受益于优质资源在新兴市场的推动下，产业结构不断优化，整体实力也在逐步增强。在中央及省委、省政府对文化产业重视力度不断加大和有力的扶持政策驱动下，玉树州文化产业增长值不断提高。

16.1 文化资源状况

玉树是青藏高原的古代文化——南部的卡若文化与北部的卡约文化交汇之地，在这片古老的土地上生活的民族有着在牛背上、雪野里、绿茵中保存的悠久历史，血脉中流动着马上民族的文化，在雪域高原形成了一个独特的地理、历史和文化区域。这里有享誉中外的玉树歌舞，丰富多彩的服饰文化，独具特色的民间手工艺品，规模盛大、内容丰富的赛马节以及由于其特殊的地理位置和历史因

① 截至 2015 年年底数据，数据来自玉树州 2015 年国民经济和社会发展统计公报 .

② 参考“青海省丝绸之路所经城市和地区概况、史料依据及文化资源开发、文化产业发展现状、文化品牌情况”.

素而形成的具有其自己鲜明特点的宗教文化艺术。

玉树素有“歌舞之乡”的美誉。据统计，玉树藏族民间舞蹈品种达 400 余种。玉树藏族服装民族特色鲜明、民间文学资源丰富，传说、童话、寓言、故事、谚语、史诗等一应俱全。藏族长篇英雄史诗《格萨尔王传》，在玉树地区以手抄本、木刻本和口传等形式植根于民间，传诵在群众中。玉树地区手工技艺源远流长，玉树县安冲乡制作的藏族饰品藏刀、腰带等不仅在玉树地区乃至在整个藏区都很有名气。独具特色的玉树唐卡手绘技艺，主要以“噶玛噶智”和“藏娘唐卡”两大画派为主，内容丰富多彩、既有反映传统宗教人物、故事内容，也具有浓郁现代生活气息的唐卡艺术作品。康巴歌舞在青海民间歌舞中独树一帜，别具风采，有着极高的艺术观赏价值。因此，传统的玉树康巴文化艺术节不仅吸引着来自青、藏、川、滇、甘等省（区）的藏族群众和国内游客，而且有美、英、法、加拿大、瑞士等国家和香港、台湾地区游客慕名而来，还有众多中外记者前来报道艺术节盛况。①

2015 年，玉树文化旅游“走出去”，战果丰硕，全国“十大、四小”城市推介会上，玉树收获粉丝无数，同时举办的北京、成都、西宁玉树文化旅游宣传周活动，赴加德满都、上海、西安、广州、海口、拉萨、云南迪庆州、四川甘孜州、阿坝州等客源地城市开展的推介活动，让更多人了解玉树绝美的人文自然生态。②

16.1.1 非物质文化传承

玉树地区自古就是唐蕃古道必经之地，文物古迹较多而且保存完好。同时，玉树也是我国文化遗产和非物质文化遗产集中地区之一。国家级非物质文化遗产名录项目 10 项，国家级代表性传承人 6 人，省级非物质文化遗产名录项目 11 项，省级代表性传承人 23 人；国家级文物保护单位 4 处，省级文物保护单位 22 处。

——《玉树卓舞》被列为第一批国家级非物质文化遗产代表作名录。国务院公布的第二批国家级非物质文化遗产代表作名录，青海省有 38 项，其中，由玉树州申报的《康巴拉伊》《玉树赛马会》《玉树安冲藏腰刀制作技艺》《玉树依舞》《称多白龙卓舞》《囊谦卓干玛》《玉树藏族服饰》《玉树民歌》《藏族黑陶烧制技艺》等 9 个项目入选第二批国家级非物质文化遗产代表作名录。

——申报非遗。目前正筹备《锅哇（玉树武士舞）》《折嘎》《藏娘唐卡》《香达藏纸手工制作技艺》等非物质文化遗产项目，申报国家级非物质文化遗产

① 参考“青海省丝绸之路所经城市和地区概况、史料依据及文化资源开发、文化产业发展现状、文化品牌情况”.

② 王雅琳 . 玉树要打造国际旅游目的地［N］. 西海都市报，2016-01-29，A10 版 .

名录。

——藏族长篇英雄史诗《格萨尔王传》，这部堪称世界上最长的史诗，在玉树地区以手抄本、木刻本和口传等多种形式传播，在藏区属于传播量最多的地区之一。目前所有流传于民间的《格萨尔王传》说唱艺术都基本上实现了以文字形式出版发行。

16.1.2 民族歌舞

玉树结古寺一世喜那活佛有着非凡的艺术天赋，他独创的一百多种“多顶求卓”，奠定了玉树成为歌舞之乡的基础。玉树素有“歌舞之乡”的美誉，玉树藏族土风歌舞，风格粗犷豪放，造型形象传神，动律优美生动，内涵含蓄隽永，是民族歌舞艺术百花中一朵绚丽多姿的奇葩。

——通天河艺术团。近年来该团参加了青海郁金香节、青海电视台藏历年春晚、玉树赛马节、称多噶觉吾文化旅游节等演出活动，同时在结古、海北、西宁、西安、北京等地建立基地，培训并开展文艺演出。此外，还利用农闲季节组成小分队赴浙江、四川、西宁开展短期演出活动。据统计，自 2004 年以来，通天河艺术团参与该县政府组织的义务演出活动 136 项，参与人数达 1260 人（次），参与省、州大型演出活动 8 次，创收性演出 890 余次，创收 160 万元。仅 2014 年 1 月至 10 月，参与演出人员达 578 人（次），创收 43 万元，人均创收 5386.87 元。

——玉树藏族自治州民间歌舞团，成立于上世纪 50 年代。现有演员 120 名，建团以来，先后创作演出了 200 多个作品，50 多年来一直活跃在舞台上。所到之处，无论在国内还是国外，都引起了极大的轰动，藏族风情的独特魅力引起了观众们的强烈艺术共鸣。其中，大型歌舞剧《英雄降生》《文成玉树情》《玉树不会忘记》和《卓舞的风采》等节目已成为歌舞团的保留节目。

——玉树州与赖声川等知名音乐人联手打造的《爱情的证悟》《玉树的春天》《音画玉树》等精品剧目，确保旅游旺季每两天有一场商业演出。

——组织相关专家和演职人员创作了民俗剧《玉树节庆》、音乐剧《格萨尔王传——达赛如意七宝》、民族民歌音乐剧《巴玉与查拉》、儿童剧《歌舞的玉树》、大型情景剧《天堂家园》、电视专题片《玉树铭记》及特刊《新玉树的容颜》的发行放映仪式。积极接洽落实《三江之舞》《玉树春天》《雪豹王子》等精品演艺剧目的创作编排工作。联合制作拍摄反映玉树州澜沧江风情的微电影《源来》等。①

---

① 尼玛永泽 . 今年我州文化事业发展打“特色”牌文化节庆文艺创作文化产业“三轮驱动”［N］. 三江源报，2015-12-30.

16.1.3 地域环境

玉树藏族自治州位于青藏高原腹地，青海省南部。距省会西宁 800km，北与海西蒙古族藏族自治州为邻，东与果洛藏族自治州相通，东南与四川省甘孜藏族自治州毗连，南及西南同西藏自治区的昌都地区和那曲地区交界，西北角与新疆维吾尔自治区的巴音郭楞蒙古自治州接壤。东西长 738 公里，南北宽 406 公里。平均海拔 4000 米以上，最高点 6621 米，是长江落差最大的标志点。

——新寨嘉那嘛呢石堆东西长 283 米，南北宽 74 米，高 25 米，有 20 几亿嘛呢石块，其经文数量之多、雕刻持续时间之久、规模之大，世所罕见，堪称世界之最，并已列入“大世界吉尼斯纪录”散发着浓郁的宗教文化神秘气息。

——可可西里地区雪山耸立，冰川广布，湖泊众多，草原广袤，气候寒冷，常人很难进入，自然景观完好，野生动物众多。野牦牛、雪豹、藏羚、盘羊、野驴、野骆驼等出没，金雕、红隼等飞翔，是野生动物的天堂，拥有的野生动物多达 230 多种，其中属国家重点保护的一、二类野生动物就有 20 余种。

16.1.4 交通

——2009 年投入运营的玉树机场，又称玉树巴塘机场，已经开辟了玉树到西宁、玉树到成都、玉树到西安、玉树 – 西宁 – 西藏往来的线路，玉树州民航运输能力得到大幅提升，而且还积极推进了长江、黄河、澜沧江源头、可可西里等重点旅游景区通用航空发展。据统计，2011–2013 年，玉树机场共完成航班 3300 架次，旅客吞吐量达 29.43 万人次，货物运输 1398.6 吨。2015 年的旅游高峰季节，玉树机场日最高吞吐量达到了 930 人次，日最高航班达到五架次，真正做到了来往玉树州的人“进得来，出得去”。

——省道 312 线珍秦至称多公路、国道 214 线结古至囊谦公路、共和至玉树高速公路实现单全州公路通车总里程比四年前新增 2038 公里，公路等级大幅提升。省道 309 线多拉麻科至杂多公路通车。城市路网建设完善，玉树市总长 56 公里的“四横十五纵”城市主次干道全部建成，城镇路网纵横交错、日趋完善合理。

——乡村公路建设全面提速，2014 年投资 5.6 亿元，实施的一批县乡等级砂路、通村油路、通寺公路、农村公路连接砂路、独立桥、配套桥等农村公路建设项目，还有 292 个农牧民住房集中建设点村道硬化等基础设施配套建设基本完成。

近年来，玉树交通条件的改善和自驾旅游的兴起，给玉树文化旅游业带来了新机遇。玉树结古镇地理位置极其优越，处于西宁 – 拉萨自驾车线路上。玉树文化旅游资源的开发更会丰富沿线的旅游景点，并有利于打通西宁 – 玉树 – 拉萨的自驾车旅游黄金线路，玉树州玉树县正处于四川、青海西藏的交汇处，有利于打造“大香格里拉”旅游带。自驾车游具有很高的消费能力，而且每一辆车都会产生很多相关的附属服务需求，其对旅游市场的拉动作用是不言而喻的。随着玉树交通条件的改善，自驾车旅游发展非常迅速，并得到相关部门高度重视。①

16.1.5 文化节庆会展

玉树州节庆会展推广传播效果显著。玉树赛马节、称多噶觉吾文化旅游节等以“节会”旅游为平台，全年以 52 个节庆活动为载体，宣传玉树、吸引游客，聚集人气、带动文化旅游产品的发展。

根据突出重点、分级分层次原则，州级重点打造玉树赛马会、康巴文化艺术节、金秋玉树、三江源母亲河公祭、三江源国际摄影节、中国玉树唐蕃古道诗歌节等精品节庆项目。县级根据自身文化特色重点打造“一县一品牌”“一县一节庆”。利用文化活动，带动玉树文化产业的发展。利用各场馆展陈资源，打造藏医药、农牧产品、创意民族工艺、家居用品和以高科技互动体验产品为主的科技体验场所。同时，培育了一批以节庆为带动的文化产业项目。

——玉树赛马节。青藏川滇毗邻地区文化艺术节等民族文化活动品牌。玉树赛马会是继承和弘扬民族优秀传统文化的盛会，集中展示了浓郁的地方民族风情，在国内外享有特殊声誉。

——青藏川滇毗邻地区文化艺术节。经过数年的精心打造，现已成为藏区影响最大、规模最大、参与人数最多的艺术盛会。

——各市县均有主打节庆活动，如玉树市举办三江源国际雪域牦牛节、称多县尕觉悟文化旅游节、囊谦县康囊谦文化旅游节、杂多县澜沧江源文化旅游节暨虫草商贸交易会、治多县嘎嘉洛文化旅游节、曲麻莱县吉祥尕朵觉吾万人环山行等都有鲜明主题，极具地方文化特色。

——三江源母亲河水公祭活动、漂流中国启动仪式。

——康巴地区传统舞蹈艺术节、玉树国际石刻嘛呢文化节、释迦摩尼舍利子展会暨玉树精品佛物展览会、玉树康巴服饰节等。

16.1.6 民族特色产品

——藏黑陶制作工艺。迄今已有 4000 多年的历史，学术界一般认为，中国在新石器时代晚期已经出现了黑陶器皿，而延续至今的藏传黑陶制作技艺极为

① 2015 年，玉树“访三江源、摄湿地风光”自驾线路被评为全国 36 条最美自驾游短线行摄类第一名，成为极致自驾游线路。中国旅游报专门为玉树发起的2016年美丽中国行“玉树篇”采风活动，组织全国一线记者、知名作家、名博主、旅游达人参与，通过全媒体的方式，多角度地宣传报道“美丽中国”玉树旅游新形象，以热情的妙笔、文化的视野、思想的镜头，描绘“美丽中国”三江之源、玉树之美。

罕见。

——安冲藏刀。生产工艺精良，生产历史悠久，风格独特。

——纯银藏饰。完全手工，充满藏族文化的精美绝伦的银和天然宝石制造藏饰品。

——牛羊头骨艺术品。牛羊头骨在玉树，既是自然的，又是神圣的，也是艺术的。年节中，它作为吉祥物被供奉于神龛前。但它更多地作为通灵之物，刻上六字真言及简单图案被置于玛尼堆上。

——印度香。形形色色的印度香，点燃出异国的味道，这些手工制造的香料，沿用流传的传统工艺。

16.1.7 文化旅游

玉树那么美，为什么不去看看？这是 2015 年流行于网络的一句话。2015 年，玉树文化旅游游客首次突破 50 万人次大关。全年共接待国内外游客 50.68 万人次，实现旅游综合收入 2.53 亿元，分别比 2014 年同期增长 67.8% 和 58%。[①] 玉树目前已初步探明并列入规划的旅游资源有 283 类（处），包含地文景观、水域风光、生物景观、遗址遗迹、建筑与设施、旅游商品、人文活动 7 大类，已挖掘整理可供游览的旅游景区景点 50 余处。[②]

玉树境内有各类藏传佛教寺院 192 座（约占青海省藏传佛教寺院总数的 29.23%），除两派合住寺 13 座和 2 座派系不明寺外，177 座寺院中，萨迦派寺院 22 座，格鲁派寺院 23 座，宁玛派寺院 31 座，噶举派寺院 101 座。有文成公主庙、桑周寺、新寨嘉纳嘛呢石经城、囊谦县那寺和格萨尔王三十古塔等 4 处国家级重点文物保护单位，18 处省级文物保护单位。在 2008 年省旅游局批准公布的 A 级景区中，勒巴沟—文成公主庙景区、结古寺景区、当卡寺景区、新寨嘉那嘛呢文化景区、拉司通古藏村景区获 3A 级景区认证；赛巴寺民俗博物馆景区、贡萨寺景区获 2A 级景区认证。

16.1.8 自然保护区

——三江源国家级自然保护区。三江源自然保护区是中国面积最大的自然保护区，也是世界高海拔地区生物多样性最集中的地区和生态最敏感最脆弱的地区。为了保护三江源的自然资源，2000 年 8 月 19 日，三江源自然保护区纪念碑正式落成揭碑，它也标志着三江源自然保护区的正式成立。

---

① 王雅琳 . 玉树要打造国际旅游目的地［N］. 西海都市报，2016-01-29，A10 版 .

② 玉树藏族自治州旅游局局长阿夏永红介绍，“玉树未来的目标是，将玉树打造为生态要地、文化高地、商贸重地、国际知名、国内著名、省内首选的国际旅游目的地，同时，玉树旅游总体规划、十三五规划、重点景区专项、线路产品策划方案目前已陆续出台。”

——可可西里国家级自然保护区。位于青海省玉树藏族自治州西部，总面积450万公顷，是21世纪初世界上原始生态环境保存较好的自然保护区，也是中国建成的面积最大，海拔最高，野生动物资源最为丰富的自然保护区之一。青海可可西里国家级自然保护区主要是保护藏羚羊、野牦牛、藏野驴、藏原羚等珍稀野生动物、植物及其栖息环境。

——隆宝滩自然保护区。位于玉树藏族自治州首府结古镇西南约80多公里的地方。这是一个长约10公里，宽约3公里的狭长沟谷地带。被列为我国一级保护动物的黑颈鹤，每年都成群成批地飞到隆宝滩栖息生活。据统计，我国仅有的百余只黑颈鹤中就有四十多只集中在隆宝滩。

16.2 文化产业发展现状

“十一五”和“十二五”期间，玉树州先后制定出台了一系列文件，各市县也制定了相应措施，有力营造了全州文化产业发展的良好氛围。玉树文化产业发展潜力非常之大，在天时、地利方面可谓是有着得天独厚的优势，这些都可以转化为文化产业优势。

16.2.1 文化产业类型及成效

1. 主要类型

玉树州文化产业经营类型主要有嘛呢石刻、经幡打印销售、陶器制作、唐卡制作、金银铜泥塑佛像、法器和工艺品制作。以藏刀、鞍具装饰品为主的锻造技艺，民族建筑工艺，康巴服饰裁缝技艺，玉树帐篷制作技艺、康巴藏餐饮、民间歌舞表演等等，在整个藏区独树一帜。

2. 取得的成绩

截至2015年12月底，玉树州文化及相关产业中其他演出团体20家，网吧47家，卡拉OK厅11家，电子游戏厅2家，茶艺22家，打字复印店104家，图书零售11家、玛尼石刻505家（包括个体户），黑红陶加工3家，佛像制作2家，民族服饰制作39家（包括个体户），音像、电子出售94家，藏刀制作7家，唐卡制作32家，藏毯制作1家，手工编织制作3家，文化餐饮4家，民族手工艺等39家。从业人员5448人，2015年全年收入13105.28万。形成产业企业规模净资产200万以上的有13家。同时，玉树州结合文化产业发展规划命名了2家“玉树州文化产业示范基地”、6家“玉树州文化产业示范单位”和26家“玉树州文化产业示范户”，积极引导文化产业发展，举办了文化产业经营管理人才培训班。编制完善了玉树州文化产业目录，建立文化产业项目库台账，并认真组织州、市、县文化企业申报项目工作。

16.2.2 文化品牌建设

玉树州紧紧把握灾后重建的重大历史发展机遇，围绕把“新玉树建成布局合理、功能齐全、设施完善、特色突出、环境优美的高原生态型文化旅游城市、三江源地区中心城市、青海藏区城乡一体化发展的先行地区”的目标任务，加大特色文化旅游产品开发力度，整合各种旅游资源，以民族歌舞表演、民俗风情展示、民间工艺品研发加工、特色民族文化娱乐等为主要内容，投资 3.8 亿元，规划康巴艺术中心、地震遗址纪念馆、玉树博物馆、地震遗址纪念馆、格萨尔文化中心等文化重建项目 41 项，全力打造“康巴文化”品牌。以原汁、原味、原生态为文化旅游业发展的基本定位，为国内外游客奉献一个不加修饰、和谐自然、浑然天成的玉树州文化旅游节暨“三江源”赛马已成为青、滇、藏、川地区最大的文化品牌。①

16.2.3 文化产业投融资

近年来，各级政府加大了对玉树州文化产业发展的扶持力度。政府总投资 1.3 亿元人民币用于玉树灾后重建 9 个旅游项目已经完工，基础设施得到了很大改善。作为玉树州的对口援建城市，2015 年，北京市进一步加大对玉树州文化产业发展的扶持力度，援助玉树资金共 2.69 亿元，并专门设立了 1000 万元的玉树州文化旅游宣传推介专项资金和 1000 万元的玉树州文化产业发展引导专项资金。

2015 年度州级文化企业申报中央文化产业发展专项资金及青海省文化产业发展专项资金，争取到省级文化产业发展专项资金 185 万元：其中规划编制、人才培训 30 万元；贷款贴息 35 万元；先建后补 70 万元；以奖代补 50 万元。成功申报国家级藏羌彝走廊项目的企业分别为玉树三江源藏族文化有限公司、玉树市恭藏民族手工艺品有限公司、玉树华王文化有限公司。2015 年度争取到中央文化产业发展专项资金 140 万元。

16.2.4 藏传黑陶制作工艺

通过国家非物质文化遗产专项资金扶持，经阿久家族整理保护的藏黑陶品种已由原先的 13 个增加到了 105 个，且每个品种都申请了外观设计国家专利。目前藏黑陶已销至加拿大、美国、澳大利亚等国家，基地年销售产品 100 多种、

① 参考“青海省丝绸之路所经城市和地区概况、史料依据及文化资源开发、文化产业发展现状、文化品牌情况”。

2000余件。2014年11月，白玛群加又注册成立囊谦藏黑陶文化研究开发有限公司。

16.2.5 安冲藏刀制作工艺

历史已逾500多年，在其发源地青海省玉树藏族自治州玉树市安冲乡，家家都有世代传承的“定制”藏刀模版，藏刀外部镶饰材料以金属叶片、鲨鱼皮、珊瑚、绿松石为主，刀鞘上刻有龙、凤、花草、宝瓶等纹样，男刀外观造型粗犷，装饰简洁，而女刀则镶金错银，精致华美。安冲藏刀传承人土登尕瓦自筹近50多万元人民币，加上政府补助的100多万元，成立了自己的公司“玉树安冲康宝松宝民族手工艺加工中心”，藏刀供不应求，不仅在周边五省藏区有市场，还远销尼泊尔、印度等国。

16.3 存在的突出问题和主要困难

16.3.1 发展理念亟待创新

玉树州文化管理体制和产业运作、市场运行机制较为滞后。对文化产业带动经济社会发展的重要作用认识模糊，造成相当一批（尤其是农牧区）文化事业和文化产业单位缺乏改革的主动性和走向市场的自觉性。文化产品的意识形态属性和商品属性未能实现有机统一，致使市场开发力度不足，文化产品附加值亟待提高。

16.3.2 市场主体培育不足

玉树州文化产业市场主体呈现总量少、规模小、集约化程度低等问题，缺乏产业化生产经验。整体经营性文化单位的体制创新进展缓慢，以个体经营户、合作社为骨干的市场主体竞争力较弱，创新意识不足，市场推广与品牌培育意识和能力有待提升。

16.3.3 产业要素亟需健全

玉树州文化产业资金、人才、政策等相关产业要素系统不健全。文化产业发展资金匮乏，融资渠道单一，投融资模式不健全，导致资源开发、企业扶持、园区建设难以持续推进。文化产业的领军人物、专业人才严重不足，相关特色专业人才培训渠道少，导致众多行业在内容生产、经营管理等环节市场化水平较低，资源优势难以转化为经济优势。在市场培育、品牌塑造、行业规范、产业融合等方面缺乏相关配套政策，管理体制、配套服务、经营模式都需进行优化与变革，成为玉树州文化产业发展的重要瓶颈。

16.3.4 经营管理水平较低

玉树州文化资源的商品转化率很低，特色文化产品的推广和规模也很小，缺乏深度开发市场需求努力。玉树州除旅游产业和人文景观的开发已初具产业化规模以外，其他文化类别的产业，如影视、新闻出版、艺术、体育等行业则大多还在传统计划经济模式下，依赖国家事业经费支持，或小打小闹，形成不了规模化经营和规模效益。

16.3.5 打造文化产品品牌不足

玉树州缺乏集约化的文化产业集团，缺乏现代文化策划、中介机构，没有打造出具有影响力的文化产品品牌。

16.3.6 文化产业的领军人物、专业人才严重不足

玉树州文化产业发展中人才十分缺乏，从事文化产业人数少且文化素养参差不齐、缺乏文化产业管理人才和创意人才、旅游产业整体服务水平低。同时，相关特色专业人才培训渠道少，导致众多行业在内容生产、经营管理等环节市场化水平较低，资源优势难以转化为经济优势。缺乏对管理、创意和经营人才的引进和培养。

16.3.7 资金投入不足

玉树州文化产业发展资金匮乏，融资渠道单一，投融资模式不健全，导致对文化资源开发、文化企业扶持、文化产业园区建设难以持续推进。

16.3.8 交通是制约玉树文化旅游产业发展的瓶颈

虽然在省内来说玉树的交通条件已稍具优势，但是，西宁—玉树的航班较少而且票价偏高；陆路上来说，西宁到玉树至少需要 12 个小时，大部分去玉树的游客都是从陆路走的，大距离的交通条件是一致命的劣势。

16.4 总体思路与对策建议

16.4.1 发展机遇

玉树州经济社会面临良好的发展机遇。首先，玉树灾后恢复重建全面提升

了交通、能源、通信、水利、市政等基础设施，为玉树州树立新形象、实施招商引资、实行区域合作创造了优势条件。国家“一带一路”发展战略将为玉树与其他国家、地区在商贸交流、旅游协作、产品购销、劳务输出等领域提供全方位、多层次、高水平的交流合作空间，特别是在民族手工艺、旅游开发、文化交融等方面存在较大的合作潜力。国家藏羌彝文化产业走廊的建设，将为玉树文化产业项目、文化旅游产品生产体系和文化消费市场的建设和发展提供强大动力；国家新一轮西部大开发战略、对口支援政策为玉树州文化产业发展带来了直接的产业资源要素支持，“三江源”生态安全屏障建设战略为玉树生态保护建设和生态旅游发展提供了重要契机。“中国香格里拉生态旅游区”“格萨尔文化长廊”等区域战略合作的开展，为玉树州开展区域内“一城多站”联合营销，消除区域间的政策、市场、交通、服务等障碍，实现无障碍旅游，进一步打造互补产品，走特色化、品牌化发展道路创造了有利条件。

其次，“一带一路”战略给玉树州带来了新机遇。玉树州是丝绸之路经济带南线主要经过地区，它主要以唐蕃古道为主，由甘肃省进入青海省海东市民和县、乐都区、平安县、西宁、湟源县、海南州共和、贵德、兴海县、果洛州玛多县到玉树州玉树市、囊谦县南出青海经西藏拉萨市达尼泊尔、印度等地区。丝绸之路经济带的建设必然会对玉树州文化产业的发展带来巨大的推动作用。

再次，玉树文化、历史赢得国内专家、考古、文化爱好者的关注。2015年，玉树旅游“请进来”八大主题体验活动让玉树深厚的文化积淀展现在世人面前，无论是“玉树旅游高峰论坛”还是“寻迹文成公主、重走吐蕃古道”百名旅游达人体验玉树之旅，或者是2015国际大学生夏令营东南亚六国领事澜沧江－湄公河之约，亦或是玉树（三江源）世界水源地峰会，玉树的水文化、唐蕃古道文化旅游、探险旅游、激情越野极地穿越项目等多个旅游业态，让玉树文化旅游体验更为丰富，更为立体。[①] 这也为玉树实施“文化＋”的大文化产业融合战略提供了难得的机遇和可能。

另外，2015年12月9日下午习近平总书记主持召开的中央全面深化改革领导小组第19次会议审议通过了《中国三江源国家公园体制试点方案》，这对加快青海生态文明建设历史进程具有里程碑意义。这一方案的通过有助于加快玉树文化旅游业发展，玉树州州长才让太也表示：“十三五”期间，要高举生态报国旗帜不动摇，完成三江源国家公园试点等重大任务。总之，可可西里世界自然遗产申报、三江源国家公园试点工作起步，对玉树来说，又一次迎来了重大发展机遇，三江源国家公园从此“闪耀中华，走向世界”，成为玉树的一张亮丽名片。玉树州可以利用《中国三江源国家公园体制试点方案》实施这一契机，加快文化

① 王雅琳．玉树要打造国际旅游目的地［N］．西海都市报，2016-01-29，A10版．

产业与其他相关产业的融合，实施“文化 +”战略，打造大文化产业圈。

16.4.2 发展定位

文化产业健康快速发展的前提条件是准确定位。因此，我们将玉树文化产业发展定位为：根据玉树藏族自治州文化旅游恢复重建总体安排，深入挖掘康巴文化资源，构建以玉树市为中心，以唐蕃古道、高原湿地草原、康巴民俗风情和宗教文化旅游带为支撑，以观光、体验为主体的集人文景观、自然景观、民俗风情为一体的具有高原特色的旅游目的地，研发一批在国内外旅游市场有竞争力和影响力的中高端文化旅游产品，着力打造“康巴文化”品牌。

16.4.3 总体思路

基于上述良好的发展机遇，玉树州应该积极打造高原生态文化旅游城市，进而带动玉树州文化产业的发展。总体发展思路如下：

以文化活动为载体，培育文化产业项目。依靠玉树的独特的人文风情，加快打造一系列的文化活动。根据突出重点、分级分层次原则，州级重点打造玉树赛马会、康巴文化艺术节、金秋玉树、三江源母亲河公祭、三江源国际摄影节、中国玉树唐蕃古道诗歌节等精品节庆项目，县级根据自身文化特色重点打造“一县一品牌”“一县一节庆”。利用文化活动，带动玉树文化产业的发展，利用各场馆展陈资源，打造藏医药、农牧产品、创意民族工艺、家居用品和以高科技互动体验产品为主的科技体验场所。同时，培育一批以节庆为带动的文化产业项目。

16.4.4 对策建议

在贯彻落实上述发展思路时，建议做好以下几项工作：

1. 做好文化产业发展的战略布局和规划

以政府体制调整和制度政策与组织管理机制创新以及科学的规划设计为互动节点，以生态文化产业为互动纽带，通过社会化投融资和系列政策支持，加强与西宁、拉萨、格尔木等地区的区域合作互动，形成以玉树为中心、以 3 市为顶点的三角形互动文化产业网络，形成三足鼎立的文化产业共荣的互动之势。

2. 加大政策扶持力度

玉树州文化产业要想获得较快发展，从外省市经验来看，必须得到州党委州政府高度重视。将文化产业作为调结构、转方式的重要切入点，纳入全州整体战略，在组织领导、资金投入、政策配套等方面给予大力支持。逐步完善财税扶持政策，优化土地使用政策，加大金融支持力度，强化人才智力支持，加大招商引资力度，优化文化市场环境，推动对外文化贸易发展等多措并举。

3. 充分发挥好玉树州具有的得天独厚的先天自然优势

玉树州拥有湛蓝的天空、广阔的草原、圣洁的雪山、神秘的可可西里、三江源头等众多形态各异的原生态自然风景，自身特殊丰富的资源环境加上国家对玉树地区发展的大力支持等，都为玉树向一座全新的高原生态文化旅游城市转变奠定了基础。同时，玉树州旅游资源丰富，玉树结古镇地理位置及其优越，有着原生态美轮美奂的自然风光。玉树是青藏高原的重要组成部分，为名山列宗、江河之源，北有昆仑山脉，南有唐古拉山脉，闻名藏区的嘎朵觉吾和格吉两座神山雄踞南北，长江、黄河、澜沧江三大江河均发源于玉树境内，在青藏高原腹地构成了自成体系的以雪山、江河为主的自然区域，生态环境保持着原生状态，是世界上高原湿地最为密集的地区。这些优势必须进行综合规划和布局才可能充分发挥。

3. 深入挖掘玉树历史文化和生态文化内涵，打造高原生态文化旅游名城

玉树地区的历史文化资源丰富，曾经是“唐蕃古道”“茶马古道”以及文成公主进藏的必经之路，在历史上影响巨大，至今在玉树州结古镇附近还保留着一些遗迹。深入挖掘康巴文化资源，构建以结古镇为中心，以唐蕃古道、高原湿地草原、康巴民俗风情和宗教文化旅游带为支撑，以观光、体验为主体，集人文景观、自然景观、民俗风情为一体的具有高原特色的旅游目的地。精心打造特种旅游线路，包括源头科考探险之旅、天上玉树摄影之旅、藏传佛教朝觐之旅、康巴民俗风情体验之旅和可可西里环保之旅等。同时，在实施生态移民、生态补偿、生态购买等系列生态工程过程中，实现生态文化资本产权化和生态文化建设产业化发展，遵循生态文明建设的原则，协调城市文化发展与地区生态环境保护，挖掘高原生态文化内涵，树立鲜明的高原生态文化旅游城市新形象，打造高原生态文化旅游名城。

4. 做好基础设施建设和对外宣传

加快完善基础设施建设，尤其是历史文化古迹的修缮和保护，提高生态文化旅游综合服务水平。重视玉树历史文化的对外宣传，塑造“重生玉树、江源玉树、生态玉树、户外玉树、信仰玉树、风情玉树”六大文化旅游品牌，构筑“文化旅游强州、文化旅游基地、文化旅游景区、文化旅游线路”四级文化旅游布局框架的宣传。同时，采取多种形式宣传和推广玉树特有的人文地理、悠久文化历史、民族传承文化；积极主动参与全国乃至全球的各项文化会展活动；开辟独具特色的文化旅游项目，充分利用地域文化资源打造独一无二的文化旅游品牌；构建玉树特色民族风情的网络平台，通过辐射全球的网络系统大力推介本地区特色

文化产品，成就全国知名高原生态文化旅游名城的构想。

16.5 重点项目

16.5.1 重点扶持以民族歌舞为代表的文化产业项目

深度实施文化演艺“走出去”战略，加快向“公益服务 + 市场创收”模式转变，形成完善的演艺人才提升计划和市场化展演机制，构建演艺与相关业态复合共生的发展格局。努力打造玉树《三江之舞》大型歌舞精品剧目。《三江之舞》的打造对玉树今后的旅游事业将具有深远意义。努力把这台剧打出国内外，充分体现玉树文化内涵及三江源的歌舞文化，使之走向世界。

16.5.2 成立玉树州文化产业培训基地

通过与职校挂钩，成立玉树州文化产业培训基地，未来将在玉树州文化产业转型升级、文化产业人才培训、传统文化传承等领域发挥重要作用。对于玉树州而言，2016 年各部门技能培训的次数相对较多，如农民、科技、文化、三江源等农牧民技能培训，避免由于培训时间短、培训内容单一而造成培训效果不佳。近十年来，大批的生态移民区，灾后重建集中建设点的农牧民的后续产业问题，也是摆在州政府面前的重要问题。针对国际国内的市场需求和当地独有的文化产品，重点开发金银加工、唐卡制作以及民族服饰加工等专业技能培训。计划每期培训规模为 150 人，其中培训唐卡制作学员 50 名，金银加工学员 50 名，民族服饰裁缝工艺学员 50 名。计划培训期为 3 年，这些学员真正毕业后，将为玉树文化传播和传承起到重要作用。

16.5.3 以嘉那嘛呢为品牌打造新寨卓舞的演艺中心

以嘉那嘛呢为品牌，推动演艺与旅游、餐饮、休闲业融合发展，探索一条把玉树民族歌舞文化如何从自娱自乐发展成为为农牧民创收的一种渠道。精品文艺节目进景区，依托公共文化实施、民间产业实施打造演艺场地，以民族歌舞演艺带动玉树文化传播，提升文化旅游消费水平和演艺市场效益。

16.5.4 加快州级文化创意产业园、康巴文化风情园等文化产业园区建设项目

玉树州盘活闲置文化场所及商铺，打造特色文化产业展示、民族歌舞、民俗体验、非遗项目展示、销售为一体的特色文化街区，这是对玉树特色文化旅游

的有力支撑，也是全国各地积极推进非遗传承保护发展文化产业园的趋势一致，也符合国家文化产业资金支持的方向。玉树地区要抓住机遇，积极争取国家和省级扶持项目。为确保今后玉树州民族文化精品产品得到及时抢救、保护和合理开发，使玉树州民族文化精品产品得到更为广阔的展销舞台（如：囊谦县的黑陶、红陶，治多县的手工编织，称多县的藏式家具，玉树市的金银加工、唐卡制作、民族服饰、藏文书法等），加大对玉树民族文化精品产品的普及与推广，带动传统玉树民族文化精品产品的传播，推进玉树民族文化精品产品与民俗旅游相结合，实现玉树民俗资源的优化配置。

16.5.5 出版发行玉树民族文化全书

玉树浓郁的民族风情，这里主要有教派齐全的藏传佛教文化、格萨尔文化、民间文学、节庆文化、民俗文化、服饰文化、生态文化、玉树土风歌舞、民间手工技艺、民族传统体育竞技等。但随着我国全球化趋势的加强和现代化进程的加快，我国的文化发生了巨大变化，本地文化也受到越来越大的冲击。一些仅依靠口授和行为传承的文化正在不断消失，许多传承技艺濒临消亡，大量有历史、文化价值的珍贵实物与资料遭到毁弃或消失。为传承保护优秀民族文化遗产，玉树州政府计划用两年多的时间，组织强有力的工作组对全州民族文化遗产进行一次挖掘、搜集整理工作，并出版发行玉树民族文化全书。

16.5.6 积极争取玉树州康巴艺术中心环形剧场改造项目

为了使知名文化品牌项目在玉树州文化产业的建设中有所作为，充分发挥近年来实施“文化立州”战略，推动文化强州建设，成为当今继承和发扬文化产业的重要阵地的显著成绩。在新一轮产业结构调整中，更大规模更快速度更好效益地发展演艺产业。文化资源优势转变为文化产业优势。为此，必须要寻求一个文化设施特色鲜明、功能完备、高品位、高起点的标志性文化建筑和布局合理、便捷有效、开放性好、实用性强的群众文化基础设施。玉树州康巴艺术中心环形剧场的改造项目建成后，将成为一个集综合演艺、艺术培训、庆典集会、时尚娱乐、艺术展示、旅游观光等于一体的多功能生命体。

16.5.7 进一步加大文化产业的扶持力度

根据《青海省文化产业发展专项引导资金使用管理办法》的相关规定，州级文化产业发展专项资金建议重点扶持各市县具有一定规模、经营状况良好、有行业示范作用的企业，各市县最少扶持 2 家企业，全州不少于 20 家。对文化企业进行实地调研，确定可行的项目给予 10 万至 20 万的连续三年资金扶持，真正提升文化企业的市场竞争力，壮大文化企业规模。

16.5.8 健全完善体制机制，加快“文化 + 旅游 + 商贸”等多产业融合发展

深入研究和完善文化产业发展思路，以文化为灵魂、旅游为载体、商贸服务业为支撑，实施“文化 +”战略，深化和拓展“文化 + 旅游”“文化 + 商贸”“文化 + 旅游 + 商贸”等多产业领域的融合发展，打造现代综合性服务业发展的新格局，努力培育新的经济增长点。进一步加大资金筹措力度，落实 3000 万元文化旅游商贸产业扶持资金，争取 2000 万元省级专项资金。在 2015 年文化旅游发展启动年的基础上，进一步召开全州文化旅游发展大会，明确未来文化旅游发展思路和支持措施。要大手笔谋划玉树文化旅游业的顶层设计，切实加大宣传营销力度，大力开拓旅游市场，建设各市县游客服务中心，启动州自驾车营地二期和囊谦、杂多、曲麻莱三县自驾车营地建设，抓好重点景区景点基础设施、服务设施建设和旅游要素的提质升级，精心设计打造州内精品文化旅游线路，开发具有民族文化特色的旅游产品。

精心策划、认真举办“玉树 4.14 地震”五周年纪念活动、玉树精品佛物首展会、尼泊尔产品展、玉树民间传统赛马会、首届三江源国际雪域牦牛节、北京—玉树自驾车旅游文化节、“漂流中国”启动仪式、三江源音乐节、康巴地区卓舞依舞汇演、三江源源头祭祀等系列“文化 + 旅游 + 商贸”节庆活动，启动“一县一品牌、一县一节庆”活动。同时，积极申报国家级康巴文化展示区。要高起点规划，广角度宣传，大规模投入，建设好两个文化产业集聚区，积极申报各市县农贸市场、民族文化旅游产品免税仓储项目，通过新建成的商贸综合市场、产业园以及物流园，力争引进一批可高度融合的文化产业，打造关联度高、带动能力强、综合效益好的文化产业融合项目，打造三江源区民族特色产品集散地，形成集“文化 + 旅游 + 商贸服务业”为一体的大文化产业融合的发展模式。建立健全文化电子商业广场和文化电子服务信息平台，建立特色文化商品州外营销网络，实现文化产业发展成果向信息化、网络化、经济化的转变。①

本章参考文献

[1] 杨眉 . 现代语境下安多藏区建筑及景观创作研究 [J] . 青海民族研究，2014（3）.

[2] 熊正贤 . 乌江流域民族文化资源开发与文化产业发展研究 [D] . 西南民族大学博士学位论文，2013.

[3] 张宝宗 . 吉林省文化产业发展研究 [D] . 吉林大学博士学位论文，2012.

[4] 王昱 . 青海历史文化与旅游开发 [M] . 西宁：青海人民出版社，2008.

① 参考 2015 年玉树州政府工作报告。

[5] 王晓梅、罗赟敏．青海导游解说词［M］．西宁：青海人民出版社，2015.
[6] 玉树州政府网站．玉树州2014年国民经济和社会发展统计公报，2014.
[7] 青海省丝绸之路所经城市和地区概况、史料依据及文化资源开发、文化产业发展现状、文化品牌情况．青海省文化和新闻出版厅内部资料，2014.
[8] 王雅琳．玉树要打造国际旅游目的地［N］．西海都市报，2016-01-29，A10版．
[9] 尼玛永泽．今年我州文化事业发展打“特色”牌文化节庆文艺创作文化产业“三轮驱动”［N］．三江源报，2015-12-30.
[10] 郭慧芳．“十三五”期间玉树将完成三江源国家公园试点等重大任务［EB/OL］．中国日报网，2016-01-27，http：//www.chinadaily.com.cn/micro-reading/interface_toutiao/2016-01-27/14515196.html.
[11] 彭娜．读报告 看发展 玉树州：又一次迎来重大发展机遇［N］．西海都市报，2016-01-26.
[12] 玉树州政府．2015年玉树州政府工作报告［R］．玉树州政府内部资料，2015.

（本章撰稿人：姚枋、李毅）

后　记

2015 年 12 月正式接到课题任务。

2016 年 1 月开始收集课题资料，组建课题团队。组建团队是一件困难的事情，由于此次课题任务重，时间紧，很多老师不愿意占用春节期间做课题，寻找合适的课题成员，确实花费了较长时间，前后多次调整了课题组部分成员。好在团队大多数老师甘愿牺牲春节休息时间，自行联系省市州（县）部门领导进行调研，垫付调研经费和资料收集经费，着实让人感动！没有团队老师们大无畏的奉献精神和吃苦精神，课题不可能在这么短时间内完成！

此次课题任务，是我承担的近 30 个项目中时间最短，任务最重的一项。接到课题任务，我想过退缩，课题前期资料十分有限，难度之大可想而知！如何破解课题中一个个难题？老师们春节期间，一次次电话沟通，共同寻找解决问题的思路和办法，有时候晚上 12 点多还在微信上、QQ 上探讨，每当看到这一幕幕，都让我潸然泪下，这是在春节期间啊！

正是老师们日以继夜的工作，课题终于顺利完成。回想起这段经历，如果没有团队老师们的鼓励和支持，我可能早就放弃了！我不记得自从接了课题任务，我有多少个日子是在凌晨两三点中起床做课题的，这种刻骨铭心的痛，我的团队老师们又何尝不是如此？他们也是在没日没夜地苦干着，也正是这种团队的凝聚力，让我们克服了重重困难！

在老师们齐心协力的努力下，我们终于在“五一”假期完成了课题第二稿修改。最后一位老师于 5 月 1 日晚 12 点 40 分将修改稿发了过来，终于我们于 5 月 2 日凌晨将修改稿汇总完成。敲完最后一个修改字符，内心涌出一种莫名的欣喜和快感！这是今年“五一”收到的最特殊的礼物！这是这么多年过得最为特殊的一个“五一”假期，痛并快乐着！

在课题研究过程中，我们大量接触青海实际，并于 2016 年 1 月至 3 月初对西宁市、海东市、海北州、黄南州、海南州、海西州和果洛州等地进行了重点调研，收集了大量宝贵素材、数据和资料。在此对西宁市、海东市、海北州、黄南州、海南州、海西州和果洛州相关领导的大力支持和无私的帮助表示衷心地感谢！

在本课题研究完成之际，首先要感谢青海省文化和新闻出版厅的资助和资料收集给予的无私帮助；其次要感谢青海省社科联、青海民族大学社科处的大力支持；最后要感谢在调研中给予我们无私帮助的人们！

此外，要特别感谢咨询专家和初评专家所提的中肯建议，为我们的研究和修改指明了方向，让我们少走了许多弯路。

本课题研究参考了很多国内外的文章和著作，在此向本课题研究中所列参考文献以及由于研究者疏漏未能列示的文献作者致以衷心地感谢。

当然，由于时间和研究者的水平有限，研究中难免有不足之处，肯定还存在许多问题和不足，敬请专家学者及广大读者批评指正！

勤能补拙，为了明天，继续努力！

作　者
2016 年 5 月 2 日凌晨 5 点于西宁・西府兰庭
2016 年 8 月 25 日修订